靑南齋 사회담론

한 사회학자의 濟州筆帖

신행철 저

백산출판사

preface

서문

– 나의 잡동사니 글쓰기를 돌아보며 –

이 책은 잡동사니 글 모음집, 잡필雜筆을 모아 엮은 '筆帖'필첩이다. 제주에서 태어나 출육出陸하여 공부하고 생활한 4반세기쯤의 기간을 빼고 평생을 제주에 머물러 살면서 썼고 주로 제주에 관련되는 글들이어서 '濟州'제주라는 수식어를 붙였다.

지난 수십 년에 걸쳐 학술 외적 영역에서 '자의 반 타의 반' 적지 않게(?) 글쓰기를 했다고 생각한다. 여기에 그 흔적들을 모아보았다. 내용은 소론小論에서 수상隨想, 논평 · 토론에 이르기까지 그 형식이 잡다雜多하다. 일반 논문에 미치지 못하는 논술문의 글들을 '소론'으로, 신문 · 잡지 등 매스컴 지면에 칼럼 형식으로 발표했던 글들은 '담론 · 칼럼'으로, 공공 집회의 발표문이나 지면에 실었던 잡다한 글들은 수상隨想이나 논평으로 분류해서 각각 묶어 게재하였다.

그동안의 글쓰기를 돌이켜 생각해 보면 처음 쓴 글은 1960년대 중반 대학 졸업 후 군에 입대하여 훈련 중 썼던 수상('隨想', "철조망 속에 이는 단상")이고 마지막으로 쓴 글은 2017년의 학술집회에서 발표했던 토론문("박정희의 두 얼굴과 제주도")이다. 처음 글에서 마지막 글까지 단순히 생각하면 50여 년이 되지만 실질적으로는 1970년대 말 학계에 몸을 담은 후 1980년대에 이르러 대학교수로서 글쓰기를 시작하였고 그 글쓰기 기간은 37년여이다. 그 이전에 쓴 글은 군에 입대하여 훈련 중 쓴 글이 유일하다. 그동안에 쓰고 발표했던 잡동사니 글들 중 남겨놓고 싶은 108개 항목의 글과 28개의 단상(斷想. 이 책에서는 각 14개씩 묶어 '춘하추동' I, II로 편집함)을 골라 그 형식 및 연차 순으로 이 책에 모았다.

학문 외적 잡동사니 글을 쓰게 된 것은 세상을 살아가면서 맺은 인연으로 피치 못할 사정에서 부탁받는 경우이거나 나의 그때그때의 위치에서 불가피했던 경우들이 있었기 때문이다.

이왕 이 잡동사니 글모음 책을 내기로 마음먹었으니 그 의미가 무엇일까를 생각해 보았다.

나이 들어가면 자신의 지난날을 회고해 보는 것이 일반적인 경향인지라, 그리하여 노인들은 과거의 추억 속에 산다고 한다. 자신의 한살이를 기록으로 남기려 자서전을 쓰기도 한다. 비록 자서전이라 명명하지는 않는다 해도 그런 성격의 글들을 쓰게 되는 게 십상이다. 이 책을 내는 이유가 그렇다. 이 책은 나의 글들을 연차적으로 시간의 내림차 순으로 정리하였으니 나의 글쓰기의 궤적을 담고 있는 셈이다. 시간의 흐름에 따라 내가 어느 때 어떤 사안에 대해서 무슨 생각을 했는가를 가늠해 볼 수 있게 한다.

18세기 철학자요 역사가인 영국의 데이비드 흄(David Hume)은 "자서전 쓰기는 결국 자신의 허영심을 만족시키려는 것"이라면서 "자신이 어떤 인간인지는 자신이 쓴 글 속에 다 나와 있다"고 하였다. 그러고 보면 이 책은 나의 글쓰기의 궤적(내용)을 통하여 나의 살아온 모습을 드러내 정리하려는 나의 의도라 해도 좋겠다. 내 글쓰기의 자전自傳에 다름없다는 말이다.

『법구경』(불교경전)에는 이런 말이 있다. "입을 조심하지 않으면 … 입은 몸을 치는 도끼요 몸을 찌르는 칼날이다." 말을 조심하라는 뜻이다. 글을 쓰는 이가 글쓰기를 조심하지 않으면 자신을 해치는 칼이 되고 만다는 비유가 될 것이다. 글 쓰는 이에게는 글 빚이 있다 하였다. 나이 들어 나의 잡동사니 글쓰기를 돌아보면서 생각하니 내 짧은 식견으로 써놓은 잡동사니 글이 글 빚이 되고 글의 세계에 공해로 남게 될지도 모르겠다.

이제부터는 그저 내 우거寓居에서 무위자적無爲自適의 노년老年을 보내려 한다. 이것은 세상사에 덜 얽매이고 더욱 자유롭게 사는 길을 도모함이다. 아무것도 하지 않기로 마음먹어도 되는 그런 나이에 이른 것이다.

내 서재 이름이 靑南齋(청남재)인데 '청안靑眼의 무위자無爲子'(어떤 스님이 지어준 표현이다)가 기거하는 남녘의 서재라는 의미를 담고 있다. 움베르토 에코(Umberto Eco, 『장미의 이름』)의 표현을 빌리면 '세상 도처에서 쉴 곳을 찾아보다 마침내 찾아낸, 책이 조금 있는 구석방'이다. 이제 이 남녘의 서재에서 무위자로 기거하는 것이 나의 격에 맞는 삶의 방식이라 생각하고 있다.

이제 내가 글쓰기의 세계에 사는 동안 나를 찾아주고 격려와 질책을 마다하지 않았던 선·후배와 동료, 친지 여러분의 지지와 성원에 깊은 감사의 말씀을 전한다. 특히 우리 사회에 베풂의 철학을 실천하시면서 이 책의 출판을 지원·격려해 주신 송봉규(재암문화재단 이사장) 선생님께 이 지면을 빌려 깊은 감사의 말씀을 드린다.

끝으로 온라인 디지털시대에 오프라인 출판영역을 굳게 지키며 채산을 초월하여 이 책의 출판을 맡아주신 백산출판사의 진욱상 대표께 감사드리고 더불어 저자의 악필과 게으름으로 책의 출판과정에 어려움을 겪으면서도 정성을 기울여 교정·협조해 주신 성인숙 과장과 출판진 여러분께 고마운 마음을 전한다. 건승하시기 바란다.

2018년의 한여름
제주의 우거寓居, 청남재靑南齋에서
신행철

contents

차례

제1부 | 소론(小論) Ⅰ : 제주 사회 ─── 11

1 • 도민의식으로 본 제주개발의 성격과 문제점 • 13
2 • '제주도연구회' 창립 10년, 그 성과와 앞으로의 과제 • 20
3 • 국제적 요충지로 변하는 제주, 그 시대적 흐름에 대한 대비책을… • 45
4 • 제주의 사회적 풍토 • 51
5 • 국제화시대와 제주도민의식의 재조명 • 59
6 • 21세기 선진 제주의 창조를 위한 도민의 자세 • 67
7 • 지역사회 지도자와 리더십 • 78
8 • 국제자유도시 시대를 맞는 제주인의 자세 • 86
9 • 17대 총선과 제주 사회 • 92
10 • 제주 사회 도민통합의 사회학적 접근 • 100
11 • 박정희의 두 얼굴과 제주도, 그리고 제주의 미래 • 111

제2부 | 소론(小論) Ⅱ : 사회 일반 ─── 119

1 • 새마을운동의 본질과 그 실천방향 • 121
2 • 『1984년』과 인류사회의 디스토피아적 미래 • 126

3 • 지방시대의 의미 • 134
4 • 90년대 한국 사회의 과제와 전망 • 139
5 • 지역사회에 대한 사회학자의 역할과 기여 방안 • 146
6 • 사회변화 속의 청소년상과 그들이 지향해야 할 미래사회의 가치 • 152
7 • 사회과학이란 • 158
8 • 지역 언론과 지역사회 • 164
9 • 사회복지활동과 인간관계 • 171
10 • 저출산의 문제 어떻게 풀 것인가 • 175
11 • 지역발전과 주민의 역할, 지역주민운동 • 183
12 • '성불' • 200

제3부 | 담론(談論) · 칼럼 I : 제주 담론 — 207

1 • 세계를 향한 제주도의 오늘, 무엇이 문제인가 • 209
2 • 관광 그리고 이 고장의 토박이들 • 213
3 • '신구간' 이대로 좋은가 • 218
4 • 관광개발을 보는 도민의 시각 • 222
5 • 누가 한을 남기려 하는가 • 225
6 • 제주개발과 '특조법'의 제정 • 228
7 • 민초의 삶 존중하는 신문을 • 231
8 • 21세기 제주의 비전, '창조적 제주공동체' • 234
9 • 공동체를 추구하는 뜻은… • 237
10 • 미래시제형 교육 • 241
11 • 새 천년 제주, 어떻게 시작되고 있는가 • 243
12 • 새 천년 새해를 맞으며… • 245
13 • 2003년 제주는… • 248
14 • '열린 제주공동체'를 제창하며 • 252
15 • 제주 사회의 지역혁신시스템, 그 주체의 형성과 네트워크 • 256
16 • 제주 사회의 갈등과 도민통합론 • 259
17 • 제주해군기지 종합계획과 실천, 무엇이 문제인가 • 263
18 • 해군기지 건설에 정부의 전향적 자세를 촉구함 • 266
19 • 이제 갈등의 시대를 끝내고 통합의 시대를 열어야 한다 • 269

20 • 아직 아물지 않은 4 · 3의 상처 • 272
21 • 제2기 제주특별자치 도정의 책무 • 275
22 • 기초자치단체의 부활 • 278
23 • 제주 사회통합, 원효사상에서 그 길을 찾는다 • 281
24 • 제주 비전과 '제2차 국제자유도시 종합계획' • 284
25 • 새로운 10년의 시작, 제주는… • 287
26 • 제주의 지방행정 관료조직 운영은 합리적인가 • 290
27 • 제주특별자치도 5년의 평가에 붙이는 소회 • 293
28 • 제주 자연자원의 가치를 지키고 가꾸는 일에 제주의 미래를 걸어라 • 295
29 • 해군기지 건설, 이를 어찌할 것인가 • 297
30 • '제주학 연구'에 거는 기대와 우려 • 300
31 • 제주 7대 자연경관 이후 • 303
32 • 정치바람 타는 임진년 새해, 제주에 부는 정치바람 • 306
33 • 제주의 국회의원 선거, 그 정치지형의 변화 • 309
34 • 이어도의 날 제정의 의의 • 311
35 • 대선국면에서 제주는 무엇을 할 것인가 • 314
36 • 대선정국에 도민통합을 생각한다 • 317
37 • 박 부 · 녀(父 · 女) 대통령과 제주발전 • 320

제4부 | 담론(談論) · 칼럼 Ⅱ: 일반 담론 323

1 • 진리는 대학인의 빛 • 325
2 • 대학생의 심층적 가치 • 328
3 • 대학지식인의 딜레마 • 331
4 • 분단 논리의 극복과 민족공동체에의 지향 • 334
5 • 대학생과 전투경찰 • 337
6 • 토지의 이용과 소유 • 339
7 • 파행의 현장을 보면서 • 342
8 • 지방자치와 자치역량 • 345
9 • 인문과학도로서의 대학생활 • 348
10 • 지방화시대의 지방신문 • 351
11 • 권위주의의 청산, 권위의 회복 • 353
12 • 새로운 세기의 개막을 앞두고 • 356

13 • 대의정치의 퇴조, 그리고 생활정치 • 359
14 • 귀 막고 종 훔치다('掩耳盜鍾') • 362
15 • 지방대학으로서의 제주대의 역할 • 366
16 • 제주대학교의 오늘, 그리고 희망찬 미래상 • 370
17 • 제주대학교의 미래상, 학생 생활을 중심으로 본 제주대학교의 발전방향 • 374
18 • 21세기 제주대학은 어떤 모습이어야 하는가 • 379

제5부 | 수상(隨想) 381

1 • 춘하추동 I • 383
2 • 춘하추동 II • 396
3 • 철조망 속에 이는 단상 • 409
4 • 고 김동식 교수의 영전에 부쳐 • 413
5 • 제주 사회와 관광개발 • 415
6 • '스승의 날'에 교육을 생각하며 • 418
7 • '21세기 제주를 생각하는 모임' 창립 • 421
8 • 우리의 모교 한림중학의 그때, 그리고 이제 우리는… • 423
9 • 한림공원에 큰 뜻 심으신 송봉규 선생님 • 427
10 • 미국문화 이야기 • 431
11 • 제주의 또 하나의 중심도시, 서귀포 • 434
12 • 아낌없이 주는 바보(?)들을 위한 변명 • 436
13 • 짧은 미국 경험, 그 단편적인 이야기 • 438

제6부 | 논평, 토론, 기타 445

1 • 또 하나의 칼럼 • 447
2 • 선인들 삶의 뿌리 캐낸 기록: '오성찬, 『햇빛 비치는 마을 오조리』 (제주의 마을 시리즈②)' 서평 • 450
3 • 섬사람의 삶의 현장 규명: '조맹수의 『제주의 섬』' 서평 • 453
4 • 문화의 현상을 지리적 환경요인과 결부해 논의: '송성대 저, 『문화지리학 강의 – 환경과 문화 –』' 서평 • 455

5 • 『제주언론인클럽 15년』 서평 • 458
6 • 제주 지역 지방방송의 활성화를 위한 단편적 생각들 • 461
7 • 제주도종합개발계획 수립 과업지시서 작성에 대한 의견 • 464
8 • '21세기 제주를 생각하는 모임' 창립 1주년을 축하하며… • 469
9 • 「제주도민의식개혁 어떻게 할 것인가?」(토론) • 471
10 • 「제주 '평화의 섬' 모델과 추진전략 모색」(토론) • 474
11 • "신수도 건설의 재평가와 대전 위상 정립"에 대한 토론 • 477
12 • 아름다운 '선돌' 공동체가 되기를 기대하며… • 484
13 • 「도민의식개혁 무엇이 문제인가?」(토론) • 486
14 • 고향을 그리는 사람들의 망향의 공간이고자 합니다 • 491
15 • '더불어 숲'의 아름다운 공동체를 위하여 • 493
16 • 「제주 자연자원의 잠재적 가치에 대한 조명: 유네스코 등재 3개 분야 자원을 중심으로」(논평) • 496
17 • 「제주매일」 창간 특집 '원로에 제주의 내일을 묻다'(대담) • 500
18 • '소로(小路)길 인생'은 향기롭다 • 507

■ **특별기고**: '108산사순례' 참여와 나의 불자생활 / 홍춘대 • 510

제1부

소론(小論) I: 제주 사회

1 도민의식으로 본 제주개발의 성격과 문제점*

1. 개발과 의식

개발은 의도된 행동이요 그 결과이다. 따라서 개발에 참여하는 인간의 의도 여하는 개발의 성격을 결정해 주게 된다. 그런데 인간의 의도는 곧 의식의 차원에서 행동으로 옮겨질 가능성이 있는 선유경향先有傾向을 말하는 행동적 요소라 보아도 좋을 것이다. 그리고 개발의 결과로서의 결실은 수혜자의 가치평가에 따라 그 의미와 정당성이 크게 달라진다.

개발이라는 사회현상을 논의함에 있어서는 실제의 개발 그 자체보다 그것을 어떻게 의식하고 있는가에 더욱 큰 의미가 부여되지 않으면 안 된다. 왜냐하면 개발의 목표는 궁극적으로 사림의 보다 나은 삶에 있으며 이것은 사람들이 그들의 삶을 어떻게 보는가에 크게 좌우되기 때문이다. 그뿐만 아니라 보다 나은 삶을 위한 행동의 유발은 의식체계에 의해 제약을 받기도 한다. 말하자면 인간의 의식은 인간의 행동을 규제하게 되는 것이다.

개발은 바람직한 방향으로의 사회변화이고 바람직하다는 것은 개발현상을 보는 사람들의 가치평가이다. 개발 그 자체가 바람직한 것이 아니다. 개발의 긍정적 가치는 인간의 의식 속에 존재한다. 이를 현상학적 논리에서 보면 개발의 가치는 '저기 어디엔가 실재하는 것'이 아니라 그것이 개발에 관련된 사람들 사이에서 그렇다고 서로 합의된 것으로 인정하는 데 있는 것이다. 여기에 개발에 관련하는 의식의 중요성이 있는 것이며 이 글의 주제를 논의하는 까닭이 있다.

---

* 1982.2. 『제대학보』, 23집, pp.60-64. '특집 Ⅰ 제주도개발의 재조명, 주민의식'.

일찍이 M. Weber는 의식의 일정한 역사적 변화가 사회발전의 전제조건이 되었음을 논의한 바 있다. Weber에 따르면 '프로테스탄트 윤리'의 대두가 근대 자본주의의 출현에 중대한 공헌을 했다는 것이다. 말하자면 프로테스탄트 윤리에 기초한 소명의식이 서구의 근대화를 촉진시키는 원동력이 되었다는 것이다. 그리고 그 근대화의 담당 세력은 부르주아라고 하는 신흥 시민계급으로서 근대화의 가장 큰 수혜자이기도 했던 것이다. 이러한 Weber의 견해에서 우리는 생활윤리에 관련한 건전한 의식을 바탕으로 사회는 발전(개발은 의도성이 개재된 발전이다)하며 그 담당 세력은 발전의 수혜자들이라는 논리를 유추할 수 있게 된다.

이상과 같은 입장에서 우리는 다음 두 가지 차원에서 개발에 관련하는 의식의 문제를 논의하면 좋을 것이다. 하나는 개발을 추진하는 에너지원으로서의 의식이요 다른 하나는 개발의 결과를 누리는 차원의 수혜자 의식이다. 전자는 개발의 수단에, 후자는 개발의 목표에 관련된다. 그러나 수혜자의 긍정적 의식은 개발 에너지원이 될 것이며, 개발 에너지원으로서의 의식은 개발의 결과이기도 하므로 양자의 구별은 분석적 차원의 의미가 있는 것이다.

그리하여 이 글에서는 제주도민의 의식이 제주개발에 어떻게 작용하게 될 것인가를 일반론적으로 다루고 오늘의 개발 현실에 대한 도민들의 생각을 의식의 차원으로 논의할 것이며, 도민의식을 통해 본 제주개발의 문제를 언급하려 한다.

2. 도민의 일반의식과 개발

제주도민의 일반의식은 제주도민의 사회적 성격의 한 측면으로서 도민 일반의 관념 형태이며 신념의 조직이라 할 수 있다. 이를 평균적 제주민이 갖는 의식이라 해도 좋을 것이다. 그러면 평균적 제주민의 의식은 무엇인가. 이에 대한 결론적인 대답은 이 시점에서는 불가능하다. 다만 단편적이며 가설적인 항목들임을 전제로 하고 그 도민의식이 제주개발에 어떻게 작용할 것인지에 대하여 살펴보기로 한다.

현평효 외 7인의 제주대학 교수팀이 탐구하고 종합한 바에 따르면 제주민의 일반의식을 ① 자강自强 · 불패不敗의 정신, ② 강인强靭 · 절검節儉의 정신 ③ 근면勤勉 · 실리實利의 정신 등 3

개 항으로 요약하고 있다. 이러한 의식항목들은 제주민이 그들 공통의 지리적·역사적 경험과 생활양식을 공유하는 동안 형성된 것이다. 자강은 지척地瘠·민빈民貧의 역경 속에서 형성된 것이요, 불패는 제주 특유의 지리·역사적 악조건 속에서 경험한 패배를 배경으로 하여 내면화된 것이며 강인·절검이나 근면·실리의 정신도 그렇게 하지 않으면 안 되었던 동일한 실정이나 여건 속에서 이루어진 것이라 하겠다. 결국 그날그날 살기 위해서 자기부정적 복종이 강요되는 생활을 밑바닥까지 경험하고 난 그 바탕 위에서 위의 긍정적 의식항목들이 갖추어진 것이다.

사실상 앞에 열거된 의식항목들은 개발에 필요 불가결한 성격의 것들이다. 제주민은 제주개발에 긍정적인 의식을 가졌다는 말이 된다. ②, ③항의 경우는 Weber가 말하는바 서구의 근대화에 정신적 배경이 되었던 '프로테스탄트 윤리'에 맞먹는 것이며, 자강은 자립, 자주, 자조, 자족自足, 자력自力, 자위自衛 등을 포괄하는 말로써 지역사회개발의 핵심적 요건이 된다. 왜냐하면 지역사회개발은 가능한 한 주민 스스로가 그들 자신의 창의력에 의하여 그들의 생활수준을 향상시키기 위하여 적극적으로 참여하는 것이 그 기본 요소가 되기 때문이다. 필자가 제주 새마을운동 10개년 성과를 분석해 본 바에 따르면 제주도에서의 새마을운동은 다른 지역에 비하여 정부 의존도가 상대적으로 낮게 나타났으며, 정부의 계획보다 3년이나 앞당겨 1978년 이미 188개의 모든 마을이 '자립마을'이 된 것으로 나타났는데 이는 제주도민의 개발에 대한 긍정적 의식이 작용한 것으로 보아도 좋지 않을까 생각한다.

그러나 한편 개발에 부정적인 의식의 측면도 있음을 앞에 든 제주대학교 교수팀의 연구는 기술하고 있다. 열등의식, 배타성, 감상성感傷性 및 정관靜觀적 태도 등이 그것이다. 이들은 앞에서 긍정적 의식으로 든 바 있는 항목들과 서로 모순적인 성격을 갖는 것들로 개발에 관련하여 보면 부정적인 작용을 할 것으로 보인다. 열등의식은 성취동기를 해치며 배타성은 외래의 새로운 문물 유입이나 유능한 외래인의 공헌을 막게 되며 감상성이나 정관적 태도는 합리적 계획과 진취적 노력을 저해할 것이다.

개발에 관련하여 의식의 문제를 논의함에 있어서는 의식상의 전근대적 요소를 살펴보는 것이 의의가 있을 것으로 본다. 전근대적 의식은 개발에 관련하여 볼 때 반드시 부정적인 요인만으로만 작용하는 것은 결코 아니고, 때로는 긍정적으로 작용하는 경우도 있다고 할

지라도 개발과정에서 많은 갈등과 긴장을 낳는 요인이 될 것으로 볼 수 있으며 많은 진통을 겪으면서 변모해 갈 것이다.

제주 사회는 농업을 중심으로 조직 유지되는 민속사회의 성격을 띠게 되었을 개연성이 크고, 지역공동체적 결속은 동질성을 바탕으로 전통적 규범에 입각하여 이루어지게 되었던 것으로 보인다. 따라서 제주민의 의식 중에는 전근대적 성격의 의식이 강하게 남아 있을 가능성이 있다고 할 것이다. 필자가 조사한 바로는 제주도민들에게는 분묘墳墓풍습과 '신구간'新舊間 풍습에 대한 의식 등 샤머니즘적 전통요인이 타 도민에 비하여 강하고(근래에 제주도민들은 샤머니즘적 풍습을 타파해야 한다는 의식이 강하게 나타나고 있기는 하다.) 유교적 전통의식이라 할 수 있는 관지향官指向 의식이나 질서의식 등 역시 강하게 남아 있는 것으로 나타났다. 분묘나 '신구간'에 대한 샤머니즘적 태도는 제주개발에 부정적으로 작용할 것이 명백하다.

관지향 의식이나 질서의식은 중앙집권적 통제가 이루어지는 개발상황에서는 긍정적 요인으로 작용할 것이나 제주도 소지역단위의 자발적 프로그램을 개발하고 추진함에 있어서는 장애요인이 될 것으로 보인다. 한편 제주도민들이 타 도민에 비하여 상대적으로 남녀 격리의식이 낮고 배우자 선택에 있어서 자유혼적 경향이며, 부부가족에 대한 선호도가 상대적으로 높은 것은 그만큼 근대적 형태의 의식도 적지 않게 지니고 있다는 것이 된다. 낮은 남녀 격리의식은 개발에 대한 여성 노동력의 동원 가능성을 높여주며, 부부가족 선호경향은 근대화시대의 가족 적응도를 높여주게 된다. 그리고 제주도민들은 그들의 고향이 제주임을 자랑스럽게 생각하는 경향이 짙다. 이것은 제주개발에 있어서 주민의식을 바탕으로 한 주체성이 강렬함을 입증해 준다고 할 것이다.

3. 개발에 대한 도민의 의식

지역개발의 논리에서 보면, 개발 프로그램은 주민들의 절실한 욕구에서 시작되어야 하고 가능한 한 많은 주민의 참여가 있어야 한다. 왜냐하면 어떤 개발 프로그램의 성패 여부는 그 프로그램에의 주민참여 정도에 달려 있고 주민참여의 기대치는 그에 대한 주민의 의식

정도에서 추론할 수 있을 것이기 때문이다.

이러한 사정은 새마을운동 추진과정에서 예산상 정부 의존도가 상당히 낮은 제주도의 경우 전국 수준에 비하여 복지환경부문에 대한 투자의 비중이 상당히 높다는 점에서 이해할 수 있을 것 같다. 예산상 정부 의존도가 낮다는 것은 주민들의 자발적 참여가 높다는 것이고 복지환경부문에서 투자가 많다는 것은 주민들에게 절실한 숙원사업이 보다 적극적으로 추진되었다는 것이다. 제주도민들은 새마을운동으로 잘살게 되었다는 의식을 많이 갖고 있으며 이러한 의식이 새마을운동에 적극적으로 참여하게 만드는 배경요인이 되었을 것이다. 이런 점에서 개발에 대하여 제주도민들이 지니는 의식은 중요한 의미를 갖는다고 하겠다.

이 글에서는 제주신문사가 지난해 말 조사한 '제주도민의 의식 조사' 자료의 분석을 중심으로 부연하여 서술하기로 하겠다.

제주도민들은 제주개발의 바람직한 방향을 관광개발이라 보고 있다. 이것은 국가 정책에 부응하는 시대적 추세라 할 것이다. 도민의식 수준에서 보면 문제는 관광개발 그 자체의 필요성이나 타당성에 있는 것이 아니라 어떻게 개발할 것이냐 하는 방법에 있는 것으로 보인다. 도민들은 관광개발현황에 대하여 손색없는 관광지가 되기에는 '아직 멀었다'고 보고 있으며 으뜸이 되는 관광자원은 수려한 자연경관이라 인식하고 있다. 따라서 관광개발과정에서 어느 정도 자연을 훼손해도 무방하다는 의식이 농후한 반면 특히 식자층에서는 시설물 등에 의한 자연 훼손과 공해를 우려하는 경향이 나타나고 있다. 종합개발계획에 대하여 대부분의 도민들은 자신들을 위한 복지가 계획에 반영되어야 한다는 의식을 가지고 있다. 이외에 다음과 같은 몇 가지 사항을 개발에 대한 도민의 의식으로 들 수 있을 것이다.

첫째, 제주도민들은 제주개발에서 소외되고 있으며 그 권익이 침해되고 있다고 생각한다. 이것은 외부자본에 의한 개발과 그 개발이익의 도내 환류가 불충분한 데서 오는 현상인 듯하다. 개발과정에서 제주도민의 이익이 상대적으로 무시되고 소외된다고 생각할 때 제주도민들은 제주개발에 소극적일 수밖에 없고 제주개발을 앞서 외칠 타당한 근거를 그만큼 상실하게 될 것이다.

둘째, 제주도민들은 대체로 자신들의 힘으로 제주가 개발되어야 한다고 생각하고 있다. 이것은 앞서 지적한 외부자본에 의한 개발이익의 균점에서 소외되는 데서 오는 현상으로 보아야 할 것이다.

셋째, 개발에 따라 보존되어야 할 고유의 전통이 훼손될 것을 우려하면서도 개발의 주요성을 강조하는 의식상의 모순되는 딜레마를 경험하는 듯이 보인다.

넷째, 개발과정에서 나타나는 심각한 문제는 자연보전의 문제보다 고유한 전통보존의 문제라고 보고 있다. 제주도민들은 자연의 훼손보다 개발에 따른 미풍양속의 훼손을 더욱 우려하는 것으로 보인다.

다섯째, 공해의 문제에 대해서는 경제발전이 희생되더라도 공해산업이 금지되길 바라는 경향을 보이고 있다. 이러한 반응, 즉 공해에 대한 부정적 반응이 경제발전에 대한 긍정적 반응을 압도하는 경향은 1970년대 전반부에 육지부 지역에서 행해진 조사에서 나타나기 시작하였다.

이상에서 살펴본 몇 가지 개발에 대한 도민의식을 종합적으로 살펴보면, 개발에 따른 불이익을 걱정하면서도 제주개발의 중요성을 인식하고 있으며 외부자본에 의해 개발이 이루어지는 상황 속에서도 제주개발은 제주도민에 의해 이루어져야 한다고 생각하고 있다. 이렇게 보면 제주도민들은 의식구조상 이상과 현실의 괴리를 경험하고 있다고 하겠으며 여기에 제주도민의 의식상의 딜레마가 존재한다고 하겠다.

4. 제주개발의 몇 가지 문제점과 제언

앞의 논의에서 우리는 제주도민들이 제주개발의 이익에서 소외되었다고 생각한다는 점을 지적하였다. 이것은 제주개발이 안고 있는 문제점의 하나이다. 제주지역이 국제자유지역으로 개발된다고 할 때 국제사회와 직접 접촉 교류하게 되고 종래의 주변지역이던 위치에서 전위지역으로 탈바꿈함으로써 전통문화의 해체과정이 급격하게 일어나게 되는 점 또한 하나의 문제가 된다. 관광개발이 지속됨에 따라 관광지로서의 외형적, 감각적 문화풍토는 건전한 도민의식에 부정적으로 작용할 가능성이 있다는 점 또한 문제이다. 또 다른 문제는 외형적 개발에 따라 제주도민들의 기대욕구가 상승하는 한편 고소득 소비형 준거집단이 발생함으로써 도민들의 상대적 박탈의식이 증대되고 원망격차가 확대되어 의식상의 아노

미적 상황이 조성될 수도 있을 것이다.

이러한 문제점들은 결국 가능성의 진단인 것이고 이에 대처하는 사회적 노력 여하에 따라 억제 혹은 축소될 것임을 부인치 않는다. 여기에 어떠한 노력이 가장 적합한 것인가를 제시하는 것은 쉬운 일이 아니다. 여기서는 선택적 · 부분적으로 몇 가지 제언을 하는 것으로 만족하려 한다. 첫째, 개발의 방향은 도민의 이익을 우선 고려해야 할 것이다. 그들의 삶의 질이 개발에 의해 향상된다고 믿을 때 제주도민들의 개발 에너지는 충만해지고 보다 지속적이고 효율적인 개발이 이루어질 것이다. 다음으로는 구조적 융통성을 조성함으로써 변화의 충격을 완화해야 할 것이다. 개방적 자세로 배타의식을 타파해야 할 것이며 전근대적 의식은 청산해야 할 것이다. 잠재되어 있는 자랑스러운 우리의 문화유산을 찾아내어 이를 선양함으로써 도민 자존의 주체의식, 주민의식을 확고히 하고 열등의식을 완화해야 할 것이다.

민주적 윤리에 입각하여 토론과 설득의 자세를 생활화하고 엘리트나 지도자의 순환은 자유로워야 하며 되도록 넓은 범위의 지역주민들이 의사결정과정에 참여할 수 있도록 해야 할 것이다.

이것이 집단 에너지를 최대화하는 첩경이 되는 것이며 개방적 생활 분위기를 조성하는 기반이 된다. 이렇게 하여 건전한 도민의식은 변화 속에 성숙할 것이며 개발이 긍정적으로 관련될 것이다.

2 '제주도연구회' 창립 10년, 그 성과와 앞으로의 과제*

1. 머리에 붙여

지역사회를 위한 학술모임의 성격을 띠고 있는 제주도연구회濟州島硏究會는 1988년에 창립 10주년을 맞는다. 지난 10년의 세월은 제주도연구회의 발전에 있어서 적잖이 중요한 의미를 지니고 있다. 이제 그간의 내력을 살펴보고 그 성과를 가늠해 보는 것은 지역학술 활동을 점검해 본다는 점에서도 큰 의미를 갖는다고 생각한다. 이에 이 글은 제주도연구회의 발자취를 더듬어보고 그 조직과 활동을 정리, 소개함으로써 제주도연구회에 관심을 갖는 일반인의 이해를 돕고자 하는 데 그 뜻이 있다.

제주도연구濟州島硏究가 하나의 지역연구로서 그렇게도 의미 있는 것인가? 이 질문은 제주도연구회를 논의하면서 우선 던지고 대답하지 않으면 안 될 질문인 것 같다. 이 질문에 대한 대답은 종래 제주도연구의 필요성에 대한 주장을 소개함으로써 대신할 수 있을 것이다.

일찍이 1959년 7월 22일부터 8월 12일까지 22일에 걸쳐 해방 후 최초로 전국 학계를 총망라한 대규모의 제주도濟州島 종합학술조사(The Academic Expedition of Jeju Island)가 실시된 바 있는데 그 취지서는 다음과 같이 학술연구 대상으로서의 제주도의 가치를 인정하고 있다.

"돌이켜 생각하건대 제주도濟州島의 문화적, 자원적, 지정地政적인 가치에 있어서는 일정시日政時에도 인정하고 착안한 바이지만 해방 후, 다시 건국 후 전 학계의 희망과 의욕을 자못 느껴오던 것"이라고 한다.

* 1987.12. 『제주도』, 통권 제83호, pp.39-61.

제주도연구회 초대회장인 장주근 교수의 말을 들어보자. 그는 "제주도濟州島가 지니는 표본사회로서의 학술적 가치는 특히 다음 세 조건의 구비에서 생긴다고 할 수 있다"고 하고 그 첫째 조건은 제주도가 본토 남단에서 80여 마일 떨어져 위치하는 섬이라는 것이고, 둘째는 주위 400여 리의 면적을 가진, 섬으로는 사람들이 정주하여 살 만큼 크다는 것, 셋째는 그에 알맞은 인구를 가져왔다는 점을 들고 있다. 계속해서 장교수는 이러한 조건들은 "지상地上과 해중海中에 동·식물학 자료를 풍부하게 분포시켜 주는 것이겠지만, 한편 … 한국문화의 한 지방형과 고형古型을 온존시켜 온 조건들이다. 가령 울릉도는 주민의 지속적인 정착, 거주가 없었고, 거제도, 남해도, 진도 등은 큰 섬이지만 본토에 각기 근접되어 있어서 독자성을 가진 지역문화를 형성 지속시켜 오지 못했다"고 하고 "이러한 제주도濟州島의 연구는 제주도가 그리 크지 않고 하나의 표본사회로서 볼 수 있는 만큼 집중적 또는 종합적 연구, 또는 각 학문 상호 간에 서로 도움을 주고받는 일이 많아질 것이 요망된다"고 하고 있다.

현 제주도연구회장인 김영돈 교수는 "우선 모든 면에서 격변 도상에 이 섬이 놓여 있기 때문이다. 둘째는 어느 곳과도 유다른 제주도다운 개성이다. 셋째로는 제주도의 민간전승이 세계적으로 특이성을 띠었다"는 점 등을 제주도 연구의 필요성으로 들고 있다.

한편 문화인류학자인 조혜정 교수는 "제주도 연구가 시급히 그리고 성공적으로 많은 학자와 학생들의 노력에 의해 행해지기를 바라는" 이유를 다음과 같이 피력하고 있다.

> "제주도(濟州島)는 전통적으로 육지와는 판이한 생업구조를 발달시켜왔으며 현재도 여전히 그 특이한 생태학적 조건에 의해 많은 분야 — 언어, 종교, 남·여성의 생활상 등 — 에 걸쳐 독자성과 특수성을 보여주고 있다. … 특히 그 여성 활동과 이에 따른 남·여성의 세계관과 기질차이 때문에 늘 큰 관심이 되어왔으며 앞으로도 그럴 것이다. … 제주도는 우리나라 문화와 민족성을 연구하는 데 꼭 필요한 비교적 관점을 제공할 것이다. …지리적 조건에 의해 제주도는 그 나름의 문화를 발전, 보존해 올 수 있었다. … 특히 상업자본의 침투로 급격히 변화해가는 제주문화를 외래의 힘에 따라 변화하게 맡기기만 할 것인지, 제주도민 스스로가 주체가 되어 적극적으로 그들의 나은 미래를 위한 문화를 형성해 갈 것인지는 자신들 고유의 전통문화를 바로 이해하고 주인으로서의 역사의식을 갖는데 있다."

이상에서 살펴보았듯이 이제 제주도에 대한 학문적 연구 가치의 중요성에 대해서는 상당한 정도로 합의가 이루어지고 있다.

다시 말할 필요가 없겠지만 결국 제주도는 그 도서성島嶼性과 주변성 그리고 피학적被虐的 역사성 등으로 해서 인문, 사회, 자연의 모든 영역에 걸쳐서 한반도와는 특이한 성격을 지니고 있는데다 통합적 학술연구의 대상으로 알맞은 크기의 지리적 단위라는 점이 제주연구의 필요성을 부추기게 되었다. 더구나 근대 개방화체제 속에 그 본래의 모습이 급격히 변모하리라는 개연성, 그리고 도래하는 지역화(지방화)의 추세 속에 지역연구는 불가피하리라는 기대 등은 제주도연구회의 존립가치를 더해주고 있다. 여기에 제주도를 아끼는 향토애는 제주도의 학술적 연구에 감성적 토양이 되고 있다. 『제주도』지 편집자가 이 글을 요청하는 이유 또한 여기에 있다고 생각한다.

2. 연구회의 발족과 주요 일지

제주도연구회의 설립 취지와 그 창립에서 오늘에 이르기까지의 과정을 살펴보면 다음과 같다.

1) 설립 취지

자연환경과 인문환경, 역사와 사회구조, 도민의 생활양식과 의식구조 등 제주도에 대한 다각적이고도 종합적인 이해를 위해 관련 학문분야 전공자 간의 커뮤니케이션 활성화 및 상호협력 촉진, 나아가 그를 통하여 지역연구의 표본으로서 제주도 연구의 진흥과 그의 국제적 연결을 도모한다. 이러한 취지하에 그 사업목표를 다음과 같이 두고 있다.

(1) 정기 연구발표회, 부정기 강연회 및 세미나 개최
(2) 연구지 간행
(3) 제주도 관계 문헌목록수집 및 정리
(4) 제주도 내 현지 조사 및 보고서 발간
(5) 기타 본회의 목적과 관계되는 사업

'제주도연구회 회칙' 제3조에서는 "본회는 우리나라 지역연구의 표본으로서 제주도연구를 진흥시키고 관련 학문 간의 상호협조 및 지역연구에 관한 국제적 연결을 도모함을 목적으로 한다."고 규정하고 이어서 제4조에 "전조의 목적을 달성하기 위하여 다음 각 호의 사업을 행한다.

1. 총회개최
2. 정기적인 연구발표 및 부정기적인 강연회 개최
3. 기관지(연구조사보고서) 간행
4. 기타 본회의 목적과 관계되는 사업"

이렇게 보면 회칙의 내용은 설립 취지를 다소 위축시킨 듯한 인상을 주고 있으나 근본적으로는 설립 취지와 그 사업목표가 그대로 회칙의 제3조 및 제4조에 반영되고 있다고 하겠다. 그러나 뒤에서 상술하려 하지만, 지난 10년간에 추진된 사업을 보면 아직 연구회 설립 취지를 완전히 실어 펴지 못하고 있음을 자인하지 않을 수 없겠다. 총회를 개최하고 정기적인 연구발표회를 '월례발표회' 형식으로 갖고 있으며 3차에 걸친 세미나(심포지엄)를 개최한 바 있고 기관지인 『濟州島硏究』(제주도연구)도 3집째 발간하였으나 제주도 관계 문헌목록 수집 · 정리, 현지조사 및 보고서 발간 등 기타 본회의 목적과 부합되는 사업은 손을 못 대고 있는 실정이다. 이런 점에 관련해서는 후술하기로 하고 여기서는 창립과정과 10년의 경과를 살펴보기로 한다.

2) 연구회의 발족

연구회 발족이 구체화된 것은 1978년 정초(양력) 초대회장인 장주근과 직전 부회장인 전경수의 회합에서 비롯된 것으로 보인다.(제주도연구회 회의록을 참고하였음. 서술상의 편이를 위해 성함 뒤의 칭호를 생략하였으며 성함의 순서는 회의록과 연구회지 등 기록문서에 따랐음. 이하 같음)

1월 12일, 장주근 · 전경수 두 사람은 사전에 만난 바 있는 진성기, 김영돈, 정영화, 현길언 등에게 발기인 모임을 알리고, 2월 15일 발기인 6인(김영돈, 장주근, 전경수, 정영화, 진성기, 현길언)이 연구회 발족을 결의하고, 관련학계 인사들에게 참여의사 타진 및 권유를 하였는데 그 대상자는 다음과 같다. 서병설, 강신표, 고부자, 장보웅, 김승찬, 윤순영, 최재석, 이백규, 오홍석, 이광규, 김홍식, 정승모, 현용준. 발기인 모임에서 회칙 초안이 마련되고, 주소록 작성 및 입회원서 작성(예비) 등이 있었다.

3월 15일 창립총회 및 연구발표를 위한 엽서가 발송되고 드디어 3월 28일 역사적인 창립총회가 개최되었다. 창립총회의 내용은 이러하다.

- 일 시: 1978.3.28. 19시
- 장 소: 경기대학
- 참석자: 장주근, 진성기, 전경수, 이기욱, 김영돈, 정영화, 현길언, 김홍식, 고부자 등 9명 (이들 중 김영돈, 정영화, 현길언은 위임 참석자임)
- 결의사항: (1) 모임의 명칭을 제주도연구회(濟州島硏究會)로 한다. (2) 회장단 등 임원 선출. 회장에 장주근(경기대 교수), 부회장에 진성기(제주도 민속박물관장), 간사에 전경수(서울대 대학원 인류학과 조교)를 선정함. (3) 사무소를 서울에 둠, (4) 4월 모임까지 회칙과 입회원서를 작성함. (5) 제주도 관계 문헌목록을 작성함. (6) 재경 제주도 도민회와 연락을 취하고 협조를 구함

이 창립총회에서는 장주근의 "지역연구의 표본으로서의 제주도"라는 제목의 발표도 있었는데 이것은 제주도연구회 제1회 월례발표회가 되는 셈이다.

3) 주요 일지

창립 후 제주도연구회는 그동안 조직과 기능(활동)의 양면에서 양적, 질적인 확대 심화가 이루어져 왔다. 이제 그 사정을 일지 형식으로 주요한 것만을 연도별로 살펴보기로 한다.

■ 1978년도

3.28. 창립총회를 겸하여 가진 제1회 월례발표회를 시작으로 하여 6회에 걸친 월례발표회를 가졌다.(4.27. 2회, 5.19. 3회, 6.23. 4회, 11.17. 5회, 12.15. 6회) 각 발표회의 내용에 대해서는 후술하려 한다.('연구회의 활동'란)

8.7. (장주근 회장댁에서 회동하여) 간사를 맡아보던 전경수의 외유로 인하여 공석이 된 간사

직을 이기욱이 맡게 되었다.

■ 1979년도

3회의 월례발표회를 개최하였는데, 4월 10일에 7회, 6월 8일에 8회, 10월 26일에 9회가 그것이다.

■ 1980년도

4월 3일, 창립 이후 첫 번째의 총회, 즉 제2차 정기총회를 가졌다. 장소는 이화여대 선관 교수휴게실이었고 참석자는 장주근, 진성기, 이기욱, 김홍식, 고부자, 강정희, 김은실, 최광식, 이상순, 김준희 등이었다. 주요 안건 및 결의사항은 다음과 같다.

첫째, 회지 발간을 위한 원고 모집, 현지 조사의 실시, 문헌목록의 작성 등 연구회 사업의 추진

둘째, 월례발표회의 횟수 조정. 전후 학기별로 학기당 2회, 연 4회 개최

셋째, 임원의 개선. 회장에 장주근, 부회장에 진성기 각각 유임. 부회장 1인 추가 김홍식 선출, 간사에 이기욱 유임, 새로 1인을 추가 김준희 선임

연구발표를 2회 개최하였는데 4월 3일 정기총회를 겸하여 10차 발표회가 있었고, 11차 발표회를 10월 24일에 개최하였다.

■ 1981년도

4월 16일, 이화여대 선관 교수휴게실에서 제3차 정기총회를 개최하였다. 이때 12차 연구발표회를 가진 데 이어 제주도연구회의 지속적인 활동에 관한 제반문제를 토의하고, 제주도연구 문헌목록의 작성을 조속 추진키로 하였다.

9월 23일에는 임원회를 개최하고 간사를 이기욱에서 김영범으로 교체키로 하여 간사업무가 인계되었으며, 13차 연구발표회를 11월 7일 열기로 하여 그 발표자로 김홍식, 이기욱 두 회원을 선정하였다. 그리고 회지 창간호 발간 준비의 건과 회원 회비납부의 건에 관한 논의가 있었다.

11월 7일 한국민속박물관에서 13차 연구발표회를 가졌다.

■ 1982년도

4월 23일, 경기대학 회의실에서 제4차 정기총회를 개최하여 임원을 개선하고 '82년도 연구회 활동계획에 관하여 논의하였다. 임원 개선 내용을 보면 1, 2대 회장직을 맡아보던 장주근에 이어 한상복이 3대 회장에, 부회장에는 김홍식 유임, 신임으로 현길언이 각각 선출되었다.(간사에는 김영범 유임)

활동계획에 관련해서 보면, 회지 창간호 발간을 추진키로 결의하고 그 원고 모집 방안, 시간 계획 및 기금조성 방안이 논의되었으며 편집위원회를 구성키로 하였다. 편집위원회의 구성은 인문, 사회, 자연과학 분야별로 1인씩 선임하고 편집 간사 1인을 충원키로 하였는데 그 후 김홍식을 위원장으로 고부자, 신행철, 이기욱, 전경수 등이 위원으로 선정된 바 있다.

4차 정기총회에서는 겸하여 14회 연구발표회가 있었고, 그 뒤 3회에 걸친 연구발표(6월 19일에 15차, 10월 16일에 16차, 11월 13일에 17차)가 있었다.

11월 1일, 「제주도연구회보」 제1권 제1호를 발행하고 배포하였다.

■ 1983년도

1983년도는 회지 발간을 위한 노력이 집중되던 시기였다. 그리하여 2월 28일 회지에 게재할 원고를 1차 마감하였고(10편의 원고가 접수됨) 회지 발간 기금 조달방안의 모색 및 대외교섭을 지속적으로 벌였다.

9월 24일, 이화여대 진관홀에서 제18차 연구발표회가 있었다.

■ 1984년도

1983년의 회지 발간 노력이 열매를 맺게 되는 해이다. 이해는 연구발표회도 생략된 채 오직 회지 창간에 연구회의 에너지가 모아지던 해이다.

우선 회지 발간자금 지원을 받게 되었는데 제주시 소재 현오학술문화재단(이사장 양치종)에서 발간비 전액을 지원해 주었다. 회지에 게재할 원고를 추가 청탁함으로써 12월 말 현재 8편의 원고가 추가 접수되어 도합 18편의 원고가 마련되었다. 드디어, 12월 25일 신국판 455페이지의 회지 『濟州島硏究』(제주도연구) 1집이 발간되었다. 표지도안은 '선, 디자인'사 대표인 선정근이 맡았다.

■ 1985년도

5월 25일, 서울국립민속박물관 시청각실에서 제5차 정기총회를 개최하고 사업 및 결산 보고, 회칙 개정, 임원 개선, '85년도 사업계획 등이 안건으로 부의되고 논의되었다.

임원 개선 내용을 보면 회장(4대)에 오홍석(신임), 부회장에 서울지구 전경수(신임), 제주지구 신행철(신임)을 선출하였고 간사에 유철인과 고부자를 선임하였는데 모두 신임으로 유철인은 전국학술대회 추진 간사의 임무를, 고부자는 연구출판 간사의 일을 맡도록 하였다. 그리고 연구회사업의 효과적인 추진을 위해 두 개의 위원회를 구성하였는데 연구출판위원회(위원장: 전경수, 위원: 고부자, 이용필)와 전국대회추진위원회(위원장: 신행철, 위원: 전경수, 이기욱, 현길언, 문두길, 유철인)가 그것이다.

5차 정기총회에서는 또, (1) 전국대회 개최, (2) 회지(2집) 발간, (3) 연구발표회 개최, (4) 회보 발행 등 '85년도 사업계획을 확정하였다.

6월 15일 「濟州島硏究會報」(제주도연구회보) 제2권 1호(통권 2호), 8월 31일 제2권 2호(통권 3호), 11월 20일 제2권 3호(통권 4호)가 발행되었다.

9월 26일 제주시 우당도서관에서 제20회 연구발표회가 있었다. 이는 연구회 발표가 제주도에서 개최된 최초의 경우가 된다.

11월 15일, 16일 양일간 호텔 제주 로얄(제주시 소재)에서 제주신문사와 공동으로 '제주신문 창간 40주년 기념 심포지엄 및 제주도연구회 제1차 전국학술대회'가 개최되었다.

11월 16일 학술 심포지엄 폐회 직후 연구회 임시 총회가 개최되고 이 자리에서 현오학술문화재단 양치종 이사장에게 제주도연구회장 명의로 감사패가 전달되었다.

12월 25일 회지 『濟州島硏究』(제주도연구) 2집이 출간되었다. 2집은 경운耕雲 장주근 선생 화갑 기념호로 하였으며 1차 학술회의 발표요지를 수정 검토하여 게재하였다.

■ 1986년도

4월 19일 서울 국립민속박물관에서 제21회 연구발표회를 개최하였다.

5월 31일과 6월 28일 각각 22회와 23회 연구발표회를 제주 우당도서관에서 개최하였다.

6월 30일 「濟州島硏究會報」(제주도연구회보) 제3권 1호(통권 5호)를 발행하였다.

7월 26일, 8월 30일, 9월 27일 각각 24, 25, 26회 연구발표회를 우당도서관에서 개최하였다.

10월 11일은 서울 국립민속박물관에서, 10월 25일에는 제주시 우당도서관에서 각각 27회와 28회 연구발표회를 가졌다.

11월 14~16일 3일간 호텔 제주로얄에서 제주신문사와 공동으로 '제주신문 창간 41주년 기념심포지엄 및 제주도연구회 제2차 전국 학술대회'를 개최하였다.

11월 15일 2차 심포지엄 행사 중에 제6차 정기총회를 개최하고 회장단을 선출하였다. 회장(5대)에 김영돈(신임), 부회장에 이인규(신임)와 신행철(유임)을 선출하였는데 그 임기를 5월 1일부터 시작하는 것으로 하였다.

12월 30일 회보 제3권 2호(통권 6호)를 발행하였다.

■ 1987년도

5월 9일 국립민속박물관(서울, 경복궁 내)에서 29회 연구발표회 개최.

9월 26일에는 제주시 교육청 강당에서, 10월 24일에는 서울 국립민속박물관에서 각각 30회와 31회 연구발표회를 가졌다.

10월 1일 회보 제4권 1호(통권 7호)를 발행하였다.

11월 13, 14일 2일간 호텔 제주로얄에서 '제주신문창간 42주년기념 심포지엄 및 제주도연구회 제3차 전국학술대회'를 제주신문사와 공동으로 개최하였다.

11월 14일 학술대회를 폐회하면서 제7차 총회를 개최하여, '87년도 예산을 결산하고 '88년도 사업계획 및 예산안을 검토 논의하였다. 특히 1988년은 제주도연구회 창립 10주년으로 이를 기념하여 행사를 보다 뜻깊게 마련하는 데 의견을 모았다. 하나의 안으로 거론됐던 사항들로는 2박 3일의 전국학술대회(제4차) 개최, 제주도연구회지 5집 발간, 합동학술조사의 실시, 임시 총회 및 학술회의 개최 등이다. 회칙 개정도 있었는데 제2조 연구회의 소재지 규정을 '서울'에서 '회장 소재지'로 고쳤다. 그 외 18조(총회 정족수)와 22조(회칙 변경)도 개정하였다.

창립 10주년 기념행사를 위해 현 회장을 위원장으로 하는 준비위원회를 구성키로 하고 그 구성을 회장에게 위임하였다.

3. 연구회의 구성과 조직

1) 회원 구성

제주도연구회의 회칙은 제5조에서 "본회의 회원은 본회의 취지에 찬동하고 본회 소정의 입회원서를 제출하여 회장의 승인을 얻은 자로 한다"고 그 회원자격을 규정하고 있는데 입회원서의 양식은 2인의 본회 회원의 추천을 얻도록 되어 있다.

총 입회 회원의 수는 1987년 12월 말 현재 150명에 이르고 있으나 이들 중 한 회원은 단체회원(제주도 민속자연사박물관, 1986년 가입)이고 박동원 회원(서울대 교수, 지리학, 1982년 가입)이 1987년 사망하여 개인 회원은 148명이 된다.

단체회원을 뺀 148명의 가입연도를 살펴보면 창립된 해인 1978년에 21명이 가입한 이후 1979년 4명, 80년 9명, 82년 6명, 83년 4명이 가입하였는바 초창기 6년 동안은 그 가입실적이 저조해서 연 10명 미만의 가입에 그치고 있고 특히 81년과 84년에는 그 가입자가 전무하다. 그리하여 1984년 말까지만 하더라도 회원 수는 50명을 넘지 못하였다. 그러다가 1985년과 86년 두 해에 각각 46명과 43명이 가입하고 87년에 15명이 가입함으로써 그 조직 세가 크게 확대되었다. 1985년 이후 3년 사이에 그 회원 수가 많이 늘어난 것은 1984년 말 연구회지가 창간되었고 그 3년 동안 회지가 계속 발간되었으며 해마다 전국 규모의 학술대회를 가짐으로써 회원 가입의 동기를 유발하는 효과가 있었기 때문인 것으로 보인다.

이제 회원들의 주소지별, 전공별, 직업별 성격을 살펴보기로 한다.

주소지에 있어서 보면 제주도 내에만 92명으로 이는 전 회원의 약 62%에 해당하는데 제주시에 주로 몰려 있다.(제주시 78명) 그러나 서울 34명, 경북 5명, 경기와 광주 각각 4명, 충북, 충남, 전북이 각각 2명, 부산 1명, 강원 1명 등 전국에 회원들이 골고루 분포되어 있어서 가히 전국 규모의 학술단체라고 할 만하다. 아마도 지역연구단체로는 가장 넓은 지역적 참여가 이루어지는 단체가 아닌가 생각한다. 특히 회원 중에는 캐나다에 거주하는 사람도(1명) 있다.

회원들의 전공과 직업도 아주 다양하다. 우선 전공에 있어서 보면 인문, 사회과학 분야는 물론 자연과학, 예능에 이르기까지 다양하다. 입회원서에 기록된 전공을 그대로 놓고 보면 인문학 분야 20개 전공에 54명, 사회과학 분야 25개 전공에 57명, 자연과학 분야 20개 전공에 29명으로 사회과학 분야가 전공영역과 회원 수에서 제일 많다. 그리고 예능 분야의 전공자(종족음악)도 1명 있고 기타(전공표시가 없는 자)가 8명이다.

참고로 회원들이 입회원서에 표시한 자신의 전공을 그대로 하여 그 전공영역들을 서술의 편이상 유사한 것끼리 묶어서 분류하여 보면 다음과 같다.

- 인문학 분야: 국어, 국문학 영역이 제일 많아서 16명이고, 역사학이 향토사 3명을 포함해서 14명, 민속학 12명, 고고학과 외국문학(영문학과 중문학)이 각각 4명, 철학이 2명이며 알타이어학과 종교학이 각각 1명씩이다.
- 사회과학 분야: 인류학이 13명으로 제일 많고 사회학 10명, 지리학 7명, 행정학과 경제학이 각각 5명이며 정치학, 법학, 교육학이 각각 4명, 관광학 3명, 가족관계학 2명 등이다.
- 자연과학 분야: 공학이 건축학 6명을 포함해서 9명으로 가장 많고, 생물학, 원예학, 기생충학이 각각 4명, 위생 · 의학 3명, 화학 2명, 수산학, 해양지질, 축산학이 각각 1명이다.

다음으로 회원들의 직업을 보면 교수가 96명으로 가장 많고, 교사 12명, 공무원 9명, 연구원 4, 대학 조교 3, 시간강사, 향토사가, 기자, 사서가 각각 2명, 농업, 자영업, 작가, 의사, 회계사가 각각 1명, 회사원과 학생이 각각 3명, 무직 2명, 불명 3명이다. 그러니까 회원들은 16개 직업 분야에 분포된 것이 된다.

이상에서 살펴본 회원 현황을 창립 당시인 1978년도에 비교해 보면 그 회원 수가 21명에서 149(단체회원 1명 포함)명으로 많이 늘어났을 뿐 아니라 회원 주소지도 7개 시 · 도에서 10개 시 · 도로 확산되었고, 직업은 교수(19명), 연구원(1명), 공무원(1명)의 3직종에서 16개 직종으로 확산되었으며, 전공분야도 인류학(5명), 민속학(5명) 등을 중심으로 한 13개 전공에서 국어 · 국문학(16명), 역사학(14명), 인류학(13명), 민속학(12명), 사회학(10명) 등 65개 전공영역으로 확산되었다.

2) 임원과 위원회

제주도연구회에는 회장 1인, 부회장 2인, 간사 2인의 임원을 두게 되었는데(회칙 제10조), 회장과 부회장은 총회에서 선출하고 간사는 회장단에서 임명한다.(제13조) 회장과 부회장의 임기는 2년이다.(제14조) 그리고 고문 약간 명을 둘 수 있으나(제12조) 현재 고문은 두지 않고 있으며 사업추진을 위해 필요한 위원회를 설치할 수 있도록 규정하고 있는데(제11조) 현재 연구출판위원회와 전국대회추진위원회 등 2개의 위원회를 구성 운영하고 있다. 연구출판위원장은 서울 측 부회장이, 전국대회추진위원장은 제주 측 부회장이 겸임하고 있다.

역대 임원을 보면 다음과 같다.

회　장: 초대와 2대 장주근(78.3.28~82.4.23)
3대 한상복(82.4.24~85.5.24)
4대 오홍석(85.5.25~87.4.30)
5대 김영돈(87.5.1~현재)
부회장: 초대 진성기(78.3.28~80.4.3)
2대 진성기 · 김홍식(80.4.4~82.4.23)
3대 김홍식 · 현길언(82.4.24~85.5.24)
4대 신행철 · 전경수(85.5.25~87.4.30)
5대 신행철 · 이인규(87.5.1~현재)
간　사: 초대 전경수(78.3.28~78.8.7)
2대 이기욱(78.8.7~81.9.23), 김준희(80.4.4~81.9.23)
3대 김영범(81.9.24~85.5.24)
4대 고부자 · 유철인(85.5.25~87.4.30) 단, 유철인의 경우는 해외 연수차 도미하게 되었으므로 그 후임에 이청규가 1986.7.부터 임명되어 일하였다.
5대 고부자 · 이청규(87.5.1~현재)

임원진의 조직에서 보면 1980년도 2차 정기총회 때 부회장 1인과 간사 1인을 추가 선임함으로써 임원진을 확대 보강하였음을 알 수 있으며, 1982년도 4차 정기총회에서는 부회장 2인의 지역을 서울과 제주에 각 1인씩 배려하게 되었다. 그리고 1985년 5차 정기총회에서는 임원을 개선하면서 서울지구 부회장은 연구출판위원회를, 제주지구 부회장은 전국대회추진위원회를 각기 관장토록 하였다. 이런 조치는 회지를 서울지역에서 발간하게 되었고 전국대회는 제주지구에서 개최키로 하는 데 따른 것이다.

위원회의 구성을 보면:

- 연구출판위원회: 초대 위원장 전경수, 위원 고부자, 이용필
  2대 위원장 이인규, 위원 고부자, 이청규
- 전국대회추진위원회: 초대 위원장 신행철, 위원 전경수, 이기욱, 현길언, 문두길
  2대 위원장 신행철, 위원 이청규, 이기욱, 이용필, 고정삼

그리고 서울 측 간사는 연구출판위원회 간사를, 제주 측 간사는 대회추진위원회 간사를 각각 겸임하게 되었다.

4. 연구회의 활동과 사업

제주도연구회가 그 설립 취지에 따라 지난 10여 년에 걸쳐 실행 추진한 활동과 사업으로 중요한 것들로는 회지 발간, 심포지엄 개최, 회보 발간, 연구발표회 개최 등이 있고, 사업목표로 정하고 추진을 시도했으나 아직 손대지 못하고 있는 것들로는 제주도 관계 문헌목록의 수집 · 정리, 현지 종합학술조사 및 보고서의 발간 등이 있다.

1) 회지 발간

연구회는 그 초창기부터 회지 발간을 위해 꾸준히 의견을 모으고 그 방안을 논의하여 왔다. 특히 1982년도 제4차 정기총회에서는 회지 창간호 발간을 추진키로 결의하고 그 시간계획 및 기금조성 방안이 논의되었고 1983년 초, 회지에 게재할 원고(10편)를 1차로 접수 마감함과 동시에 발간기금 조달을 위한 대외교섭을 벌이기 시작하였다. 1984년에 들어서서 회지 발간비 지원처인 현오학술문화재단(이사장: 양치종)에서 발간비 지원을 약속함으로써 회지 발간을 위한 준비가 더욱 활기를 띠게 되어 원고의 추가청탁 및 접수를 마감하여 도합 18편의 원고를 수합하였다. 이렇게 하여 드디어 연구회의 그 오랜 숙원사업의 하나인 회지를 창간하기에 이르렀으니 이름하여 『濟州島硏究』(제주도연구) 제1집이다.

그 발행일은 1984년 12월 25일(이 날짜는 그 뒤 회지 발간의 기준일이 되고 있다)이고, 현오학술문화재단의 발간비 전액(2,479,000원) 지원은 회지 발간의 획기적 계기가 되었음은 물론이다.

판형은 신국판, 분량은 455면, 인쇄처는 서울의 대학사, 표지도안은 '선 · 디자인'사(대표 선정근)가 맡아주었다. 내용구성을 보면 회장(한상복)의 창간사에 이어 연구논문 9편, 조사보고 4편, 연구노우트 5편이 실려 있는데 그 글들의 제목과 필자를 목차에 따라 나열하면 다음과 같다.

■ 연구논문

- 지역연구의 표본사회로서의 제주도 … 장주근
- 제주문화의 사회과학적 이해에 관한 연구: 공동체의식을 중심으로 … 고창훈
- 광령리 출토 석기와 김해식 토기 … 이청규
- 범선 항해시대의 제 · 경해로 … 오홍석
- 일상생활과 도서성: 제주도 문화에 대한 인지 인류학적 접근 … 유철인
- 도서와 도서민: 마라도 … 이기욱
- 제주도민의 호상 옷과 내세관 … 고부자
- 성읍리 공간구성의 연구 … 김홍식
- 생물가스 이용에 관한 연구: 제주도 송당리를 중심으로 … 전경수 · 조경만

■ 조사보고

- 제주도 연합학술조사(1959) 개요 … 한상복
- 제주도 연자매(ᄆᆞᆯ방에) … 김영돈
- 가파도와 마라도의 지형 … 박동원 · 오남삼 · 박승필
- Healing Rite of Cheju Simbang in Korea: A Preliminary Analysis … Seong-nae Kim

■ 연구노우트

- 제주도민과 말(馬) … 진성기
- 제주도민속의 정신의학적 연구 전망 … 이부영
- 제주도 연구의 필요성: 민속학적 측면에서 … 김영돈
- 제주도 연구의 필요성: 문화인류학적 관점에서 … 조혜정
- 제주도의 학술자료의 가치: 신화학 부문 … 장주근
- 회지 말미의 부록, 회보에는 '제주도연구회의 연혁과 현황', '제주도연구회 회칙' 등이 포함되어 있다. 편집은 김홍식, 고부자, 전경수, 김영범이 맡았다.

『濟州島硏究』(제주도연구) 제2집은 역시 현오학술문화재단의 출판비 지원으로 1985년 12월 25일, 신국판 356면으로 발간되었다. 인쇄처는 서울대학교출판부, 편집은 전경수, 고부자, 이용필이 맡았다. 2집은 초대회장 '장주근 선생 화갑기념호'로서 그 서두에 경운耕雲 장주근 박사 근영近影과 그의 연보 및 저서 목록이 있으며 회장(오홍석)의 발간사에 이어 그의 화갑을 기리는 글, 김영돈의 "경운 장주근박사의 회갑을 기리면서"를 싣고 있다.

그 목차를 보면 '제주도의 보존과 개발'이란 주제의 '특집'을 싣고 있는데 이것은 연구회의 제1차 전국학술대회의 주제발표 요지 4편과 토론요지를 모은 것이고, 이어서 5편의 연구논문, 3편의 자료보고, 7편의 연구노우트가 실려 있다.

이제 그 글들을 나열하면 다음과 같다.

- **특집: 제주도의 보존과 개발**
  - 제주도 민속문화의 보존과 개발 방향 … 현용준
  - 제주도의 관광개발과 지역문화 보전을 위한 제언 – 관광인류학적 입장 … 전경수
  - 제주도 해양자원의 현황 – 해조자원을 중심으로 … 이인규
  - 도시에 있어서의 개발과 보전의 상보성 … 강병기
- **연구논문**
  - 제주도민의 상례(喪禮)에 나타난 복식: 호상옷과 상복 … 고부자
  - 조선조(16C~18C) 제주지방 현감의 실태 분석 … 김동전
  - 한국 자장가 연구: 제주도 자장가를 중심으로 – 윤치부
  - /·/음의 소실기에 대하여 … 이우영
  - 제주의 전승유희 … 좌혜경
- **자료보고**
  - 가족구조와 민가 크기(집 자리)의 변천에 대한 연구 – 창천리 및 동명리 · 명월리를 중심으로 – … 김홍식
  - 제주의 혼속(婚俗)… 박대순
  - 제주민속박물관의 소장 자료와 그 가치 … 진성기
- **연구노우트**
  - 제주 농수산 자원의 효율적 이용에 관하여 … 강영주
  - 제주도 중산간 부락민의 계집단 참여와 사회적 유대 … 김석준

- 제주도 주변해역의 해양 환경 … 노홍길
- 제주도의 해안과 산지 지형 … 박동원
- 한국해녀의 생리학적 특성: 잠수 양상 및 에너지 대사에 관하여 … 박양생
- 제주도 야생난(野生蘭)의 개발과 보호 … 이종석
- 제주도 선주민 문화에 대한 일고찰: 고고학 측면에서 … 이청규

이상 수록된 글 중 김동전, 윤치부, 이우영, 좌혜경, 박대순, 진성기 등의 6편의 글 이외의 모든 글은 1차 학술대회에서 발표했던 것이다.

1986년 2월 25일의 날짜로 『濟州島硏究』(제주도연구) 제3집이 발간되었다. 그 출판비 지원처, 인쇄처, 판형 등은 2집과 같고 면수는 397면, 편집책임은 이인규, 이청규, 고부자가 맡았다.

이 3집에는 제2차 전국학술대회 심포지엄에서 제주도사(島史)의 재조명이라는 주제하에 발표된 글 7편을 모아 '특집'으로 꾸몄고 10편의 연구논문과 7편의 연구노우트를 수록하고 있다.

수록된 글들을 소개하면 다음과 같다.

■ **특집: 제주도사의 재조명**

- 새로운 향토사의 연구 대상과 방법 … 신용하
- 제주도 선사 문화 연구의 현황과 문제점 … 임효재
- 조선 후기 제주도사 연구 현황과 과제 … 권인혁
- 탐라 부족국가의 성립 … 박용후
- 고려조 제주민란의 성격 … 고창석
- 제주의 풍장설(風葬說)에 대한 논의 … 김봉옥
- 조선 말기 제주도의 유배인과 형사제도 … 홍순만

■ **연구논문**

- 한말 일본의 제주어업 침략과 도민의 대응 … 강만생
- 제주도 여인들의 속옷에 관한 연구 … 고부자
- 제주 해녀의 민속학적 연구 … 김영돈

- 제주도 지방에 나타난 Altai어휘 요소 고(考) – 특히 지명과 마필명(馬匹名)에 대하여 … 박상규
- 조선조 제주 교육사상사 연구 – 도통(道統)을 중심으로 … 양진건
- 제주도 당신 신화의 구조와 의미 … 장주근
- 제주도 노동요의 음악적 특성과 노동 행위의 관계 – 선율과 형식의 특징을 중심으로 … 조영배
- 제주도의 해조상 – 녹조류(綠藻類) 청각(Codium) 속의 분류 – … 오윤식
- 제주 동부지역 지하수의 고염도(高鹽度) 요인에 관한 연구 … 윤정수
- 한라산 백록담의 식물 플랑크톤 연구 … 이진환

■ 연구노우트

- 제주도민의 상속(喪俗) … 고부자
- 남학당의 활동과 방성칠란 … 조성윤
- 천주교 제주 선교 중의 신구 갈등(1901) … 홍순옥
- 제주도 어류 양식의 전망 … 노섬
- 제주도 기생화산에 관한 연구 – 지형과 분포를 중심으로 – … 박승필
- 제주도 조류의 보호와 관리 … 박행신
- 제주도산 해조류의 분류학적 연구 – 신속식물(新屬植物) 「제주분홍풀」 – … 이인규

이상 3집에 수록된 글들은 강만생, 고부자(연구논문), 김영돈, 박상규, 양진건, 오윤식, 윤정수 등의 글 7편 이외의 글들은 제2차 전국학술대회에서 발표된 것이다. 부록의 '휘보'에는 2집에 이어 원고 집필요령과 편집의 기본방침도 수록하고 있다.

1집에서 3집에 걸쳐 수록된 연구물들은 종합적으로 살펴보면 1집에 18편, 2집에 19편, 3집에 24편으로 도합 61편의 글이 실리고 있는데 그 전공분야는 연구회의 성격이 그렇듯이 인문, 사회, 자연은 물론 예능분야까지 걸쳐 있다. 그러나 전공분야별로 편기偏嗜성이 나타나고 있어서 글 대부분이 인문사회과학 영역의 것이고 자연과학 영역의 글은 17편에 그치고 있다. 인문 · 사회과학 분야에 있어서도 민속학(14편), 인류학(8편) 영역의 글이 주를 이루고 있다. 이런 현상은 제주도가 인류학 및 민속학의 연구대상으로 중요시되고 있어서 이 분야의 연구가 활발함을 반영하는 것으로 생각한다. 역사학 영역의 글도 12편이 되는데 이는 제주도사를 조명하는 심포지엄을 개최했기 때문에 나타난 현상이다.

2) 전국학술대회

제주도연구회는 1985년부터 제주신문사와 공동으로 해마다 심포지엄 및 세미나 형식으로 전국학술대회를 개최하고 있는데 1987년에 그 3차 대회를 치렀다. 이 3차례의 대회는 제주신문사의 재정지원이 있어 가능했던 것이며 제주신문사의 요청에 의하여 제주신문 창립을 기념하여 그 창립일(11월 20일)의 약 1주 전 주말을 택하여 2~3일간씩 개최하였다. 이제 2, 3차에 걸친 학술대회의 면모를 살펴보자.

■ 제1차 학술대회
- 명칭: 제주신문 창간 40주년 기념 심포지엄 및 제주도연구회 제1차 전국학술대회
- 일시: 1985년 11월 15일(금)~16일(토) 2일간
- 장소: 호텔 제주로얄
- 일정: 제1일은 '제주도의 보존과 개발'이란 주제의 심포지엄을, 제2일은 분과별 연구발표를 가졌다.

심포지엄은 1, 2부로 나누어 진행되었는데 1부에서는 현용준의 "제주도 민속문화의 보존과 개발 방향"과 전경수의 "제주도의 관광개발과 지역문화 보전을 위한 제언: 관광인류학적 입장" 등 2편의 글이, 2부에서는 이인규의 "제주도 해양자원의 현황: 해조자원을 중심으로"와 강병기의 "도시에 있어서의 개발과 보전의 상보성" 등 2편의 글이 각각 발표되고 지정토론자의 토론이 있었다. 분과별 발표는 2개 분과로 나누어 진행하였는데 1분과는 인문·사회과학 분야의 발표로 이청규, 김홍식, 고부자, 이창기, 김석준 등 5편의 글이 발표되었고 2분과는 자연과학 분야로 박동원, 노홍길, 박양생, 이동석, 강영주 등 5편의 글이 발표되었다. 여기에 발표된 글들은 이창기의 "제주도의 인구이동: 1965년~1980년"을 제외하고 모두 『濟州島硏究』(제주도연구) 1집에 수록되었다.

이 대회의 프로그램 진행은 유철인이 맡았고, 심포지엄 좌장은 장주근, 분과별 연구발표에서 1분과의 사회는 김영돈, 2분과의 사회는 정공흔이었다. 폐회에 앞서 종합토론을 하였는데 그 토론의 지정 참가자는 고영기, 김영돈, 신행철, 오현도, 오홍석, 이정재, 장주근, 정공흔, 현길언 등 9명이고 좌장은 한상복이었다.

대회 제2일 오후에는 제주MBC 프로그램으로 심포지엄 주제의 좌담이 녹화되기도 하였는데 이 좌담의 참석자는 심포지엄 발표자인 전경수, 이인규, 강병기와 제주도연구회장인 오홍석이었고 신행철이 사회자로서 합석하였다.

■ 제2차 학술대회
- 명칭: 제주신문 창간 41주년 기념 심포지엄 및 제주도연구회 제2차 전국학술대회
- 일시: 1986년 11월 14(금)~16일(일) 3일간
- 장소: 호텔 제주로얄
- 일정(행사내용): 제1일에는 주제 강연과 심포지엄, 제2일에는 분과발표, 제3일에는 현장토론을 가졌다.

주제 강연은 신용하의 “새로운 향토사의 연구 대상과 방법”이었고, 심포지엄은 한상복을 좌장으로 하여 3부로 나누어 진행되었는데 1부(제주도사 연구의 현황과 과제)에서 두 편의 논문(임효재, 권인혁), 2부(제주 사회의 성립과 발전)에서 두 편의 논문(박용후, 고창석), 3부(제주문화의 역사적 이해)에서 두 편의 논문(김봉옥, 홍순만), 도합 6편의 논문이 발표되었다. 분과발표는 2분과로 나누어 진행되었는데 1분과 인문 · 사회과학 분야에서는 김영돈, 신행철의 사회로 5편의 논문(장주근, 고부자, 조영배, 홍순만, 조성윤)이, 2분과에서는 정공흔, 이용필의 사회로 5편의 논문(박승필, 박행신, 노섬, 이진환, 이인규)이 발표되었고 종합토론은 현용준이 좌장을 맡아 진행되었다. 종합토론의 지정토론자로 고성준, 고창석, 권인혁, 김봉옥, 김영돈, 박용후, 오문복, 임효재, 한상복, 홍성목, 홍순만 등 11인이 참석하였다.

프로그램의 진행은 심포지엄에 이청규, 제1분과 발표에 이기욱, 제2분과 발표에 고정삼, 종합토론에 고부자가 각각 맡았다. 제3일 일정의 현장토론 내용은 북촌리 신석기 유적(이청규), 오조리 철새 도래지(박행신), 성산리 해조류 산지(이용필), 성읍리 민속촌(오문복), 교래리 화산지형(오남삼)이었고 그 진행은 양진건이 맡았다.

제2차 학술대회에서 발표된 글은 모두 『濟州島硏究』(제주도연구) 제2집에 수록하였다.

■ 제3차 학술대회

- 명칭: 제주신문창간 42주년 기념 심포지엄 및 제주도연구회 제3차 전국학술대회
- 일시: 1987년 11월 13일(금)~14일(토)
- 장소: 호텔 제주로얄
- 심포지엄 주제: 제주연구의 오늘과 내일
- 일정(행사내용): 제1일에는 인문, 사회과학 분야, 2일에는 오전에 자연과학 분야(1), 오후에는 자연과학 분야(2)의 발표가 있었다.

인문, 사회과학 분야는 장주근, 자연과학 분야(1)은 이인규, 자연과학 분야(2)는 오현도가 각각 그 좌장을 맡아 진행하였는데 이제 그 발표내용을 나열하면 다음과 같다.

■ 주제발표 I: 인문, 사회과학 분야

- 제주도 방언연구의 현황과 과제 … 현평효
- 탐라상고사의 기본구조와 운동 방향 … 전경수
- 제주 사회 연구의 전개와 과제 … 신행철
- 제주도 취락 연구의 오늘과 내일 … 오홍석
- 제주 관광연구의 동향 및 전망 … 장성수

■ 주제발표 II: 자연과학 분야(1)

- 제주도 주변 해류에 관한 연구의 현재와 미래 … 김구
- 제주도 주변 수산자원을 중심으로 한 해양생물연구 동향과 금후의 과제 … 고유봉
- 제주도 주변 해역 퇴적물의 특성과 SOCOTRA 암초(파랑도)의 지질 … 윤정수
- 넙치양식에 관한 연구 … 노섬

■ 주제발표 III: 자연과학 분야(2)

- 제주도 지형, 지질 연구의 과거, 현재, 전망 … 강승삼
- 제주도 육상식물의 연구와 장래의 문제 … 김문홍
- 제주농업의 흐름과 방향 … 남인희

이상의 주제발표는 지정 토론자 없이 참석자의 임의 질의 토론으로 진행되었고 최종적으로 폐회에 앞서 종합토론이 한상복을 좌장으로 하여 진행되었다. 종합토론의 지정 토론자는 김면령, 김형옥, 송창훈, 오남삼, 이인규, 이정재, 장주근, 정공흔, 최규일, 현용준, 홍성목, 홍순만 등 12인이었다. 행사의 총괄 진행은 이청규가, 주제발표 I은 고부자, II는 이용필, III은 고정삼이 그 진행을 맡아 보았다.

제3차 대회가 1, 2차 대회에 비하여 특이한 점으로는 분과별 개인발표 없이 심포지엄 주제만으로 발표 일정이 충당되었다는 점, 주제발표의 전공영역이 포괄적이었다는 점, 주제발표별 지정토론자가 선정되지 않았다는 점, 도내 각 기관장이 참석하지 않았다는 점 등을 들 수 있을 것 같다. 여기에 발표된 글들은 『濟州島硏究』(제주도연구) 제4집에 수록될 것이다.

이상 3차례의 학술대회추진위원장은 신행철이었고 각 대회의 폐회와 동시에 제주도연구회 총회를 개최하였다. 학술대회 발표자료는 연구회지에 수록됨으로써 학술대회는 연구회지 발간을 위한 원고 수합의 가장 적절한 길이 되고 있다.

3) 연구발표회의 개최

연구발표회는 수시 부정기적으로 1978년 창립총회 때부터 시작하여 1987년 말 현재 31회까지 개최하였다.

그 발표실적을 나열해 보면 다음과 같다.

〈연구발표회 실적〉

회차	일자	장소	제목	발표자(직함은 발표 당시 기준)
1	78.3.28	경기대	지역연구의 표본으로서의 제주도	장주근(경기대 교수)
2	4.27	국제대	제주도민의 의례복 -통과의례를 중심으로-	고부자(국제대 강사)
3	5.19	서울대(인문사회관)	조랑말에 얽힌 설화	진성기(제주민속박물관장)
4	6.23	이화여대(교수휴게실)	제주도의 구조적 원리	강신표(이화여대 교수)
5	9.25	〃	제주도 방언 접미사에 대하여	강정희(이화여대 강사)
6	11.17	서울대(인문사회관)	제주지역사회 개발을 위한 실험적 모델에 관한 연구	고충석 (연대사회과학연구소연구원)
7	79.4.10	이화여대(교수휴게실)	정신의학적 측면에서 본 제주도민속 연구의 전망	이부영(서울대 교수)

8	6.8	이화여대(진관홀)	인류학적 연구지역으로서의 제주도	조혜정(서울대 강사)
9	10.26	〃	제주도 풍토병에 관하여	서병설(서울의대 교수)
10	80. 4. 3	이화여대(교수휴게실)	성읍리 주택의 평면구조	김홍식(명지대 강사)
11	10.24	고려대(도서관)	제주도 친족구조 연구의 문제점	최재석(고려대 교수)
12	81.4.16	이화여대(교수휴게실)	범선(帆船) 항해시대의 제경(濟京) 해로에 관한 고찰	오홍석(동국대 교수)
13	11.7	한국민속박물관 (경복궁 내)	① 생태적 적응양식으로서 마라도 민의 생활 유형 ② 성읍리의 공간 구성	이기욱(고려대 강사) 김홍식(명지대 교수)
14	82.4.23	경기대(회의실)	역사적 사실과 설화적 인식-이형상 목사의 치적에 대한 설화적 입장-	현길언(제주대 교수)
15	6.19	한국민속박물관	해녀연구의 과제	김영돈(제주대 교수)
16	10.16	〃	제주도의 노인생활 연구	김태현(성신여대 교수)
17	11.13	〃	해녀의 생리학적 특성	박양생(연세대 교수)
18	83.9.24	이화여대(진관홀)	제주도의 풍토병(2)-유규낭충증을 중심으로-	임한종(고려대 교수)
19	85.5.25	서울국립민속박물관	제주도 무문토기 유물에 나타난 문화적 양상	이청규(제주대 교수)
20	9.26	제주시 우당도서관	제수도방언의 식물이름	강영봉(제주대 교수)
21	86.4.19	서울국립민속박물관	① 제주 교란에 관한 기록 검토 ② 제주도의 자연 개관-제주도 자연경관의 특수성과 관광객원적 거치	홍순옥(동국대 교수) 고의장(세종대 교수)
22	5.31	제주시 우당도서관	① 제주고대사 연구의 제문제 ② 제주도 무문토기 전파과정-공열(孔列)토기를 중심으로-	김종업(제주대 교수) 이청규(제주대 교수)
23	6.28	〃	① 원말 · 명초의 제주도 귀속 문제 ② 탐라국명 어의고	고창석(제수대 교수) 김인호(전 일본아세아문제 공동연구소)
24	7.26	〃	① "서산(瑞山) 용출"에 대한 소고 ② 정의현청(旌義縣廳) 이설의 전말	김취치(한림여자중학교장) 김봉옥(제주중앙중학교장)
25	8.30	〃	① 조선조 제주 촌락사회의 접 ② 철종조 제주민란의 사회적 배경 -제주 양대(凉臺)수공업의 쇠퇴를 중심으로-	오문복(제주 한학자) 권인혁(제주대 교수)

26	9.27	〃	① 조선대 말 제주도 유배인과 그 사상 ② 조선조 제주교육의 정신사적 계보-도통(道統)을 중심으로-	홍순만(제주도사 연구가) 양진건(제주대 강사)
27	10.11	서울국립민속박물관	① 제주도 해산 녹조 청강속 식물의 분류 ② 제주 4·3사건의 배경에 관한 연구	오윤식(서울대 박사과정) 양한권(신반포중학교 교사)
28	10.25	제주시 우당도서관	남학과 방성칠란	조성윤(제주대 교수)
29	87. 5. 9	국립민속박물관(서울)	① 제주도 방언의 ᄀᆞᆸ(K∀P)에 대하여 ② 제주도 지방에 나타난 알타이 어휘고	신용태(동국대) 박상규(경원전문대)
30	9.26	제주시교육청강당	이여도: 이상과 절망의 세계	김은석(제주교육대)
31	10.24	국립민속박물관(서울)	① 제주도 읍지에 대한 소고 ② 제주선교 재해의 역사적 배경으로써 신축 신교란에 관한 연구	양보경(서울대 강사) 이정훈(한신대대학원)

이상의 연구발표 실적을 보면 84년에는 그 실적이 전무全無하고 83년에 1회, 80년과 81년에 각각 2회의 발표에 그치고 있으며, 79년과 82년에도 각각 3회 및 4회로서 그 발표실적이 저조하다. 여기서 우리는 연구회 창립 이듬해인 79년부터 84년까지 5년 동안은 발표활동이 저조한 시기였음을 알 수 있다. 그런데 84년 연구회지가 창간되고 그 수록 원고가 대부분 83년도에 수집되었음을 감안하여 보면 연구회의 활동이 가장 저조하던 시기는 초창기 79~82년 사이인 것으로 보인다.

연구발표회의 개최와 관련하여 특기할 만한 것은 1985년 20차 발표회가 최초로 제주에서 개최되었고 이때부터 연구발표회는 형편에 따라 서울과 제주에서 번갈아가면서 개최하게 되었다는 것과 1986년 한 해의 연구발표회는 그해 제2차 학술회의 심포지엄 주제에 맞추어 제주도사 분야를 집중적으로 다루었다는 것이다. 이렇게 될 수 있었던 것은 연초 제주의 제주역사 관련 인사의 모임을 통하여 그들의 적극적 협조가 있었기 때문이었다. 그때의 모임에 참석한 원로 향토사가들로는 홍정표, 김종업, 박용후, 김봉옥, 홍순만 등을 들 수 있다.

4) 연구회보의 발간

1982년 4월 제4차 정기총회에서 회보를 발간하기로 결의하고 그해, 11월 1일 제1권 제1호를 발간한 이래 1987년 11월 현재 통권 7호까지 발간하였다. 그 내력을 보면, 83년과 84년에는 발간실적이 없고 85년 6월 15일 제2권 제1호(통권 2호)가, 8월 31일에는 2권 2호(통권 3호)가, 11월 20일에는 2권 2호(통권 4호)가 각각 발간되었다. 1986년 6월 30일에 제3권 제1호(통권 5호), 12월 30일에는 3권 2호(통권 6호), 1987년 10월 1일에 제4권 1호(통권 7호)가 발간되었다. 그러니까 회보는 85년에 세 번, 86년에 두 번, 그리고 87년과 82년에 각각 한 번씩 발간된 것이다.

회보의 명칭은 「濟州島硏究會報」(The News letter)이고, 매 호 담아 그 내용이 공통적인 것은 크게 나누어 연구회 소식과 공지사항이다. 연구회 소식 부분에는 연구회 활동내용, 회원 가입 상황, 회원 동정 등을, 공지사항 부분에는 회비납부, 원고 모집 관련 기사 등을 싣고 있다.

5. 끝맺음하면서

제주도연구회는 지난 10여 년의 세월이 흐르는 동안, 그 회원 수가 149명으로 늘어나 전국적으로 분포되어 있으며 연구회지를 4회 발간하고, 전국학술대회를 3회 개최하는 등 괄목할 만한 성장 발전을 이룩하였다.

그 10년의 흐름을 요약해 보면 대체로 3단계로 나눌 수 있을 것 같다.

제1단계는 1978년(창립)에서 1981년에 이르기까지의 시기로서, 이 시기에 연구회의 토대가 마련되었다. 이 시기에 회원 34명을 확보하였으며, 임원진을 중심으로 의견을 모아 사업을 구상하고 그 추진방안을 세웠다. 1980년에는 임원진을 보강하여 부회장과 간사를 각각 2명씩 두기로 하였고 연구발표회도 꾸준히 개최하였다.

제2단계는 1982년부터 1984년까지이다. 이 시기는 연구회의 도약을 위한 선행조건을 마련하는 잠재력을 확충하는 시기라고 할 수 있다. '82년 회보가 발간되기 시작하고, '84년에는 연구회지를 출간하기에 이르렀으며 전국학술대회를 구상하고 그 구체화를 위한 방안을 마련하였다.

제3단계는 1985년부터 1987년까지로서 도약의 단계라고 할 수 있다. 조직상 부회장 2인의 역할을 분담하여 사업추진을 효율화하였으며 회보 발간도 본격화하고 학술대회를 개최하기에 이른 것이다. 이 기간에 회원 수도 3배가 되었다.

이제 연구회는 성숙의 단계에 들어서는 고비에 이르렀다 할 것이다. 연구회 성숙단계의 모습은 연구회 취지에 따라 제반사업들이 차질 없이 진행되는 상황일 것으로 생각한다. 그러기 위해 연구회는 회원 특히 자연과학 분야 회원을 확충, 보강하고 회원 간의 인간적·학술적 유대를 강화할 필요가 있을 것이다. 외부의 지원이 없는 상태에서도 회비나 기금에 의한 기본적 운영이 가능해야 하고, 연구활동의 수준을 높여야 하며 학문 제 분야 간의 협동적 연구도 시도되어야 할 것이다. 여기에 기금의 조성, 종합적 학술조사 활동과 연구보고서의 발간, 제주도 관련 논저목록의 작성, 회지 게재논문 수준의 질적 향상 등이 중요하리라고 생각한다.

이러한 성숙단계를 거치면서 제주도연구회는 전 학문영역을 포괄하는 지역연구의 학술모임으로서 지역학에 대한 총체적 연구의 모범사례가 될 수도 있을 것이다. 향후 10년 세월이 더 흘러 2000년대를 바라보는 시점에서 제주도연구회는 회원들에게 학술활동을 지원하고 나아가서 학문적 업적을 지역적 실천에 접합하는 지역 학술운동의 모체가 되어 제주 사회발전에 기여하게 되는 시대를 맞게 되리라 기대한다. 이는 제주도민에게 자신들의 사회를 이해하고 자신들이 처한 문제상황을 직시하여 그 대안적인 길을 모색도록 하는 연구회의 위치를 상정하는 것이다.

제주도연구회원들은 학문연구 그 자체에 관심을 갖고 있는 것은 말할 것도 없지만 제주를 아끼는 향토애를 바탕으로 하여 모인 것도 사실이다. 여기에 제주도연구회의 장점의 하나가 있는 것으로 생각한다. 독일의 경우 향토지의 편찬이 독일민족 애국심의 원천이었다는 말을 듣는다. 향토애가 조국애로 이어지듯이 제주연구는 국가적 차원의 연구에 이어져서 한국의 학문적 발전에 기여하는 계기가 될 것이다.

3 국제적 요충지로 변하는 제주, 그 시대적 흐름에 대한 대비책을…*

21세기를 10여 년 남겨두고 21세기를 맞으며 세계는 급변하고 있다. 어떤 사람들은 지난 1세기에 맞먹는 변화가 앞으로 20여 년 사이에 진행되리라고 한다. 실로 급변하는 세계요 주변환경이다. 이런 변화의 추세 속에서 어떻게 그에 대응해 가느냐 하는 것은 급변하는 시대에 사는 사람들에게 주어진 중대한 과제라고 할 것이다.

오늘날 한국이 처한 상황에서 보면 서로 상반하는 것 같은 변화의 두 흐름을 지적할 수 있을 것이다. 하나는 국제화 · 개방화이고, 다른 하나는 지방화 · 분권화이다. 국제화는 탈이데올로기 현상으로 증폭되고 있으며, 교통 · 통신 기술의 발달로 가속화되고 있다. 그리고 지방화는 지자체의 실시로 구체화되고 있다.

제주도의 경우 국제화의 흐름 속에서 태평양시대를 맞으며 동북아시아의 지정학적 요충지와 한국의 전위지역으로서 관심의 대상이 되고 있다. 여기에 제주도가 그에 대응하는 방안을 서둘러 마련해 놓지 않으면 안 되는 이유가 있다고 본다.

그 대응논리에서 보면 이번 국제무역경영연구원 연구팀이 제안하는 '국제교역중계본부 정책 구상안'은 논의의 가치가 충분한 주제인 것으로 생각한다. 그 제안은 하나의 '구상'으로서, 하나의 아이디어요 '가능성'의 진단에 불과한 것임에도 불구하고, 지난 10여 년 동안 몇 차례 거론되어 왔으며 앞으로 현실화될 가능성이 있을지도 모른다는 점에서 관심을 갖고 토론해 볼 만한 주제이다.

---

* 1991. 『월간 제주』, 1991.11월호, pp.61-63(1991.10.19. 국제무역경영원 주최로 무역클럽(루비홀)에서 열린 제주도의 「국제교역중계본부 정책 구상(안)'에 대한 정책세미나」의 토론자 소견).

필자는 지난 10월 19일 이 주제를 가지고 열린 '제주도개발에 관한 정책세미나'에 참여했던 토론자의 한 사람으로서 편집자의 요구에 따라 그때의 토론내용을 부연하여 주제에 대한 소견을 간추려보고자 한다.

우선 중요한 것은 이제 발상의 전환이 필요한 시점이라고 인식하는 것이다. 이미 제주도는 섬으로서 폐쇄된 공간도 아니며 한반도에 종속된 변방으로만 머물 수도 없다. 국제화의 흐름 속에서 해양권과 대륙권이 맞닿은 요충지로서 개방된 공간일 수밖에 없다. 도래하는 태평양시대에 제주도는 그 지정학적 비교우위 때문에 한국의 발전적 전위지역으로서의 성격을 띠고 있음을 부인하지 못할 것으로 본다.

천 년 전 장보고의 청해진이 오늘날 부활하여 태평양 서안 동북아시아 지역경제권의 중심지로 제주도를 등장시킬 수 있다는 생각은 있을법한 일로 보인다. '국제교역중계본부'안은 바로 여기에 그 참뜻이 있을 것으로 본다면 그 구상은 일단 긍정적으로 평가해 볼 만하다고 생각한다.

그러나 '해볼 만하다'는 것과 '할 수 있다'는 것은 다른 문제이다. 해야 할 일도 할 수 없는 일이 있는 것이고, 그래서 하려고 해도 그렇게 되지 않는 경우가 있다. '구상'이 실천적인 계획으로 전환되기 위해서는 현실적인 상황을 객관적으로 진단해 보아야 한다.

발표 내용에서 보면 구상의 가능성을 진단함에 있어서 물적(경제 환경적, 지정학적) 여건 분석에 치중하고, 그것도 긍정적인 변수만을 검토하고 있다는 생각이 든다. 그러니까 목표에 너무 집착한 나머지 수단을 목표 합리적으로만 검토하고 있지 않았느냐 하는 것이다. 그 몇 가지 예를 들면 제주도가 홍콩과 지역적 특성이 다름에도 불구하고 홍콩의 인구 수준을 포용할 수 있을 것이라고 진단하는 점, 지역경제의 여건에서 1차산업의 큰 비중을 감안하지 못한 점, 교통의 문제에서 공항이나 항만 시설의 수용력을 확장하는 데 문제가 없을 것으로 본 점, 용수문제를 지표수 이용으로 해결하는 데 문제가 없을 것으로 본 점 등이다. 한마디로 현장 혹은 현지에 기초조사가 부족하였다는 생각이 든다.

경제환경 요소에 있어서도 국제변수의 경우 주변국가, 즉 일본 · 중국 · 대만 · 싱가포르 · 홍콩 등 다른 나라 혹은 지역의 대응방식을 현시점에서 묶어놓고 생각하고 있는 듯하며, 국내변수의 경우는 '가능성' 분석이라기보다 '필요성'을 논의하는 차원에 머무르는 듯이 보인다.

더구나 문제인 것은 이 '구상'이 정치 · 사회 · 문화적인 측면의 여타 분석이 없다는 점이다. 그 몇 가지 예를 들면 우리의 국토 분단 현실은 냉전구조를 지속하고 있어 안보상황은 끝나지 않았다는 점, 중앙통제형 권위주의 구조는 제주도를 '준독립국'으로의 전환을 어렵게 하리라는 점(이는 홍콩이나 싱가포르가 단위주권국 지역이라는 점과 대비된다)… 만일 그것이 가능하더라도 제주도를 '국제교역중계본부화'함에 따라 나타나는 다른 지역과의 경쟁 · 마찰이 초래될지도 모른다는 점, 제주도의 사회 · 문화적, 인적 조건에서 보아 그러한 흐름에 대해 어떤 저항이 있을 수 있다는 점 등이다.

여기에 우리는 1963년 국무총리소속하에 제주도건설개발위원회가 설치되고 제주지역을 자유지역화하는 안과 제주항 제주시를 자유지역으로 검토한 바 있고 1980년대에 들어와서도 그런 구상을 한 바 있으나 그 타당성이 희박하다고 판단했던 경험을 기억하고 1989년 KDI(한국개발연구원)의 연구팀이 「제주도종합개발계획의 재검토」라는 연구보고서의 주장을 살펴보는 것이 좋을 것으로 생각한다.

KDI 보고서에 따르면(KDI보고서, 『제주도개발계획의 재검토』, 1989, pp.274-276에서 부분적으로 인용함)

1) 대북관계는 크게 개선되었으나 중국 · 소련은 최근 경제 개방을 위해 국제자유지역 혹은 그와 유사한 기능의 특수지역 조성을 추진하고 있어서 대북방 경제관계 개선이 반드시 제주도 국제자유지역에 대한 수요증대효과를 갖는다고 보기 어렵다.
2) 세계경제에서 동아시아지역 비중의 증대는 상대적으로 한국의 역할을 증대시켜 주고 있기는 하나 이와 같은 변화가 잠재적 경쟁지역인 홍콩, 싱가포르에 비해 자유지역 조성을 위한 제주도의 여건을 크게 개선시켜 주는 것이 아니다.
3) 제주도는 홍콩, 싱가포르에 비해 국제통상의 요충지가 되지 못하며 적절한 배후지도 갖지 못하고 있다. 또한 국제자유지역의 성공을 뒷받침할 수 있는 물적, 인적, 사회 · 경제적, 제도적 측면에서 이들 지역에 비해 여건이 불리하여 성공 가능성이 불투명하다.
4) 대내적으로 경제 전반의 자유화 · 개방화가 적극적으로 추진되고 있어서 개방의 전파기지로서의 국제자유지역의 필요성도 낮아지고 있다.

따라서 "이러한 기능의 도입은 적어도 2000년까지는 유보하는 것이 바람직할 것으로 사료된다"고 하고 "제주도의 국제 관광기능이 크게 활성화되고 국제쇼핑센터로 성장하여 자생적 상업활동 및 금융수요가 생기는 단계에서 다시 국제금융 및 일부 서비스 중심의 국제자유지역 기능의 도입 타당성을 고려해 볼 수 있을 것이다"라고 하여 그 구상이 문제가 있고 그 가능성은 불투명한 것이지만 장차 점진적으로 실현시켜 볼 만한 것으로 내다보고 있다. 그리하여 "현 단계로서는 관광의 국제화, 국제회의센터의 조성 및 국제교육 및 연구기능의 지원을 위한 간접자본 등 제반여건 조성과 이를 통한 제주도의 국제화 · 개방화에 노력하는 것이 바람직한 것으로 사료되며 장기적으로 역외 금융 및 국제 비즈니스센터를 위한 여건 조성에도 기여하게 될 것이다."

결국 KDI보고서는 제주도를 국제교역중계지역으로 만드는 것은 시기상조이기는 하나 국제화 · 개방화의 흐름 속에서 언젠가 그와 같은 기능을 수행하는 날에 대비하는 노력은 있어야 할 것으로 결론짓고 있는 것이다. 그리하여 어떤 토론자 등은 제주도의 제한적 국제화, 단계적 국제화를 수용하고 그에 따른 소극적 개발 내지 부분적 개발, 즉 국제자유지역의 구성 중 일부를 계획 · 실천하는 것이 필요하다고 보는 것이다.

여기서 우리는 현 단계 대내적 변화의 커다란 흐름인 지방화 · 분권화의 흐름을 간과할 수 없다. 여기에 주변환경이 급변하는 데 대한 도민적 대응이라는 측면을 강조해야 하는 이유가 있다. 이 지역문제의 지역자결원리를 대전제로 하여, 제주도민이 이 지역 변천의 주인공이라는 입장의 견지인 것이다. 여기에 정책을 입안함에 있어서 주관적 합의, 도민적 요구를 수용해야 하는 이유가 있다. 그래야만 지방분권의 시대적 상황에서 그 사업의 정당성을 확보하게 되는 것이다. 이런 점에서 보면 제안된 '구상안'의 경우 제주도 현장의 변수 도민적 입장에 대한 검토가 없었다는 것이 큰 문제점으로 지적될 수 있을 것이다.

제주도민의 요구는 무엇인가? 최근 필자가 조사한 자료에서 보면, 제주도민들이 원하는 제주개발은 제주도적인 것을 살리는 환경 우선의 개발이요, 도민의 참여와 이익을 배려하는 개발인 것이며 서두르지 않는 점진적 개발이다. 제주도민들은 대규모 호텔이나 각종 유흥시설을 갖춘 관광객 위주의 그런 개발이 아니라 제주도민들이 소박하게 살아갈 수 있는 그런 제주개발을 원한다. 제주개발에 대한 구상을 함에 있어서는 사전적으로 자원조사를 충분히 해야 하고, 이를 바탕으로 개발에 따른 부작용을 예측하여 이를 최소화, 보완하는 조치가 있어야 하며 개발계획과 과정에서 도민참여, 개발에 따른 이익의 도내 환류가 이루어지도록 배려해야 한다. 그래야만 개발과정에서 있을 수 있는 도민적 저항을 예방하고 도민 저항의 에너지를 개발 참여의 에너지로 전환 투입할 수 있고 이때 개발의 효율성이 극대화할 수 있을 것이다.

한편 도민들은 오늘날 변화하는 국제환경 속에서 제주도가 갖는 지역적 특성을 생각해 보아야 한다. 주지하듯이 제주도는 지리적으로 육지와 격리되어 있는 도서이며 지정학적으로는 소 · 중 · 일 사이에 위치한 요충지로서, 1997년 홍콩이 중국에 반환되는 시점에서 국제적 경제활동의 중심지로 부상될 수 있는 가능성을 갖고 있음을 간과할 수 없다. 이것은 국가의 경제발전과 번영이라는 차원에서 그런 국가적 요구에 따라 제주도가 담당하게 될 역할수행의 측면에서 보아 더욱 그러하다.

제주도는 지난 4월 한 · 소 정상회담(노 · 고르비 회담) 개최지로서, 그 회담이 성공리에 끝남으로써 국제지역으로서의 그 특수성을 충분히 살릴 수 있는 가능성이 있음이 확인된 셈이며 널리 인식되었다는 점, 수려한 자연경관과 삼무三無의 생활전통 등 국제적 매력을 갖는 요소들을 갖고 있다는 점 등은 도래하는 국제화시대의 국제적 활동무대로 고려될 수 있음을 예상해 볼 수 있다.

따라서 도민 스스로는 변화하는 시대의 흐름에 마음을 열고 눈을 크게 떠서 능동적으로 대처하려는 자세가 필요하다. 세계는 계속 변하고 있고 이 변화의 물결은 우리의 의지를 초월하여 밀어닥친다. 지키려고 해서 지켜지는 것만은 아니다.

흔히들 변화의 세계사적 흐름에서 보면 탈공업사회가 도래하리라고 한다. 국제화시대는 정보사회의 모습을 띠고 다가오게 된다. 제주도민도 이에 대비하는 방향에서 제주개발 · 발전의 안목을 가져야 할 것이다. 교육 · 연구 · 개발 · 여가 · 사회복지 등 정보산업, 4차, 5차 산업부문을 육성함으로써 정보사회에 걸맞은 산업구조의 질적 고도화를 모색해 보아야 할 것이다.

그리고 제주 사회발전의 사안들을 결정 행사하는 제주도 차원의 제도적 장치, 예컨대 도민 협의기구를 조직 활성화할 필요가 있으며 도내외에 걸친 제주인들을 조직화하여 제주발전의 문제에 공동대처하는 노력이 필요하다. 특히 발전과정에서 나타나는 제반 갈등의 문제를 최소화하고 도민적 에너지를 통합하여 제주 사회의 흐름을 발전적 가치로 이끌어 갈 수 있는 그런 시민모임 같은 것을 구상할 필요가 있다.

도민들 각자는 도래하는 시대의 주인공이기 위해서 국제적 감각과 포용적인 주체의식을 가져야 하고 국제 언어능력을 습득하는 것이 필요하며 정보처리에 관련한 제반능력을 키워 나가야 한다. 이를 위해 각종 교육 · 연구단체는 대 도민 프로그램을 개발 보급할 필요가 있다. 물적 기반의 면에서는 제주환경의 적정 관리를 통하여 제주적인 환경을 조성하고, 통신 · 교통시설을 비롯한 사회기반시설의 확충을 꾀해야 할 것이다. 1차산업의 기반을 국제화 · 정보화시대에 맞게 조정하는 것도 필요할 것이다.

급변하는 시대에 우물쭈물하다가 어느 날 갑자기 '변했구나!' 할 때는 늦은 때이다. 급변하는 시대에는 과거에서 실마리를 찾을 것이 아니라 미래의 예측 속에서 삶을 설계하지 않으면 안 된다. 그렇지 못하면 정체 퇴보한다. 영국의 석학 아놀드 토인비의 문명사관에서 제시된 '도전과 응전'이라는 명제를 명심해야 할 듯하다. 다가오는 도전에 적절하게 대응하는 민족만이 앞서가는 민족이 된다. 비단 지역사회도 예외는 아닐 것이다. 지정학적으로 시대적 변화의 요충지가 된 우리 제주 사회의 경우는 더욱 그러하다고 생각한다.

변하는 상황에서 보면 제주도는 더 이상 변방이 아니며 제주도민은 더 이상 슬퍼 '우짖는 새'일 수는 없다. 제주도는 한국 제2의 중심지가 될 수 있고 제주도민은 그 중심지의 주체적 위치를 점할 수 있어야 한다. 그러기 위해서는 이제 그 대비책을 마련하는 현명함이 있어야 할 것으로 생각한다.

4 제주의 사회적 풍토*

1. 산업화 이전

산업화가 진행되기 이전 제주의 사회적 풍토는 제주 사회가 자연적, 기후적 악조건 속에서 영위되는 농경 중심의 사회였다는 점과 지리적 여건에서 비롯되는 역사적 시련 속에서 찾을 수 있을 것 같다. 제주도는 예로부터 농경 위주의 생활을 영위했으나 토지가 척박한데다 기후가 고르지 못해 흉년이 자주 들었으며 관의 수탈과 외적의 침입이 그치지 않았던 것이다.

제주도는 땅이 농토로 적합지 않은 화산회토火山灰土와 화산활동의 결과 자갈 따위가 지표에 깔려 토지가 매우 척박하였다. 이른바 바람과 돌이 많은 섬이어서 겨울철의 북풍은 초속 10m를 넘었으며 때로는 초속 20m까지 이를 때가 많았다. 폭풍 일수는 연중 약 3분지 1에 이르렀으며 흐린 날씨는 연간 1백80일에 달한다. 이러한 기상조건은 농경 위주의 생활에 악조건을 형성하여 흉년이 자주 들었다. 조선시대만 해도 중종, 효종, 현종, 숙종, 영조, 정조, 고종 연간에 걸쳐 큰 흉년이 들어 주민들의 고생이 극심했다. 임진왜란의 영향도 극심한데 제주도는 광해군 때부터 1910년까지 근 70회에 달하는 흉년을 겪었음을 『탐라기년』의 기록에서 찾아볼 수 있다.

이 같은 흉년에 따르는 기근은 해방 후까지 벗어나지 못했다. 1946년에는 미군정 당국이 본토에서 실어온 구호곡을 주민들에게 나누어줘 급한 고비를 넘겼으며 제주 주정공장에 공

* 1993.2.20. 『제주도지』, 2권, 5편 1장 4절, pp.1227-1235.

업원료로 사놓은 절간切干을 다시 농가에 풀어놓아 식량으로 사용하였다.

50년대에도 52년, 53년, 55년, 57년, 58년 등 다섯 차례에 걸쳐 큰 흉년이 들었는데 특히 57년의 경우 40년 만의 큰 흉년이었다. 1956년 9월 본도를 휩쓴 태풍은 추곡작황에 결정적 타격을 주어 40년 이래 처음이라는 57년의 흉년을 몰아왔던 것이다. 이처럼 제주인들은 식량의 절대적인 부족을 겪을 정도로 절대빈곤의 상태에서 벗어나지 못하는 상황에서 생활을 영위해야 했다. 그야말로 산업화 이전의 제주 사회는 토지가 척박하고 빈곤에 시달리는 지척민빈地瘠民貧의 사회적 풍토로 집약될 수 있을 것 같다.

그뿐만 아니라 역사적으로 볼 때 제주도는 관의 수탈과 학정이 극심했다. 고려 말 이후 5백 년 동안 지방관리가 대부분 학정虐政과 가렴주구를 극심하게 했으며 도민들의 생활은 잠시도 편한 날이 없었다. 고려 말 이후 조선시대 연간에 걸쳐 본도를 다녀간 관리의 수는 5백50명이나 되었으나 불과 몇 사람을 제외하고는 오로지 사리사욕을 채우기에 바빴으며 그 뒤에서 일하는 아전들의 횡포 또한 형언키 어려웠다. 그들은 도민을 수탈하여 향락을 일삼음으로써 이런 폭정에 대한 도민의 민요民擾가 간간 있었다. 그 예로 고려 의종 때의 양수良守의 난, 신종 때의 번석煩石·번수煩水의 난, 원종 때의 문행쌍文幸雙의 난 등이 있으며 이들 항거는 어느 것이나 맨주먹으로 관에 항거했던 민란들이었다.

기아와 곤란의 도민들에게 원元의 제주도 침략은 또 한 차례 시련이었다. 몽고 병사들은 이 땅에 주둔하여 목마장을 경영하고 공부貢賦를 강징하기 1백 년, 제주는 그들의 말발굽 아래 짓밟혔다. 이외에도 본토 상인들이 들어와 전인적 인간관계를 맺고 살고 있는 도민들을 상업적으로 기만했던 사례가 허다했다.

이렇게 산업화 이전 제주 사회는 열악한 환경조건에서 농업 중심의 생활과 이에 더하여 역사적인 각종 시련으로 인한 절대 빈곤의 사회적 풍토가 지배적이었다고 볼 수 있다. 그리고 이러한 어려운 상황 속에서 생존을 위한 삶에 대한 강한 현실 지향성이라는 사회적 기질을 형성하게 되었다는 것은 당연한 귀결이었다고 볼 수 있을 것이다. 그래서 제주인들은 근검하고 절약하면서 스스로 살아남으려는 자강불패自彊不敗의 정신을 몸에 익혔으며 삼무三無의 생활원리를 형성하였던 것이다.

2. 산업화 이후

산업화가 본격적으로 시작된 1960년대 이후 한국 사회는 급격한 사회변동의 소용돌이 속에 휩싸이기 시작했다. 전통적인 농업 중심의 사회로부터 공업사회로의 전환이 일어나고 사회 각 영역에서 그에 따른 변화와 사회구조의 변동을 경험하게 된다.

이러한 변화 양상은 제주지역에도 예외는 아니었다. 제주지역 역시 1960년부터 한국의 경제개발계획에 발맞추어 본격적으로 개발되기 시작했다. 제주지역 개발의 방향과 성격은 크게 국제자유지역화, 관광개발, 산업개발의 세 가지로 이루어져 왔다. 개발에 따른 제주도의 사회적, 경제적 변화는 매우 심하게 일어났다. 우선 산업기반 · 경제여건의 변화를 보면, 첫째, 사회간접자본의 기반시설이 급속히 확충되었다. 도로 · 항만 · 공항을 포함한 교통조건의 개선, 동력 확충, 성판악 · 어승생 등 고지대와 해안지대의 용수개발, 통신시설의 개선이 국가의 주도와 투자로 이루어져 현재 이들의 보급률은 전국 평균을 상회하고 있다. 그래서 개발의 가장 큰 장애요인들이 어느 정도 극복되면서 제주 경제의 성장에 큰 기여를 하게 되었다.

둘째, 자본주의적 산업화에 의해서 시장경제체제가 급속히 확대되었다. 자급적 농업은 상업적 농업으로 변하고 관광산업이 크게 성장하였다. 그 결과 도내의 자율적 재생산구조는 해체되고 제주 경제는 육지부의 재생산기제에 통합 · 종속되었다. 자본, 인적 자원의 유출입이 상당하고, 특정산업이나 특정 품목의 유출입 비율도 대단히 높다(이상철, 1987: 46).

그래서 한국의 일반적인 산업구조와는 달리 제주도는 1차, 3차 산업이 지배적이다. 특히 성장 주도산업으로 지정된 관광산업의 비중이 급속히 증대하고 있다.

이러한 급속하고 과격한 산업화는 제주 사회의 구조에 중대한 변화를 초래하게 되었다. 사회구조의 변화 양상은 직업구조의 변화와 인구이동을 살펴봄으로써 간접적으로 추적할 수 있다.

먼저 제주도 내의 직업이동 상황을 추적하기 위해서 산업별 취업자 구성의 변화를 알아보았다. 그 결과 1980년대 이후 서비스업은 급속히 증가하는 반면 농 · 임 · 어업에 종사하는 취업자의 수는 크게 감소하고 있다는 사실을 발견할 수 있다(〈표 1〉 참조). 더욱이 1967년부터 1984년까지 17년 사이에 서비스업에 종사하는 취업자 비율은 18.5%라는 큰 폭의 증가를 보이고 있는데 이는 전국적인 추세를 앞지르는 것이다. 이러한 사실을 통해서 농업에 종사했던 사람들이 서비스업으로 직업을 이동했거나 부친의 직업이 농업인 다음 세대들이 농업보다는 서비스업을 자신의 직업으로 선택하는 비율이 높다는 점을 엿볼 수 있다.

〈표 1〉 제주의 산업별 취업자 구성의 변화

연도	농림어업 취업자 비율(%)	서비스업 취업자 비율(%)
1967	80.5	17.8
1971	81.4	15.6
1976	79.6	17.2
1979	77.6	19.3
1981	71.8	25.1
1984	60.7	36.3

자료: 내무부, 『주민소득연보』, 각 연도; 제주도, 『제주통계연보』, 1985.
출처: 이상철, 1987, p.47.

또한 지난 10여 년 사이 제주 사회의 인구이동률은 전국 평균에 가까운 급속한 양상을 보이고 있다. 〈표 2〉에서 보듯이 전입과 전출이 어느 정도 균형을 이룸으로써 인구이동에 따른 인구증가 현상은 나타나지 않지만 인구이동 현상은 급속하게 진행되고 있음을 알 수 있다. 전입인구만을 따져볼 때 1979년부터 1988년까지 10년 동안에 25%의 증가를 보이고 있고, 전입인구를 전체 인구 수로 나눈 전입률을 보더라도 1979년 6%에서 1988년 14%로 비교적 큰 폭의 증가를 나타내고 있다.

이와 같은 급속하고 과격한 인구 및 직업이동은 사회관계의 빈도수를 증가시키는 대신 사회관계의 결속력을 약화시킴과 동시에 피상적인 인간관계에서 비롯되는 사회심리적 차원의 각종 부적응 현상을 초래하게 된다. 이러한 부적응 현상을 잘 나타내주는 사회적 지표는 바로 범죄발생률인데 산업화 이후 지난 16년간(1965~1981) 제주지역의 인구 10만 명당 범죄발생률은 30% 이상의 높은 증가율을 보이고 있다. 이는 인구 규모별로 보았을 때 우리나라에서 범죄발생률이 아주 높은 지역에 속하는 수치이다.

〈표 2〉 제주 사회의 인구이동 상황

(단위: 명)

연도	전입	전출
1979	27,970	24,636
1980	35,309	31,569
1981	36,503	32,636
1982	36,515	33,762
1983	71,649	72,852
1984	68,207	67,979
1985	63,619	66,414
1986	64,405	67,735
1987	68,589	69,812
1988	70,304	71,259

자료: 제주도, 『제주통계연보』, 1983 및 1989.

더구나 성범죄의 경우는 같은 기간 동안에 무려 18배 증가하여 우리나라에서 청주지역 다음으로 가장 높은 증가율을 보이고 있다. 이와 같은 산업화에 따른 사회심리적인 부적응 현상의 증가추세는 절대적 빈곤에서 비롯되는 것이라기보다는 보다 풍요로워진 물질적 조건 속에서 사회 통합을 이루지 못하는 데 그 원인이 있는 것이다. 물질적으로 아무리 풍부해지더라도 인간의 욕구는 무한한 것이고 그 욕구를 긍정적으로 해결할 수 있는 출구인 친근하고 온화한 인간관계는 현대사회에서 찾아보기 어렵다. 이러한 상황에서 인간은 사회가 용인하지 않는 또는 사회에 커다란 해를 끼치는 방식으로 자신의 욕구를 충족하려 하게 되고 그 결과 각종 사회문제가 발생하게 되는 것이다.

위와 같은 사실들을 종합하여 볼 때 산업화의 결과 제주 사회는 땀 흘려 성실하게 일하려는 생활태도가 점차 쇠약해지는 대신 쾌락추구적 욕구충족이라는 사회적 풍토가 서서히 나타나 확산되고 있는 것으로 보인다. 이 점은 제주인을 대상으로 한 의식조사 결과에서도 확인되는 사실이기도 하다. 1985년 실시한 한 조사는 개발에 따른 사회 · 문화적 문제점으로 미풍양속의 파괴와 각종 범죄 증가 문제를 최우선으로 꼽고 있으며 제주인들 사이에서는 일확천금을 꿈꾸는 한탕주의 사고가 나타나기 시작했다는 결과를 보고하고 있다.

3. 관광개발의 영향

제주 사회의 관광개발에 따라 나타나는 현상의 하나로 우리는 사회적 자원, 즉 사회조직상의 위치들이 증가하고 있다는 점이다. 그러나 그 상위의 관리 · 행정직은 자본에 밀착되어 있는 외부인들에 의해 점유됨으로써 제주도민들에게는 그만큼 기회가 차단되는 경향이 있다. 여기에 인력자원의 공급 과잉과 그 과소 수요로 인한 도민 간의 지위 획득 경쟁이 가열될 가능성이 커지게 되었다. 한편 고급인력의 도내 과소수요는 고급인력의 도외 유출 경향을 심화시키고 있다.

제주개발에 따라 점증하고 있는 외래인은 그 거주 형태상 이동민(移動民. 일시 거주자)의 성격을 띠고 있다. 직장을 따라 들어온 사람이건 사업장을 제주도에 두고 왕래하는 사람이건 그들에게 중요한 것은 직장 혹은 사업이고 제주 자체의 발전은 부수적이거나 전혀 고려하지 않을 수 있다. 특히 부재 소유주의 문제는 심각한 것으로 보이는데, 중심 기업체와 연계를 이루는 하위 사업체들의 증가는 제주지역사회에 대한 외부자본가의 영향력을 증대시키는 결과를 가져오게 된다.

또한 계층 간의 격차가 심화되고 사회의 이질화가 촉진됨으로써 제주의 전통적인 삼무三無의 생활 분위기는 사라지고 있으며 현대적 사회문제가 빈발하고 있다. 그 하나의 예를 범죄발생 현황에서 찾아볼 수 있다. 1978년부터 1983년까지 5년간 범죄 증가율에서도 보면 전국 평균이 8.9%인 데 비하여 13.6%로 높게 나타나고 있고, 청소년 범죄의 증가율도 18.3%로서 전국 13.0%에 비하여 높게 나타나고 있다.

앞으로 제주 사회에 2차산업이 아닌 3차 서비스산업의 비중이 높아질 것으로 볼 때 비생산직 종사자의 비중이 높아질 것이지만 특히 유흥업소나 위락시설 등 향락적 부문의 증대는 이동성이 강한 비숙련 서비스직의 비중을 상대적으로 증대시킴으로써 계층구조상 하류층의 비중을 높이게 될 것이며 이는 제주 사회의 구조적 취약부문으로 작용할 가능성이 높다고 하겠다.

1차 종합개발계획 기간 동안의 제주의 관광개발 추진 상황에서 보면 중문, 성산포, 표선 등 3개 단지계획에서 보는 바처럼, 거액의 투자를 필요로 하고 이윤율이 상대적으로 높은 근대식 호텔, 항공망, 거대한 위락단지 조성 등에 대한 투자는 외부 자본에 의해 독점되고,

제주도민은 자본의 영세성으로 인하여 이윤율이 낮은 소규모의 산매업종 또는 비공식 부분에 투자하게 됨으로써 대자본에 종속되는 위치에 있게 된다.

대자본은 서울 등 대도시 혹은 해외에 본사를 두고 제주 현지에는 지사를 두어 담당할 것인데 현지의 관리 책임자는 본사로부터 파견된 자이건 현지 주민이건 본사의 지배하에 종속되어 있으면서 동시에 제주인의 소규모 영세 관광업체 위에 군림하게 된다. 그리하여 현지 주민들은 대체로 관광산업 부문의 한계 영역에 머물면서 관광객의 관광지출로부터 발생하는 과실의 극소 부분만을 얻게 될 수밖에 없고, 관광개발에 따른 이익의 도외 유출이 불가피해지는 것이다. 여기에 제주지역의 풍요 속에 제주인의 빈곤 현상이 나타나게 될 위험성이 존재한다.

한편 관광은 그 유흥적 성격을 분리시켜 생각하기 어려운바, 유흥은 유행을 추구하고 감정적 · 향락적이면서 전시효과적이다. 관광형태의 이러한 성격은 관광지 주민에게 피해의식, 적개심 혹은 열등의식 등의 감정을 심화시킬 가능성이 있다. 제주문화에 대한 어떤 연구는 제주인이 육지사람 특히 관광객에 대한 거리감과 분노의 감정을 묘사하고 있다.

제주도를 찾아드는 관광객들은 단체관광의 형태를 띠고 있는데 이것은 관광의 부정적 영향이 나타날 가능성을 암시해 주는 것이라고 할 수 있다. 대량 관광의 성향을 보면 관광지역 규범에 대한 관광객의 적응성을 낮추게 되며, 자신의 거주지의 행위 규범에 따른 행위 욕구를 증대시키고 관광지역에 대한 이해를 저하시키게 된다. 특히 외국인 관광객에 관련해서 보면, 전체 외화 수입의 대부분을 외국인 전용 요정이 차지하고 있다는 현실은 제주 관광의 감각적, 향락적 경향의 일면을 나타내주는데, 이러한 문화풍토는 제주의 토착적 문화 요소와는 별개의 이질적 요소로서 제주문화의 구조적 이중성이 형성될 것임을 예고해 준다.

제주도의 관광개발이 외형적 측면에 치중하여 촉진되면서 제주도민의 기대욕구는 상승되는데 비하여 그 현실적 실현 수단의 부족으로 인하여 제주도민은 상대적 피해의식을 갖게 될 것이며 특히 관광행태의 전시효과는 청소년에게 더욱 큰 부정적 영향을 끼칠 우려가 있다.

관광개발의 문화적 측면에서 나타나는 심각한 현상의 또 하나는 전통문화의 상품화에 따른 그 전통적 의미의 변질이요 퇴색이다. 관광개발의 맥락 속에서 관광지 주민의 문화는 관광객을 위한 상품으로 제공된다. 기념상품으로 판매되는 돌하르방의 경우나 무대 위에서 연출되는 해녀놀이의 경우나 그 본래적인 삶의 세계에서 갖은 의미를 완전히 상실하고 관광객의 기호에 맞춘 작품으로 화석화된 것이다. 낡아빠진 남방아가 고급주택의 탁자로 이용된다든지 때 절은 초롱(등잔)이 귀한 장식용 비품이 되는 경우도 그러하다. 이러한 현상이 갖는 문제점의 하나는 관광지 문화가 관광객의 소비를 위한 민속품으로 전환될 때 그 문화 항목의 본래적 의미를 상실하고 주민문화의 고유성을 접해 보려는 관광객에게 그 의미를 왜곡하여 전달하게 된다는 점이다. 그리고 외국인 관광객의 유치를 위한 관광객 전용지역을 개발하는 것은 관광객에게 관광지 문화의 조작된 것을 제공하는 계기가 되며 진정한 민속문화에 대한 이해의 기회를 배제해 버리는 결과를 낳을 수 있고 관광지 문화에 대한 편견을 지니게 될 가능성이 있다.

참 | 고 | 자 | 료

이상철, “제주 사회변동론 서설: 개발정책과 산업구조의 변화를 중심으로”, 서울대 사회과학연구소, 『사회과학과 정책연구』, pp.31-66.

제주도, 『제주도지』, 상, 제주도, 1982, pp.836-840.

신행철, “제주 관광개발의 사회 · 문화적 영향”, 『사회발전연구』, 4집, 제주대 사회발전연구소, 1988.

5 국제화시대와 제주도민의식의 재조명: 국제화시대, 제주도민의 의식 전환을 모색하며*

1. 머리말: 사회변화와 의식의 문제

이 발표는 21세기를 맞으며 급변하는 흐름의 두 추세라고 할 수 있는 국제화와 지방화에 결부하여 제주도민들의 의식 행태를 재조명해 보고 제주인의 선진의식 제고방안을 모색해 보고자 하는 것이다.

사회변화의 추세에 관련하여 굳이 의식을 논의해야 하는 이유는 인간의 의식이 사회발전의 기초로서 중요하다고 보기 때문이다. 프로테스탄트 윤리가 서구 자본주의 사회의 발생에 중요한 요인이었다고 하고, 일본의 경우 그 종교적 전통과 사무라이 정신武士道이 명치유신 이래로 자본주의 경제체제를 활성화시키는 데 강력한 힘으로 작용하였다고 한다. 사무라이 정신은 프로테스탄트 윤리와 마찬가지로 근면하고 검소한 생활태도를 강조하면서 더불어 국가에 대한 헌신적 기여와 효도를 미덕으로 삼았던 것이다.

한때, 제1차 세계대전의 당사국이 될 만큼 부강했던 터키의 경우를 보면 20세기 초 쿠데타에 의해 전제군주 체제가 전복될 때, 터키의 지도적 위치에 있는 지식인들이 그들 사회의 발전을 위해 그들의 문화적 전통이 되고 있는 전통적 이슬람의 가치체계가 근본적으로 바뀌어야 함을 역설하고 나왔다. 그리고서 터키인들은 자신들의 최고 가치를 상징하는 중심적 자리에 이슬람이 아니라 터키주의 다시 말하여 민족주의, 케말(터키의 근대화를 성공적으로

* 1994.7. 『지방의정』, 제3호, 제주도지방의정연구소, pp.114-121, '논단'(1994.5.13. 한국지역정책연구원, '대토론회', 주제: '제주발전 다시 생각한다', 토론 발표문) 일부 삭제 게재함.

이끌었던 장군. 터키공화국 초대 대통령)주의를 올려놓았던 것이다. 이것을 계기로 의식혁명, 정신혁명이 일어나고, 이 정신혁명이 그 사회발전의 기초가 되었던 것이다.

우리의 환경과 유사하다는 대만의 경우, 오늘의 현대화는 '중국문화 부흥'과 '삼민주의 재건'이라는 윤리운동에 터하였으며, 덴마크의 경우 그 사회발전의 기초에 그룬트비의 의식개혁운동이 존재하는 것이다. 천형天刑의 땅 사막을 일구고 거대한 아랍제국과 맞서 자존, 번영하는 이스라엘의 경우, 그 번영의 밑거름이 되었던 것은 시오니즘이었음은 주지의 사실이다.

이와 같이 한 사회의 번영은 그 사회 성원들의 의식개혁에서 온다. 사회발전의 주동자는 그 사회 성원이고 그 주동자가 어떤 행동을 할 것인가는 그의 의식상태에 달려 있는 것이기 때문이다. 사회변화의 흐름에 성공적으로 대응해 갈 수 있느냐 하는 데 있어서도 마찬가지이다. 따라서 우리가 국제화 · 지방화라는 시대적 흐름에 전향적으로 대응하려 할 때 도민의식을 중요시하는 것은 당연한 것이며, 여기에 이 발표에서 도민의식을 재조명하는 이유가 있는 것이다.

2. 제주 도민의식의 주요 장단점들: 국제화시대에 관련하여

제주도민의 의식은 삼재三災, 지척민빈地瘠民貧으로 표현되는 제주도 특유의 자연적 환경과 피학被虐적 역사성에 한국적 전통요인이 결부되면서 형성된 것이다.

석주명은 1960년대 말 그의 저서 『濟州島隨筆』(제주도 수필)에서 제주도민의 "장점으로는 육국인陸國人에 比하여 기개가 부富하고 근검질실勤儉質實의 미풍이 있어서 경제사상이 발달하고 의뢰심이 없고, 자영자족을 존중하는 풍이 강한 일면, 단점으로는 시의심이 강하고, 배타성이 농후하여 투서 같은 일이 심다하여 공존공영의 정신이 적다"고 지적한 바 있다.

1993년 말, 제주도가 분야별 전문가 등 주요 인사 및 도 · 군 · 시 등의 공무원 349명을 대상으로 하여 실시한 자유 응답식의 의견 조사('21세기 선진 제주를 위한 변화와 개혁 과제 발굴' 의견조사)에서 보면, 버려야 할 도민의식은 보수적 배타심, 체면과 겉치레를 중요시하는 의식, 상대방을 시기하는 행위, 근시안적 안목과 폐쇄성, 피해의식, 열등의식 등이고, 장려해야 할 도민의식은 근면, 자주, 독립정신, 근검 · 절약하는 절약정신, 상부상조의 공동체 의식, 진취적 개척정신, 높은 교육열 등이다.

이외에도 제주도민의 의식, 그 사회적 성격이나 기질에 대해서는 많은 논의가 있어 왔으며, 논자에 따라 강조점의 차이를 보이고는 있지만 대체로 특징지을 수 있는 점은 ① 근검 · 소박한 생활태도와 자립정신 그리고 진취적 기상, ② 배타성과 열등의식, 시의심猜疑心이라고 할 수 있을 것 같다. 전자는 장점으로, 후자는 단점으로 지적된다.

근검 · 소박한 생활태도와 자립정신 그리고 진취적 기상은 자연적인 악조건과 역사적 시련에 부딪히면서 제주인들이 생존을 위한 투쟁과정에서 형성되어 온 것이다. 제주 사회는 한반도의 중심에서 멀리 떨어진 주변 사회로서 제주도민은 외적의 끊임없는 침입과 관의 가혹한 수탈에 시달리면서 이를 극복하려는 노력으로 강력한 자립의 의지를 다지게 되었다. 더욱이 척박한 토질과 기후적 조건 속에서는 근면만이 살아남는 길이었다. 노동은 생활 그 자체였다. 노동의 과중한 부담에 처해서 생활의 비참함에 잠겨 있는 것이 아니라 그 한계를 극복하고 살아남는 것이 중요했던 것이다. 낮에는 밭에 나가 일을 하고 농한기에는 바다에 갔으며 밤에는 멍석을 짜거나 짚신을 삼았다. 여자도 밭과 바다에 나가서 힘든 일을 해야 했으니 제주도민들의 삶은 온통 근면으로 점철된 것이다.

여기에 빼놓을 수 없는 또 하나의 중요한 기질은 외부세계에 대한 동경과 선망이 가져다 주는 외부에의 진출 성향이 강하다는 점이다. '이어도'離於島라는 말에서 볼 수 있듯이 섬을 떠나는 데 대한 매력을 늘 갖고 있다는 점이다. 재일교포나 출가 해녀에서 볼 수 있듯이 해외 진출의 기회가 있을 때 제주 사람들은 과감하게 섬을 떠나 자신들의 삶의 세계를 개척하는 진취적 기상을 보였다. '이어도'의 의미는 이상향에의 추구이며 섬을 떠나지만 다시 돌아온다. 즉 어려운 자신의 환경을 벗어나 외부세계로 진출하지만 다시 원래의 자리로 돌아오는 자기환원의 기상이다. 제주인은 제주에 살아남기 위해 '이어도' 엑소더스(exodus)를 감행하는 것이다. 이는 곧 부정의 부정, 즉 자기 긍정의 기상인 것이요, 제주인의 고난 극복의 정신이기도 하다. 이 '이어도' 정신은 자기 부정을 통하여 자기 삶의 세계를 적극적으로 개척해 나가는 그런 기질로 승화되어 나타나게 된다.

그러나 제주도민들에게는 하루바삐 청산해야 할, 의식상의 단점들이 있다. 그 대표적인 것이 배타성과 열등의식, 시의심이다. 그것은 '고립된 주변 문화의 특수성' 또는 '도서성' 그리고 외부의 지배와 수탈에 대응하는 방어기제로써 형성된 것으로 볼 수 있다.

도민의 역사적 상황에 관련하여서 보면 고려 때부터 본격적으로 시작된 중앙의 지배는 관의 횡포가 노골화되어 나타났다. 100년에 걸친 몽고의 압제는 그 영향력이 아직도 생활 유풍으로 남아 있다. 이러한 역사 상황 중에서 특히 인조~순조 연간 약 200여 년(인조 7년~순조 34년; 1629~1834) 동안 강요된 제주인에 대한 출육出陸 금지령은 빈곤한 상황을 벗어나 육지로 떠나는 것을 금지했을 뿐 아니라 제주인과 육지인의 결혼까지 불가능하게 했던 것이다. 그것은 다시 말해서 정치 영역에서는 제주도가 조선시대에 속해 있으면서도 문화적으로 완전히 봉쇄되어 있었음을 의미한다.

그리고 일반적으로 특정 사회가 외부로부터 고립되는 정도가 높을수록 내외집단의 구별의식이 강화된다. 외부 세계인 육지에 대해서 선망을 하면서도 내집단의식을 바탕으로 거부감을 갖는다. 제주사람들은 본도와 본도 이외의 나머지 지역을 육지陸地로 구분하고 그들이 처하는 외부적 환경에 적응해 나아가는 과정에서 배타적 기질이 형성되었다고 할 수 있는바, 이 제주인의 배타성도 고립된 사회 구성원이 공통적으로 갖는, 외집단에 대한 강한 구별의식에서 출발하는 것이다. 이러한 구별의식은 일상생활 속에서 제주와 육지를 구분하는 이분법적인 표현양식에서 잘 나타나 있다. 제주도를 제외한 지역을 지칭하는 말로 사용되는 '육지'라는 말 속에는 배타적 태도가 은연중에 숨어 있는 것으로 보인다고 지적되기도 한다. 따라서 외부세계인 육지에 대해서 선망을 하면서도 내집단의식을 바탕으로 거부하는 것이다.

이에 덧붙여 도서의 자원 제약적 생활조건 역시 제주인의 배타적인 사회적 성격을 형성하는 중요한 요인으로 작용하였을 것이다. 왜냐하면 자원이 부족한 도서 환경에서 보면 외래인의 유입은 자원 부족 상황을 더욱 가중시킬 가능성이 있기 때문이다.

이런 배타적 성격은 급격한 사회변동에 대응하는 전략으로서 자신들의 정체감을 유지하려는 방식으로 나타나고 있기도 하다. 이러한 정체감은 제주인의 자긍심을 높여주는 기능적 측면이 있음이 분명하나 자칫하면 외부인과 외부세계를 배제하는 제주인의 배타성을 다른 모습으로 지속시켜 주는 역할을 하게 될 것이다.

한편 생각하면 외부세계에 대한 선망과 동경은 강한 열등의식을 낳는 결과가 되었다고 할 수 있을 것이다. 이러한 열등의식과 훼손된 자긍심을 회복하기 위한 방편으로 제주인은 외부세계에 대해 배타적으로 대응하는 행위 양식을 발전시켜 온 것으로 간주할 수 있을 것이다.

제주도에서는 투서 · 고발 · 모함 · 질투 · 불신 풍조가 있다고 하고, 인제를 키우지 못한다든가 자라가면 깎아내고 우뚝하면 잘라버린다는 말을 가끔 듣는 터이지만 이것은 제주도민의 의식 저변에 상대방에 대한 시의심猜疑心이 있는 징표라 할 수 있을 것이다. 계속해서 피해만을 보고 당하기만 하고 살아온 생활경험에서 이런 의식이 형성될 가능성은 큰 것이지만, 그 외에도 제한된 자원 접근의 기회 구조는 도민들 사이에 치열한 경쟁이 불가피하게 하였다고 볼 수 있으며, 이 경우 협소한 규모의 사회 단위에서 전인적 인간관계를 맺고 있는 상황에서는 그 경쟁양상이 게임의 규칙을 넘어서서 치열해지는 경향이 있다.

한국의 전통 속에서 보면, 제주도는 도서라는 환해環海적 격리 사회로서 문화적으로 정체성을 띠고 한국적 전통이 상당한 정도로 잔존해 있을 개연성이 높다고 할 수 있을 것이다. 왜냐하면 제주도는 그 지리적 조건 때문에 과거 새로운 문화양식이 유입되기 곤란했을 것이지만 어떤 문화양식이 토착화하면 그 변화에의 자극 또한 적었을 것이기 때문이다.

주지하는 바와 같이 한국의 전통문화를 지배하는 요인으로는 샤머니즘과 유교를 들 수 있을 것인데 1980년대의 한 조사에 따르면 제주도민의 의식 속에는 샤머니즘적, 유교적 성격의 의식이 강하게 남아 있는 것으로 나타나고 있다.

3. 선진 제주를 위한 제주도민의 의식 전환

새로운 시대의 흐름에 대응하고 선진 제주를 건설하기 위해 우선 중요한 것은 제주도민들 스스로가 발상의 전환이 필요한 시점임을 인식하는 것이다. 이는 오늘날 지방화와 국제화라고 하는, 어떻게 보면 서로 상반하는 것 같은 두 추세 속에서 그에 대응하는 논리를 지역사회 자체에서 어떻게 마련할 수 있는가 하는 문제인식에서 오는 것이다.

국제화 · 개방화의 물결 속에서 제주도는 한국 제2의 중심지가 될 수도 있고 제주도민은 그 중심지의 주체적 위치를 점할 수 있다는 자신감을 가져야 한다.

그리고 제주도민들에게 의식상의 전통성으로 강하게 남아 있는 샤머니즘적 의식이나 관지향의식, 서열의식 등을 타기해야 한다. 샤머니즘적 성격은 신령神靈세계에의 자기 예속이며 정신적 자유의 포기로서 주체적 자아실현을 가로막는다. 유교적 전통으로서의 관지향의식이나 서열의식은 중앙집권적 권위주의 질서에 접합됨으로써 자율적 자기 결정의 원리에 배치되는 생활방식을 조장할 가능성을 높여주게 된다.

무엇보다도 제주 사회를 이끌어갈 인제를 키우는 것은 오늘날 매우 중요한 과제의 하나이다. 그러기 위하여 제주도민들 스스로 지적하고 있는 시의심을 버려야 하는 것은 너무나 당연하다. 정당한 경쟁은 자신의 장점을 가지고 다른 사람을 압도해야 하는 것이지 어떤 사안에 본질적이지도 않은, 다른 사람의 개인적 약점을 들추어내어 비난하고 자신의 약점은 은폐해서 되는 것이 아니다. 국제화시대에 이러한 태도로 대응한다면 제주 사회는 정체될 수밖에 없고 또 그런 대응이 용납되지도 않을 것이다. 다른 사람의 강점을 조장하여 배우고 자신의 약점을 고쳐야 할 일이지 자신의 강점을 내세우기 위하여 상대방의 강점을 왜곡시켜서는 안 된다.

지방화는 지역에 관한 문제를 주민 스스로 결정하는 것이면서 그에 대한 책임을 공동으로 지는 그러한 자세를 필요로 한다. 주민 스스로 결정하는 것은 부단한 토론의 과정을 거치되 설득과 양보가 따라야 하고 하나의 결정이 이루어지도록 힘을 모을 때 가능한 것이다. 서로 자신의 의견에 집착하여 대립적인 의견을 비난하고 논쟁만을 일삼는 그런 사람들에게는 자결능력이 없을 것이므로 주민자결의 원리가 하나의 허구에 그치게 되고 지방화의 기회를 놓치고 중앙 종속적인 지위로 회귀하게 된다.

지방화 시대를 맞으면서는 지역 문제의 지역 자결원리를 대전제로 하여 제주도민이 제주지역사회 발전의 주인공이라는 입장을 견지해야 한다. 이때 필요한 것은 주인의식이다. 주인의식은 예속상태를 거부함이요 인간다운 삶을 영위하려는 인간적 내면의 세계이다. 그것은 적극적인 의미에서 개성의 신장, 자아의 실현 의지에 결부된다. 주인의식은 타율성을 배제하고 자율을 추구하는 정신이며 남에게 의지하지 않고 자신의 문제를 스스로의 힘으로 해결, 극복코자 하는 자립정신인 것이며 남이 강요하고 위협한다고 굴종하지 않는 기상이다. 스스로 사회의 주인인 고로 사회에 대한 권리의 주장과 아울러 의무와 책임을 진다는 자세를 갖는 것은 당연하다. 자신의 사회가 잘못되는 데 대하여 스스로 그 책임을 통감해야 하고 사회를 파괴하는 자 혹은 그 세력에 맞서 싸우려는 자세 또한 당연하다. 따라서 주인의식은 책임의식이며 높은 참여의식이기도 하다.

4. 맺음말: 의식 전환의 방안 모색

이제까지 이 발표는 제주도민들의 여러 의식 항목들 가운데 국제화·지방화에 초점을 두고 선별적으로 논의하였다. 그러면 어떻게 우리는 우리의 의식을 이 급변하는 시대의 흐름에 대응하여 전향적으로 전환해 갈 것인가.

인간의 의식이라는 것은 오랫동안의 생활경험을 통하여 형성된 것이라고 보면, 도민들의 긍정적인 생활경험을 창출하는 것이 중요하다. 이를 위해서는 그 선도적 역할을 해야 할 부문들이 자기 혁신적으로 태도 전환을 해야 한다.

그 첫째의 부문은 지방 언론이다. 오늘날 도민들의 분위기나 그 의식행태는 언론의 영향을 가장 많이 받고 있다고 보기 때문이다.

외세에 대한 비판의 논리는 가치 판단에 따른 부정적 이미지의 확대보다는 사실 판단에 입각한 그 대응방안에 초점을 두어야 하리라고 본다. 우리가 해외에 나가서 그들과 똑같은 대접받기를 원하는 만큼 우리도 그들을 포용해 주어야 한다. 이것이 세계인이 되는 자세이다. '자라 보고 놀란' 우리네 조상들을 기억하고는 오늘날 도민들로 하여금 '솥뚜껑 보고 놀라'게 해서는 안 될 것으로 안다. 정론직필正論直筆은 진실을 보도하는 자세여야 함은 물론이지만, 선진 제주 건설이라는 미래 지향적 가치를 추구할 때 제주 언론의 참모습이 구현되는 것이지 부정의 논리만을 가지고는 안 된다. 감정적·선정적 '황색 저널리즘'은 더욱 안 된다. 그러기 위해 제주 장래의 밝은 희망을 품고 시대의 흐름을 예리하게 꿰뚫어 보고 있어야 한다.

다음에 중요한 부문이 공무, 행정 부문이다. 도민은 관료적 권위주의 속에서 관지향적 의식이 팽배해 있다고 보기 때문이다. 이런 상황 속에서는 공무원들의 행태가 매우 중요한 의미를 갖는다는 점은 두말할 필요가 없다. 관의 횡포가 외부세계에 대한 도민의 배타성을 초래한 요인이었음을 명심할 일이다.

공무는 민을 위한 서비스이다. 도래하는 후기산업사회에서 정부 활동은 5차 서비스산업이기 때문에 공무에 상품 개념을 적용함이 마땅하다. 그 서비스산업이 성공적으로 되기 위해서는 공무원은 서비스 상품 판매원이라는 생각을 해야 하고, 관료적 사고방식에서 벗어나 봉사의식을 가져야 한다. 공무원은 민 위에 군림하는 규제자가 아니라 민과 더불어 가는 봉사자라야 한다. 능동적으로 좋은 품질의 서비스를 제공해야 하고 친절하게 홍보도 해야 한다. 여기서 민의 관에 대한 신뢰가 생기고 피해의식에서 벗어나 개방적이게 된다.

다음은 외부투자 부문이다. 도민들의 외부세력에 대한 폐쇄성은 그 외부세력의 횡포 때문이었다고 할 수 있을 것이기 때문에, 외부 투자자들은 그들의 활동이 이윤 추구에만 있지 않고 지역사회의 발전에 기여하고 있음을 보여주어야 한다. 자본은 지역사회와 '더불어 산다'는 의식을 가져야 한다. 이때 외부 투자자들의 도덕적 양심에 호소할 수도 있겠으나 그보다는 그렇게 하도록 하는 제도적 장치가 필요하고 도민적 성원도 동반해야 한다. 이렇게 해서 신뢰 분위기가 조성되도록 해야 한다.

각종 교육 · 연구단체는 대 도민의식 전환 프로그램을 개발 보급할 필요가 있다. 이 프로그램은 학교 교육은 물론 사회와 가정 등 모든 교육과정 속에서 채택되어 활용되고 언론매체를 통해 응용되도록 해야 할 것이다.

제주도민들은 스스로가 도래하는 시대의 주인공이 되기 위해서 국제적 감각과 포용적인 주체의식을 가져야 한다. 중앙 지향적, 관 지향적 자세를 과감히 버려야 하고 과거 지향형 사고, 즉 전통 속에 안주하려 해서도 안 된다. 미래를 지향하는 변화의 주동자라는 자세를 확고히 할 필요가 있다. 국제화시대의 지방화는 '지방의 국제화'가 병행된다. 우리 제주도의 경우도 지방공공기관은 물론이고 민간단체나 개인 수준에서 외국의 다른 지역과 자유롭고도 활발하게 국제 교류를 도모해 나가는 자세를 지녀야 한다.

이 세기 말 대전환기에 제주도민들은 주체성을 유지하면서도 폐쇄성에서 과감하게 탈피해서 개방적 자세를 취하고 미래 지향의 생활원리를 추구해야 할 것이다.

6 21세기 선진 제주의 창조를 위한 도민의 자세*

1. 머리말

1991년 미국의 저명한 사회학자 다니엘 벨은 "21세기의 이야기는 아시아를 초점으로 해서 전개될 것이다"고 하면서 일본은 테크놀로지 수준이 높지만 노령화되어가는 사회로서 정치적 역할이 어떨지는 불확실하다고 하고 중국은 '어렴풋이 떠오르는' 사회로서 일본이나 한국 사회 아래 수준에 있다고 묘사한 반면, 한국은 '급속히 발전하고 있고 틀이 잡힌 사회'로서 통일이 된다면 더욱 그러하리라고 진단한 바 있다.

흔히들 태평양 시대의 도래를 이야기하는 터이지만 이때 그 역사적 전개과정에서는 태평양의 서안, 아시아 3개국의 역할이 강조될 것임을 암시해 주고 있는 것이다. '21세기 스토리'의 젊은 주역 한국은 이제 21세기의 길목에서 일대 격동기를 맞고 있다.

21세기를 몇 년 남겨 놓고 있는 지금 주변 상황은 대내외적으로 급변하고 있다. 어떤 사람들은 지난 1세기에 맞먹는 변화가 앞으로 20여 년 사이에 진행되리라고 한다. 그 변화의 물결은 우리의 의지를 초월하여 밀어닥치고 있다. 분명 21세기는 엄청나게 달라진 모습으로 다가설 것이다. 이런 변화의 추세 속에서 어떻게 대응해 가느냐 하는 것은 급변하는 시대에 사는 사람들에게 주어진 중대한 과제라고 할 것이다. 21세기 그때 우리 제주가 선진 지역사회가 되기 위해 지금 우리는 이 급변하는 시대의 흐름에 신속하고도 현명하게 대비하지 않으면 안 된다. 세계를 향해 마음을 열고, 뜨거운 가슴으로 제주를 아끼는 만큼이나

* 1995.7. 제주도 사회산업연구원 특강 강의안.

냉철하게 우리 21세기 제주를 생각하지 않으면 안 된다. 이것은 오늘 제주에 사는 우리에게 주어진 엄숙한 시대적 소명인 것이다.

제주는 우리에게 무엇인가. 말할 것도 없이 제주는 우리의 생생한 삶의 현장이요 아끼고 다듬어야 할 터전이다. 그리하여 우리는 오늘의 제주에 비추어 과거를 반성하고 보다 나은 미래의 제주 사회를 새롭게 꾸미는 데 선도적 역할을 해야 할 줄 안다. 이에 이 강의에서는 우리가 21세기를 맞으며 우리의 제주를 위해서 무엇을 할 것인가를 진지하고도 겸허한 마음으로 생각해 보고자 한다.

21세기가 어떤 모습으로 도래하고 있는가 하는 것부터 생각해 보기로 한다.

2. 21세기는 어떤 모습으로 다가서고 있는가?

1) 후기산업사회(정보사회)의 도래

세계사의 시대적 전개의 맥락은 대체로 공업화와 사회의 관료적 조직원리를 축으로 하여 볼 때 '농업사회(전기산업사회) → 산업(공업)사회 → 정보사회(후기산업사회)'라는 방향에서 파악해 볼 수 있을 것이다. 앨빈 토플러는 농업사회의 등장을 제1의 물결에, 산업혁명에 따라 등장한 산업사회를 제2의 물결에 비유하고, 그 뒤 이어지는 정보사회의 도래를 제3의 물결에 비유하고 있다. 이 도식에 따르면 우리가 맞이하게 될 21세기는 인류문명의 발전에 일대의 획을 긋는 제3의 물결이 몰아치는 시대이고 이는 정보사회(후기산업사회)의 도래인 것이다. 정보사회(후기산업사회)는 어떤 사회인가?

후기산업사회가 가능한 기본적 조건은 기술의 혁신·발전에 있다. 다니엘 벨은 산업사회가 등장한 후 적어도 세 번의 기술혁명이 일어났는데 그 첫 번째 혁명은 200여 년 전 제임스 와트의 증기기관의 발명에 의한 것이고, 100여 년 전의 전기와 화학분야의 혁신이 제2의 기술혁명이며, 제3의 혁명은 전자기술혁명이다. 후기산업사회는 이 제3의 전자기술혁명을 그 기초로 하고 있다. 제3의 전자기술혁명은 ① 기계 전기 시스템의 전자 시스템으로의 전환(컴퓨터), ② 전도장치나 전기파 변환장치의 소형화(칩: 약 100만 개의 회로부품 포용 가능), ③ 디지털 방식(정보 표현 방식의 숫자화), ④ 각종 소프트웨어의 개발(개인이나 가정, 작은 기업에서도 쉽게 컴퓨터를 사용할 수 있게 함) 등으로 정리될 수 있다.

전자기술혁명에 의해 도래하는 후기산업사회의 주요한 특징을 벨에 따라 그 이전의 사회들과 비교하면 〈표 1〉과 같다.

〈표 1〉 사회변동의 일반도식

구분	공업이전사회	공업사회	후기공업사회
지역	아시아, 아프리카, 라틴아메리카	서구, 소련, 일본	미국
경제부문	1차산업(농 · 임 · 어 · 광업)	2차산업(제조업, 가공업)	3차산업(운수업, 공익사업), 4차산업(무역, 금융, 보험, 부동산업), 5차산업(보건, 교육, 연구, 정부기관, 레크리에이션)
주요 직업	농부, 어부, 광부, 임업 종사자	반숙련노동자, 엔지니어	전문직, 전문기술직 종사자, 과학자
테크놀로지	원료	에너지	정보
설계	자연과의 경쟁	제조물과의 경쟁	인간 간의 경쟁
방법론	상식적 경험	경험주의, 실험	추상적 이론 모델, 시뮬레이션*, 의사결정이론, 시스템분석
시간의 관점	과거 지향(특별한 반응)	특별한 적응(투사投射)	미래지향(예측)
중추원리	전통주의: 토지 · 자원의 제한	경제성장: 국가 또는 민간에 의한 투자결정의 통제	이론적 지식의 구심성 및 성문화

주: * 시뮬레이션(simulation)이란 컴퓨터 등을 사용하여 현상을 모형화함으로써 실제의 상황을 모형적으로 실현시켜 보는 작업을 말한다.

그러나 무엇보다도 후기산업사회는 서비스사회로 특징지어진다. 후기산업사회에 등장하는 주요한 비중을 차지하게 될 서비스 부문은 소위 5차산업이라 하는 교육, 연구, 보건, 정부기관의 서비스, 오락서비스, 사회사업, 사회복지 등 인간과 직접 관련되는 부문과 분석과 기획, 디자인, 프로그래밍 등 전문성이 요구되는 부문이다. (이를 벨은 후기산업부문이라 하였다.) 후기산업사회가 가시화되면 고등교육이 확대되고 추상적 이론과 기술, 기계언어를 다루는 기능 숙련의 필요성이 증대하여 간다고 주장한다. 1990년 현재 미국은 노동력의 30%가 후기산업부문에 종사하고 있고 공업사회에서 큰 비중을 차지하던 공장노동자는 17%이나 공장노동자의 비중은 10년 이내에 10%로 축소될 것이라고 본다.

이 단계에서는 첨단산업의 발달로 산업구조, 취업구조나 생활양식도 크게 바뀌게 된다. 전반적인 국민생활 수준의 향상은 도시와 농촌 간, 그리고 사회계층 간의 격차를 감소시키고 중산층의 확대를 초래하게 된다. 동시에 인적 · 물적 대외교류의 확대는 국제화의 추세를 더욱 가속시킬 것으로 전망한다.

세계를 거의 동일한 시간대로 묶어주는, 교통 · 통신 및 새로운 과학산업이 등장하고 개방적이고 평등한 사회로의 전환이 이루어지며, 기존 국제질서의 와해와 신생 국가군이 폭발적으로 증가한다.

정보사회에서의 권력은 본질적으로 군사력이나 자본보다는 지식과 정보에 기초한다고 한다. 권력이 총구로부터 나오는 것이 아니라, 정보력에서 온다. 산업은 자본 · 노동력 집중의 산업에서 지식 · 정보 집약적 산업으로 그 중심이 이동하며 사회조직의 기본원리는 하향식에서 상향식으로, 피라미드 조직에서 네트워크형 조직으로 전환된다.

사람들의 다양한 문화 향수의 욕구가 증대하고 사회는 이런 다양한 욕구를 충족시켜 주어야 한다. 소위 '작은 것이 아름답다'는 것이다. 소그룹 활동, 소규모 생산이 활기를 띠게 된다. 지역단위의 문화활동은 활성화된다.

미국의 미래학자 허만 칸 박사는 60년 중반, 2000년대에 이르면 세계의 여러 국가는 대체로 ① 후기산업사회(후기공업사회), ② 대량 소비사회 또는 고도 공업사회, ③ 공업사회, ④ 부분공업사회 또는 과도기 사회, ⑤ 공업이전사회 등의 5개 군으로 분류될 수 있을 것이라 하고 미국, 캐나다, 일본 및 대부분의 서유럽 국가들은 후기공업사회에 해당할 것이며 소련, 동독 등 일부 동유럽국가, 이스라엘, 오스트리아 등은 후기공업사회로 막 접어들게 될 것이고 우리나라를 포함하여 대만 등 일부 아시아 국가, 남유럽, 동유럽, 멕시코 등 일부 남미국가는 고도 공업사회가 될 것으로 보았으며 중국은 과도기사회로 보았다. 전 세계 인구의 60% 이상이 금세기 말에도 과도기사회 혹은 그 이전의 단계에 머물게 될 것이라는 진단이다. 그러나 우리나라 한국개발연구원의 한 연구보고서는 2000년에 예기되는 우리 사회의 모습을 '고도산업 및 정보화 사회' '평준화와 다양화가 병행하는 사회' '국제화된 사회'로 특징짓고 있다. 그러니까 우리나라는 칸 박사의 예측보다 한발 앞서 후기산업사회에 진입하면서 2000년에는 공업사회의 요소와 후기공업사회의 요소가 병존하는 사회가 된다는 진단이다. 1990년 방송제도연구위원회의 한 연구보고서는, 한국은 1990년대 중반부터는 본격적인 정보사회에 들어설 것이고 지금은 그 문턱에 서 있다고 진단함으로써 2000년에 이르기 전에 우리나라가 제3의 물결, 즉 후기산업사회에 들어선다는 진단이다. 그 판별기준으로 RITE(Research Institute of Telecommunication & Economics)를 택하는데 그 기준은 ① 노동인구의 50% 이상 정보산업 종사, ② 적령 인구 50% 이상 대학생, ③ 개인 국민소득 40,000불 이상, ④ 정보비의 비중이 수입의 35% 이상 등이다.

후기산업사회의 도래에 따른 문제는 그 저변을 흐르는 테크놀로지 자체에 있지 않고, 그 결과 나타나는 사회학적인 문제에 있다. 후기산업사회에서는 사회의 조절매체로서의 시장의 역할이 상대적으로 줄어들고 국가의 역할이 확대되는 복지국가 모델을 취하게 된다. 벨이 보는 후기산업사회에서의 근본문제는 관료주의의 확산이다. 이에 따라 관료제에 대한 저항이 일어나고 대항문화가 창출된다고 본다. '너는 누구인가?'라는 질문에 대한 대답은 '나는 나의 아버지의 아들이다'라는 종전의 대답에서부터 '나는 나다'라는 식으로 바뀜으로써 세대 간의 단절이 심화된다.

그리고 체제가 감당하기 어려울 만큼의 시민적 기대와 욕구의 증대는 국가에 대한 사회적 압력을 가중시킴으로써 소위 과부하過負荷 혹은 위르겐 하버마스가 말하는바 '정당성의 위기'를 낳게 된다.

문제는 여기에 머물지 않는다. 사회적 파편화 현상이 나타나게 되는데, 소수집단의식의 부활과 이익집단들의 정책결정에의 보다 직접적인 참여요구가 심각해진다. 전문가집단, 노동조합, 경제단체, 관청 사이에 국가정책이나 예산 배정을 둘러싸고 현저한 계급적 투쟁이 일어난다. 교육받은 인텔리겐치아의 실업이 증대되고 공공지출이 증가하는 것, 개인생활에 대한 적은 간섭의 요구도 문제가 된다.

2) 국제화 · 개방화와 지방화 · 분권화

오늘날 주변의 전반적인 추세로 보아 21세기가 시작될 무렵이면 안으로는 지방화 · 다원화가, 밖으로는 국제화 · 개방화가 그 변화의 커다란 줄기를 이루게 될 것이 확실하다.

정보사회는 그 특성상 국제화를 필연적으로 동반한다. 국제화란 국제사회(세계)의 다른 나라들과 정치적, 경제적, 문화적 상호관계를 증대시켜 가는 과정이요 결과이다. 이때 전자기술이 그 수단이 된다. 전자기술혁명에 의하여 컴퓨터와 통신위성, 광섬유통신 등의 새로운 정보매체가 발달하게 되었고 이를 통하여 국제화는 가능한 것이다. 모든 사회체계는 국제사회에 대한 개방성을 증대시키게 된다. 개방화의 요구는 국제화의 필연적인 결과이다.

국가경제의 상호의존성의 증대는 세계경제체제를 초래하며 수출은 국민경제의 존립 기반이 된다. 국가 간의 경계는 붕괴되고 소위 지구촌화(전 지구화) 현상이 나타난다. 지구촌화란 국제화의 하위개념으로 볼 수 있는데 전체 지구가 하나의 단일사회가 된다는 의미로 '세계사회의 상호의존성이 증대하는 현상'을 말한다. 그 좋은 예가 공해 · 환경문제의 지구촌화 현상이다. 이런 시대에는 지구 곳곳의 온갖 변화들과 새로운 경향을 이해하고 그에 적응하지 못하면 국제적 미아의 신세가 된다.

국제화시대의 문제는 대외 종속적 환경이 조성된다든가 비생산적이고 불건전한 외래 대중문화의 유입에 따른 문화의 정체성이 약화되는 등의 부정적 결과가 나타날 가능성이 많다는 점이다.

정보사회에서는 정보의 중앙통제가 불가능하다. 정보의 통로가 개방적이기 때문이다. 지역적 다양성과 그 욕구를 수용하여 주는 것이 국가 권력의 정당성을 유지하는 길이 되기 때문이기도 하다. 따라서 정보사회에서 지방은 중앙과 나란히 수많은 지역 중의 하나이다. 그리하여 국제화시대에 지방화가 동시에 이루어지는 것이다.

지방화는 지역공동체나 정치적 의사결정과 집행, 경제적 자원관리, 문화의 창조 등 주요 공동체 활동에서 전체체계(중앙체계)로부터의 자율성을 증대시켜 나가는 과정 및 결과라고 할 수 있다. 이러한 지방화가 국제화를 동반함으로써 '지방의 국제화'가 성립한다.

이러한 지방화는 국가 내지는 국민적 통합에 부정적인 모습으로 보일지도 모르며 부분적으로 그런 측면이 없는 것은 아니지만 전체적으로 국가 전체사회의 발전에 기여하는 것이다. 정치적으로는 자기 결정의 원리를 확대함으로써 민주성을 확보하는 것이요, 경제적으로는 지역의 잠재자원을 보다 효율적으로 개발함으로써 자원 동원 · 관리능력을 향상시키는 것이며, 문화적으로는 지역의 다양한 욕구를 수용함으로써 문화적 다원성과 창조성을 증대시키는 것이다.

문제는 지역 간 균형 있는 발전이라는 전체 국가체제의 요구와 지방단위에서의 발전의 극대화라는 부분지방체제의 요구 사이에서 갈등이 발생한다는 점이다.

3. 이 시대적 상황에서 제주 사회는 어떠한가

이런 추세는 우리나라 전체의 미래 지향적 과제를 생각할 때만 중요한 것이 아니라, 제주의 장래를 생각할 때 특히 고려해야 할 추세인 것이다. 제주는 나라 안에서는 지방화의 물결에서 독자적인 자리를 확보하는 데 유리한 지역적 · 역사적 · 문화적 전통을 지녔고, 국제화의 흐름 속에서는 우리나라를 대표하는 지역으로 앞장서야 할 위치에 있다.

제주도의 경우 국제화의 흐름 속에서 21세기 태평양 시대를 맞으며 동북아시아의 지정학적 요충지와 한국의 전위지역으로서 관심의 대상이 되고 있다. 여기에 제주도는 변화의 와중에 휩싸일 가능성이 있고 따라서 하루속히 그에 대응하는 태세를 갖추지 않으면 안 되는 이유의 하나가 있다고 본다. 국제화, 개방화가 가속화하고 있는, 급변하는 세기말의 상황에서 보면 우리 제주도는 더 이상 중앙집권적 권위주의 질서 속의 변방이 아니며 절해고도의 폐쇄된 공간도 아니다. 제주도민은 '변방의 우짖는 새'로 머물러버릴 수도 없는 것이다. 지방화의 흐름은 이 점을 극명하게 말해 주고 있는 것이다. 그리고 국제화와 맞물리면서 제주도는 해양권과 대륙권이 맞닿은 요충지로서 개방된 공간일 수밖에 없다. 도래하는 태평양 시대에 제주도는 그 지정학적 비교우위 때문에 한국의 발전적 전위지역으로서의 성격을 띠고 있음을 인식해야 한다.

제주도는 지리적으로 육지와 격리되어 있는 도서이며 지정학적으로 중 · 소 · 일 사이에 위치한 요충지로서, 1997년 홍콩이 중국에 반환되는 시점에서 국제적 경제활동의 중심지로 부상할 수 있는 가능성을 갖고 있기도 하다. 이것은 국가의 경제발전과 번영이라는 차원에서 그런 국가적 요구에 따라 제주도가 담당하게 될 역할 수행의 측면에서 보아 더욱 그러하다.

제주도는 1991년 4월 한 · 소정상회의(노-고르비 회담) 개최지로서, 그 회담이 성공리에 끝남으로써 국제지역으로서의 특수성을 충분히 살릴 수 있는 가능성이 입증되고 해외에 널리 인식되었다는 점, 수려한 자연경관과 독특한 민속과 '삼무三無'의 생활 전통 등 국제적 매력을 갖는 문화요소들을 갖고 있다는 점 등은 도래하는 국제화시대에 국제적 활동의 무대로 고려될 수 있음을 예상케 해준다.

지방화의 추세 속에서 보면, 제주도는 다른 지역에 비해 그에 가장 적합한 지역이라 할 것이다. 역사, 문화, 자연의 독특함이 있어서 지방적 특수이익이 보장되어야 할 지역으로 인정받고 있다. 1991년 말 도민 의견수렴의 과정에서 진통을 겪으면서 제정된 「제주도개발특별법」이 그 징표이다.

4. 선진 제주를 위한 제주도민의 자세는 어떠해야 할 것인가

선진 제주를 위해 우선 중요한 것은 제주도민들이 발상의 전환이 필요한 시점임을 인식하는 것이다.

이는 오늘날 지방화와 국제화라고 하는, 어떻게 보면 서로 상반하는 것 같은 두 추세 속에서 그에 대응하는 논리를 지역사회 자체에서 어떻게 마련할 수 있는가 하는 문제인식에서 오는 것이다. 국제화는 개방화의 물결을 동반하는 것이며 초국경적인 국제사회의 새 질서의 도래를 의미한다. 제주도는 한국 제2의 중심지가 될 수도 있고 제주도민은 그 중심지의 주체적 위치를 점할 수 있어야 한다. 20세기 말과 21세기 초 국제사회 재편성의 흐름 속에서 천년 전 장보고의 청해진이 오늘날 부활하여 태평양 서안 동북아시아 지역 경제권의 중심지로 제주도가 등장할 수도 있다는 생각도 해봄직한 것이다. 그러기 위하여 제주도민은 미래지향적인 진취적 기상을 지녀야 할 것이고 당면하는 문제들에 대하여 지역 중심적 사고에서 과감히 탈피해야 하고 너무 왜소하게 좁쌀스럽게 굴고 있지 않은가도 반성해 보아야 할 것이다. 개방체제로의 대전환을 시도할 시기에 이른 것이다.

이제까지의 폐쇄적 사고에서 탈피해야 한다. 폐쇄적 사고란 제주도민의 의식상의 단점으로 지적되는, 열등의식 배타성의 연장이며 자신감의 결여에서 오는 자기 비하의 발로이다. 헤르만 헤세의 『데미안』을 인용하여 비유해 보자. 새는 알에서 빠져나올 때 창공을 향하여 날 수 있다. 알은 또 하나의 세계임에 틀림없다. 그러나 날려고 하는 새는 그 세계를 파괴하지 않으면 안 된다. 제주도민은 스스로 변화하는 시대의 흐름에 마음을 열고 눈을 크게 떠서 능동적으로 대처하려는 자세가 있어야 한다. 지켜야 할 제주도는 발전된 선진지역 제주도이지 있는 상태를 그대로 유지한 그런 제주도가 아닌 것이다. 또 지키려고 해서 지켜지는 것만도 아니다. 우리는 이 점을 19세기 말엽, 구한국 말 대원군의 쇄국정책의 결과에서 터득한 바 있다.

그리고 제주도민들에게는 의식상의 전통성이 강하게 남아 있어서 분묘墳墓나 신구간新舊間 풍습에서 보듯이 샤머니즘적 의식이 비교적 강하고 유교적 전통이라 할 수 있는 관지향官指向 의식이나 서열의식 등이 강하다. 샤머니즘적 성격은 신령神靈세계에의 자기 예속이며 정신적 자유의 포기라고 지적되기도 한다. 유교적 전통으로서의 관지향 의식이나 서열의식은 중앙집권적 권위주의 질서에 접합됨으로써 자율적 자기 결정의 원리에 배치되는 생활방식을 조장할 가능성을 높여주게 된다. 따라서 이런 부정적인 전통성으로부터 탈피하는 것이 필요하다.

지방화는 지역에 관한 문제를 주민 스스로 결정하는 것이면서 그에 대한 책임을 공동으로 지는 자세를 필요로 한다. 주민 스스로 결정하는 것은 부단히 토론의 과정을 거치되 설득과 양보가 따라야 하고 하나의 결정이 이루어지도록 힘을 모을 때 가능한 것이다. 서로 자신의 의견에 집착하여 대립적인 의견을 비난하고 논쟁만을 일삼는 사람들에게는 자결능력이 없을 것이므로 주민자결의 원리가 하나의 허구에 그치게 되고 지방화의 기회를 놓치고 중앙종속적인 지위로 회귀하게 된다. 지방의 발전에 동참한다는 생각으로 보다 많은 조세 부담을 감수할 자세도 가져야 한다.

지방화는 지역문제에 대한 지역 자결의 원리를 바탕으로 하는 것이며 지역주민이 그 지역 변화의 주체가 되어야 한다는 입장의 견지인 것이다.

지방화시대는 지역문제의 지역 자결원리를 대전제로 하여 제주도민이 제주 지역사회 발전의 주인공이라는 입장을 견지해야 한다. 이때 필요한 것은 주인의식이다. 주인의식은 예속상태를 거부함이요 인간다운 삶을 영위하려는 인간적 내면의 세계이다. 그것은 적극적인 의미에서 개성의 신장, 자아의 실현의지에 결부된다. 주인의식은 타율성을 배제하고 자율을 추구하는 정신이며 남에게 의지하지 않고 자신의 문제를 스스로의 힘으로 해결, 극복코자 하는 자립정신인 것이며 남이 강요하고 위협한다고 굴종하지 않는 기상이다. 스스로 사회의 주인인 고로 사회에 대한 권리의 주장과 아울러 의무와 책임을 진다는 자세를 갖는 것은 당연하다. 자신의 사회가 잘못되는 데 대하여 스스로 그 책임을 통감해야 하고 사회를 파괴하는 자 혹은 그 세력에 맞서 싸우려는 자세는 당연하다. 따라서 주인의식은 책임의식이며 높은 참여의식이기도 하다.

그리고 환경문제가 지구촌화하는 상황 속에서 환경문제의 생활화가 필요하다. 폐품의 철저한 재활용, 유기적으로 분해되지 않는 상품의 생산 및 소비의 억제, 에너지 절약형 소비습관(대중교통수단의 이용, 승용차의 소형화, 자전거의 이용 등)의 체득, 오염물질 방출의 억제 등등… 도민들 각자는 도래하는 시대의 주인공이 되기 위해서 국제적 감각과 포용적인 주체의식을 가져야 하고 국제 언어능력을 습득하는 것이 필요하며 정보처리에 관한 제반능력과 지식을 키워 나가야 한다. 이를 위해 각종 교육 · 연구단체는 대도민 프로그램을 개발 보급할 필요가 있다. 그리고 지방대학 중심의 산학협동체제를 구축하고 생산현장과 대학, 연구소 등의 기술 접목을 위한 이노베이션센터를 설립할 필요가 있다.

국제화시대의 지방화는 '지방의 국제화'가 병행된다. 우리 제주도의 경우도 지방 공공기관은 물론이고 민간단체나 개인 수준에서 외국의 다른 지역과 자유롭고도 활발하게 국제교류를 도모해 나가지 않으면 안 될 것이다. 예컨대 관광지 섬이라는 점에서 제주는, 미국의 관광지 섬 하와이와 관광개발에 관련하여 교류하는 것과 같은 것이다.

물적 기반의 면에서는 제주 환경의 적정 관리를 통하여 제주다운 환경을 조성하고, 통신 · 교통시설을 비롯한 사회간접 기반시설의 확충을 꾀해야 할 것이다. 그리고 1차 산업의 기반을 국제화 · 개방화 시대에 맞게 조정 구축하는 것도 물론 필요한 것이다.

그리고 제주 사회발전의 사안들을 결정 행사하는 제주도 차원의 제도적 장치, 예컨대 도민협의기구를 조직 활성화할 필요가 있으며 도 내외에 걸친 제주인들을 조직화하여 제주발전의 문제에 공동 대처하는 노력을 기울일 필요가 있다. 특히 발전과정에서 나타나는 제반 갈등의 문제를 최소화하고 도민적 에너지를 통합하여 제주 사회의 흐름을 발전적 가치로 이끌어 갈 수 있는 그런 시민모임 같은 것을 구상할 필요가 있을 것이다.

생각하면 제주도민은 한 치 앞을 내다 볼 수 없는 어려운 상황에 부닥쳐서도 합리적으로 이를 극복하면서 살아온 저력을 가지고 있다. 그러한 자세는 오늘의 우리가 당면하고 있는 어려운 현실을 극복하는 데 좋은 본보기가 될 것이다.

5. 맺음말

변하는 시대에 우물쭈물하다 어느 날 갑자기 '변했구나' 할 때는 이미 늦은 때이다. 급변하는 시대에는 과거에서 실마리를 찾을 것이 아니라 미래의 예측 속에서 삶을 설계하지 않으면 안 된다. 그렇지 못하면 정체 · 퇴보한다. 영국의 석학 아놀드 토인비의 문명사관의 명제인 '도전과 응전' 원리를 명심해야 할 것이다. 다가오는 도전에 적절하게 대응하는 민족만이 앞서가는 민족이 된다. 비단 지역사회의 경우에도 예외는 아니다. 지정학적으로 시대적 변화의 요충지가 되고 있는 우리 제주 사회의 경우 더욱 그러하다고 생각한다.

지금 우리는 국제화, 태평양 시대의 전위 지역으로서 그 대응전략을 마련하지 않으면 안 된다. 국제화를 위한 하부구조인 공항, 항만, 통신 · 전산망 등 사회간접시설을 확충하고, 비교우위산업(예 관광산업)의 발전을 도모해야 하며, 지식산업(연구, 교육) 등 제5차 산업부문을 육성해야 하며, 외래문화 침투에 대비한 문화의 정체성을 유지해야 한다.

전환기에 있어서는 기득권 세력으로 현상 유지에 급급하기보다는 사회개혁의 주도세력이 됨으로써 21세기 다가오는 사회의 핵심적 위치에 설 수 있다. 그러기 위하여 배타성을 버리고 개방적 자세를 지니되 정체성을 유지해야 하고 확고한 규범적 생활원리를 추구해야 할 것이다.

7 지역사회 지도자와 리더십: 제주 사회의 지도자상을 생각하며*

1. 지도자란

지도자는 구성원들을 지도하고 관리하는 기능을 담당하는 자이다.

지도라는 의미는 다른 사람들이 자신을 따르도록 하는 것이다. 관리(Management)라는 측면에서 보면, 사람들이 공동으로 성과를 올릴 수 있게 하고, 그 사람들의 강점을 발휘시키고 약점을 없애버리는 그런 역할을 수행하는 것으로서 그것은 드러커(P. F. Drucker)가 말하는 바대로 '인간과의 게임'이다.

어떤 사회집단이든 그 유지 존속을 위해서는 결국 구성원 사이의 유대가 필요하고 그 발전을 위해서는 집단목표를 향한 집단 에너지의 동원이 필요하다. 이를 위해 불가결한 요인으로 들 수 있는 것이 지도자의 리더십이다. 집단과 집단 성원의 욕구를 충족시킬 능력이나 소양이 있다는 점에서 남보다 뛰어난 사람이 지도자의 자질을 갖추었다고 할 수 있을 것이며, 지도자가 남의 찬양이나 존경을 받게 되는 것은 집단과 집단 성원의 욕구를 충족시키는 구실을 하기 때문이다.

마키아벨리(N. Machiavelli)가 제시한 군주의 두 속성으로 여우의 속성과 사자의 속성을 지도자에 관련지어 생각해 보면 지도자는 여우와 같은 영악한 지능과 사자와 같은 우직한 열성을 동시에 지니고 있어야 되는 것이나 대체로 보아 상대적인 의미에서 그 어느 하나의 속성을 더 갖추게 되는 것이 보통이므로 시대의 변화에 따라 지도자는 교체될 수밖에 없는

* 1996.3.22. 제주대 농대, 최고농업경영자과정 특강 강의안.

것이라 할 수 있다. 체제 유지가 필요한 시대에는 집단 유지적인 보수성향의 사자형 지도자가 필요하고 체제에 변화를 가져오고 발전의 가치가 더 강조되는 시대에는 집단 재구성을 위한 진보적 성향의 여우형 지도자가 필요하다고 할 수 있을 것이다. 그러나 일반적으로 지도자들의 자질은 일반인에 비해서 진보적인 성향이 보인다고 하는데 다만 지도자가 되기 위해서는 자신이 속한 집단 성원들의 보수적인 성향을 완전히 무시할 수 없으므로 너무 진보적인 성향을 띠는 것은 좋지 않다고 하겠다. 만일 지도자가 지나치게 앞서 변화를 일으키려 한다면 그 자리마저 잃을지 모른다. 여기서 우리는 덩샤오핑鄧小平이 그 전성기에 말한 '정치지도자는 일반 추종자들보다 한 발짝씩만 앞서 가야 한다'는 취지의 언급을 기억할 필요가 있다.

그리고 지도자는 성원들의 충성스런 추종을 받으려면 집단목표 외에 그 성원 각자의 사적 목적까지도 달성할 수 있는 환경을 마련해 주어야 한다.

지역 자율의 시대에는 지도자가 중앙으로부터의 압력 혹은 간섭에서 상대적으로 자유로운 위치에 놓일 것이므로 지도자의 구실은 더욱 강조된다. 지역의 문제를 스스로 결정하고 해결해 나가는 임무와 책임을 다해야 하기 때문이다. 중앙집권적인 시대에 지역의 리더십은 약화되고 수동적이 되며 지도자는 중재자적인 구실을 하는 데 그칠 가능성이 크다.

2. 지도자의 특성: 특성이냐 상황이냐

지도자는 지도자 아닌 사람과는 다른 어떤 자질이 있는가.

이에 대해서는 종래 많은 논의가 있었다. 특성이론에서는 리더십의 근거를 지도자의 특성 곧 자질에서 찾으려는 입장을 취한다. 특성이론은 지도자는 어떤 특성을 갖고 있는지, 그리고 그 특성을 언제 어떤 지도자에게도 불가결한 보편적인 지도자의 퍼스낼리티를 중심으로 파악하려는 것으로 이를 위인이론(great man theory) 혹은 인성이론(personality theory)이라고도 한다.

러셀(B. Russell)은 이 입장을 취하면서 "리더의 지위를 획득하기 위해서는 권위를 부여하는 자질, 즉 자신감, 결단력 및 올바른 방책을 훌륭하게 결정하는 기능을 수행하지 않으면 안 된다"고 하였다.

지도자의 특성이 무엇이어야 하는가에 대한 견해는 통일되어 있지 않다.

C. Bird는 20명의 학자가 제시한 특성들을 총괄 집계하여 79종의 지도자 특성을 열거하였는데 그중 2명 이상에 의해 제시된 특성은 그의 약 35%인 26종이었다고 한다. 이제 그 제시된 빈도수와 그에 해당하는 특성을 나열하여 보면 다음과 같다.

- 10회: 고지능高知能
- 6회: 기선력機先力
- 5회: 유머, 외향성外向性
- 4회: 열성, 공평성, 자신감, 동정성
- 3회: 대담성, 독창성, 재치(임기응변)
- 2회: 자주성, 진취성, 통제력, 위엄, 관용, 우정, 정직, 공정, 신뢰성, 침착, 자제自制, 사교성, 암시성, 다변多辯, 활기

한편 지도자들만이 남달리 가지고 있는 공통된 특성을 찾을 수 없다는 비판적 견해에 따르면 모든 지도자에게 요구되는 어떤 최소한의 능력은 지도자가 아닌 자에게도 마찬가지로 널리 배분되어 있고, 나아가서 한 집단이나 상황에 필요한 리더의 특성은 다른 상황이나 집단에서의 다른 지도자의 특성과는 아주 다르다고 주장한다. 이 견해를 상황이론이라 하는데 이 이론에서는 리더십을 지도자 개인의 속성으로 보는 것이 아니라 집단 혹은 상황의 속성으로 보는 것이다.

이 이론에 따르면 리더십이란 집단으로 하여금 원하는 결과를 달성하도록 도와주는 행동의 수행인데 이러한 행동을 '집단기능'이라고 한다. 그리하여 효과적인 리더는 우수한 자질을 가진 것이 아니라 집단의 변화하는 상황에 예민하고 그들의 리더십 행위를 새로운 요구에 적응시키는 데 신축성이 있어야 한다. 리더십에 관련되는 집단상황으로는 집단목표의 성질, 집단의 구조, 구성원의 태도와 욕구 및 외부환경에 의해 주어지는 기대 등을 들 수 있는데 이런 상황들이 일정 시기에 있어서 어떤 집단활동이 필요한 것인가 그리고 그 구성원 가운데 누가 그것을 수행할 것인가를 정해준다. 말하자면 '집단기능=리더십 기능'이 어떤 식으로 어떤 집단 성원에 의해 수행되는가를 결정해 주는 요인을 집단상황의 차원에서 파악코자 하는 것이다.

위의 두 이론을 종합하는 또 다른 이론으로 상대주의적 특성이론이 있는데 이 이론에서는 지도자 특성의 상황적 상대성을 주장하고 리더십은 사회적 상황과 리더의 특성 두 가지 것의 함수로 본다. 아마도 이 상대주의적 특성이론이 설득력이 있는 것으로 보면 좋지 않을까 생각한다.

한편 리더십은 지도자와 피지도자의 인간관계를 말하는데 이런 관계는 사람들 간의 권위의 차등을 전제로 한다. 지도자의 권위를 논하게 되는 이유가 여기에 있다. 합리적이고 법적 · 제도적 적합성을 가졌을 때, 그리고 민주적 정당성을 지녔을 때 지도자는 권위를 갖게 된다.

우리 사회에서는 언제부터인가 권위주의 청산이 이 시대의 과제인 것으로 되었다. 그리하여 '권위주의적'인 요소를 거부하고 그 대상을 파괴하는 것이 시대의 소명처럼 여겨지고 있다. 개발 독재를 극복하고 민주화를 추구하는 과정에서 의당 그래야 할 것이지만, 문제는 '권위주의'와 '권위' 그 자체를 혼동하여 권위주의를 청산한다는 명분으로 권위를 파괴하려는 데 있다.

그러면 권위란 무엇인가?

그것은 정당성을 내포하는 지배의 형태이다. 이런 권위가 파괴되어 지배만 있고 합리성, 정당성이 결여되면 그것은 권위주의가 된다. 이때 사회의 결속력은 사라지고 무질서의 혼란만 가중된다. 지배가 억압적 힘에 의한 지배의 성격을 띠면서 그 권위는 정당성의 위기를 맞게 되는 것이다.

3. 지도자의 리더십: 민주형 리더십의 당위성과 문제

일반적으로 지도자는 그 지도의 기능을 수행함에 있어 리더십을 발휘하게 되는데 리더십의 개념 정의에 관한 엄밀한 의견의 일치는 없는 터이지만 종합적으로 말하면 일정인 혹은 집단이 다른 사람 혹은 집단에 대해 영향을 미치는 능력이며, 지도자가 부하에 대한 자기의 영향력을 확대해 갈 필요가 있을 때 사용하는 전술로서 지배의 전술과는 엄연한 차이가 있다.

리더십 전술은 자기에게 의무적으로 복종하게 하는 여러 가지 서비스를 부하에게 제공하는 방법이다. 즉 부하에게 베푼 서비스가 부하들로 하여금 지도자에 대한 의무감을 느끼게 하는 방법이다. 이에 대해 지배의 전술은 부하들이 스스로 복종하는가 어떤가는 일체 고려하지 않고 공식적으로 정해진 벌칙을 적용하거나 적용한다고 위협해서 강력히 통제력을 확대해 가는 방법이다.

이제 지도자의 리더십 스타일에 관련해서 살펴보기로 한다.

지도자 리더십 행위의 차원에서 지금까지 가장 널리 알려졌고 이용되어온 바에 따르면, 민주형 리더십, 전제專制형 리더십, 자유방임형 리더십의 세 가지로 분류할 수 있다.

민주형 리더십은 모든 정책이 성원의 토의를 통하여 결정되고 지도자는 이를 조장하고 지원하는 역할을 하게 된다. 성원들의 행동지침은 집단토의 과정을 통하여 얻어진다. 다만 지도자는 집단목표를 향한 대강의 단계를 제시하고 필요할 때 둘 이상의 대안을 제안할 수 있다. 그리고 지도자는 집단의 다른 성원들과 같은 자격으로 참여하고자 한다.

전제형 리더십은 모든 정책이 리더에 의해 결정되고 성원들의 행동지침이나 그 단계가 그때그때 권위주의적으로 제시되며 리더는 지시할 때 이외에는 참여하지 않는다.

자유방임형 리더십은 정책이 성원들의 자유로운 결정에 맡겨지며 리더는 요청될 때만 필요한 정보를 제공하는 등 참여를 최소화하며, 성원들의 행동에 대해 자발적으로 나서서 평가하거나 통제하려 들지 않는다.

어떤 리더십이 가장 바람직한가는 경우에 따라 다르지만 지역사회의 문제 해결이라는 측면에서 보면 그 효율성의 면에서 민주형 리더십이 바람직하다고 한다. 이 리더십은 주민참여적인 리더십으로서 주민들이 리더십 기능을 광범하게 분담하게 됨으로써 성원들이 결정사항을 실행하려는 동기유발효과가 있고 처리 결과가 훌륭하게 나타나기 때문이다.

지역사회에는 저마다의 문제와 욕구를 갖는 많은 개인이 있어서 이들 개인의 합의가 없으면 지역사회 단위의 문제가 무엇인지도 파악되지 않을 뿐만 아니라 그 문제 해결을 위해서 하나의 지역사회로서 행동할 의사와 능력도 상실하게 될 것이다.

집단토의의 과정을 거치는 민주주의 방식은 논쟁이 불가피하게 수반되는 것인데 이 논쟁들을 시간과 정력이 낭비되는 비효율적인 것으로 보는 것은 지나친 속단이다. "논쟁은 지역사회 행동에 하나의 자극 요인이 된다. 지역사회 문제에 대한 공개적이고 솔직한 토의는 효과적인 리더의 도구이다. 문제의 성질이 논쟁적일수록 '토의처리'되는 것이 그 문제를 건드리지 않고 곪아 터지는 것보다 훨씬 좋은 것이다"라고 주장하는 사람도 있다. 이는 논쟁을 통하여 사람들의 정신적 · 육체적 · 정서적 활력이 자극되기 때문이고 지역사회 문제에 대한 논쟁은 지역사회 성장의 창조적 에너지로 이용될 수 있기 때문이다. 물론 이때 논쟁은 해결책을 찾기 위한 성실한 노력의 성격을 띠는 것이다.

그러나 민주형 리더십은 집단상황이 위급해서 시간적 여유가 없을 때나 과업의 성격이 군대의 작전과 같은 경우에는 문제가 있다.

사람들의 지적 수준이 낮아서, 개인적인 권리만 주장하고 자신의 책임을 도외시하는 경우 일종의 무정부적 집단행위가 일어나서 민주형 리더십이 오히려 취약해질 수도 있을 것이다. 개인주의적 · 민주주의적 문화가 지배하는 사회에서는 주민들의 창의도 살리고 또한 그들의 지역사회에 대한 참여의욕도 높일 수 있으나 사회의 문화적 전통이 권위주의적이어서 참여에 대한 기대가 별로 없는 경우에는 시간만 낭비하게 되고 성과도 올리지 못하는 결과가 되기 쉽다. 전통성이 강하게 남아 있고 우리 농촌의 경우 비민주적 리더십이 성공적인 경우를 발견하게 되는 것은 바로 농촌의 전통적 상황 때문이 아닌가 생각한다.

4. 제주 사회의 지도자의 자세와 관련하여

일반적으로 지역사회 지도자가 지녀야 할 몇 가지 바람직한 자세를 선택적으로 지적해 보고자 한다.

① 세계를 향한 개방적 자세를 가져야 한다. 세계인으로서의 매너를 갖추어야 한다.
② 다양성을 수용하는 상대주의적 자세를 지녀야 한다. 이런 입장에서 지역적 가치를 발견하고 추구하는 노력이 필요하다.
③ 지역사회 주민들의 생활양식이나 의식구조 등에 대해 충분한 지식을 가져야 한다.
④ 지역사회 정서를 읽을 수 있어야 하고 그 요구에 대해 호응적이어야 한다.
⑤ 사태의 흐름을 간파하고 상황판단에 밝아야 한다.

⑥ 융통성이 있어야 하고 유연성을 가지고 극단으로 흐르지 말아야 한다.
⑦ 설득과 타협과 관용의 자세를 지녀야 하며 조정의 기술을 발휘해야 한다.
⑧ 정서적 안정성을 유지함으로써 심적 균형과 침착성을 잃지 말아야 한다.
⑨ 자신감과 일관성이 있어야 한다.
⑩ 지도자의 역할에 대한 소명의식과 공명정대한 자세를 가져야 한다.

제주 사회의 지도자들은 21세기의 문턱에서 21세기의 의미를 알고 그에 대응하려는 미래 지향적 자세를 확고히 해야 한다.

지도자의 사명은 무엇이어야 하는가

① 제주인의 생각과 생활태도를 인습적인 것에서 과학적 · 합리적인 것으로 전환되도록 노력해야 할 것이다. 이는 생산성을 극대화하는 노력이기도 하다.
② 물적 풍요에 따라 나타나는 부정적 경향, 예컨대 퇴폐적 경향을 막고 도덕성 회복에 헌신적으로 노력해야 할 것이다.
③ 개방적 자세로서 변화에 융통성 있게 대처해야 할 것이다.
④ 민주적 원리에 따라 보다 폭넓은 범위의 주민들이 의사 결정에 참여할 수 있도록 유도해야 할 것이다.

무엇보다 건전한 가치관과 전문성을 동시에 갖추어야 할 것인즉 이를 위해 첫째, 계속해서 학문적 · 이론적 지식을 학습하고 둘째, 분야마다 사무능력이나 업무기술을 습득하는 등 경륜을 쌓는 데 심혈을 기울일 것이며 셋째, 새로운 체험적 경험을 축적하고 넷째, 제주 사회의 제반 사회적 · 제도적 특성을 간파하고 다섯째, 지방자치단체의 건전한 정착에 기여하면서 민간조직연합체 같은 것을 구성 제주 사회의 발전에너지로 만들어 나아가야 할 것이다.

다가오는 21세기 제주 사회는 후기산업사회를 맞으며 결코 불리하지 않다. 왜냐하면 제주도는 그 지정학적 조건으로 보아서 동북아의 중심에 위치해 있어서 (비유하자면, 동남아의 중심에 싱가포르가, 북태평양 아시아의 중심에 북해도가 있듯이) 국제지역화에 유리하고, 사회 · 문화적으로 특이하게 가장 지방적인 면모를 지니고 있다. (가장 지방적인 것이 가장 세계적인 것이다.) 그리고 제주는 환경적 쾌적성을 유지하고 있어서 친환경적 발전의 저력을 가지고 있다. (21세기는 환경의 세기로 다가서고 있음을 기억할 필요가 있다.)

이제 주체적으로 어떻게 제주의 특수한 여건을 발전의 에너지로 만들어가느냐 하는 것이 제주 사회 지도자들에게 주어진 사명이라고 하겠다.

8 국제자유도시 시대를 맞는 제주인의 자세*

1. 2003년은

2003년은 제주발전의 역사에 매우 의미 있는 해로 기록될 것이다. 노무현 정부의 등장과정(선거과정)에서 우리는 정보사회의 정치적 특성, 즉 인터넷의 위력을 실감하였으며 시민의 힘이 갖는 정치적 위력을 경험하였다. 제주의 경우, 무엇보다도 2003년은 국제자유도시로 진입하는 해요「제주 4·3진상보고서」가 확정 채택됨으로써 도민이 속죄양이 되어 맺힌 한을 푸는 계기가 마련되는 그런 해이다. 후자가 반목·대결의 시대를 청산하고 상생·화해의 시대를 맞는 의미를 담고 과거청산의 계기를 마련한 것이라면, 전자는 세계화시대의 새로운 변화에 능동적으로 대처하는 미래지향적 계기를 마련하는 것이라고 생각한다. 과거 시점의 4·3이 국제자유도시가 출발하는 시점에서 그 해결의 실마리가 풀리기 시작한다는 것은 적지 않은 의미를 담고 있다고 생각한다. 4·3의 뼈아픈 기억 속에서 고통받고 있는 한, 그리고 4·3의 내력에 얽힌 도민의 한을 풀지 않고서는 국제자유도시로서의 제주의 미래를 도모하는 의미가 반감될 것이요, 필요한 도민적 통합을 이루는 데도 한계가 있을 것이기 때문이다. 국제자유도시 제주가 '평화의 섬'으로 거듭나려 한다면 더욱 그러하다. 이 글에서는 4·3에 대한 논의는 생략하고, 국제자유도시와 관련, 제주도민의 자세가 어떠해야 할 것인가에 대하여 생각해 보려 한다.

---

* 2003.8.『제주도』, 통권 107호, pp.50-67.『제주도』편집자의 요청에 따라, 제주발전연구원의『제주발전포럼』, 통권 제5호(2003, 봄호)에 실린 '권두언'의 틀과 내용을 기초로 그 분량을 다소 늘려 보완하였음.

우선 2003년은 '국제자유도시' 원년이 된다고 할 수 있다. 2002년 1월 26일에 제정된 「제주국제자유도시특별법」에 근거하여 제주종합개발계획(「제주국제자유도시종합개발계획」)이 2월에 확정 고시됨으로써 국제자유도시 개발이 본격화될 것이기 때문이다. 마침 이 시기에 '참여'를 표방하는 노무현 정부가 등장하면서 획기적인 지방분권의 시대를 강조하고 제주도를 지방분권, 지방자치 시범도로 지정하겠다는 의지를 내비친 점은 고무적이다. 국제자유도시의 추진은 제주형 자치모형 개발작업과 더불어 더욱 탄력을 받게 될 것이다.

노무현 정부의 등장과 더불어 주변에 밀려 있었던 젊은 진보세력이 정치의 주류로 등장하고, 시민 참여의 기회를 확대하려는 노력이 가속화되면서 주변이 중심으로 이동하여 정보사회에 걸맞게 다중심시대를 맞고 있다. 제주는 이제는 변방이 아니며 여러 중심 중 하나가 된다. 이제 제주는 국제자유도시의 구상 속에서 그 특수성을 살려 관광휴양의 중심지로, 인류 평화의 메카로, 동북아 교류의 요충지로 거듭나는 프로그램, 그 로드맵(road map)을 마련해야 할 시점이다. 노무현 정부의 '시범도' 프로그램 개발은 제주의 국제자유도시 프로그램과 맞물려 중요한 의미를 갖는다고 생각한다. 노 대통령은 당선자 시절인 2월 12일 오후 제주중소기업지원센터에서 열린 지방분권과 국가균형발전 제주도 토론회에서 "분권의 시범, 자치도의 시범도로 제주도를 구상했으면 좋겠다"고 견해를 피력한 바 있다. 세계화와 더불어 제주발전의 비전을 펴나가는 데 유리한 시대적 상황이 도래한 것이다.

문제는 도민의 의지요 역량의 결집이다. 노 당선자의 언급에서 "제주도가 의욕을 보이면…"이라는 수식사修飾辭를 기억할 필요가 있을 것이다.

2. 국제자유도시화와 제주 사회의 이질화

국제자유도시란 무엇인가? 「제주국제자유도시특별법」은 "사람 · 상품 · 자본의 국제적 이동과 기업 활동의 편의가 최대한 보장되도록 규제 완화 및 국가적 지원의 특례가 실시되는 지역적 단위를 말한다."(제2조 제1항)고 규정하고 있다. 사람 · 상품 · 자본뿐이겠는가. 제도와 문화도 이동한다. 말하자면 외래적 각종 요소가 유입된다. 돌이켜 생각하면 제주도는 그 지리적 · 역사적 특수성으로 인하여 비교적 동질성이 강하게 유지되고 정체正體성 또한 독특한 면모를 보이고 있었다. 그러나 국제자유도시가 되면서 제주 사회는 더욱 급격하게 이질화되어 간다는 의미를 갖는다. 특히 제주 주민들의 이질화가 가속화된다. 이는 이질적 요소 사이의 갈등뿐 아니라 이질화 과정에서 나타나는 제주도민 사이의 갈등도 동반한다. 이런 갈등현상은 변화과정에서 불가피하며 어찌 보면 사회갈등론자들이 주장하듯이 사회발전의 촉매제가 되기도 한다. 그러나 한편 그러한 갈등을 처리하는 내적 메커니즘이 작동하지 않으면 사회붕괴의 위기를 맞기도 한다.

따라서 이 시점에서 중요한 것은 이 갈등 가능성의 국면을 제주발전의 계기로 삼아야 한다는 것이다. 대립 갈등하는 국면 속에서 발전의 에너지(시너지)를 창출해 내야 한다. 기존의 요소와 새롭게 유입되는 요소 사이에 혹은 새로운 요소의 도입에 관련하여 나타나는 대립적 입장 사이에서 발생하는 갈등을 시너지로 전환하는 것이다. 이때 절실히 요구되는 것은 제주도민들의 전향적 자세이다. 다름을 포용하는 것이다. 다름을 배제할 것이 아니라 다름을 인정하는 가운데 타협과 합의의 묘책을 도모하는 것이다. 화이부동和而不同, 그것이다. 이는 양극단으로 상반하는 ○ · × 사고가 아닌 절충조화의 지혜요 강자 · 약자 공존의 지혜이며, 상반된 이해를 절충하는 기본자세이며, 각기 다른 의견의 조화라는 자연 섭리의 표현이다.

그것은 나와 다른 남이나, 다른 의견에 뇌동雷同하지 않되 협화協和하는 것이다. 이것은 강자와 약자 공존의 지혜이며, 상반된 이해의 절충이요, 각기 다른 의견의 조화를 이루는 것이다. 이렇게 해서 시너지는 창출된다. 우성優性은 동종교배同種交配에서 나오지 않는다. "군자는 서로 같지 않되 화和하며 소인은 서로 같으면서 불화不和한다"는 공자의 제자, 자로子路의 말은 음미해 볼 만하다. 화和는 동同이 아니다. 동同을 숭상하면 균일을 낳아서 사회는 정체되므로, 부동不同이어야 하되 부동에 머물면 이 또한 사회는 위태로워지므로 화합으로 부동을 극복하면 사회발전의 시너지가 창출되는 것이다. 오케스트라의 교향곡이 아름다운 것은 같은 악기를 모아 연주하는 것이 아니라 다른 악기끼리 협연하기 때문이다. 마찬가지로 '생각이 같은 사람끼리'보다 '생각이 다른 사람끼리' 화和를 이루면 발전의 에너지(시너지)가 발생한다.

중국은 국내정책이나 대외정책에서 구동존이求同存異를 지도지침으로 삼고 있다고 하지만 이는 원칙만 합의할 수 있으면 다양성을 존중한다는 원칙으로 국익에 합치되면 이념의 다름異을 존중하는 것이다. 민주주의의 기본원리를 잘 표현하고 있는 셈이다. 화이부동에 불과하다. 이런 원칙이 오늘날 중국 발전의 힘으로 작용하고 있는 것이다.

현대사회는 다양한 이해집단이 공존하는 사회이다. 힘으로 획일화할 수 없고 논리로 표준화할 수 없는 사회이다. 각양각색의 실체를 있는 그대로 인정하면서 각자의 이해관계에 따라 집산集散을 거듭하는 것을 제도적으로 수용해야 한다. 상이한 기능을 담당하는 여러 제도의 틀 안에서 각자의 역할분담을 통해 유기적 연대를 형성하는 것이 현대사회 질서유지의 관건이다. 한편 '강한 국가, 약한 시민사회'에서 '약한 국가, 강한 시민사회'로 변화하고 있는 오늘날 상황에서 사회발전을 위해서는 시민사회의 성숙을 도모하지 않을 수 없다. 성숙한 시민사회는 다양한 시민사회단체들의 목소리를 포용함으로써 사회 통합을 이루어내는 힘을 가진 사회이다. 개별 시민사회단체들이 서로 다른 견해를 가질 수 있지만 배척하지 않고 배려하는 것이 사회 통합의 지름길이라고 생각한다. 이렇게 해서 제주는 강한 제주, 선진 제주가 되는 것이라 생각한다.

3. 제주인의 대응자세

이제 우리는 다름에 대한 사고의 유연성을 가져야 한다. 열린 시대 강한 사회의 형성을 위하여 우리 내부로부터 달라져야 한다. 나세르에 이어 이집트의 제3대 대통령으로 취임, 이스라엘과의 평화조약을 맺고 중동평화의 길을 엶으로써 이스라엘의 수상 베긴과 함께 노벨평화상을 받았던, 그래서 20세기의 훌륭한 변환의 주동자 중 한 사람으로 일컬어지는, 무하마드 안와르 사다트는 그의 자서전에서 "내가 그 폐쇄된 감방에서 인간성과 삶에 관해 깊이 생각하면서 깨달은 것은 자기 사고의 바탕을 바꿀 수 없는 사람은 현실 문제도 바꿀 수 없으며, 결국 아무런 진보도 해낼 수 없다는 것이다"라고 말한다. 이 말은 변화하는 시대에 우리에게 시사해 주는 바가 크다. 참된 변화는 내면에서부터 시작되어야 한다. 태도와 행동의 뿌리, 그 바탕이자, 기본적인 패러다임을 바꿈으로써만 가능하다.

우선 이분법적 사고를 극복하는 것이 중요하다.

민주주의 사회란 다양한 입장을 가진 집단들이 경쟁하면서 전체로서 합의구조를 찾아가는 데 묘미가 있는 사회이다. 의견의 다름은 당연히 존재한다. 이분법적 사고는 아군 아니면 적군으로 규정함으로써 의견의 다양성을 거부한다. 예컨대 햇볕정책을 비판하는 것을 반통일세력으로 규정하는 것은 통일에 대한 다양한 논의를 봉쇄하는 것이나 다름없다. 이런 경직된 사고는 민주주의의 적이요 급변하는 시대에 유연하게 적응하는 데도 해롭다. 마른 나뭇가지는 단단하지만 쉽게 부러진다. 노인들의 뼈가 유연하지 못해 쉽게 부러지는 것과 같이 경직된 이분법적 사고로는 사회에 쉽게 균열이 간다. 민주주의는 후퇴한다. 토론과 타협을 통한 절충이 불가능하고 사회적 합의가 이루어지기 어렵기 때문이다.

경직된 사고에 관련하여 노자를 인용한다. "사람이 살아 있을 때는 부드럽고 약하지만 죽으면 굳고 강하다. 초목도 살아 있을 때는 부드럽지만 죽으면 말라 굳어버린다. 그러므로 유연함은 삶의 현상이요, 굳고 강함은 죽음의 현상이다." 더불어 살아가면서 상생의 길을 모색하려 할 때 참고할 일이다. 다양성이 존중되는 시대에 우리는 다양성에 익숙해지지 않으면 안 된다. 국제자유도시의 성공적인 정착을 위해서도 이 점은 매우 중요하다.

제도적으로는 거버넌스(governance) 개념의 도입이 필요하다. 거버넌스는 공·사 파트너십(PPP: public-private partnership)이라고도 할 수 있을 것이다. 이해 당사자와 전문가, 시민단체 혹은 그 대표 등이 참여하는 중립적 협의체로서 정책 공동체의 성격을 가지고 갈등 해소를 위해 사회적 합의를 이루는 역할을 하게 된다. 이를 통해 주민참여의 확대와 목표달성의 실효성을 높일 수 있다. 정책 입안단계에서부터 주민 의견을 수렴하고 주민에게 객관적이고 정확한 정보를 제공해야 상호 이해와 협력을 도모할 수 있을 것이다. 때로는 주민의 취업을 보장하고 지역 숙원사업의 지원을 연계함으로써 주민 불만을 상쇄하는 유인책을 묶어 갈등사안의 해결을 시도해 볼 수 있을 것이다.

이제 우리는 사회갈등이 사회 통합을 저해하고 집단/지역 간 혹은 집단/지역 내의 분열을 초래한다는 인식에서 벗어나, 긍정적이고 적극적인 입장을 취할 필요가 있다. 갈등의 해소가 정책을 결정 실현해 나가는 데 있어서 보다 합리적인 과정이라 생각하고 이를 위한 제도적 장치, 그런 환경을 마련하는 것이 좋을 것이다. 갈등의 해결을 위해서 무엇보다도 이해당사자 간의 협의에 의한 합의가 필요하며 이를 위해 정부(지방과 중앙), 시민단체, 전문가, 주민대표로 구성되는 협의체 곧 거버넌스 시스템을 마련할 필요가 있다. 문제의 사안에 따라 구체적인 구성 주체가 달라질 것이지만 그 주요 구성 주체는 크게 정부, 정당, 기업, 시민단체, 주민대표, 전문가집단 등이 될 것이다. 대체로 정부와 정당은 공공성을, 시민집단은 개혁성을, 시민 혹은 주민대표는 민주성을, 전문가는 전문성을 가지고 사회갈등 조정에 개입하는 정당성을 갖게 된다. 이러한 정당성은 사회갈등의 당사자들로부터 인정을 확보하는 기반이 된다. 어떤 정당성 요인이 더 설득력이 있을 것인가는 갈등사안의 성격에 따라 달라지게 될 것이며 거버넌스 구성 각 주체의 역할도 다르게 나타날 것이다. 거버넌스의 존속기간은 일시적일 수도 있고 상시적일 수도 있으나 그 구성주체 간의 협력구조가 안정적일수록, 그 조정기제가 사회적으로 제도화될수록 사회적 신뢰도는 제고된다. 그러나 중요한 것은 이런 제도적 장치가 마련된다 하더라도 그 참여 파트너들이 열린 가슴으로 토론과 타협의 포용력을 갖지 못한다면, 자기 아집의 도그마에서 벗어나지 못한다면 그 제도의 실효성은 상실될 것이다. 국제자유도시의 보다 성공적인 미래도 보장하기 어려울 것이다.

이제 국제자유도시로의 전환기를 맞으며 제주의 바람직한 미래를 위해 생각해야 할 문제는 우리의 역량이요 준비태세이다. 이를 위해 제주는 열린 공간으로 새 시대를 맞이하며 도민통합의 에너지를 창출하고, 다양성을 포용하는 강한 체질을 구축해 나아가야 할 것이다.

9 17대 총선과 제주 사회*

1. 17대 총선의 양상(전국)

① 열린우리당의 제1당 도약
② 민주노동당의 대약진. 최초의 계급정당의 의회 진출
③ 기존 정당의 쇠퇴. 새천년민주당의 몰락과 한나라당의 세력 약화
④ 3김 정치의 종식
⑤ 결과적으로 국회 구성이 진보성향으로 바뀌고 진보가 다수파가 됨

1) 현황

① 80년대 변혁운동을 주도했던 주축 그룹들, 상당수 원내 진출
- 임종석, 이인영, 오영식 등 전대협 1~3기 의장 출신들, 80년대 후반 총학생회장 출신들(이들 386 전대협 세대들에 김근태, 이해찬, 임채정, 신계륜 등 1~2세대 재야 · 학생운동권 출신을 합치면 35명: 조선일보 집계)
- '천 · 신 · 정'(천정배 · 신기남 · 정동영)의 당권파 그룹과 중도 성향의 기성 정치인, 학계 · 전문가 그룹은 총 80여 명

② 좌파정당인 민노당, 두 자릿수 득표율과 의석수로 원내 제3당으로 자리매김함

* 2004.5.28. 공동체의식개혁 국민운동 제주도협의회, 좌담회('17대 총선과 제주 사회') 발제 메모.

〈비교표〉

<table>
<tr><th colspan="2"></th><th>16대 총선 결과
(의석수 273. 지역구 227, 비례 46)</th><th>17대 총선 결과
(의석수 299. 지역구 243, 비례 56)</th></tr>
<tr><td rowspan="2">득표율</td><td>보수성향의 정당</td><td>52.4%
한나라당 38.9%
자민련 9.8%
민국당 3.7%</td><td>38.6%
한나라 35.8%(비례. 지역은 37.9%)
자민련 2.8%(비례. 지역은 2.6%)</td></tr>
<tr><td>진보성향의 정당</td><td>36.9%
민주당 35.8%
민주노동당 1.1%</td><td>51.3%
열린우리 38.3%(비례. 지역은 41.9%)
민주노동 13.0%(비례. 지역은 4.3%)
〈참고〉 민주당 7.1%(비례. 지역은 7.9%)</td></tr>
<tr><td rowspan="3">의석수</td><td>보수성향의 정당</td><td>152석 +</td><td>125석 +
한나라, 121석(지역 100석, 비례 21)
자민련, 4석(지역)</td></tr>
<tr><td>진보성향의 정당</td><td>115석 +</td><td>162석 +
열린우리, 152석(지역 129석, 비례 23)
민주노동, 10석(지역 2석, 비례 8석)</td></tr>
<tr><td>미분류</td><td>17석 −
비교섭단체, 지역구 11, 비례 6</td><td>12석 −
국민통합21, 지역구 1석
민주당, 9석(지역 5석, 비례 4석)
무소속, 지역구 2석</td></tr>
</table>

2) 배경

- 진보세력의 방송, 인터넷, 대중문화 장악
- 20 · 30대 유권자의 적극적인 정치참여

3) 기타의 소묘(素描)

- 세대교체, 물갈이: 젊어진 국회

  299명 가운데 정치 신인이 187명(62.5%)

  16대 의원 재당선자 88명(29.4%). 재당선율은 15대 44.3%, 16대 52%
- 직업별 분포는 현역의원을 포함한 정치인이 70%, 변호사가 11.5%
- 40대 늘고, 60대 이상은 감소

  50대가 121명(40.5%)으로 가장 많았고, 40대가 106명(35.4%), 60대 이상이 49명(16.4%), 30대가 23명(7.7%)으로 299명

  당선자의 평균 연령은 51세

  16대 총선에 비해 50대에서는 큰 변화가 없었지만, 60대 의원의 비율이 급락한 반면 40대 의원은 많이 늘어남. 16대 총선의 경우 연령별 분포는 50대 38%, 60대 이상 29.5%, 40대가 26.4%

  최고령 당선자는 충북 보은 · 옥천 · 영동 선거구에서 당선된 열린우리당 이용희(72세), 최연소 당선자는 부산 연제에서 승리한 한나라당 김희정(여, 33세)
- 학력은 전체의 94.3%인 282명이 대졸 이상(석사 이상 학위 소지자 127명으로 42.5%), 열린우리당과 민주노동당의 비례대표로 당선된 장향숙, 최순영 당선자는 무학력자
- 여성의원 13%로 대폭 증가

  지역구에서 10명, 비례대표로 29명 계 39명(13%). 16대의 경우 지역구 5명, 비례대표 11명. 계 16명(5.9%)
- 최다득표율 당선자는 전북 군산에서 열린우리당 후보로 나와 78.3%의 득표율을 기록한 강봉균 당선자였고, 최소득표율 당선자는 32.2%를 기록한 대전 유성의 열린우리당 이상민 당선자임
- 최다득표자는 전북 전주 덕진에서 8만 6,270표를 얻은 열린우리당 채수찬, 최소득표자는 충남 당진에서 1만 7,711표를 얻은 자민련의 김낙성

4) 전국 정당별 득표현황(비례대표, 정당명부제)

지역	한나라	민주	열린우리	자민	민노
서울	36.7%	8.4%	37.7%	2.1%	12.6%
인천	34.6%	5.4%	39.5%	2.1%	15.3%
경기	35.4%	6.1%	40.2%	2.0%	13.5%
강원	40.6%	3.5%	38.1%	1.3%	12.8%
충북	30.3%	2.2%	44.7%	6.3%	13.1%
대전	24.3%	3.1%	43.8%	14.5%	11.8%
충남	21.2%	2.8%	38.0%	23.8%	10.5%
전북	3.4%	13.6%	67.3%	1.0%	11.1%
광주	1.8%	31.1%	51.6%	0.3%	13.1%
전남	2.9%	33.8%	46.7%	1.0%	11.2%
대구	62.1%	1.1%	22.3%	0.8%	11.6%
경북	58.3%	1.4%	23.0%	1.2%	12.0%
부산	49.4%	1.9%	33.7%	0.7%	12.0%
울산	36.4%	1.5%	31.2%	0.8%	21.9%
경남	47.3%	1.4%	31.7%	0.8%	15.8%
제주	30.8%	5.1%	46.0%	1.1%	14.1%
전국	35.8%	7.1%	38.3%	2.8%	13.0%

2. 17대 총선, 제주의 결과(통계치)

1) 정당 득표율

지역	한나라	민주	열린우리	자민	민노
제주	30.8%	5.1%	46.0%	1.1%	14.1%
전국	35.8%	7.1%	38.3%	2.8%	13.0%
서울	36.7%	8.4%	37.7%	2.1%	12.6%
제주시	32.4%	3.9%	46.3%	1.1%	14.0%
서귀포	28.9%	5.0%	48.3%	1.1%	14.0%
북제주	29.7%	8.5%	44.3%	1.3%	12.3%
남제주	28.8%	4.3%	44.9%	1.1%	17.3%

2) 후보자 득표율(선거구별 종합)

- 제주시 · 북제주군 갑

  한나라당　　현경대 51,409(43.8%)

  열린우리당　　강창일 56,608(48.2%) 당선

  자민련　　김창업 1,385(1.2%)

  민노　　김효상 8,060(6.9%)

- 제주시 · 북제주군을

  한나라당　　김동완 15,703(31.3%)

  민주당　　홍성제 9,015(18.0%)

  열린우리당　　김우남 19,053(38.0%) 당선

  무소속　　김용철 3,146(6.3%)

  무소속　　부청하 3,187(6.4%)

- 서귀포시 · 남제주군

  한나라당　　변정일 28,164(40.4%)

  열린우리당　　김재윤 41,466(59.6%) 당선

3) 후보자 득표율(읍 · 면 · 동별)

• 제주시 · 북제주군 갑

17대 시	강창일	현경대
일도1동	762(45.0%)	812(47.9%)
일도2동	7,160(45.6%)	7,227(46.0%)
이도1동	1,388(44.2%)	1,520(48.5%)
이도2동	7,753(48.2%)	6,903(42.9%)
삼도1동	2,708(44.8%)	2,892(47.8%)
삼도2동	1,596(43.4%)	1,697(46.2%)
용담1동	1,775(47.6%)	1,593(42.7%)
용담2동	3,484(48.7%)	3,049(42.6%)
건 입 동	2,142(46.3%)	1,994(43.1%)
화 북 동	4,087(51.5%)	3,009(37.9%)
봉 개 동	6,49(51.3%)	464 (36.7%)
아 라 동	2,709(50.8%)	2,022(37.9%)
오 라 동	1,245(49.2%)	1,032(40.7%)
연 동	6,333(47.7%)	5976(45.0%)
노 형 동	6,784(48.4%)	5,989(42.7%)
외 도 동	2,626(53.4%)	1,783(36.2%)
이 호 동	872(48.2%)	755(41.7%)
도 두 동	519(47.3%)	475(43.3%)

16대 시	현경대	정대권
일도1동	856(45.53%)	876(46.5%)
일도2동	7,576(46.1%)	7,176(43.7%)
이도1동	1,551(48.8%)	1,351(42.5%)
이도2동	7,094(44.5%)	7,024(44.0%)
삼도1동	3,116(49.9%)	2,413(38.7%)
삼도2동	1,991(47.7%)	1,800(43.1%)
용담1동	1,934(46.4%)	1,784(42.8%)
용담2동	3,601(45.7%)	3,372(42.8%)
건 입 동	2,141(45.6%)	2,376(50.6%)
화 북 동	3,394(42.4%)	3,693(46.1%)
봉 개 동	564(40.4%)	667(47.8%)
아 라 동	2,208(42.6%)	2,447(47.3%)
오 라 동	1,063(44.4%)	1,078(45.1%)
연 동	5,558(49.1%)	4,685(41.4%)
노 형 동	4,377(52.1%)	3,050(36.3%)
외 도 동	1,144(41.0%)	1,279(45.9%)
이 호 동	925(50.1%)	681(36.8%)
도 두 동	511(47.6%)	432(40.2%)
삼 양 동	1,508(41.4%)	1,622(44.5%)

• 제주시 · 북제주군 을

17대 시	김우남	김동완
한림읍	2,357(23.5%)	5,430(54.1%)
애월읍	3,862(30.7%)	3,335(26.5%)
한경면	1,154(24.7%)	1,644(35.2%)
구좌읍	5,147(61.5%)	1,540(18.4%)
조천읍	3,844(40.9%)	2,332(24.5%)
추자면	511(43.7%)	276(23.6%)
우도면	536(59.5%)	205(22.7%)
삼양동	992(50.1%)	516(26.0%)

16대 시	장정언	양정규
한림읍	6,009(54.3%)	4,185(37.8%)
애월읍	9,779(68.0%)	3,822(26.5%)
한경면	2,895(51.0%)	2,322(40.9%)
구좌읍	4,575(49.0%)	4,163(44.6%)
조천읍	4,500(44.1%)	5,114(50.1%)
추자면	809(53.6%)	625(41.4%)
우도면	510(52.5%)	400(41.1%)

• 서귀포시 · 남제주군

17대 시	김재윤	변정일
서귀포시	21,558(61.4%)	12,746(36.3%)
남원읍	5,832(63.8%)	3,063(33.5%)
표선면	2,877(60.2%)	1,765(36.9%)
성산읍	3,825(58.3%)	2,464(37.5%)
안덕면	2,671(54.5%)	2,045(41.7%)
대정읍	3,087(36.2%)	5,176(60.8%)

16대 시	고진부	변정일
서귀포시	21,308(53.1%)	17,170(42.8%)
남원읍	6,199(57.7%)	4,065(37.8%)
표선면	3,523(58.4%)	2,293(38.0%)
성산읍	5,946(73.4%)	1,857(22.9%)
안덕면	2,845(51.8%)	2,375(43.3%)
대정읍	2,905(29.7%)	6,468(66.3%)

4) 제주의 총선 투표율

제주의 총선 투표율(61.3%)은 전국 평균(60%)치를 상회하고 있으나 총선이 거듭될수록 그 비율은 낮아지고 있음(15대 71.1%, 16대 67.2%)

3. 해석과 토론

1) 정당 득표율에서

전국 대비 열린당과 민노당 강세, 한나라당과 민주당 약세. 시부 지역에서 군부 지역보다 그런 경향을 더 보이고 있음

남제주군의 경우는 전국적으로 울산에 근접하는 민노당 지지율을 보임. 차기 민노당 지역구 후보가 당선될 가능성도 생각해 볼 만함

2) 읍 · 면 · 동별 득표율에서 지역성이 표출됨

서귀포 · 남제주군에서의 득표상황에서 김재윤의 강세(특히 서귀포시와 남원, 표선에서). 김재윤은 산남지역에서 낳고 자랐으며 초 · 중 · 고를 그 지역에서 다녔다. 변정일의 경우와 대비된다. 변은 연고지 대정에서 우세했다. 제주시 · 북제주군 을의 경우 동/서 갈림현상이 보인다. 김우남은 그 출신지 구좌읍과 그에 이웃한 제주시 동쪽에 위치한 지역에서, 김동완은

그 출신지 한림읍과 그에 이웃해 있는 한경면에서 각각 강세를 보였다.

지역 정체성이 강한 사회임을 보여주고 있다.

3) 제주시에서 현경대의 패인은 무엇인가?

4) 지역구 3석 모두 열린우리당이 차지했다. 비례대표 여성 당선자도 민주노동당임

5) 여성 국회의원의 진출은 제주의 강한 여성상과 연결됨

4. 종합

1) 제주 사회는 점차 이질화되고 있으며, 진보성향이 강하다.
2) 그럼에도 불구하고 지연적 성향이 강하다. 제주 사회는 전통적으로 지연성이 강한 사회이다. 그러나 개방화의 물결에 따른 외지인의 유입은 이런 성격을 현저히 약화시킬 것이다.
3) 시민단체를 중심으로 젊은 층이 정치세력화하고 있다. 강한 시민사회의 시대가 도래하고 있다.
4) 비주류의 시대에 접어들었다. 주변적 위치에서 중심권으로 진입하는 기회가 조장되고 있다.
5) 총선 투표율이 낮아지는 현상에서 정치 무관심층이 늘어나고 있음을 알 수 있으나 다른 지역에 비해서는 그 정도가 낮다.
6) 권위주의 시대의 일원적 권력구조에서 참여정치시대에 다원적 권력구조로 이동하고 있다. '참여'는 좋으나 권위주의 시대에서 일인 독재를 경계해야 하듯이 참여정치의 시대에 대중영합주의도 경계할 필요가 있다.

10 제주 사회 도민통합의 사회학적 접근*

1. 도민통합 논의의 의의

새 천년에 접어들어서 이제 10여 년, 제주 사회에서 심각하게 거론되는 화두가 하나 있으니 '도민통합'이 바로 그것이다.

2003년에 이르러 그 화두는 더욱 부각되었는데 그해 초 어느 신문사에서 필자에게 준 글의 주제가 그것이었고 소위 '도민통합에 관한 교수 100인 선언'의 변辯이 그것이며, 제주도의회의 도민통합 자임自任 논의, 도지사의 도민통합 협조요청 등이 그것이다. 최근에 들어와서는 해군기지 건설 관련하여 불거진 갈등의 해소는 도민통합의 필요성을 더욱 절실한 과제로 부각시키고 있다.

통합이 없음은 갈등이 있음이다. 원론적으로 말하면 어느 시대 어느 사회를 막론하고 갈등은 편재한다. 그리고 갈등이 그렇게 부정적으로 작용하는 것만은 아니다. 뒤집어 이야기하면 통합된 사회가 꼭 좋은 사회는 아니라는 것이다. 완고한 사회통합은 발전을 저해하기 때문이다. 말하자면 갈등이 있어야 그를 통하여 사회는 발전한다고 보는 것이다. 이것이 갈등의 순기능이다. 그러나 갈등은 극복되어야 할 것이지 방치되어서는 안 된다. 방치하면 질서는 해체되고 사회의 존립근거가 상실되기 때문이다. 문제는 그런 갈등을 조정하고 해결해 나가는 역량인 것이고 그 결과가 통합이다.

---

* 2009.12.10. 『제주공동체』 세미나, 발표문. 『제주공동체』 발간 편집자의 요청에 따라 제주특별자치도 제주시와 공개협제주도협의회가 공동주최한 '이 시대 참 도민통합을 위한 포럼'(2006.7.)에서 필자가 발표한 발표문의 일부분을 다소 수정 전재(轉載)함.

2006년 7월 1일부터 제주도는 특별자치도로서 출범했다. 그 성패는 제주의 미래를 결정하는 지표이고 이를 위해서는 도민통합의 역량이 지렛대 구실을 해야 할 터이다. 도민통합의 역량은 제주특별자치도 추진과정에서 나타나는 갈등을 조정하고 관리하는 능력이고, 국제자유도시에 걸맞은 도민의식은 그 내용의 하나이다. 도민통합이 제주특별자치도의 성패를 가름하는 바탕이 된다는 말이다.

이러저러한 갈등들을 조정·해소하는 데 실패하고, 도민통합을 이루어내지 못하고서는 제주 사회가 지향하는바 국제자유도시로서의 특별자치도로 거듭나기 위한 근본적 과제를 해결하기 어렵고 제주 사회는 정체된다. 이 시점에서 도민통합을 강조하는 이유가 여기에 있다.

이 글은 제주 사회 갈등의 해결에서 도민통합의 실마리를 찾는다는 전제하에 먼저 제주 사회에 있어서의 갈등현상을 스케치해 보고 그 특징적 면모를 살펴본 다음 도민통합의 길을 모색하고 마지막으로 사회갈등과 도민통합의 논의를 종합적으로 기술한다.

부언하는 바는 이 글은 제주 사회의 통합의 문제를 현장 자료를 분석하면서 실증적으로 다루지 못하고 원론적인 논의의 수준에 머무르고 있다는 한계를 갖고 있다는 점이다.

2. 제주 사회갈등의 특성

그 어떤 요인에서 갈등이 근원하건 갈등이 표출되는 계기는 언제나 특정의 쟁점을 중심으로 일어나며 갈등의 주체(당사자, 행위자)가 존재한다. 그래서 갈등문제의 특성은 쟁점사안과 갈등의 주체를 기준으로 파악할 수 있다.

갈등의 쟁점사안은 갈등의 내용, 즉 무엇을 둘러싼 갈등인가 하는 것인데 이는 크게 이익갈등과 가치갈등으로 나눌 수 있다. 갈등행위자, 그 당사자가 누구인가 하는 문제가 존재하는데 정부가 갈등의 주체인 경우도 있고 비정부 부문(시장영역과 시민사회영역) 행위자들이 주체인 경우도 있다. 갈등 주체에 관련해서 보면 그 이해 당사자가 분명한 경우와 그 경계가 모호한 경우로 나눌 수 있다.

어떤 갈등이 현실적 이익을 놓고 다투는 것인가 아니면 이념적 가치를 놓고 다투는 것인가 하는 것은 판별하기가 쉽지 않다. 왜냐하면 모든 갈등 당사자들은 쟁점사안에 관련한 자신들의 주장에 대의명분을 내세우고 포장하기 때문이다. 이것이 이 글에서 그 주체가 누구인가라는 측면에서만 갈등의 특징을 살펴보게 되는 이유이다.

한편 갈등이 일어나는 사회영역을 두고 영역 내의 갈등인가 영역 사이의 갈등인가를 따져볼 수 있을 것이다. 사회영역이라 함은 사회구성체 곧 사람들이 살아가는 삶의 전 체계(사회체제 전체)를 구분하는 사회의 하위영역을 말하는데 그것은 대체로 삼분법으로 나눌 수 있다. 국가부문 곧 정부와 시장부문(기업 등 경제활동의 영역) 그리고 사람들이 일상생활을 영위하는 시민 혹은 주민사회 곧 사회공동체 부문이 그것이다. 국가부문은 권력이, 시장부문은 경제적 이익(영리)이, 시민사회부문은 사회적 유대가 그 활동의 매체가 된다.

이러한 갈등 주체와 갈등부문을 중심으로 갈등의 형태를 정부 내, 시민사회 내, 시장 내 등 '부문 내 갈등'과 정부와 시민사회, 시장과 정부, 시민사회와 시장 등 '부문 간의 갈등'으로 나누어볼 수 있다.

제주 사회의 갈등은 부문 내 갈등보다 부문 간 갈등이 현저하고 그중에서도 시장과 정부 간이나 시민사회와 시장 간의 갈등보다 정부와 시민사회의 갈등이 현저한 것으로 보이며 시장과 정부의 갈등은 희소한 것으로 보인다. 환경갈등이나 정책갈등 등은 대체로 시민사회와 정부 간 갈등이며 정경유착의 문화는 시장과 정부 간의 갈등을 왜곡시킨다. 시민사회와 시장 간의 갈등사례들은 대개 골프장 건설에서 보듯이 자본(기업)의 영리 추구에 대한 주민의 저항으로 나타나고 있다. 부문 내 갈등에 있어서는 시장 내 갈등(예컨대 노·사 갈등)이 빈도수가 많고 치열한 것 같으며 시민사회 내 갈등(예컨대 4·3 갈등, 성씨 간의 갈등)은 많지 않으나 그 갈등의 골은 깊어 보인다. 정부 내 갈등들은 하위정부 간 갈등보다 상·하위정부(도와 시·군) 간에 나타나는 경향이 있고 정부 내 조직 간 업무(권한)영역을 놓고 나타나는 것이 보통인 것 같다.

다음으로 사회구조적 측면에서 제주의 중요한 갈등현상을 유형화해 보면, 우선 계급 혹은 계층갈등이 있다. 노동운동에서 보는 바와 같은 노·사 대립이 그 한 예이다. 기업 혹은 학교나 병원 운영과 관련하여 사용자와 노동자 사이에서 일어나는 갈등이 그것인데 이는 이익이 상충하기 때문이다.

한편 지역갈등이 존재한다. 특히 행정지역단위 혹은 하위지역단위 간의 갈등이 그것이다. 이는 어느 특정 지역단위에 권력과 경제적 부, 사회·문화적 기회가 집중되기 때문에 일어난다. 그리고 쓰레기소각장과 같은 혐오시설의 입지와 관련된 갈등, 행정구역 변경 등과 관련된 갈등, 도시(재)개발과 같은 토지이용의 결정과정에서 나타나는 갈등 등이 이에 해당한다. 이것은 긍정적 지역이기주의, 핌피(PIMFY: please in my front yard) 혹은 임피(IMFY)현상이기도 하다. 자기지역에 이익이 되는 시설을 유치하거나 관할권을 차지하려는 노력이다. 혐오시설에 대한 님비(NIMBY: not in my back yard)현상, 지역이기주의와 통한다. 지역이기주의를 부정적으로만 볼 일은 아니다. 자신들 지역의 이익을 침해당하지 않으려는 태도는 어떻게 보면 너무나도 당연한 것이다. 문제는 지역적 피해를 어떻게 보상할 것인가에 있다.

선거 등 정치과정에서 시작하여 그 결과 나타나는 파당적 갈등도 존재하는데 2002년 도지사선거의 후유증으로 나타난 도지사 후보 두 진영 간의 갈등은 아예 제주 사회의 인간관계에 금을 그어놓는 심각한 갈등이다. 공무원사회의 인사권과 관련하여 더욱 그러한 것으로 보인다. 선거과정에서의 공무원 '줄 서기' 혹은 '줄 세우기'는 그 갈등의 원죄인 듯하다. 이익집단 간의 갈등도 있다. 교원이나 변호사, 의사, 약사와 같은 전문가집단들이 그들의 이익을 방어하기 위하여 일어나는 갈등이 그것이다. 의·약 분업에 따른 갈등은 그 예이다. 검찰과 경찰의 수사권 다툼도 그 예이다.

혈연, 지연, 학연 중심의 연줄망 갈등은 제주 사회의 기반을 형성하는 현상이라 할 수 있고, 기성세대와 새로운 세대 사이에 일어나는 세대 간의 갈등, 보수와 혁신세력 간의 이데올로기적 갈등들도 제주 사회에 잠재해 있음을 간과할 수 없을 것이다.

3. 갈등의 종결(해결)방식

모든 종류의 갈등은 어떤 형태로든 끝난다. 그 종결에 걸리는 시간과 형태는 문제되는 쟁점과 갈등 당사자들, 그리고 갈등의 환경에 따라 다를 수 있다.

갈등은 갈등 당사자가 그 종결이 현재의 갈등상태보다 낫다고 판단하면 종결된다. 그 판단은 갈등 당사자가 달성하고자 하는 목표를 달성했거나 쟁점 자체에 대한 인식의 변화가 있기 때문이다. 시간이 흐르면 갈등을 계속할 수 있는 물리적 힘이 쇠퇴하거나 계속되는 갈등상태가 상당한 부담이 됨으로써 예상되는 보상의 상대적 가치가 떨어지게 된다. 한편 갈등이 진행됨에 따라 상대방에 대한 인식과 갈등의 상대방이나 쟁점 자체에 대한 인식이 바뀜으로써 갈등이 종결될 수도 있다.

그러나 일반적으로 갈등이 진행되면서 갈등의 종결을 위한 노력이 있게 된다. 그 종결의 노력은 곧 갈등 해결의 방법이다. 갈등 해결의 접근방식으로는 물리적 투쟁에서부터 언어적 타협(협상)에 이르기까지 다양한 방식들이 있다. 더욱 세분해 보면 관료적 해결, 정치적 결단, 사법적 방법, 대안적 분쟁 해결(협상, 조정, 중재 등), 숙의적(deliberate) 시민참여 등의 방법이 있다.

관료적 해결방식은 권위주의적, 억압적 방식으로 사회갈등을 정상적인 사회에서는 없거나 적을 것으로, 따라서 치유해야 할 질병으로 간주한다. 정부-민간 간 갈등의 경우 공익 수호자로서 정부의 우선성을 강조하고, 비정부 행위자들 간의 갈등인 경우도 역시 공익의 관점에서 정부가 조정, 중재하는 것이 가능하고 바람직한 것으로 본다. 갈등 당사자들 간의 대화는 필요 없거나 제한적으로만 의미 있는 것이다. 정책과정에서 사익 추구자들을 참여시키는 것은 최선의 정책대안을 왜곡할 우려가 있다고 보기 때문이다.

그러나 시민사회가 성숙한 1990년대 이후 민주화와 지방화가 진행됨에 따라 이 방식은 더 이상 통하지 않게 되었다. 관료적 접근에서는 가치를 중심으로 하는 갈등이나 정부가 갈등 당사자가 되는 경우의 갈등을 다루기는 역부족이다.

정치적 결단의 방식은 권위를 가지고 있는 정치적 지도자의 결심으로 갈등 상대방의 주장을 수용하도록 하는 방식이다. 항상 최고 권력자에게 호소하고 그의 결단으로 갈등을 해결하는 방식이다. 사법적 갈등 해결의 방식은 특히 정부가 갈등 당사자가 되는 경우에 활용할 수 있는 방식으로 제주 행정구조 개편과정에서 헌법소원을 했던 예가 그것이다. 이 방식에 있어서는 법 해석적 경직성으로 인해 갈등 해결의 조정 등 유연한 대응이 어렵다.

대안적 분쟁 해결의 방식은 갈등 당사자들 사이의 협상 조정(알선, 중재) 등 대화를 통한 갈등 해결방식이다. 협상은 갈등 당사자 간 대화이며, 조정은 제3자로서 조정자가 개입하여 대화의 장을 만드는 것이고 중재는 준사법적 권위를 갖는 제3자의 개입에 의한 대화이다. 분쟁조정위원회가 제3자의 구실을 하기도 한다.

대안적 분쟁 해결방식의 장점은 합의과정을 통하여 갈등 당사자들 간 감정적 대립을 해소하고 신뢰관계를 구축할 기회를 갖는다는 것이다. 그러나 이 방식은 정부가 갈등 당사자인 경우는 적절치 못하다. 왜냐하면 정부가 분쟁 당사자인 경우 정부는 민간에 비해 우월적 지위를 갖기 때문이다. 또한 집단 간 이익갈등을 조정하는 점에서는 성공적이지만 가치를 둘러싼 갈등에 대해서는 적절하지 않다. 가치갈등은 조정이 어렵기 때문이다. 갈등 사안이 발생한 이후(예컨대 환경파괴의 경우) 그 파괴가 진행된 후에 조정은 시작되기 때문이다. 사전 예방 차원의 해결은 불가능하다.

마지막으로 숙의적(deliberate) 시민참여 방식이 있다. 이 방식은 합의회의, 시나리오 워크숍 등을 통하여 더 나은 문제 해결 역량을 만들어가는 과정으로서의 성격을 갖는다. 이는 참여민주주의제도의 구체적인 모습이다. 그 특징은 갈등 쟁점사안으로부터 영향을 받는 일반시민이 의제설정과정 초기부터 중심적으로 참여하고, 그 과정이 상대적으로 장기간에 걸쳐 지속되며, 토론과 학습을 통하여 문제설정과 해결방안을 협력적으로 모색해 나간다는 점에 있다. 이 방식은 사회역량을 형성하는 데 탁월한 효과를 갖는다. 문제는 그 최종 결정력이 약하다는 데 있다. 결정권한을 갖는 기관에 대한 일종의 정책제안의 성격을 가진다. 그리하여 이 방식은 정치적 의사결정을 보조하는 역할을 하는 경우가 많다. 그러나 갈등을 사전에 예방하는 효과가 뛰어나고 갈등사안들에 대해 사전적 논의를 촉발함으로써 비제도화된 파괴적 갈등을 제도화하는 구실을 한다. 특히 이익관계를 둘러싼 갈등에 대해서는 대안적 분쟁해결이 적절할 수도 있으나 가치갈등, 당사자가 불분명한 문제, 정부가 갈등 당사자인 문제를 다룸에 있어서는 이 방법이 적실성이 높다.

갈등 해결에 어떤 접근방식이 타당한 것인가는 갈등사안의 성격에 따라 달라질 것이다. 민주화와 지방화가 진행된 오늘의 한국 상황 속에서 말하면 대체로 대화적 방식인 대안적 분쟁해결 방식과 숙의적 시민참여 방식이 권장된다. 시민사회부문에 관련한 갈등의 경우 더욱 그러하다.

관료적 접근으로는 다양한 사회갈등을 해결하는 것이 어려워지고 있다. 관료적 접근으로 사회갈등을 해결하지 못하게 되면서 정치적 결단과 사법적 방법을 통해 갈등을 해결하고자 하는 시도가 증가하고 있다. 하지만 정치적 결단과 사법적 방법을 통해서는 갈등 당사자들 간 신뢰회복, 사회역량의 성숙, 나아가 갈등예방효과를 기대할 수 없다.

대안적 분쟁해결과 숙의적 시민참여제도는 이러한 기존 접근방식의 한계를 극복하고자 하는 노력의 일환이다. 대안적 분쟁해결 방법은 갈등 당사자들이 합의하는 경우 갈등을 종결할 수 있고 당사자들 간 신뢰회복에 유리하다는 장점이 있다. 이 방법은 이해 당사자들이 누구인가가 명확한 갈등, 경제적 이익을 둘러싼 갈등, 비정부 행위자들 간의 갈등 해결에 적절하다. 한편 숙의적 시민참여방식은 갈등 해결을 최종적으로 결정하는 것은 아니라는 점에서 한계를 가지지만 신뢰회복과 사회역량의 성숙에 기여하는 바 크다.

숙의적(deliberate) 시민참여의 방식을 기본으로 하는 경우라 할지라도 그 결정력의 한계를 보완하기 위해 대안적 분쟁해결이나 정치적 결단을 결합하여 종합적으로 접근하는 것이 바람직할 수 있다.

지방자치단체가 그 개발사업의 추진과정에서 갈등을 해결한 좋은 예는 서울시의 청계천 복원사업에서 찾아볼 수 있다. 그 성공요인으로 다음 세 가지 점을 들 수 있다고 한다. 첫째, 그 개발의 명분을 설득력 있게 제시하였다. 서울의 옛 모습을 찾아준다는 역사적 측면, 친환경적 도시를 조성한다는 환경적 측면, 문화공간을 창출한다는 문화적 측면이 그것이다. 이런 명분 쌓기에 성공하면서 언론이나 시민단체로부터의 지원을 얻어냈다. 둘째, 지방행정관의 리더십이다. 각 이해당사자들(상인들)을 상대로 끊임없는 설득을 하고 이주할 의사가 있는 집단에는 적극 지원을 하면서 불법시위나 폭력에 굴하지 않고 정책집행의 일관성을 가지고 설득하였다. 셋째, 삼각연대시스템을 구축한 것이다. 사업집행기관인 추진본부, 심의기관인 시민위원회, 연구기관인 연구지원단을 구성하고 이들 삼자 사이의 상호 유기적인 관계 속에서 효율적인 협상을 이끌어냈다.

위의 예에서 보듯이 갈등의 종결을 위해서는 그 과정에서 어떤 형태로든지 일정한 합의에 바탕을 두는 것이 좋다. 그 과정의 메커니즘으로 '갈등의 제도화'라는 개념이 있다. (위의 셋째 요인인 삼각연대시스템은 그 하나의 예가 될 수 있을 것이다.) 이 개념은 R. 다렌도르프의 개념으로 그 메커니즘은 갈등이 제도화된 절차를 따라 해결하려는 기제이다. 이는 갈등집단의 조직화 정도에 의존한다. 갈등 당사자들의 집단이 조직화됨으로써 종결협상의 담당자가 분명해진다. 조직화된 갈등의 당사자들 사이에 협의기구를 구성하고 대화의 파트너십 체제를 마련하는 것이다. (예컨대 우리나라의 노사정위) 정부와 시민사회, 시장의 각 영역에서 혹은 영역 간에 사회적 대타협의 틀을 만드는 것이다. 갈등의 해결에는 시간의 흐름도 작용한다는 것 또한 지적해야 할 것 같다. 사안에 따라 다르긴 하지만 너무 조급하지 말아야 한다는 것이다. '빠른 갈등 종결' 효과에 치중할 때 적절하지 못한 방법을 채택하는 문제는 자주 발생한다.

제3자의 역할이 중요하다. 제3자가 갈등 종결의 결정적인 역할을 할 수 있다. 제3자는 중립적인 단순한 중재자로서 갈등 당사자들이 갈등사안에 대한 객관적 입장을 갖도록 하는 데 도움을 줄 수 있다. 가능한 해결책을 제시할 수도 있다. 기존의 갈등상황에 어떤 변형을 가하거나 당사자들의 주장과는 별개의 종결형태를 쌍방에게 요구함으로써 갈등의 종결을 촉진시킬 수도 있다. 제3자의 개입이 어떤 갈등에나 작용할 수 있는 것은 아니다.

대부분의 갈등 종결형태는 타협이 바람직하다. 그러나 타협이 성립하는 어떤 갈등에도 100% 승리는 있을 수 없다. 당사자 각각이 조금씩 양보함으로써 갈등 지속에 따르는 더 큰 손실을 막으려고 할 때 타협은 이루어진다. 일대일의 상호 교환관계라고 할 수 있다.

당사자의 태도 전환도 갈등 해결의 계기가 될 수 있다. 당사자의 한쪽이 종래의 태도를 바꾸어 상대방의 요구가 타당하다고 받아들일 때 갈등은 해소된다. 갈등 당사자의 일방이 태도의 전환에 의해서가 아니라 강압으로 갈등이 종결되는 경우는 여건이 성숙되면 다시 갈등이 표면화할 수 있다. 합의에 의한 갈등의 종결은 과정의 정당성을 확보하게 되므로 보다 강한 규범적 구속력을 갖는다.

갈등해소의 가장 바람직한 방법은 자율적인 갈등해소의 방법이다. 즉 갈등하는 주체들 간의 타협이다. 자신들만의 입장이 옳다고 고집하는 경우 자율적인 갈등해소는 이루어질 수 없고 타율적인 방법이 동원될 수밖에 없다. 갈등해소를 위한 협상에 있어서 타협은 자신들의 주장을 논리적으로 펴고 상대방을 설득하는 가운데 자신의 뜻을 관철시키는 것을 말한다. 그런데 오래도록 권위주의 체제하에서 살아온 우리는 타협의 자세가 대체로 부족한 것으로 보인다. 권위주의적 색채가 우리 사회의 타협의 정신을 가로막고 있다고 본다.

갈등의 없음이 아니라 갈등의 있음에서, 그런 갈등을 거쳐 그런 갈등을 극복하고 만들어지는 것, 그것이 진실로 통합이 갖는 진면목이다. 그러니까 갈등을 두려워할 일은 아니다. 갈등을 해결해 나가는 기제가 없음을 탓해야 할 것이다.

4. 도민통합의 길

제주 사회의 갈등을 해소하고 도민통합을 이루기 위하여 사회구성체의 여러 주체는 해야 할 역할을 제대로 수행해야 한다.

우선 갈등주체들이 타협자세를 가져야 한다. 그 자세는 대화를 통한 대안적 갈등해소의 길을 택하고자 할 때 매우 중요하다. 그러나 많은 갈등주체들(이익집단)의 경우 국가가 정한 법률과 제도를 통하여 그들의 행위범주가 정해지고 있기 때문에 원칙적으로 그들의 갈등은 국가와의 관계 속에서 생긴다. 이는 갈등이 국가와의 관계에서 법률과 제도의 정비를 통해서 해결되지 않으면 안 된다는 의미이다. 이러한 경우 당사자들 사이의 타협은 큰 의미가 없고 국가의 올바른 입법을 요구하는 입법운동이 그 해결책이다.

둘째, 언론기관의 역할이 있다. 언론기관은 사회 내의 여러 갈등현상에 대하여 그 원인과 내용을 국민에게 알려 여론을 환기시키고 제3자의 입장에 서서 바람직한 해결책이 제시되도록 유도하는 역할을 한다. 갈등주체들의 주장이나 입장을 있는 그대로 전달하여 여론을 환기시키되, 필요한 경우 언론기관의 명백한 의사를 밝히는 것도 중요하다. 양비 혹은 양시론적 관점이 아니라 객관적 입장에서 정도가 무엇인지를 밝히고 그에 따른 해결책을 촉구해야 한다. 언론기관들이 갈등주체의 입장을 객관적으로 공정하게 다루지 않고 편협된 시각을 전달하는 경우 갈등해소는커녕 오히려 갈등을 조장하는 결과를 낳는다. 언론기관의 상업주의적 사고가 갈등을 조장하고 국민을 분열시키기도 한다는 점을 지적해야겠다.

셋째, 시민단체의 역할이 있다. 최근 우리 사회에서 여러 갈등현상에 대한 대표적인 중재자의 역할을 하는 것이 시민단체들이다. 국가권력이 각종 이익집단들에게 끌려다니고 정치권은 선거를 의식하여 어느 이익집단도 소홀히 할 수 없는 상황에서 대부분 땜질식 또는 임기응변식 처방으로 끝나는 경우가 있다. 시민단체의 공정한 비판과 중재가 필요한 이유가 여기에 있다. 그러나 시민단체들의 노력이 잘 통하는 영역과 그렇지 않은 영역이 있다. 이미 나름대로의 세력화가 이루어진 노사관계의 경우 시민단체의 중재노력은 의미를 가지기 어렵고, 지역감정과 같은 근본적 지역갈등을 시민단체의 이름으로 수렴해 나가는 데는 한계를 보일 수밖에 없다. 그러나 이익집단 간의 갈등에서 그 역할은 커지고 있다. 각종 이익집단의 주장과 국민 다수의 이해관계가 걸린 문제들(예, 의·약분쟁이나 국민건강보험 재정

악화의 문제)의 경우 시민단체들의 중재가 필수적인 것으로 보인다. 소지역주의에 의한 님비(NIMBY)현상과 국가의 개발정책에 반대하는 지역주민들의 운동에 있어서 시민단체들의 중재역할은 매우 크다.

넷째, 법원과 헌법재판소의 역할이 있다. 정치권의 극단적 분열과 양보 타협정신의 부재로 사회통합의 책무를 충실히 이행하지 못하고, 정치권의 영향을 받는 행정부의 경우 소신을 가지고 제 역할을 수행하지 못하며 이익집단과의 밀착현상으로 인하여 올바른 정책이 입안되고 집행되는 것을 기대하기 어려운 경우 법원이나 헌법재판소의 판결과 결정이 매우 중요하다. 최근 이익집단들의 헌법적 기본권의 침해를 호소하고 헌법소원을 제기하는 경우를 볼 수 있다. 이는 법치주의하에서 헌법재판이 갈등해소의 궁극적 방법이 된다는 인식이 싹트고 있음을 의미함과 동시에 헌법이 갈등해소와 사회통합의 가치지표가 된다는 사실을 인정하기 시작한 징표라 할 수 있다.

제일 중요한 것은 사회적 분위기이고 일반 시민들의 의식이요 태도이다. 이것은 모든 갈등형태, 그 갈등을 해결하고 사회통합을 하는 기반이 된다. 자기와 상반되는 서로 다른 견해가 때로는 사회 전체를 위하여 기능적일 수 있음을 용납하는 사회에서는 분쟁에 있어서 상대방과의 협상에 의한 타협이 일어날 가능성이 크다. 사회 전체가 폐쇄적일수록 그리고 보상체계가 중복될수록 갈등 당사자들은 일방적인 승리를 추구할 가능성이 크고 타협의 가능성은 작다. 일반적으로 사회 전체가 규범 및 중요 가치에 의해 합의가 이루어질수록 갈등의 종결상태는 지속성을 가지게 되고 사회통제 메커니즘은 갈등해결에 효과적으로 작용한다. 약속에 대한 신뢰는 중요한 사회자본으로서 사회의 갈등해소와 사회통합의 지속에 긍정적인 영향을 미친다.

제주 사회의 통합을 이루기 위하여 갈등의 조정 · 해소방안으로 거버넌스(governance)체제를 도입할 필요가 있다. 관 · 민 파트너십(partnership) 혹은 민간섹터(제3섹터)의 회의조직이나 위원회조직이 그것이다. 중립적 협의체로서 문제의 사안에 따라 구체적인 구성 주체가 달라질 것이지만 그 주요 주체는 크게 정부, 정당, 기업, 시민단체, 주민대표, 전문가집단 등이 될 것이다. 거버넌스는 정책 공동체의 성격을 가지고 갈등해소를 위해 사회적 합의를 이루어가는 역할을 하게 된다. 이를 통해 주민참여의 확대와 목표달성의 실효성을 제고할 수 있다. 거버넌스체제에 있어서는 대체로 정부와 정당은 공공성을, 시민집단은 개혁성을, 시민 혹은 주민대표는 민주성을, 전문가는 전문성을 가지고 사회갈등 조정에 개입하는 정당성을 갖게 된다. 이러한 정당성은 사회갈등의 당사자들로부터 인정을 확보하는 기반이 된다. 어떤 정당성 요인이 더 설득력이 있을 것인가는 갈등사안의 성격에 따라 달라질 것이며 거버넌스 구성의 각 주체의 역할도 다르게 나타날 것이다. 거버넌스의 존속기간은 일시적일 수도 있고 상시적일 수도 있으나 그 구성 주체 간의 협력구조가 안정적일수록, 그 조정기제가 사회적으로 제도화될수록 사회적 신뢰도는 제고된다.

이제 우리는 사회갈등이 사회통합을 저해하고 집단/지역 간 혹은 집단/지역 내의 분열을 초래한다는 인식에서 벗어나서, 긍정적이고 적극적인 입장을 취할 필요가 있다. 갈등의 해결을 위해서 무엇보다도 이해 당사자 간의 협의에 의한 합의가 필요하며 이를 위해 이해당사자들은 배제가 아니라 포용의 미덕을 지닐 필요가 있다. 스티븐 코비가 '성공하는 사람들의 습관'의 하나로 꼽은 바 있지만 나와 다른 의견을 '경청하는 태도'가 필요하다.

갈등의 사안을 사회적 협상과정 속에서 다루고, 장기간에 걸친 설득과 타협, 이를 통한 주민의 동의를 바탕으로 문제를 해결해야 할 것이다. 무엇보다도 정책 당국은 계획 수립단계에서부터 정보를 공개하고 주민참여 공론의 장을 마련해야 한다. 말하자면 정책결정과정에서 주민의 요구가 수렴되도록 하는 정치적 타협방식을 제도화해야 할 것이다. 갈등의 제도화가 중요하다.

'어른집단'(지역원로)의 역할도 중요하다. 제주 사회에 '어른집단'의 부재를 말하는 사람들이 있다. 그러나 '어른집단'은 존재한다고 본다. 다만 조직화가 덜 되고 활성화되지 않고 있을 뿐이다. 어른집단의 활동이 조직화된다면 제주 사회의 크고 작은 갈등사안들의 해결에 중요한 구실을 할 수 있을 것이다.

내년(2010년)에는 도지사 선출 등 지방선거가 실시된다. 관련하여 나타나는 정치세력 간의 갈등은 정치영역 내에서 그 갈등해소 방안을 찾기보다 정치영역에서 초월해 있는 공익적 시민사회(시민단체)의 조정역할이 필요하다고 생각한다. 과거 어떤 경우처럼 법정 싸움에서 법의 심판에 맡기는 것은 사법권의 독립을 보장하는 민주사회의 원칙임은 물론이지만 더욱 중요한 것은 정치인들 스스로가 갈등의 빌미를 제공하지 말아야 한다. 도를 대표하는 고위인사임을 자처한다면 당사자들의 처절한 자기반성 속에서 도민통합에의 길을 모색해야 할 것이다. 사회지도층의 '노블리스 오블리주'(귀한 신분에는 무거운 책무가 따른다)의 자세는 백 번 강조해도 모자라다.

11 박정희의 두 얼굴과 제주도, 그리고 제주의 미래*

1. 박정희의 공(功)과 과(過): 박정희의 양면성

대한민국 70년 역사는 근대화의 과정 속에서 두 개의 흐름, 두 개의 서로 대립되는 흐름의 역사였다고 생각한다. 근대화의 양대 축인 경제적 산업화(공업화)와 정치적 민주화가 그것이다. 이 두 흐름은 서구 근대화에서 보면 서로 나란히 진행되는 것이지만 우리나라에서는 그 두 흐름이 서로 엇갈려 대립되면서 진행되어 왔다고 생각한다. 그 어느 측면을 더 강조하느냐에 따라 근대화의 한 축인 산업화 세력은 보수진영을, 다른 한 축은 민주화를 앞세우는 진보진영을 이루었던 것으로 보인다. 오늘날 산업화 세력 대 민주화 세력의 대립으로 나타난다.

시대 구분을 해보면 정부 수립, 건국기(근대국가 수립) - 군부 쿠데타, 군사 통치기(군사정부 수립) - 민주항쟁, 민주화 시기(문민정부 수립)로 나누어진다.

오늘의 주제 '박정희'는 군사 통치기를 열고 18년간 강압적 통치를 하였고, 그 후의 신군부 통치(12 · 12사태 기점)의 기초를 놓았다. 이 군사 통치는 1987년(6월 민주항쟁에 따른 직선제 개헌과 5년 단임제의 대통령 선출)까지 지속된다. 이 6월 민주항쟁 이후 민주 질서가 회복되고 소위 87체제(제6공화국)가 등장하여 오늘에 이르게 된다.

1961년 5 · 16군사 정변에서 1979년 10 · 26 사태까지 박정희 집권 18년은 두 시기로 구분할 수 있다. 그 전반부(1961~1971. 줄여서 60년대)는 산업화를 통한 조국 근대화에 박차를 가하

---

* 2017.5.16. 박정희 탄생 100돌 기념 제주 학술대회. '대한민국의 미래 100년 박정희에게 길을 묻다'. 주제: '박정희 대통령과 제주개발', 제주도 제주대학교(아라캠퍼스) 대회의실. 토론 발표문("박정희의 두 얼굴과 제주도")임.

던 시기였다. 1차 경제개발5개년계획, 2차 경제개발5개년계획을 통하여 경제 개발, 성장에 매진하게 된다. 1963년에 민정의 형태로 바뀌어 장기집권이 시작된다. 후반부(1972~1979. 줄여서 70년대)는 10월 유신조치 이후 경제발전은 지속되었으나 자유민주주의 질서가 파괴되고, 정치적 저발전에 머물게 된다.

박정희 집권기 18년의 공과功過를 다음과 같이 정리해 볼 수 있다.

공功은: 경제 건설을 통한 조국 근대화의 기틀을 마련하였다. 빈곤으로부터의 탈출 · 해방에 성공하고, 경제 자립, 공업화(산업화)를 이룩하였다. 시민적 자유, '알권리'는 침해 억압했으나 물적 풍요, 잘살기를 통한 서민의 '살 권리'를 보장하였다. 이것은 박정희의 강인한 국가 영도자의 모습이다. 필리핀 대통령 아로요는 다음과 같이 말한다.

> "1965년 필리핀의 1인당 GNP가 2백70달러였을 때 한국의 1인당 GNP는 1백2달러였지만 2005년 필리핀의 1인당 GNP가 1천30달러였을 때 한국의 1인당 GNP는 1만 6천5백 달러로 변하였다. 가난한 절대빈곤의 후진국에서 조국보다 잘살던 동남아 국가들을 따돌리고 산업화의 기틀을 마련한 박정희 대통령의 지도력이 존경스럽다."(1965년 당시 필리핀은 국민소득이 동남아 선두그룹에 속하였음)

과過는: 민주정치의 후퇴, 자유민주주의 후퇴를 가져왔으며, 헌정질서를 파괴함으로써 국민적 저항을 초래하였다. 정치적 자유를 억압하고, '알권리'를 제약하였다. 이것은 박정희의 강권적 · 위압적 지배, 독재자의 모습이다.

1967년의 국회의원 선거와 1969년의 3선 개헌안의 변칙 통과에 이은 10월유신은 서구 민주주의를 '탱자민주주의'(강남의 귤 강북에 옮겨 심으면 탱자가 된다)라 하고 한국에 맞는 민주주의, 즉 '한국적 민주주의'를 표방하였다. 이는 야당과 학생, 그리고 재야세력에 의한 강력한 반대투쟁을 초래하였다. 이러한 상황에서 비판 · 참여적 지식인들은 공공연히 독재비판 및 권력에 대해 저항하게 된다.

요약하자면 경제적 근대화, 즉 산업화에는 성공하였으나 정치적 근대화, 즉 민주화는 후퇴했다고 평가된다. '살 권리'는 충족했으나, '알권리'는 억압되었다.

2. 제주개발과 박정희

박정희 시대, 제주의 발전을 경험한 제주도민에게 박정희는 긍정적인 모습, 강인한 국가영도자로서의 모습으로 각인된다. 박정희는 국가재건최고회의 의장 때나 대통령 재임 중 제주에 남다른 애정과 열정을 가지고 제주개발을 통한 민생고 해결에 크게 기여했다는 평가를 받는다.

1961년 9월 국가재건최고회의 의장 당시 순시차 처음으로 내도한 것을 시작으로 1978년 6월 항몽순의비 제막식 참석에 이르기까지, 집권 18년 사이에 제주를 23회 방문했다. 대통령 취임 3개월도 채 안 되어 제주 방문길에 나서기도 하였다. 1968년 4월 3일, 특별기편으로 제주를 방문했을 당시 구자춘 도지사에게 제주도 개발을 위한 종합개발계획을 수립, 보고하도록 지시하기도 하였다.

1963년 10월 한라산횡단도로 개통식에 참석하여 '한라산의 기적을 이루게 될 것이다'라고 치사한 바처럼 제주의 산업 발전에 기적을 이루었다. 이로써 제주도민들의 생존권적 어려움을 해결했다. 이는 제주의 특수성 그 고유성을 잘 파악하고 살림으로써 가능했다.

박정희 시대의 제주개발을 요약하면:

1) 기반시설 확충(제주개발의 3대 혁명)

우선 한라산 화산섬, 제주의 어려움을 해결하기 위하여 '물'과 '길' 그리고 '전기' 등 제주개발의 3대 기반시설을 구축하였다. 사람들은 이를 제주개발의 3대 혁명이라 이르기도 한다.

2) 농 · 축 · 수산업 특히 감귤산업에 대한 지원

제주도민의 자조 · 협동 · 근면성을 깊이 인식하고 1차산업의 농 · 축 · 수산업 특히 감귤산업에 대한 집중적인 지원이 이루어졌다.

3) 천혜의 아름다움을 바탕으로 하는 관광개발 추진

관광개발의 필요성을 확신하고 1972년 제주관광종합개발계획을 수립함으로써 제주가 관광지로서의 위상을 갖추도록 지원하였다.

이런 업적은 제주의 가치를 인식하고 있었기에 가능한 것이었고 개발의 시대에 맞는 권위주의적 엄부嚴父의 리더십이 있어 가능하였다.

3. 제주의 새마을운동과 박정희

박정희 혹은 박정희 시대를 폄하하는 좌파정권에서도 전국 곳곳에 게양되어 펄럭이는 그 시대의 상징이 있으니 바로 새마을기旗이다. 그만큼 새마을운동은 한국 발전사의 한 획을 긋는 주민참여형 지역개발정책 사업이다.

새마을운동은 2차 경제개발5개년계획 기간의 끝(1972년) 무렵인 1971년에 시작되었다. 이 새마을운동은 제주의 생활문화풍토에 적합한 지역발전 운동이었다.

새마을운동은 1970년대(유신시대) 한국인의 삶을 바꿔놓은 3대 사업의 하나(다른 둘은 중화학공업 건설, 중동 건설시장 진출)였다고 하거니와 지역사회개발의 한국적 모형으로서 조국 근대화라는 국가발전 전략의 하나로 착안되었다. 박 정권은 초기 60년대 국가발전전략의 기조를 공업화에 뒀다. 1, 2차 경제개발5개년계획이 마무리되면서 고도의 경제성장을 가져왔으나 물적 풍요에 정신적 근대화가 따르지 못하고 도·농 간의 격차가 확대됨으로써 양적 불균형성장이 되었고 이것이 국가발전의 저해요인으로 작용하였다. 문제는 농촌의 저발전이었다. 따라서 새마을운동은 농촌의 잘살기운동으로 시작되었다.

새마을운동의 정신적 기조인 '근면, 자조, 협동'은 정신계발 사업과 맞물려 강조되었으나 특히 제3기(1977년 이후)에 더욱 강조되었다. 이 정신적 기조가 중요한 것은 지역사회개발사업이 원래 주민의 욕구와 자발적 참여를 바탕으로 이루어져야 한다는 철학 때문이다. 지역사회개발은 주민들의 공통된 욕구와 필요에서 시작되어야 하고 주민들이 창의와 능력을 최대한으로 발휘할 수 있는 방향으로 추진되어야 하며 주민 전체의 참여를 통해 협동 정신과 자조를 바탕으로 수행되어야 한다. 그것은 '공동의 목표' '자조' '집단적 협력'의 원리를 바탕으로 하는 것이다.

새마을 노래 가사 '우리도 한번 잘살아보세'라는 구호는 국민이 신바람이 나서 일하게 하는 구호가 되었다.

마을은 새마을운동의 기본 지역단위였는데 마을단위로 그 개발단계에 따라 기초마을(미개발 마을), 자조마을(개발도상 마을), 자립마을(개발마을)로 분류하고 차등적 정부지원이 이루어짐으로써 마을별 경쟁의 분위기를 조성하게 되어 그 성과는 더욱 촉진되었다.

지금도 중국을 비롯한 중남미와 아프리카, 아시아 국가들이 박정희를 연구하고 새마을운동에 관심을 갖고 배우려 노력하고 있다. 미국의 예일대 교수, 폴 케네디는 "세계 최빈국의 하나였던 한국이 박 대통령의 새마을운동을 시작으로 불과 20년 만에 세계적인 무역국가가 되었음을 경이롭게 본다"고 하였다.

제주인 경우 그 정신적 기조인 '삼무정신'(삼무三無는 걸무乞無 · 도무盜無 · 대문무大門無)은 새마을운동의 정신적 기조와 일치한다. 근면하고 스스로 노력했기에 거지 없고 도둑이 없고, 이웃을 배려하고 협동하는 모습은 대문이 없는 주거환경을 만들었다. 박정희가 제주를 아꼈던 이유의 하나가 제주의 이런 생활문화적 풍토를 이미 간파하고 아꼈던 때문이 아닌가 생각한다.

정부는 1981년까지 전국 모든 마을을 자립마을로 육성시킬 계획이었으나 제주는 1978년 이미 188개 모든 마을이 자립마을로 육성되었으며 농가 호당 소득은 2,228천 원이었다.(전국 평균은 1,884천 원)

1979년 당시 제주대 통일안보연구소의 조사자료에 따르면 새마을운동에 대한 주민들의 반응에서 그들이 근래 살기 좋아진 가장 중요한 이유가 새마을운동이라 지적하고 있다.

4. 제주의 미래를 생각한다: 박정희를 넘어서

이 학술대회의 캐치프레이즈는 '대한민국의 미래 100년 박정희에게 길을 묻다'이다. 박정희는 제주 친화적인 사고를 가지고 있었다고 생각한다. 제주의 가치, 그 자연과 고유의 생활문화를 잘 인식하고 높이 평가하고 존중하였던 것으로 보인다. 뒤집어 말하면 제주가 지닌 고유의 가치는 박정희의 조국 근대화 정책에 맞아떨어지는 것이었다. 그래서 그 당시 제주발전은 획기적이었다. 제주의 미래가, 그 발전이 또한 그러할 것으로 생각한다. 정부의 정책이 제주의 가치를 존중하고 그에 따른 비전을 가지고 추진될 때 제주는 희망찬 미래로 다가올 것이다.

제주의 가치는 무엇인가? 우리나라 최남단의 섬으로서 한 · 중 · 일 3국이 교차하는 지점에 있으면서 태평양으로 나가는 길목이라는 지정학적 가치, 유네스코 자연과학분야 3관왕으로서 청정환경의 섬이라는 자연환경적 가치, 탐라문화라는 제주 특유의 문화적 가치, 해마다 개최하는 '제주포럼'으로 구체화된 세계평화의 섬이라는 인류적 가치가 그것이다. 이 가치는 제주가 갖는 엄청난 잠재적 가치이다. 2016년 제주도 당국은 핵심가치를 '청정과 공존'으로 집약한 바 있다. 이것은 어느 인문학자가 지적하였듯이 제주 섬이 육지(한반도) 지역을 먹여 살릴 수 있을 만큼 우리나라 발전의 기틀이 되는 가치들이다.

이런 가치들을 바탕으로 추구하게 되는 제주비전은 크게 보아 ▷국제자유도시 ▷세계환경수도 ▷세계평화의 섬 등 셋이다.

공항과 항만의 확충과 건설은 사람, 물자, 자본이 자유롭게 드나들 수 있는 국제자유도시 개념의 핵심사업이다. 하늘길이 막히면 섬인 제주는 국제자유도시의 성격을 잃게 된다. '민군복합형 관광미항 건설'은 본질적으로 국가안보라는 국책사업이면서 지역관광 인프라를 구축하는 사업의 성격도 부과되는 이유가 여기에 있다. 사실 그 건설은 해군기지로서 이미 시작되었다. 그러나 고려되어야 할 것이 있다. 그 사업으로 훼손되는 제주의 가치, 환경파괴와 평화 이미지의 손실에 대한 보상이다. 그 사업은 제주에 마이너스 가치를 창출할 것이기 때문이다.

'제주 4 · 3'은 제주도민의 해방 후 60년대의 큰 아픔이자 현재 진행형인 제주역사이며 공동체 붕괴, 사회갈등의 원인이 되고 있다. 따라서 시급히 치유해야 할 제주 현대사의 아픔이자 승화시켜 평화 · 공존의 '제주아이콘'으로 정립되어야 할 것이다.

'제주 감귤산업과 농축수산물 집중육성'은 청정 제주지역 산업의 근간이다. 이는 제주의 특수성, 그 가치의 구현이다.

제주의 가치구현을 위하여 '세계 환경수도의 조성'이 추가되어야 할 항목이다. 21세기 환경의 시대에 추구해야 할 제주의 미래이며 국가사업이기도 하다.

이제 시작되는 '새 시대'는 산업혁명(공업혁명)을 하는 부국강병의 시대가 아니다. 그린(green)혁명을 하는 문화강국의 시대이다. 3차 산업혁명(정보산업혁명)에 이은 4차 산업혁명(인공지능에 결부되는 융합산업혁명)의 시대이다. 제주는 이런 시대의 흐름에 발맞추어 선진지역으로 거듭나려는 헌신적 노력을 기울여야 할 것이다.

덧붙여 현 제주지사(원희룡)가 도정방침의 첫 번째로 '협치'를 내세우고 있어서 하는 말인데, 정치 차원에서 앞으로의 국가운영은 종래의 정부통치(government) 차원을 넘어 협치(協治. governance)의 정치를 해야 할 것이다. 박근혜 대통령 탄핵에서 보았던 광화문 촛불집회의 핵심은 시민참여의 협치를 하지 않으면 국가운영이 어려워질 것이라는 국민적 메시지를 담고 있다고 생각한다. 협치는 통치에 대한 정치방식으로서 정치권의 연정聯政이나 어떤 사회집단과의 공치共治와는 다르다. 정치권과 시민사회권의 숙의熟議를 통해 국가를 운영하는 통치방식을 말한다. 시민참여의 숙의민주주의(deliberate democracy) 정치형태이다. (근래 정치권이나 일부 언론에서 사용하는 '협치'라는 용어는 곡해 또는 잘못 번안되어 사용되거나, 다른 차원의 의미로 사용되고 있는 듯하다.)

이 정치모델을 제주의 지방정치에서 구현해 보았으면 좋겠다.

참고자료

강수택(경상대학교 사회학과) "박정희 정권 시기의 지식인론 연구", 「지식 변동의 사회사–전통 · 현대 · 미래–」 발표논문, 한국사회사학회 · 충남대학교 사회과학연구소, 2001년도 정기학술대회(2001년 10월 26~27일).

국토연구원 컨소시엄 본보고서, 『제주 미래 비전』, 제주특별자치도, 2017.2.

김중근(편집), 『박정희 대통령과 제주도 1961~1978』, 2013(스크랩).

신행철, "박 부녀대통령과 제주발전", 「제주불교」, 831호, 1913.3.8. '시론'.

신행철, "새마을운동과 제주의 농촌마을", 『제주사회와 제주인』, 제주대출판부, 2005.

조갑제, 『박정희』, 조갑제닷컴, 2007.

〈기타 인터넷 자료〉

http://blog.naver.com/davidek92/220815487775 등 '박정희에 대한 평가'.

배진영, "노래 〈잘살아보세〉에 담긴 경제발전 전략"(http://naver.me/50WTD8hx).

〈붙임〉 새마을운동 노래

• 〈잘살아보세〉*(한운사 작사 / 김희조 작곡)

1. 잘살아보세 잘살아보세 우리도 한번 잘살아보세
   금수나 강산 어여쁜 나라 한마음으로 가꿔가면
   알뜰한 살림 재미도 절로 부귀영화는 우리 것이다
   잘살아보세 잘살아보세 우리도 한번 잘살아보세
   잘살아보세
2. 일을 해보세 일을 해보세 우리도 한번 일을 해보세
   태양너머에 잘 사는 나라 하루아침에 이루어졌나
   티끌도 모아 태산이라면 우리의 피땀 아낄까보냐
   일을 해보세 일을 해보세 우리도 한번 일을 해보세
   일을 해보세
3. 뛰어가 보세 뛰어가 보세 우리도 한번 뛰어가 보세
   굳게 닫혔던 나라의 창문 세계를 향해 활짝 열어
   좋은 일이랑 모조리 배워 뒤질까보냐 뛰어가 보세
   뛰어가 보세 뛰어가 보세 우리도 한번 뛰어가 보세
   뛰어가 보세

(* 위 노래의 가사 1절에는 염원과 목표가, 2절에는 대내적 근면 · 자조 · 협동이, 3절에는 대외적 세계화 · 개방화가 함축되어 있다.)

• 〈새마을 노래〉(작사 · 작곡: 박정희)

1. 새벽종이 울렸네 새아침이 밝았네 너도 나도 일어나 새마을을 가꾸세
2. 초가집도 없애고 마을길도 넓히고 푸른 동산 만들어 알뜰살뜰 다듬세
3. 서로서로 도와서 땀 흘려서 일하고 소득증대 힘써서 부자마을 만드세
4. 우리 모두 굳세게 싸우면서 일하고 일하면서 싸워서 새 조국을 만드세

(후렴) 살기 좋은 내 마을 우리 힘으로 만드세

제2부

소론(小論) II : 사회 일반

1 새마을운동의 본질과 그 실천방향*

1. 머리말

70년대 초에서부터 약 10여 년 동안 전국적으로 추진되어 온 새마을운동은 국민의 호응과 참여 속에 놀라운 성과를 거두었음이 사실입니다. 그러나 이에 대한 부정적인 평가가 있었던 것도 사실입니다. 부정적인 비판은 첫째, 정권적 차원의 운동이 아니냐는 것 둘째, 전시효과만을 노리는 관주도형의 비민주적 성격을 띠고 있다는 것 셋째, 지역에 맞지 않는 또는 민의 욕구를 무시한 사업추진이 있다는 것 등이라 할 수 있습니다. 이러한 부정적 평가에 대하여 직접적으로 논평하고 싶지 않습니다. 이 강의가 진행되는 동안에 간접적인 시사를 하게 될 것입니다. 다만 지금 이 시간에 본인이 새마을운동에 대한 강의를 하고 여러분이 듣고 있다는 사실이 중요합니다. 그러고 어떠한 부정적인 평가가 있고 그것이 혹 사실이라 할지라도 이로 인하여 '새마을운동' 자체의 평가가 떨어질 수 없는 것임은 명백합니다. 새마을운동은 정권을 초월한 국가적 · 국민적 운동이어야 하기 때문입니다.

새마을운동의 이론적 배경은 지역사회개발이론이라 보입니다. 따라서 본 강의에서는 먼저 지역사회개발이론의 기본원리에서부터 이야기해 나가고자 합니다. 학문적 깊이를 가진 논리의 전개라기보다 상식의 수준을 다소 넘어서는 정도의 지식을 정리해 보는 내용이 될 것입니다. 그러고 나서 새마을운동의 기본 성격에 대하여 언급코자 하며 끝으로 '80년대의 새마을운동'의 방향을 생각해 보고자 합니다.

* 1981. (중등교원자격연수)「교재」, pp.121-127, 제주대학부설중등교원연수원 특강 강의안.

2. 새마을운동의 지역단위: 지역사회(Community)

새마을운동의 지역단위는 지역사회(Community)입니다.

지역사회라는 말은 사람들이 그들의 가정을 유지하고 생활비를 벌며 자녀들을 부양하는 등 그들의 생계활동 대부분이 영위되는 장소를 일컫습니다. 전통적으로는 촌락, 마을, 소도읍, 도시 등 비교적 소규모의 밀착되어 있는 인간의 생활집단을 일컫습니다. 그러나 더욱 중요한 것은 그 지리적 영역 속에서 상호관계를 맺고 공동의 유대를 갖고 있는 사람들 그 인간적 요소입니다. 여기서 지역사회(Community)는 지역(Rigion)이란 개념과는 현저한 차이가 있다고 하겠습니다.

다음은 개발(Development)이란 말에 관련해서 생각해 봅시다.

개발이란 일반적으로 말하면 '바람직하지 못한 상태로부터 한층 더 바람직한 상태로의 변화이며 의도적이고 계획적인 변화'라고 할 것이며 그 양적 의미보다는 질적 향상을 포용하는 개념입니다. 개발은 소득 · 생산력의 증대 및 고용의 확대라는 경제적 측면 외에 기회균등, 사회복지의 건설, 건전한 정신풍토의 조성, 빈곤 · 실업 · 불평등의 해소라는 비경제적 · 사회적 측면을 포함합니다. 한마디로 말하면 개발은 좋은 방향, 긍정적인 방향으로 인간의 생활과 환경이 개선되어 나가는 것을 뜻합니다. 그것은 잘 살고자 하는 방향에로의 의도적 변화를 말합니다.

이상에서 지역사회와 개발, 두 용어의 개념을 살펴보았습니다. 이 두 용어를 결합하여 보면 지역사회개발이란 '일정 지역에서 공동생활을 하는 인간집단이 더욱 바람직한 생활을 영위하기 위한 집단적 노력'이라고 정의할 수 있겠습니다. 미국의 농촌사회학자인 I. T. Sanders는 지역사회개발을 지역사회조직과 경제개발을 결합한 개념으로 봅니다. 이때 지역사회조직이란 한 지역사회가 가지고 있는 인적 · 물적 자원의 적정 배치를 뜻하고 경제개발은 합리적이고 효율적인 제 단계의 운용을 거쳐 목표를 달성하는 것을 뜻합니다.

인간의 사회개선 노력은 인류의 역사와 더불어 행해져왔다고 하겠습니다. 인간은 그들의 삶이 어려울 때 흔히 두 가지 태도를 보인다고 합니다. 하나는 현실도피적 태도이고 다른 하나는 응전應戰 태도입니다. 어떤 태도가 더욱 가치 있는 태도인가는 가치관의 문제이겠습니다만 인류가 그들의 어려움을 이겨내고 발전한 것은 현실도피적 태도가 아니라 고난에 맞서는 지역적 집단행동의 방식이었던 응전인 것이 확실합니다. 토인비 교수가 말하는 인류 문명사의 발전법칙인 '도전과 응전'의 논리인 것입니다. 그리하여 지혜로운 사람들은 그들 생활공동체의 어려움을 상부상조하면서 이겨내는 노력을 하였습니다. 우리나라의 경우 계, 향약, 두레 등이 그것입니다.

제2차 세계대전 후 생활개선의 노력으로 목표를 향한 체계적 과정을 강조하면서 지역사회개발이 등장한 것이며 우리나라에서는 새마을운동으로 본격화된 것입니다. 따라서 지역사회개발의 노력은 현대인의 새로운 체험은 아닌 것입니다. 잘살려는 집단적 노력의 현대판이라 할 것입니다. 새마을운동이라 할 때 '운동'(movement)이란 그 신봉자에 의해 풀이된 아이디어를 강조 · 조장하는 입장이며 이때 민중의 참여와 그 이념을 솔직하게 표현할 수 있는 지도자를 필요로 합니다. 그 철학성 내지 이념이 강조됩니다.

3. 새마을운동의 성격

새마을운동은 조국 근대화를 목표로 하는 국민적 · 국가적 운동입니다.

1960년대의 1, 2차 경제개발5개년계획은 공업화를 그 기조로 하여 경제개발에 역점을 둔 불균형성장의 모델이었습니다. 이에 따라 고도의 경제성장을 이룩하였으나 그 결과 물적 풍요에 정신적, 사회 · 문화적 근대화가 뒤따르지 못하였으며 도 · 농 간의 격차를 확대함으로써 국가 발전의 저해요인을 증대시킴과 동시에 농촌지역의 발전에 대한 요청을 증대시켰으며 양적 성장을 질적 발전으로 유도하는 노력이 절실하게 되었습니다. 여기에 새마을운동은 특히 농촌에 있어서 그 주민들의 생활 향상을 이룩하고 균형적 국가발전을 이룩하려는 노력으로 등장하였습니다. 말하자면 근대화를 이룩하기 위해 요청되는 것이면서 동시에 근대화가 만들어놓은 여러 조건에 대처해 나가기 위하여 필요한 것입니다.

새마을운동은 주지하는 바와 같이 당초 농촌을 중심으로 정부주도형 사업으로 전개되기 시작하여 근래에는 민간주도형 사회운동으로 전환되고 있으며 도시지역에까지 확산되었습니다.

세계의 수많은 나라가 새마을운동의 추진과정과 그 성과에 놀라움과 부러움을 지니고 있다는 보고가 있습니다.

그러면 새마을운동의 기본성격, 그 본질에 대하여 살펴봅시다.

1) 새마을운동은 일종의 근대화 운동이라 할 것입니다. 구각舊殼을 탈피하고 국민생활의 새로운 모습을 이룩하려는 혁명적 노력입니다.
2) 새마을운동은 민주주의의 선행운동입니다. 민주주의를 형식에서가 아니라 내실적으로 추진할 수 있는 기반을 만들기 위한 운동입니다. 민주주의의 내용적 실현은 높은 수준의 경제적 성장과 안정, 높은 정치적 · 지적 수준이 바탕이 되어야 할 것이기 때문입니다.
3) 새마을운동은 도시와 농촌 간의 격차를 줄여 사회의 균형 발전을 이룩하려는 노력입니다. 이것은 국민총화의 계기가 됩니다.
4) 새마을운동은 다목적적인 종합개발운동입니다. 그것은 물적 생산기반의 조성과 소득증대를 추구하는 운동이며 복지환경을 개선하고 정신계발을 이룩하려는 운동입니다.
5) 새마을운동은 민족적 공감대를 구축하고자 하는 운동입니다. 새마을운동의 의식화 생활화를 통하여 전 국민의 공감대를 형성하고 민족주의를 개발할 수 있는 것으로 보는 것입니다.

4. 회고와 전망

70년대의 새마을운동을 회고해 보면 그 추진과정에서는 적지 않은 문제점이 있었다고 생각합니다.

1) 관주도의 비자주적 성격을 띠는 경향이 농후하였다. 이는 주민의 자발성과 창의성을 저해하기도 하였고, 획일적인 추진으로 지방적 특색을 무시했던 폐단도 없지 않았다고 봅니다.
2) 성과와 업적에 급급한 나머지 졸속을 저지르기도 하였고 실질보다는 형식, 내용보다는 외형, 정신보다는 물적 측면으로 치우치는 경향이 없지 않았습니다.
3) 성공적 지도자만 영웅시하고 강화해 주는 영웅주의적 우상화의 풍조가 있었습니다.

4) 도시새마을운동, 공장새마을운동이 미흡했습니다. 공장새마을운동의 경우 그 반대급부가 경영자나 공장 자체에만 돌아감으로써 종업원들의 참여의욕이 저해되는 경향이 있었습니다.
5) 새마을운동의 추진과정에서 열정에 호소한 나머지 과학성 · 합리성이 부족했던 것 같습니다.
6) 끝으로 새마을교육의 내용이 피교육자의 이해관계를 떠난 추상적 · 이념적 수준의 겉도는 것이었다는 지적도 있습니다.

이제 새 시대라 합니다. 새 시대라 하여 새마을운동의 본질, 그 내용이 달라질 필요는 없습니다. 새 시대가 있기 전부터 새마을운동은 새 시대를 이룩하려는 국민적 노력이라고 할 수 있을 테니까요. 다만 앞으로 어떻게 새마을운동을 활성화하느냐 하는 것이 문제일 뿐입니다. 그러기 위해서는 지난날의 문제점을 고쳐나가면 될 것으로 봅니다. 굳이 그 방향을 이야기하자면 다음과 같은 점을 들 수 있을 것입니다.

1) 관주도형에서 민간주도형으로 바꾸어 나가야 할 것입니다.
2) 물량 위주에서 정신적으로 건전한 풍토 조성에 보다 힘을 기울여야 할 것입니다.
3) 지역적으로는 도시가, 사회계층에 있어서는 공무원 · 지식인 등 사회지도층 인사의 적극적 참여가 필요합니다.
4) 국민적 화합을 고려하여 계층 간, 지역 간 격차를 축소시키는 운동의 성격을 갖도록 하는 것이 좋겠습니다.
5) 지역개발에 있어서는, 이들 새마을운동과 연결시켜 그 지역주민들의 이익을 충분히 고려해야 할 것입니다. 새마을운동은 지역주민 생활개선 운동이니까요.

기타 70년대에서 나타난 문제점들을 치밀하게 분석하여 보완함으로써 80년대에 보람찬 새마을운동이 전개되도록 해야 할 것입니다.

그리하여 정치적 민주화와 경제의 사회화가 추진되어 우리 생활의 풍요와 건전한 사회가 구현되도록 해야 할 것입니다.

2 『1984년』과 인류사회의 디스토피아적 미래: 미래사회에 대한 인간주의적 성찰*

1. 인류사회의 미래에 대한 두 견해

G. 오웰에 있어서 인류 미래의 시점으로 상정하는 '1984년'은 이제 과거의 시간이 되었다. 이 글은 그 상징적인 1984년을 보내면서 문학작품을 통하여 인류사회의 어두운 미래를 조명해 보고, 이를 현대사회의 성격에 관련지어 봄으로써, 인간의 불행에 대한 인간적 자기 성찰의 계기로 삼으려는 의도로써 쓰고 있다.

인류의 미래에 대해서는 종래 상반하는 두 개의 시각이 있다. 하나는 결정론적 시각이요 다른 하나는 불가지론적 시각이다. 결정론적 입장에 따르면 미래란 과거 및 현재의 인과법칙에 의해서 결정되는 필연성의 세계이며 예측 가능한 확실성의 세계이다. 불가지론적 입장에 따르면 미래란 완전히 예측 불가능한 불확실성의 세계로서 그것은 창조적 과정이며 따라서 그 결정적인 상황을 이야기하는 것은 불가능하다.

그러나 E. H. 카에 따르면 미래는 "자유의지와 결정론의 딜레마"의 영역으로 파악되어야 할 것인바 결국 미래는 과거와 현재에 뒤이어 오는, 역사 흐름에 연결되는 시간으로서 과거 및 현재에 제약당하는 면과 비약적 창조의 면을 모두 갖는다고 보아야 할 것이다. 따라서 이 글에서 인류의 미래를 생각함에 있어서는 그 두 측면을 모두 포함하게 될 것이다.

인류사회 미래의 모습은 낙관적일 수도 있고 비관적일 수도 있다. 낙관적인 입장에서 보면 그 미래는 풍요의 극치로 상정하고 그 번영과 행복은 영원히 계속되는 것이 되겠고, 비

* 1985.2. 『제대학보』, 제25집, 제주대학교 학도호국단, pp.43-48.

관적인 입장에서 보면 그 미래는 성장의 부정이다. 따라서 인간은 혼돈과 암흑 속에서 이 지구를 지배하는 왕좌에서 물러나야 할 것이다.

인류의 미래가 행복과 번영을 누리면서 살고 싶은 소망은 '유토피아' 사상으로 나타난다. 이 사상은 아테네의 철인 플라톤의 『국가론』에서 비롯하여 르네상스시대인 16세기 영국 토마스 모어의 『유토피아』, 이태리 캄파넬라의 『태양의 도시』 등에서 표현되고 있다. 그러나 산업혁명에 따라 이룩된 기계문명의 낙관적 진보의 추세는 영국의 빅토리아시대를 정점으로 하여 19세기 말엽부터 동요되기 시작하여 그 부정적인 사조가 등장하게 된다.

2. G. 오웰의 『1984년』, 그 디스토피아적 상황

H. 버틀러는 『에레혼』(Erehwon. 유토피아를 의미하는 Nowhere를 거꾸로 하여 만든 단어, 반유토피아를 의미함)에서 새로운 기계를 파괴하고 그 이상의 계량이나 발명을 엄중히 금지하는 상황을 그리면서 기계문명의 장래에 대하여 경종을 울린 바 있다.

이 비판적인 암울한 색조는 H. G. 웰즈의 『타임머신』으로 이어지는데 이 작품에서는 80만 년 후 인류는 멸망하고, 지구가 종말에 이르는 상황을 서술하고 있다. 20세기에 이르면 인류의 미래를 '디스토피아'(반유토피아)로 묘사하는, 디스토피아 문학작품들이 등장한다. 그 중에서도 G. 오웰의 『1984년』은 인류역사의 부정적 미래에 대해 많은 시사를 주는 미래 소설이자 정치 소설이라 보고 있다. 『1984년』은 가까운 미래에 예상되는 완벽한 전체주의 사회의 절망적인 모습을 묘사하고 있다.

'1984년', 그 미래의 시간. 세계는 오세아니아, 유라시아, 이스트아시아의 3대 초강대국으로 분할되고 '승리도 패배도 없는, 전면전도 종식도 없는 전쟁' 상태에서 오세아니아에 관료독재체제가 나타난다. 당黨권력의 화신 태형(太兄, Big Brother)이 지배하는 이 사회에는 2% 정도의 내부 당원이 최상층을 차지하고 그 밑에 외부 당원이 다소 있고 최하위에 85%의 노동자라 불리는 피압박 대중이 존재한다. 이 사회는 사상 통제와 과거 통제라는 두 가지 정치철학에 의해 통치된다. 사상 통제는 텔레스크린과 마이크로폰에 의한 개인 생활의 사찰과 이단적인 사고와 행위의 표현을 없애고 체제 긍정적 언어의 창조에 의해 이루어진다. 과거

통제는 당의 독제권력을 합리화하기 위한 과거의 날조이다. “현재를 지배하는 자는 과거를 지배한다”는 논리이다. 과거의 모든 기록은 당의 입장을 합리화하기 위해 끊임없이 수정된다. 허위 사실을 사실로 믿도록 만든다.

힘없고 무지한 대중은 정치의식을 갖지 못했으며 그리하여 20세기적 자유는 이들 계층에게만 주어진다. 당의 이데올로기를 그들에게 가르칠 필요는 없다. 그들에게 필요한 것은 노동시간의 연장이나 배급의 감량에 대해 필요에 따라 호응하는 원시적 애국심뿐이다. 전반적으로 궁핍한 상태여야 작은 특혜도 커 보이기 때문에, 집단과 집단 사이의 차이가 심해지는 것이 독재체제에 유리하기 때문에 피지배층은 쥐가 어린애를 물어뜯을 정도의 곤궁상태에 얽매이게 된다.

이 강력한 체제 속에서는 ‘자유는 예속’ ‘전쟁은 평화’ ‘무지는 힘’ ‘신은 권력’이라는 사고방식이 지배하여 모든 개인은 통제 억압된다. 텔레스크린과 마이크로폰이 장치되어 감시체제가 강화되며 어린아이들로 스파이단이 조직되어 부모의 이단적 언행을 고발케 한다. 따라서 가정은 사상경찰의 도구로서의 기능을 갖는 데 불과하다. 포옹이나 사랑의 행위는 인간적 행위가 아니라 정치적 행위이며 ‘지금은 사라진 낭만적 구시대의 유물’이 된다. 남녀 간의 성관계는 ‘당에 충성할 아이를 생산하는 목적’일 경우에만 인정된다. 이 거대한 체제에 항거하는 것은 불가능하다.

주인공 윈스턴 스미드는 당의 독재체제에 반항하다 사랑하는 사람과의 강요된 이별 속에서 죽음에 이르게 된다. 드디어 20세기적인 인간적 사랑을 배반한 뒤 태형太兄에게 순종하게 된다. 역설적으로 말하여 차라리 태형을 사랑하게 된다. 지난날 태형의 사랑스런 품을 떠나 고집스럽게 배회하던 발자취를, 그 불필요한 오해를 후회하게 된다. 이제 20세기의 인간적 모습은 사라져버린 것이다. A. 헉슬리의 『멋진 신세계』에 묘사되어 있듯이 기계의 능률화가 이룩되는 시기, 그 ‘멋진 신세계’에서는 자유 없는 비인간적 계획사회의 악몽 같은 상황이 전개된다. 20세기의 문명인은 야만인으로 전락되어 사라져 간다. 역설적 의미에서 그 세계는 ‘자연의 노예적인 모방으로부터 영광스러운 인간적 발명의 세계’로 들어서게 된 것이다.

3. 20세기 현대사회의 성격: 디스토피아적 미래에 관련하여

인간의 미래는 시간적으로 현재의 연속선상에 놓여 있다. 따라서 미래의 모습은 현대사회의 성격을 그 모태로 한다. 그러면 현대사회는 디스토피아적 미래를 어떻게 배태하고 있는가?

K. 볼딩의 『20세기의 의미』라는 저술에 따르면, 20세기는 인류 문명의 일대 전환의 중간기에 해당한다. 이 전환은 인류사회에 있어서의 제2의 대전환이라 볼 수 있다. 제1의 전환이 약 5천만 년 전 또는 약 1만 년 전 농업의 발달에서 비롯된, 문명 전 사회로부터 문명사회로의 전환인 데 대하여 제2의 전환은 공업이 극도로 발달하여 탈공업사회의 단계에서 찾을 수 있다고 본다. 이는 문명사회에서 문명 후 사회로의 전환인 것이다. 이와 같은 현대 20세기는 역사의 혁명적 변천기이며 어쩌면 고도로 발달한 인류문명이 해체 재편성되어야 할 시기일지도 모른다.

C. 라이트 밀스의 말을 빌리면, 지금 우리는 근대 말기에 살고 있다. 현대는 후기 근대(Post-Modern Period), 즉 '제4시대'라 부를 수 있는, 미래로 넘어가는 전환기인 것이다. 밀스의 이야기를 들어보자. 근대의 이성에 의한 진보라는 계몽사상은 과학에 대한 신뢰요, 자유와 이성의 관계에 대한 낙관적 가정을 지닌다. 이성적 자각에 의해 개인의 자유는 확보되고, 합리성의 증대는 또한 자유의 확보를 위한 주요 조건이었다. 그러나 근대 말기인 오늘날 그 말기적 현상들이 나타난다. 자유와 이성은 애매모호해지고 그 관념은 상대적인 것이 되어버렸다. 합리성의 증대는 자유의 확보와 별개의 것이 된다.

J. 드 뷰스에 따르면 19세기의 제3의 신분, 즉 시민들이 누리던 자리는 20세기에 이르러 대중 일반에게 인계됨으로써 대중의 시대가 도래했다는 것이다. 많은 사람이 토지 속박과 신분 예속으로부터 해방되어 도시로 집중됨으로써 도시는 거대화되고 농촌은 도시화되고 있다. 도시화의 현상은 개인으로 하여금 면접적 일차 집단관계를 상실케 하고 따라서 정서적 결핍과 가치체계의 갈등, 무의미감과 불안감을 자아내고 있다. 소가족제도의 발달은 개인 중심의 사고방식에 결부되어 가장의 권위를 추락시키고 가족 사이의 유대관념은 점차 희박해지며 가정의 기능은 축소되고 있다.

대량생산 방식과 대규모 자본집중적 산업의 성립은 거대조직을 필요로 했으며 따라서 합리화 · 능률화의 조직원리인 관료제가 이루어지게 된다. 관료제하에서 일상생활에 사로잡혀 있는 일반인들은 자신의 생활환경을 지배하고 있는 그 거대한 사회구조를 이성적으로 파악하지 못한다. 조직은 합리화되었으되 개인의 이성은 쇠퇴하게 된다. 중요한 결정은 소수의 몇몇 엘리트에 의해 이루어지고 비개인적 조직의 힘에 의해 개인의 의사는 지배된다. 생산성 · 능률성이 중시되면서 개인은 개성을 지닌 인격체가 아니라 기계의 부속품처럼 움직여 주도록 기대되어 창의성보다는 기계적인 규칙이나 관례가 우선하게 되고 하층 구성원은 결정과정에서 배제된 채 단순히 타율적 복종만 하는 가운데 소외감과 무력감에 빠지게 되었다. 이런 조직 속에서는 합리적으로 판단하는 인간이 필요한 것이 아니라 기능적 합리성의 요구, 즉 부과된 임무의 능률적 수행만이 요구되는 상황 속에서 개인의 인간적 존중에의 욕구는 방치된다. 개인의 의지와 능력은 합리성에 의해 감소되는 경향이 있다. 합리적인 조직은 이성에 이를 수 있되 기회와 자유로운 개인으로 활동할 수 있는 개인의 능력 자체를 박탈하고 체제의 조종 수단으로 작용하는 경우가 흔히 있다.

지위의 상승 이동의 기회가 감소됨에 따라 개인은 지위 획득의 좌절감 속에서 지위의 근소한 차이에도 예민하게 반응하게 되고 상위자에 대한 실망과 하위자에 대한 경멸, 동위자에 대한 경쟁심을 갖게 된다. 이익사회의 복잡한 인간관계가 증대됨에 따라 정의적 · 인간적 결합은 어려워지고 역할들 사이의 불일치가 나타나기 쉬워진다. 부단히 변화하는 새로운 상황에 적응해 나가야 할 입장은 불안감을 더해준다. 매스컴에 의한 광고와 선전의 효과는 인간의 욕망을 자극, 개발함으로써 주관보다 타의적 생활태도를 갖도록 만든다. 밀스의 말대로 사회의 점차적인 합리화, 합리성과 이성 사이의 모순, 이성과 자유의 합일이라는 계몽주의적 전제의 붕괴로 인하여 사람들은 합리성 속에 살면서도 이성을 갖추지 못하는 상황, 자아불안의 상황에 처하게 된다.

이러한 상황은 E. 프롬이 말하는바 '자유로부터의 도피'라 할 상황으로서 사람들은 방향감각을 상실한 소외의 모습을 띠게 되는 것이다. 개인은 A. 카뮈가 말하는바 '이방인'이 되며 대중은 D. 리즈맨이 말하는바 타자 지향적 '고독한 군중'이 된다.

대중은 불안감의 해소와 욕구의 충족을 원하게 되고, 여기에 현세의 메시아로서의 카리스마적 지도자가 등장할 수 있는 무대가 설정되는 것이다. 매스컴 조작기술의 증진과 더불어 대중은 기성의 특권적 권위에 따르도록 조직된 우둔한 대중이 되어버린 것이다. 이제 인간의 이성과 자유의 위기라 할 상황에 이른 것이다.

4. 인류사회의 불확정적 미래

그러면 인류사회의 미래는 어떤 모습으로 도래할 것인가? 근대의 자유인은 인조인간 로봇으로 전락해 버릴 것인가?

사람들은 중세에서 근대로 넘어오는 과정에서 공업혁명을 경험했던 것처럼 탈공업혁명에 의해 미래사회가 도래한 것으로 본다. 커뮤니케이션의 발달로 정보산업의 시대가 도래하고 이는 고도의 지식사회를 동반하게 될 것이다. 물질, 화폐 지향적 산업시대는 여가 지향적 대중 여가의 시대로 전환될 것이다. 확대된 생산으로 생산성보다 소비성이 강조되어 소비형 인간이 등장할 것이며, 노동시간의 단축에 따라 여가의 소비문제가 부각될 것이다.

고도화된 지식을 지닌 사람들이 단축된 노동시간에 따른 여가를 즐기게 되면서 필요 이상의 재산을 고통으로 여기고 오늘을 즐기는 소비적 사회체제와 그에 맞는 인간형이 탄생할 것이다. 이는 마치 농업형 사회에서 가족노동이 필요할 때 대가족이 요구되었으나 오늘날은 가족이 많은 것을 고통으로 그리고 수치로 받아들여지는 것에 비유할 수 있을 것이다.

자본의 소유 · 비소유보다 지식의 소유 · 비소유가 사회계층 분화에 영향을 줄 것이며, 능력 없는 자들에게 적당한 정도의 물질적 지원을 함으로써 사회 안정을 기하게 될 것이다. 지식의 폭발적 증가는 정보처리의 기계화를 초래하여 인간적 두뇌나 신경작용은 기계가 담당하게 되어 소위 '컴퓨토피아'가 성립하게 될 것이다,

현대사회의 소외 인간은 기계적 자동 인간, '즐거운 로봇'이 되어버릴 것이다. 이성은 쇠퇴하고 지성만이 발달하여 위대한 물질적 힘을 갖고 있으면서도 그 힘을 올바르게 사용할 수 있는 기회를 갖지 못한다. 이제 인간은 이성적 동물이 아니라 기계적 로봇이 된다. '신은 죽었다'고 개탄하던 19세기 상황은 '인간은 죽었다'라는 상황에 이르게 된다. 고대인이 자연 앞에, 중세인이 신 앞에 무력한 존재였던 것처럼 미래인은 기계 앞에 무력한 존재가 되어버린다. 금단의 열매를 따먹고 갖게 되었던 하느님 아들의 죄의식은 공업화의 열매를 따먹고 문명의 세계에서 쫓겨난 기계 인간의 능률의식으로 대치된다. 이렇게 하여 에덴동산에서

추방당한 아담과 이브의 후예는 기계문명 속에서 인간에게 배반당하고 영원한 방랑객이 되어버린다.

국가 간에는 승리도 패배도 없는, 전면전도 종식도 없는 변두리 지방의 전쟁이 끊임없이 일어날 것이며, 그 전쟁은 상대방을 정복하기 위해서가 아니라 대대적인 지배자의 독재 권력을 정당화시키기 위한 노력으로서의 성격을 지니게 된다. 사회의 계층 이동은 정체된 채 사회갈등은 제거되어 사회는 안정을 이룩하게 된다. 상층부 소수 지배층은 대중 조작의 최적 수단을 마련하게 되고, 피지배층이 그 체제 내에서 만족과 행복을 느낄 수 있도록 최소한의 물질과 여가를 제공함으로써 불평불만을 제거하게 될 것이기 때문이다.

5. 인류사회의 밝은 미래를 위하여

이상에서 논의한 미래의 모습은 불확정적인 것이며 선택적 가능성의 모습이다. 그러한 어두운 상황은 결코 기대할 만한 상황은 아닐 것이다. 그럼에도 불구하고 이 글에서 디스토피아적 미래를 논의하는 것은 인간의 이성과 양심에 따라 오늘의 기계화된 문명사회의 방향을 바로 인식하려는 노력인 동시에 밝은 미래를 설계할 필요성을 자각하기 위함이다.

로마클럽의 한 보고서(*The Limits to Growth*)가 지적하는 것처럼 모든 사람은 무한한 성장을 통해서 풍요를 영원히 누릴 것을 기대한다. 그러나 고도성장에 의한 비극적 종말을 인식하는 것은 인간의 행동, 나아가서 현재 사회의 전체 구도를 근본적으로 바꿀 만한 새로운 형태의 사고를 시작하기 위해 불가결한 것임을 확신함이다. 모든 인간의 기본적인 욕구가 충족되고 개인으로서의 능력이 최대한으로 실현되는 그러한 균형상태의 사회가 세계단위로 설계되어야 할 것이다. 여기에 오늘날의 거대조직의 모순과 인간의 비인격화 그리고 생활환경의 핍박한 여건 등을 개선할 방향을 모색하는 일이 중요한 과제가 된다.

인류사회의 미래는 인간에게 주어진 것이면서도 인간 스스로 창조할 수도 있는 미래인 것이다. 인간이 과거에 어떤 특정사회에 살았다고 하는 사실이 앞으로 형성되는 사회유형에 정확하고도 절대적인 한계를 주는 것은 아니다. C. 라이트 밀스의 말처럼 인류사회의 미래는 분명히 역사적 가능성의 한계 속에서 결정되는 것이지만 그 가능성은 특정적인 것이 아니며 그 한계가 사실상 폭넓은 것이다. 미래의 모습이 어떤 것인가는 오늘 우리들의 의사결정의 문제이며 따라서 정치적 책임의 문제이기도 하다. 다만 설계해야 할 미래는 인간성의 실현이 가능한 것이어야 할 것이다.

3 지방시대의 의미*

1. 지방시대, 그 논의의 배경

지방시대라는 말은 중앙집권적 경제의 양적 확대에 따라 나타나는 현대 산업사회의 제 문제를 해결하기 위한 노력의 한 표현인 것으로 보인다.

지속적인 공업화에 따라 경제규모는 급격히 팽창했으나 그 획일적인 중앙집권적 지배질서와 개발방식이 뿌리 깊게 남아 있음으로 인하여 다양한 지방의 특수성이 무시되고 지방민의 이익이 상대적으로 경시되었으며, 지방단위 지역의 정치, 경제, 사회, 문화 등 제 영역에 있어서 그 고유의 전통은 소홀히 다루어졌다. 대도시 중심의 성장은 대도시권에의 인구집중을 가속화하였고 생활환경은 크게 악화되는 등 부정적 결과를 낳았다. 이것은 불균형 성장 모델이 가져온 마이너스 효과의 한 단면에 불과하다. 지역적 불균형성장의 결과는 도시와 농촌 사이의 격차를 심화시켰고, 이것은 공업의 대규모 자본제 생산과 농업의 영세한 소상품 생산에 결부되면서 대도시권과 중소도시 혹은 도시권과 농촌 사이에 '중심-주변'(center-periphery, metropolis-satellite) 관계를 낳기에 이르렀다. 농촌은 도시에, 중소도시는 대도시에의 종속화 현상이 가속화되었고 도시에 의한 농촌의 지배, 중앙권력에 의한 지방의 지배는 강화되었다.

이러한 상황 속에서 중앙집권보다는 지방분권, 경제의 지역적 집중보다는 분산, 양보다는 질, 물적 성장보다는 인간적 균형 발전의 필요성이 강조되기에 이른 것은 당연한 귀결이라

* 1985.1.15. 「제대신보」, '신년 특집 논단'.

하겠다. 중앙 중심적 성장은 결국 지방의 상당한 희생을 초래하는 것이 되었고 이는 국민적 손실임을 실감하기에 이른 것이다. 여기에 지방시대에 대한 논의의 성립 근거가 있다. 그리하여 일본의 경우 1974년 7월 요코하마에서 개최된 수도권 지방자치회 심포지엄에서, 우리나라의 경우 1981년 10월 서울대학교 환경대학원이 주최한 세미나에서 '지방시대' 혹은 '지방화시대'라는 용어가 등장하게 된다.

그러면 지방시대란 어떤 의미를 갖는 것인가?

2. 지방시대의 의미

지방의 개념은 두 가지 차원에서 규정할 수 있을 것 같다. 하나는 수도권에 대한 기타 지역권을 의미하는 것으로 이때 '중앙-지방'이란 도식이 성립한다. 다른 하나는 일반적인 지리적 단위로서의 지역권을 의미하는 것으로 이때 '지역공동체'의 논리가 나온다.

따라서 이하 지방시대의 논의는 '중앙-지방'의 도식과 '지역공동체'의 논리에 따라 전개하려 한다.

'중앙-지방'의 도식에 있어서의 지방이란 미국의 사회학자 C. 라이트 밀스가 『파워엘리트』에서 언급한 바 있는 지방사회(local society)로서 중소도시나 농촌이 이에 해당한다. 이 도식에서 보면 지방시대란 중앙집권에서부터 지방분권에의 이행을 뜻한다. 중앙집권이냐 지방분권이냐 하는 것은 단일 연속선상의 대립하는 양극적 경향으로서만 의미가 있고 실제상황인 것은 아니다. 왜냐하면 완전한 지방분권은 국가의 소멸을 전제로 하는 것이고, 완전한 중앙집권은 국가의 기능 수행 능력을 초과하는 위험에 이를 것이기 때문이다. 그러므로 여기서 지방분권이란 그러한 경향성을 뜻하는 것이다. 이러한 의미에 있어서 지방분권은 영국이나 미국 등의 자유사회에 있어서 그 기본적 가치의 성취와 보존을 위한 전제조건으로 주장된다.

그리하여 '중앙-지방' 도식에 있어서의 지방시대란 중앙 중심적 관치官治가 지방 중심의 민치民治로 전환되고, 부와 권력과 명예와 심리적 만족 등 사회적으로 바람직한 가치물들의 중앙 집중을 배제하고 지방에의 균형적 재배치를 이룩하는 노력의 표현이다. 이는 국력의 질적 향상을 보다 확대함을 뜻한다.

지방자치단체의 자율적 결정의 확대와 지방에의 국가사무 이양, 지방 도시의 성장 거점화, 자원의 지방 분산배치, 지방적 가치의 수용 등은 지방시대를 맞는 전제가 될 것이다.

'지역공동체' 논리에 있어서의 지방이란 로버트 M. 매키버의 *Community*에서 논의되고 그 후 지역사회학의 주제가 되고 있는 지역단위(community)로서의 지방이다. 그것은 지방민의 생활기반이 되는 공동생활의 영역이다. 사람들이 그들의 가정을 유지하고 생활비를 벌며 자녀를 양육하는 등 일반적으로 그들 대부분의 생활을 영위하는 장소가 곧 여기서 말하는 바의 지방인 것이다. 촌락, 마을, 소도읍, 도시 및 대도시권 등의 사회적 지역적 조직단위들은 이에 해당한다. 이러한 의미에서의 지방은 물적 생산을 담당하는 기업활동을 중심으로 하여 공통의 이해 관심을 갖는 지역 범위인 동시에 인적 생산을 담당하는 가족을 중심으로 하는 소비생활권으로서의 성격을 갖는다. 지방은 국가 단위 경제체제의 단위이기보다 주민 생활 근거지로서의 의미를 강하게 갖게 되는 것이다. 그것은 지방민의 생활현장으로서, 시민으로서의 자주성과 책임을 자각한 개인 및 가정을 그 구성 주체로 한다. 그것은 지역단위의 각종 공동목표를 갖는 집단이며 구성원 상호 간의 신뢰감을 기초로 하는 집단이다. 따라서 지방시대란 지역단위의 자치적 책임제에 기초한 현지 주장의 채택인 것이며, 오늘날 우리들 일상생활의 편리한 장소로서의 지방단위 지역에 인간성 회복의 기능을 부여하는 것을 의미한다. 그뿐만 아니라 지방시대는 사회 개발의 아이디어에 결부된다. 그것은 공업 개발 중심에서 지역 간 격차 시정에로의 전환을 의미한다. 경제적 투자는 주민의 생활 욕구와 직접 결부되어 행해질 것이 요청되는 것이며, 개발과정에 있어서 조직적인 지방민에 의한 자기 결정과 노력의 필요성을 강조하게 되는 것이다.

이상에서 논의한 지방시대는 중앙집권적 체제에서나 지방분권적 체제에 있어서나 모두 중요한 의미를 갖는다.

중앙집권체제에 있어서의 지방시대는 중앙정부기구를 통하여 지방의 중요한 정책 목표를 달성하려는 노력으로 나타난다. 이때 생산의 목표에서 보면 중앙정부는 후원자의 성격을 띠고 등장한다. 이는 지역단위에 산업체 혹은 상사商社의 설립을 위한 기반시설을 조성함으로써 그 지역사회에 광범위한 조세 원천과 새로운 직업을 유치하는 효과를 가져다주려는 노력으로 나타난다. 산업시설지구를 지방에 분산 조성하는 토지이용 계획의 설계, 공업용수의 개발, 하수시설의 정비 등이 이에 해당한다 할 것이다. 소비차원에서는 지방단위 지역을 쾌적한 생활공간으로 조성하는 것이다. 주거지역의 조성, 훌륭한 교육시설과 문화 및 사회 시설 등 각종 편의시설이나 주민 이용 시설의 지방 우선 배치 등이 이에 해당한다. 한마디로 사람들이 지방에서 생활하는 데서 오는 상대적 박탈상황으로부터 지방민을 보호하는 것이 지방시대의 참뜻인 것이다.

중앙집권체제하의 지방시대는 중앙정부가 지방단위 지역의 정당한 요구를 충분히 반영할 수 있다는 것을 대전제로 한다. 이때 지방시대이기 위해서는 지방민의 권익을 바탕으로 하여 정책적 조치가 이루어져야 한다. 지방주민의 조세능력 부족은 중앙정부의 소득 이전을 통해 메워주어야 하고, 지방 소유 산업은 지역주민에 의한 생산수단의 소유를 뜻한다. 중앙의 기업인이 지방에 공장을 세운다면 그것은 지방에 고용기회를 마련하게 되는 것이지만 지방민에 의한 공장 설립이 없는 한 지방의 중앙에 대한 경제적 종속을 면치 못할 것이다. 이 점이 바로 중심지 기업인이 변두리 지방에 분공장分工場을 설립하는 형식의 공업지방분산정책의 한계라고 할 수 있다. 중심지에 본사를 둔 지방의 공장은 그 공장 제품의 판매에서 오는 이익을 중심지로 회수하게 될 것이고 지방에는 피고용인의 근로소득 정도의 이익이 잔류할 뿐인 것이다. 그것도 지방 소재 중심지 업체의 지방민 고용정책이 어떠한가에 따라 그 의미는 크게 달라진다. 따라서 중앙집중적 체제하에서는 지방민에 이익이 되는 것은 지방 자본에 의한 지방민의 자생적 지방 소유 산업을 육성하는 일이다. 이때 비로소 기업인이나 종업원이 모두 그 지역주민으로서 그 지역의 흥망과 운명공동체적 관계에서 지방발전에 공헌하게 될 것이다.

공업에 대한 농업의 열세를 국가적 차원에서 해결하는 일도 지방시대의 중요한 측면이 된다. 지방은 농업성이 강하기 때문이다. 이때 농산물가의 보장, 농산물 판로의 원활화, 농업 재해의 보상 등 농민보호정책의 필요성이 강조되는 것이다.

지방화시대의 진정한 의미는 지방분권체제의 확립에 있다. 그것은 지방주민에 의한 지역단위 수준의 자율적 결정에 그 핵심이 있다. 왜냐하면 지방주민은 그들의 문제를 결정함에 있어서 스스로 불리한 결정을 하지 않을 것이기 때문이다. 설사 지방주민의 전문성 결여로 결정에 어떤 잘못이 있다 할지라도 그 결과에서 지방민이 느끼는 것은 인간적인 자기반성이 될 것이다. 따라서 지방시대이기 위해서는 재화와 용역 및 특전의 배분에 있어서 정책

결정권의 지방 분산화가 필요한 것이다. 그 제도적 장치가 곧 지방자치제라고 할 것이다. 지방자치제는 그 법적 근거에 의해 뒷받침되는 것이지만 그 시행은 정책 결정의 문제인 것이다. 지방시대는 국가적 차원에서의 의사결정에 그 운명이 달려 있는 것으로 본다. 이때 국민적 여론은 그 결정에 어느 정도 영향을 미치게 될 것이며 여기에 지방시대의 당위성을 논의하는 의의가 있다.

3. 결어

지방시대는 지방 자율권의 확보에 그 중요한 의미가 있는 것이지만 자율권 확보 이전에도 지방민의 권익과 발언권이 강조될 때 가능하다.

지방시대의 논의는 중앙의 존재를 배제하는 것은 아니다. 국가권력이 존재하는 한 권력의 중심은 존재하게 될 것이고 그 자리는 중앙이 될 것이기 때문이다. 한편 하나의 지역공동체는 다른 지역공동체를 떠나 존재할 수 없다. 지역공동체들은 서로 기능적인 의존관계를 갖게 마련이기 때문이다.

따라서 지방시대의 지방 자율권은 중앙집중적인 일방적 사회체제의 모순을 시정하고 지방의 건전한 발전을 통하여 국력의 신장을 기한다는 의미를 갖는 상대적 개념인 것이다.

4 90년대 한국 사회의 과제와 전망*

1. 90년대의 서곡, 80년대

이제 막 시작되는 1990년대는 20세기를 마감하는 10년이면서 새로운 21세기로 넘어가는 한 시대의 전환기이기도 하다. 이 전환기의 의미를 생각해 봄에 있어서는 역시 지난 80년대의 상황을 회고하는 데서부터 시작하는 것이 옳을 듯하다. 과거의 연속선상에서 현재를 이해하고 미래를 진단해 볼 수 있기 때문이다.

1980년대는 12 · 12사태를 계기로 하는 5공 신군부 세력의 등장에서 시작되었다. 군부의 권위주의적 통치질서 속에서 민중적 욕구가 억압되었으며, 경제적 안정은 가져왔으나 계층간, 지역 간 불균형은 오히려 심화되었다. 이 점은 5공 출범과 관련하여 체제 정당성의 위기를 초래하였는데 그 정당성의 문제를 제기하며 체제에 도전하던 중심세력은 학생, 종교인, 지식인 집단이었다. 80년대 후반부에 이르면 노동자, 농민, 도시 빈민 등 소위 '기층 민중'이 체제에 도전하는 사회변혁의 세력으로 두드러지게 등장한다. 억압적 통치 질서에 도전하는 민중운동은 중간계층으로 확산되고 드디어 1987년 6 · 10민주대행진이 6 · 29(직선제)선언을 불러내면서 80년대의 획을 긋는 민중 승리의 드라마가 연출되었다.

80년대 말 6공화국 출범을 전후한 시기부터 억압되었던 민중적 · 국민적 욕구가 분출되고 권위주의적 군사문화 질서를 타파하려는 움직임이 거의 모든 사회영역에서 나타났다. 민주화 · 자율화의 요구가 그것인데 특히 노동현장과 농촌에 있어서 노동운동, 농민운동은 두드

* 1990.1.18. 「제대신문」.

러진 것이었다. 이는 80년대 5공화국 시기를 거치는 동안 가장 억압적 상황에 놓여 있던 것이 노동과 농민 부문임을 반증하는 것이라 할 수 있을 것이다.

87년 6월의 민주항쟁 이후 민족·민주운동의 기치 아래 '변혁의 논리'가 빠른 속도로 확산되고 민족 모순에 도전하는 통일의 논의와 통일 운동이 활발하게 전개되었다는 점, 80년대를 회고하며 빠놓을 수 없는 또 하나의 대목이다.

이제 맞게 되는 90년대는 그렇듯 가열한 민중적 도전에도 불구하고 권위주의 지배질서가 청산되지 못한 채 맞게 되는 10년인 것으로 생각된다. 따라서 그 10년은 권위주의적 지배질서의 모순이 낳은 갈등구조를 어떻게 조정하느냐 하는 것을 그 과제로 안고 있다. 한편 80년대를 보내면서 꼭 짚고넘어가야 할 것은 80년대 말을 기점으로 형성된 급변하는 국제적 상황이다. 제2차 세계대전 이후 형성 유지되어 온 '얄타체제'(냉전체제)가 '몰타체제'(동서 화해·공존 체제)로 전환·재편성되는 것이 그렇다. 남북 분단의 한국 사회가 갖는 민족적 모순이 '얄타체제'가 낳은 산물이라 생각할 때 그 체제의 재편성 시기에 능동적으로 대처해야 하는 것은 필연적인 귀결이라 할 수 있을 것이다.

이렇게 80년대를 회고해 보건대, 90년대 한국 사회의 중심 과제는 통일, 민주, 민중의 3대 부문으로 요약하여 논의할 수 있을 것으로 생각하며, 이러한 과제를 해결하는 입장의 차이가 대립되면서 90년대는 계속 변혁의 몸살을 앓을 것으로 예상된다.

2. 제1과제: 통일 기반의 구축

무엇보다도 90년대 한국 사회의 가장 핵심적 과제는 분단체제의 극복과 민족 통일 기반의 구축이라고 할 수 있을 것이다. 이것은 한국 사회의 성격을 결정적으로 좌우하게 될 가장 중요한 과제이기도 하다. '한민족공동체 통일 방안'이 발표되면서 고조되던 정부 차원의 통일 의지는 89년 몰아친 소위 '공안정국'으로 주춤거렸으나 80년대 후반 민중부문에서 일기 시작한 통일운동과 확산된, 비교적 자유로운 통일 논의는 90년대에 더욱 활발하게 전개될 것이다. 이는 베를린장벽의 붕괴로 대표되는 동구권의 개방추세와 몰타에서의 미·소 정상회담에 따른 냉전시대의 청산과 동서 화해의 분위기를 타고 나타나는 현상이기도 하겠지만, 연령적인 세대교체의 차원에서 보아서도 그럴 개연성은 높다.

90년대는 6·25전쟁 이후 출생한 연령층이 40대에 접어들면서 사회 각계의 중견적 위치에 서게 된다. 이들 연령층은 전쟁을 겪고 냉전의 분단체제와 굴절된 반공의식에 물든 기존의 세대와는 그 이데올로기와 대북한관에서 현저한 차이를 보이게 된다. 이 점은 북한 사회의 경우도 예외는 아닐 것이다. 그러나 무엇보다 중요한 것은 남북한 당국자들의 노력과 의지이다. 통일 기반을 구축하기 위해서는 남북한 당국자들이 군비 경쟁을 중단하고 군사적 대결을 완화해야 할 것이며 상호 적대적 교육내용이나 법률체계는 평화공존적 성격의 것으로 전환해야 할 것이다. 상대방의 약점을 이용한 흡수통합의 전략은 무모한 것이며 남과 북 양측의 이념과 체제를 함께 수용할 수 있는 포괄성 있는 방안이 모색되어야 할 것이다.

민족 통일의 기반을 구축함에 있어서 중요한 것은 평화체제의 구축이다. 통일 방안이 무엇이며 통일 국가의 체제와 구도가 무엇이냐에 대한 청사진을 내놓는 것은 진부한 것이다. 종래 그 많은 통일 방안에도 불구하고 통일은커녕 그 분위기마저 조성되지 못한 점을 보면 그러하다. 따라서 90년대 남북 분단의 민족적 모순에 대처하는 해결의 실마리는 대결의 논리를 어떻게 평화적 공존과 대화의 논리로 바꾸느냐에서 찾게 될 것이다. 평화체제가 구축되면 자연스럽게 통일 방안은 모색될 수 있을 것이다. 민간 차원에서의 상호 방문과 교류, 이산가족의 재회·재결합, 경제적 합작사업의 모색, 학술 교류 등은 평화체제 구축의 가시적 내용으로 추진될 수 있을 것이다. 민간 주도의 통일운동도 평화운동에 초점이 모아지게 될 것인데, 이때 국가보안법 등 반공 이데올로기에 근거하는 법체계나 정책의 기조는 전환되는 것이 필요하다.

이러한 통일 기반의 구축은 사회 전반의 민주화와 상호 맞물려 있다. 체제 내적인 민주화는 통일을 앞당기는 길이며, 통일은 사회 민주화의 관건이기도 한 것이다.

3. 제2과제: 민주 질서의 정착

80년대에 들어서면서 군사적 권위주의 체제에 대한 민중 항쟁이 가열하게 일어났다. 그

대표적인 것으로 광주 민주화항쟁과 6·10 민주대행진을 들 수 있는데 이는 한국전쟁 이래 분단체제의 구심력인 권력집단의 체제 유지 노력과 현상 변화를 목표로 하는 민족·민중 세력의 도전이 맞부딪쳐 나타나는 현상이었다. 돌이켜 생각해 보면 해방 후 한국 사회의 정치 질서는 권력집단과 민중적 세력 사이의 작용·반작용의 연속이었다. 자유당 정권 → 4·19 → 5·16 → 삼선개헌 → 유신 → 부마항쟁 → 5·17 → 광주 민주항쟁 → 4·13 호헌조치 → 6·10 민주항쟁 → 6공 탄생이라는 해방 후 정치사의 흐름 속에서 보면 90년대에 들어서면서 민주항쟁의 가능성을 예상해 볼 수 있다. 5공이 실질적으로 청산되지 않은 채 정치권의 일대 개편을 시도하는 1990년 연초의 정가의 움직임은 그런 생각을 낳게 한다. 이제 6공 정권은 자신의 생존 활로를 찾기 위해 그 자신의 모태를 청산하는 자기 부정의 입장에 놓여 있다. 그렇지 않을 경우 야당과 재야 민주화운동 세력이 연합전선을 구축하고 권위주의 통치 질서의 완전한 청산을 통하여 민주 질서를 확립하는 변혁의 시대를 맞을지도 모른다.

민주 질서의 정착에 있어서 빼놓을 수 없는 것은 60년대 이후 고질화되다시피 한 지역감정의 해소이다. 지역감정이 해소되지 않는 한 참다운 민주 질서는 이룩하기 어렵다. 90년대 초에 예상되는 지방자치의 실현은 풀뿌리 민주주의의 기반이 될 뿐만 아니라 중앙집권적 지배 논리, 중심-주변 관계의 주변부 종속적 상황에서 지방사회가 벗어나는 계기가 될 수 있을 것이다. 지방자치에 따른 지역단위의 자율화와 더불어 각종 사회 기능단체의 자율화, 조직 민주화는 또 하나의 민주 질서 정착의 요건이 된다. 기능단체의 자율화를 통하여 국가 권력과 민중세력 사이의 갈등을 조정할 수 있을 것인즉 자율적인 기능단체는 그 구성원들의 의사를 자유롭게 표출하게 하여 이를 국가정책에 반영시킬 수 있을 것이기 때문이다. 자율적 기능단체의 건전한 운영은 평화적 의사 표출 방식을 정착시키는 계기가 되며 이는 사회 전반의 민주적 분위기를 조성하게 된다. 산업민주주의 실현을 위해 필요한 산업 평화도 이렇게 해서 달성하게 될 것이다.

그러면 통일운동, 민주화운동의 주체는 누구인가? 이 질문에 대한 해답은 계급구조의 분석을 통하여 얻을 수 있다. 90년대 한국 사회에 관한 논의는 이러한 계급구조의 분석을 필수적으로 수반한다.

4. 제3과제: 민중 부문 욕구의 수용

우리나라는 산업화 과정을 거치면서 자본주의적 사회구조를 형성하고 있다. 그것은 자본-노동의 양대 분화 축을 그 중심으로 한 구조를 말한다. 80년대에 들어서면서 농업인구의 비중은 현저하게 감소한 대신 산업 노동자의 구성비가 많이 늘어나면서 자본주의적 사회구조의 복합적 그물망이 형성되었다. 화이트칼라 노동자층(중간층)을 포함하는 넓은 의미의 노동자층은 그 구성비가 80년대 말 현재 50%를 훨씬 넘어서고 있다. 이들 노동자층은 조직화되면서 독점 자본과 국가권력의 통제에 대항하였고 사회 정치적 참여를 통하여 그들의 생존권적 욕구를 요구하기에 이르렀다. 특히 87년 이후 노동운동의 발전과 더불어 노동자층은 민주세력의 중심을 형성하게 되었다.

물론 민주 변혁의 추진이 특정 계급이나 계층에 국한되는 것은 아니다. 종속적 산업화 과정에서 비대해진 독점 자본이 보호 독재 권력과 유착되어 민중적 제 계급 및 계층을 경제적, 정치적으로 배제해 왔기 때문에 화이트칼라 노동자층은 노동운동 과정을 통하여 산업노동자와 더불어 민주화운동 세력을 형성하여 왔다. 특히 하층 사무, 판매직 노동자층의 경우 산업화 과정에서 발생하는 이익 균점으로부터 배제된 정도가 크고 그 계급적 성격 때문에 노동조합을 구성하여 노동운동을 전개할 가능성이 크며 그렇게 되면 산업노동자와 제휴할 가능성이 크다.

90년대에 들어서면 과학기술혁명에 따라 첨단산업의 비중을 확대하게 될 것이고 이에 따른 관리 · 사무직 노동의 확대는 화이트칼라 노동자층의 변혁세력으로서 그 역할이 증대된다. 그럼에도 불구하고 역시 산업노동자 및 그와 동반자적 관계에 있는 농민층과 도시 비공식부문 종사자층으로 구성되는 기층 노동자집단이 민주 변혁의 중심을 이루고 그 운동역량을 확대해 갈 것이다. 이에 따라 80년대 민주 변혁 운동의 중심을 이루던 청년 학생층이나 진보적 지식인층, 종교인 등의 역할과 위상은 축소될 것이다.

90년대는 80년대의 통일 · 민주 운동의 연장선상에서 그 본격적인 실천의 지평을 여는 연대가 되어야 할 것이다. 따라서 독점 자본의 횡포로부터 노동 부문을 보호하고 변혁세력인 민중 부문의 욕구를 적절하게 수용하는 것은 90년대 한국 사회의 중대한 과제의 하나가 된다. 이는 곧 산업화 과정에서 심화된 상이한 계급 · 계층 간, 지역 간 대립과 갈등을 해소하는 의미도 지니고 있다.

한편 90년대에는 한국 농촌경제가 급격히 몰락하게 될지도 모른다는 우려를 낳고 있다. 그것은 농업 생산력은 향상되지 못한 채 국제 분업의 논리가 강요되고 개방 압력이 가중되는 추세에서 보아 그러하다. 농촌경제의 몰락은 농촌사회의 해체를 의미할 뿐 아니라 도시 빈곤의 확산을 의미한다. 농촌경제의 몰락으로 농촌 부문에서 발생한 이농 무산자가 도시 부문으로 이동하여 도시 빈민층을 확대 재생산하게 되기 때문이다. 80년대에 경험했던 미국의 시장 개방 압력 속에 농산물 수입개방이 폭발적으로 이루어졌음을 생각하면 국제 경쟁력이 취약한 농촌 부문을 보호하는 일은 90년대 한국 사회가 지니게 될 긴박한 과제가 된다고 하겠다. 농업 생산이 한 나라의 가장 긴요한 수요를 충족해 준다는 점에서도 농업 부문의 보호는 매우 중요한 것이다.

5. 끝맺으면서: 추가적 논의

미국과의 통상 마찰에 관련하여 생각하는 90년대의 중요한 과제의 하나는 대미 의존으로부터의 탈피이다. 앞에서 언급했듯이 제2차 세계대전을 계기로 등장했던 얄타체제(냉전체제)는 80년대 말을 기점으로 서서히 그 생명력을 잃어가고 있으며 새로운 몰타체제(동서 화해 · 공존체제)가 등장하고 있다. 이런 시대적 흐름을 타고 90년대 국제관계는 안보와 외교 중심에서 경제 통상 중심으로 전환될 것이다. 사실상 미국은 한미관계를 안보와 외교 중심의 관계에서 경제와 통상 중심의 관계로 변화시켜 왔다.

미국이 경제의 논리로 우리나라와 관계를 맺을 때 미국의 독점 자본은 이윤 추구 극대화라는 기본 원칙 속에서 우리 사회에 침투해 들어올 것임은 정한 이치이기 때문에 인간적 윤리나 인권, 자유 같은 것은 부차적인 것이 되며 다른 나라의 자주성이나 자립경제의 확립 같은 것은 오히려 그들의 이윤 추구를 방해하는 요소로 받아들여진다. 미국 자본은 우리나라에 호의적인 투자 분위기가 조성되기를 원하게 되며 원활한 경제활동을 위해 정치 사회적 안정성을 저해하는 어떤 사회운동이나 민중적 저항도 금지되기를 원하게 된다. 민중 부문에서 반외세 자주를 외치게 되는 이유가 여기에 있다.

이상의 논의에서 필자는 통일 기반의 구축, 민주 질서의 정착, 민중 부문 욕구의 수용, 반외세 자주성의 확립을 90년대 한국 사회가 부딪치게 될 과제로 제시하는 것이며, 그 과제별 해결 전망은 불투명하지만 어두운 것만은 아니라고 보고 싶다. 문제는 권력집단과 민중집단이 거듭되는 억압과 항거의 연속과정을 90년대에 단절하려는 합의를 도출해 내려는 의지가 중요하다고 생각한다.

5 지역사회에 대한 사회학자의 역할과 기여 방안*

1.

오늘의 집담회는 그 목적이 '사회학 연구자 및 교육자로서 현실적으로 부닥치는 여러 문제점들에 대한 의견교환'에 있으므로, 이 발표는 성격상 논문의 발표가 아니라 주제에 관련하여 토론하는 실마리를 던져보는, 그야말로 '발제'發題 그 자체임을 전제로 하면서, 지방사회학자의 평범한 경험을 배경으로 하여 상식적 수준의 이야기들을 모아 말씀드리고자 한다.

사회학자의 사회적 역할과 기여 방안은 굳이 지역사회에 관련지어 발제하도록 지방사회학자인 본인에게 기회를 제공하여 준 것은 아마도 지방사회에서 사회학이라는 학문활동을 통하여 어떤 생각을 하게 되었는지를 묻는 것으로 이해하고자 한다.

이에 발표자는 사회학자의 대사회적 역할과 기여 방안이 무엇인지를 일반론의 수준에서 살펴보고, 이를 지역사회에 연결지어 생각해 보고자 한다.

2.

피터 L. 버거가 말하는 바와 같이 사회학을 한다는 것은 '인간세계에 대한 정열과 집념에의 초대'라고 할 수 있을 것이다. 버거는 "사회학은 인간을 관찰하고 인간적인 일을 이해하

* 1990.10. 「한국사회학회의 발전을 위한 집담회」, 한국사회학회, 대전(유성), 발표문.

는 데 정신을 빼앗기는 사람들에게만 만족스러운 것"이라고 하였다.

사회학자는 인간의 세계에 그 관심이 있고, 그 세계의 실상은 외관상 보이는 것과 일치하지 않는다는 것을 알도록 하는 역할을 한다. "사회학자는 일반적으로 승인된 해석을 뛰어넘어 실체를 관찰"하려 한다. 따라서 "사회학적 시각은 '철저하게 살핀다' '꿰뚫어 본다' '배후를 살펴본다'는 말로써 이해될 수 있다" 하는 것이다. 이러한 언급들은 사회학적 사고에 있어서의 정체 폭로 성향을 말하는 것으로, 그러기 위해 사회학자는 그가 속한 사회에서 당연한 것으로 받아들이는 태도로부터 어느 정도 떨어져 대상을 조망할 수 있는 것이다.(상대화) "또한 사회학적 조망은 인간생활에 대한 광범하고 개방적이며 얽매이지 않은 통찰"인 것이다(개방성) 사회학자라면 그러한 능력을 가지고 있다는 이야기가 된다.

그런데 사회학자는 학문적으로 훈련된 방법을 통해서 인간세계에 접근하여 그 실체를 파악하려 한다. 그의 관심은 우선 사회 이해의 틀에 있으며, 그 사회 이해의 수단으로 과학적 방법을 택하게 된다. 사회학은 응용학문이 아니라 이해의 학문으로서 인간의 실천적 행동이 아니라 이를 이해 설명하려는 노력인 것이다. 이런 노력을 통하여 사회학은 정부, 기업 등의 분야에 있어서 유용한 지식 정보를 제공하게 된다.

사회학이 제공하는 지식은 인간을 조종하는 일에 종사하는 모든 사람들이 필요로 하는 것이다.

그 직업적 역할에서 보면 사회학자는 어떤 사회적 영역에 관하여 가능한 한 정확하게 보고하는 것을 그 임무로 하고 있으며 그러한 임무를 수행함에 있어서는 경험적 자료를 수집하고 통계처리하는 방식을 택하는 경향들을 보이게 된다.

그리하여 사회학자는 인간에 대하여 초연한 냉소적인 관찰자요, 냉엄한 조종자로서의 역할을 수행할 수도 있게 되는 것이다.

3.

지역사회는 사회학이 다루어온 전통적인 주제 중 하나이다. 이 발표에서는 지역사회의 의미를 '지방' 지역사회로 생각해 보고자 한다. 왜냐하면 이 발표는 발표자의 '지방'에서의 경험이 그 바탕이 되기 때문이다.

지방지역사회의 의미는 두 가지로 생각해 볼 수 있을 것인즉, 하나는 수도권에 대한 기타 지역권을 의미하는 것이고, 다른 하나는 일반적인 지리적 단위로서의 지역권을 의미하는 것이다. 전자의 경우 '중앙-지방'이라는 도식이 성립하고, 후자의 경우 '지역공동체'의 개념이 성립한다. '중앙-지방' 도식에 있어서의 지방이란 C. 라이트 밀스가 『파워 엘리트』에서 언급한 바 있는 지방사회(local society)로서 중소도시나 농촌이 이에 해당한다. '지역공동체' 개념으로서의 지방이란 로버트 M. 매키버의 *Community*에서 논의되는 지역단위로서의 지방이다. 그것은 지방민의 생활기반이 되는 공동생활의 영역으로서, 일반적으로 주민 대부분의 생활이 이루어지는 장소가 된다. 이 경우 농촌, 소도시뿐만 아니라 대도시권도 여기에 해당한다. 지방은 국가단위 체제의 한 단위이기보다는 주민 생활근거지로서의 의미를 강하게 갖게 되는 것이다. 그것은 지방민의 생활현장으로서, 시민으로서의 자주성과 책임을 자각한 개인 및 가정을 그 구성주체로 한다. 그것은 지역단위의 각종 공동목표를 갖는 집단이며 구성원 상호 간의 신뢰감을 기초로 하는 집단이다.

종래 우리는 중앙 중심적 사고 속에, 그리고 경제 제일주의적 사고 속에서 살아왔다고 할 수 있을 것이다. 중앙 중심적 사고는 지방사회를 중앙에 종속시켜 생각하게 되고 지방 문제를 푸는 키를 중앙에서 찾으려 한다. 지방사회의 자율역량은 실종되어 있고, 중앙의 지시에 따라 움직이게 된다. 지방사회는 중앙 중심의 종속구조를 이루고 있다고 해도 틀리지 않을 것으로 본다.

한편 경제 제일주의적 사고가 물질 중심적 사고를 초래하였음은 주지하는 바와 같지만 이는 지방사회의 발전에 큰 장애요인이 되고 있는 것이다. 예컨대 지역개발은 마치 그 지역의 물적 성장을 통한 지역소득의 증대를 의미하는 경향이 짙다. 그러나 지방사회의 발전은 그 지역주민들의 삶의 질이 개선되는 것을 의미하는 것이어야 함은 두말할 필요가 없을 것이다.

중앙집권적 지배질서와 개발 방식이 뿌리 깊게 남아 있음으로 하여 지방의 다양한 특수성이 무시되고 지방민의 이익이 상대적으로 경시되었으며 지방단위지역의 정치, 경제, 사회, 문화 등 제 영역에 있어서 그 고유의 전통은 소홀히 취급되어 왔다. 대도시 중심의 정책은 지방사회의 생활기반을 크게 훼손했다.

그러나 이러한 지방지역사회의 성격은 오늘날 지방화시대를 맞으며 대전환기를 맞고 있는 듯이 보인다.

이상에서 지방지역사회의 성격과 몇 가지 문제점을 선별적으로 적시하였는데, 이러한 지역사회의 상황은 사회학적 지식이 크게 필요로 하는 상황인 것이고 여기에 사회학자의 역할과 기여 방안을 논의하는 의의가 있는 것으로 본다.

4.

사회학자는 그 역할의 측면에서 보아 두 개의 얼굴을 가졌다고 생각한다. 하나는 관찰자로서의 역할이고 다른 하나는 참여자로서의 역할이다. 관찰자로서의 사회학자는 현실세계에서 초연하여 편견 없는 연구자가 된다. 참여자로서의 사회학자는 현실세계 속에 들어가 실제적인 정책지침을 제공하는 봉사자로서의 성격을 띠게 된다.

그 어느 입장에 서든 학문적으로 훈련받은 사회학자는 지역사회의 제반 현상을 상대화시켜 지역사회의 성격과 그 문제점들을 사회 전반적인 시각에서 탐구할 수 있게 되는 것이다. 그것은 사회학이 다른 학문영역 특히 응용과학에 비하여 종합적이고 기초적인 성격을 띠고 있기 때문이다.

연구자로서의 사회학자는 지역사회의 기본적 성격을 밝히고 그 모순구조를 파헤치는 데 기여하게 된다.(사회학의 정체 폭로적 성향) 그 지역사회 제 조직 간의 유기적 연계성은 물론 지역주민과 조직 간의 관계, 지역사회의 당면과제의 성격 등에 관한 지식정보를 제공하고, 문제해결의 방안들도 제시할 수 있을 것이다. 사회학이 제공하는 지식 정보는 사회학의 응용영역인 사회복지 분야나 신문 · 방송 등 언론 분야의 활동을 위한 기초가 된다. 그리하여 지방사회의 경우 사회학자들은 이들 분야로부터 종종 부름을 받고 일정의 전문적 기여를 하게 된다.

더욱 중요하다고 생각되는 역할은 인간중심적 사고를 재창출함으로써 지역사회의 제반 문제들이 지역주민 중심으로 다루어지도록 하는 데 기여한다. (제주도의 경우 관광개발에 대한 인간 중심적 사고를 일깨우는 데 사회학은 적지 않게 기여하였다고 본다.)

지역사회의 폐쇄성과 배타성의 편견적 생활분위기의 문제점을 지적하고 개방화에 적응하는 태세를 갖추는 데 일조할 수 있을 것이며 자기 지역사회 중심적인 지역이기주의의 문제점을 지적하고 개방체제에 대응하는 논리를 제시하는 것도 사회학자가 기여하는 바가 된다고 본다.(사회학의 개방성. 예컨대, 제주도 연구 등에서 보이는 편견)

지방화시대를 맞아 지역사회에는 새로운 사회질서가 요구되고 있는바, 이에 걸맞은 지역사회이론을 제시하는 것도 사회학자의 역할이다. 마치 사회학의 성립기에 산업혁명이 진행되는 과정에서 나타나는 사회적 문제상황 속에서 사회학적 통찰력이 필요하였듯이, 중앙집권적 권위주의 시대에 매몰되었던 지역적 특수성을 발견하고 그 장점을 조직화하는 데 사회학적 연구가 필요하다. 지역사회 주민들의 자치의식에 관하여 연구함으로써 지역민의 자치역량을 고양시킬 수 있는 지식 정보를 제공할 수도 있다.

모든 사회학적 연구성과가 현실사회에 적용되는지의 문제는 또 다른 영역에 속한다. 연구성과의 적용과 그 실천에 관련해서는 참여자로서의 사회학자의 역할이 중요하다.

사회학자는 사회봉사의 차원에서 사회 현실에 참여하게 되는바, 사회의 제 부문에서 자문적 역할을 수행하거나 실천적 조사연구를 대행하는 역할을 하게 된다. 경험적 연구에 숙달된 사회학자들은 사회조사의 기법에 관련되어 사회의 많은 영역에서 적지 않은 역할을 하고 있다. 때로는 어용적이라는 비난을 받기도 하면서. 이 경우 사회학자들은 그의 재정적 후원자들, 대개는 행정부나 경제계를 관리하는 유력자들의 보조자로서의 역할을 하게 되는데 이 경우 그들에 의해 지배당할 가능성이 큰 상황에 처하게 된다. 그리하여 "피관리자들만을 비밀리에 염탐하고 관리자들을 전혀 연구하지 못하는 과학자들을 어떻게 과학자라고 할 수 있겠는가" 하는 비난을 받게 된다. 졸지에 유명 사회학자가 경찰이나 정보원으로 전락당하는 꼴이 돼버리는 것이다.

5.

이상에서 살펴보았듯이 지역사회에 대한 사회학자의 역할이나 기여방안을 일별해 보면 사회학자는 사회를 관조하는 자세에서 관찰자로서 사회에 기여할 수도 있고 사회에 봉사하는 자세에서 참여하는 자로서 사회에 기여할 수도 있다고 본다. 전자의 입장에 설 때, 방관자로 낙인찍힐 가능성이 있고 후자의 입장에 설 때, 어용의 낙인이 찍힐 가능성이 있다고 하겠다. 여기에 사회학자의 대사회적 역할에서 처하게 되는 딜레마가 있다. 이러한 딜레마를 극복하려는 입장은 R. 아롱의 '참여하는 관찰자'라는 표현에 집약되어 나타나 있다. 참여하되 권력에 맹종하지 않으며 권력에 반대하여 비판하되 파괴하지 않는다. '참여하는 관찰자'는 역사의 관찰자로서 가능한 한 객관적으로 보려고 노력하는 동시에 진행 중인 역사, 형성 중인 역사에 대해 완전히 초연하지 않겠다는 입장이다. 이는 무대 위의 배우이면서 관객의 자세를 동시에 견지하려는 입장이다. 이것은 참여하되 예속되지 않으며 비판하되 전면 부정하지 않는 '참여의 윤리'이다. 이러한 참여의 윤리를 내면화하는 상태에서 사회학자는 더욱 건전하게 지역사회에 대하여 공헌할 수 있을 것으로 본다.

참 | 고 | 자 | 료

피터 L. 버거 저, 한완상 역, 『사회학에의 초대』, 현대사상사, 1977.

M. 니콜스, "하부에서 본 사회학의 시각-미국 사회학의 비판-", C. B. 맥퍼슨 외 저, 송태복 외 역, 『사회과학의 위기』, 한마당, 1981.

M. 쇼, "진보사회학의 위기", 『사회과학의 위기』, 한마당, 1981.

Dennis E. Poplin 저, 홍대식 · 박대식 역, 『지역사회학』, 경문사, 1985.

신행철, "대학지식인의 딜레마", 『아산』(계간), 1983 하계호(통권 21호).

______, "대학의 연구기능 강화와 사회발전", 「대학의 연구기능 강화; 지역발전을 위한 대학의 참여」(대학발전을 위한 학술세미나), 제주대학교(후원, 한국대학교육협의회), 1989. 발표자료.

6 사회변화 속의 청소년상과 그들이 지향해야 할 미래사회의 가치*

1. 들어가며

청소년기의 젊은 세대는 그 사고나 행위방식에 있어서 기성세대와는 많은 차이를 보이게 된다. 그것은 그들이 자라온 환경이 기성세대와는 다르기 때문이다. 기성세대는 그들을 문제의 세대로서 보며 사회의 장래를 개탄하기도 한다. 반대로 젊은 세대는 기성세대를 진부한 위선의 권위주의적 세대로 비판한다. 그리하여 세대 간의 갈등이 심화되고 그 대립은 계급적 대립을 방불케 하는 경향도 엿보인다.

그리하여 발생하는 반목과 불신의 상황 속에서도 역시 기성세대는 젊은 세대의 과거요, 젊은 세대는 기성세대의 미래이기 때문에 같은 역사적 흐름 속에서 더불어 살아가야 할 운명공동체인 것이다. 따라서 청년은 성인成人의 삶의 연속선상에서 자신을 찾아야 하고 성인은 청년의 삶의 밑거름으로서 자신을 생각해야 한다. 오늘은 기성세대가 책임지고 살면서 내일은 청년들의 시대로 넘겨야 하는 것이다. 여기에 청소년들이 살게 될 미래사회를 예견해 보고 그 시대가 요청하는 가치가 어떤 것인지를 제시해 보려는 오늘의 이 시도는 곧 우리의 역사적 흐름 속에서 우리 사회의 밝은 미래를 겨냥하는 의미를 갖는 것이다.

* 1991.5.17. 「청소년 건전 육성을 위한 범도민 토론회」(제주도 주최. 제주도청 대강당), 자료책자, pp.11-19.

2. 사회변화와 청소년상(像)

청소년을 말할 때 '청소년 문제' 혹은 '청소년 대책' 등에서 볼 수 있듯이 우리는 흔히 사회적 부담 요인으로 보는 경우가 있으나 이는 '대상으로서의 청소년'인 것이고, 오늘 논의하려는 청소년은 '주체'로서의 청소년 '미래 주역'으로서의 청소년이다.

주체로서의 청소년은 자주적 활동에 의하여 그들 자신의 향상을 기하고 사회의 개선을 시도하는 연령층으로서 사회발전의 견인차로서의 역할을 한다. 적어도 전통사회를 벗어나 근대화의 문물을 수용하면서 그러하다.

청소년기는 신체적 측면에서뿐만 아니라 지적, 정서적, 사회·도덕적 측면에서 현 상황에 머무는 것을 거부하고 불확실하다고는 하지만 새로운 도약과 비약을 시도하는 특성을 지닌다. 미래지향적이며 이상적이다. 청소년들이 젊은 패기, 그 열망과 정열은 사회를 움직이는 동력인動力因으로 작용하기도 한다. 그리하여 사회가 정체하지 못하게, 나아가 계속 전진하게 한다. 청소년들은 변화를 좋아하기 때문이다. 그 이상주의는 자신을 초월하여 사회에 헌신하며 청렴을 선호하고 나쁜 계략을 경멸하며 불의에 굴종하지 않는다. 그러기에 국가적 시련기에는 그 극복을 위해 희생적으로 봉사하고 헌신하게 되는 것이다. 우리의 역사상 그러한 예는 허다하다. 신라 삼국통일의 주역이었던 화랑도에까지 거슬러 올라가지 않더라도 구한말의 의병투쟁, 개화기의 청소년운동, 해외로부터의 기술 습득이나 그 문물을 도입하는 데 앞장서던 일, 6·25 당시 학도병의 활약상 등은 한국에서의 청소년의 가치를 돋보여주는 예들이라 하겠다.

그리하여 사회적으로 청소년들에게 거는 기대는 큰 것이니 1905년 을사보호조약에 즈음하여 어떤 신문에서는 "청년들아 청년들아 국가 흥망 담임하는 청년들아 국패國敗하면 신수망身隨亡임은 제군들도 아는 바라" 하여 미래 국가 흥망이 곧 청년들의 문제임을 강조하였던 것이고 3·1운동을 계기로 청년운동은 더욱 활성화되었던 것이다.

오늘날 한국 사회는 급격한 변동을 겪고 있다. 해방 이후 특히 60년대 이후 산업화 과정 속에서 사회구조는 크게 변모하였다. 사회의 가치체계는 혼란되었고 문화적 단절현상이 나타났다.

지난날 한국 농촌사회의 전통적 가치관인 유교적 윤리, 친족적 유대를 기반으로 한 공동체 생활은 퇴조하고, 가정적 역할이 퇴조하였으며, 경제 제일주의에 따라 물적 풍요를 추구하는 상황 속에서 효율적인 결과를 강조한 나머지 과정은 소홀히 되고 정신적 빈곤상황에 처하게 되었다. 가정보다는 동료집단이나 학교의 역할이 중시되기에 이르렀다. 상하의 예의 바름보다 수평적 자기주장이 강조되었다. 민주주의 생활태도는 굴절되어 개인주의가 굴절된 이기주의적 성격을 띠게 되었다. 권위주의적 군사문화는 타협과 설득, 양보의 생활 분위기를, 토론에 따라 결론에 이르는 과정을 불모화하였다.

대중매체가 보여주는 소비지향적 생활방식, 친구가 기대하는 비행적 행위 등은 청소년의 역할 모형이 되었을 법하다.

사회변화가 느린 농경사회에 있어서는 기성세대가 젊은 세대에 적절한 역할 모형이 될 수 있었으나 사회변동 속도가 빠른 오늘날 산업사회에 있어서는 기성세대의 지식과 가치관은 이미 낡았거나 타당성을 잃은 것이어서 젊은 세대들에게 더 이상 적합한 것이 아닐 가능성이 많은 것이다. 현재가 그러하거늘 더욱 빠른 속도로 변화하게 될 미래사회를 두고 보면 더구나 그러한 것이다. 그리고 오늘날 청소년이 지난 굴절된 가치를 미래사회에 겨냥하여 조정하는 것은 우리의 미래를 위해 매우 뜻깊은 일이라고 할 것이다.

3. 미래사회의 성격

미래라는 시점을 어디로 잡을 것인가는 서로 견해가 다를 수 있지만 이 글에서는 오늘날 경험하는 산업사회가 변해서 그 뒤에 이어지는 사회를 미래사회로 보기로 한다.

미래학자들은 산업사회 뒤에 이어지는 시기의 사회를 후기산업사회 혹은 정보(화)사회로 칭하고 있다. D. 벨에 따라 후기산업사회의 두드러진 특성을 보면:

1) 상품생산 경제, 즉 제조업 중심에서 서비스 경제, 즉 서비스업을 포함한 3차산업 중심으로 바뀐다.
2) 주요 직업에서 보면 전문직 및 전문기술직 종사자의 비율이 증가한다.(공장노동자의 비중은 상대적으로 감소한다.)

3) 기계 테크놀로지보다 지적 테크놀로지와 이론적 지식이 혁신의 근원을 이룬다.
4) 산업사회에 비하여 자본 및 노동의 중요성이 약화되고 지식 및 정보가 중요한 역할을 하게 된다.
5) 기계 등 제조품을 상대로 하는 활동보다 인간을 상대로 하는 활동이 중시된다.
6) 미래지향적 시간관념이 지배한다. 따라서 예측적 행위방식이 중시된다.

그리고 권력의 기초는 자본의 소유가 아니라 지식의 소유에 있게 된다.

정보사회와 더불어 나타나는 또 다른 몇 가지 특징으로는 국제화 · 개방화 · 지방분권화 · 인간화 · 수평적 조직화 등을 들 수 있다.

J. 네이스비트는 '우리 생활의 변천하는 새로운 10대 동향'을 언급하면서 산업사회에서 정보사회에로의 동향을 제일로 들었다.

이러한 후기산업사회가 도래하는 시점은 나라마다 다르지만 미국의 미래학자 H. 칸 박사는 2000년대에 들어서면서 한국은 남부유럽, 동부유럽 국가와 멕시코 등 남미 일부 국가, 대만 등과 더불어 후기산업사회 바로 전 단계인 고도산업사회에 이르게 된다고 보았다.

몇 년 전 발간된 한국개발연구원의 한 보고서는 2000년대 예기되는 우리 한국 사회의 모습을 '고도산업 및 정보사회' '평준화와 다양화가 병행하는 사회' '국제화된 사회'로 특징짓고 있다. 그러고 보면 우리나라도 2000년대 전반부 10~20년 안에 정보사회의 특징을 갖게 되리라는 예상을 해보게 된다.

이제 우리가 미래사회의 주역을 오늘의 청소년이라고 할 때 그들이 지향해야 할 가치를 정보사회의 성격에서 발견하고 그런 가치를 지니도록 청소년들을 이끌어주는 것은 나라의 앞날을 겨냥하여 매우 바람직한 일이 될 것이다.

4. 청소년이 지향할 미래사회의 가치

정보사회의 힘은 지식 · 정보에 있다. 정보사회에 있어서의 지식 · 정보는 산업사회에 있어서의 자본과 마찬가지 구실을 한다. 산업사회에 있어서의 돈에 대한 매력, 물질지상주의는 그 힘이 약화된다. 따라서 지식, 정보는 미래사회에 부응하여 청소년이 지향하는 제일의 가치가 된다. 정보기술 매체는 컴퓨터이므로 청소년은 정보사회의 주역이 되기 위해서는 컴퓨터 언어에 능통해야 한다.

정보사회는 고도기술 사회이다. 고도기술은 생산성을 비약적으로 향상시키게 되며 물적 풍요를 초래할 것이다. 이때 정신적 빈곤, 인간성 회복의 문제가 심각하게 제기될 것이다. 고도기술의 물질적 경이와 인간성에 대한 정신적 요구 사이에 균형을 이루도록 해야 한다. 고도기술의 정보사회에서는 산업사회의 노동자들이 집단적으로 공장에서 일하는 것이 아니라 전자화된 자기만의 작업공간에서 두뇌로 일을 하기 때문에 인간적 접촉을 갈구하게 되는 것이며 산업부문에 있어서는 인간관계의 중요성이 강조되는 보건, 교육, 연구, 레크리에이션, 사회복지서비스 등 소위 5차산업의 비중이 더욱 커질 것이다. 따라서 인간관계의 형성기술은 그 시대를 사는 중요한 가치가 된다.

정보사회는 정보처리, 통신산업의 발달로 인하여 세계가 하나의 이웃이 되는 그런 사회이다. 세계를 무대로 활동해야 할 그런 사회이다. 모든 나라의 상호의존성이 강조된다. 국수주의적 사고방식은 그 존재가치를 상실한다. 이때 존중되는 가치가 외국어 능력이다.

한편 정보사회에서는 다양성이 추구된다. 그리고 모든 사회적 측면에서 분권화 현상이 나타난다.

경제적으로 보면 농부가 농토만 있으면 독립 영농을 할 수 있듯이 정보사회에서는 컴퓨터만 있으면 분산된 장소에서 직업활동을 할 수 있다. 그리하여 소규모 사업체나 직장은 점점 증가하고 그 생산력도 증대된다. 산업사회에서처럼 거대한 기업체의 어떤 자리가 중시되지 않으며 자신의 창의력에 따른 소규모 활동이 더욱 바람직하게 된다.

정치적으로는 강력한 중앙집권적 지도력이 통하지 않게 된다. 사람들은 그들의 삶의 세계에서 지역적 가치를 추구하게 된다.

사회관계, 사회제도에서도 지방분권화가 이루어진다. 중앙의 종합적인 잡지보다 지방의 전문적인 잡지가, 전국단위의 종합적 조직(예, 농협중앙회)보다 지역의 전문기능별 조직(예, 제주감귤조합)이 더 우세하고, 전국 네트워크의 방송망보다 지역의 유선방송망이 더 확산되어 나아간다. E. F. 슈마허가 말한바 가히 "작은 것이 아름답다"는 사회인 것이다.

지역사회의 문제를 해결하기 위해서는 제도적 원조보다 그 지역사회의 협동적 노력에 의존하는 경향이 나타나게 된다. 자조적 노력이 문제 해결을 위한 산업사회의 제도적 장치를 대신하게 된다. 한 가지 공통된 욕구를 만족시키기 위해 이웃끼리 모여 서로 돕는 자조적 그룹이 중요시되는 것이다.

사람들은 큰 돈보다 쾌적한 생활에 더 큰 가치를 두게 된다. 지식 · 정보의 중요성이 인식되는 반면 재산 소유의 관념은 퇴색하고, 권력적 요소들이 지방으로 분산되면서 지방을 선호하는 경향이 두드러지게 나타난다.

결국 미래사회에서는 지역적 가치가 그리고 자조적 노력이 추구해야 할 가치가 된다.

권위주의적 위계질서는 인간주의적 연결망 질서로 대치된다. 산업사회에 있어서는 관료주의적 계급질서가 사회의 전 분야를 지배하고 있었다. 그러나 미래사회에서는 수평관계에서의 공동체적 생활조직이 그 힘을 발휘하게 된다. 이 조직을 통하여 아이디어, 정보, 자원 등을 같이 나누고 상호 의사소통을 하게 된다. 이런 수평적 관계에서 사람들은 만족을 얻게 되는 것이다. 인간적 만족은 미래사회에서 추구하는 중요한 가치가 된다.

5. 끝맺으며

이상에서 미래사회의 모습과 그 지향하는바 가치를 논의하였는데 이는 청소년들이 추구해야 할 가치가 된다고 본다. 왜냐하면 미래사회의 주역인 청소년은 미래사회의 가치를 지향함으로써 그 시대의 주역으로서의 구실을 해낼 수 있을 것이기 때문이다.

이 푸른 청소년의 달을 맞아 기성세대가 청소년들에게 거는 기대가 큰 만큼 우리는 그들에게 미래 지향적인 가치를 추구하는 환경을 마련해 주어야 할 것이다.

청소년들은 자신들의 젊은 힘에 대한 각성과 그 잠재력의 실현을 기하되 그 특성에 부수되는 지나침은 경계해야 할 것이다. 그리하여 신념과 용기와 강한 책임감을, 빠르고 정확한 판단력을, 정열을 지속하는 인내력을, 신뢰와 청렴을, 전향적 시국관을, 인간적 친화력과 협동심을, 그리고 건강을 유지하도록 유의해야 할 것이다. 이렇게 될 때 오늘의 청소년은 미래사회의 주역으로서 그 막중한 사회적 요구와 기대에 헌신하고 자기실현을 이룩할 수 있을 것이다.

7 사회과학이란*

1. 논의의 성격

사회과학이란 무엇인가의 물음은 이 분야에 입문하려 할 때 늘 던지게 되는 것이지만 이 물음에 대한 답은 이 분야를 공부하고 나서 얻을 수 있는 성질의 것이다. 따라서 이 글의 내용은 사회과학에 대한 결론적인 대답이 아니라 그런 대답을 얻기 위한 잠정적 논의쯤으로 생각할 필요가 있다. 그럼에도 불구하고 여기서 이 물음을 던져보는 것은 이 분야에 입문하는 신입생 여러분들이 사회과학도로서 사회과학을 이해하는 데 도움을 주고자 하는 의도에서이다. 이 글에서는 사회과학의 학문적 성격을 가장 초보적이고 기본적인 수준에서 논의해 보고자 한다.

대체로 모든 학문에는 그 학문 분야마다 다른 학문영역과 구별되는 대상이 있고, 그 대상을 인식하는 방법이 있으며, 연구 결과 이루어놓은 이론적 업적이 축적되어 있다. 이렇게 해서 학문은 자신의 독특한 영역을 구축하게 되고 다른 학문영역으로부터 그 독립성을 인정받게 된다. 학문이 되기 위한 요소는 셋이다. 대상과 방법론과 이론이 그것이다. 사회과학도 인문학이나 자연과학과 나란히 하나의 학문영역으로 인정받고 있음은 물론이다. 학문이 되기 위한 세 요소를 갖추고 있기 때문이다. 이들 세 요소를 고려하면서 사회과학을 잠정적으로 정의해 보면, "사회과학은 학문적으로 훈련된 방법을 통해 사회를 이해 · 설명하고자 하는 학문분과"라고 할 수 있다.

---

* 1993.1.30. 『대학생활의 설계』, 제주대 학생생활연구소, pp.29-35.

위의 잠정적 정의를 풀어보면 사회과학의 학문적 성격을 이해할 수 있을 것으로 생각한다. 사회과학의 대상은 무엇인가. 그것은 '사회'이다. 방법론은 무엇인가. 그것은 학문적으로 훈련된 방법, 즉 '과학적 방법'이다. 무엇을 목표로 하는가. 그 목표는 '사회를 이해 · 설명하려는 것'이다. 사회를 이해 · 설명하려는 데 이론의 필요성이 존재한다. 말하자면 사회과학은 그 나름대로 사회현상을 이해 · 설명하기 위한 이론을 정립하고 있는 것이다. 이제 사회과학의 성격을 좀 더 부연하여 살펴보자.

2. 과학으로서의 사회과학

우선 지적해야 할 것은 사회과학은 그 본성이 과학이라는 점이다. 과학은 과학적 방법으로 그 대상을 연구하여 이루어진 보편타당한 지식의 체계적 집성체라고 할 수 있다. 그러니까 과학의 본질은 그 연구방법이 '과학적'이라는 데 있다. 따라서 과학적이지 못한 종교적 신념이 지배하던 중세에는 과학의 성립 근거가 희박하였고, 그리하여 사회과학은 근대적 현상으로 등장한 것이다. 과학적이기 위해서는 그 대상에 접근함에 있어서 개인적인 소망이나 가치, 편견을 배제하고 엄격하게 가치자유(價値自由. value-freedom)적인 입장을 견지하여야 한다. 이를 우리는 '사회과학적 인식의 객관성'이라는 말로 바꾸어 표현할 수도 있을 것이다. 과학으로서의 사회과학은 어떤 사회현상 속에서 사람들이 무엇을 할 수 있으며 또 하려 하는가를 명확히 해줄 수는 있어도 그들이 무엇을 해야 하는가를 가르쳐주지는 못한다. 과학은 당위성當爲性이 아니라 존재성存在性을 강조한다. 과학자는 어떤 행위가 가져올 가능한 결과를 평가할 수는 있어도 무엇을 해야 하는가에 대한 가치판단을 할 수는 없다. 과학적 방법의 특징으로는 객관성 말고도 절차와 결과에 있어서 공공성, 재생가능성을 갖는다는 의미에서 검증가능성, 감각기관과 그 연장수단에 의해서 지각한다는 의미에서 경험성, 대상에 관한 진술의 이론적 체계화라는 점에서 이론성을 들 수 있다.

이러한 과학적 방법은 학문의 세계에만 필요한 것은 아니다. 더욱 나은 삶을 위해 사실에 관한 올바른 지식, 정보가 필요하고, 좋은 처방은 사실에 대한 정확한 진단에서 가능하다고 볼 때 과학적 방법은 사회생활 전반에 관련하여 필요한 것이다. 사회과학도로서 학문적 훈련을 잘 받으면 유능한 사회인이 될 수 있는 이유가 여기에 있는 것이다.

그런데 사회과학에서의 과학성은 자연과학에서 원용해 온 것이지만 그 적용상의 엄격함을 유지하기 어렵다. 사회과학이 대상으로 하는 사회현상은 인간현상이요 심리 · 정신적 현상으로서 자연현상과는 그 본질이 현저히 다르기 때문이다. 사회현상은 시시각각으로 변하는 변덕스러운 현상으로 예외적인 측면이 항상 존재한다. 그리하여 과학성을 엄격히 적용하고자 하는 자연과학자는 사회과학의 과학성에 이의를 제기하기도 하는 것이다. 이 점이 사회과학은 자연과학과 다르고 인문학에 근접한 측면이 있는 것이다. 그러나 그것은 사회과학이 자연과학과 다른 성격의 학문 영역임을 말해주는 것이지 과학성이 배제되었음을 뜻하는 것은 아니다.

3. 사회과학의 목표

다음으로 생각해 볼 것은 사회과학의 목표에 관한 것이다. 이미 언급한 대로 그 목표는 사회현상을 이해 · 설명하려는 것이다. 사회과학의 학문적 결과는 그 대상인 사회를 이해 · 설명하는 인식의 틀로 나타난다. 이를 우리는 이론이라고 한다. 그것은 사회현상의 경험적 사실에 대한 정보를 보편화 · 체계화한 것으로 어떤 사회현상에 적용되는 일반적인 원리요 진술의 체계인 것이다. 사회과학의 이론이 있음으로 해서 사회현상에 대한 예측이 가능한 것이다. 그러나 사회과학 이론은 일반적인 법칙성, 보편타당성이 결여된 측면이 있다. 항상 예외가 존재하는 것이며, 그리하여 사회과학은 확률성의 원리가 적용되는 학문영역이다. 이 점 자연과학 이론과 다른 측면이 있는 것이다. 또한 사회과학 이론이 경험적 사실의 세계를 중시한다는 점은 논리의 세계나 경험 이전의 선험적 세계 혹은 있음직한 허구의 세계를 다루는 인문학과 다른 점이다.

같은 사회현상에 대한 이론이라 하더라도 하나가 아니다. 공간적 차이에 따라 서로 다른 이론들이 등장하기도 하고 기각되기도 하며 통합되기도 한다. 시간적 차이에 따라 수많은 이론이 경쟁적으로 명멸한다. 한때 지배적이던 이론이 시간이 흐르면서 낡은 이론으로 화석화되기도 한다. 어쩌면 모든 사회과학의 이론이 이러한 화석화의 운명을 지니고 있는 것인지도 모른다. 이는 사회과학의 대상인 사회현상의 성격에 기인하는 측면이 짙다. 우리가 경험하는 사회, 그 생활세계는 늘 변하는 것이다. 어떤 이론이 사실의 세계가 제공하는 정보자료를 바탕으로 하여 만들어졌을 때, 그리하여 그 이론을 그 사실의 세계에 적용하려 할 때는 이미 그 사실의 세계는 변해 있을 가능성이 큰 것이다. 그만큼 사회현상은 변덕스러운 것이다. "모든 이론은 회색. 그리고 늘 푸른 것은 생활의 황금나무"라는 괴테(J. W. von Goethe)의 『파우스트』의 한 구절이나, '이론은 좋다. 그러나 그것으로 존재하는 사물을 바꿀 수는 없는 것이다'는 주장에 귀를 기울일 만하다.

이와 같이 사회과학 이론은 궁극적인 이론의 성격을 띠기가 어렵다. 기껏해야 머튼(R. K. Merton)이 말하는바 '중범위이론'(middle range theory)으로서의 성격을 지닐 뿐이다. 말하자면 부단히 궁극적인 이론의 정립을 향하여 가는 도중의 중간적인 성격의 이론인 셈이다. 어쩌면 이것은 인간 본래의 모습일지도 모를 일이다. 인간은 부단히 완전해지고자 노력하는 존재일 수는 있으나 완전한 존재는 될 수 없는 것이다. 신은 인간을 그런 성격의 존재로 창조하였다. 돌이켜 생각해 보면 사회과학의 이러한 성격은 궁극적으로 그 대상인 사회의 성격 때문이다.

4. 사회과학의 대상과 분과

그러면 사회과학이 이해 · 설명하고자 하는 사회란 무엇인가? 그것은 인간 상호작용의 체계이다. 그것은 크고 복잡한 인간관계의 망을 의미한다. 이 인간관계의 망은 사회적 사건들의 복합으로 구성되는 것인데, 이때 '사회적'이라는 것은 상호성을 의미하는 말로써 베버(M. Weber)는 '사회적' 상황을 어떤 의미와 기대를 가지고 사람들이 다른 사람들을 향해 그들의 행동의 방향을 잡는 상황으로 규정한다. 이런 상황에서 일어나는 것이 인간의 사회적 행동이고, 사회는 인간의 사회적 행동의 망이요 사회적 상황의 복합체인 것이다. 그런데 이 사회라는 것은 다양한 하위부문 현상들을 포괄한다. 이 하위부문 현상들 또한 저마다 독특한 성격을 가지고 존재하기 때문에 그 각각의 현상들을 대상으로 하는 사회과학의 여러 학문 분과가 등장하게 된다.

사회현상의 하위부문마다 독특성을 부정하고 사회현상 전체를 총체적으로 다루고자 하는 경우(예컨대, 카를 마르크스(K. Marx)의 사회구성체론적 입장)가 있고, 하나의 학문분과로서 다른 모든 학문분과를 포괄하고자 하는 경우(예컨대, 오귀스트 콩트(A. Comte)의 종합사회학적 입장)도 있으나 오늘날 학문적 전문화의 추세 속에서 보면 사회과학은 수많은 하위영역으로 구분되고 있다. 재화와 용역의 흐름을 중심으로 사회현상을 파악코자 하는 경제학, 법규나 판례를 준거 틀로 하여 사회현상을 판단코자 하는 법학, 권력과 권위의 구조화와 배분의 문제에 관심을 집중하는 정치학, 사회의 내용적인 측면, 즉 문화 특히 문화 원형이나 비교문화적 분석에 관심의 초점을 두는 인류학, 개인의 사고와 인성 및 행동의 발달에 관심을 두는 심리학, 이러한 여러 학문분과의 대상 영역에 공통적인 요소나 그들 영역 간의 관련성에 관심을 두고 모든 '사회적' 사태事態의 진실을 규명해 보고자 하는 사회학 등은 사회과학의 하위분과들 중 일부이다. 이와 같이 사회과학은 그 관심 대상의 차이에 따라(존재론적 입장에 따라) 구분되기도 하지만 그 학문적 업적을 사회 현실에 실용화하고자 하는 측면에서도 여러 학문적 하위영역으로 나누어진다. 실용적 관심이 그 기본적인 관심이 되고 있는 학문영역을 응용사회과학이라 하고 실용화보다는 사회현상 하부부문에 관련하여 이해 · 설명하고자 하는 데 본래의 목적이 있는 학문영역을 기초사회과학이라 하는데, 앞에서 열거한 여러 학문분과는 기초과학에 해당한다. 응용과학으로는 정치학에 관련된 행정학, 경제학에 관련된 경영학, 회계학, 관광경영학, 무역학, 사회학에 관련되는 사회복지학, 신문방송학 등을 그 예로 들 수 있을 것이다.

이렇게 세분화되는 경향은 비단 사회과학의 경우에만 해당하는 것은 아니다. 자연과학이나 인문학의 경우도 마찬가지이다. 그런데 이런 세분화 경향은 학문의 전문성을 살려나가는 면에서는 바람직한 것으로 보이나 그에 따라 나타나는 학문적 폐쇄성은 우려할 만하다고 하겠다.

5. 마무리하는 말

사회과학의 모든 하위 분과의 대상 영역은 원래 분리되어 존재하는 것이 아닐 뿐만 아니라 하나의 사회현상을 이루는 부분 요소일 뿐이다. 그리하여 각 학문분과 사이의 협동적 연구야말로 보다 사회적 진실에 접근하는 길이 되는 것이다. 더욱 성숙한 세계적 학자들에게서 우리는 이 점을 흔히 발견하게 된다.

따라서 자기의 전공 학문분과에만 집착하여 울타리를 쳐서 안주하지 말고 열린 마음으로 학문분과 상호 간에 토론하고 대화를 나누어야 할 것이고, 그렇게함으로써 학문의 바람직한 발전을 기할 수 있을 것이다.

이 글에서는 사회과학의 학문적 성격을 과학으로서의 사회과학이라 상정하고 대강 논의하였다고 생각되나, 그 내용은 비판의 여지를 남겨놓고 있다. 입장을 달리하여 보면 그럴 것이고, 특히 오늘날 사회과학의 규범성을 강조하는 입장에서 보면 사회과학에 대한 이 논의의 내용은 부분적으로 달라질 수도 있음을 인정한다. 그리고 사회과학의 대상과 영역은 부단히 변화하는 것이요 그에 따라 그 인식방법 또한 부단히 변할 수 있는 것이다. 그리하여 더욱 세련되고 더욱 좋은 결론을 끌어내고자 하는 끊임없는 지적인 논의가 필요하다. 여러분의 대학생활을 통하여 그러한 지적 논의가 진지하게 이루어지기를 기대한다.

8 지역 언론과 지역사회*

1. 지금 우리는…

우리나라는 다른 나라에서 그 유래를 찾아보기 힘들 정도로 뿌리 깊은 중앙집권제의 전통을 지니고 있다. 특히 조국 광복 이래 연속되는 독재정권의 출현과 그 전제적 억압정치는 정치, 경제, 사회, 문화 등 모든 분야에 걸쳐 분화와 다양화를 막고 통합과 집중만을 가속시켰다. 그리하여 지방세력은 존재하지 못하였고 국가안보의 논리 속에 국가단위의 단일성, 일사불란의 내적 통합이 강조되고 분립과 분파 다양성은 금기시되었다. 균형과 분권보다는 획일과 집중이 우리 역사를 관통하여 온 문화이자 환경이었다고 할 수 있을 것이다.

그러나 90년대에 들어선 지금 우리는 지방분권화의 경향과 문민정부의 출현이라는 일대 전환의 시점에 서 있다. 지방의회의 구성은 전자의 정치적 측면이거니와 이제 의사 결정권의 지방 분산의 시대에 접어든 것이다. 중심보다 주변, 큰 것보다 작은 것, 위보다 아래, 가진 자보다 못 가진 자, 남의 것보다 우리의 것에 특별한 관심과 애정을 갖는 것이 시대적 요청이 되고 있다. '구심의 시대에서 원심의 시대'로의 전환이 시작되고 있는 것이다.

문민시대의 의미는 무엇보다도 펜(pen)의 위력이 극대화되는 데서 그 특징을 찾아볼 수 있을 것이다. 권력이 총구로부터 나오는 것이 아니라 펜에서 나오는 것이다. 이는 김영삼 문민정부 출범 후 사정과 개혁 과정에서 언론이 그 향도적 위력을 발휘하고 있음에서도 알 수 있다. 촌철살인寸鐵殺人의 펜은 곧 언론인 것이다. 중앙집권적 권위주의의 시대에 지방 언

* 1993.7.1. 『월간 정낭』, 제1호(창간호), pp.14-17, '창간 시론'.

론의 경우 지방 자율권의 부재현상 속에서, 지방방송은 '중계소'에 지나지 않았고 지방신문은 '현장 부재'의 상황 속에서 언론으로서 설 자리를 제대로 찾을 수가 없었다. 지방지로서의 성격은 퇴색되어 있었다. 즉 그 지역 언론으로서의 특색을 갖추지 못하였다. 다만 구색을 맞추기 위해 존재하고 중앙언론의 들러리 역할은 맡고 있었지만 지방 언론으로서 그 역할을 다하기에는 역부족이었다.

이에 이 글에서는 언론의 의미와 생활공간으로서의 지역사회의 의미를 생각해 보면서 지역 언론의 사명을 지방화시대의 지역사회에 관련지어 살펴보고자 한다.

2. 현대인에게 언론은 어떤 의미인가

현대사회를 대중사회라고 하거니와 대중사회에 있어서 사람들은 모두가 대중의 일원일 수밖에 없고 대중은 원자화된 상태에서 대중매체의 획일적인 영향력하에 놓이게 된다. 사람들의 개성과 취미가 획일적으로 조정된다. 어떤 조사에 따르면 일반인이 언론매체 접촉에 할애하는 시간이 깨어 있는 시간 중 30% 정도 된다고 한다. 대중매체의 성격상 오늘날 일반인은 그 내용을 수동적으로 받아들이게 되고 일반인이 생활에서 대중매체에 접촉되어 있는 시간의 비중이 그렇게 크다고 한다면 대중매체의 사회적 파급효과는 엄청난 것이라고 할 것이다. 사이비 언론의 경우가 그러하듯 만일 언론이 잘못되면 왜곡된 현실 매개의 위험을 낳는다.

잘못된 언론매체에 의해 매개된 경험세계는 언론매체에 의존적인 우리에게 조작된 사실을 제공한다. 조작이 심화될수록 현실에 대한 올바른 인식이 그 근거를 상실하고 허구의 세계에 머물게 되며 인간은 순수한 사고력과 판단력을 갖지 못하고 수동적인 상황에서 이성적인 사유능력을 잃게 된다. 그리하여 인간성 상실의 논의까지 나오게 된다. 미국의 저명 언론인 W.리프맨이 매스미디어에 의존하는 인간들은 허구를 사실로 사실을 허구로 생각하지 않을 수 없는 조작된 상황하에 있다고 갈파한 것은 이 경우에 더욱 어울리는 말이며 이 경우 언론을 통해서 우리가 이해하는 현실은 사이비 현상일 수 있다. 사람들은 언론에 거는 기대가 큰 만큼 의구심을 가지고 언론을 보는 경우가 있다. 사이비 언론을 경계하고 참 언론을 갈구하는 이유가 여기에 있는 것이다. 언론을 사회의 목탁木鐸이라 하는 것은 참 언론을 두고 하는 말이며 사람들은 이 목탁으로서의 언론을 사회를 바로잡아가는 힘으로, 사회의 공기公器로 인정하게 되는 것이다.

언론은 항상 그 자신이 활동하는 사회의 철학과 사회적 · 정치적 구조에 상응하는 형태를 취하며 사회적 통제를 반영하는 규범을 따르게 된다. 그뿐만 아니라 현실적으로는 특정 정치세력의 권력 유지 수단으로 이용되기도 하고 특정 자본의 이윤창출 수단이 될 수도 있어서 어떤 시대 어떤 사회환경에서 활동하는 언론인가에 따라 의미가 크게 달라지는 것이다.

우리가 이 문민정부를 맞으며 언론의 위력을 긍정적으로 평가하고자 하는 것은 언론이 활동하는 시대적 배경이 참 언론의 입장을 견지할 수 있다고 보기 때문이다. 정말로 문민시대이기 위해서는 의사소통의 구조가 왜곡되지 않아야 하고 그러기 위해서는 자유로운 의사소통의 분위기가 조성되어야 한다. 모든 사회집단은 그들의 이해관계를 언어형식으로 표현할 수 있어야 한다. 그러나 발언과 행위의 상황을 창조해 낼 언어적 수단을 갖지 못하면 그것은 불가능하다. 여기에 참다운 언론매체의 중요성이 강조되는 이유가 있는 것이다. 자유로운 의사소통의 상황은 비판적인 언어활동을 가능하게 하며 이때 언론은 언어활동의 장으로서 그 소임을 다해야 할 것이다. 통제되지 아니하고 제한되지 아니하며 억압되지 아니한 의사소통 환경 속에서의 참 언론이야말로 우리가 바라는 언론이다. 근대사회의 가장 중요한 산물이요 근대문화의 형성에 불가결한 조건이 되고 있는 언론은 한 사회발전의 척도라고 한다. 언론의 자유는 이 세상에서 가장 아름다운 것이라고 희랍의 철학자 디오게네스는 말한 바 있지만 언론의 자유를 보장하는 것은 매우 가치 있는 일이다. 그러나 그러한 자유언론을 구가할 수 있는 언론의 참다운 자세는 더욱 중요하다.

3. 지방화시대의 지역 언론은 어떠해야 하는가

이제 도래하는 지방화시대에는 중앙에 예속된 지방이 아니라 중앙과 대등한 관계에서 독자성을 살리면서 발전하는 지방의 시대이다. 지방은 그 자체가 삶의 중심이며 지방적 가치는 더 이상 중앙의 가치에 종속되지 않는다. 이런 시대의 지역 언론은 중앙으로부터 독립하여 그 자체의 독특한 편집 구상과 내용을 가지고 지역주민에게 접근해야 할 것이다.

지역 언론은 지역사회의 문제점을 제시하고 해결하는 공기公器로서 지역문화 창달의 역할을 수행할 책임이 있는 것이다. 지역 언론은 그 지역사회의 정치 · 경제 · 사회 · 문화적인 문제들에 대한 근원적인 여론 형성을 통해 전체 구성원의 가치 · 태도 · 신념 및 집단의식의 형성에 일차적인 영향력을 행사한다. 또한 해당 지역주민의 통합을 유지하고 지역의 생활을 개선하며 나아가서는 지역주민의 공공복지를 향상시키는 데 기여한다. 또 그 지역사회를 둘러싼 환경이 어떻게 변화되고 그 변화에 대해 어떻게 대처해야 하는지를 가르쳐주기도 한다. 그리고 그 지역사회가 당면한 문제에 대해 지역주민의 관심을 불러일으키고 그 문제들에 대한 해결책을 모색하는 데 다 함께 참여하여 의견을 교환하고 합의를 이룰 수 있는 통로와 공동의 토론장을 마련해 준다.

지방시대에 지방자치의 원활한 운영을 위해서도 지방언론은 필수적인 역할을 한다. 왜냐하면 민주정치는 여론정치라 하거니와 지방분권적 정치에 있어서 지역사회의 여론 형성과 그 여론의 반영이 매우 중요한 의미를 갖는바 현대 대중사회에 있어서 이 기능을 수행할 수 있는 최고의 도구가 언론매체이기 때문이다.

지역 언론은 정보전달, 여론 선도, 합의 조성, 환경 감시, 문화 전수, 오락 정보의 기능 등 언론 본래의 기능을 바탕으로 다음과 같은 몇 가지 역할을 수행한다.

지방적 유대감과 공동체의식의 조성 및 지역주민의식의 계발, 지역사회의 인재 육성 및 전통문화의 발굴과 보존 · 계승 · 발전, 지역주민 풀뿌리 여론의 형성과 반영, 지역사회의 이익 대변, 지방사회의 기본질서 파괴현상의 고발 감시, 지방사회의 발전상 소개와 그 방향 제시, 중앙과 지방의 정보 교환과 커뮤니케이션, 지방의 정치 · 행정에 대한 비판과 감시 등이 그것이다

이러한 제반 기능을 수행함에 있어서는 다음과 같은 점들을 염두에 두어야 할 것이다. 첫째, 소재를 선택하고 기사를 작성함에 있어서 그 기사가 누구에 의해 읽힐 것인가를 생각해야 할 것이다. 둘째, 전국 뉴스가 차지하는 비율을 줄이고 전국 뉴스를 다루는 경우에도 그것이 지역사회와 관련하여 어떤 의미가 있는지를 따져보는 것이 필요하다. 셋째, 제공되는 정보를 기삿거리로 다루는 수동적 자세에서 벗어나 중앙의 소재원으로부터 지역 관련 사항을 찾아 이를 클로즈업시켜야 할 것이며 지방의 새로운 기사 소재원을 부단히 개발해야 할 것이다. 거대 기사에 가려 사멸되는 경향이 있는 지역 일차집단의 공동관심사나 지역

민의 생활상이 피부에 와닿는 기사들을 소홀히 해서는 안 될 것이다. 넷째, 나름대로의 독특한 개성을 유지하면서 새롭게 변모해 가는 지역사회를 언론의 내용으로 충실히 반영하기 위하여 그런 뜻을 살리는 데 적절한 새로운 취재진용과 논설진용을 구성해야 할 것이다. 그리고 그 취재진용과 논설진용의 부단한 자기 수련과 재교육이 있어야 할 것이다. 다섯째, 언론의 공익성에 부차적인 측면이겠지만 언론사의 기업성 또한 고려해야 할 것이다. 언론사의 기업성은 언론 공익성의 물적 토대가 된다. 이를 위해 언론매체의 보급 확대와 지역광고의 개발에 박차를 가해야 할 것이다. 보급 확대를 위해 지역에 대한 독자층의 잠재된 욕구를 개발하고 그에 필요한 다양한 정보를 더욱 충실히 제공해야 할 것이며 광고 수입의 증대를 위해서는 중앙의 지역에 대한 매력을 개발함으로써 중앙의 대광고주로부터 더욱 많은 광고를 유치하는 것도 중요하겠지만 지역광고원을 발굴하는 것은 더욱 중요하다. 지역언론이 탈중앙의존적이기 위해서 그러하다.

그리하여 지역 특성을 고려한 바탕 위에서 지역의 여건과 독자의 성향에 맞게 지역 언론을 육성시켜 나가는 자세를 가다듬어야 할 것이다. 그리고 지역 언론의 존재 의의를 높이고 상업성의 폐단에 젖어들지 않는 경영체제의 확립과 중앙의 대언론매체에 종속되지 않는 편집체제의 유지가 요구된다고 하겠다.

4. 지역사회의 의미에 결부하여 언론을 생각한다

언론이 지역사회에 공헌한다 할진대 언론은 지역사회 본래의 의미에 부합되는 활동을 해야 한다.

지역사회란 무엇인가.

그것은 우선 지역적 단위이다. 주민들이 자신들의 일상적 욕구 대부분을 충족할 수 있는 지역단위이다. 따라서 지역 언론은 지역주민이 바라는 욕구를 충족시켜 주어야 한다.

지역사회는 또한 사회조직의 단위이다. 사회조직은 사람들 간의 상호작용을 그 본질로 한다. 따라서 언론은 지역주민 간의 원활한 상호작용의 장을 마련해 주어야 하고 의사소통상의 굴절이나 왜곡이 없도록 신중을 기해야 한다.

지역사회는 공동의 유대감을 중요한 요소로 하여 성립한다. 따라서 언론은 주민이 자신의 지역사회를 동일시하고 그 속에서 안정감과 소속감을 얻을 수 있도록, 그리하여 공동의 유대관계를 갖도록 도와야 한다.

이를 위해 언론은 지역사회성에 초점을 맞추어 소제를 찾아 다루는 것이 필요하다. 지역사회성이란 첫째, 어떤 사건이나 활동이 지역사회에 관련되는 정도 둘째, 그 사건 혹은 활동에 참여하거나 영향을 받는 사람들이 그 지역사회와 동일시하는 정도 셋째, 그 지역 사람들이 그 활동이나 사건에 참여한 정도 등을 포함하는 개념이다. 이러한 지역성의 유지는 지역 언론의 발전에 반석盤石의 구실을 하게 될 것이다.

언론이 지역의 참 언론으로서 그 소임을 다하기 위해서는 지역의 자랑거리를 기사나 프로그램으로 반영하는 등 지역성을 견지해야 할 것이다. 지역 언론의 '지역 공헌도'는 이 지역성의 견지 정도에 의해 측정될 수 있을 것이다. 지역사회성의 견지는 크게 자연, 인물, 문화 등 3개 영역에 걸쳐 생각해 볼 수 있는데, 다음 10개 항목은 그 구체적인 방안의 예들이다.

① 지역 제반활동의 단순한 소개
② 지역민의 생활정보 제공
③ 지역의 고민 및 불편, 후진성 등의 지적
④ 지역의 자랑거리나 특색 소개
⑤ 지역 출신 명사의 소개
⑥ 지역의 문화재, 예능, 역사의 소개
⑦ 지역문제 해결에 대한 제안
⑧ 지역문제 밀착의 필요성 지적
⑨ 지역주민의 연대성 촉진의 제안
⑩ 지역문화 전승 · 창달의 지적

이제 우리는 한 시대의 획을 긋는 일대 전환점에 서 있다. 그 계기는 한편으로 지방자치제의 정착 등 지방화의 확산으로 지역사회 단위가 강조되고 있음이요 다른 한편으로 문민정부의 출범과 더불어 언론이 더욱 큰 위력을 갖게 되고 있음이다. 지역사회의 강조와 언론의 위력은 결합되어 곧 지역 언론의 가치가 극대화될 시점이다. 이에 지역 언론은 자신들의 시대적 소명감을 깊이 깨닫고 참 지역 언론으로서의 모습을 확립해야 될 줄 안다.

그리고 참 언론이라면, 자유 언론이라고 해서 입 밖에 내는 모든 말이 사람들에게 저절로 진지하게 받아들여지는 것은 아니라는 점을, 또한 진지하게 받아들여지는지의 여부는 그 언론의 자세와 내용에 달려 있다는 점을 명심할 일이다.

9 사회복지활동과 인간관계*

1. 인간관계의 일반적 의의

사람이 산다는 것은 어차피 타인과의 만남이요 상호 교섭의 과정이다. 이 과정은 인간사회의 형성에 필수 불가결한 요소인 것이고 따라서 '인간관계'는 인간적 삶에 관련하여 중요한 의미를 갖는다.

그런데 그 인간관계는 일반적, 통속적으로 개인 대 개인의 심리적 관계, 그리고 인화人和 등의 뜻으로 사용된다. 즉 그것은 감정적 대응을 포함하는 인간의 유대관계이며 어떤 일을 추진하는 데 필요한 대인관계의 원활한 형성방식이 된다.

이러한 인간관계는 산업화 사회의 문제상황에 대응하는 방식으로서 그 필요성이 강조되고 있는바, 사회문제에 대처하려는 사회복지활동의 측면에서는 어떻게 그 인간관계를 형성해야 하는지에 대하여 적지 않은 논의가 이루어지고 있다. 그리하여 이 글에서는 산업화사회가 잉태하고 있는 바의 문제상황에 대처하려는 사회사업방식으로서의 인간관계를 논의하고 그 기본원칙을 살펴보려 한다.

2. 산업화사회의 문제상황과 사회복지활동

일반적으로 산업화가 인류에게 그 생활의 양적 · 질적 풍요를 가져다준 것은 사실이지만

* 1994.1. 제주사회복지협의회, 『고리』, 8호.

한편 그것은 전면적인 사회의 구조적 변동을 가져왔고 이런 변동은 많은 새로운 사회문제를 야기했다. 사회복지활동은 이러한 산업사회의 문제를 밝혀 처방하고 해결하고자 하는 데 그 중요성이 있는 것이다. 산업화사회의 특징과 관련하여 나타나는 구조적 모순을 지적하면 다음과 같다.

① 대규모 사회조직의 관료제적 성격은 비인간적 측면을 갖는다는 점
② 공업화에 따른 물질주의의 팽배, 도덕성의 상실
③ 도시화에 따른 여러 도시문제의 발생
④ 평등화 이념의 확대에 따른 상대적 박탈감의 발생

이상의 여러 구조적 모순들이 서구적 문화 가치에 결부되어 노인문제, 실업문제, 여가행태의 문제 등 각종 사회문제와 가정파탄, 비행, 범죄, 정신질환 등 일탈적 행동들이 오늘날 우리의 문제상황으로 나타나게 되었다. 이런 문제상황은 문제의 개인 입장에서 보면 어떤 욕구 장해, 욕구 불만 혹은 부적응, 때로는 이러한 모든 것이 얽힌 상황에서 일어나는 것이고 이는 사회적 · 정서적인 어떤 도움을 필요로 하는 상황이라고 할 수 있다.

여기에 사회복지서비스가 필요하게 된다. 즉 문제의 '사람'은 사회사업 종사자의 도움을 받아 당면문제를 해결할 필요가 발생한다는 것이다. 이때 그 문제해결의 과정으로서 인간관계 형성이 중요한 의미를 갖는다.

이상의 산업사회의 문제상황과 사회복지활동 사이의 관련성을 도식화하면 다음과 같다.

〈그림〉 산업사회의 영향과 사회복지

산업화: 고도기술 이용의 양적 확대

⇓

서구적 문화 가치: 개인주의, 사유재산, 자유시장, 최소의 정부활동, 평등화의 이념

⇓

변모하는 사회질서: 대규모 조직, 공장제도, 노동쟁의. 소득규모의 증대와 분배의 평등화 요구(분배의 불균형), 신중간계급의 확대, 주거의 이동성, 도시화, 핵가족제도

⇓

산업사회의 제 문제:
• 실업, 노령, 여가, 도시계획, 사회문제에 대한 조직화된 대중적 관심 등 사회문제
• 가정파탄, 비행, 범죄, 정신질환 등 일탈행동

⇓

사회복지서비스: 사회보험, 사회보장, 사회복지기관의 복지서비스(사회사업 전문가의 활동)

3. 사회복지활동과 인간관계

인간관계는 사회복지 서비스 기술의 중요한 부분이다. 특히 개별 서비스의 경우 사회복지 서비스의 대상이 되는 개인(클라이언트)에 대한 서비스의 제공은 그 당사자와 전문가 사이의 인간관계가 문제해결과정의 핵심이 된다.

사회사업가의 직무과정 총체가 사회복지활동인 것이고 그 활동의 능률과 효율성은 인간관계와 밀접한 관계가 있는 것이다. 즉 인간관계의 조성이 사회복지활동 고유의 영역인 것이고 사회복지활동의 본질은 인간관계를 조정하는 기술체계인 것이다. 사회복지란 것도 문제상황에 처해서 도움을 필요로 하는 개인이나 집단을 도와서 만족할 만한 사회관계를 형성하고 그들이 자신의 능력을 발휘하도록 함으로써 조화로운 생활과 행복을 촉진시키려는 노력이라 할 것이다.

결국 현대의 사회복지사업은 여러 사회적 인간관계의 부적응 현상에 대한 대응인 것이고 그런 인간적 욕구에 대한 반응인 것이다. 사회사업이란 것도 인간관계에 관한 과학적 지식과 기술에 기반을 둔 전문직업적 봉사활동이라고 할 수 있다. "사람과 사람 사이의 훈훈한 정, 마음과 마음을 엮어가는 사랑의 표현으로서 … 사랑의 실천운동에 자발적으로 참여하는" 자원봉사의 경우에 자원봉사자가 이 인간관계의 기술을 잘 터득했을 경우 그 효과가 더욱 클 것임은 말할 필요도 없다.

특히 개별사회사업에서는 이 인간관계의 원리가 더욱 강조되고 있다. 개별사회사업에서의 인간관계는 그 목적을 클라이언트가 자신과 그 환경에 더욱 잘 적응성하도록 원조하는데 있고 복지활동 종사자(worker)와 그 대상인 복지수요자(클라이언트. client) 간에 이루어지는 태도나 감정의 역동적 흐름인 것이다. 대체로 도움을 필요로 하는 사람들에게는 공통의 기본적 감정 및 태도의 어떤 형태가 존재하고 그러한 기본적 감정이나 태도의 근원에 인간의 기본적 욕구 7가지가 있다고 가정하는데, 여기서 나오는 것이 그 유명한 개별사회사업활동의 7대 원칙이다. 사회복지활동에 종사하는 사람들은 이러한 욕구를 충분히 고려하고 대응함으로써 좋은 인간관계를 수립할 수 있는 것이다.

이제 그 7대 원칙을 인간의 기본욕구에 관련지어 살펴보면 다음과 같다.

① 개별화 : 개인으로 대접받고 싶어하는 욕구
② 의도적인 감정표현 : 감정을 표현하고 싶어하는 욕구
③ 수용 : 존엄성을 지닌 인간으로 받아들여지기를 바라는 욕구
④ 통제된 감정적 관여 : 동정적인 이해와 반응을 받고 싶어하는 욕구
⑤ 비심판적 태도 : 어려움에 대해 비판이나 힐책을 받고 싶지 않은 욕구
⑥ 비밀 보장 : 자신의 문제를 비밀로 간직하고 싶은 욕구
⑦ 자기 결정 : 스스로 선택 결정하고 싶은 욕구

결론적으로 말하면 인간관계는 사회복지활동에 있어서 핵심적이라 할 내용이다. 특히 개별사회사업활동의 경우는 더욱 그러하다. 여기에 우리는 개별 서비스에 있어서 인간관계의 기본원칙을 살피게 되는 것인데 그 요체는 인간주의라 할 수 있을 것이다.

10 저출산의 문제 어떻게 풀 것인가*

1. 현황과 문제의 제기

지난 7월 10일 통계청이 발표한 "세계 및 한국의 인구현황"에 따르면(조선일보, 2005.7.11에서 인용) 올해 우리나라의 인구는 4,800만 명으로 전 세계 인구(64억 7,000만 명)의 약 0.7%를 차지한다(세계 25위). 합계출산율(가임여성 한 명이 평생 동안 낳을 평균 자녀 수)이 세계 평균인 2.65명(선진국 평균은 1.56명)보다 훨씬 적은 1.19명(2001년의 경우 1.30명)에 그치고 있다.

인구 규모에서 2050년이 되면 세계인구의 0.5% 수준으로 떨어져 세계 45위로 밀려나게 된다. 인구 구성은 2026년 노인인구 비율이 20%를 초과해서 초고령사회가 되고, 2050년에는 노인인구 37.3%가 되어 세계 최고령국가가 될 전망이다.(일본 36.5%, 이탈리아 34.4%)

젊은 인구의 유입이 줄면서 2016년부터는 생산 가능 인구(15~64세)가 감소세로 돌아설 것이며, 경제활동이 가장 활발한 연령인 25~49세 인구가 2007년을 정점으로 줄어들기 시작할 것으로 추정, 노동력의 부족사태가 곧 가시화될 전망이다. 또한 인구의 고령화로 부양부담이 가중된다.

종합적으로 인구경쟁력이 크게 하락한다. 보도에 따르면 올해 한국의 인구경쟁력지수는 60.7점으로 OECD 30개국 중 1위였으나 2025년에 한국의 인구경쟁력지수는 56.5점으로 낮아져 4위로 떨어지고 2050년에는 43.1점으로 OECD 30개국 중 꼴찌 수준인 27위로 추락할 것이라 한다. (인구경쟁력지수: 인구 규모, 평균 수명, 부양 비율, 생산 가능 인구(15~64세) 비율, 고령인

---

* 2005.7.22. 보건복지부 주최 · 대한가족협회 주관, 「저출산 극복 지역 간담회」, 발표자료. 수정 보완함.

구(65세 이상) 비율 등 5개 항목을 지표로 함. 동아일보, 2005년 6월 28일자, 특집 "출산율 1.19 쇼크" 참조)

2. 저출산의 원인

1) 이상 자녀 수의 감소

이상 자녀 수(잠재적 자녀 수)는 장래 출산력을 예측하는 데 필요한 핵심적 변수이다. 이상 자녀 수의 감소는 합계출산율을 떨어뜨린다.

2) 결혼연령의 상승

결혼연령의 상승으로 출산기회가 그만큼 줄어든다. 이것은 합계출산에 부정적, 즉 저출산에 긍정적으로 작용한다.

결혼연령 상승의 원인은 다음과 같다.

① 결혼 적령기의 남녀들이 결혼비용 등 재정적 부담을 자주적으로 마련하려 한다.

② 고학력화와 취업. 재학 중 결혼을 피하려 하고 취업 후 결혼을 원한다.

③ 결혼시장의 불안정. 중매인을 통한 전통적 배우자 선택의 방법이 인기가 없어지면서 중매혼이 격감하고 있으나 그에 대체할 만한 대안이 마련되어 있지 않다. 결혼시장에서의 수요공급의 괴리, 마찰적 실혼(失婚. 혼기를 놓침)이 나타난다.

④ 결혼은 필수가 아닌 '선택'으로 보는 경향이 있다. 이런 경향은 남자보다 여자에게 더 많이 나타나고 있다.

3) 출산 지연

보다 나은 생활을 영위하는 데 있어서 육아는 부담이 되기 때문에 출산을 미룬다. 이는 가족 재생산기능의 약화를 뜻한다.

4) 피임이나 인공유산에의 접근 용이성

피임이나 인공유산에 쉽게 접근할 수 있어서 '원치 않는 자녀'의 출산효과는 더욱 낮아질 것이고 이상 자녀 수를 최대한으로 하는 선에서 출산이 억제된다.

5) 비자발적 출산억제효과

① 영 · 유아 사망률의 급격한 감소. 신생아 중 성년에 이르기 전에 사망하는 경우는 2~3%에 불과하며, 이는 합계출산율에 부정적으로 작용한다.

② 신혼부부들의 출산 고령화로 가임능력기간이 축소된다.

③ 이혼 · 사별 등의 혼인상태 종료는 이상 자녀 혹은 기대 자녀 수를 낳게 될 확률을 낮춘다.

④ 생애 미혼으로 남으려는 사람들의 경향, 즉 독신주의자가 증가한다.

6) 극단적인 개인주의적 생활방식

① 이는 자녀양육에 대한 관념에 전면적 변화를 초래한다. 개인주의적 가치관이 만연되면서 육아를 즐거운 일로 생각하는 경향이 약화되고 있다고 한다. 육아는 즐거운 일이기도 하지만 괴로운 일로 생각하는 사람들도 늘고 있다.

② 자녀에 대한 노후기대경향이 감소되고 있다.

3. 대책 · 정책

정책 목표: 인구대체 자녀 수(2.1명)의 출산. 출산 안정화

정책 대안: 저출산대책은 원인별로 논의할 수도 있겠으나 그 대부분의 대책은 여러 원인에 관련되어 있어서 대책의 유형별로 분류하여 논의하는 것이 좋을 듯하다. 여기서는 최근 동아일보(2005.07.08, "출산율 1.19 쇼크" 〈10회 · 끝〉, '출산지원 이렇게 하자')가 저출산을 특집으로 다루면서 제시한 내용을 소개한다.

동아일보는 10명의 전문가(자문위원)들에게 그 중요도를 평가하도록 하여 저출산대책을

다음과 같이 3개 정책으로 분류하여 제시하였다. (수치는 5점 만점('중요하다')을 기준으로 한 점수임)

1) 여성의 노동과 양육 양립정책(4.1점)

- 출산휴가 급여를 기업주가 부담하는 대신 사회보험화(4.5점). 출산휴가 급여비를 보험금에서 지급
- 여성에 대한 노동시장의 차별 해소(4.4점). 육아휴직 때문에 여성고용을 기피하는 현상을 막기 위하여 해당기업에 세제를 지원하는 방식
- 육아휴직 활성화를 위한 급여 현실화, 대체인력 고용지원(4.1점). 대체고용 인건비에 대한 재정적 지원
- 파트타임근무 등의 노동시간 유연화(4.1점). 완전 휴직기간을 단축하는 경우의 방식
- 남성의 육아휴직 이용 의무화(3.6점)

2) 보육 관련 정책(3.5점)

- 수요에 따른 보육시설 다양화(4.4점). 제한적 시간, 요일 보육을 넘어서서 야간, 단기, 휴일 등 다양한 형태의 공보육시스템 구축
- 베이비시터 등록제도 도입(3.7점). 지역 내 보육정보센터를 두고 보육교사 자격을 갖춘 가정보육사를 등록하여 서비스하는 제도
- 직장보육시설 의무화(2.3점). 강제가 아니라 권장하고 인센티브를 주는 방식이 좋다는 의견이 있음

3) 개별적 재정지원 정책(3.4점)

- 아동수당 혹은 양육지원금제도 도입(3.9점). 출산과 양육이 사회적 책임이라는 시각
- 양육비 및 교육비 세금공제 혜택 대폭 확대(3.4점). 사교육비나 입학금을 보조해 주는 등 교육에 관련해서 재정 지원하는 방식 권장
- 출산을 연금에 가산하는 크레디트제도 도입(3.2점). 자녀 출산 시 크레디트를 받는 방식
- 주택구입비, 전월세비 지원 등 다양한 현금지원(3.0점). 아파트 분양 시 자녀 수에 따라

우선순위를 정하는 방식이 권장됨

4) 결혼 조장정책

위의 3개 정책 외에 결혼조장정책을 추가해 볼 수 있을 것이다. 결혼은 출산의 기지라고 할 수 있는 가족을 형성하는 출발점이 된다. 이 정책은 결혼지연(만혼), 비자발적 미혼 등으로 출산기회를 놓치는 것을 막아준다. 결혼한 여성은 전업주부건 취업주부건 평균 1.8명 정도의 자녀를 낳는다고 한다.

- 결혼비용 경감
- 결혼적령기의 취업기회 확대. 결혼 후 경제적 기반의 제공
- 결혼시장의 활성화

4. 참여형 저출산대책

저출산을 방지하는 대책으로 주민참여형 대책을 생각해 볼 수 있다.

이때 사회복지 실천방법인 지역사회조직(CO)의 기법을 도입할 필요가 있다. 주지하듯이 세계는 복지국가의 위기라는 상황에 처해 있다. 폭발적인 복지욕구에 국가(정부)가 막대한 재정적 과부하를 안고 있어서 국가의 실패로 끝날 수 있기 때문이다. 지역사회조직의 기법은 어떤 지역사회의 복지욕구를 그 지역사회가 지닌 자원을 최대한 동원 · 조직화하여 해결하려는 지역사회 단위의 노력인데 저출산의 문제에 이런 기법을 도입하자는 것이다. 왜냐하면 앞에서 제시한 저출산대책에서 정부가 부담하게 되는 재정은 막대할 것이고 이는 국가재정의 과부하를 더욱 가중시킬 것이며 국가의 실패를 가져올 것이기 때문이다. 이를 위해서는 지역사회가 갖고 있는 저출산상황이 어떠한가, 저출산대책의 대상이 어떻게 존재하고 있는가를 조사하고 그 대책을 위한 지역사회의 인적 · 물적 · 사회문화적 부존자원이 어떻게 분포되어 있는가를 조사해야 한다.

이 참여형 출산대책은 지역사회의 동원 가능한 자원을 활용하여 정부와 부모가 더불어 육아문제를 해결해 나가는 방식이다. 대학생이나 노인들의 자원봉사시스템을 육아에 접목

시킬 수도 있을 것이며 노인시설을 도심에 둠으로써 젊은 부부들이 시장이나 쇼핑을 위해 그 아이들을 일시적으로 맡길 수 있도록 하는 구상도 해봄직하다. 일본의 경우 출퇴근 시 아이를 맡기기 쉽도록 버스정거장 주변에 보육시설을 만들어놓는 '정거장형 보육정책'은 그 비슷한 예가 된다. '신 엔젤플랜'을 세우고 패밀리서포트센터(지역육아상호원조), 지역자녀양육지원센터(육아 상담 · 정보제공, 육아동아리 지원)를 두는 것은 또 하나의 예가 된다 할 것이다. 우리나라의 경우 방과 후나 방학 때 학교시설을 육아시설로 이용할 수 있도록 하는 것도 생각해 볼 만하다. 공동육아조합에 의한 육아문제의 해결, 정부가 지원해주는 공동육아시설에 부모가 참여하여 육아하는 방식도 있다. 직장별 혹은 직장연계 육아시설 운영방식도 있다. 충북 청원군의 경우 출산장려책의 일환으로 시행하는 공무원 자녀를 원아로 하는 어린이집 운영의 사례는 이에 해당한다. 제주의 전통에서 보는 농사의 '수눌음'(품앗이의 제주지역 방언), 축산의 '쇠번'(축산에서의 '수눌음') 같은 형식을 저출산대책과 연계하여 재생해 보는 것도 생각해 볼 만하다. 여기서 제안하는 대책은 아이디어 수준의 것으로 더욱 심도있는 연구가 있어야 할 것이다.

결론적으로 출산율 저하 상황을 비관적으로 볼 것만은 아니라고 생각한다. 중요한 것은 이상적 자녀 수 2명을 목표로 하여, 실제로 출산을 조장하는 법 제도적 · 정책적 및 사회적 여건을 조성하는 일이다. 그렇게 되면 출산율은 인구대체 수준을 유지할 수 있을 것이다.

〈덧붙이는 자료〉

1. 합계출산율 추이

1960년 6.0, 1970년 4.53, 1974년 3.58, 1983년 2.09, 1994년 1.67, 1999년 1.42, 2000년 1.47, 2001년 1.30, 2002년 1.17, 2003년 1.19.

2. 미혼율(결혼적령기 20대 여성의 미혼율) 추이(숫자는 %)

	1970년	1980년	1990년	2000년
20~24세	57	66	81	89
25~29세	10	14	22	40

3. 자녀 출산율에 대한 태도

- 기혼여성 중 '반드시 자녀를 가져야 한다'는 태도는 1991년 90.3%였던 것이 2000년 58.1%로 급감
- 자녀 출산간격이 정기화됨

4. 출산장려운동에 대한 반응

지난 3월 대한가족보건복지협회에서 발표한 '1 · 2 · 3운동'에서 내건 캐치프레이즈 '결혼 1년 안에 임신하여 2명의 자녀를, 30세 이전에 낳아 기르자'에 대한 네티즌들의 반응인즉 (한라일보, "삼각봉"; 송원옥, "다시 인구문제를…" 참조)

- '누가 안 낳고 싶어서 안 낳나?' '교육비 · 양육비는 누가 당해주나?'
- '1 · 2 · 3 · 4운동'('1 · 2 · 3운동'의 결과 40대에 파산한다.)으로 전락할 것이라는 비아냥거림
- 문제는 경제적 이유

5. 3대 출산장려정책의 세부항목

'출산휴가 급여'(4.5점), '노동시장의 성차별 해소'(4.4점), '수요에 따른 보육시설 다양화'(4.4점), '대체고용 인건비에 대한 재정적 지원'(4.1점), '파트타임 근무, 노동시장 유연화'(4.1점), '아동수당 혹은 양육 지원금제도 도입'(3.9점), '베이비시터 등록제도 도입'(3.7점), '남성의 육아휴직 이용 의무화'(3.6점) 등

6. 3대 저출산정책의 사회정책 영역에의 결부

노동과 양육의 양립정책은 노동정책으로서 여성노동정책, 보육 관련 정책은 복지정책으로서 가족복지정책, 개별적 재정지원 정책은 인구정책으로서 출산장려정책으로 각각 그 성격을 규정할 수 있는데 그 비중에서 보면 (여성)노동정책 〉 가족복지정책 〉 인구정책(출산장려정책)으로 제시할 수 있다.

그런데 위 3개 영역의 정책들은 대체로 출산과 자녀양육의 차원에 초점이 맞추어지고 있어서 출산 이전 단계, 즉 결혼정책에 관한 논의가 소홀히 다루어지는 것이 문제라고 생각다. 출산 이전 단계의 결혼조장정책에 대한 관심을 기울일 필요가 있다는 이야기이다. 결혼한 부부의 출산율은 1.8명으로 1.19명인 합계출산율을 훨씬 상회하고 있으며 인구대체수준인 2.1명에 육박하고 있음에 유의할 필요가 있다. 말하자면 일단 결혼을 하면 2명에 가까운 아이를 낳게 된다는 것이고, 합계출산율이 저하되는 원인의 중요한 몫이 결혼에 관련되어 있다는 것이다. '결혼 → 임신 → 출산 → 자녀양육'의 전 과정에서 문제가 되는 것은 출산에 따른 경제적 부담이요, 자아성취의 기회(사회활동 등) 상실이다.

7. 우리나라 지방자치단체(시 · 군 · 구)의 저출산대책 사례

- 출산지원금 지급. 충남 천안시 등 105개 시 · 군 · 구
- 출산용품 지급. 경남 고령군 등 50개 시 · 군 · 구
- 보육료 지원. 서울 전체 구 등 50개 시 · 군 · 구
- (예비)신혼부부 건강검진. 서울 중구 등 13개 시 · 군 · 구
- 양육비 지원. 부산시 중구 등 6개 시 · 군 · 구

위에서 (예비)신혼부부 건강검진을 빼고 보면 모두 출산 후의 대책들이다.

8. 싱가포르의 결혼 관련 대책

- 결혼정보회사에 가입하는 남녀에게 회비 지원
- 결혼 정보회사에 세금 감면
- 정부산하에 결혼 전담부서 설치

11 지역발전과 주민의 역할, 지역주민운동*

1. 시대환경 변화의 모습: 생활정치와 지역주민운동

1) 최근의 정치적 환경의 변화

- 대의정치의 퇴색 → 생활정치의 등장
- 정치운동으로서의 시민운동 → 사회운동으로서의 지역운동
- 권력지향성 → 생활지향성

2) 정치적 환경변화의 징후

- 지난해 대선에서 이명박 후보가 차점자보다 500만 표 이상의 압도적 차이로 당선되었으나 투표율 63%, 득표율 48.7%로 전체 선거인을 기준으로 보면 그 득표율은 30.5%로 민주화 이후 치러진 다섯 차례 대선 가운데 가장 낮은 득표율임
- 지난 몇 차례의 투표율

전국: 2000 16대 총선 57.2%

2002 제3회 지방선거 48.9%(전국규모 선거의 최저 투표율)

2004 17대 총선 60.6%(대통령 탄핵사태의 영향)

2008 18대 총선 46%, 총선의 경우 50% 미만의 투표율은 처음(최고: 제주 53.5%, 최저: 인천 42.2%)

---

* 2008. 한림주민자치위원회 특강안. 준비자료 노트.

제주: 2004 17대 총선 61.1%

2006 제4회 전국동시 지방선거 67.3%

2007 17대 대선 60.9%

2008 18대 총선 53.5%

- 2008, 이번 총선 당선자들은 50% 안팎의 득표로 당선된 경우가 많았음. 50% 미만의 투표율에 50%의 득표라면 전체 유권자 25%의 지지로 국민의 대표가 되었다는 결과임 → 다수 대표성 퇴색 → 대의민주주의에 대한 위협

3) 정치적 환경변화의 이해

오늘날 일상생활에서 나타나는 문제의 다원성 때문에 하나의 정책이나 정치적 대표를 통해서, 즉 대의정치를 통해서 해결하기에는 벅찬 것 → 생활정치 등장

사회운동에 있어서도 보편적 가치(인권, 빈곤, 자유, 평화, 환경 등)에 지향된 사회운동과 성격을 달리하는 신사회운동이 등장(미혼모, 이민, 레즈비언 · 호모, 아동, 장애인 등 수많은 소수집단 운동)

한편 시민사회가 성숙되지 못하고, 대의정치가 퇴색하고 정당체제가 허약한 상황에서는 대통령이 과격하게 정책을 추진할 때, 이에 동의하지 않고 비판하는 사회적 힘은 오직 대중운동의 형식을 통해서만 나타남. 구조적 포퓰리즘

최근의 미국 소고기 수입에서 촉발된 촛불집회의 위력은 가히 대의민주주의가 실종된 모습이라 할 만하다. 일반시민의 일상생활(식생활)의 문제의식에서 권력자의 정책결정에 반대하여 영향을 미치는 생활정치의 모습인 것이다. 이 생활문제와 관련한 대의민주정치는 설 자리가 없음

요약컨대 현실세계에서는 두 가지의 정치가 작동하고 있다. 하나는 대의제라는 제도정치를 통해 작동하는 권력정치(power politics)이고, 다른 하나는 일상생활의 다양한 이슈를 중심으로 작동하는 생활정치, 즉 기존에는 정치라고 느껴지지 않던 소소한 생활문제들에 관련해서 일반 대중이 의사결정과정에 참여하고 실천하는 정치이다. 이는 평범한 대중, 시민, 주민을 정치적 주체(풀뿌리. grassroot)로 삼아 사회를 근본적으로 변화시킨다는 점에서 '풀뿌리민주정치'라 한다.

일상적으로 보면 풀뿌리민주정치는 지역주민운동을 통해 실현된다고 볼 수 있다. 대표에

의한 권력정치를 제도정치라 한다면 생활정치, 풀뿌리정치는 주민에 의한 비제도적인 정치라 할 수 있고 지역주민운동의 모습으로 나타난다.

지역발전의 차원에서 보면 권력지향성 정치운동으로서의 시민운동이 아니라 생활지향성 사회운동으로서의 지역(주민)운동이 강조된다. 종래의 시민운동으로 지역주민의 다양한 삶의 욕구를 충족하기에는 역부족이기 때문이다.

2. 지역발전의 두 형태

1) 전통적/대안적 지역발전

전통적인 지역발전, RD(지역개발. Regional Development): 외생적 · 물리적 성장. 경제성장의 물리적 계획을 수립하고 투자 자본을 끌어들여 지역의 물적 성장을 이룩하려 함

대안적인 지역발전, CD(지역사회개발. Community Development): 내생적 지역사회 개발. 지역사회 내부의 자원을 최대한 동원하는 방식으로 기존의 지역공동체를 유지하면서 주민의 삶의 질을 향상시키려는 노력

전자(RD)는 지역공동체의 해체를 가져오는 것이지만 후자(CD)는 지역공동체의 조성을 도모함

2) 대안적 지역발전의 모델

대안적 지역발전의 모델 중 하나는 지역 거버넌스(local governance. 지역 협치(協治)에 의한 발전모델)

지역협치란 지역발전의 목적달성을 위해 제도화된 공공부문(중앙 및 지방정부) 외에 민간부문의 여러 행위자들(기업, 대학, 시민단체, 노동조합 등 다양한 이해집단과 주민조직)이 참여하는 다양한 행위주체들 간의 협력체제를 의미한다. 지역사회협약은 지역거버넌스 창출의 기제이다.

지역의 생활정치를 강화하기 위해서는 풀뿌리조직이 육성되어야 하는데 주민자치위원회는 그런 성격을 갖는 중요한 조직이라 할 수 있다. 또한 지역발전에 사회적 자본으로서 중

요한 역할을 한다.

기타 지역사회 사회자본의 구성요소로는 자발적 결사체망, 사회적 신뢰, 호혜의 규범 등이 있고 이들 사회자본은 서로 연관되어 지역에 내면화(embedded)된다. 예를 들어 한 지역의 주민 자체가 상호 중첩된 관계망으로 연결되어 있다면 주민들 간 정보의 흐름이 용이해지고 평판(reputation)을 확대함으로써 규칙위반자에 대한 제재효과를 거둘 수 있다.

대안적 발전은 주민의 참여와 연대 그리고 생태환경을 지향하는 지역발전모델로써 그 전제조건은 다수 지역주민의 삶의 조건 개선이다.

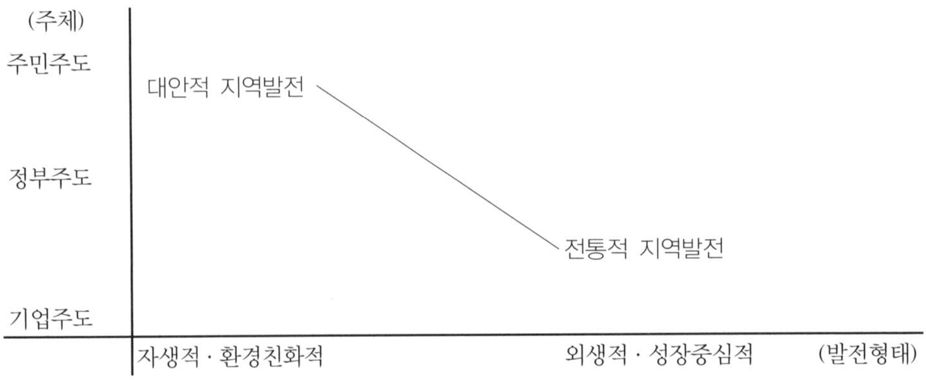

3. 지역경제와 관련 있는 지역발전의 몇 가지 대안적 시도들

1) 동네경제 살리기, 재래시장 활성화 운동: 대전 경실련의 사례

대전 경실련은 2002년부터 지역 내 상품판매 등 주민을 상대로 서비스를 제공하던 동네 단위의 경제구조(슈퍼, 재래시장)가 급격하게 몰락하는 현실을 막고, 동네경제의 활성화를 통한 지역경제의 활성화를 추구하는 '동네경제 살리기 운동'을 전개함

① 대형 유통업체에 대한 사회적 통제 강화: 대형 유통업체의 불공정 거래, 과대광고 등에 대한 감시운동과 엄격한 제재요구 운동

② 동네경제 지원대책 요구: 재래시장이나 주거지 주차장 건설 등 동네 인프라 구축을

촉구하고 동네 경제에 대한 재정적, 경영적 지원을 요구하는 활동

③ 동네경제 살리기 시민캠페인: 동네가게 및 재래시장 이용하기 캠페인, 홍보활동 등

④ 매력적인 동네가게 만들기 운동: 전문가 그룹을 통한 지속적인 자문이나 정책적 지원 등을 전개하며 참여업체들이 서비스 이용환경 개선에 대한 노력을 통해 시민이 찾는 업소를 만들어가는 활동

대전 경실련은 2004년 9월, 2005년 2월에 명절을 맞이하여 '정겨운 동네가게 이용하기' '제수용품은 재래시장에서'라는 주제로 캠페인을 벌인 결과 그 시기 재래시장의 매출이 30% 이상이 늘어났음이 드러났다. 그리고 2005년 1~2월엔 동네가게와 재래시장의 명절 선물세트 기획전을 기획하여 대형 유통점과 동일 상품을 저렴한 가격으로 판매하는 등 동네매장의 이용을 늘리는 데 기여하였다.

아울러 2004년에는 4월과 11월에 2차례의 토론회를 개최하여 소외된 원도심과 지역경제 활성화의 필요성을 이야기하고 집중적인 문제제기와 대응책 마련에 힘을 기울였다.

또한 2004년 하반기부터 동네매장의 경쟁력 강화를 목적으로 리모델링 지원사업을 하고 있다. 리모델링 지원사업은 2005년 들어 4개의 점포를 새롭게 개장시켰으며, 소비자를 재래시장으로 다시 유입시키는 효과를 가져오고 있다. 리모델링 전과 비교해 봤을 때 시장 내 유동인구도 늘고 주변 상가의 매출도 증가하고 있다.

2) 대안적인 경제 시도: 한밭 레츠(대전)

1999년부터 대전 지역에서 시작된 지역품앗이 한밭 레츠(LETS)는 공동체 화폐인 '두루'를 통하여 서로의 삶을 나눈다. 식 · 의 · 주 기본 생활을 영위하기 위한 거래는 물론 의료, 재활용, 교육, 서비스 등 다양한 형태의 노동과 재화를 교환하고 때로는 감사와 축하의 마음을 전달할 매개체로 '두루'를 사용한다. 우리나라에는 두레, 품앗이, 울력, 계가 있어 오래전부터 서로 돕고 보살피고 나누고 협동하는 풍속을 가지고 있었다. 한밭 레츠는 이를 오늘의 현실에 맞게 재구성한 다자간多者間 품앗이라고 할 수 있으며 이러한 현대화된 시스템은 지구촌 각지에서 3,000여 개가 활약 중인 것으로 알려져 있다.

한밭 레츠에는 500명이 넘는 시민이 참여하여 매년 2,600여 건의 거래를 하고 있다. 또한

한밭 레츠를 통해 형성된 관계를 통하여 대전 민들레 의료소비자 생활협동조합(민들레의료생협), 12년제 대안학교인 대전푸른숲학교가 이미 만들어지기도 했다.

■ 레츠란?

레츠(LETS)는 'Local Exchange and Trading System'을 의미한다. 국가나 은행이 발행한 화폐를 사용하지 않고 지역사회의 주민들끼리 물품과 서비스를 주고받는, 연대에 기초한 자립적 생활방식이라고 할 수 있다.

3) 협동조합운동: 원주

원주 지역은 한국 협동조합운동의 뿌리라고 할 수 있다. 그만큼 신협, 한살림, 생협, 공동육아, 나눔의 집, 의료생협 등의 협동조합운동이 활발하게 전개되어 왔다. 이러한 협동조합운동들은 2003년 6월 5일 개별 협동운동조직의 네트워크를 통해 풀뿌리에 기초한 지역사회의 근원적인 변화를 이루고자 원주협동조합운동협의회를 창립했다. 원주협동조합운동협의회는 생명사상에 기초하여 협동과 자치라는 기본이념을 공유하는 8개 협동조합운동조직이 참여하고 있다.

원주 지역 협동조합운동은 "진정한 지역운동은 지역자립의 경제기반을 마련하는 일과 지역 자치운동을 결합할 때 가능하다"라는 사고에 기반하고 있다. 경쟁과 성장, 규모화와 효율성을 중시하는 신자유주의 구도하에서 주민의 참여에 의한 협동적이고 공동체적인 비영리 사업체들을 지켜가는 것은 지역운동의 초석을 다지는 일이다. 원주 지역은 이러한 활동을 지속적으로 진행해 왔으며 현재 각종 협동조합에 참여하는 조합원들은 2만여 명에 이르고 있다. 이들은 각 조합의 의사결정구조에 참여하면서 민주주의 기본원리를 체득해 왔으며, 그 결과 계속해서 새로운 운동을 추진하는 동력이 되고 있다.

이런 원주 지역 협동조합운동은 양극화로 인해 빈곤층이 확산되고, 영세상인들이 몰락하고 있으며, 지역농업이 급속히 몰락하고 있는 현 상황에서 더욱 주목받고 있다.

원주 지역 협동조합들은 원주협동조합운동협의회를 구성하고, 생명이 살아 숨 쉬는 녹색도시, 대안사회의 실현을 꿈꾸고 있다. 이들은 상호 간의 긴밀한 네트워크를 통해 거대자본에 대항하는 주민참여의 지역경제 활성화를 꾀하고 있다. 또한 자연생태계와의 조화를 이루는 그린비즈니스를 확대하여 생명의 도시에 걸맞은 산업시스템을 갖추는 것을 꿈꾸고 있다. 그리고 협동경제의 이윤은 지역복지의 개선을 위해 환원시켜 진정한 지역공동체 건설을 위해 노력할 예정이다.

원주협동조합운동협의회는 협동조합의 공동신문인 월간 「원주에 사는 즐거움」을 발행하고 있기도 하다.

4) 대안적 지역발전의 길은 무엇인가

대안적 지역발전은 내생적(내발적) 발전으로서, 외래형(외생적) 발전과는 반대되는 개념이며 ① 지역주민이 능동적 주체가 되어 ② 지역에 있는 자원, 기술, 인재, 문화, 시장 등 여러 가지 자원을 활용하여 복합적인 경제를 육성하고, ③ 그것들의 네트워크를 이룩함으로써 환경보전과 함께 생활의 질을 향상시키는 종합적인 지역발전을 의미한다.

내발적 발전이라는 개념은 기존 지역개발방식의 지배적 패러다임이었던 국가주도 외래형, 하향식 개발방식의 성과에 대한 의문과 문제점에 대한 자각에서 제기된 것이다.

4. 대안적 지역발전의 주체로서의 주민과 주민운동: 풀뿌리운동

1) 풀뿌리 주민운동의 의의

- 지역주민운동, 풀뿌리정치운동은 과잉된 권력정치, 생활주체를 수동적으로 만드는 정치를 대체하는 정치운동이다. 자기 목소리를 잃어버린 사람들에게 목소리를 돌려주는 과정이 바로 풀뿌리정치운동이다. 정치의 장에서 목소리를 잃어버린 대중, 시민, 주민이 '능동적인 주체'가 되도록, 주체임을 망각한 사람들에게 다시 그 주체성을 부여하는 것이 풀뿌리정치운동이다.
- 풀뿌리운동은 "권력을 갖지 못한 일반 대중이 스스로 삶의 공간에서 집단적 활동을 통해 자신의 삶과 삶의 공간을 변화시키고, 더 나아가 우리 사회와 세상을 근본적으로 변화시켜 가려는 의식적인 활동"이다.

- 풀뿌리운동은 소수의 전문가나 활동가들에 의해 수행되는 운동이 될 수 없다. 또한 이는 대중(풀뿌리) 친화적인 소수 엘리트들의 권력 장악을 통해 수행될 수 있는 것도 결코 아니라는 말이다.
- 중요한 것은 운동의 주체다. 풀뿌리운동의 일차적 과제는 운동의 주체를 조직하고 형성하는 것이라 볼 수 있다. 풀뿌리운동의 주체는 자기 삶의 문제에서 출발하는 평범한 사람들, 주민들이다.
- 지역사회운동에 있어서 풀뿌리운동은 지역주민들의 조직화라는 활동방식을 무엇보다 중요하게 상정해야 한다.
- 풀뿌리운동이 특히 지역사회에서의 운동을 중요시하는 이유는 지역사회의 권력행위, 정치적 의사결정과정이 삶과 밀접한 문제를 다루고 있기 때문이다.
- 풀뿌리운동이라 볼 수 있는 흐름은 지역복지, 여성, 환경, 보육, 교육, 청소년, 협동조합, 마을 만들기, 문화운동 등 다양한 영역에 걸쳐 있다.
- 대의제 민주주의의 병폐를 극복하는 것도 풀뿌리운동의 과제 중 하나인 것 같다. 또한 '삶'과 '정치'의 이분법적 구분을 넘어서서 삶의 문제들을 사회적 · 정치적 의제로 만들어내고 공론화하는 것은 여전히 과제인 것 같다.

2) 풀뿌리주민운동의 유형

① 지역현안(이슈)에 대한 대응

풀뿌리시민운동의 가장 기초적인 유형. 철거 등 개발과 같은 이슈에 대한 주민들의 저항, 조직화 운동

사례: 〈무등산 공유화 운동〉 〈고양시 노래하는 분수대 건립 저지 활동〉 〈부산시 북구 덕천교차로 하나은행 앞 횡단보도 복원운동〉 〈주민발의 조례제정을 통한 공공병원 설립운동〉 등

② 마을 만들기

주민들의 욕구에 기초하여 삶의 공간을 보존하고 만들고 재구성

사례: 방치된 지역시설을 주민들의 생활공간으로 만든 〈주민 참여형 삶터 가꾸기 '가고 싶은 놀이터' 만들기〉, 지역의 녹지를 지키기 위한 〈반딧불이 자연학교 운

동〉, 패총이라는 문화유산을 거대한 기업, 대학과 맞서 지켜낸 〈문화유적 보존운동〉, 임대아파트를 분열과 고립, 차별과 소외의 공간이 아니라 저소득층을 위한 살 만한 주거공간으로 거듭나게 한 〈살맛나는 임대아파트 공동체 만들기 운동〉, 공단지역에서 노동자들의 건강권을 지키기 위한 〈노동안전보건활동〉, 문화적 혜택이 적은 지역에서 어린이들을 위한 〈마을 어린이도서관 만들기를 통한 지역공동체 형성운동〉과 〈우리 아이들에게 희망의 도서관을 만들어 주세요〉 〈마을마다 어린이도서관 만들기를 통한 생활공동체 기반구축〉, 일반적인 생태교육과 다르게 중산층이 아닌 장애인 · 저소득 청소년 · 노인 등 소외계층을 대상으로 한 〈자연 속에서 사회소외계층과 함께 더불어 사는 세상 만들기〉, 소출력 방송을 통해 장애인 부모들의 아픔을 나누고 더블어 사는 공동체를 만들어가는 〈성서공동체 FM '담장을 허무는 엄마들'〉, 이민국가인 한국 사회에서 이주자들을 대상으로 한 〈이주민 공동체와 함께 열어가는 다문화 지역공동체〉, 지역네트워크와 인큐베이션 강화를 시도한 〈즐거운 멤버〉, 녹색 마을가꾸기 및 지역사회 현안 참여활동을 해 온 〈주민과 함께해 온 신모라지역 마을만들기 운동〉, 건강을 주제로 마을 공동체를 만들어가는 〈지역주민들이 만들어가는 건강마을만들기〉 등

③ 지역 권력에 대한 감시와 참여

일상적인 주민들의 요구를 관철함

사례: 〈주민소환제 조례제정 운동〉 〈장애인 편의시설 사전점검 조례제정〉 〈도시계획 조례 개정 운동〉 등의 조례 제 · 개정 운동, 〈행정과 의정 감시운동〉 〈지역자치 실현을 위한 의정참여 활동〉 등은 주민참여를 통해 지역의 풀뿌리민주주의를 지키고 키워나가는 풀뿌리시민운동의 사례들이다.

④ 지방정치에 대한 참여

정책결정에 대한 주민들의 참여

사례: 2002년 지방선거의 〈녹색평화당〉 창당, 환경연합의 〈녹색자치위원회〉의 녹색후보, 그리고 2006년 지방선거의 〈초록정치연대〉의 출마 등

2006년 지방선거에서는 초록정치연대, 구로시민센터, 군포풀뿌리정치연대,

도봉시민정치네트워크 무지개 등 시민단체가 〈풀뿌리 · 초록정치네트워크 5.31 공동행동〉을 결성하여 21명의 후보가 출마했으나 2006년 지방선거부터 기초의원까지 정당공천제가 도입되면서 1명밖에 당선되지 못한 결과가 나왔다. 〈동북여성민우회〉는 음식물쓰레기의 재활용을 비롯하여 지역의 문제를 해결하고, 2002년 지방선거에서 당선자를 냈다.

⑤ 대안운동

공공부분에서 해결하지 못하는 주민들의 욕구에 대해 주민들 스스로가 대안을 만들고 실행

사례: 먹거리를 해결하는 생협에서 생활개혁과 대안사회의 모델로 발전시켜 나가는 〈협동과 자치에 기초한 생명의 도시 만들기〉, 내 아이가 아닌 다른 아이들도 어떻게 하면 함께 건강하게 키울 수 있을까를 생각하며 실천하는 〈품앗이로 아이를 함께 키우는 마을 만들기〉, 지역의 경제(농업)와 아이들의 건강한 먹거리를 같이 해결하고자 하는 〈친환경 우리 농산물 추진운동〉, 대형할인마트 등이 소규모 상업을 몰락시키는 상황을 극복하기 위한 〈동네경제 활성화를 통한 지역경제 살리기〉 등

3) 풀뿌리운동의 특징

- 풀뿌리운동은 주민을 위한 운동이 아니라 주민과 함께 가는 운동이다.
- 풀뿌리운동은 주민의 구체적인 조건에서 시작하고 주민에 대한 지나친 낙관도, 비관도 전제하지 않는다. 상식에서 시작해 주민이 전체적인 사회구조를 깨달을 수 있도록 지원한다.
- 풀뿌리운동은 활동가와 주민의 상호 이해 및 신뢰관계에서 형성된다. 삶의 터전을 실제로 변화시키는 것은 활동가가 아니라 주민들이다.
- 활동가는 주민을 끌어가는 지도자가 아니라 주민이 세계를 이해하고 변화시킬 수 있도록 지원하는 역할을 한다.
- 활동가는 새로운 지도자를 기르는 역할을 해야지 스스로 지도자가 되면 안 된다.
- 풀뿌리운동은 느린 운동이다.

- 풀뿌리운동은 '지역'보다 '삶의 공간'으로 정의되어 '폭넓은 의미의 지역운동과는 구분'되고 있다. 풀뿌리운동은 지역을 기반으로 삼기는 하지만 단순히 지역에서 활동한다는 이유만으로 풀뿌리운동으로 정의되기는 어렵다. 단순히 지역이라는 물리적인 공간으로만 풀뿌리운동을 정의하는 것은 곤란하다고 하겠다.

  그리고 풀뿌리민주주의는 바로 이런 풀뿌리운동이 실현하는 민주주의다.

5. 대안적 지역발전의 사례: '살기 좋은 마을 만들기'

1) '마을만들기'란 무엇인가

우리 사회에서 최근에 마을 만들기라는 용어가 지역사회의 중요한 실천으로 고려되는 이유는, 지역주민들이 지역사회의 주인으로서 자신들이 살고 있는 곳을 스스로 살기 좋은 곳으로 변화시킬 필요성이 제기되고 있기 때문이다. 그것은 지금까지 지역사회의 주인인 주민들이 정작 주인으로 대접받지 못하고, 또는 주인으로서의 권리와 책임을 가지지 못하고, 지역사회의 변화와 발전에 수동적인 존재로 전락했던 것에 대한 반성에서 기인한다. 즉 지역사회 운영의 주체는 행정 또는 정치권력을 지닌 소수였고, 주민들의 경우 기껏해야 이들이 세워놓은 계획에 대해 반대 또는 일방적 요구만을 하는 것에 불과했다는 반성이 제기된 것이다.

이러한 반성은 수동적인 참여로는 주민들이 원하는 지역사회, 마을이 결코 형성・발전되지 않았다는 것에 근거를 두고 있다. 그런 점에서 마을 만들기는 주민 스스로 지역사회의 발전을 주도하려는 시도라 할 수 있다. 이는 비로소 지역사회의 주인이 주인으로서의 자기 모습을 찾아가는 과정이라 할 수 있다. 즉 마을 만들기는 지역주민들의 자발적인 참여에 의해 마을을 주민의 입장에서 건설하겠다는 것이다.

그런데 마을 만들기는 이러한 과정을 통해 정이 흐르는 공동체, 즉 '마을'을 만든다는 뚜렷한 목표지향이 있다. 그런 점에서 마을 만들기는 주민들의 자발적 참여, 주민들 스스로에 의한 대안 만들기, 그리고 이를 통한 마을의 형성이라는 목적을 실현하는 과정으로서 의의를 가진다. 즉 마을 만들기에서 주민들에게 생활의 편익을 가져다주는 특정한 물리적 시설을 만들거나 개선하는 것은 그 자체의 의미에 국한되지 않는다. 이러한 실천활동을 통해 주민들은 참여의 기쁨과 성과를 느낄 수 있게 되고, 또한 그 과정을 통해 함께 살아가는 이웃 간의 관계를 공동체적으로 긴밀히 할 수 있으며, 결국 자신들의 지역사회를 살고 싶은 마을로 인식하고 변화시키려는 의욕을 불러일으킬 수 있다는 의의를 갖는다.

이러한 마을 만들기에 있어 가장 중요한 것은 만들어야 할 대상으로서의 마을이 아니라, 마을 만드는 주체를 형성하는 일이다. 왜냐하면 만들어야 할 마을의 가장 중요한 요소가 그 주체들 간의 공동체적 관계이기 때문이다. 따라서 지역사회에서 주민들의 참여를 활성화하고, 참여하는 주민들의 공동체 및 자치의식을 고양시키는 것은 마을 만들기의 가장 중요한 핵심적 내용이다.

2) 마을 만들기의 가장 대표적인 사례

대구 삼덕동의 '담장 허물기' 사업이 있다. 이 사례는 전국적인 모범사례로 인정되어 여러 지방자치단체에서 주도적으로 담장 허물기 사업을 시행하는 계기가 되기도 했다.

서울시 구로초등학교의 학부모들을 중심으로 한 안전한 통학로 만들기 사업, 어린이들이 접근하기 힘든 환경으로 변해버린 서울시 강북구 미아3동 한빛놀이터와 은평구 갈현1동 갈곡리 공원을 주민들의 손으로 어린이들에게 되돌려준 사례도 모범적인 것으로 꼽을 수 있다.

경기도 성남시에서는 '맹산반딧불이 자연학교'를 통해 시민들이 맹산을 생태공원으로 조성하는 사업에 직접 참여하였으며, 내셔널트러스트 운동을 통해 그 부지를 직접 매입하여 지속적인 생태공원으로 운영·유지하려는 계획을 실천하고 있다.

이러한 마을 만들기의 소재는 단순히 물리적 시설을 만드는 것에 국한되지 않는다. 마을의 문화나 역사를 주민 스스로 만들고 복원하는 것도 공동의 유대감을 형성하는 데 기여할 수 있는 좋은 마을 만들기 기제라 할 수 있다.

광주광역시의 YMCA에서는 아파트에 사는 아이들을 중심으로 아파트 단지 내에서 1박 2일 캠프를 진행하면서 우리 아파트 내의 문제와 등·하굣길 주변 우리 동네의 문제들을 어른들과 공감할 수 있도록 하는 마을 만들기 프로그램을 진행하였다. 이 프로그램은 첫째 날, 아이들 서너 명이 조를 이루어 우리가 사는 아파트를 중심으로 한 동네를 돌아다니면서 사진이나 그림, 글로 우리 동네의 문제점, 바뀌었으면 하는 점들을 조사·기록하는 것부터 시작한다. 그날 저녁식사 시간에는 캠프에 참여한 아이들이 조별로 식사를 준비한 후 각자의 집으로 돌아가 부모님을 저녁식사에 초대한다. 저녁식사를 하면서 어른들은 자연스럽게 이웃과 인사를 나누게 되고, 낮에 아이들이 조사·기록한 우리 마을의 모습을 어른들과 이야기하면서 개선방안들을 찾는 이야기 등을 나눈다. 그리고 이튿날 아침에는 신문이나 포스터의 형태로 우리 마을 이야기를 만들어 아파트와 동네 곳곳에 게시한다.

경기도 안산시의 한 농촌마을에서 마을 만들기를 실천하기 위해 주민들을 만나던 일군의 전문가와 학생들은 주민들과 대화하면서, 이곳에서 필요한 마을 만들기의 실천이 어떤 물리적 시설을 만들기보다는 주민들이 공통으로 간직하던 과거의 공동체적 기억을 되살리는 것에서 시작되어야 한다는 점을 깨달았다. 이 마을을 살고 싶은 마을로 만드는 데 있어 가장 중요한 것이 바로 그러한 공동체적 기억을 되살리고 이를 통해 주민들의 관계를 복원하는 것임을 주민들과의 공동작업을 통해 확인하였기 때문이다.

최근의 사례는 이러한 경향이 더욱 높게 드러나는데, 미아3동 어린이놀이터를 어린이들에게 돌려주기 위한 사업은 처음부터 주민들의 모임을 통해 조직적으로 이루어졌다는 특징이 있다. 따라서 놀이터를 개선한 후에는 어린이들이 참여한 '내가 가고 싶은 놀이터 그리기' 대회를 열고, 개선된 놀이터에서 '한밤의 영화제'를 상영하였으며, 갈곡리 공원에서는 마을축제를 진행하였다. 이러한 사업들은 일회적인 것으로 끝나지 않고 정기적으로 이루어지면서 또 한편으론 새로운 활동 모색의 단계를 거치는데, 그 가장 큰 이유는 마을 만들기에 참여한 주민조직이 물리적 시설 개선 이후에도 건재하기 때문이다.

마을 만들기에 있어서도 일회적인 물리적 공간을 설치·개조하는 데 그치는 경우와 일단 조성된 공간을 통해 주민들의 지속적인 참여가 이루어지는 경우로 나눌 수 있다. 그 차이는 주민조직(공동체)의 유무와 관계가 깊다. 아무래도 행정의 주도하에 이루어지는 양지공원과 같은 사례는 물리적인 시설의 개선과 이를 통한 마을의 공동체적 환경의 변화에 기여하는 바는 크나, 주민조직(공동체)이 형성되어 있지 않음으로 해서 지속적인 주민들의 참여와 변화의 계기로 작용하기는 다소 미흡하다. 반면, 주민조직(공동체)을 통해 마을 만들기가 이루어지는 경우에는 그 주민조직을 통해 지속적인 활동이 고민되고 실천된다. 따라서 비록 물리적인 마을 만들기라 하더라도 조직적이고 자발적인 주민들의 참여가 전개될 때 마을 만들기는 일회적인 물리적 시설의 건설을 뛰어넘어 주민 공동체운동으로서의 의미를 발전시킬 수 있게 된다. 이는 마을 만들기가 비록 물리적인 공간의 조성이라는 이슈로 시작된다

하더라도 주민을 공동체로 묶어 세우는(주민조직화) 과정을 거치는 것이 중요하다는 것을 의미한다.

3) 누가 주도하고 실천하는가

마을 만들기는 누군가 다른 사람들이 주민들을 위한 생활환경을 만들어주는 것과는 다른 개념이다. 앞에서 누누이 언급한 바와 같이, 마을 만들기는 그 마을을 이루고 살아가는 주민들이 자신들의 마을을 스스로 만들어나가는 과정을 의미한다. 즉 '주민을 위한' 실천이 아닌 '주민의' 직접적인 실천을 의미한다. 어차피, 누가 마을을 만들어서 주민들에게 줄 수는 없는 것이기 때문이다.

그런 점에서 행정과 외부의 전문가들이 주민들을 '위해' 만들어주는 마을은 진정한 마을일 수 없다. 그것은 마을이라기보다 마을에 필요한 몇 가지 편익시설 등이라 할 수 있겠다. 하지만 지금까지의 경험을 통해 볼 때도, 외부의 누군가에 의해 주민들에게 일방적으로 제공된 것들은 시설 그 자체로만은 편익성을 누릴 수 있지만, 주민들의 마을을 만들어가는 과정으로는 별로 성공적이지 못했다.

예를 들어, 전농동의 차 없는 골목 만들기 사업의 경우 동장의 적극적인 의지가 반영되어 성과를 거두기 시작했으나, 동장의 의지에 비해 주민들의 의지는 비교적 수동적이었다. 이에 동장이 바뀌자 이 사업은 중단되고 말았다. 이렇듯 마을 만들기에서는 마을 사람들을 주요한 주체로 명확히 설정하고, 이들이 주체로서 가장 중추적인 역할을 하도록 만드는 작업이 가장 중요하다. 그러기 위해서는 실천의 구체적인 소재가 주민들의 욕구로부터 출발할 필요가 있다.

마을 만들기에 있어 전문가와의 역할분담도 잘 고려될 필요가 있다. 전문가들의 경우, 우선 주민 중에서 찾을 필요가 있다. 경우에 따라서는 외부 전문가의 도움이 필요한 경우도 있다. 하지만 '전문가주의'는 철저히 주의해야 한다. 전문가는 각자의 특정 분야에 대해서만 지식과 기능이 전문적인 사람이라는 뜻이다. 전문가들이 주민들의 욕구를 대신해 줄 수 있는 것은 아니다. 하지만 우리 사회에서는 전문가에 대한 환상이 다분히 강한 편이다. 따라서 전문가주의에 빠질 위험이 많은 것이 사실이다. 여기서 전문가주의란 전문가들이 자신의 전문분야를 통한 부분적 지원이 아니라, 특정 활동의 전 과정을 주도하려는 경향 또는 그러한 역할을 기대하려는 경향을 말한다. 일반적인 마을 만들기에 있어 전문가들의 가장 중요한 역할은 주민들의 자발적인 토론을 이끌어내기 위한 프로그램의 기획, 주민들의 다양한 의견을 실천 가능한 계획으로 정리하기 등이다. 하지만 전문가들에게 너무 많은 것을 기대하면, 오히려 주민들은 수동적인 존재로 전락할 수 있다.

마을 만들기에 있어 행정과의 관계도 중요하게 고려할 문제이다. 물론, 경우에 따라서는 행정과의 관계를 고려할 필요 없이 주민들 스스로 할 수 있는 실천들이 많이 있을 수 있다. 그러나 많은 경우 행정과의 긴밀한 관계는 매우 중요하다. 왜냐하면 행정 존재의 목적은 주민들의 쾌적한 삶과 생활을 지원하기 위한 것이기 때문이다. 그리고 무엇보다도 행정은 주민들의 자발적 실천에 있어 매우 유용한 지역사회 자원이다. 하지만 마을 만들기의 실천은 이러한 행정에 지나치게 많은 권한과 책임을 부여하지 않는다. 행정의 역할은 역시 마을의 구성원들을 보조 · 지원 · 지지하는 역할을 요구받고 수행해야 한다. 따라서 행정과의 관계는 명확한 역할분담과 함께 평등한 파트너십을 전제로 해야 할 것이다. 물론, 이 과정에서 주민 주체세력이 없다면, 평등한 파트너십도 당연히 성립될 수 없다.

결국, 마을 만들기는 주민들이 자신들의 생활환경을 바꾸어 나가고 자신들의 고유한 문화와 역사 등을 찾아내고 공유하는 과정을 통해 상호 간의 끈끈한 공동체적 관계를 만들어 나가려는 과정이요 방법이기도 하다. 즉 마을 만들기는 주민들의 자발적인 참여를 통해서 지속적으로 이루어지는 실천과정을 중시한다. CD(Community Development)의 원리, 우리나라 새마을운동의 원리를 생각해 보면 좋을 것이다.

4) 어떤 원칙과 과정이 필요한가

마을 만들기는 매우 실천적인 개념이므로 가장 중요한 것은 어떻게 실천할 것인가이다.

무엇보다도 마을 만들기를 실천할 주민들의 모임을 형성하는 것이 중요하다. 마을 만들기는 혼자 할 수 있는 일이 아니기 때문이다. 그 주체들의 개방성이 항상 견지되어야 한다. 즉 누구든지 자신의 욕구에 따라 그 실천에 참여할 수 있도록 배려해야 하며, 실은 보다 많은 주민이 참여할 수 있도록 의도적인 프로그램을 고려하는 것이 현실적이라 할 수 있다.

이를 위해서는 새롭게 만들거나 가꾸고자 하는 것이 주민들의 이해와 욕구에 부합해야 한다. 주민들의 욕구로부터 구체적인 실천이 이루어져야 한다.

자신들의 욕구를 실현해 나가는 과정이야말로 주민들의 자발적이고 주도적인 참여를 견인할 수 있다는 점을 감안하면, 마을 만들기의 출발은 당연히 주민들이 자신들의 욕구를 쏟아내는 장을 마련하는 것으로부터 시작되어야 한다.

욕구 파악의 구체적인 방법은 다양하게 고안할 수 있을 것이다. 예를 들면 주민들이 모여 자신들의 욕구를 쏟아낼 수 있는 워크숍을 개최할 수도 있고, 소위 디자인 게임이라 불리는 프로그램을 진행할 수도 있다. 그리고 자신들이 살아가는 지역사회를 관찰하는 워킹 프로그램 등을 통해서 주민들의 욕구를 파악할 수도 있고, 어린이들이나 청소년들의 글짓기, 그림그리기 등을 통해서도 이와 같은 욕구를 파악하고 정리할 수 있다.

어떤 식의 프로그램을 실시하던 간에 중요한 것은 주민들이 자신과 이웃의 욕구로부터 상호 공감대를 형성할 수 있고, 그래서 자연스럽게 그 문제를 어떻게 해결해야 하는지를 함께 고민할 수 있도록 만드는 것이다. 다른 이들이 조사한 결과로 주민들을 설득하려는 것은 벌써 주민들을 실천의 주체로 만들기보다 설득의 대상으로 만드는 결과를 낳기 쉬우며, 이는 내가 아닌 다른 누군가가 자신들을 위해 그 일을 해줄 것이라는 잘못된 기대를 낳곤 한다.

주민들의 욕구는 단순히 물리적인 환경에 국한되지 않는다. 주민들의 일상생활로부터 도출되는 욕구는 물리적인 환경의 변화일 수도 있고, 때로는 개별화 · 익명화된 도시에서의 삶을 더욱 공동체적인 관계가 풍만한 삶터로 바꾸려는 것일 수도 있다. 따라서 마을 만들기에 있어 중요한 것은 마을의 주민들이 과연 어떠한 대상을 어떠한 내용으로 변화시키고자 하는가를 스스로 말하게 하는 것이다.

이런 과정을 거쳐 주민들이 만들거나 가꿀 대상을 구체적으로 확정하고 스스로의 참여를 통해 실천사업을 진행하는 것이 마을 만들기의 실천에 있어 가장 중요한 원칙이라 할 수 있다.

마지막으로 언급하고자 하는 또 한 가지는, 마을 만들기가 갖는 사회적 영향력에 관한 것이 고려되어야 한다는 것이다. 마을 만들기는 자신들의 마을을 만들어가려는 것이지만, 결국 이러한 노력은 우리 사회를 변화시키는 사회운동으로써 작용해야 한다는 것이다. 내가 사는 곳을 살고 싶은 마을로 만드는 과정은 우리가 살아가는 이 세상을 변화시키는 힘으로 점차 그 외연과 내용을 확대해 나가야 한다는 것이다.

참ㅣ고ㅣ자ㅣ료

풀뿌리자치연구소 지역비전만들기 기획위원회, 『지역을 변화시키기 위한 비전 만들기 참고 자료집』, 2005.

이호(한국도시연구소 책임연구원), 「살고 싶은 마을 만들기」, 워크숍 발제문, 풀뿌리자치연구소, 2006.

12 '성불'(成佛): 새로운 천년(AD 2000년대) 인류문명사적 화두(話頭)*

1. 왜 '성불'(成佛)을 말하려 하는가

불교의 신앙생활에서 흔히 주고받는 인사말에 '성불하십시오'라는 말이 있다. 이 글은 이런 평범한 인사말에서 '성불'한다는 것이 무엇을 의미하는지를 살펴보고 그 불교 교리로서의 인류문명사적 의의를 논의하려 한다.

인류문명의 큰 흐름 속에서 종교의 문명사적 의의는 막중하다. 세계 3대 종교로 기독교, 이슬람교, 불교를 들고 있는 터이지만 그중에서도 가장 큰 비중을 차지하는 종교는 기독교이다. 기독교(헤브라이즘)는 과학(헬레니즘)과 결합되어 서양문명의 근간을 이루면서 유럽사, 근대문명에 이르러서는 세계사의 흐름에 지대한 영향을 미쳤다. 특히 서구 근대화의 정신적 기저를 이루고 자본주의 발전에 선도적 역할을 하였다.

그러나 종교적(기독교적) 우월의식은 서구세력의 세계 진출에 있어서 독선적인 경향으로 흘러가는 결과를 초래하였다.(옥기린, "헬레니즘과 헤브라이즘-서구 문명의 고찰") 서구 문명은 전 세계 인류에 큰 영향을 끼치면서 그 문제점도 노출되었다.

20세기에 이르러 두 차례의 세계대전을 거치면서, 특히 제2차 세계대전을 계기로 서구 문명은 스스로 타락하여 그 종교적 사명인 인류 구원을 저버렸을 뿐만 아니라 오히려 큰 죄를 저질렀다고 20세기 미국의 대표적인 자유주의 철학자 로버트 노직(Robert Nozick, 1938~2002)은 지적하고 있다. 홀로코스트(Holocaust)를 두고 하는 말이다.

---

* 2015.4.28. 『慧香』(혜향), 4호, pp.25-34. '불교논단'.

또 다른 종교 이슬람의 경우를 보면, 중동의 탈레반 등 이슬람 원리주의 집단, 근래 이르러 IS(이슬람국가)가 자행하는 만행은 종교가 저지르는 또 하나의 인류문명의 타락상이다.

그러면 인류는 이런 타락상태에 머물고 말 것인가? 이 타락상태에서 우리가 할 수 있는 행동은 무엇일까? 그 죄의 업보에 어떻게 대처할 것인가? 그 길을 불교에서 찾아보려는 것이 이 글이 의도하는 바이다.

2. 타락한 종교의 모습, 홀로코스트(Holocaust)

홀로코스트라는 용어는 고유명사로 쓸 때, 제2차 세계대전 중 유대민족을 말살하겠다는 의도로 나치 독일이 자행한 유대인 대학살 사건이다. 이 사건은 게르만의 민족적 우월감에서 나온 반유대주의적 증오로서 그로 인하여 600만 명에 이르는 유대인이 나치스에 의해 학살되었다. 인간의 폭력성, 잔인성, 배타성, 광기가 어디까지 갈 수 있는지를 보여주는 극단적인 사건으로 20세기 인류 최대의 치욕적인 사건으로 꼽힌다.

홀로코스트는 그리스에서 르네상스와 계몽운동을 거쳐 최근으로 이어지는 서구 문명의 희망적 사고에 결정적 타격을 입혔다고 하거니와 인류는 그것을 영원히 기억하고 끊임없이 괴로워하면서 재발을 막기 위한 노력을 기울여야 할 것이라고 지적된다.(로버트 노직, 『무엇이 가치 있는 삶인가』 참조. 이하 홀로코스트에 관한 서술은 노직을 인용함)

로버트 노직은 "홀로코스트는 기독교 전통이 상상했던 인간의 타락이고 인류의 상황과 지위에 철저하고 근본적인 변화를 가져온 사건"이라고 지적한다. '인간의 타락'이라고 함은 원래 아담과 이브의 타락을 말하는 것으로 원죄를 짓고 에덴동산에서 추방된 것을 말한다. 홀로코스트는 바로 그에 버금가는 사건이고, 인간의 원죄를 재현하는 사건이며 인간의 추악함의 정점으로서 이로써 인류는 타락했고 그 존속할 권리를 상실했다. 기독교가 그에 대한 책임이 있다고 본다.

기독교적 시각에서 보면 인류의 상황에 두 번의 중대한 변화가 있었다고 하는데 첫째는 '인간의 타락'이고, 둘째는 그리스도의 못 박힘과 부활이다. 후자는 인류에게 타락상태에서 벗어날 수 있는 길을 제공했으나 그렇게 그리스도가 연 문을 홀로코스트가 닫아버린 것이다. 그래서 홀로코스트는 세 번째 중대한 변화이다. 홀로코스트를 기점으로 인류는 다시 타락했다. 예수가 죽기 전에 남긴 윤리적 가르침과 모범적 삶은 여전히 남아 있지만, 그리스도의 구원 메시지는 이제 효력을 잃었다. 이런 의미에서 기독교의 시대는 막을 내렸다.

세계 3대 종교의 하나인 이슬람은 어떠한가. 이슬람 원리주의 테러집단, 예컨대 수니파 IS(이슬람국가)가 자행하는 반인륜적 잔인함과 반문명적인 유적 유물 파괴행위에서 우리는 또 다른 인간의 타락상을 본다.(조선일보, 2015.4.4, 곽아람 기자, "고대유적 파괴 일삼는 IS…")

IS가 이미 파괴를 시작한 하트라(2000년 역사를 가진 이라크의 고대도시)는 고대 파르티아 제국이 건설한 원형 요새 도시로 유네스코가 지정한 세계유산이다. 이에 유네스코는 "IS의 유적 파괴는 전쟁범죄로서 모든 정치 · 종교 지도자들이 대항해야 할 만행"이라고 규탄한다.

아프가니스탄의 이슬람 근본주의 세력 탈레반은 지난 2001년 아프가니스탄 중부도시 바미얀의 높이 53m짜리 석불石佛을 파괴했다. 5세기경에 만들어진 이 '바미얀 대불'大佛은 고대 간다라미술의 영향을 보여주는 대표적 문화유산으로 여겨져 왔다.

바미얀 석불 파괴 당시 탈레반은 불상 파괴 결정은 '거짓 우상' 숭배를 막아야 한다는 이슬람 성직자들의 요구에 부응한 것이라고 밝혔다. 우상 숭배를 배격하는 이슬람 교리를 맹신한 결과다. 중동 전문가들은 수니파 이슬람 근본주의인 '와하비즘'(Wahhabism, 18세기 중엽 아라비아반도에서 출현한 이슬람 복고주의 운동)의 영향이라고 분석한다.

이슬람 원리주의 테러집단이 저지르는 인질의 공개처형이나 세계 요소요소에서 자행하는 테러행위는 인류구원의 종교적 사명을 저버리는 것에 다름 아니다.

우리 인류는 이런 문명의 타락상 속에서 그대로 살아야 할까? 우리가 해야 할 그리고 할 수 있는 일은 없을까? 노직은 우리보다 훌륭한 다른 생물종의 탄생을 돕거나 우리 자신의 본성을 변화시켜 타인과 더불어 고통을 겪는 존재로 거듭나야 할 것이라고 주장한다. 그는 결론적으로 "만일 기독교 시대가 끝났다면 이제 우리 각자가 인류의 고통을 짊어져야 하는 시대가 그 자리를 대신할 것이다. 홀로코스트 이전에 예수가 우리를 위해 했다는 것을 이제 인류는 스스로 해야 한다"고 주장한다.

그러면 어떻게 해야 할까. 그 방법이 무엇일까. 그 방법을 어디에서 찾을 것인가. 그 대답을 불교교의에서 찾을 수 있다고 보는 것이 이 글의 입장이다. 바로 '성불'成佛이 그 길일 수 있다고 생각하는 것이다. '성불'成佛을 논의하는 이유가 여기에 있다.

3. '성불'이란 무엇인가

예불禮佛 후 스님이 불자에게, 불자는 스님께, 또 불자들끼리 '성불하십시오'란 말을 주고받으며 손 모아 허리를 굽히며 인사한다. 정성을 다한 예불의 끝은 '성불'에 있음을 짐작케 한다.

원래 사람들은 불성佛性을 지니고 태어났다고 한다. 그래서 어떤 스님은 '우리가 본래 부처'라고 갈파한다. 그러나 사람들은 자의식(self-consciousness) 때문에 자기중심적 이기주의에 빠져 탐욕(탐; 貪)과 성냄(진; 嗔)과 어리석음(치; 痴)의 삼독三毒에서 헤어나지 못하고 있다. 그래서 사람들은 불성을 잃고 고통과 번뇌 속에 살게 된다는 것이다. 불성을 회복하는 길은 자의식을 초월하는 것이다.

'성불하십시오'는 중생 모두 자의식을 초월해서 가지고 있는 불성을 드러내 부처가 되라는 기원祈願의 말이라고 한다. 자리이타自利利他의 덕을 완성하여 궁극적인 깨달음의 경지를 실현하는 일을 이른다. 몽매한 중생이 깨달아 일어나라는 말이 '성불하십시오'이다.

중생은 깨닫지 못한 부처라 한다. 중생이 깨달음을 얻으면 득불得佛, 부처가 되는 것이다. '성불하십시오'는 깨달으세요 하는 말이고 그 동의어는 득불得佛이다.

깨달음(enlightenment)은 무엇인가?

동양의 전통에서 깨달음은 인간 존재의 최고 목표이다. 이는 해탈解脫, 득도得道라고 지칭되기도 하지만 기독교의 구원求援에 해당한다. 그것은 자아에 대한 새로운 이해로서 자아의 더욱 깊은 본성인 실재와의 접촉이다. 자아의 탈바꿈을 통하여 이루어진다.

그러면 깨달음은 이론적으로 어떻게 설명해야 할까? 깨달음의 경험 자체의 권위를 인정하지 않으면 그것은 일상세계의 특별한 환각, 꿈, 허구적 창조라고 매도당하기도 한다. 그러나 20세기 인도 철학자요 신비주의자인 오로빈도 고시(Aurobindo Ghosh, 1872~1950)에 따르면 깨달음은 허무의 경험으로서 충만하고 환희에 찬 의식적 실재에 한층 더 깊이 도달하는 경험, 물질세계의 슬픔과 고통으로부터의 정신적 '해탈'이다.(노직의 글 참조)

깨달음의 경험은 일상적 자아를 벗어난 무한하고 순수한 자아의 경험이며, 월등히 높은 가치와 중요성을 지닌 진아眞我의 경험이며, 가장 진실하고 깊은 실재와의 접촉이다. 깨달음으로써 현실적 자아의 관심사 때문에 진실을 덮고 있던 구름, 진실 왜곡이 사라진다. 깨달음을 통해서 개인은 더 진실하고 완전히 자유로운 존재로 변하고 여기에서 행복을 얻게 된다. 깨달음은 현실적 아픔과 고통을 이겨내는 영적 기제 그 장치인 것이다. 더 나아가서 깨달음은 새롭고 보다 정확한 눈으로 가장 깊은 실재를 보고 좀 더 적절히 표현하는 기제(메커니즘)가 된다.

'성불'은 또한 삼독三毒을 끊고 고요해진 평정의 경지를 뜻하는데, 인간의 속세적俗世的인 모든 속박에서 벗어나 자유롭게 되는 상태이다. 마음속에 번뇌의 불꽃이 모두 사그라지고 기쁨과 즐거움이 가득 찬 상태이다.

우리가 부처님을 'Buddha'(붓다)라고 하는데 그 참뜻은 '깨달은 자'이다. '성불'을 통하여 중생은 붇다가 되는 것이다.

4. '성불'의 인류 문명사적 의의

기독교나 이슬람적 전통 속에서 인류는 타락하였다고 앞에서 지적하였다. 타락한 인류를 구원하는 종교적인 힘을 두 종교의 전통 속에서 찾을 길이 없다면 그 힘을 불교의 전통, '성불'의 교의 속에서 찾을 수 있을 것이다.

기독교의 예수님은 유일신으로서 인간들을 인도하며 하느님의 말씀을 따르게 한다. 그러나 불교에서 부처님은 신이 아니다. 사실 부처님은 자신이 신으로 숭배되는 것을 거절하였다. 불교의 교리에서 보면 석가모니불은 처음에는 중생의 삶, 생·노·병·사의 인과관계에 의문을 품고, 부귀영화를 버리고 출가하여 모든 고통을 이겨내고 정진 수도함으로써 정각正覺하여 부처가 되었고, 49년간 삶의 진리를 중생에게 가르치고 인도하였다.

'성불'은 불타 세존의 가르침인 불법佛法을 통하여 배우며, 그 진실의 가르침을 일상에 옮기는 것이다. '天上天下唯我獨尊'(천상천하유아독존, 하늘 위 하늘 아래 내가 제일이다)이라는 말은 사람은 누구나 불성을 깨달으면 우주의 주인공, 신적 유일자가 된다는 것이다.

예수가 "나는 진리이며, 길이며, 생명이니 나를 통하지 않고는 하느님께 올 자가 없느니라."(『신약성서』, "요한복음", 14장 6절)라는 말과는 커다란 차이가 있음을 발견할 수 있다.

기독교에서 기도는 반드시 예수(신과 중생의 중계자)를 통하여 이루어지며, 또 죄를 고백함에도 꼭 예수를 통해서 가능하다. 왜냐하면 우리 인간은 태어나자마자 원죄를 지은 원죄인이므로 신 앞에 직접적으로 다가갈 수 없기 때문이다. 또한 유일한 신의 의지에 의해서만이 우리의 죄는 사함받을 수 있다고 보기 때문이다.

하지만 불교에서는 원죄를 인정치 않는다. 불교에도 엄연히 기도가 존재하지만 기도보다 명상을 중요시한다. 원죄인으로서 기도와 믿음을 통하여 구원받는다는 논리가 아닌 명상을 통하여 내가 본래 부처임을 깨닫는 논리인 것이다.

종래의 전통적 형이상학을 비판하여 유럽 근대철학의 전통을 집대성한 임마누엘 칸트(Immanuel Kant, 1742~1804)에 따르면 '참된 종교는 모든 시대를 통하여 오직 하나뿐이다. 기독교, 이슬람교, 불교 등은 모두 종교의 보조적 수단, 신앙의 차이로서의 의미밖에 갖지 못한다.' 참된 종교라면 세상의 악을 배격하고 무명無明의 인류를 구원하는 길로 나서지 않으면 안 된다.

불교의 교리에서 보면 일반적으로 우리 중생은 삼독三毒에 얽매여 어느 순간에도 번뇌의 고통에서 벗어나지 못하고 있다. 이 삼독을 털어버릴 수 있을 때 우리 중생은 참 나를 찾고 자유인이 됨을 깨닫게 되는 것이다. 이런 경지를 불(佛. 깨달은 자)이 된다는 의미에서 '성불'이라고 한다. 불제자들은 '성불'을 구해서 종교적 명상에 노력하며 불도수행佛道修行을 한다.

삼세제불三世諸佛이라 하였다. 이 시점에서 중요한 것은 현세제불現世諸佛, 현생現生을 사는 우리 스스로가 '성불'하는 것이다. 과거세過去世의 부처는 이미 그 몫을 다하였으니 현재세現在世의 인류가 부처가 되는 '성불'이 필요한 역사적 시점이다.

기독교가 신 아래 인간으로 해석하는 신본주의 종교라면 불교는 철두철미 인간의 독립과 자유, 해탈을 중시하는 인본주의적 종교이다. 이런 불교의 인본주의적 성격이 자연스럽게 '성불하십시오'라는 인사말로 이어지게 된 것이 아닌가 생각한다. 이런 인사말이 현실 속에 재현되어 중생이 '성불'을 이룩하게 된다면 서구 종교가 타락시킨 인류 문명의 개화를 이룰 수 있을 것이다. '성불'이 타락한 인류 문명을 구하는 길, 인류 문명 부흥의 길일 수 있겠다고 보는 것이다. 그래서 '성불하십시오'라는 인사는 인류 문명사적으로 큰 의미를 갖는다고 생각한다.

제3부

담론(談論) · 칼럼 I : 제주 담론

1 세계를 향한 제주도의 오늘, 무엇이 문제인가: '사회적 측면'*

사회가 어떤 방향으로 변화해 가는가에 관한 많은 논의는 대체로 '근대화'라는 개념을 가지고 이를 설명하려 한다. 그리하여 '전통사회-근대사회'라는 이분법적 접근방식으로 일정 사회의 변동추이를 설명한다. 근대화 이전의 전통적 농업사회가 공업화 과정을 통하여 산업사회의 모습으로 등장하게 된다는 것이다. 이때 근대화 이전의 사회를 봉쇄성 사회, 그 이후의 사회를 개방성 사회라고 부를 수 있을 것이다. 물론 이러한 이분법적 도식에서 분석하게 되는 사회들은 그 이분법적 사회유형을 양극으로 하는 연속선상의 어떤 위치에 놓이게 될 것이다.

제주 사회의 경우 산업사회로의 보편적 사회변동의 추세에서 예외일 수는 없으나 국제사회에 대응하는 상대적인 의미에서 보아 전통적 봉쇄성 사회의 성격을 띠고 있다고 하겠다.

현대 산업사회는 지역에 따라 그 모습이 다양하게 나타나고 있지만 그 공통된 요소는 기술적 생산과 관료조직체로 집약할 수 있다. 기술적 생산이란 구체적 공업화의 과정으로 나타나고, 공업화가 요청하는 사회조직의 원리는 관료조직체의 모습을 띠고 사회구조 전반에 확대되는 것이다. 이때 생산성, 업적주의가 강조되고 합리화의 원리가 지배한다. 한편 공업화는 도시화를 수반하고 도시화된 사회의 인간관계는 결국 개인화의 특성을 띠게 마련이다. 여기에 이질성, 다양성, 비정성非情性, 개방성 등이 결부되어 나타나게 된다. 도시화는 인

* 1982.5.25. 「제대신보」, "… 1972년 관광종합발전계획을 세워 '세계 속의 관광지'로 변모해 가는 제주도는 세계화의 교두보 역할을 담당할 가능성을 보이고 있다. 이러한 오늘날 제주도의 상황에는 과연 어떠한 문제점이 있으며 그에 대한 해결책은 어떠한 것이라야 하는가를 사회 제 측면에서 제시해 보고자 한다"는 제대신보 편집자의 기획에 따라, '사회적 측면'에서 기고한 글 일부를 삭제 수정하여 게재함.

구의 급속한 증가를 지속하고, 사회는 대규모 조직을 요할 뿐 아니라 그 자체도 대중화의 경향을 띠게 된다. 여기에 익명성이, 그리고 원자화된 인간, 타자지향형적 인간의 모습이 나타난다. 이러한 산업사회의 모습을 모두 남김없이 총괄하기는 어려우나 대체로 그 인간관계나 사회구조 및 행위지향에 있어서 보편주의, 업적주의, 특정성, 감정 중립성, 자기 지향성의 특성을 띠게 된다.

이에 대하여 전통적 봉쇄성 사회는 특수주의, 귀속주의, 확산성, 감정성, 집합 지향성을 갖는다. 유능한 사람보다 인맥이나 지연 등에 따라 생활상의 기회가 보장되고(특수주의), 구체적인 공직이나 성취에 따른 능력별 보상이 아니라 성별 · 연령별 · 학력별 대우가 이루어지는 경향이 있게 되며(귀속성), 대인관계가 국한된 이해관계에 얽혀 이루어지는 이차적 관계가 아니라 친한 친구관계처럼 전면적인 일차적 관계가 지배적이다(확산성). 역할관계가 직접적인 만족감에 입각하여 감정 개입적으로 나타나며(감정성), 개인적 이익이 정당하게 추구되지 못하고 집단적 분위기에 의해 행동이 제약되는 경향을 나타낸다(집합주의). 이러한 제 특성들을 지니는 사회를 전통적 봉쇄성 사회라 부를 수 있을 것이며 아내에 대한 남편의 관계는 그 좋은 보기가 된다. 이를 고객에 대한 점원의 관계와 비교해 보면 그 성격이 명백해질 것이다.

제주 사회는 이러한 전통적 봉쇄성 사회의 특성을 띠게 될 개연성이 높다. 이제 그 중요한 면면을 선택적으로 지적하면 다음과 같다.

오늘날 제주 사회는 농업을 중심으로 조직 · 유지되는 지역공동체적 결속과 동질성을 바탕으로 한 전통적 규범이 지배적인 사회이다. 외부적 자극요인의 부족과 더불어 현상유지를 선호하게 됨으로써 변화 추구가 결여되고 전통 유지적이다. 새로운 것에 대하여 기피, 저항을 하게 됨으로써 혁신의 노력이 미약하게 된다. 사회적 노동분화가 단순하고 직업적 유사성이 지배할 뿐 아니라 생활경험도 유사하여 대부분의 사람이 같은 생활양식, 가치관 및 관심을 갖는 동질적 인구집단의 성격을 갖는다. 통혼권이 도내에 제한되는 경향은 성원간에 혈통을 같이할 가능성을 높여주는 것이며 이는 가족주의적 경향을 조장한다. 그뿐만 아니라 생활권과 인간관계의 범위가 협소하여 인정을 바탕으로 하는 전인적 관계가 이루어진다. 사회통제는 관습적 규범에 입각하여 비공식적 · 지역적 · 공동체적 압력으로 유지되는 경향이 강하고 주로 성性과 나이 및 출신성분 등 귀속적 지위가 중요한 의미를 갖는다.

사회적 노동분화가 제한적이고 공업화 · 도시화가 저조한 현상은 인구이동, 특히 외래인의 이입을 제약하여 사회의 이질화를 억제한다. 사회계층의 차원에서 보면 기업인과 고급관료직 및 전문기술직의 비중이 낮아서 상류 사회계층의 폭이 좁고 최하 빈민층도 그 비중이 작은 것으로 보인다. 이는 계층구조에 있어서 상 · 하의 계층격차를 좁히는 것이 된다. 대체로 모든 직장에 있어서 그 구성원은 본도 출신으로 이루어져 있고 그들 사이의 관계가 인격적 성격을 띠는 것으로 보인다.

성원들 사이의 갈등은 전면적 갈등으로 확대될 가능성 때문에 억제되고 평온과 평화가 유지되는 경향이 있다. 기능집단 중심의 갈등은 억제된다. 고高 · 양梁 · 부夫 씨족 조상에 얽힌 성씨 갈등이 존속되는 경향이 있다. 이는 봉쇄적 전통사회의 모습이다.

이렇게 볼 때 제주 사회는 전면적으로 보아 동질성에 바탕을 두고 '우리 감정'의 인격적 관계로 이루어진 사회라 하겠다.

이와 같은 전통적 봉쇄성 사회의 성격은 산업사회화에 관련하여 볼 때 부정적인 요인으로만 작용하는 것은 아니지만 많은 갈등과 긴장을 낳는 요인이 되는 것이며, 앞으로 국제화 시대를 맞아 많은 진통을 겪으면서 변모하여 갈 것이다. 부연하여 앞으로 당면하게 될 몇 가지 문제점을 지적하면서 그 미래상을 가늠해 보려 한다.

첫째, 국제사회와의 직접적 접촉 · 교류에 직면하여 종래 주변 지역이던 위치에서 전위 지역으로 탈바꿈함으로써 전통문화의 해체과정이 급격히 일어날 것이다. 둘째, 고급인력 확보의 기회가 불리한 환경은 새로운 변화에 대응할 엘리트의 부족을 초래할 것이다. 셋째, 제주도가 그 주 기능으로서 관광지로서의 기능을 수행한다는 면에서 보아 관광개발의 방향은 제주 사회의 구조적 모습에 크게 영향을 주게 될 것이다. 넷째, 관광지로서의 외형적 감각적 문화 풍토는 제주 사회의 토착적 요소와는 다른 이질적 요소로 존재함으로써 사회구조의 이중성이 나타나고 두 요소 사이의 갈등이 심화될 것이다. 다섯째, 도외 자본이 제주 개발에 계속 투입되면서 부재자본가의 제주 사회에 대한 영향력이 점차 증대될 것이다. 겸하여 여섯째, 외형적 개발에 따라 지역주민들의 기대 욕구가 상승되는 한편 고소득 · 소비형 준거집단이 발생함으로써 도민들의 상대적 박탈감이 증대되고 원망격차願望隔差가 확대됨으로써 아노미적 상황이 조성되고 심각한 사회문제들이 발생하게 될 것이다. 일곱째, 직업 계층구조상 소수의 상층 지배적 지위가 독점적으로 점유되고 그 순환이 원활하지 못함으로써 사회체제가 경직화될 것이고 이는 집단 내부의 갈등요인으로 작용하게 될 것이다. 한편 비숙련 서비스직의 비중이 상대적으로 증대됨으로써 하류층의 구성을 다양화하게 될 것이고 이는 제주 사회의 이질화를 촉진하게 될 것이다.

이상에서 다가오는 시대의 제주 사회의 문제점을 선택적으로 일별하였지마는 이는 가능성의 진단인 것이고 이에 대처하는 사회적 노력 여하에 따라 나타나는 현상들은 달라지게 될 것이다. 여기에 정치적 · 정책적 결정의 문제가 중대한 의미를 갖는다. 변화에 대처하여 바람직한 것은 구조적 융통성을 조성함으로써 변화의 충격을 완화하는 것이다.

2 관광 그리고 이 고장의 토박이들*

1. 여가활동으로서의 관광

B. 러셀은 피로와 정신 긴장이 인간 불행의 원인 중 하나라 하고 이것은 자신의 생활에 실리적 중요성이 없고 개인적 이해관계가 없는, 어떤 일에 흥미를 가짐으로써 벗어날 수 있다고 하였다. 개인적 이해관계가 없는 일에 흥미를 갖는 것은 자신의 보다 심각한 임무의 긴장으로부터 벗어나 평안함을 제공하고 여가를 충족시켜 주는 그러한 성격의 것이다.

일이 끝나면 다음 날 다시 시작될 때까지 그 일을 잊어버릴 수 있는 사람은 그 일에 쫓겨 그 일을 내내 걱정하는 사람보다 맡은 바의 일을 보다 잘할 수 있을 것으로 보인다. 사람들은 일 이외의 다른 분야에 관심을 가질 때, 그렇지 못했을 때보다 훨씬 더 쉽게 일의 중압감에서 벗어날 수 있게 될 것이다.

다사다난한 현대를 살아가는 사람들이 근심 걱정이 없을 수 없고 그 또한 중요하다 할지라도 깨어 있는 모든 활동시간을 통하여 내내 근심 걱정에서 벗어날 수 없다면 이는 불행이라 할 수 있지 않겠는가. 여기에 일할 때 일하고 놀 때 놀라는 충고의 가치가 있는 것이며 관광의 개인적 중요성이 또한 여기에 있다 할 것이다.

여가의 활용은 인간생존의 기본욕구를 충족시키는 수단으로서의 노동에 대립하는 개념이다. 노동이 생산활동에 관련되어 중요한 의의를 갖는다면 여가 혹은 그 활용은 소비활동에 관련되어 중요한 의의를 갖는다. 소비를 떠난 생산은 생각할 수 없듯이 여가는 노동과

---

* 1985.5. 『월간 관광제주』, 1985년 5월호(통권 제8호), pp.26-33. 일부 내용을 삭제하여 게재함.

더불어 창조적 활동의 중요한 측면이 되는 것이다.

역사적으로 보면 전통적 농업사회로부터 현대 산업사회로 사회구조가 바뀌면서 여가에 대한 관심은 고조되었다. 그것은 산업화 · 기계화에 따라 노동생산성이 향상되고 이는 노동시간의 단축으로 이어졌기 때문이다.

여가의 의미는 인간 역사의 흐름과 더불어 변해왔다. 원시사회에 있어 노동과 여가는 미분화된 상태에 있었으며 고대 노예들에게는 여가란 존재할 수도 없었다. 원시사회에서 인간은 도구를 발명 이용함으로써 여가를 증대시킬 수 있었으며 이 여가는 안락함을 누리는 데 충당하였다. 그러나 루소에 따르면 그때의 여가활동, 예컨대 노래와 무용은 그에 참여하는 사람들에게 즐거움이기보다 오히려 일이었다. 왜냐하면 여가활동을 통하여 그 재능을 인정받는 것은 공공연한 존경을 받는 것이고 이는 그 시기에 중요한 가치였기 때문이라는 것이다. 그러하여 여가활동의 계기는 재산의 개인적 소유와 더불어 인간 불평등에의 제 일보가 된 것이라고 본다.

근대 자본주의가 발전함에 따라 베블렌이 말하는바 '유한계급'이 등장하게 되고 이제 여가의 문제가 노동과 분리되어 생각되기에 이르렀다. '유한계급'에 있어서는 여가란 부의 자기 과시적 노동단절이요, 비생산적 소비의 성격을 띠게 된 것이다. 현대 산업사회에 이르러 새로운 기계기술 및 경영원리가 개발되고 노동시간 단축을 위한 사회 · 경제적 노력의 결과로 여가는 양적으로 크게 확대되었을 뿐 아니라 그 의미도 달라지게 된다. 이제 여가는 노동 재창조의 활동으로 보기에 이른 것이다. 말하자면 여가활동을 통해 노동에 결부된 피로, 고통, 강압감으로부터 해방됨으로써 또다시 노동에 종사하는 에너지가 보충된다고 보는 것이다. 한편 오늘날 여가활동은 노동에 결부되는 노동소외로부터의 탈피, 즉 노동자의 인간성 상실의 회복이요 인간적 존재의 자기정체감을 찾는 하나의 행복으로서 인식되는 것이다. 사람들이 여가시간에 참여하는 활동은 곧 자기 정체의식의 발전에 중요한 역할을 하게 된다는 것이다. 보다 단순하고 덜 쫓긴다는 의미에 있어서 여유 있는 생활은 산업문명이 보다 억압적일 때 그리고 점증하는 물질적 소비가 싫증나기 시작할 때 보다 큰 기쁨을 제공한다고 본다.

여가활동이 갖는 이러한 긍정적 가치에도 불구하고 한편 여가의 존재는 그것을 갖지 못했거나 그것에 참여할 능력이 없는 사람들에게는 큰 고통이 된다. 여가가 존재하는 사회에서 그것을 향유하지 못한다는 것은 그것을 가졌을 때 유쾌한 것만큼 빼앗기는 괴로움을 느끼고 비참해지는 것이다. 그것을 소유해서 반드시 행복한 것은 아니라 하더라도 그것을 잃으면 불행하게 느끼게 된다는 점을 간과할 수 없을 것이다.

2. 제주관광에 대한 제주민의 입장과 반응

관광은 여가활동의 한 형태로서 이상에서 논의한 여가의 의미는 곧 관광의 의미에 직결된다. 이 글은 여가의 향유자 곧 관광객의 입장에서가 아니라 관광지 주민으로서의 제주민이라는 차원에서 제주관광이 갖는 의미를 따져보고 있다. 관광지 제주의 주민은 관광수요자라기보다는 관광 상품시장의 관객이라는 입장이 더욱 짙다 할 것이다.

관광의 5개 요소로 흔히 관광산업(관광 공급자), 관광객(관광 수요자), 관광지(관광 목적지), 관광 발생지(관광객 거주지), 관광 루트(교통설비)를 들게 되는데, 제주관광에 대한 이 글은 그 초점을 관광지에 두고 있다. 이는 사회학적 입장이기도 하다.

관광지로서의 제주, 그 주민의 입장은 무엇이며 주민들의 반응은 어떠한가. 관광지라는 측면에서 제주관광의 문제점은 무엇이며 다가오는 시대 제주관광의 방향은 어떻게 잡는 것이 좋을 것인가.

주지하는 바와 같이 제주도는 그 산업 입지적 여건의 취약성으로 인하여 공업화로부터 소외된 지역이며 그 자연적 · 인문적 특성으로 인하여 관광의 적지로 알려져 있다. 아마도 이것은 국가적 수준의 정책적 결정에 결부되면서 더욱 두드러지게 되었을 것이다. 따라서 현재의 상황이 변하지 않는 한 제주 사회는 더욱더 관광지로서의 특성을 띠게 될 것이며 제주민은 좋든 싫든 관광시장의 구경꾼이 될 수밖에 없다.

관광객은 무분별한 행동을 하기 쉽고 이를 지켜보는 제주민은 관광에서 오는 사회문제를 우려하고 관광지의 관광 대상물이 된 기분을 느끼게 된다. 이질적 관광객의 행위양식에 의해 오염될지도 모를 제주의 전통을 유독 강조하게 되는 이유가 여기에 있다. 관광의 홍수 속에서 제주민은 문화적 정체성을 확인하려 한다. 외부에 대한 선망은 굴절되어 제주민 집단의식의 강화로 나타날 가능성도 있다.

관광은 레크리에이션 즉 위락적 요소가 강하여, 그 위락적 성격을 분리시켜 생각하기 어렵다. 위락은 유행을 추구하고 감정적 · 향락적이며 전시효과적이다. 이는 관광지의 사회 · 문화적 분위기에 영향을 주게 된다. 관광객과의 접촉은 제주민에게 피해의식, 적개심 등의 감정을 심화시킬 것이다. 이 점은 극소수의 이방인이 찾아드는 단계에서 대중 관광의 목표지역이 되는 단계에 이르면서 관광지 주민의 태도는, 환대→환대 정신의 쇠퇴(상실감)→분노의 대상→증오의 단계로 이행 · 악화된다는 외국의 한 연구에서도 찾아볼 수 있다.

관광개발의 제 문제점들은 제주만의 문제도 아니며 오늘날만의 문제가 아니다. 조선시대 중엽, 한 온천관광지의 향약은 관광지의 문제점을 다음과 같이 나타내고 있다.

"오 슬프도다. 우리 동네가 수십 년 전만 해도 기강이 밝고 바르며 애비는 애비답고 자식은 자식답고··· 남녀가 각각 분수를 지키고, 또한 그 의리를 지켜서 상하가 서로 공경하는 도리가 환하게 밝았었으나 근래에 인심이 날로 게으르고 풍속이 날로 퇴폐해지니, 이 어찌 한심치 않는가! ··· 아침에 모이고 저녁에 흩어지는 그런 사람들 때문에 더욱 법이 문란하고 윤리를 저버리는 것을 능사로 여기니, 이 같은 폐단은 부득이 조치가 있어야 사람의 도리가 밝아지고 기강이 가히 바로잡히게 될 것이니···, 바라건대 후예들은 모름지기 이 규약을 잘 따르고 실천하여 옛 풍속으로 돌아가는 것을 다행으로 여기길 바란다."

3. 제주관광의 문제점

관광의 외형적 · 감각적 성격은 제주 사회의 토착적 요소와는 별개의 이질적 요소로 제주의 미풍양속을 보호하려는 제주민의 태도와 관련된다.

관광산업에서 외부자본 투입은 부재자본가의 제주 사회에 대한 영향력의 증대를 점차 촉진하게 될 것이다. 제주민의 자본축적의 빈곤으로 인하여 많은 투자를 필요로 하고 이윤율이 상대적으로 높은 근대식 호텔, 항공망, 거대 위락단지 설비 등에 대한 투자는 외부자본가에 의해 독점되고, 제주민은 영세 자본으로 이윤율이 낮은 소규모의 산매업종 또는 비공식 부문에 투자하게 됨으로써 대자본에 종속되는 위치에 있게 된다. 외부의 대자본과 제주민의 영세자본은 '중심-주변'의 관계로 볼 수 있을 것이다.

대자본은 서울 등 대도시에 본사를 두고 제주 현지에는 지사를 두어 관할할 것인데 현지 관리자는 본사로부터 파견된 자이건 현지 사정에 밝은 현지의 엘리트이건 본사의 지배하에 종속되어 있으면서 동시에 제주만의 소규모 영세 관광업체 위에 군림한다. 그리하여 현지 주민은 대체로 관광산업 부문의 한계영역에 머물러 관광객의 관광지출로부터 발생되는 과실의 극소량만을 맛보게 된다.

제주도가 관광지로 개발됨에 따라 제주민의 기대욕구는 상승하는 한편 관광객 집단의 전시효과적 관광소비로 인한 관광지로서의 외형적 · 감각적 문화풍토는 제주민의 상대적 박탈감을 증대시킨다. 기대 수준의 상승과 그 현실적 수단의 결핍 사이의 격차는 사회문제의 발생요인으로 작용할 가능성이 크다. 유흥업소나 위락시설 등 비공식부문의 증대는 이동성이 강한 비숙련 서비스직의 비중을 상대적으로 증대시킴으로써 계층구조상 하류층의 비중을 높이게 되며, 이는 제주 사회의 취약부문이 된다.

근래 전형적인 농촌으로부터 관광지로 탈바꿈하면서 대중관광지가 되어 경제적으로 크게 성장한 스페인의 한 작은 도시관광지에 대한 연구는 그 주요한 사회문제로서 다음과 같은 사항들을 들고 있다. 지역유대감의 상실과 가치관의 파괴, 지역사회의 붕괴, 농업의 쇠퇴와 농민의 임금노동자화, 토지가격의 급등과 낭비적 소비욕의 팽배, 형제간의 상속 다툼, 세대간 · 이웃 간의 갈등 심화 등. 일본의 한 연구는 일본의 어떤 관광지 개발이 초래한 부정적 영향으로 다음과 같은 문제점을 나열하였다. 즉 물가가 주변 지역보다 상승한 점, 이웃과의 사귐이 희박해진 점, 이웃과 경쟁관계를 띤 점, 마을의 질서 문란, 자녀 교육환경의 악화, 관광객의 풍기 문란, 마을 농가의 쇠퇴, 생업 내용의 변화와 심신의 피로, 자연환경의 파괴 등.

이상에서 살펴본 관광지의 여러 문제점은 제주관광의 문제점들을 미루어 알아보려는 시도인 것이고 선택적인 성격의 것이다. 제주관광의 문제점을 보다 분명하게 파헤치는 논의는 앞으로 체계적인 경험적 연구를 통하여 이루어지길 기대한다.

3 '신구간'(新舊間) 이대로 좋은가*

한국의 어느 지방에서건 계절에 따라 지켜지는 일상적인 생활풍습이 있다. 이를 세시풍속歲時風俗이라 하는데 제주도의 경우 '신구간'도 그 하나의 예이다.

이 '신구간'은 대한大寒 후 5일부터 입춘立春 전 3일까지 7일간의 기간으로 이 기간에 이사나 집수리 등 평소 손대기를 꺼리던 일들을 거리낌 없이 손볼 수 있는 기간으로 되어 있다. 이 기간에는 신들이 분망하여 인간사에 눈 돌릴 여유가 없는 시기로서 이때의 인간행위는 소위 동티가 없어서 자유롭게 집안을 손질하거나 고친다 해도 신의 노여움을 사지 않는다는 믿음에 입각해 있다. 이는 곧 신령神靈에 대한 믿음의 소산인 것이고 따라서 샤머니즘적(무속적) 성격을 내포하고 있는 것으로 볼 수 있다.

행정 당국에서는 신구간 풍습을 화입火入, 도박, 미신, 무고, 암매장 등과 더불어 제주의 폐습 중 하나로 규정한 바 있다. 1984년의 한 조사에 따르면 신구간 풍습을 폐습으로 지적한 사람들이 제일 많은 것으로 나타나고 있다. (조사 대상자의 약 50%가 신구간을 폐습으로 지적하고 있다.) 그럼에도 불구하고 신구간 풍습이 지켜지는 이유는 무엇인가? 그것은 오랫동안 내려온 전통이기 때문이다. 그러면 제주의 전통 속에서 신구간이 갖는 의미는 무엇인가?

결국 문제의 심각성은 신구간 풍습이 제주민의 관습으로 정착되어 일상화되고 있다는 데 있다. 한 사회의 관습은 어떤 특정인이나 체제의 형식논리와 규정에 의해 만들어지고 없어지는 것이 아니다. 제주인은 제주 사회를 형성하여 살아가는 방편으로서 신구간 풍습을 지니게 된 것이고 이를 지키는 것은 당연시되어 그 어떤 불편함이나 거부감을 느끼지 않게

* 1987.1.21. 제주도여성단체협의회, 여성회관 강연.

되었던 것이다.

그러면 왜 제주 사회에 신구간 풍습이 존재하였을까? 이에 대한 정설은 없는 터이지만 한 민속학자의 견해로는 첫째, 신구간이라는 기간이 농한기라는 것 둘째, 새해를 맞는 새로운 분위기를 조성하는 상징적인 의미를 갖고 있다는 것 셋째, 집세의 회계연도의 구실을 한다는 것 등을 들 수 있을 것이라고 한다. 여기서 첫째의 것은 설득력 있고 중요한 의미를 갖고 있는 것으로 보인다.

농업사회에서 신구간과 같은 농한기는 일손의 손실 없이 직업적 생산활동 이외의 일을 하는 데 좋은 시기일 것임은 틀림없다. 농업사회는 지역 고착적인 사회이고 따라서 주거 이동의 필요성은 크지 않다. 이런 사회에서는 연중 정해진 시기에 그것도 한가한 시기에 주거 이동을 한다는 것은 생활상의 어려움을 낳기보다는 차라리 생활의 안정을 의미하는 것이었을 터이다. 더구나 풍風 · 수水 · 한旱 삼재三災의 제주섬 주민들은 오로지 생계유지를 위한 노동에 전력을 기울이지 않으면 안 되었을 것인데 농사일을 해야 할 시기에 거처를 옮긴다는 것은 차라리 죄악시되었을 수도 있다. 거처를 옮기는 일은 삼재를 이겨내는 생산활동에 지장을 초래할 것이므로 여기에 사람들은 이심전심以心傳心으로 신구간의 생활규범을 만들어 자신들의 생활을 규제할 필요성을 느꼈을 것이다. 이런 점에서 신구간을 생각하면 그것은 폐습이 아니며 지켜야 할 마땅한 관습이 된다.

그러나 우리는 신구간 풍습의 의미를 오늘에 비추어 다시 생각해 보는 현명함이 필요하다. 앞에서 우리는 신구간 풍습의 의미를 두 가지 면에서 생각해 보았다. 하나는 신구간이 무속적 풍습이라는 것이고 그 둘은 그것이 농업사회의 폐쇄적 · 지역고착적 유품이라는 것이다.

신구간 풍습이 무속적 성격을 갖는다고 할 때 이는 한국문화의 원시 토착적 요소로서 한국인의 의식을 지배해온 전통적 요소가 된다. 이 전통적 요인은 비합리적 성격을 갖는다. 주지하는 바와 같이 서구사회의 발전은 합리성을 바탕으로 하여 가능하였다고 할 때 비합리적인 무속적 전통요인은 대체로 근대화를 저해하는 요인으로 보아 좋을 것이다. 합리주의는 감정이 아니라 이성에 바탕을 둔 것이며 사회현상을 사리에 따라 분석하고 객관적으로 판단하는 입장인 것이며, M. Weber가 말하는바 '주술의 정원'으로부터의 해방인 것이다. '주술의 정원'에서 벗어나지 못하고 주술에 마취되어 있는 한 사회발전은 불가능하다. 여기에 무속적 성격의 신구간 풍습을 배격해야 하는 이유의 하나가 있다.

설사 신구간 풍습이 무속적 비합리성에 바탕을 두지 않았더라도 그것은 전통적 농본사회의 유품이다. 따라서 급변하는 현대 산업사회에서 그 풍습을 지키는 것은 무의미하다. 현대사회는 산업사회이고 도시화가 확산되는 개방사회이다. 사람들은 다양한 직업을 갖고 직장중심으로 생활한다. 이웃보다 직장 동료가 중시되며, 농토가 아니라 사무실이나 공장의 일터가 중시된다. 직업의 선택은 자유롭고 직장이동은 빈번하다. 말하자면 격심한 사회이동을 전제로 하는 사회이다. 모든 사회질서는 이 이동이 자유롭고 쉽도록 이루어져야 한다. 가족제도가 대가족제도에서 핵가족제도로 변하게 되는 이유도 여기에 있다.

이제 제주 사회는 더 이상 농업에 집착된 폐쇄사회가 아니다. 세계적 사회변화의 물결 속에 개방되어 있다. 외부와의 접촉에서 오는 문화변이가 불가피하다. 제주 사회가 어떻게 변모되어 갈 것인지 여기에 제주인은 어떻게 대처해야 할 것인지는 여기서 부연할 사항이 아니지만 분명한 것은 제주 사회도 산업화 더 나가서 후기산업사회의 경향 속에서 전통적인 제 모습을 유지하려는 것은 무의미하다. 이런 상황 속에서 과연 신구간의 의미는 무엇인가? 그것은 거주이전을 제약하는 요인이 되어 사회적 역기능을 낳고 있다. 그 역기능의 몇 가지를 보면 다음과 같다.

① 직장이동에 따른 일시적 이산가족 현상이 나타난다.
② 주택 유통구조의 파행성을 조장한다.
③ 주택자원의 일시적 유휴상태를 초래한다.
④ 추운 날씨에 이사하게 되는 불편을 낳는다.

한마디로 요약하면 신구간 풍습은 주거이전의 자유에 대한 제약조건이며 자원 낭비라는 역기능을 갖고 있다고 볼 수 있을 것이다. 그래도 관습이라는 이유 때문에 신구간 풍습이 지켜져야 할 것인가.

신구간 없애기에 관련하여 한 가지 다행스러운 것은 신구간 풍습이 사라질 징후가 보인다는 것이다. 앞에서 언급한 1984년의 조사에서 보면 농촌 출신보다 도시 출신자가 신구간을 폐습으로 지적하는 경향이 더 높다는 것인데 이는 도시화의 진전으로 신구간 풍습이 사라지리라는 것을 예고하는 것으로 볼 수 있다. 그리고 교육 정도가 높으면 신구간을 폐습으로 지적하는 경향이 더 많은데, 이는 앞으로 고학력사회에 이르면서 신구간이 서서히 사라지리라는 점을 예고하는 것으로 볼 수 있을 것 같다.

끝으로 여성단체가 신구간 없애기에 주체가 된다는 점에 관련하여 이야기해 두고자 하는 것은 남자보다 여자가 신구간을 지키려는 경향이 더 높게 나타나고 있다는 점, 그리고 가정의 의사결정이 점차 부인에게 넘어가는 것으로 보인다는 점이다.

4 관광개발을 보는 도민의 시각*

제주도민은 관광개발이 제주개발에 있어서 가장 성과를 거둔 부문이고, 앞으로도 중점영역이 되어야 할 것으로 보고 있다. 그러나 제주도민의 관심사는 관광개발 그 자체가 아니라 관광개발의 방식, 즉 누가 누구의 이해 관심에 따라 어떻게 개발하는가에 있다. 그러기 때문에 제주도민은 제주도가 손색없는 관광지가 되기에는 멀었다고 보면서도 그 개발의 추진 속도가 너무 빠르다는 견해를 보이고 있다. 이것은 제주도민의 개발주체로서의 역량을 생각하고 있음이 아닌가 생각한다.

그리고 가장 으뜸이 되는 관광자원은 수려한 자연경관이라 보고 있기 때문에 관광 시설물에 의한 자연경관의 훼손과 공해를 우려하는 태도들을 많이 보이고 있다. 특히 식자층에서 그러하다. 여기서 특히 주목되는 바는 경제발전이 희생되더라도 공해산업은 금지되길 바라는 경향이 있다는 점이다. 한편 미풍양속 등 보존되어야 할 고유의 전통이 훼손되는 것을 우려하면서, 자연의 훼손보다 미풍양속의 쇄락현상을 더 우려하고 있다.

제주도민은 제주의 관광개발에서 소외되고 있으며 그 권익이 침해된다고 생각하고 있다. 이것은 주요 관광산업의 외부자본에 의한 독점과 그 수익의 도내 환류가 불충분한 데서 온다고 할 수 있을 것이다.

이러한 제주도민의 태도에서 우리는 제주도민이 결국 발전을 지향하는 이상과 그 발전 주체세력으로부터 소외되는 현실 사이의 괴리 속에서 정신적 딜레마를 경험하고 있음을 발견할 수 있다. 외국의 연구사례들은 대체로 관광지 주민의 입장에서 사회 · 문화적으로 느

* 1989.9.25. 「제주신문」, '월요칼럼'.

끼는 피해의식은 경제적 · 물적 이점을 얻는 데서 오는 성취감보다 더 강렬하게 나타나고 있다고 하고, 관광지로서의 경제적 이익은 사회 · 문화적 희생을 불가피하게 동반할지도 모른다고 보고 있다.

제주도의 경우 행정 당국은 제주 관광개발의 영향을 지역적으로 흡수하는 방안을 마련해 놓고 있다. 고용의 도내 흡수, 개발 참여기회의 확대, 지역환경의 개선, 부정적 환경의 최소화 등이 그것이다. 그러나 실질적으로 이러한 방안을 실현하는 사회적 · 제도적 장치가 불비不備하고 행정적 추진력도 미진한 것으로 보인다. 중요한 것은 늘 강조하고 있는 터이지만 관광개발을 추진하는 전 과정에서 항상 도민의 이익을 우선 고려해야 한다는 점이다. 비록 관광개발이 비교적 느린 진행을 보인다 하더라도 지역주민이 중심세력이 될 수 있도록 해야 할 것이다. 그러기 위해 관광개발의 사업규모를 적절하게 조정함으로써 도내 소자본이 참여할 수 있게 해야 할 것이다. 그리고 관광산업 이익의 도내 환류방안을 모색, 제도화하는 것이 필요하다. 이렇게 될 때 관광개발이 초래할 제주 사회의 구조적 모순을 완화할 수 있을 것이며 도민들이 관광개발에 대해 긍정적 가치관을 지니게 될 것이다. 이제는 진부한 이야기로 들릴지 모르지만 한 사회발전의 가치는 그 사회성원들의 삶의 질을 높여주는 데 있음을 알아야 할 것이다.

이제 관광지 제주는 제주도민들에 무엇인가를 생각해 보자.

관광객의 입장에서 보면 관광활동은 노동 에너지의 보충 계기가 되며 노동소외로부터의 해방이라는 긍정적 가치를 갖는 것이지만 관광지 주민의 입장에서 보면 그 의미는 전혀 다르다. 관광지 주민들에게 관광현상은 관광 향유의 배제를 의미하고 여기에서 자기 박탈, 소외의식의 심화현상이 나타난다. 관광지 주민은 관광시장의 주체가 되지 못하고 관객 혹은 객체로 전락할 가능성도 있다. 크고 작은 관광산업으로부터 배제되고 관광 수익이 적정수준으로 주민에게 분배되지 않는 한 그러하다.

제주 관광은 제주도민과 외래 관광객 간의 만남의 기회를 제공해 준다. 그러나 양자 사이에 공유된 만남의 목적을 갖지 못한다는 것이 그 만남의 특징이다. 관광객에게는 의도된 능동적 만남이지만 주민에게는 의도되지 않은 소극적 만남이다. 관광개발 사업자와의 만남 또한 그러하다. 그 만남의 장소인 제주도는 관광객에게는 관광의 대상으로서 흘러가는 대상이고, 관광 사업자에게는 이윤추구의 사업장소이지만, 제주도민들에게는 삶의 터전이요 가꾸고 지켜야 할 현장이다.

관광개발의 부정적 결과는 제주도민의 경제적 부담, 사회비용이 되어 이 땅에 남게 된다. 이질적 관광객과 행위양식에 의해 오염되는 제주문화의 전통을 강조하는 이유가 여기에 있으며, 관광개발에 따른 자연환경의 훼손, 오염을 걱정하는 이유가 또한 여기에 있다. 개발과정에서 이러한 제주도민의 입장이 무시되면 도민의 개발 에너지는 훼손되고, 개발에 대한 선망은 굴절되어 자기방어적 집단의사의 거센 표현으로 나타나는 것을 어찌 무리하다 할 것인가.

5 누가 한을 남기려 하는가*

1

45년 전통의 제주신문이 문을 닫게 된다는 것은 우리 제주신문의 온 가족에게 커다란 슬픔이 아닐 수 없습니다. 지난 4일 3백여 명 제주신문 사원들과 가족이 모여 '폐업전야'의 '촛불의식'을 거행하는 장면을 기억하시리라 믿습니다만 그것은 우리들의 아픔을 그렇게라도 표현하지 않고는 견딜 수가 없었기 때문입니다. 그것은 진실을 밝히고자 하는 엄숙한 사명감의 표현이었습니다. 진실은 빛이기에 어둠을 밝히게 됩니다.

진실을 가리는 자 누구입니까? 누가 손바닥으로 하늘을 가리려 합니까? 정말로 슬픈 일입니다. 생존권적 의미에서도 그러하고 자유언론의 수호를 위해서도 그러합니다만 그 영과 욕의 세월을 줄기차게 이어오면서 제주 언론의 대명사가 되어온 제주신문이 폐업된다는 것은 상상하기조차 어려운 일입니다.

생각해 보건대, 신문은 여느 상품과 다른 것입니다. 신문사는 여느 기업과는 다른 것입니다. 왜냐하면 신문이라는 언론매체는 사회의 공기公器이기 때문입니다. 그러므로 신문사를 설립 운영한다는 것은 그 주인이 누구이던 사익을 떠나 공익을 대변하겠다는 약속인 것입니다. 그러므로 신문사의 재정적 주인인 자가 신문사를 언론외적인 이유로 폐업하려는 시도는 공익을 대변하겠다는 사회적 약속을 어기는 것입니다.

신문 발행이 자본의 논리에서 이루어지는 것은 아닙니다. 그것은 자본가의 이익을 추구하는 일과는 다른 것입니다. 이는 학교 설립자가 그 학교를 운영하면서 자본가적 이익을

* 1990.1.3. 「제주신문」, '도민에게 드리는 글'. 제주신문 폐업조치에 즈음하여 씀.

추구할 수 없음과 같다고 할 것입니다. 학교 재단이 학교 운영권을 독립시켰을 때 건강한 교육이 이루지는 것과 마찬가지로 신문사의 운영이 자본으로부터 독립되었을 때 언론은 보다 건전해집니다. 언로言路가 막힌 사회는 부패합니다. 따라서 건전한 언론은 건강한 사회를 유지하는 수단이기도 한 것입니다. 신문사의 설립자가 그 신문사의 운영을 사적 이익 추구에 둘 때 사회적으로 지탄받는 이유가 여기에 있습니다.

이제 우리는 미국의 독립선언서를 기초한 토마스 제퍼슨이 일찍이 설파한 "신문 없는 정부보다 정부 없는 신문"을 선택하겠다는 주장을 새롭게 되새겨보아야 할 것입니다.

본보의 지상을 통해 연일 발표되는 '도민에게 드리는 글'은 제주신문 가족의 폐업 저지의 깊은 사연을 잘 말해주고 있습니다. 도민 여러분은 그 사연에 공감하지 않을 수 없으리라 믿습니다. 제주 언론의 바른 방향을 찾고자 하는 그 사연을 말입니다.

2

이제 생각해 봅시다. 제주 사람들이 제주를 지키며 살아온 내력을 말입니다. 제주는 풍다風多, 석다石多의 섬이라 제주 사람들은 그 모진 자연적 고난을 겪어야 했습니다. 삼재三災의 고난을 말입니다. 바람 타는 섬이라서 풍재風災를, 돌 많은 화산섬이라서 한재旱災를, 비바람 모질게 쳐서 수재水災를… 그러나 고난의 더 큰 내력은 인재人災에 있었습니다. 그 인재는 외부로부터 오는 사람들이 가져온 경우가 많았습니다. 관속들이 외부의 힘을 업고 부리는 횡포는 제주 사람들의 항거를 불러일으키는 요인이 되기도 하였습니다. 제주 사람들은 잡초처럼 끈질기게도 살아남는 그런 사람들입니다. 그리고 불의에 대해서는 타협보다 저항을 택하는 경향이 있는 것으로 압니다. 남에게 질세라 불의에 저항하는 데 앞장서는 그 숭고한 정신을 어느 원로 향토 사가는 장두狀頭정신이라 하였습니다. 제주 사람들의 이 장두정신이 제주신문을 지키는 데도 살아날 것으로 봅니다.

장두정신은 자기희생 속에서 대의를 지키고자 합니다. 제주신문을 지키는 것이 어째서 대의일까요? 그것은 제주신문이 제주 언론을 대표해 오면서 제주 사람들의 삶과 애환을 같이해 온 때문입니다. 제주신문은 제주의 현대사 그 자체라고 생각합니다. 사람이 사는 곳에

역사가 있어 그 사는 의미를 새롭게 하는 것처럼 제주신문이 살아남는다는 것은 제주 사람들의 사는 의미를 새롭게 해주는 의미라면 잘못일까요. 그뿐만 아닙니다. 앞에서도 언급했듯이 제주 사회가 조금이라도 더 건강한 사회이려면 건전한 언론이 살아남아야 하는 것입니다. 권력에 오염되지 않은 그런 언론 말입니다. 그런데 어째서 건전한 언론으로 거듭나려는 제주신문을 폐업해야 합니까?

3

그 많은 재앙을 이겨내면서 살아온 제주 사람들은 '이어도'의 이상향을 설정하였습니다. 그 이상향은 제주를 떠나 찾으려는 것이 아니었습니다. 비록 떠난다 해도 그것은 일시적인 것일 뿐, 끝내는 고향 회귀의 의식을 갖고 제주에 그 '이어도'를 꾸미려 합니다. 그러기에 해외의 제주 동포들은 유난히도 애향심을 가지고 고향의 발전에 기여하고 있는 것으로 압니다. 제주신문의 적지 않은 자본이 재일 제주 동포로부터 온 것임을 아는 우리는 그 자본 역시 '이어도'의 고향 회귀의 정신으로 그랬을 것으로 믿어왔습니다. '이어도'의 고향 회귀의 정신은 개인적 욕망을 초월하고서만 그 진가가 나타납니다. 고향의 언론이 사회의 목탁木鐸으로써 그 기능을 다하는 것으로 자기 자본에 대한 보상을 받는다는 그런 정신이 참다운 제주인의 정신일 것입니다.

제주 사람들은 그 오랜 고난의 역사를 이겨낸 것처럼 그런 지혜를 가지고 제주신문의 정상 운영을 이루어내야 할 것입니다. 지난 6일 탄생한 '제주신문 정상화를 위한 도민협의회'는 그래서 큰 의의를 갖는 것입니다. 제주 사람들의 지혜를 모아 제주의 산 역사를 지키려는 그 뜻에 도민 여러분은 적극 동참하리라 믿습니다.

도민 여러분!

제주신문이 거의 반세기 동안 제주 언론을 지켜온 점을 생각하면 개인적 이해관계에 따라 그 생명을 끊어버리는 것은 커다란 잘못이 아니겠습니까? 이제 20세기의 마지막 10년의 첫해, 21세기를 바라보면서 웅비의 제주 언론을 기약해야 할 시점에서 제주신문의 폐업을 못 막는다면 이는 또 한 번 제주의 한을 남기게 될 것입니다.

6 제주개발과 '특조법'(特措法)의 제정*

제주지역개발, 무엇이 문제인가?

이제는 낡아버린 것으로 들리는 이 질문은 제주 지역에 개발의 노력이 진행되는 동안 끊임없이 던지게 되는 질문이다. 이 질문에 한마디로 대답하기는 매우 어렵지만, 그 핵심적인 문제점은 제주개발이 제주도민의 쾌적한 삶을 소홀히 다루어온 데 있다. 왜 그렇게 되었는가? 그것은 개발사업자의 자본의 논리가 지배하는 개발이 줄곧 진행되어 왔기 때문이다.

자본의 논리란 무엇인가? 그것은 투자한 자본에 대한 경제적 이윤의 확보를 그 최고의 가치로 삼는 것이다. 이에 대하여 혹자는 투자자가 투자한 자본에 대하여 최대의 영리를 추구하는 것은 너무나 당연한 것이라고 주장한다. 그렇다. 그러한 주장에 반대할 사람은 아무도 없을 것이다. 그런데 문제는 지역개발의 목표가 투자자의 이윤 화보에 있어야 할 것인가 하는 점이다. 지역개발을 논의할 때 우리가 따져보아야 할 것은 그 자본의 논리 때문에 지역주민의 삶의 질이 손상되는 점이 얼마인가 하는 점이다. 왜냐하면 지역개발의 종국적 목표는 지역주민의 삶의 질을 향상시키는 데 있어야 한다고 보기 때문이다.

종래 지역개발 논자들은 일정지역 내의 토지를 비롯한 여러 가지 자연자원을 최대한으로 이용하고 개발함으로써 지역의 물적 기반을 보다 합리적으로 조성·정비하는 것을 그 최대의 가치로 생각하였다. 정책 입안자들은 경제개발의 효율성에 집착하여 지역산업의 물적 기반에 집중적인 투자를 조장·보호하는 반면에 그 개발이 지역주민의 삶에 미칠 효과에 대해서는 대체로 등한시하였다.

---

* 1990.9.14. 「제민일보」, '제민탑'.

여기에 주민들은 그들의 생존권을 지키기 위해서도 왜곡된 지역개발의 추진에 항거하고 '사회 정의의 실현을 통한 진보의 촉진'을 주장하지 않을 수 없었다. 지역개발은 지역주민의 인간적 기본욕구를 충족하는 데 역점을 두어야 한다고 보기 때문이다. 지역개발은 이제 더 이상 지역산업의 물적 기반의 확충 그 자체에 있는 것이 아니다. 개별 자본의 이익 보호에 초점을 두어서도 안 된다. 이제부터의 개발은 인간 중심의 개발이어야 한다. 인간 중심의 개발이란 지역주민의 삶의 질을 향상시키는 그런 개발인 것이다. 전 국토의 균형 개발은 전 국민의 삶의 형평성을 유지하는 개발로 전환되어야 하고 지역 간 격차의 해소는 지역적 조건 때문에 초래되는 그 지역주민생활의 불이익이 없도록 하는 데서 찾아야 할 것이다. 이것이 국가 정책이 추구해야 할 지역 균형 개발의 진면목인 것이다.

여기서 우리는 지역개발정책이 지향해야 할 목표 설정이나 의미 부여에서 주목할 만한 1971년 UN의 경제사회이사회의 결의를 음미해 볼 필요가 있다고 본다. 그에 따르면 지역개발은 다음과 같은 정책 목표를 달성하기 위한 사회적, 경제적 발전을 추진하는 유력한 정책 수단으로 간주되고 그 효과적인 실시가 요청되고 있는 것이다.

첫째, 불우한 민중에게도 개발의 성과가 평등하게 배분되도록 사회구조의 변화와 사회개혁을 추진할 것. 둘째, 개발 목표의 설정이나 개발 촉진에 관련된 행정적, 정치적인 과정에서 주민의 참여를 촉진할 것. 셋째, 개발계획의 구체적인 실시를 촉진하기 위한 제도적, 행정적 제 수단을 강화할 것. 넷째, 도시지역과 농촌지역의 발전을 유기적으로 결부시킴으로써 인구와 제 서비스시설의 배치를 개선할 것. 다섯째, 개발사업의 정책에 있어서 환경보전에 대한 배려에 철저를 기할 것. 이러한 UN 경제사회이사회의 결의는 오늘날 특히 제3세계 지역개발 추진의 철학적 배경이 되고 있다.

요즘 최대의 제주도민적 관심사가 되고 있는 '제주개발특별조치법'의 제정에 있어서 보면 그 법 제정의 선의적 의도에도 불구하고 그 법 초안의 입안과정이나 내용은 지역개발의 기본 철학을 무시하고 있다는 비난을 면키 어렵게 되어 있다. 우선 법의 초안 작성과정에서 도내 전문가 등 도민의 의견을 수렴하지 않았다는 점이 지적되어야 할 것이다. 이 점은 그 법 제정에 의구심을 갖게 하는 요인이 되고 있을 뿐 아니라 법안 내용이 비도민적인 것이 되어버리게 하였다. 초안이 왜 중요한가 하면 일단 만들어진 초안은 그 후 아무리 손질하여 고친다 하더라도 그 한계선을 벗어나기 어렵다는 현실적 경험 때문이다.

다음으로 법 초안이 내포하고 있는 비도민적 내용이 문제인데, 이 점에 대해서는 수많은 논의가 이루어져서 새삼스레 언급할 필요가 없을 터이지만, 전체적으로 보아 개발사업 추진의 효율성을 강조한 나머지 '도민 주체'의 정신이 소멸되어 버렸다는 점, 개발계획의 수립에서부터 그 진행에 이르기까지 도민의 참여가 배제될 개연성이 크다는 점을 지적할 수 있겠다.

이에 필자는 '특조법' 제정에 관한 서로 다른 견해들이 있음을 전제로 하면서(그 견해들이 갖는 문제점에 대한 논의는 지면관계로 생략함) '제주개발특별조치법'을 제정하되, 제주도민이 참여하는 초안 작성과정을 새롭게 거치는 것이 좋겠다고 생각한다. 이렇게 함으로써 현재의 초안이 갖고 있는 많은 비도민적 문제점들을 배제하고 지역개발 철학에 부합하는 초안 작성이 가능할 것이며, 따라서 법 제정의 정당성을 확보하게 될 것이다.

아무리 목적이 좋다 할지라도 그 달성과정에서 도민적 의견수렴이 없으면 민주적이지 못한 것임을 명심하여야 할 것이다. 민주주의 본질은 참여과정에 있기 때문이다. 그뿐만 아니라 도민적 참여과정은 도민적 에너지를 개발의 동력으로 이끌어내는 효과가 되어 나타나게 될 것임을 헤아려야 할 것이다.

7 민초의 삶 존중하는 신문을*

제민일보 창간 3년이 되었다 하니 당사자들에게는 뼈 아픈 각고의 시간이었겠으나 세월은 참으로 빠르다는 생각을 하게 된다. 그리고 감회가 깊다.

제민일보 창간의 의미는 무엇인가? '제민'이라고 하면 제주도민을 나타내는 것이기도 하나 濟제는 '구제하다' '살리다'는 의미로 '민을 위한다'는 뜻이라고 하거니와 제민일보는 그 사시社是를 '인간 중시 정론 구현'으로 하고 '제주도민의 자존심'으로 자부하면서 창간되었다. 창간사에서는 "우리는 이를 위해 진실에의 충성을 다짐한다. 모든 사물을 도민의 입장에서 판단하고 제주민의 이익을 위해 바른 의견을 적극적으로 개진할 것"이라고 하였다.

이제 창간 3주년을 맞으면서 과연 이러한 창간의 의미가 퇴색되지 않고 제대로 실현되고 있는가를 반성해 보고 다시 한 번 각오를 다져야 할 것이다.

신문사의 자료에 따르면 3년 동안 실로 물적 측면에서 장족의 성장을 이룩하였고 편집의 측면에서도 지면의 구성과 기사의 내용에 있어서 도민들로부터 좋은 반응을 얻을 만큼 질적인 발전을 이룩하였다. 제민일보 3년은 한마디로 고난의 산물로 창간되어 제주 참 언론의 매체로 당당하게 등장하게 된 내력의 장이라 할 수 있을 듯하다.

앞으로 제민일보는 지방화시대의 참된 지방지로서 지역민의 올바른 눈과 귀가 되겠다는 다짐을 하고 있다. 지난 일에 자만하거나 시대에 편승 안주하지 않을 것이며 남보다 한 발 앞서 시대의 흐름을 읽고 올바른 여론 수렴을 위해 노력하겠다고도 한다.

---

* 1993.6.2. 「제민일보」, '제민일보에 바란다', 창간 3주년에 부치는 글. 지면관계로 편집과정에서 삭감되었던 내용을 추가함.

그러나 이제 생각해 보자. 말로만 해서 좋은 신문이 되는 것은 아니며 제민일보 또한 인쇄 언론매체로서 문제점이 없는 것도 아니다. 여기에 필자가 모든 문제점을 제시하기는 불가능하다. 다만 좋은 신문을 위해 바라는바 몇 마디를 적어보고자 한다.(물론 제민일보에 국한되는 언급은 아니다.)

무엇보다 중요한 것은 그 인적 자원인 운영진과 특히 기자와 논설진의 인간적 소양과 전문가적 자세를 늘 새롭게 제대로 갖추는 일이다. 왜냐하면 물적 · 제도적 장치는 사람의 의지와 행동 여하에 따라 조정 · 통제되고 달라질 수 있는 것이기 때문이다. 우수한 인력과 그들의 소명감이 합리적으로 기구를 운영하게 되고 참신하게 지면을 구성하게 되며 기사의 내용 또한 훌륭하게 쓰게 되는 것이다. 따라서 논설진은 보다 보강되어야 하고 기자들에게는 재교육의 연수기회가 주어져야 할 것이다.

둘째, '손으로 쓰지 말고 발로 쓰라'는 말을 명심해야 할 것이다. 일찍 일어나는 새가 먼저 벌레를 잡아먹게 되듯이, 높이 나는 새가 보다 멀리 볼 수 있듯이 부지런히 뛰는 기자만이 좋은 기사를 쓸 수 있을 것이다. 제민일보의 창간 취지인 '진실을 밝히는 일'은 바로 발로 뛰어서 되는 것이지 손으로 논리적으로 엮어서 되는 것은 아니다.

같은 맥락에서 셋째, 추측 보도는 금물이다. 확실한 정보원을 확보해야 하고 세평世評에 따라 기사를 쓰는 것은 삼갈 일이다. 취재 대상을 보호하는 것 또한 언론의 바른 자세일 것이기 때문이다. 잘못된 기사는 신문을 흉기로 만든다. 또한 사실 보도를 우선하고 해설기사를 쓰는 데는 상당히 신중을 기해야 한다. 전문성도 논리도 결여된 그런 해설기사는 독자를 실망시키기에 충분하다. 따라서 새내기 기자들은 해설성 기사를 쓰지 않는 것이 좋고 원로 기자라 할지라도 해설기사의 주제에 대한 깊은 이해를 전제로 해야 한다. 이를 위해서 취재부문의 전문화가 이루어져야 하고 전공영역에 대한 교육과 연수가 필요하다.

넷째, 기사의 시 · 공간적인 일관성이 유지되어야 할 것이다. 시간적 일관성이라는 것은 같은 주제나 같은 칼럼의 기사에서 어제의 논리와 오늘의 논리가 유관 적합하게 연결되고 있어야 한다는 말이며, 공간적 일관성이라는 말은 같은 날짜 발행의 신문지면 공간을 뜻하는 것으로서 예컨대 칼럼의 주장과 사설의 주장 사이에 혹은 박스기사와 보도기사 사이에 같은 주제를 놓고 엇갈리는 내용을 실어서는 안 된다는 말이다. 이렇게 되면 자기모순에 빠지게 됨은 물론이다. 그리고 기사의 제목은 기사 내용에 걸맞게 뽑아서 제시해야 할 것이다. 이 모든 것은 편집 간부의 몫으로 보지만, 이런 문제를 해결하기 위해서 논설진은 주기적으로 혹은 필요에 따라 회동하고 기본 입장을 맞추는 것이 중요하다. 그리고 기자의 의견은 최대한 존중되어야 할 것이다.

다섯째, 도민들의 기대에 부응하기 위하여 '작은 신문'임을 자처하는 것이 좋겠다. 그러기 위해서 제민일보는 다정한 사람들의 아름답게 사는 이야기, 이웃 간 생활 주변의 소박한 이야기와 또 그렇게 사는 데 필요한 생활정보를 전할 수 있었으면 한다. 범세계적, 국가적 차원의 거창한 움직임보다 일상생활의 주변 이야기가 보통 사람들에게는 중요하고 피부에 와닿는다고 보기 때문이다. 그리고 제민일보는 더불어 사는 밝은 사회의 분위기 조성에 앞장서서 인간성 회복의 인간 공동체를, 도덕성 회복의 건강한 사회를 조성하는 데 공헌하기를 기대한다. 오늘날 날이 갈수록 메말라가는 인정 속에서 공동체적 성격은 상실되어가고, 도덕 해체적 상황에 이르게 되는 현실이 안타깝기 때문이다.

그리고 또한 제민일보는 제주 민초들의 동반자로서 그 민초들의 삶을 존중하는 신문이기를 기대한다. 오늘날 언론이 대체로 대형사건, 자극적 사건 다루기를 좋아하고 사회의 주목을 받는 스타 같은 인물에 초점을 맞추어 꾸며지고 있어서 민초들의 세계는 언론 소외의 지대로 남아 괄시받고 있다고 보기 때문이다. 민초들의 세계는 화려하지도 요란하지도 특이하지도 않지만 그 끈질긴 생명력으로 하여 우리 사회 유지 전승의 저력이 되고 있음을 명심할 일이다.

끝으로 제민일보 창건 3주년에 즈음하여 창간 이념인 '인간 중시 정론 구현'을 재확인하고 제호 '제민'의 큰 뜻을 새롭게 새겨, 21세기의 길목에서 선진 제주 건설에 크게 기여하기를 기대한다.

8 21세기 제주의 비전, '창조적 제주공동체'*

비전이 없는 국가, 그런 사회는 앞서가지 못한다. 더구나 급변하는 금세기 말 이 시점에서는 더욱 그러하다. 그 비전은 적어도 변화하는 시대적 상황과 그 국가, 그 사회가 갖고 있는 잠재력과 한계를 전제로 하여 제시되는 것이 바람직하다.

이런 의미에서 지난해 말 제주대학 동아시아연구소팀이 제주도의 의뢰를 받아 제출한 보고서 「환태평양시대 제주도의 세계화 전략」은 시의적절하고 의미 있는 연구활동의 결과였다고 생각한다. 필자도 그 팀의 일원이었기도 한 이 보고서에서는 3대 비전을 제시하고 그에 따른 10대 전략과 38개의 실천과제를 제시한 바 있다.

3대 비전으로는 '창조적 제주공동체' '환태평양시대의 주역' '평화와 번영의 섬' 등 셋을, 10대 전략으로는 지방문화의 세계화, 환경친화적인 복지사회의 건설, 해외 제주인과의 네트워크 구축, 자치체 간 및 도서 간 교류 · 협력, 환동해권과 환황해권의 연계, 해양화, 평화회의의 개최 및 국제기구의 유치, 지방산업의 첨단화, 인프라의 확충, 세계교육을 들었다. 이들 전략을 수행해 나아감에 있어서 실천해야 할 과제로는 전통문화의 발굴과 육성, 환경친화적인 제주 사회의 실현, 세계 제주인 대회의 연례화, 제주국제교류재단의 설립, 해양과학기술도시의 건설, 컨벤션센터의 설립, 교육의 세계화 등 38가지를 제시하였다.

그런데 그러한 비전이나 전략은 도민적 합의를 도출했을 때에만 그 정당성을 확보하게 되고 그 실천의 에너지를 극대화할 수 있는 것이다. 그리하여 그러한 도민적 합의를 도출하는 공론의 장을 마련하기를 기대하였으나 여의치 않음을 아쉽게 생각하면서 이 글에서는

* 1996.9.2. 「한라불교」, 칼럼.

그 비전 중 하나인 '창조적 제주공동체'에 대하여 거론하고자 한다.

'창조적 제주공동체'라는 비전은 한마디로 말하여 제주도라는 지역단위의 공동체를 창조적으로 바로 세우자는 비전이다. 이런 공동체는 창조적이고 열린 자세를 견지하는 사람들이 모여 이루어지는 '인간적인 공동체로서 소득 분배는 보다 공정하고, 주민은 보다 정직하고 신중하며 친절'하여, 세계화시대에 대응하여 경쟁력을 갖춘 그런 지역사회이다. 원래 공동체란 그 성원들이 자신의 집단에 대하여 깊은 소속감을 가지고, 공동의 목표를 추구하고 있다는 감정을 가지며 다른 성원들과 일체감을 느끼게 되는 그런 사회집단이다. 성원들은 서로 본질적으로 그 중요성과 가치를 인정하면서 전인격적 존재로 대하게 된다. 요컨대 공동체는 사적 이익을 떠나 의미 있는 관계를 맺게 되는 그런 사회인 것이다.

그런데 오늘날 대중사회는 인정, 동료애, 안전, 소속감 같은 인간적 욕구를 충족시켜 주지 못함으로써 많은 문제를 야기하면서 그 집단 에너지가 소모되고 있다. 오늘날 개별화, 획일화되고 경제성장을 우선시하는 분위기 속에서 사람이 사람 같지 않은 모습들이 보이게 된다. 이런 모습들은 극단적으로 말한다면 경제성장과정에서 모두 물질 중심적으로 되었기 때문이다. 근래 등장하고 있는 '공동체의 추구'라는 주장은 이런 상황에서 벗어나야 되겠다는 인간적 의지의 표현이다. 이 주장은 규모는 작지만 구조가 튼튼한 공동체를 추구하자는 것이다. 이런 입장은 지역의 주민적 욕구를 충족시켜 주기에 적합한 것은 국가가 아니라 지역공동체라고 보는 것이다. 그리하여 '공동체의 추구'는 "공동체만이 사회 재건의 시발점이 될 수 있다"고 보는 것인데 "왜냐하면 공동체는 같이 생활하고, 일하고, 경험하고, 존재하려고 하는 인간 본래의 욕구를 채워줄 수 있기 때문이다."

그러나 우리가 추구해야 할 창조적 공동체는 열린 공동체여야 할 것이다. 열린 공동체는 공동체의 의미를 인적으로, 지역적으로 확대함으로써 가능한 것이다. 인적으로는 '제주인'의 범위를, 제주에서 낳고 자란 사람뿐 아니라 제주에 거주하는 모든 사람 더 나아가서 제주에 살았던 모든 사람, 그리고 제주에 살고자 하는 모든 사람으로 확대하는 것이 좋을 것이고, 외지인으로서 제주에 연고를 가지고 제주를 아끼는 사람들은 제주인의 연대세력으로 묶는 것이 좋을 것이다. 지역적으로는 제주를 떠나 외지에서 생활하는 모든 제주 출신자들과 연대관계를 유지함으로써 제주 지역을 넘어서서 전 세계로 공동체의 범역을 넓혀 생각할 수 있을 것이다. 이것이 곧 21세기 제주 비전인 '백만 제주인의 공동체'라는 것이다.

'창조적 제주공동체'의 비전은 이 '백만 제주인의 공동체'를 지향하면서 동시에 세계 속에 제주문화의 정체성을 확립하고, 환경과 삶의 조화를 이룬 그런 복지제주의 건설이다. 이것이 21세기 선진 제주의 모습이라고 생각한다.

9 공동체를 추구하는 뜻은…*

오늘날 우리에게 공동체는 무엇인가?

200년 전 18세기 말, 유럽에서 중세의 봉건시대를 무너뜨리고 개인의 자유를 제창하면서 등장한 근대 국민국가는 그 통치권력의 강화를 위하여 공동체적 삶을 무너뜨렸다. 공동체적 삶을 중앙집권적 통치의 저해요소로 보았기 때문이다. 20세기 초 우리나라의 경우 일제가 재래의 우리 농촌공동체를 무너뜨려 버렸던 것도 그 식민통치를 강화하기 위함이었다.

이 근대의 정치권력이 시장이라는 자본주의 경제질서와 결합되면서 소위 시민사회라는 대중사회를 형성하기에 이르렀다. 이렇게 해서 공동체적인 삶과 인간애라는 인간 본래적 가치를 상실하고 인간성 상실, 도덕성 상실의 시대에 접어들었다. 사실 따지고 보면 근대 이전 인간을 억압했던 것은 신분제도요 착취제도였지 공동체가 아니었다. 만일 그 당시 공동체의 해체가 아니라 공동체적 요소를 시민사회에 결합하는 노력을 기울였더라면 오늘날의 대중사회가 갖는 인간적 고통은 훨씬 적었을 것이라는 아쉬움이 있다.

오늘날 공동체의 회복, '공동체의 추구'라는 노력은 바로 이런 인류역사가 갖는 모순을 재조명하고 대중사회의 문제에 대처하려는 노력이라 할 수 있을 것이다. 20세기의 인간은 소외되어 있고 좌절되어 있으며 외롭다. 여기에 인간성 회복의 요구가 나오고 공동체를 추구하자는 주장이 나오게 된다. 이는 결국 현대 상황이 개인들에게 안전감과 충족감을 제공하지 못하게 되었기 때문이다.

이미 19세기의 사회이론가들은 공동체를 새롭게 조명하면서 인간에게 정말로 소중한 사

---

* 1997.12.16. 『제주공동체』(공동체의식개혁 국민운동 제주도협의회 회지), 2집, pp.41-43.

랑 · 헌신 · 우정 · 협동 · 연대 등은 공동체의 논리에서 나오는 것으로 미래사회가 공동체적 사회로 건설되어야 한다는 전망을 하고 있었다. 공산주의 고전적 이론가로 잘 알려진 마르크스도 자본주의 사회의 인간소외를 극복하고 전체사회가 공동체적 삶을 영위할 수 있는 단계를 이상적인 인간의 사회로 규정했음도 기억할 만하다. 이제 20세기 후반에 이르러 자본주의 사회의 구조적 모순이 극명해지고 현대조직의 관료제적 모순이 심화됨에 따라 인간소외현상이 심각한 문제로 제기되기에 이르렀고, 코뮌(commune) 같은 소규모 공동체 조성운동이 일어나게 되었다.

그러면 공동체는 무엇인가. 공동체란 타인과 일체가 되어 협동적 관계를 맺고자 하는 심성적 · 정신적 현상과 관계를 가리키는 개념으로써 대중사회에 대비된다.

대중사회에 대해서는 여러 가지 문제점을 지적할 수 있을 것이다. 물적 풍요 속에 배태된 정신적 빈곤은 말할 것도 없고, 대중사회에서 사람들은 그들의 조직체로부터 단절되어 있다고 생각하며(소외), 각자 다양한 목표를 추구하면서 다른 성원들과 일체감을 갖지 못한다(정신적 분리). 의미 있게 집단생활에 참여하지 못하며 따라서 집단활동에 참여해야 할 절실한 의욕을 갖지 못한다(비관여). 사람들은 서로가 서로를 목적에 대한 수단으로 간주하여 본질적 중요성이나 가치를 부여하지 않는다(분절성).

공동체는 이러한 대중사회와는 다르게 집단에 대하여 깊은 소속감을 가지며(동일시), 다른 사람들과 공동의 목표를 추구하고 있다는 감정과 더불어 일체감을 갖는다(정신적 통일성). 그리고 여러 집단에 의미 있게 참여할 필요성을 느끼며(관여) 서로 상대방의 본질적 중요성과 가치가 있는 전인적 인간으로 대한다(총체성).

공동체의 추구를 주장하는 입장에서는 인간적인 정서와 자유로운 상상력을 고갈시키는 경제 제일주의적 공리주의 세계관에 입각한 대중사회의 병폐를 공동체적 공감의 휴머니즘이 치유해 줄 것으로 믿는다.

요컨대 공동체는 도덕적 · 정신적 현상으로서 자신의 집단에 대한 정체감과 일체감, 집단 성원들의 참여의식과 총체성을 함축하는 것이다. 공동체는 사람들이 다른 사람들과 의미 있는 관련을 맺고 있는 상황인 것이고, 공동체의식은 그 본질이 된다.

오늘날 조직이 대규모화되면서 그것은 개인의 심리적 욕구를 충족시킬 수 없다. 대규모 조직은 너무 크고 복잡하고 관료화되어 있어서 결국 인간이 살아가는 생활공간의 의미를 상실하게 되었다. 국가는 개인 안전의 욕구를 충족시켜 주지 못한다. 국가는 대중적 지지자들을 확보하고 개혁을 할 수 있으며 전쟁과 같은 대의명분을 위하여 국민을 동원할 수는 있어도 인정, 동료애, 소속감과 같은 인간적 욕구를 충족시켜 주기에는 적합지 않다.

이에 따라 나타나는 소외의 지속적 확산에 대한 유일한 대안은 규모는 작지만 구조가 튼튼한 공동체인 것이다. 이 공동체만이 사회 재건의 시발이 될 수 있다. 왜냐하면 공동체는 같이 생활하고 일하고 경험하며 존재하려고 하는 인간의 근본적인 욕구를 채워줄 수 있기 때문이다. 특히 지역공동체(지역사회)는 근린성을 근간으로 하고 있어서 성원들이 쉽게 만날 수 있고 서로 두려움 없이 친밀하게 대할 수 있는 집단 형식으로서 행위의 협동적 실현, 소속감, 잘 아는 사람들과의 전인적 관계가 그 특징이라 할 수 있다. 이때 일체감(하나됨의 감정)은 공동체의식의 한 내용이다.

돌이켜 생각해 보면 우리 제주인들은 특히 마을단위에서 협동하며 사는 공동체적 삶을 영위하여 왔다. 이는 '삼무'三無라는 제주인의 생활원리에서 극명하게 나타난다. 이제 이러한 공동체적 삶의 전통을 오늘에 되살리면서 선진 제주를 이룩하는 노력을 기울일 때이다.

그런 노력의 하나는 이제까지 이룩하여 온 경제성장을 질적 발전으로 승화시키는 것이다. 개발은 경제 중심의 물적 성장 위주가 아니라 인간 중심, 사람들의 삶의 질적 향상을 꾀하는 그런 개발이어야 한다. 문화적 생활기회를 확대하고 쾌적한 생활환경을 살리는 노력을 기울여야 할 것이다.

그리고 정의롭고 푸근한 사회를 이룩해야 할 것이다. 분배의 공정성을 높이고 계층 간의 갈등을 줄여나가는 일이 중요하다. 규칙이 제대로 지켜지고 경쟁의 원리가 올바로 이행되는 사회, 그리하여 질서가 정립되고 정당한 권위가 회복되는 그런 사회가 구축되어야 한다. 권위주의와 특권의식을 불식하고 인정이 넘치고 서로 돕는 공동체의 전통을 회복해야 할 것이다.

지도층부터 공동체적 삶을 위한 혁신적인 반성과 노력을 해야 한다는 것은 말할 나위 없는 것이다. 개인 이전에 공동체를 생각해야 한다. 지방화시대의 성공적인 제주공동체이기 위해서는 중앙집권적 관행에 익숙해진 지방관료적 사고방식과 관지향적이고 중앙지향적인 주민의식은 타파해야 한다.

공동체는 비단 지역단위의 정신적인 의미만을 갖는 것은 아니다. 모든 조직영역에 있어서 그 기능을 원만하게 수행하려 한다면 공동체적 아이디어를 도입해야 좋을 것이다. 예컨대 기업에 있어서 노·사 간의 협조체제를 구축하는 데 있어서도, 조직의 정책 결정에 있어서도 이 공동체적 원리가 적용될 수 있을 것이다. 그래야만 그 구성원들의 사기가 고양되어 자본주의적 생산성이 제고되는 것이며 정당성도 확보할 수 있게 되는 것이다. 조직이 급변하는 시대에 대응하는 보다 확실한 장치이기도 하다. 무엇보다도 인간적인 삶의 분위기는 참여하는 사람들의 잠재력을 개발하여 줌으로써 사회 전체의 시너지 효과를 유발할 수 있는 것이다.

공동체적 삶이야말로 오늘날 인류가 절실하게 추구해야 할 미래사회의 이상적인 삶의 형식이라고 할 만하다. 이 공동체적 삶을 추구한다는 점에서 우리는 공동체의식의 조성을 위한 운동의 진정한 의미를 찾을 수 있다고 생각한다. 더구나 오늘날 지방화시대를 맞아 이 공동체의식이 어떤 제도와 정책보다도 지방화의 기틀을 다지는 밑거름이 될 것임을 명심할 일이다.

10 미래시제형 교육*

미래는 불확정적이다. 그러나 그러기 때문에 가능성의 미래인 것이다. 이 가능성을 전제로 하여 바람직한 미래를 창출하는 데 있어서 교육의 중요성은 막중하다고 하겠다.

미래학의 권위자인 미국의 석학 앨빈 토플러는 "교육이 하여야 할 가장 중요한 역할의 하나는 각 개인이나 집단이 미래의 이미지를 더욱 풍부하게 지니도록 해주고 개선시켜 주는 일"이라고 하였거니와 이렇게 해서 우리의 바람직한 미래가 창조되는 것이다. 국가의 백년대계는 교육에 초점을 맞추어야 함은 말할 나위가 없다. 교육이 안 되면 국가의 장래는 없다. 국가발전의 에너지는 바로 인간 자본인 것이고 인간 자본은 교육을 통해서 축적되는 것이기 때문이다. 여기에 오늘의 교육 현실을 숙고해 보는 노력이 더욱 절실하다고 생각한다.

우주 공간으로 인간을 쏘아 올릴 때 우주선의 좁은 공간에 인간의 생존조건을 마련해 주어야 하듯이 미래의 시간으로 인간을 내보낼 때 우리는 그 변화의 충격에 견딜 수 있는 보호조치를 하지 않으면 안 된다. 엄청난 속도로 변하는 환경은 개인의 적응범위를 넘어섬으로써 사람들은 미래에 충격을 받을 것이기 때문에 그 미래 충격을 완화하는 조치나 미래의 과잉자극에 대한 효과적인 대응전략을 마련하지 않으면 안 된다. 그 역할을 맡고 나서야 하는 것이 교육이다.

그러나 오늘의 교육은 과거사나 현 실태에 대해서는 중시하여 가르치면서도 도래하는 미래상에 대해서는 대체로 도외시하거나 경시해 왔다고 할 수 있을 것 같다. 미국 코넬대학의

* 1998.3.2. 「제주시대」(제주도 기관지), 244호, '탐라시론'.

심리학자 존 콘드라이 교수의 실험에 따르면 학생들의 머릿속에 과거는 풍부하게 담겨 있었으나 미래는 텅 비어 있었다고 한다. 그리하여 앞으로 미래에 대비하는 교육은 청소년들에게 미래에 투시된 긍정적 · 적극적인 역할상, 즉 '미래에 초점을 맞춘 역할 이미지'를 잘 키워주어야 할 필요가 있다고 보는 것이다. 그들이 살아가야 할 시대는 미래이기 때문이다.

미래 충격을 완화하거나 피하기 위해서는 탈산업주의 교육제도를 만들어내지 않으면 안 된다. 미래는 탈산업화의 시대로 다가오기 때문이다. 미래는 비판적 판단을 내릴 수 있고 새로운 변화 환경을 헤쳐나갈 수 있는 사람을 요구하며 미래상을 간직한 사람을 원한다. 따라서 교육의 목표는 미래의 격심한 변화에 대응할 수 있는 '대응능력'을 증대시키는 데 두어야 한다. 미래에 대한 개연성 있는 장기적인 가설들을 설정할 수 있도록 해야 한다. 20~50년 내에 필요하게 될 직업, 전문직종은 무엇인가, 가족형태와 인간관계는 어떻게 변해 갈 것인가, 어떤 윤리 도덕의 문제가 발생할 것인가, 기술 및 조직 구조는 어떻게 될 것인가, 한마디로 미래 지향성이 강조되는 교육이라야 한다. 토플러가 말하는바 '미래시제형 교육'이란 그런 것이다.

과거보다는 미래 속에서 우리의 교육목표와 방법을 모색해야 할 것이다. 이러한 교육은 미래에 대응하는 전략산업으로서의 가치를 갖는 것이며, 그 성공 여부는 미래사회의 특성에 대한 이해를 바탕으로 해서 가능한 것이다.

후기산업사회를 맞으면서 서둘러 미래 지향적, '미래시제형 교육' 정책, 탈산업주의 교육 정책을 새워야 할 때라고 생각한다. 이를 위하여 21세기 교육을 위한 특별 과업수행팀을 구성하거나 미래교육협의회 같은 조직을 구성할 필요가 있을 것이다. 이들 기구에서는 정보사회의 도래와 더불어 나타나게 될 예기치 못한 변화상황에 대응하여, 가상적 미래에 대한 예측을 바탕으로 교육적 대안들을 만들어내어 활발한 공개토론에 부치고, 그 결과를 바탕으로 교육 프로그램을 만들 수 있을 것이다. 이제, 미래 '제주시대'를 열기 위해서 제주지역사회의 교육 에너지를 결집시키는 노력이 있어야 할 것이다.

11 새 천년 제주, 어떻게 시작되고 있는가*

Y2K(컴퓨터 2000년 연도 인식오류)의 우려를 뒤로하고, 대축제의 분위기 속에 새 천년의 문이 열렸다. 새 천년의 첫해 세기의 전환기에 우리는 놓쳐버린 기회를 애석해 하면서도 한편으로는 더욱 큰 희망을 지니고 도래하는 새 천년을 맞이하려 한다.

제주의 새 천년은 어떻게 시작되고 있는가?

우선 제주의 2000년은 4 · 3의 해결이란 문제를 안고 시작된다. 4 · 3특별법이 지난 세기말에 제정되었기 때문이기도 하지만 이 문제를 풀지 않고는 제주의 지난 세기는 마무리되지 않은 것과 같기 때문이다. 제주 현대사의 가장 뼈아픈 기억인 4 · 3은 지난 세기가 넘겨준 제주 새 천년의 중요한 과제이다. 4 · 3은 미국과의 관계 속에서 규명하고 풀어야 할 것이다. 최근 보도에 따르면 미국은 그에 대한 책임이 없다고 하는데 이 발언은 2000년의 화두가 될 것이다. 분명한 것은 4 · 3은 미군정하에서 일어난 사건이라는 점이다. 돌이켜 생각해 보면 4 · 3은 냉전시대의 잘못된 사고의 결과이다. 냉전의 와중에서 한국은 그 최전선이었고 제주는 그 가장 큰 희생 지역의 하나였다. 이제 냉전시대는 종말을 고하고 사무엘 헌팅턴이 주장하는바 '문명의 충돌' 시대가 도래한다. 세기의 문은 냉전의 종식에서 닫혔고 문명권의 충돌로 열린다. 문명의 충돌시대에 오늘날의 소위 주변 4강으로 일컬어지는 미 · 일 · 중 · 소는 각기 하나의 문명권을 형성하게 되고 한국은 그 4대 문명권의 단층선(지각변동의 접경) 상에 있다. 냉전시대의 최전방이었고 냉전논리에 마지막까지 묶여 있던 우리가 새로운 세계질서 속에서도 가장 예민한 위치에 놓이게 되는 것이다. 이제 문명 충돌시대의 최전선이

* 2000.1.5. 「제주일보」, '새천년 특별기고'.

된 것이다. 그중에서도 제주는 지정학적으로 그 전위지역이 된다. 제주의 역량을 키우지 못하면 지난 세기 냉전 시의 희생양이 문명의 충돌시대에 이르러 또다시 큰 타격을 입을지도 모른다.

이데올로기의 대립이 사라진 탈냉전시대에 '문명의 충돌'이 세계를 위협하리라 하고 '문명의 화해와 공존'이 세계대전을 막는 가장 확실한 방어수단이라고 한다면 2002년 일본과 공동 개최하는 월드컵축구대회의 개최지로서의 제주는 도래하는 시대 평화의 섬으로서의 이미지를 심는 계기가 될 것이다. 그러고 보면 제주의 2000년대는 평화의 화두를 갖고 시작되는 셈이다.

또 다른 하나의 국면은 국가적 관심 속에서 제주는 국제자유지역으로 2000년을 맞게 된다는 점이다. 많은 사람이 이동해 들어오고 많은 문화가 어우러지게 될 것이다. 제주 토착민, 제주문화는 제주 지역의 부분을 이룰 뿐 주류를 형성하지 못할지도 모른다. 영국의 사회사학자 에릭 홉스봄(『극단의 시대』)에 따르면 다가오는 시대의 결정적인 두 주제는 인구문제와 생태학적 문제이다. 이 시각에 따라서 보면 제주는 몰려드는 인구 유입(혹은 이출)을 어떻게 관리할 것인가 하는 문제에 부딪히게 되고 주민은 이질화되어 지난 시대의 동질적 사회구조는 해체되고 제주의 생태학적 환경은 위기를 맞게 된다. 환경은 21세기의 세계적 주제로 떠오르는 터이지만 제주 지역의 환경은 2000년대의 매력으로 그 가치를 발휘할 것이다. 문제는 신자유주의적 세계시장경제의 논리에 따른 무제한적인 이윤추구가 환경을 파괴한다는 데 있다.

또 하나의 시대적 흐름으로 21세기 제주가 당면하게 되는 문제는 소비문화의 확산이다. 돈을 모아 부를 축적하기보다는 즐겁게 일하는 것을 더 보람 있게 생각한다. 노동하는 시간은 짧아지고 여가시간은 길어진다. 삶의 설계는 여가를 어떻게 보내는가에 초점이 맞추어지게 된다. 제주는 관광사업이 그 특수성을 잘 살려낼 수 있는 비교우위의 영역임은 잘 알려져 있지만, 이 관광은 곧 소비시대의 총아가 아닌가. 이를 잘 살려내는 것도 새 천년의 꿈을 실현하는 길이 됨은 두말할 것 없다. 유의해야 할 것은 제주문화의 정체성 그 전통적인 가치를 보존하고 그 토속성을 관광의 핵심주제로 삼아야 한다는 것이다.

이제 제주는 세계를 향해 열린 공간으로 새 시대를 맞으며 다양성을 포용할 준비를 서두를 때이다. 여기에 새 천년을 맞는 의미가 있다고 생각한다.

12 새 천년 새해를 맞으며…*

지난 천 년(AD 1000)의 시작은 종교적 예언의 혼란 속에서 시작되었는데 도래한 천 년(AD 2000)은 기계적 예측 Y2K의 우려 속에서 시작되었다.

천 년 전, 1999년 12월 31일 비극적인 종말이 오리라는 예언 속에 기독교인들은 두려움에 떨며 교회에 모여들어 암흑의 자정을 기다리고 있었다. 그러나 아무 일도 일어나지 않았다. 천 년 후 1999년 12월 31일, Y2K에 대한 우려 속에 전산망에 의존하는 네트워크 시대의 시민들은 자정을 맞았다. 그러나 별다른 일이 일어나지 않았다.

새로운 천 년의 태양은 지난 천 년의 태양과 똑같은데, 지난 천 년의 마지막 날 지던 해는 오직 하루의 마감이고 새 천년의 첫날 뜨는 해는 오직 하루의 시작인 것을. 새 천년이 열리며 대단한 축복이, 특별한 역사적 대사건이 있는 것도 아니고 인류 구원의 평화가 이루어지는 것도 아니고 위대한 발명이 쏟아지는 것도 아닌 것을. 그저 999년에서 000년으로 연도의 수치가 바뀌는 것뿐인 것을.

2000년은 서력기원이고, 기독교적 전통 속에서 살면서 천 년 단위를 한 시대의 종말로 보는 서구사람들의 시간관에서는 이 2000년의 도래가 전통적으로 큰 의미를 갖는다. 서력기원(Christian Eara)은 크리스트교 기원이고 주의 탄생기원(AD, Anno Dommini)으로서 그러하다. 1000년에 해당하는 라틴어의 '밀레니엄'은 서구에서 종교적으로 '종말과 구원' '추방과 구원' '파괴와 창조'의 의미를 담고 있다고 한다. 그러나 서기 2000년은 단군기원(단기)으로는 4333년이고 불교기원(불기)으로는 2544년, 유대기원 5760년이다. 이슬람기원으로는 1421년이고

* 2000.3. 『제주공동체』(공동체의식개혁국민운동 제주도협의회 회지), 4호.

힌두기원으로는 1922년이다. 2000년의 숫자는 서구 중심, 기독교 문명의 산물일 뿐이다.

그렇다면 1999년 한 해가 가고 2000년의 첫해 새해가 오는 것은 연년세세年年歲歲 한 해가 바뀌는 것과 무엇이 다른가? 달력상의 시간으로서 일 년의 흐름은 천 년의 문이 닫히는 지나간 해나 또 천 년의 문이 열리는 올해나 같지 않은가?

그럼에도 불구하고 왜 사람들은 새 천년맞이에 그렇게들 호들갑이었던 것인가? 그 의미는 무엇인가? 그것은 인간이 시간의 흐름 속에 붙인 이미지 때문이다. 새로운 시대를 맞으며 보다 나은 세상을 구상하려는 의도 때문이다.

그렇다. 자연은 그대로인데 사람들은 그런 자연(시간)의 흐름에 의미를 부여하고 새로운 삶을 도모해 보려는 것이다. 이제 있음(being)의 과학이 아니라 됨(becoming)의 인식이 우리에게 중요한 것이다. 주어진 경험적 현재를 됨의 미래로 전환하려는 것이다. 적어도 그러한 인식 속에서 2000년대를 맞으려 함이다. 역사학자에게 과거가 현재적 과거이듯이 미래를 말하는 사람들에게는 현재적 미래여야 한다. 공상의 미래가 아니라 사람들이 만들어가는 그런 미래여야 한다. 이제 새로운 미래를 만들어가는 노력의 큰 전환점에 이른 것이다.

과거의 천 년보다 미래의 천 년은 엄청나게 빨리 변해갈 것이다. 인류는 문명 발생 후 농업시대에서 2000~3000년여의 세월을 보냈고 산업혁명에 의해 도래한 공업시대에서 200~300년의 세월을 보낸 후 이제 정보시대에 이르렀다. 이 정보시대는 20~30년 내에 새로운 시대를 또 맞으리라 한다. 그 급변하는 모습을 그려보기는 쉽지 않다.

미래란 피터 F. 드러커(미국) 교수가 말했듯이 '게릴라 지역'과도 같기 때문이다. 언제 어떤 곳에서 정규전에서는 예기치 못한 사건이 일어나서 전 세계를 뒤흔들지 모른다. 종래의 정규전에서의 전략 전술은 미래의 게릴라전 지역에서는 그 힘을 잃게 된다. 그 전개양상을 전혀 종잡을 수가 없게 된다. 미래학자 앨빈 토플러는 말한다. 지구 반대편의 나비가 날갯짓을 하면 이곳에 태풍이 일어날 수 있는 것이라고. 지구촌의 어느 숲 속 '나비의 날갯짓', 그 조그만 움직임이 전 세계를 혼돈의 소용돌이로 몰고 갈지도 모른다. 그만큼 미래는 불안정적이고 불확정적이다.

그럼에도 불구하고 미래를 이야기한다는 것은 인간의 희망을 미래에 투사해 보겠다는 의지의 표현이다. 미래란 개연성을 전혀 예측할 수 없는 것도 아니다. 여기에 미래를 이야기함은 변하는 방향을 예측하고 그에 대비하여 인간다운 삶을 설계하고자 하는 것이다. 새 천년의 첫해 세기의 전환기에 다시 일어나 새롭게 시작하기를 다짐하고자 하는 것이다.

천 년 전, 서력기원 1000년경 독립국('탐라국')이었던 제주는 이제 대한민국의 한 부속도서, 행정 도道로서 2000년을 맞는다. 1000년 후 어떻게 될 것인가를 예측하기는 불가능하다. 다만 새 천년이 어떻게 시작되고 있는지를 가늠해 보는 것이 의미가 있을 듯하다. 주지하듯이 오늘날 시대의 흐름은 세계화와 지방화이다. 제주도 또한 이 흐름을 타야 할 것이다. 국민국가는 세계화의 흐름 속에서 그 힘이 약화되고 지방(지역단위)은 지방분권의 흐름 속에서 주체적인 미래를 설계하지 않으면 안 된다. 지역의 이익을 위하여 스스로 세계를 향하여 뛰지 않으면 안 된다. 그러면서 한편 세계시장경제의 논리에 따른 무제한적인 이윤추구가 1000년 후 생명력 있는 우리의 삶을 유지해야 한다는 당위성의 힘으로 견제되어야 할 것이다.

제주는 비교적 좋은 질의 생태 '환경'을 유지하고 있다. 그 탐라권 특유의 전통 '문화'도 지니고 있다. 이 '환경'이나 '문화'는 도래하는 시대의 중요한 지역 역량이 될 것이 분명하다. 이 환경과 문화는 소위 세계적인 경쟁질서 속의 강력한 잠재력이 될 수 있다고 생각한다. 이를 위해 제주는 열린 공간으로 새 시대를 맞으며 다양성을 포용하는 강한 체질을 구축해 나아가야 할 것이다. 제주민들의 삶의 질을 높이는 것을 목표로…

새 천년 벽두에 우리는 '잃어버린 보물'을 찾는 심정으로 서둘러 탐사작업을 펼침으로써 다가오는 시대엔 가능성을 현실로 완성시킨다는 꿈을 지니고 이 새 천년을 맞아야 할 것이다. 새 천년을 맞으며 특별히 무슨 큰 변동이 일어나는 것은 아니지만 이 세기의 전환점에서 부푼 희망을 저버릴 수 없고 꺾을 수도 없다. 오랫동안 갈망해 오던 이 새로운 천 년의 도래를 여느 때처럼 무의미하게 흘려보낸다면 그야말로 그것은 후회스러운 한으로 남게 될 것이다. 미래란 있는 대로 '예측'하기보다는 바람직한 방향으로 스스로 '창조'해 가는 데 그 진가가 있다고 생각한다. 2000년을 맞는 오늘 우리는 바람직한 미래를 창조하기 위해 나서야 할 것이다. 중요한 것은 시대에 뒤떨어지지 않으리라는 빛나는 미래에 대한 확신이다. 여기에 새 천년을 맞는 의미가 있다고 생각한다.

13 2003년 제주는… *

2003년 새해는 새로운 정부, 제16대 대통령 노무현 정부가 출범한다. 지난해 대선 과정에서 보여준 독특한 양상을 '2, 30대의 세대혁명'이라고도 하거니와 젊은 2, 30대는 월드컵처럼 선거를 치러 성공하였다. 미루어보건대 3김이 정치사의 뒤안길로 퇴장하고 세대교체가 이루어지는 시점에 이른 것이다. 87년 민주화 대행진을 기준으로 15년, 그리고 민주화 투쟁의 선봉에 섰던 민주화 세력이 정권을 잡기 시작한 93년을 기준으로 이제 10년의 세월이 흐른 뒤의 일이다. 제주의 경우도 젊은이들의 노무현 후보지지 700인 선언에 이어 그에게 많은 표가 쏠렸거니와 정치 사회적으로 젊은 발언권이 힘을 얻을 것이다.

2003년 새해, 제주는 국제자유도시 원년을 맞는다. 2002년 1월 26일 제정된 국제자유도시 특별법은 2003년 1월 1일부터 효력을 발생하게 된다. 그 입법과정에서는 외국인 학교 설립, 국제자유도시개발센터의 구성, 농·어업 등 지역산업의 보호를 둘러싼 갈등의 과정을 거쳤다. 드디어 '제주국제자유도시종합계획'이 수립되고 이제 그 시행에 들어가게 된 것이다. 세계화·개방화의 세계적 추세 속에서 비교적 지역적 정체성을 유지해 오던 제주 사회가 이제 제도적으로 개방체제에 진입하는 것이다. 그야말로 개방의 거센 물결이 밀려오리라.

지난해는 제주개발특별법의 개정, 4·3사태의 진상규명과 명예회복, 화순항의 군사적 이용, 한라의료원 노조의 파업, 제3대 도지사선거의 후유증 등과 관련하여 많은, 크고 작은 갈등 국면들을 경험하였다. 이제 새해를 맞으며, 도민 대통합의 명제 속에서 이러저러한 갈등들을 발전의 에너지로 승화시켜야 할 것이다. 갈등의 긍정적인 의미는 그것이 발전의 원

* 2003.1.1. 「한라일보」, 신년칼럼, "2003년. 제주여! 알에서 깨어 비상하라".

동력이 될 수 있다는 데 있다. 여기 몇 가지 발전적 제안을 하고자 한다.

첫째, 사회지도층의 '노블리스 오블리주'(귀족의 의무)를 강조하고자 한다.

로마 천년 제국은 로마 귀족들이 스스로 자신의 사재를 동원해 가면서 전투장비를 갖추고 전쟁터에 나가는 그런 의무를 통하여 지켜졌다(노예는 군 면제였다). 미국은 21세기 세계제국으로 등장하고 있다. 그 기간이 얼마일지는 예측하기 어려우나 이 또한 '노블리스 오블리주'의 정신이 큰 몫을 하고 있는 것으로 본다. 청문회에서 보는 것처럼 국가지도자의 청렴정직성을 점검하는 것은 바로 그 표현이다. 최근에 지난 대선에서 현 부시 대통령보다 약 54만 표를 더 얻었음에도 불구하고 미국의 주단위로 표를 묶어 계산하는 선거제도 때문에 대권을 놓쳤던 앨 고어(클린턴 대통령 당시, 부통령)의 불출마 선언에서 보이는 태도를 우리 정치지도자들은 타산지석으로 삼을 일이다. 플로리다주의 재개표과정을 두고 시비가 끊이지 않았지만 고어는 "당파심이 애국심을 앞설 수는 없다"며 승복했다. 그래서 2004년 대선에 재도전하리라 예상됐던 고어가 지난해 12월 16일(미국 현지시간) 아예 대선 출마 포기를 선언한 것이다. "도대체 왜 그만두는가"라는 질문에 "대선은 미래에 초점이 맞춰져야 한다. 내가 다시 부시 대통령과 맞붙으면 과거로 쏠린다"고 대답한다. 조국의 미래지향적 행진이 자신의 권력욕으로 인하여 과거로 회귀하는 것은 옳지 않다는 '귀족의 의무감'. 본받을 만하지 않은가. 그리고 그는 말했다. "내가 내린 결정은 (공직에서 일한) 지난 24년에 만족하려는 것"이라고. 이 얼마나 인상적이고 아름다운 퇴장인가.

둘째는 이분법적 사고의 극복이다.

민주주의 사회란 다양한 입장을 가진 집단들이 경쟁하면서 전체로서 합의구조를 찾아가는 데 묘미가 있는 사회이다. 의견의 다름은 당연히 존재한다. 이분법적 사고는 아군 아니면 적군으로 규정함으로써 의견의 다양성을 거부한다. 예컨대 햇볕정책을 비판하는 것을 반통일세력으로 규정하는 것은 통일에 대한 다양한 논의를 봉쇄하는 것이나 다름없다. 이런 경직된 사고는 민주주의의 적이요 급변하는 시대에 유연하게 적응하는 데도 해롭다. 마른 나뭇가지는 단단하지만 쉽게 부러진다. 노인들의 뼈가 유연하지 못해 쉽게 부러지는 것과 같이 경직된 이분법적 사고를 가지면 사회는 쉽게 균열이 간다. 민주주의는 후퇴한다. 토론과 타협을 통한 절충이 불가능하고 사회적 합의가 이루어지기 어렵기 때문이다. 다양성이 존중되는 시대에 우리는 다양성에 익숙해지지 않으면 안 된다.

경직된 사고에 관련하여 노자老子를 인용한다. "사람이 살아 있을 때는 부드럽고 약하지만 죽으면 굳고 강하다. 초목도 살아 있을 때는 부드럽지만 죽으면 말라 굳어버린다. 그러므로 유연함은 삶의 현상이요, 굳고 강함은 죽음의 현상이다." 더불어 살아가면서 상생의 길을 모색하려 할 때 참고할 일이다. 국제자유도시의 성공적인 정착을 위해서도 이 점은 매우 중요하다.

셋째, 정치적 · 사회적 갈등의 완화를 도모해 나가야 한다.

선거과정에서 나타나는 정치적 갈등은 권력이라는 희소자원, 사회적 지위나 권력을 장악하고자 하는 사회세력 간의 갈등이고 이는 불행하게도 시민사회의 갈등도 영향을 주는 것이지만 갈등이 있고 그에 대한 조정의 노력이 뒤따르게 된다면 이로써 한 단계 높은 사회적 통합과 발전을 가져오는 계기가 된다. 문제는 그 전제조건으로서, 의사결정을 할 때 그 과정이나 절차를 개방하면서 갈등을 민주적으로 조절하고 해결할 수 있는 제도적 장치가 마련되어야 한다는 데 있다.

그 장치로서 민 · 관 파트너십의 협력통치체제 거버넌스(Governance, 협치; 協治)를 제안한다. 갈등의 해결을 위해서 무엇보다도 이해 당사자 간의 협의에 의한 합의가 필요하며 이를 위해 정부(지방과 중앙), 시민단체, 전문가, 주민대표들로 구성되는 협의체 곧 거버넌스를 구축할 필요가 있다. 민 · 관 파트너십은 시민 정치참여의 한 형태이기도 하다.

넷째, 새해 2003년에는 4 · 3의 진상이 규명, 공표되고 희생자의 명예회복을 위한 조치가 그야말로 명예롭게 이루어져야 한다. 4 · 3특별법이 제정(1999년 12월)되고 그에 대한 논의가 제도적 차원에서 본격화된 지 이제 3년째 접어든다. 이 문제를 풀지 않고는 제주의 지난 세기는 마무리되지 않음과 같다고 하겠다. 제주 현대사의 가장 뼈아픈 4 · 3은 지난 세기가 제주의 새로운 세기에 넘겨준 가장 큰 과제이다. 돌이켜 생각해 보면 4 · 3은 냉전시대의 잘못된 사고의 결과이다. 냉전 당시(아직도 마지막 남은 냉전의 전선이지만) 한국은 그 전선이었고 제주는 가장 큰 희생지역의 하나였다. 이제 냉전시대는 종말을 고하고 새로운 세계질서로 진입하면서 지난날의 치욕 잔재들을 걷어내는 것이 오늘의 선결과제이다.

마지막으로 '제주 사랑방' 프로그램의 개발을 제안한다. 이 '사랑방'은 지역사회 담론의 장으로서, 여기서 잠재된 많은 소박하지만 참신한 생각들을 모으고 조직할 수 있을 것이다. 지역사회의 현안문제들을 '사랑방'에서 꾸준히 다루어나감으로써 있을 수 있는 갈등을 최소화하는 데 기여할 수 있을 것이다. 제주의 현안문제에 관련하여 브레인스토밍(발상 모으기)을 끊임없이 시도하려는 것이다. 이는 근대 서구에서 지식인들이 모여 담론하고 지혜를 겨루던 '살롱'이나 우리나라 시골 동네 어른들이 모여 담론하던 '사랑방'의 의미를 오늘에 맞게 재현시켜 보려는 노력인 것이다.

문제는 우리의 역량이요 준비 태세이다. 이를 위해 제주는 열린 공간으로 새 시대를 맞이하며 다양성을 포용하는 강한 체질을 구축해 나가야 할 것이다.

지난 95년 7월은 지방자치시대를 맞은 지 8년이다. 지방자치시대의 진정한 의미는 지방자치단체 스스로 자신의 책임하에 주민의 삶의 조건과 내용을 형성해 나감은 물론 세계 속으로 진출해서 그 나름대로의 역할을 수행해 나가는 데 있다. 21세기에 대비하면서 이러한 지방자치의 의의를 살림으로써 보다 넓은 범위에서 질 높은 자치권을 확보하고 가능성을 구체화하면서 스스로 미래를 도모해 나가야 할 것이다. 이때 중요한 것은 제주도민들의 역량을 결집하는 일이다.

14 '열린 제주공동체'를 제창하며*

공동체란 무엇인가?

일정의 지리적 영역 안에서 공동의 유대를 가지고 사회적 관계를 맺으며 살아가는 인간 공동생활체이고 그 장소이다. 여기서 사람들은 가정을 유지하고 생계비를 벌며 자녀를 양육하는 등 그 전반적인 생활을 영위하게 된다. 한마디로 공동체는 공동생활의 지리적 단위이다. 따라서 제주공동체는 제주도라는 섬, 그 한정된 공간 속에서 상호 유대관계를 맺고 살아가는 제주인의 생활터전이다.

공동체의 성립 근거는 한정된 생활공간과 공동체의식이다.

공간으로서의 제주는 섬으로서 다른 지역과 분명한 경계를 이루고 있어 외형적으로 뚜렷이 하나의 공동체를 이루고 있다. 문제는 사람들 사이의 유대가 얼마나 돈독하냐 하는 것인데 이는 공동체의식을 얼마나 강하게 갖고 있는가 하는 것과 관련된다. 우리가 공동체의식을 논의하게 되는 이유도 바로 여기에 있다. 제주공동체의 유대가 얼마나 강한가 하는 것은 그 주민들이 공동체의식을 얼마나 강하게 갖고 있는가에 의해 좌우된다고 하겠다. 의식은 행동을 제약하게 되는 것이므로.

공동체의식은 지역과 생활양식을 공유하면서 살아가는 역사적 환경 속에서 형성된다. 그것은 가치, 신념, 규범, 목표를 공유하는 것이고, 그래서 공동체 구성원들은 동조하리라고 기대되는 공통의 행위양식을 가지고 있다. 그것은 '우리 감정'을 내포함으로써 성원들은 서로를 '우리'라고 생각하고 다른 사람들을 '그들'이라고 생각하게 된다. 즉 공동체와 자신을

* 2003.4. 『제주공동체』(공동체의식개혁국민운동 제주도협의회 회보), 11호, '논단'.

동일시하는 것이다. 이를 우리는 '우리 감정'이라 하게 되고, '정체감'은 여기서 나온다.

그러나 21세기에 접어든, 아니 그 훨씬 전부터 어떤 공동체도 그 성원들이 똑같이 공통의 가치를 가지고 자신의 공동체에 대하여 심리적 동일시를 느끼고 있지 않은 것이 현실이다. 사회는 점점 복잡해지고 그 구성원의 이질성의 정도가 크기 때문이다. 오늘날 자신이 원하든 원하지 않든 정착이 아니라 이동하면서 살지 않을 수 없는 상황 속에 우리는 살고 있다. 예컨대 제주사람들은 제주를 떠나 살게 되는 경우가 허다하고 이는 제주공동체를 중심으로 생각해 보면 이 공동체로 이동해 들어오는 유동민(流動民. 뜨내기)이 많아지게 된다는 것이다. 이제 제주는 국제자유도시로 출범하게 되거니와 그렇게 되면 이런 경향은 더욱 크고 빠르게 진행될 것이다. 이렇게 되면 제주공동체는 어떻게 공동체의식을 조성해야 할 것인가가 큰 과제가 된다. 제주주민들이 제주에 대해 동일시를 하고 있는가? 제주 단위의 공동의 특징적인 가치와 규범과 목표를 유지하고 있는가?

이론적으로만 보면 공통의 가치와 심리적 동일시, 즉 공동체의식은 사회적 갈등과 불안을 효과적으로 막아주는 통제메커니즘으로 작용하므로, 사회적 갈등이나 불안이 심화되고 통합의 에너지를 잃고 있다는 것은 공동체의식 결핍의 결과라고 할 수 있다. 한편 공동체의식에 몰입하는 것은 자신의 개인적인 잠재력을 개발하고 성취하는 데 제약요인으로 작용할 수도 있다. 이 점이 공동체의식을 논의하면서 직면하게 되는 딜레마이다.

그럼에도 불구하고 공동체의식을 논의하는 것은 공동체의식의 와해瓦解가 사회적 불안을 가져오고 사회통합의 에너지를 훼손하게 될 것이기 때문이다. 개인적으로도 공동체의식은 사회적 소외에서 벗어나 정신적 안정과 평화를 누릴 수 있는 기초가 되기 때문이다. 어떤 연구보고에 따르면 공동체의식의 와해는 공동체 내에 범죄 · 정신병 · 이혼 · 사회적 불안 등 사회해체의 원인으로 작용한다고 한다. 따라서 제주 사회가 안정적 발전을 가져오려면 제주에 사는 사람들에게 제주에 대해 동일시하는 감정을 불어넣어야 한다.

이러기 위해 중요한 것은 제주공동체의 다양한 현안사항들에 대해 제주에 사는 사람들에게 최대한으로 참여할 기회를 주는 일일 것이다. 노무현 정부가 들어서면서 '참여'의 정치를 강조하고 있는 터이지만(아니 그래서 이야기하는 것은 아니지만) 문제의 사안에 되도록 많은 주민을 참여시키는 것이 필요하다. 갈등의 사안을 기술 합리적 정책결정으로만 다루지 말고 정치적 타협까지 포함하는 사회적 협상과정으로 다룰 일이다. 장기간에 걸친 설득과 타협,

이를 통한 주민의 동의를 바탕으로 문제를 해결해야 할 것이다. 무엇보다도 정책 당국은 계획수립단계에서부터 정보를 공개하고 주민참여의 공론의 장을 마련해야 한다는 것이다. 말하자면 정책결정과정에서 주민의 요구가 수렴되도록 하는 정치적 타협방식을 제도화해야 할 것이다. 지역갈등으로서의 지역이기주의를 해소하는 최대의 관건은 지역주민의 자율성을 제고하는 것이다. 지방자치체들은 지방행정의 운용에 주민들의 활력을 체계적으로 도입 활용하는 방안을 강구해야 한다. 환경문제만 해도 환경갈등을 해소하지 않고는 그 근본적 해결은 어렵다.

모든 것을 선과 악의 문제로 양분하여 많은 사람이 자신이 선의 편에 서 있다고 가정하고 상대방을 악의 세력으로 비난하는 일은 없어야 한다. 선善/악惡으로 사태를 단순화하는 것은 사람들의 마음을 사거나 등을 돌리게 하는 선전의 기본 전술일 수는 있어도 문제 해결은 될 수 없다. 토론이나 논쟁은 간 곳 없고 거리의 구호만 난무하게 된다.

제주 토박이들에게 내재되어 있는 제주사람/육지사람 구분하는 이분법, 그 연장선상의 토박이/외지인의 이분법적 사고를 탈피해야 할 것이고 그들을 '배제하는' 우리를 생각할 것이 아니라 그들과 '더불어 사는' 우리라는 생각을 해야 할 것이다. 토박이들이 텃세와 기득권만 고집하여 속 좁게 놀고, 외지인들이 제주의 정체성을 외면하고 얕잡아보는 한 내 이웃에 하나의 공동체의식이 생길 리 없다. 갈등의 골은 메울 길이 없다. 너와 나의 차이점을 가치 있게 여겨 이를 존중하고, 강점은 활용하고 약점은 서로 보완해야 할 것이다. 그래야 사회발전의 시너지(synergy)가 생긴다.

변화하는 시대에 다양성을 수용하는 열린 자세가 필요하다. 다양성이 인정되는 사회(선택이 열려 있는 사회)를 지향해 나가야 한다. 백화제방百花齊放의 시대이다. 백가쟁명百家爭鳴을 포용하고 녹여내는 공동체가 진실로 강한 공동체이다. 이것이 진실로 21세기 제주공동체, 국제자유도시로서의 공동체가 번영할 길이라고 생각한다.

이를 위해 중요한 것은 주민 참여프로그램 개발을 끊임없이 개발하고 시행하는 것이다. 주민자치센터를 '사랑방' 개념으로 운영하는 것도 하나의 방안이 될 것이다. 다양한 형태의 '사랑방'이 존재할 수 있음은 물론이다.

돌이켜 생각하면 전통적인 제주공동체는(4·3사건으로 인해 크게 손상되는 아픈 내력을 갖기는 했으나) 대체로 삼무三無의 생활원리가 지배하는 동질적 농촌공동체였다. 근검과 절약이 체질화되고, 진취와 이어도 엑소더스(exodus)를 낳은, 외세 저항적이며 닫힌 공동체였다고 생각한다. 그러나 이제 세계화시대 개방적 세계질서를 맞으며, 특히 제주국제자유도시로서의 성격을 갖게 되는 제주공동체는 변화 지향적인 국제자유도시로서, 이질성을 포용하는 세계 속의 열린 공동체로 거듭나야 할 것으로 생각한다.

15 제주 사회의 지역혁신시스템, 그 주체의 형성과 네트워크*

최근에 제주도는 「국가균형발전특별법」에 근거하여 '국가균형발전 5개년계획'의 지방단위 계획으로서 '제1차 제주도 지역혁신발전 5개년계획'을 수립 중에 있다고 한다. 이 계획에서 제주의 지역혁신역량을 강화하고 특성화 발전을 위해 구축하려는 지역혁신체계(RIS, Regional Innovation System)는 혁신개념을 제주발전에 도입하려는 시도인 것이다.

원래 혁신(Innovation)이란 1930년대 오스트리아 출생의 미국 경제학자 J. A. 슘페터가 쓰기 시작한 용어로 경제발전의 기축을 이루는 요인을 일컫는다. 좁게는 생산에 새로운 기술을 투입하는 기술혁신의 의미를, 넓게는 새로운 자원과 제품의 개발, 시장의 개척, 생산조직의 개선, 새로운 (경제)제도의 도입 등을 포함하는 경제 전반의 발전적인 국면전환 수단의 의미를 갖는다. 슘페터에 따르면 혁신을 통하여 경제에 새로운 호황국면이 형성된다고 주장하는바, 혁신은 기업경영의 키워드로서 이를 통하여 기업은 성장 발전한다. 기업가 정신은 다름 아닌 혁신이다. 끊임없는 기술혁신이 자칫 잘못 사용되면 인류를 멸망시키는 도구가 될 수 있다는 위험성(예컨대 환경파괴, 자원고갈 등)도 내포하는 것이지만 오늘날 이 혁신이란 수단은 경제영역을 넘어서서 사회 모든 분야에서 그 발전을 시도하는 수단으로 도입되고 있는 것이다.

이런 혁신을 지역(지방)단위에서 시도하는 노력이 지역혁신시스템 구축이고 그 시스템의 행위주체가 곧 혁신주체이다. 지역혁신시스템의 구축과 그 원활한 운용을 함에 있어서는 혁신주체들 간의 네트워크가 구축되고 주체들 사이에는 어떤 권위관계가 아닌 상호 대등한 파트너십 관계가 형성되어 있어야 한다. 그 구성주체들 사이의 끊임없는 논의를 거쳐 혁신

* 2004. 「제주타임스」, '창간 특집'.

과제들이 처리되는 것인데, 이때 토의(숙의)민주주의가 중요한 실천적 장치로 받아들여져야 할 것이다. 토의(숙의)민주주의란 구성원들이 모두 수평관계 속에서 사안에 대하여 똑같은 발언권을 가지고 참여해서 토의하고 결론을 이끌어가는 말하자면 소규모 조직의 직접민주주의 방식인 것이다. 지역혁신시스템의 운영주체는 업무 지향적이어야 하기 때문에 어떤 정치성도 배제되어야 하고 오직 추구하는 목표의 공동생산(달성)만을 최고의 가치로 생각해야 한다. 합목적성을 추구해야 한다는 것이다.

지역 혁신단위 주체들로 구성되는 지역혁신을 협의, 추진하는 기구(지역혁신협의체)는 지역 혁신체계의 거점 역할을 하게 되는데 이 지역혁신협의체는 심의 혹은 자문기구이면서 의결기구의 성격도 갖는 것이 좋을 것이다. 지역혁신협의체는 지역 혁신단위 주체 간 네트워킹 및 지역 혁신체계 형성을 촉진하고, 중앙과 지방의 커뮤니케이션 창구의 역할도 하며, 지역사회에 혁신정신의 확산 및 혁신역량을 강화하는 일도 담당하게 된다.

이 기구의 성격은 민 · 관 파트너십의 협력통치체제 거버넌스(Governance. 협치協治)로서 지역혁신에 관련하여 토론하고, 계획, 심의, 조정을 하고, 의견을 조율하여 결론을 내고 실천해 나가게 될 것이다. 지역 거버넌스(Local Governance)로서의 성격을 갖는 이 지역혁신협의체는 단순한 시민참여의 정치를 넘어선 급진적이고 적극적인 성격의 기구로서 지역 혁신주체들 간의 참여 협력이라는 파트너십을 통하여 지역사회의 발전을 이룩하는 중심체로서의 역할을 하게 될 것이다. 이는 관료적 위계체제가 아니라 연합, 파트너십 혹은 네트워크형의 느슨하지만 상호 협력적인 그래서 그 정당성이 확보되는 상호작용의 지역 정치체계인 것이다. 지역발전을 위한 통치연합인 셈이다.

제주발전연구원의 SWOT(강점과 약점, 기회와 위협)분석에 따르면 제주 지역은 산 · 학 · 민 · 관 혁신단위주체들 간의 협력 네크워크 구축이 미흡하고, 네트워크 중심주체 형성도 미흡한 수준이다. 따라서 혁신단위주체들 간의 네트워크 구축을 통해 정책자문 기능뿐만 아니라 정책집행에의 협력과 정책결정과정에까지 참여하는 파트너십(Partnership)의 구축이 필요다고 지적되고 있다.

그런데 지역혁신체계(RIS)는 그 자체가 기술혁신을 통해 지역의 발전을 이룩하고자 하는 목적으로 이루어지는 제도적 '네트워크'라 할 수 있다. 말하자면 기술혁신체제를 중심으로 기술혁신의 결과가 더욱 가속화되고 광범위하게 이전 확산되기 위해서는 참여주체 간의 다양한 연계를 이루고 있어야 하는 것이다. 지역 혁신네트워크는 한시적이고 단편적인 것이 아니라 장기적이고 복합적인 수준으로 개발되어야 한다.

지역 혁신체제와 그 네트워크가 합리적으로 구축되기 위해서는 우선적으로 지역 혁신주체들 간의 역할분담과 협력이 요구된다. 즉 지방정부는 중앙정부 및 다른 지방정부와 협력하여 지역 혁신관련 제도 및 법제를 정비하고, 금융 및 기타 정책적 지원은 물론 재원을 확보하여 대학, 연구소, 기업 등 혁신주체들을 지원하는 등 지역혁신의 제도와 환경을 창출하는 역할을, 대학과 연구기관은 새로운 지식과 기술을 개발 이전하고, 적절한 전문인력을 양성하여 공급하는 일을, 기업은 기술 수요자로서, 연구 · 교육주체에서 공급한 인력과 기술을 생산체계에 연계하여 상품화하고 생산된 물품을 판매하여 자본화하는 일을 하는데, 전통적으로 보면 이 기업이라는 혁신주체가 할 일이 본래 혁신임을 잊지 말아야 할 것이다. 언론사는 지역혁신의 방향에서부터 추진과정을 추적하면서 혁신 본래의 목표를 달성할 수 있도록 여론을 환기하고 홍보하며, 시민단체는 주민적 요구를 혁신시스템 운영과정에 반영하여 그 혁신체제의 정당성을 확보하는 노력을 하게 될 것이다. 중앙정부는 지역혁신환경을 구축할 수 있는 인프라 구축에 그 역할을 다해야 할 것이다. 특히 혁신이란 새로운 지식과 기술의 창조, 인력양성을 그 본령으로 하는 것이기 때문에 대학이란 단위 주체가 혁신시스템의 주도적 역할을 하게 되는 것이 바람직하다고 하겠다.

오스트리아 출신의 미국 경영학자 P. F. 드러커에 따르면 "혁신은 일종의 모험이다. 그것은 미래의, 그것도 지극히 불확실한 성과를 위해서 지금의 자원을 투입하는 것"이다. 그리고 "혁신이란 위험을 무릅쓰고 위험을 낳아가면서 자신의 생각과 주위의 세계 속에서 새로운 질서를 수립코자 하는 인간의 시도이다."

그러므로 이제 제주가 지역혁신시스템을 통하여 발전을 기약하려 함에 있어 과감해야 하지만 서두르지 말아야 한다. 혁신은 혁명이 아니고 개선이며 완만한 속도로 누적적으로 진행되는 것이기 때문이다.

16 제주 사회의 갈등과 도민통합론*

2004년 제주는 우선 '국제자유도시' 건설의 두 번째 해이자 '특별자치도'의 기본 틀을 만들어가는 첫해가 된다.

이 두 가지 모두 그리 만만한 사안들이 아님은 이 사안들이 제주 사회의 면모를 획기적으로 바꾸게 될 수도 있기 때문이다. 도민적 관심이 크고 이해의 갈등 또한 적지 않다고 생각한다. 국제자유도시 건설은 7대 선도프로젝트에서 구체화되어 나타나고 있는데 그 과정에서 투입되는 외부자본 혹은 행정 당국과 일부 도민 세력과의 갈등은 불가피할 것이다. '특별자치도'의 경우, 행정계층구조의 개혁과 맞물려 있지만 그 밑그림이 어떻게 그려지는가에 따라 지역적 또는 집단적 반발이 예상된다.

이 시점에서 2000년대에 들어서서 제주 사회에 있었던 갈등현상들을 돌이켜 생각해 보면 가까이는 2002년의 시점에서 제주 사회는 적지 않은 갈등들을 겪었고 그중 어떤 것은 심각한 지경에 있다. 먼저 국제자유도시 추진과 관련하여 나타난 교육 갈등이 있다. 이것은 크게는 교육권의 보호, 공교육 붕괴에 관련되는 것이지만 주로 외국인학교 설립의 요건에 관한 것이다. 교육은 미래를 담보하는 중요한 자산이기에 제주의 미래를 위해 도민적 관심을 불러일으키는 것이 마땅하다. 전국적 현상이지만 여기에는 교단갈등이 겹쳐 있다. 교장단 대 교원노조의 갈등이 그 징표이다.

4 · 3사건의 진상규명과 그 해결책에 관한 갈등이 있다. 이제는 『제주 4 · 3사건 진상조사

* 2004.3.1. 『감귤원예』, 145호(통권 165호), 제주감귤농업협동조합, '권두칼럼'(2003/5, 「정토신문」에 송고, 미게재되었던 것을 추가 보완함).

보고서』가 국가적 차원에서 채택되어 그 실마리가 풀려가고는 있지만 제주 현대사의 가장 뼈에 사무치는 아픈 기억으로 남게 된다. 일부 도민들 사이에 아직도 갈등의 앙금은 남아 있다.

화순항의 군사기지화에 관련하여 중앙정부에 대한 지역주민의 저항은 2002년의 도민사회에 나타나는 갈등의 또 하나의 모습이다. 화순항의 군사기지화의 문제는 국가안보와 제주가 지향하는 발전모델과의 충돌이었다. 제주 사회의 전통 속에서 보아 이런 갈등은 국가권력 혹은 외세와 도민 간의 갈등이다. 전통적으로 제주 사회에는 그것이 사람이었건 자본이었건 어떤 조직이었건 외세 혹은 외래문화에 대한 배타적 분위기가 존재한다. 육지사람(외지인)/제주사람(토착민)이라는 이분법이 알게 모르게 제주 사회에 깔려 있다.

제주 사회가 경험했던 갈등의 현상은 의료계에서도 나타났다. 한라병원의 노 · 사 간 대립이 그것이다. 이제는 법적 판단을 거쳐 해결의 실마리를 찾아 끝났다고 하지만 이런 갈등은 결국 노동자와 사용자의 갈등이다. 그러므로 노동현장에서 앞으로도 늘 예상하고 있어야 할 갈등이다.

제주개발에 관련하는 환경갈등이 있다. 이는 인류 보편적으로 지켜야 할 환경, 그 공익적 가치와 이를 훼손할 수밖에 없는 개발의 경제적 가치 사이의 갈등이다. 이것은 비단 제주 사회만의 문제는 아니지만 제주 사회에서 심각해지는 것은 제주 사회가 지리적으로 섬이어서 좁고 그 자체로 완결적 지역단위로서 육지부와 동일한 규모의 개발사업이 환경에 미치는 영향이 심대하기 때문이다. 제주도는 청정지역으로서의 생태환경이 두드러진 곳이고 이것이 제주의 독특한 면모의 하나이기 때문에도 그러하다.

정치세력 사이의 갈등이 존재한다. 원래 정치란 권력을 향한 투쟁이기에 대립하는 정치세력 사이의 갈등은 늘 존재하지만 2002년 제3대 광역자치단체의 장(도지사)선거 후유증은 제주 사회의 부정적 면모를 드러내는 것이었다. 투표성향에서 보면 지역 연고적인 성향을 보였다. 이념이나 정책보다 혈연 · 지연 · 학연과 같은 전통적 인간관계에 기초한 연고집단이 선거과정에서 그 위력을 발휘하였다. 더 큰 문제는 개인적으로 제주 사회 어른으로서의 면모가 훼손되었음은 물론이고 이것이 도민사회 내부의 분열을 조장하는 양상을 보였다는 데 있다.

그리하여 지난해(2003)에 들어서면서 심심찮게 거론되는 화두가 있었으니 바로 '도민통합'

이다. 지난해 초 어느 신문사에서 필자에게 준 글의 주제가 그것이었고 소위 '도민통합에 관한 교수 100인 선언'의 변辯이 그것이며, 제주도의회에서 일부 의원들에 의해 제주도의회의 도민통합 자임自任 논의, 도지사의 도민통합 협조요청 등이 그것이다.

말할 것도 없이 이런 갈등들을 조정 · 해소하지 않고서는, 예컨대 국제자유도시나 '평화의 섬' 구상, 지방자치의 선도 지역으로서의 '제주특별자치도'의 건설 등 제주 사회가 지향하는 바 근본적 과제들을 해결하기가 어렵고 제주 사회는 정체된다. 도민통합을 강조하는 이유가 여기에 있다고 생각한다.

급변하는 시대, 특히 제주의 미래 비전인 국제자유도시, 평화의 섬으로 거듭나기 위해 지방자치시대를 선도하는 '제주특별자치도'의 희망을 실현하기 위해 도민적 역량을 결집해야 할 때이다. 이를 위해 제주의 크고 작은 갈등들을 해결하고 도민통합을 이루는 것은 매우 중요하다.

원론적으로 말하면 어느 시대 어느 사회를 막론하고 갈등은 편재한다. 그리고 갈등이 그렇게 부정적으로 작용하는 것만은 아니다. 뒤집어 이야기하면 통합된 사회가 꼭 좋은 사회는 아니라는 것이다. 완고한 사회통합은 발전을 저해하기 때문이다. 말하자면 갈등이 있고서야 그를 통하여 사회는 발전한다고 보는 것이다. 이것이 갈등의 순기능이다.

이제 우리는 사회갈등이 사회통합을 저해하고 집단/지역 간 혹은 집단/지역 내의 분열을 초래한다는 인식에서 벗어나, 긍정적이고 적극적인 입장을 취할 필요가 있다. 그러나 갈등은 극복되어야 할 것이지 방치되어서는 안 된다. 방치하면 질서는 해체되고 사회의 존립 근거가 상실되기 때문이다. 갈등의 해결은 정책을 결정 실현해 나가는 데 있어서 보다 합리적인 과정을 통해 가능하다. 이를 위한 제도적 장치를 마련하는 것이 좋을 것이다.

갈등의 해결을 위해서 무엇보다도 이해 당사자 간의 협의에 의한 합의가 필요하며 이를 위해 정부(지방과 중앙), 시민단체, 전문가, 주민대표들로 구성되는 협의체 곧 거버넌스(governance)를 설립할 필요가 있다. 관 · 민 파트너십(partnership) 혹은 민간섹터(제3섹터)의 위원회조직이 그것이다. 거버넌스는 중립적 협의체로서 정책 공동체의 성격을 가지고 갈등해소를 위해 사회적 합의를 이루어가는 역할을 하게 된다. 이를 통해 주민참여의 확대와 목표 달성의 실효성을 제고할 수 있다. 거버넌스는 문제의 사안에 따라 구체적인 구성 주체가 달라질 것이지만 그 주요 주체는 크게 정부, 정당, 기업, 시민단체, 주민대표, 전문가집단

등이 될 것이다. 대체로 정부와 정당은 공공성을, 시민집단은 개혁성을, 시민 혹은 주민대표는 민주성을, 전문가는 전문성을 가지고 사회갈등 조정에 개입하는 정당성을 갖게 된다. 이러한 정당성은 사회갈등의 당사자들로부터 인정을 확보하는 기반이 된다. 어떤 정당성 요인이 더 설득력이 있을 것인가는 갈등사안의 성격에 따라 달라지게 될 것이며 거버넌스 구성 각 주체의 역할도 다르게 나타날 것이다. 거버넌스의 존속기간은 일시적일 수도 있고 상시적일 수도 있으나 그 구성 주체 간의 협력구조가 안정적일수록, 그 조정메커니즘이 사회적으로 제도화될수록 사회적 신뢰도는 제고된다.

갈등의 해결을 위해서는 무엇보다 이해 당사자 간의 협의에 의한 합의가 필요하며 이를 위해 이해 당사자들은 배제가 아니라 포용의 미덕을 지닐 필요가 있다. 미국의 코비 리더십 센터의 설립자로서 세계적인 경영컨설턴트인 스티븐 코비(Stephen R. Covey)가 '성공하는 사람들의 7가지 습관' 중 하나로 꼽기도 했지만 나와 달리하는 의견을 경청하는 태도를 갖는 것이 필요하다. (코비는 "경청한 다음에 이해시켜라"고 권한다.)

갈등의 사안을 사회적 협상과정 속에서 다루고, 장기간에 걸친 설득과 타협, 이를 통한 주민의 동의를 바탕으로 문제를 해결해야 할 것이다. 무엇보다도 정책 당국은 계획수립단계에서부터 정보를 공개하고 주민참여의 공론의 장을 마련해야 한다는 것이다. 말하자면 정책결정 과정에서 주민의 요구가 수렴되도록 하는 정치적 타협방식을 제도화해야 할 것이다.

요 몇 년에 걸쳐 거론되고 있는 전/현직 도지사 간 혹은 정치세력 간의 갈등은 정치영역 내에서 그 갈등해소 방안을 찾기보다 정치영역에서 초월한 공익적 시민사회(시민단체)의 조정역할이 필요하다. 지금 계류되어 있는 법정 싸움을 법의 심판에 맡기는 것은 사법권의 독립을 보장하는 민주사회의 원칙임은 물론이다. 그러나 기본적으로 제주도를 대표하는 고위 인사임을 자처한다면 당사자들의 처절한 자기반성이 있어야 할 것이다. 사회지도층의 '노블리스 오블리주'(귀족의 의무)의 자세는 도민사회의 통합을 위해서도 백 번 강조할 만한 덕목이다.

17 제주해군기지 종합계획과 실천, 무엇이 문제인가*

지난 9월 10일 "민군복합형 관광미항 주변지역종합발전계획(안)"(이하 '계획안')에 대한 주민 설명회가 있었다. 제주(서귀포시 강정 지역) 대한민국 해군기지 건설에 따른 그 '주변지역 종합발전계획'의 모습이 드러난 것이다.

이제 그 해군기지 건설에 대한 근본적인 찬반의 문제는 논외로 하고, 해군기지 건설에 관련하여 '계획안'의 내용과 그 진행과정에서 보이는 문제점들을 따져보려 한다.

2019년을 목표로 하는 10개년 계획은 주변지역 5개 사업 분야 32개 사업에 투자규모는 8,696억 원, 제시하는 비전은 '희망이 샘솟는 건강한 지역공동체 만들기'이다.

말은 '민군복합형 관광미항'이지만 실은 대한민국 국가안보를 위한 해군기지의 건설이다. 그래서 그 기지 건설은 국책사업인 것이다. 제주지역발전사업으로 구상된 것이 아니라는 이야기이다. 국책사업이면 국가 중앙정부의 해당 부서가 주동이 되어 앞장서야 할 사업이었다.

그런데 그 사업 추진 초기부터 지역발전사업인 것처럼 포장되었다. 제주 지방정부가 총대를 메고 사업을 추진하면서 중앙정부는 뒤로 물러서 있었다. 잘못된 추진방식이었다. 국책사업이면 의당 중앙정부가 앞장서고 제주도와 협의과정을 거치면서 주민에 접근하고 설득하고 타협했어야 할 사업인 것이다.

중앙정부를 대신해서 도가 그 책무를 맡음으로써 제주지역발전사업인 것처럼 비쳐졌고, 중앙정부에서도 해군기지 건설이 제주지역발전을 위한 것이니 의당 지방정부가 나서서 해

* 2009.9.18. 「제주불교」, 658호, '시론'.

결해야 한다는 식으로 일이 전개되었다.

그 과정에서 도 정부는 얼마나 많은 곤욕을 치렀으며, 주민 사이의 갈등이 얼마나 심각했으며, 제주 시민사회와 도 정부 사이의 갈등은 그 얼마의 깊이였는가. 그 갈등이 얼마나 심각했으면 도지사에 대한 주민소환 투표에 이르기까지 했겠는가. 참으로 안타까운 일이다.

'계획안'에 대한 주민설명회를 보면서 마찬가지로 그런 틀에서 벗어나지 못하고 있다는 생각이다. 그러니까 어느 도내 언론이 지적했듯이 "실망스런 해군기지 관련 발전계획, 무늬만 국책사업인 투자계획"으로 보이는 것이다. 국책사업인데 그 내용을 보면 지방계획에 다름 아니라는 것이다. "국방력 강화를 위해 반드시 필요한 시설이라는 정부의 발언과 달리 여느 지역발전계획과 다름이 없는 투자계획"이라는 비판을 받게 되는 것이다. 총 투자액 8,696억 원 중 국비는 4,743억 원으로 55% 수준에 머무르고 있다. 지방비 1,698억 원, 기타(민자) 2,255억 원으로 각각 20%와 26%이다. 국책사업이라면 적어도 지방비 부분은 중앙재정이 부담해야 하지 않겠는가.

서귀포시는 "종합발전계획이 확정되면 중앙정부와 체결한 양해각서(MOU)를 바탕으로 제주도와 협조해 국비 확보 등에 나설 계획"이라고 하는데 왜 지방정부가 그 사업 예산확보에 나서야 하는가. 중앙정부가 '예산은 걱정하지 마라'고 해야 옳지 않은가. 계획 용역 발주부처도, 주민설명회 주체도 왜 제주여야 하는가. 의당 중앙의 해당 부서가 나서야 하지 않겠는가.

'계획안'에 따르면 계획의 필요성을 '제주도 전체의 발전…'에 두고 있는데 해군기지가 들어서는 강정 지역 이외의 제주도 전체의 발전에 관한 내용을 '계획안'에 제시했어야 옳다. 아니면 이면 합의라도 있어야 하는 것 아닌가. 해군기지 건설에 따른 영향은 해당 강정마을만의 문제가 아니라 제주도 전 지역, 전체 제주도민의 삶에 관련되는 문제이기에 그렇다.

그렇게 중요한 국가안보의 해군기지 건설을 수용하는 데 대한 국가적 차원의 지원·배려가 당연한 것이다. 그런데 제주도 전체적인 차원의 배려가 무엇인지 불투명한 상황 아닌가. 중앙정부는 이 점을 분명히 밝혀야 한다. 그 사업이 도민적 공감대를 형성하고 성공적으로 진행되어야 하기 때문이다.

더구나 가관인 것은 그 비전을 '건강한 지역공동체 만들기'로 내걸고 있다는 것이다. 공동체는 깨지는데…. 해군기지 건설 이후 그 지역은 탈공동체, 후기공동체이지 지금의 주민들에게 '희망이 샘솟는' 그런 마을공동체가 아닐 것인데….

솔직히 국가안보를 위해 공동체 붕괴에 따른 주민들의 희생을 간청하고 그에 대한 보상은 제주도의 요구에 맞추어 자동적으로 이루어져야 맞지 않는가. 왜 제주도에서 예산을 따기 위해 저자세를 취하며 교섭해야 하는가.

앞으로가 문제이다.

제주도 지방정부는 해군기지 건설에 따라 발생한 제주도민의 갈등문제를 근본적으로 해소할 수 있는 방안을 마련, 중앙정부에 요구해야 하고 중앙정부는 이를 적극 수용하여 능동적으로 지원해야 한다. 그렇게 해서 '계획안'의 '계획의 개요'에서 제시하는 것처럼 이 사업이 '국가와 지역 서로에게 도움이 되는 성공적 국책사업 모델'이 되도록 해야 할 것이다. 이를 위해 특히 중앙정부의 책임 있는 역할 수행을 촉구한다.

18 해군기지 건설에 정부의 전향적 자세를 촉구함*

이 난에서 필자는 이미 제주해군기지 건설계획의 문제점을 지적한 바 있다.(「제주불교」, 제658호, 9월 18일자 시론, "해군기지 종합계획과 실천, 무엇이 문제인가")

그 후 도민사회에서 그에 대한 활발한 논의가 진행되어 왔다. '제주해군기지 문제의 발전적 해결 및 도민 대통합을 위한 추진위원회'와 제주변호사회의 기자회견을 통한 요구와 주장, 각종 언론매체의 기사와 논설, 제주도의회의 도정질의에 의한 문제점과 해법 제기 등….

이들 논의의 요지는 해군기지 건설이 국가사업이므로 그 추진 주체가 중앙정부여야 한다는 것. 따라서 사업계획과 예산편성 사업이행과정을 중앙정부가 주동되어 앞장서야 한다는 것, 이때 제주도 당국 및 이해 당사자인 제주도민의 의사를 최대한 반영해야 한다는 것, 그에 대한 법적 장치를 마련해야 한다는 것, 그리고 그 사업계획은 해당 지역의 범위를 넘어서 보다 포괄적인 범위에 걸쳐 수립되어야 하고 당해 주민의 피해를 충분히 보상하는 것은 물론 도민이 납득할 만한 수준의 인센티브가 주어져야 한다는 것 등이다.

이에 제주도 당국의 중앙 절충을 거쳐 도지사는 11월 20일 오전 기자회견을 갖고 제주해군기지와 관련하여 지역발전계획수립 및 시행주체를 중앙정부로 이전한다는 것, 지역발전사업에 국가재정을 지원하는 근거를 명문화한다는 것, 그리고 알뜨르 비행장 부지 양여문제에 합의했음을 밝혔다.

이 모든 내용을 4단계 제도개선, 즉 「제주특별자치도 설치 및 국제자유도시 조성을 위한 특별법」(이하 '제주자치특별법')에 반영토록 하겠다는 것이다. 해군기지 건설문제 해결에 진일

* 2009.12.2. 「제주불교」, 669호, '시론'.

보한 성과라 할 만하다. 해군기지 건설사업의 주체를 명실공히 국가(중앙정부)로 했다는 점이 그렇다. 처음부터 그렇게 해야 할 것이었다.

그런데 문제는 이제부터다.

앞으로 제주해군기지 사업 진행에 제주도민의 의사를 적극적으로 반영해야 한다. 무엇보다 중요한 것은 도민적 공감대를 형성하고 도민갈등을 해소하는 것이다. 그러기 위하여 풀어야 할 매듭을 몇 가지 지적하려 한다.

우선 국가사업인 해군기지 건설의 사안은 '제주자치특별법'에 반영할 일이 아니다.

해군기지건설특별법을 별도의 법률로 제정해야 한다고 생각한다. '제주자치특별법'은 "고도의 자치권이 보장되는 제주특별자치도를 설치하여 실질적인 지방분권을 보장하고, … 국제자유도시를 조성함"을 목적으로 한다('제주자치특별법' 제1조). 해군기지사업은 이 목적에 해당되지 않는다. 대한민국 국토방위를 목적으로 하는 안보사업이기 때문이다. 해군기지 건설과 관련하여 별도의 특별법을 제정해야 하는 이유가 여기에 있다.

다음, 해군기지 건설을 성공적으로 추진하는 데 중요한 것은 도민갈등을 해소하기 위한 노력이다.

그런 노력의 하나는 전 도민적 관심사이기도 한 알뜨르 비행장 부지의 양여이다. 보도에 의하면 공군 구조탐색부대(이하 공군부대) 건설을 위한 '대체부지 제공조건으로 양여한다'는 혹을 달고 있는 것이 문제이다.

공군부대의 건설은 또 다른 국가사업이지 해군기지와 맞물려 있는 사업이 아니다. 해군기지 건설이 국가안보사업으로 그렇게 중요하다면서 왜 또 다른 조건을 내세워 일을 꼬이게 만들고 있는지 모르겠다.

특히 알뜨르 비행장 부지 양여조건으로 공군부대 대체부지의 제공 가능성을 법으로 규정해 놓으면 이것은 그 부대 건설을 기정사실화해 버리는 것이 된다. 이렇게 일을 꼬이게 하면 도민 공감대 형성이 더욱 어렵게 될 것임을 알아야 한다.

해군기지 건설에 따른 지역발전계획에는 해당 지역주민들이 입을 피해에 대한 보상은 물론이고, 제주의 전 지역을 범위로 하여 입을, 예견되는 부정적 결과를 저감하는 사업들을 포함시켜야 한다. 무엇이 부정적인가. 제주는 한국의 세계자연유산 1호이다. 이 제주의 가치를 유지하려면 제주 전역에 걸쳐 자연환경, 특히 보전지역의 훼손을 막아야 한다. 해군기지 건설은 제주자연을 훼손한다. '평화의 섬'이라는 상징적 가치, 국제자유도시의 면모가 훼손되는 문제도 따져봐야 한다. 요즘 거론되고 있는 세계지질공원지역으로 지정되는 데 부정적 영향을 미칠 수도 있다. 해군기지가 점유하는 강정마을의 경우 그 공동체는 붕괴되어 영원히 사라진다. 그 주민들은 삶의 터전을 잃고 '고향 잃은 사람들'이 된다.

이 모든 부정적 결과에도 불구하고 해군기지 건설을 추진하는 것은 국가안보의 가치가 중요하기 때문일 것이다. 따라서 중요한 국가사업 목표를 달성하기 위해서 예견되는 부정적 결과에 대하여 당연히 그에 상응하는 지원을 하고 보상을 해야 한다. 이것이 도민사회가 정부에 보상을 요구하는 이유이다.

奔車之上無仲尼분차지상무중니 覆舟之下無伯夷복주지하무백이–질풍같이 달리는 마차 위에 공자 없으며, 배가 뒤집히는 데 백이숙제 없다(『초한지』). 호민豪民인 제주도민을 원민怨民으로 만들지 말기 바란다.

'나무에 가위질을 하는 것은 나무를 사랑하기 때문이다.' 제주해군기지 건설사업이 '국가와 지역 서로에게 도움이 되는 성공적 국책사업 모델'이 되도록 중앙정부의 적극적이고도 전향적인 자세와 결단을 촉구한다.

19 이제 갈등의 시대를 끝내고 통합의 시대를 열어야 한다*

국제자유도시, 평화의 섬, 세계 환경도시를 지향하는 특별자치도로서의 제주가 성공하기 위해서는 제주 사회의 갈등을 해소하고 도민 대통합을 이룩해야 한다는 것은 두말할 필요가 없다. 이러저러한 갈등들을 조정 · 해소하는 데 실패하고, 도민통합을 이루어내지 못하고서는 제주 사회가 지향하는바 목표를 달성하기 어렵고 제주 사회는 정체된다. 도민통합을 강조하는 이유가 여기에 있다.

사회통합은 체제 통합과는 달리 비교적 장기간의 시간을 필요로 하는 점진적인 과정이며 단순히 제도나 법의 변화만으로 이루어질 수 있는 과정이 아니다.

사회통합은 일정 정도의 동질화를 수반할 수도 있으나 이질적인 다양성의 존재와 그들 사이의 소통을 만들어가는 과정이다. 그것은 어떤 결과적인 '상태'의 개념이라기보다 '과정'의 의미가 강한 개념이며 상이한 하위 사회부문의 존재를 인정하는 가운데 그들 사이의 소통이 형성되고 재형성되는 과정인 것이다.

사회통합은 일정 정도의 동질화를 수반할 수도 있으나 이질적인 다양성의 존재와 그들 사이의 소통을 만들어가는 과정이다.

사회통합이 강조되는 이유는 사회의 유지와 지속을 위해서는 사회를 구성하는 하위부문의 기능적 의존성, 그리고 사회적 행위자 사이에 최소한의 가치 또는 규범의 합의가 요구되기 때문이다. 정치도 본질적으로 '사회통합을 위한' 권력작용인 것이다. 제주지방정치에 있어서 정치지도자가 도민통합을 강조하는 이유가 여기에 있다. 한 지역의 정치권력을 가진

* 2010.3.5. 「제주불교」, 682호, '시론'. 약간의 내용을 추가하여 게재함.

자는 그 지역의 사회통합을 이루어내는 것이 그 사명인 것이다.

사회통합은 자동적으로 또는 자발적으로 존재하는 것이 아니며, 개인이나 집단 사이의 이질성과 차이에 대한 이해와 더불어 차별이나 불평등 현상을 완화시키려는 적극적 노력의 결과로만 존재할 수 있는 것이다. 갈등의 건설적 해결이 곧 사회통합에 이르는 전제조건인 것이다.

결국 사회의 통합을 위해서는 상이한 하위부문에 대한 상호 간의 인정을 필요로 하며, 사회 구성원들의 최소한의 생활보장(교육, 의료 포함)의 권리를 존중하는 자세가 필요하다. 사회통합에서는 문화 다양성을 포용하고, 빈곤으로 인한 사회적 불안과 갈등을 완화하는 것이 중요한 것이다.

강력한 통합의 이데올로기는 통합의 또 하나의 기제가 된다. 제주 사회의 경우 평화, 환경 등을 그 통합의 이데올로기로 개발시켜 볼 만한 사항일 것이다.

도민통합의 길의 하나는 갈등 제도화이다.

갈등의 제도화는 갈등의 해소가 도민통합을 이루고 정책을 결정 실현해 나가는 데 있어서 보다 합리적인 과정이라 생각하고 이를 위한 제도적 장치를 마련하는 것이다. 정치 · 경제 · 사회 등 사회 각 부문의 주체들이 참여하는 회의체로서 거버넌스(협의통치) 체제를 구축할 필요가 있다.

이를 통해 정책 입안 단계에서부터 주민 의견을 수렴하고, 주민에게 객관적이고 정확한 정보를 제공하여 상호 이해와 협력을 도모할 수 있을 것이다. 이는 이해 당사자와 전문가, 시민단체 혹은 대표 등이 참여하는 중립적 협의체로서 정책 공동체의 성격을 가지고 갈등 해소를 위해 사회적 합의를 이루어가는 역할을 하게 된다. 때로는 주민의 취업을 보장하고 지역 숙원사업의 지원을 연계함으로써 주민 불만을 상쇄하는 유인책을 묶어 갈등사안의 해결을 시도해 볼 수 있을 것이다.

지역이기주의를 갈등의 진원지로 볼 것이 아니라 주민을 배제하는 정부의 일방적인 정책 결정과정에 개입하여 행정의 민주화를 촉진하고, 기술 합리적인 행정절차에 흔히 간과하기 쉬운 지역의 특수문제를 제기해서 정책 결정의 현실 적합성을 제고하는 주민의 생존권적 행위로 볼 필요가 있다.

지역갈등으로서의 지역이기주의를 해소하는 최대의 관건은 독일의 사회학자 하버마스가 제안했듯이 '생활의 장'에 묻혀 있는 주체들 간의 대화, 즉 공적 담론의 활성화이다. 일상생활이 영위되는 지역사회의 주민들이 합리적이고 이성적인 언로의 활성화를 통해서 정치 · 경제의 지배체제가 가하는 생활상의 억압을 극복해 나가는 노력(소위 '장소의 정치')이 필요하다는 것이다. 정부당국은 억압체제에 대한 생활세계의 저항이 당연하다고 생각하는 의식전환이 필요하다. 여기에 한 가지 덧붙일 것은 일반적으로 공익과 사익의 충돌은 사업을 집행하는 당국의 비민주적 행정편의주의가 당해 지역주민들과의 사전적 논의의 과정을 무시해 버리는 데서 온다.

지방자치시대를 맞으며 주민들의 민주주의적 의식이 높아지는 조건과 생활환경에 대한 관심이 고조되는 조건이 맞물려 나타나는 현상이 갈등이다. 갈등의 사안을 기술 합리적 정책결정으로만 다루지 말고 정치적 타협까지 포함하는 사회적 협상과정으로 다룰 일이다. 장기간에 걸친 설득과 타협, 이를 통한 주민의 동의를 바탕으로 문제를 해결해야 할 것이다.

무엇보다도 정책 당국은 계획수립 단계에서부터 정보를 공개하고 주민참여의 공론의 장을 마련해야 한다는 것이다. 말하자면 정책결정과정에서 주민의 요구가 수렴되도록 하는 정치적 타협방식을 제도화해야 할 것이다. 국제자유도시로의 제주특별자치도의 출범은 어쩌면 제주 사회 천년을 기획하는 대프로젝트이다. 우리 제주는 이제 특별자치도 출범 5년차를 맞고 있다.

지방정치의 측면에서 보면, 금년(2010) 6월이면 자치도 출범 제2기를 맞는다. 이 대전환기를 맞으며 1기의 제주 사회갈등의 면면들을 되새겨보고 사회통합의 길을 찾아야 할 것이다. 문제는 지도자의 비전과 역량이요 도민들의 새로운 미래지향적 사고와 자세이다.

20 아직 아물지 않은 4·3의 상처*

제주 4 · 3 62주기를 맞는 이 4월에, 아직 아물지 않은 4 · 3의 상처를 건드려 악화시키는 불순한 움직임이 있었다고 지방언론은 전한다.

2009년 3월 5일 권경석 의원 등 14명의 한나라당 국회의원들이 발의한 이른바 '4 · 3특별법 희생자 결정 재심 개정안'을 국회 행정안전위 법안심사소위원회의 심의에 붙이려 했던 일이 그것이다.

이 개정안의 골자는 종전 4 · 3위원회의 결정을 번복할 수 있는 근거를 마련하려는 것으로 4 · 3위원회의 결정에 '위법'요소가 많다는 것을 전제로 깔고 있다는 것이다. 예컨대 정부가 그동안 인정한 4 · 3희생자 1만 3,564명에 대해 재심이나 소송 제기를 통해 원점으로 되돌려놓으려는 시도로 보인다는 것이다. 그렇다면 이는 '4 · 3특별법'의 개악改惡이다. 도민적 공분公憤은 당연하다.

법리상 오류를 안고 있음을 논외로 하더라도 4 · 3 당시의 시대적 배경을 모르는 몰역사적 자세이며 제주 4 · 3을 훼손하려는 행태이다. 수구적 이데올로기의 망령 출몰이다.

일단 18대 국회에서는 더 이상 심의하지 않겠다고 함으로써 4 · 3특별법 개정안은 제18대 국회가 끝나면서 자동 폐기될 전망이라고는 하나 언제 또 이런 일이 생길지 모를 일이다. 그리고 4 · 3희생자 결정이 위법이라는 헌법소원이 청구되는가 하면 4 · 3위원회를 통폐합하고, 국사교과서 개정 등의 움직임으로 해서 가까스로 마련된 4 · 3해결의 실마리가 퇴보하는 게 아니냐는 우려를 낳고 있다는 지적이 있다. 따라서 우리는 이러한 움직임의 재발 방지를

* 2010.4.23. 「제주불교」, 689호, '시론'.

위해 그들의 움직임을 예의 주시하고 있어야 할 것이다. 우선 우리 지역구 국회의원, 도지사, 도의원 등 우리 주민대표들은 그 선봉에 서야 한다.

그러나 그보다 더 중요하고도 근본적인 것은 4 · 3의 성격, 그 정신을 확실히 하고 확산하는 도민적 노력이다. 시민사회가 나서 4 · 3 성격에 대한 도민적 합의를 확고히 하고 교육계가 나서 이를 교육하며, 도민 모두는 4 · 3 국외자들의 인식을 바로 세우는 노력을, 그리하여 4 · 3 역사의 전국화 · 세계화를 위한 국민적 공감대를 이룩해 내야 한다.

사실상 4 · 3의 문제는 2000년, 4 · 3특별법(1999년 제정)의 공포, 2003년 4 · 3보고서 확정 발간, 같은 해(2003) 대통령 사과와 유감 표명의 과정을 거쳐 그 성격이 분명해지고 해결의 방향이 잡힌 사안이다. 그 후속 조치가 원만하게 이루어져야 하는 단계에 접어든 것이다.

『제주 4 · 3사건 진상조사보고서』의 결론은 "1947년 3월 1일 경찰의 발포사건을 기점으로 하여, 경찰 · 서청의 탄압에 대한 저항과 단선 · 단정 반대를 기치로 1948년 4월 3일 남로당 제주도당 무장대가 봉기한 이래 1954년 9월 21일 한라산 금족지역이 전면 개방될 때까지 제주도에서 발생한 무장대와 토벌대 간의 무력충돌과 토벌대의 진압과정에서 수많은 주민이 희생당한 사건"이라고 정의한다.

이 결론을 풀어보면 이러하다. 원인은 경찰과 서북청년단의 탄압과 남한의 단독 선거, 단독정부 수립에 대한 저항이다. 전개양상은 남로당 제주도당의 무장봉기에서 시작하여 이 무장대와 군경 토벌대 간의 무력충돌로 나타났다. 그 과정에서 수많은 무고한 주민들이 희생당했다.

그러니까 제주의 4 · 3은 국가권력의 억압에 대한 인권적 저항이요, 남북 분단의 정부수립에 대한 주민적 반대운동이라고 4 · 3의 성격을 규정하고 있는 것이다.

4 · 3은 관권의 탄압에 저항했다는 점에서 인권운동이요, 남북 분단상태 이전의 단일 국가 형성을 지향했다는 점에서 평화(지향)운동이 되는 셈이다. 제주가 2005년 1월 '세계평화의 섬'으로 선포된 것은 우연이 아니다. 4 · 3의 아픔을, 그 정신을 살려 오늘 승화하는 노력인 것이다. 좌우익의 대결, 전쟁 양상에서 수많은 도민이 겪은 고난과 희생의 뼈아픈 기억은 오늘 제주가 평화운동의 전진기지로 조성되어 마땅하다고 생각한다.

그러므로 4 · 3의 귀한 정신은 살려 고양해야 할 일일지언정 이를 훼손하려는 어떤 움직임도 인권과 평화를 외면하는 행태인 셈이다. 4 · 3문제 해결에 역행해서는 안 된다. 역리逆

理는 반드시 실패한다.

순리順理대로 하자. 생활이 어려운 4·3유족에게 실질적인 보상이 이루어져야 하고, 4·3을 국가추모기념일로 지정하며, 기념사업을 지속하는 일이 중요하다. 특히 4·3평화공원을 '평화와 인권의 성지'로 조성, 4·3역사의 교육장 및 국제평화 교류의 역할을 수행할 수 있도록 해야 한다. 4·3평화재단의 운영을 위한 안정적 지원이 시급하다. 앞으로 4·3평화재단은 민간기구로서의 성격을 분명히 하고 4·3관련 사업의 총본산으로써 제주 현대사의 가장 뼈아픈 기억, 4·3의 기억을 승화시켜 도민통합의 에너지를 창출하는 중추적 역할을 해야 할 것이다. 역사에 대한 기억을 공유하면 집단 간 갈등은 최소화되고 사회통합의 가능성은 커진다. 이것이 4·3해법이요 순리다.

사불범정邪不犯正이라 했다. 바르지 못하고 요사스러운 것은 바른 것을 침범하지 못한다는 말이다.

21 제2기 제주특별자치 도정의 책무*

이번 6월의 지방선거를 통하여 등장하는 제2기 제주 도정은 제1기 도정의 시행착오적 정책과 그 실천의 문제점들을 잘 점검하고 잘못된 점들을 시정하여 특별자치도로서의 제주를 성공적으로 정착시켜야 할 책무를 진다. 목표는 특별법(「제주특별자치도 설치 및 국제자유도시 조성을 위한 특별법」)이 규정하는바 작지만 강한 제주국제자유도시를 건설하는 것이다.

돌이켜보면 제주에 전국 유일의 특별자치도가 설치되면서 중앙정부의 많은 권한(3,800여 건)들이 제주특별자치도로 이양되었다.

시 · 군 기초자치단체가 폐지되고, 광역자치단체의 대의기관인 도의회가 이전의 기초자치단체의 기능까지 맡게 됨으로써 도의회의 역할과 업무의 중요성은 훨씬 커졌다.

특별자치도로 이양된 그 많은 권한은 도지사에게 집중되어 있다. 다시 말하면 도지사에게 지방권력이 집중되었다는 것이다. 문제는 도지사가 이른바 '제왕적' 위치를 점하게 되었다는 데 있다. 권력이 집중될수록 그 권력은 견제되어야 한다. 그렇지 않으면 권력은 부패한다. 그러므로 도지사(도 집행부)가 갖는 권한행사를 감시하고 비판 · 견제하는 기능이 잘 작동되어야 한다. 그래야 제주도정이 주민의 의사에 따라 민주적으로 운영되는 것이다.

도의회는 '제왕적' 도지사의 권한을 견제하고 민의에 따라 잘 수행하도록 그 권한과 역할을 강화해야 한다. 또 하나의 도정 견제기능을 갖는 감사위원회의 독립성이 명실공히 보장되도록 해야 한다.

보다 중요한 것은 도정운영에 발상의 전환이 있어야 한다는 점이다.

---

* 2010.6.18. 「제주불교」, 697호, '시론'.

기초자치단체가 폐지되면서 소멸된 시의 권한을 회복하는 일이다. '제주특별자치도 특별법'이 개정되지 않은 상황에서 보면 행정시장에게 도지사의 권한을 대폭 이양함으로써 자치시장에 준하는 권한을 행사토록 할 필요가 있을 것이다. 시 정부는 생활보호, 복지정책, 유치원, 소방, 문화정책, 초·중·고등학교 교육, 도서관, 공원, 가로, 주택, 상·하수도 등의 주민 친화적 업무를 자율적으로 자기 책임하에 수행할 수 있어야 한다. 도 정부는 항만, 공항, 공공사업, 경제·산업·과학정책, 고등교육정책, 경찰 등 제주도 단위에서 일률적으로 시행해서 좋은 업무만을 담당하면 될 것이다.

그래야 주민들의 행정서비스 이용에 거리감을 줄이고 생활의 편의성을 확보하게 될 것이다. 도의회의의 시의회 기능도 강화해야 할 것이다.

전국 유일의 특별자치도로서 그 '특별'함을 보장하는 작업을 해야 한다. 헌법 개정이 논의될 가능성에 대비하여 헌법적 지위를 획득할 준비를 해야 한다. 이때 중요한 것이 '지역 주권'을 확보한다는 발상이다. 중앙집권적 국가운영체계를 지방 주권적 국가운영체제로 전환하자는 것이다.

중앙정부의 권한 일부를 지방에 넘겨주는 지방분권을 넘어 지역이 독자적 권력을 갖고 필요에 따라 그 일부를 중앙에 위임하는 지역 주권을 이야기해야 할 시점이다.

이때 제주 도정은 외교, 국방, 안보, 위기관리, 연금, 의료보험, 통화 및 금융시스템 업무 등의 국가 고유의 사무를 제외하고, 자기결정권을 갖도록 법제도적 장치를 마련하는 노력을 해야 할 것이다. 일본의 도주제道州制를 참고할 필요가 있을 것이다.

말할 것도 없이 제주 광역자치단체는 특별자치도로서 특별시·광역시·도 등 다른 광역자치단체와는 구별되는 특별한 법적 지위를 갖는다. 그럼에도 불구하고 그 특별한 지위를 제대로 보장받지 못하고 있다고 생각한다. 그것은 중앙집권적 발상이 지배하고 있기 때문이다. 권력이 중앙에 있고 중앙으로부터 지방에 필요한 권력을 이전받아야 된다는 생각 때문이다.

지방 주권의 문제는 상이한 문화를 가진 인간집단이 자신들의 삶의 방식을 선택하고 유지하기 위해 필요한 최소한의 권리, 하나의 독특한 삶의 방식을 가진 집단으로서 생존을 계속해 나갈 권리의 문제, 즉 문화주권의 문제이기도 하다. 사람들의 행복은 일상생활 속에서 그들의 삶이 쾌적함을 얻을 수 있는 데서 온다.

지역 권력 차원에서 보면 제주 4 · 3사건의 특별법에 따른 제주도민 '보상 및 명예회복'에 관한 정책의 결정은 제주정부의 권한이다. 중앙정부의 의사에 좌우되어서는 안 된다. 그 이해 당사자는 제주도민이고 이 사안은 제주 지역의 특수성을 갖고 있으며 제주민의 삶을 규정해 주는 사안이기 때문이다.

지방 주권이 실질적으로 실현되기 위해서는 재정분야에서 지방정부의 자율성과 책임성이 확보되어야 한다. 우선 재정 이전제도를 폐지함으로써 중앙정부가 지방정부를 지배 관리하는 통로를 없앨 필요가 있다. 이를 위해 각 지역행정계층별로 세원을 구분해야 하는데 세원은 각 수준 정부의 재정수요가 기본적으로 충족되도록 배분되어야 할 것이다. 어떤 세목을 어느 수준의 정부에 배분할 것인가는 어떤 수준의 정부에서 해당 세목이 잘 관리될 수 있는지를 판단하여 결정하면 될 것이다.

차기 지사로 당선된 우근민 당선자는 '참여와 분권이 보장되는 제주형 특별자치도'를 5대 핵심공약 중 하나로 제시하고, 중앙에서 이양받은 고도의 자치권과 풀뿌리 자치역량을 바탕으로 '도민이 잘사는 특별한 특별자치'를 완성하려 한다는데 이는 다름 아닌 제주특별자치도의 지역주권을 확보하겠다는 의지로 받아들이고자 한다.

지역 주권이 실현되는 진정한 '특별자치도'의 모델을 만드는 노력에 심혈을 기울이기 바란다.

22 기초자치단체의 부활*

제주특별자치도 제2기, 우禹 도정은 특별자치의 실현을 위하여 '제주 특별자치도형 기초자치단체의 도입'을 그 공약으로 내걸었다. 제1기 김金 도정에서 폐지했던 기초자치단체를 부활하겠다는 것이다.

기초자치단체의 부활(재도입)에 임하여 우선 논의해야 할 중요 요점은 두 가지이다.

하나는 행정계층을 몇 단계로 층화할 것인가 하는 것이요, 둘은 자치단체 층화의 문제 즉 중·하위 행정계층(행정시, 읍·면·동) 단위지역에 자치단체의 성격을 부여하느냐 하는 것이다.

행정계층 층화의 문제는 제주 전 지역을 하나로 묶는 행정계층의 일원화도 포함할 수 있는 것이지만 이는 이 논의의 범위를 벗어나는 것이므로, 결국 현재의 3단계 행정계층(특별자치도/행정시/읍·면·동)을 2단계 행정계층(특별자치도/읍·면·동 혹은 특별자치도/행정시)으로 축소하는 문제로 귀결된다.

역사적으로 보면 해방 후 줄곧 행정계층은 그 명칭이 다소 달라지는 경우가 있었으나 3단계(도·시/시·군/읍·면·동)로 층화, 유지되어 왔다.

그러나 오늘날 교통·통신수단의 발달 특히 인터넷의 이용을 통한 전산망의 발달은 행정서비스 전달에 있어서 공간적 거리는 큰 문제가 없게 되었다. 이런 상황에서 행정조직의 다계층화는 행정서비스의 전달에 지연을 초래하는 요인일 수 있다. 행정계층을 줄여줌으로써 행정서비스의 동선이 단축되어 현장 접근성이 강화되고 주민 친화적 행정서비스가 조장

* 2010.7.30. 「제주불교」, 703호, '시론'.

될 수 있을 것이다.

일본 · 영국 · 미국 · 독일 등 선진국에서 단일 또는 2계층체제를 유지하고 있는 이유도 여기에 있을 것이다.

제주도의 경우 행정구역 개편의 역사에서 볼 때 1955년 북제주군 군청소재지였던 제주읍이 시로 승격 분리되면서 그 이후 중간행정계층(군 · 시)의 변동은 있었으나 읍 · 면 단위의 하위행정계층의 경우 그 명칭과 지역범위가 현재까지 거의 일치하고 있어서 그 역사성과 정체성이 유지되고 있다. 시의 동의 경우도 마찬가지이다.

말하자면 현재의 3단계 행정계층구조에서 하위행정계층인 읍 · 면 · 동은 대체로 동질성이 높은 지역단위가 된다.

그러므로 행정계층을 2단계로 재편할 때 중간계층을 폐지, 도를 상위(광역)행정계층으로 하고 읍 · 면 · 동을 하위(기초)행정계층으로 하는 도/읍 · 면 · 동의 2단계 행정계층체제로 만드는 것이 바람직하다고 생각한다.

자치단체 층화의 문제는 위의 2단계 행정계층체제를 전제로 하여 행정계층구조에 일치하는 자치계층구조를 갖추는 것이 좋을 것이다. 중간(중역)행정계층은 폐지하고 하위(기초)행정계층을 기초자치단체로 개편하는 것이다.

이 경우 광역자치단체인 경우는 달라질 것이 없다. 기초자치단체의 경우, 주민 직선으로 그 장을 선출하고 의회를 구성하면 될 것이다. 그러나 기초자치단체의 구성에서 오는 정치적 부담과 경제적 비용 등 부정적 측면을 고려하여 그 의회 기능을 광역자치단체 의회에 흡수하는 방안도 생각해 볼 필요가 있다. 현재 교육자치제도하에서 교육의원이 도의회에 귀속되어 활동하는 원리와 같다. 다만 현재 구성되고 있는 주민자치위원회를 유지하면서 그 기능을 강화하여 기초자치단체의 장과 협력하는 체제를 도모함이 바람직할 것이다. 이렇게 하면 주민참여를 통한 주민자치를 확대 강화하는 풀뿌리민주주의의 실현 가능성이 높아질 것이다.

다만 기초자치단체의 통폐합을 통해 그 규모를 현실에 맞게 합리적으로 조정(예, 대동제)할 필요는 있을 것이다.

돌이켜 생각하면 2003년 연초에 '제주형 지방자치모형'으로 제주도행정개혁추진위원회가 제시한 '현행 도, 시 · 군 및 지방의회 등 현행 유지안(점진적 대안)'과 '2개 통합 시 형태의 단일 광역자치안(혁신적 대안)' 2개 안에 대해 전국 최초로 주민투표가 실시되어 혁신적 대안이 채택된 것인데, 당시 이 혁신안에 대해 문제가 있다는 견해 또한 강력하게 제기된 바 있다.

'① 지역의 모든 권력이 도지사에 집중(중앙집중)되고 그 결과 '주민 밀착 행정'이 이루어지기 어렵다. ② 지방자치의 근간인 풀뿌리민주주의가 후퇴한다. ③ 기초자치단체의 장과 의회의원을 뽑을 기회를 박탈하는 것이므로 참정권이 축소되는 결과를 낳는다.' 등이 그것이다.

결론적으로 '혁신'은 미사여구이고 '풀뿌리민주주의의 근간인 자치권이 훼손'된다는 지적이 있었다.

그때 필자는 "특히 풀뿌리민주주의(토의민주주의)의 제주적(제주의 특수성을 살린) 수용을 어떻게 할 것인가를 구상"함으로써 "지방자치의 훼손이라든가 참정권의 위축"이 없도록 해야 한다고 주장한 바 있다.

이제, 2010년 7월 현재 국회에 계류 중인 '지방행정체제 개편에 관한 특별법(안)'도 참고하면서 보다 합리적이고 좋은 제주형 지방자치모형이 개발되기를 기대한다.

23 제주 사회통합, 원효(元曉)사상에서 그 길을 찾는다*

제주특별자치도 제2기 도정은 현재의 제주 사회가 경제성장의 위기, 사회통합의 위기, 재정의 위기, 미래비전의 위기라는 4대 위기에 처해 있다고 진단한다.(우근민 도지사 취임사 참조)

이때 '위기'라는 말을 정치적 수사(修辭)로 사용할 수는 있을 것이지만 실재하는 상황이 위기인가, 그리고 그런 상황이 오늘만의 문제인가는 보는 이에 따라 다를 수 있을 것인즉 '위기' 진단에 대한 옳고 그름을 따질 생각은 없다. 다만 정책적으로 시급히 해결해야 할 '문제의 상황'을 지적한 것으로 이해하고자 한다.

이 글에서는 '위기'의 두 번째 항목인 사회통합의 문제를 생각해 보려 한다.

취임사에서 보면 '강정마을 해군기지를 둘러싼 반목과 대립' '영리병원에 대한 일체의 논의' '내국인 카지노' 문제, '산남 · 북 불균형' 문제 등 '갈등정책 현안을 둘러싼 해묵은 논란과 논쟁'을 그 중심에 두고 있다. 결국 정책사업에 관련한 갈등이 사회통합의 걸림돌이라 보는 것 같다.

그러나 앞으로 정책사업에 관련한 갈등을 넘어 보다 근본적인 제주 사회갈등의 측면들을 진지하게 따져보는 노력이 필요할 것이다. 그러기 위해 무엇보다 갈등에 대한 과학적인(정치적이 아닌) 진단이 선행되어야 할 것이다. 제주 사회의 통합을 저해하는 요인이 무엇인가를 진지하게 물어야 한다는 말이다. 환자의 성공적인 치료는 정확한 진단에서 오는 이치와 같다.

갈등과 사회통합은 순환적 과정이다. 어느 시대 어느 사회에나 갈등은 편재하고, 갈등 해

* 2010.10.1. 「제주불교」, 711호, '시론'.

결에 이어서 오는 사회통합은 새로운 갈등을 낳게 된다. 끊임없이 갈등은 연속된다. 사회가 다원화될수록 사회갈등의 개연성은 높아진다. 사회를 구성하는 서로 다른 부분들의 서로 다른 의견들이 충돌할 가능성 때문이다.

그러나 원활한 의견교환 의사소통이 이루어지고 그런 기회가 많아지면 갈등 해결의 길이 열린다. 이것이 갈등의 해결책을 의사소통에서 찾게 되는 이유이다.

여기에 원효대사의 '圓融會通(원융회통, 둥근 마음에 교종과 선종을 녹여 함께 통하게 한다)의 和諍(화쟁, 一心和諍일심화쟁, 한마음으로써 모든 다툼을 화해시킨다)사상'을 곱씹어볼 필요성이 있다.

원효대사는 "모든 종파, 모든 사상을 분리시켜 고집하지 말고, 보다 높은 차원에서 하나로 종합해야 한다"고 역설하면서, "이들은 모두 하나이면서 여럿多이고, 여럿이면서 하나인 관계를 취하고 있다"고 한다.

원효대사의 '원융회통'사상에서 원은 거대한 순환, 한 울타리, 융은 컨버전스融合, 회는 접속, 통은 커뮤니케이션疏通을 뜻한다. 원융회통 사상은 공동체 사상이요, 한마음 사상이다.

원융회통에서는 너와 나를 나누는 이분법적, 상호배제적 논리를 넘어 양자병립을 인정하는 공동체적 논리圓를 받아들인다. 모두가 독립된 개체가 아니라 관계망 속에서 살아가는 공동체의 일원임을 자각하고 연대 · 결합하는 것融이다.

어떻게 하면 구성원들끼리 더욱 원융圓融할 수 있을 것인가. 그것은 회통會通이다. 사회구성원들 사이의 다양한 만남과 소통의 계기, 통로, 매체를 확대해 가는 일이 중요하다.

서로 만나會 교류함通으로써 유대 · 결합하게 된다는 뜻이다. 사회는 원자화된 단순한 개체의 집합이 아니며 개인을 초월해 존재하는 구조로서의 억압적 체제가 아니다.

서구의 사회이론에서는 사회통합을 위해 생활세계 주체들 간의 대화, 즉 공적 담론의 활성화를 제안한다. 사회통합은 일상생활이 영위되는 지역사회의 주민들이 합리적이고 이성적인 언로의 활성화를 통해서 가능하다. 그것은 삶의 세계(사회공동체)의 과정이며 이 과정에서 의사소통의 문제는 매우 중요한 사항으로 강조된다.

원융회통은 불교적 개념이지만 조화 속에서 다름을 포용하는 화이부동和而不同, 극단을 피하면서 조화를 도모하는 중용의 유가적 정신과도 일맥상통하고, 다중심 · 다문화주의와도 통한다. 이는 성숙한 공동체 정신이요 세계를 안고 세계로 나가는 길이기도 하다고 생각한다.

21세기 초엽, 지금 제주는 국제자유도시로 거듭나는 대전환의 시기에 서 있다. 사회통합이 더욱 절실한 시점이다. 원융회통의 원효사상은 사회통합의 정신적 토대요, 그 길이 될 것이다.

24 제주 비전과 '제2차 국제자유도시 종합계획'*

향후 10년(2012~2021)의 미래 발전 구상을 담은 '제2차 제주국제자유도시 종합계획' 1차 중간보고서가 발표되었다.(삼성경제연구소 · 제주발전연구원, 10월 27일)

과업 완료 시점이 2011년 6월이므로 그 2차 계획의 전체적인 내용을 담고 있지는 않으나 전체적인 기조는 제시되었다고 본다. 1차 계획의 추진실적 평가를 포함하는 '현황 및 여건 분석', 발전 · 비전과 추진전략을 포함하는 '기본구상'이 그 내용이다. 말하자면 2차 계획의 서론쯤으로 볼 수 있을 것이다.

모든 계획(plan)은 다음 두 과정, 실천(추진. do)과 평가(검토. see)의 과정을 거치게 되고, 이 세 과정은 환류(feedback)되면서 다음 단계로 이어지게 된다. (계획 → 실천 → 평가 ➡ 계획II → 실천II → 평가II ➡ 계획III → …) 이번의 2차 계획은 지금 진행 중인 1차 계획(목표연도 2011년)이 환류되어 이어지는 2단계 계획이다. 그러므로 2차 계획은 1차 계획의 추진실적을 엄밀하게 평가함으로써 보다 나은 계획으로 거듭나게 될 것이다. 평가과정에서는 제주도민들이 국제자유도시 추진 결과를 어떻게 보고 있는지를 유념해야 할 것이다.

이번에 발표된 1차 중간보고서에서 보면 응답 주민의 29.9%가 '국제자유도시 사업의 효과가 없다'(48.5%는 '보통이다'고 답함)고 대답하고 있다는 점, 생활여건에 있어서 '개선됐다'고 답하는 것은 오직 관광 · 휴양 · 레저 환경(52.9%)과 교통여건(45.1%)뿐이고 일자리(60.4%), 소득(63.6%), 주택마련의 기회(61.4%), 교육(60.2%), 의료(56.6%) 등은 '변화가 없다'라고 답함으로써, 보고서에서도 지적하는 것처럼 "도민들은 국제자유도시 조성의 사업효과를 크게 느끼

* 2010.11.12. 「제주불교」, 717호, '시론'.

지 못하고 있으며 세부 부문에 있어서도 관광이나 교통 이외에는 달라진 것이 없다고 인식" 하고 있음을 명심하여 그 이유를 따져보고 이에 대응하는 내용을 계획에 반영해야 할 것이다.

특히 응답자의 53.4%가 '사업을 통한 주민의 고용창출'이 필요하다고 지적하고 있음을 유념해서 도민들에게 일자리를 만들어주는 그런 효과를 가져오는 계획이 포함되어야 할 것이다.

아리스토텔레스는 그의 저서 『정치학』에서 "… 집을 잘 지었다 못 지었다 하는 판단은 집을 지은 사람만이 할 수 있는 게 아니다. 실제로 그 집에서 살고 있는 사람들이 더 좋은 비평가가 될 수 있는 것"이라고 설파했다.

일찍이 에드먼드 버크(Edmund Burke)가 "계획치고 그 일을 이끌어 나가는 사람보다 훨씬 머리가 모자라는 사람의 관찰에 의해 수정되지 않은 것을 한번도 본 적이 없다"는 충고를 귀담아들어야 할 것이다.

제주발전의 비전은 제주발전의 지향점으로서 계획 기본구상의 기초가 된다.

이는 이미 법 · 제도적으로 주어졌기 때문에 큰 틀에서는 기본적으로 1차 계획과 달라질 수 없을 것이다. 즉 「제주국제자유도시 특별법」(현재는 「제주특별자치도 설치 및 국제자유도시 조성을 위한 특별법」에 흡수 · 통합되어 있음)의 취지에 따라 국제적인 관광 · 휴양도시, 첨단지식산업도시 등의 복합적인 기능을 갖춘 동북아의 중심이 되는 국제자유도시가 그것이다. 보다 세계적인 관점에서 제주국제자유도시는 '평화의 섬'으로서의 성격을 띠어야 할 것이다. 국가 개방의 거점도시이면서 세계인이 자유롭게 이주하여 살기 좋고 제주도민의 소득 증진과 복지향상을 지향하는 그런 번영의 도시가 되는 것이 그 목표가 된다.

돌이켜 보면 1996년 제주대학교 동아시아연구소 연구팀의 조사에서 제주사람들은 현 상태가 좋다는 사람은 그리 많지 않아서(28.2%) 달라져야 한다는 입장을 보이고 있는데 대부분(응답자의 75.9%)이 2000년대 제주의 생활형편이 좋아질 것이라 낙관하고 있다.

제주도의 발전을 위해 나가야 할 방향으로 지적되고 있는 항목들을 보면 평화의 섬(28.5%), 국제휴양지(18.6%), 국제회의산업(15.1%), 자유무역항(10.4%)이었다.

국제자유도시 구상이 제도화되기 훨씬 전부터 제주도민은 국제자유도시를 제주의 비전으로 그려보고 있었다는 말이 된다.

한편 2001년 6월 당시 우근민 지사는 15~17일 열린 제1회 제주세계평화포럼에서 제주를 평화 논의의 장으로 제공하는 가운데 '평화의 섬' 비전을 더욱 구체적으로 추진하겠다고 말한 바 있다. '평화의 섬' 비전은 제주 내적으로는 미해결의 과제로 남아 있는 4·3 해결사업과 밀접하게 연관돼 있기도 하다.

앞으로 완성될 '제2차 제주국제자유도시 종합계획'이 제주도민의 소망을 담으면서 제주 비전을 달성하는 적절한 계획으로 만들어지길 기대한다.

25 새로운 10년의 시작, 제주는…*

새 천년 21세기의 두 번째 10년이다.

Y2K(컴퓨터 2000년 연도 인식 오류)의 우려를 안고 설렘과 희망의 대축제 분위기 속에 새 천년의 문이 열린 지 이제 10년이 지났다. 21세기의 두 번째 10년의 시작이다.

지난 10년 제주는 4 · 3의 해결이란 과제를 안고 시작됐다. 지난 세기말 제정된 4 · 3특별법을 실현해야 하기 때문이다. 제주 현대사의 가장 뼈아픈 기억인 4 · 3은 지난 세기가 넘겨준 제주 새 천년 21세기의 중요한 과제가 되고 있다.

평화는 지난 10년 시작의 화두가 되었다. 2001년 6월 제1회 '제주평화포럼'이 개최되어 동북아의 공동 평화와 번영을 모색하기 위한 '제주평화선언'이 채택되었다. 제주평화포럼이 정례화되고 '제주평화연구원'이 설립되었다. '평화의 섬' 개념은 외부의 침탈과 인권유린의 수난의 역사를 경험한 제주를 평화지역으로 승화시킨다는 의미를 갖는다.

또 다른 하나의 국면은 국가적 관심 속에서 제주가 국제자유도시로 21세기를 맞게 되었다는 점이다. 「제주특별자치도 설치 및 국제자유도시 조성을 위한 특별법」에 의거 목표연도를 2011년으로 하는 '제주국제자유도시종합계획'이 수립, 추진되었다. 이어 '제2차 제주국제자유도시종합계획'이 수립되었다. 한편 제주는 '특별자치도'가 되었다. 전국 유일의 '특별' 광역자치단체인 것이다.

국제자유도시와 특별자치도, 이 둘은 서로 맞물리면서 제주의 미래를 결정하게 될 획기적인 제도적 장치이다. 그래서 '제주특별자치도의 설치'와 '국제자유도시의 조성'을 하나의

* 2011.1.7. 「제주불교」, 725호, '시론'.

법체계로 묶어놓았다.

다음은 생태환경이다. 환경은 21세기의 매력적인 테마로서 제주는 그 가치를 충분히 발휘하게 되었다. '생물권 보호지역' '세계 자연유산' '세계 지질공원'으로 인증됨으로써 세계에서 유일하게 유네스코 3대 타이틀(3관 왕)을 차지하게 된 것은 그 의미가 크다.

다가온 10년은 어떻게 시작되고 있는가?

지난 10년의 희망적이었던 과제들이 미해결의 혼란 속에 길을 못 찾고 헤매고 있는 것 같다.

지난 정부에서 국가적 과오를 인정하고 사과까지 했던 4 · 3이다. 그런데 지금 4 · 3평화공원사업도 채 마무리되지 못한 채 산적한 과제들을 남겨놓고 있다.

제주평화포럼은 매해 개최키로 함으로써 국제적 관심은 더해졌으나 '평화의 섬'으로서의 제주의 모습은 구체화되고 있지 못하다. 도민갈등을 빚고 있는 국책사업 해군기지 조성도 평화의 화두에 부딪히고 있다.

국제자유도시 조성사업들은 진행형이어서 기대를 걸어야 하겠지만 "도민들은 국제자유도시 조성의 사업효과를 크게 느끼지 못하고 있으며 세부 부문에 있어서도 관광이나 교통 이외에는 달라진 것이 없다고 인식하고 있다"는 지적이다.

'국제자유도시'는 제주 미래의 비전이요, '특별자치도'는 그 비전을 실천하는 행정적 도구 수단이다. 특별자치도가 잘 운영되어야 제주의 비전 국제자유도시가 성공한다. 그런데 특별자치도의 '특별'함이 퇴색되고 있다.

특별자치도의 설치와 관련하여 행정시의 존폐를 중심으로 하는 행정계층구조가 문제가 되고 있다. 지난 도정에서 소위 '혁신안'이라 해서 채택된 기구인 행정시 제도는 혁신적이지 못하다는 지적이다.

환경은 21세기의 인류적 주제로 떠오르는 터이지만 문제는 신자유주의적 세계시장경제의 논리에 따른 무제한적인 이윤추구가 환경을 파괴한다는 데 있다. 해군기지 건설도 이와 무관하지 않다.

'세계 7대 자연경관' 선정을 위한 국가적 차원의 지원이나 2012년 세계자연보전총회의 개최는 제주의 환경과 관련하여 고무적인 일이다. '생명의 섬, 세계 환경수도 제주'를 캐치프레이즈로 하여 '세계 환경수도 조성 기본계획'이 입안되었다. 제주도의 환경적 가치를 분명히 하고자 하는 것이다.

21세기 두 번째 10년의 출발점에서 해군기지 건설과 관련된 도민갈등은 풀어야 할 가장 시급한 과제이다. 국가(중앙정부)사업을 지방자치단체에 미룬다는 게 문제였다. 도 정부는 중앙과 도민 사이의 조정능력을 상실한 듯하다.

도 정부의 대 중앙 절충능력이 문제이다. 그 모자람은 여러 곳에서 나타나고 있다. 4·3 문제 해결에 관련한 중앙정부의 소극적 · 부정적 태도, 제4단계 제도개선(특별법 개정)의 지연, 세계자연보전총회 예산의 대폭 삭감, 신공항건설사업의 지연 등등.

이명박 정부의 제주 홀대가 더 문제다. 특별자치도의 '특별'함을 무시하는 것이 문제다. 제주는 지정학적으로 동북아의 전략적 요충지이고, 그 생태적 환경이나 독특한 문화적 가치를 지닌 섬으로서 세계인이 주시하고 있다. 이를 외면하는 것은 잘못이다. 대한민국 건국 이래(건국 초기를 제외하고) 모든 역대 정부는 제주의 가치를 국가적 차원의 가치로 인정하고 '특별'한 지원을 해왔다. 제주는 여러모로 대한민국의 이익을 보장해 줄 수 있는 잠재력을 가지고 있다고 보기 때문이다. 이명박 정부의 관심을 촉구한다.

26 제주의 지방행정 관료조직 운영은 합리적인가*

제주도정의 공무원 인사발령, 특히 권력 교체기, 행정관료 특히 고위직 보직 변경 혹은 임면에 관련해서 보면 정도의 차이는 있으나 늘 잡음이 따르는 것이 상례였다. 제주특별자치도 제2기 우 도정의 경우도 예외는 아닌 것 같다. 여기에 지방행정 관료조직 운영의 합리성의 문제를 생각해 보려는 이유가 있다.

도정운영의 중심체는 말할 것도 없이 도지사를 수장으로 하는 행정관료 조직이다. 그러므로 행정 관료조직 운영의 잘잘못은 도정의 성패를 가름한다고 하겠다.

■ 현대사회에 적합한 조직은 합리적 관료제조직이다

행정관료조직은 관료제조직이다. 관료제조직은 현대사회에 가장 적합한 조직형태로서 관료제 방식으로 운영되는 조직체계이다. 그 조직의 구성원은 말할 것도 없이 행정관료들이다. 제주도의 경우 그 최고의 권력자는 도지사이다. 도지사와 그 부하 행정관료들이 어떤 관계에서 움직이느냐가 곧 그 조직의 효율성과 성과를 결정한다. 맡은바 기능을 잘 수행하고 있는가, 기능 간의 조화는 잘 이루어지는가 하는 것이 목표달성의 효율성을 결정한다.

그런 관료조직은 막스 베버가 말하는바 합리적(법적) 관료제조직이다. 그 조직이 가부장적 가산제家産制적 조직이어서는 안 된다.

관료들의 성취 수준에 따른 선택과 승진, 법 앞의 평등 대우는 합리적 관료제 조직운영의 기본이다. 이런 기준이 준수될 때 관료사회는 민주적 통합을 이루게 된다. 그래서 관료제조

* 2011.3.4. 「제주불교」, 732호, '시론'.

직은 민주주의를 지키는 근간이 된다는 것이다.

관료제조직은 정치적 중립성, 비당파성을 견지해야 한다. 그래야 정치적 자리가 바뀐다 하더라도 조직의 안전성을 유지하고 민주정치의 지속을 가능케 한다. 정치영역의 갈등을 행정영역으로 이동시킴으로써 정당적 투쟁의 긴장을 감소시킨다. 그래서 관료제도가 평화생산자로서의 중요한 역할을 수행할 수 있게 되는 것이다.

■ 가산관료제家産官僚制적 조직운영을 버려라

그런데 행정관료조직이 합리적이지 못하고 가산관료제적 성격을 가지고 운영되는 측면이 있다면 문제다.

가산관료제는 근대의 합리적 관료제와는 달리 객관적이고 합리적인 규칙이나 법규에 입각한 명확한 권한의 체계가 결여되고, 관리의 임용 · 승진도 주종의 인격적인 신뢰와 충성관계를 바탕으로 권력자의 자의와 은총에 좌우된다. 전문적인 지식 · 기능보다는 사적私的 · 인격적 관계에 중점을 두게 된다. 규정대로의 임용이나 승진은 없고, 본직本職으로서의 직무행위가 훼손되는 것이 특색이다.

권력자와 임용된 관리의 관계는 합리적이지 못하고, 권력자의 자의 · 은총과 그 사적 지배에 복종하는 관계가 형성된다. 관직의 위임은 전문적인 지식이나 기능을 자격요건으로 하지 않고, 그때마다 권력자의 자유재량과 관료의 충성도에 의존하게 되므로 공사의 구분은 흐려지고, 객관적인 규칙이나 명확한 권한을 갖춘 합리적 관료조직이 성립될 여지는 없어지고 만다. 제주도정의 관료조직은 어떠한가. 이에 비추어볼 일이다.

■ '궨당' 문화가 문제다

제주에는 '궨당' 문화가 있다. 정당정치하에서 '이 당 저 당 말고 궨당이 제일'이라는 말이 설득력을 갖는 문화가 있다. '궨당'은 혼인에 의해 이루어지는 혼인 연대이다. 그 혼인 연대는 강한 지연의식으로 묶여 문중보다 지역(마을)공동체적 결속력을 갖는다.

이런 문화구조는 오늘날 관료조직의 가산제적 특성을 보강하고 있는 것으로 보인다. 도지사가 어느 지역 출신인가에 따라 관료조직의 지역 헤게모니가 형성된다.

■ 적재적소適材適所의 인사라야 한다

적재적소라는 말이 있다. 알맞은 인재를 골라 그에 맞는 자리에 앉힌다는 말이다. 유비劉備의 삼고초려三顧草廬는 알맞은 인재를 고르는 권력자의 귀감이다. 격에 맞지 않은 인물일수록 스스로 권력자에 다가가기 십상이다. 권력자는 삼고초려의 노고 없이 인재를 얻을 수 있어 좋다. 선거캠프에서 득표활동에 도움을 준 대가를 지불하면서 자기 사람 만들 수 있어서 좋다. 가산제적 관료제하에서는 관료들을 푸들(poodle)과 같이 관리하기 쉬운 영혼 없는 전문인으로 전락시켜 버린다. 그렇게 되면 조직이 멍든다. 지역공동체가 멍든다.

적재를 어떻게 찾을 것인가? 전문성과 경륜을 따지면 된다. 어떤 공부를 했는가, 어떤 자리에서 일을 했는가, 일의 성과는 어떠한가를 따져보면 될 일이다. 경력에 대한 평가가 투명하게 이루어져야 한다. 공정성 확보를 위한 납득할 만한 체크리스트가 필요하다. 공적 소임을 사사로운 인간관계 친분에 맡겨서는 안 된다. 경륜과 전문성, 자질 등이 점검되어야 하는 이유가 여기에 있다.

27 제주특별자치도 5년의 평가에 붙이는 소회(所懷)*

지난 5월 26일 '제주특별자치도 5년 종합평가 연구용역' 착수보고회가 있었다. 제주특별자치도의 운영성과를 평가하고 바람직한 정책 방향을 설계하는 것을 그 목표로 한다.

평가는 7개 분야로 나누어 이루어지게 되지만, 요약해 보면 연구용역의 과제는 첫째, 제주특별자치도 비전 및 추진체계(자치도의 비전과 추진체계의 타당성) 둘째, 제주특별자치도의 각종 특례(행 · 재정적 특례와 이양 기능의 타당성) 셋째, 국제자유도시의 정책(핵심산업과 개발사업의 타당성) 등을 평가하는 것이다.

말하자면 제주의 비전은 어떠하며 특별자치도라는 지방정부의 기능은 잘 수행되었는가, 그리고 제주가 추구하는 국제자유도시는 잘 조성되어가고 있는가를 검토, 문제점을 발견하고 그 개선책을 제시하려는 것이다.

자치도 출범 5년째 특별자치도 2기를 맞은 이 시점에서 돌이켜 점검하는 일은 앞으로 제주가 특별자치도로서 성공적인 지역으로 거듭나는 데 매우 필요한 작업임에 틀림없다. 평가가 엄격하고도 정당하게 이루어지고 그에 따른 실제 적합한 발전적인 대안이 제시되길 간절히 바란다.

그런데 이번 용역은 특별자치도의 추진체계, 행 · 재정적 구조와 사업의 운용에 관련된 제도적 측면에 초점이 맞추어져 외형적 · 정량定量적 검토로 이루어질 것이다. 그러나 그에 더하여 필요한 것은 제주의 내적 역량과 잠재력을 평가해 보는 노력이라고 생각한다. 제도적 측면은 매우 중요하고 불가결한 것임에도 불구하고 그에 걸맞은 내면적 · 정성定性적 조건이 뒷받침되지 않으면 안 될 것이기 때문이다. 제주의 사회 · 문화적인 요인과 도민정서,

* 2011.6.3. 「제주불교」, 745호, '시론'.

지역 정치지도자의 리더십 등이 그것이다.

특별자치도가 주어진 '특별'한 기회에도 불구하고 왜 제대로 정착되지 못하고 많은 문제를 낳고 있는가를 자체 진단하고 따져보는 노력이 필요하다. 분명 제주 사회의 역량과 문화적 가치가 관계되고 있을 터이다.

소위 '특별'한 자치도 제주가 출범한 후 경험했고 경험하고 있는 쟁점사안들을 회고하면 제주 사회의 내적 조건의 중요성을 강조하지 않을 수 없다.

우선 제주 비전은 정당성을 바탕으로 확고히 정립되어 있는가를 점검하는 것이 중요하다.

추구해야 할 제주의 가치가 무엇인가(예컨대, '평화'와 '환경'의 가치)에 대한 도민적 공감대를 형성하고 여기에 제주특별자치도 운영의 초점이 맞추어져야 할 것이다.

중앙 권한을 이양받음에 있어서 다다익선多多益善이 아니라 제주의 역량과 정서를 고려하는 것이 필요하다. 그래야 그 권한이 제주에 정착될 것이다.

제주의 독특함은 잘 살리고 있는가도 따져볼 일이다. 그래야 제주다운 모습을 갖고 세계로 진출하는 데 성공할 수 있을 것이다.

"가장 높이 나는 새가 가장 멀리 본다"는 말이 있다. 마이크로소프트사를 세운 빌 게이츠는 장기적인 비전을 위해 단기적인 손해를 감수하는 것이 성공의 비결이라고 말한다.

우리 제주 도정은 제주의 미래를 향한 장기적인 비전을 제시하고, 도민들에게 꿈과 욕망을 실현할 수 있다는 자신감을 심어주어야 한다.

제주도백은 '여민동락'(與民同樂-『맹자』, '양혜왕 하')이라야 한다. 백성들과 같이 즐기는 것이 진실된 지도자의 길이다. 도백은 도민의 즐거움이 무엇인지를 먼저 살펴야 한다.

'반구제기'(反求諸己: 돌이켜 자기에게서 찾는다.)라는 말이 있다. 잘못된 원인을 돌이켜 우리 내부에서 먼저 찾을 일이다.

맹자는 말한다. "활을 쏠 때는 자세를 바르게 한 후 쏘는 법이다. 화살이 과녁에 맞지 않으면 자기를 이긴 자를 원망할 것이 아니라 오히려 자기 자신에게서 (그 원인을) 찾으라".(射者正己而後發, 發而不中, 不怨勝己者, 反求諸己已而矣. 사자정기이후발, 발이부중, 불원승기자, 반구제기이이의-『맹자』, '공손축 상')

중앙정부에 대해 정당한 요구는 과감하게 하되 그 논리를 개발하고 그 현실 적합성을 먼저 점검해 보아야 할 것이다. 그래야 중앙정부와의 마찰을 최소화하면서 제주도는 명실공히 '특별자치도'로 정착되는 날을 앞당기게 될 것이다.

28 제주 자연자원의 가치를 지키고 가꾸는 일에 제주의 미래를 걸어라*

어느 시대 어느 집단(국가에서 지역사회에 이르기까지)을 막론하고 그 지향하는 가치가 있어 사람들은 그 가치를 추구하고 따른다. 이 가치는 집단의 비전이 정립되는 중심이 되고 미래를 도모하는 길잡이가 된다. '제주 비전의 위기'라 한다면 그것은 제주 가치의 혼란에서 온다.

제주의 가치는 무엇인가? 무엇을 제주의 가치로 삼고 추구해야 할 것인가?

결론부터 말하면 제주의 가치는 제주가 갖는 독특함에서 찾아야 할 것이다. 대체로 다음 세 개의 측면으로 축약될 수 있을 듯하다. 탐라 천년을 기반으로 하는 제주 고유의 문화, 태평양 서안 동북아의 중심이라는 지정학적 위치, 한라산을 중심으로 하는 화산섬으로써의 자연자원이 그것이다.

이 글은 제주 자연자원의 '잠재적 가치'에 관련하여 생각해 보려는 것이다.

제주 자연자원의 가치는 이미 세계적으로 인정된 바 있다. 말할 것도 없이 제주의 가치는 그 자연자원과 입지적 조건에서 찾을 수 있다. 이는 세계적 공인을 받은 사항이다. 바로 '유네스코 트리플 크라운'(세계자연유산으로 선정된 것, 세계생물권보전지역으로 등재된 것, 세계지질공원으로 선정된 것)의 획득이 그것이다. 현안 사안인 '세계 7대 자연경관'으로 제주가 선정되면 그 의미는 더욱 커진다. 제주가 '특별'자치도의 지방자치체제를 갖게 되는 계기도 제주의 자연적(지리적) 특별함 때문이라고 해도 좋을 것이다.

이 자연자원의 가치는 현재적이지는 않지만 그 잠재적 가치는 막대하다. 제주 자연의 잠재적 가치를 '비사용가치'(존재하는 자체만으로 가치가 있고, 현재 사용하지는 않으나 미래의 선택에

* 2011.7.15. 「제주불교」, 751호, '시론'.

따라 창조되는 가치)로 강조한다. 경제적 가치라고 할 때 흔히 드러나 있는 현재적 가치 즉 '사용가치'만을 생각하는 경향이 있지만 '비사용가치'야말로 엄청난 제주 경제발전의 잠재력이라고 보는 것이다. 활용 여하에 따라 엄청난 사용가치로 현재화할 수 있는 것이다. 여기서 제주 지역경제를 활성화하고 조장하는 길을 찾아야 한다고 생각한다. 제주의 자연은 그런 잠재적 가치를 충분히 가지고 있다고 보는 것이다.

문제는 이 제주의 자연이 갖는 독특한 잠재적 가치가 어떤 것이고 어떻게 현실 적합하게 이끌어낼 것인가에 있다.

제주의 독특함을 가지고 세계화 · 개방화 시대, 무한경쟁의 시대에 대비해야 할 것이다. 제주가 추구하는 목표, 그 사업 프로그램도 이런 제주의 독특함에 기반하였을 때 도달하기가 더욱 수월할 것이다. 국내 다른 지역과의 차별성을 가지고 경쟁함으로써 더욱 작은 노력으로 보다 큰 소득을 얻게 될 것이다. 대중앙 절충에 빈약한 도세에도 불구하고 대중앙 설득의 논리를 확실히 마련할 수 있을 것이고 도정운영의 효율성을 기할 수 있을 것이다.

'제주 자연의 잠재적 가치'에 관련해서는 헝가리 부다페스트 외토보스대학의 지질학자 차보 사바 교수의 이야기에 귀 기울일 필요가 있다.(제8회 제주언론인클럽 세미나 개회사 "제주자연의 가치에 대한 새로운 인식"에서 재인용함)

"제주도는 지구상에서 손대지 않은 자연환경과 화산 암석, 경관이 가장 아름다운 자연의 보물 중 하나임에 의심할 여지가 없다. … 이 아름다운 지역이 적어도 현재의 생태와 모습 그대로 미래세대를 위하여 남겨놓아야 할 필요성이 있다."

제주 자연자원의 독특함은 제주의 가치로서 제주가 내세워야 할 '제주의 브랜드'이며 제주발전의 저력이 된다는 데 세계적인 합의(컨센서스)가 이루어지는 것 같다. 이를 '제주 컨센서스'라 불러도 좋을 것이다.

이런 제주의 독특함, 제주 자연자원의 '잠재적 가치'를 어떻게 발굴하고 이를 대내외적으로 알려 나갈 것이며 제주도민의 정서 속에 내면화하고 제주의 정체성으로 심어놓을 것인가 하는 방법론을 시급히 마련해야 할 것이다. 여기에 제주의 미래가 걸려 있다고 보아도 좋을 것이다.

29 해군기지 건설. 이를 어찌할 것인가*

"백마는 가자 울고 날은 저문데 거치른 타관 땅에 주막은 멀다."(옛 가요 가사) "이를 어찌할까. '형세는 불리한데 타고 달릴 말(馬)은 나아가질 않으니…. 이를 어찌할까나."(해하가垓下歌. 각색)

요즘 해군기지 건설을 보는 심정이 이러하다.

제주 해군기지 건설사업, 시작부터 잘못되었었다. 첫 단추를 잘못 끼웠으니 일은 더욱 꼬이게 된 것이다.

입지 선정과정에 문제가 있었다. 국가안보의 중차대한 사업이라면 정부가 책임지고 그에 가장 적합한 지역을 선택하여 입지를 선정해야 했다. 그러나 그렇지 못했다. 복수지역의 공모 방식은 최적지 판단의 명분을 약화시켰다. 화순, 위미, 강정을 왔다 갔다 하면서 입지 타당성에 대한 신뢰를 잃었다. 다음은 사업성격의 모호성이다. '관광미항사업'(사업명칭이 '민군 복합형 관광미항')에 결부, 지역발전을 위한 유치사업으로 포장되어 시작되었다. 사업주체의 모호성도 문제였다. 국책사업이니 으레 그 주체는 중앙정부여야 하고 제주도정은 도민 갈등의 조정자요 행정적 지원자로 머물러야 했다. 그런데 그 주체가 제주도인 것처럼 비쳐져왔다. 보상의 지역단위도 기지가 입지하는 마을의 피해를 포함하는 것은 말할 것도 없고 제주도 전체로 해야 했다.(이들 문제점들은 이미 이 난에서 지적한 바 있다. 본지 제658호, 제669호)

이제 바야흐로 해군기지 갈등의 문제는 제주 지역을 넘어 전국, 나아가서 세계적 관심으로 확대되고 있다. 지역 내 갈등, 정부와 주민 사이의 갈등을 넘어 중앙정부와 시민사회의 갈등, 정부 내 갈등(중앙정부에 대한 제주도정의 갈등), 정부와 입법부의 갈등으로 확산될 전망

* 2011.9.2. 「제주불교」, 757호, '시론'.

이다. 갈등의 성격도 이익갈등, 정책갈등의 차원을 넘어 '안보 대 환경 · 평화'의 가치갈등으로 심화되었다.

이제 어찌할까.

국책사업의 원만한 추진을 위해 정부 당국의 갈등을 해소하는 진지한 노력이 필요하다. 이제 다시 시작하는 자세로 처음부터 차근차근 문제를 풀어가는 것이 옳다. 도민갈등을 풀어주어야 한다.

밀어붙여서 될 일이 아니다. 공권력을 투입하여 강압적으로 진압하는 방식, 강경진압방식은 사태를 더욱 악화시킬 따름이다. 더구나 제주도민들은 4 · 3사건 등 그 역사적 경험으로 심리적 트라우마(trauma: '정신적 · 심리적 외상')를 입고 있다. 육지부의 경찰병력 투입은 이를 자극한다. 더욱 큰 심리적 충격, 상처를 주게 된다. 걱정스럽다.

이왕에 기지 건설은 현실적으로 중단된 상태이고 국회 차원에서도 그 해결을 위한 논의가 진행 중인 사안임을 감안할 필요가 있다.

서둘다가는 호미로 막을 것 가래로도 못 막는 지경에 이를지 모른다.

이제 안보를 위해 그 지역에 기지가 설치되어야만 하는 논리를 설득력 있게 제시해야 한다. 국가안보에 귀를 막을 제주도민이 아니다. 국책사업이면 국가(중앙정부)가 능동적으로 직접 나서야 한다. 계획단계에서부터 제주가 갖는 가치(자연적, 문화적 가치)의 훼손을 최소화하는 사업안을 만들어야 한다. 제주 지역의 특수한 상황을 고려에 두고 있어야 한다.

참여정부 당시 노 대통령은 "제주 해군기지는 국가안보를 위한 필수요소"라 하고 "무장과 평화가 같이 있는 게 잘못은 아니다"고 말했다고 한다.

안보 없이 평화 없다. 안보는 평화를 위해서도 중요하다. 문제는 안보를 위해 제주 지역의 가치인 '평화의 섬' 이미지가 훼손된다는 데 있다. 그러므로 안보가 중요한 만큼 그를 추구하는 비용이 클 수밖에 없고 그 비용을 제주의 가치 훼손에 대하여 보상해야 한다. 그 보상에 인색하다는 것은 지키려는 안보의 중요성이 크지 않다는 것과 같다.

문제는 또 있다. 제주 자연환경의 세계적인 가치, 유네스코 자연과학 분야 3관왕의 가치를 훼손하는 것이다. 절대보전지역 해제조치는 그 단적인 예이다.

급할수록 돌아가라고 했다. 급하지 않은 경우는 말할 것도 없다. 돌아가라는 말은 급하면 실수하기 쉬우니 서두르지 말라는 것이다.

국가 영도領導의 철학이라 하는 『도덕경』은 말한다. "다스림이 모질면 백성은 각박해진다."(其政察察 其民缺缺. 기정찰찰 기민결결-『도덕경』, 58) "대국을 다스리는 것은 작은 생선을 굽는 것과 같다."(治大國 若烹小鮮. 치대국 약팽소선-『도덕경』, 60) 작은 생선을 조리할 때 자주 뒤적거리면 잘게 부서져 먹을 것이 없게 된다. 나라를 다스리는 것이 이와 같다. 나라 그 자체를 다스리는 일만이겠는가. 큰일을 다룰 때도 또한 그러하다. 고기를 굽는 방식이 잘못되어 고기가 훼손되면 되겠는가. 서둘다 일을 그르치지 말라는 것이다.

정부(지도자들)는 도민의 진심 어린 목소리를 귀담아들어야 할 것이다.

30 '제주학 연구'에 거는 기대와 우려*

제주연구를 위한 도 정부의 관심이 구체화되었다. 제주연구에 관심을 갖는 사람들의 기대가 크다. 지난 11일 출범한 '제주학연구센터'를 두고 하는 말이다.

'제주학연구센터 운영 기본계획'에 따르면 제주학연구센터(이하 '센터')는 국내외 제주학 연구자의 결집과 제주학 연구를 지원하는 공공성을 띤 제주학 거점 연구기관으로 설립되었다.

'제주학'은 지역학이다. 따라서 지역학이 갖고 있는 문제와 성격을 두루 가졌다고 생각한다. 지역학은 분과학문의 배타적 장벽을 허물어 해당 지역의 성격을 명확히 설명하려는 연구이다. 지역의 독자성, 개별성과 특수성을 바탕으로 해당 지역을 총체적으로 파악하려 한다. 말하자면 종합학문이다. 학제적 연구 혹은 간間학문 연구이다.

분과학문 연구가 주류를 이루는 오늘날의 학문풍토 속에서 '제주학'은 그 독립학문으로서의 자격은 얻기 어렵고 다른 여러 분과학문의 '협동연구 프로그램'의 성격을 띠게 된다. 그러므로 제주학이 성공하기 위해서는 연구자의 협동적 자세와 상대의 전문영역에 대한 포용적 자세가 중요하다.

지역에 대한 관심과 이해 · 공감, 그 지역의 역사나 관습에 대한 지식 · 정보, 지역 언어능력을 가졌다 하여(지역 정보통일 수는 있으나) 지역학자가 되는 것은 아니다. 과학적으로 훈련된 자격을 갖추어야 한다. '문화와 역사의 상대주의'라는 입장도 견지하고 있어야 한다.

여러 분과학문의 협동으로 제주를 종합적으로 파악하려는 학문적 노력은 백과전서적 성격을 띰으로써 '레터르(라벨)학문'이라는 비난을 면키 어렵게 된다. 제주인의 사회생활에 관

* 2011.10.21. 「제주불교」, 763호, '시론'.

한 기존의 경제학, 정치학, 사회학, 종교학, 윤리학, 법학, 미학, 민족학, 문화사 등 모든 역사적 · 심리적 · 규범적 과학을 하나의 항아리 속에 집어넣고 그 항아리에 '제주학'이라는 레터르(라벨)를 붙여놓은 것에 불과하다는 비난이다. 기존의 다른 학문의 기초 위에 성립된 종속 학문으로서 그것은 사회과학의 백과전서일지는 모르나 하나의 독립과학으로 인정되기 어렵다.

'제주학'이 과학이 되기 위해서는 제주적인 것을 제주의 현실 속에서 추출해 내어 그 고유성을 확보하는 노력을 기울여야 할 것이다. 이것이 '제주학'의 장기 과제라고 본다. 제주적인 어떤 현상이 추출되어 학제적 연구방법으로 접근할 수 있고 그 결과의 연구업적들이 집적되었을 때 '제주학'은 독립학문으로 성립될 수 있을 것이다.

이러한 주장은 이제 출범하는 '센터'의 가치를 평가절하하는 것이 아니다. 이 시점에서 제주학 연구는 제주를 대상으로 하는 인문 · 사회 · 자연과학 제 영역의 학문적 활동을 조장한다는 의미에서 큰 의의를 갖는다. 다만 여기서 제주학의 성격을 논하는 것은 제주연구의 방향을 제시하고 그 활성화를 촉구하는 의미이다.

문제는 센터가 해결해야 할 학문 외적 과제가 만만치 않다는 데 있다.

우선 태생적으로 정치성을 갖고 있다는 점이 지적될 수 있다. 센터의 설립이 학문적 논의 이전에 도지사의 정치적 공약사항이라는 점, 지사의 행정적 통제를 받는 제주발전연구원에 하위기구로 편제된다는 점이 그렇다.

다음으로 물적 조건이 매우 취약하다는 점이다. 기구의 인적(센터장 1인), 물적(출발시점의 예산 5천만 원, 내년 예산배정 미정) 왜소성이 그것이다. 학문활동에는 물적 뒷받침이 필수적이다. 왜소한 물적 기반 위에서는 몇몇 학문에 그 활동이 귀착될 가능성이 있고 그렇게 되면 제주학 연구의 종합성 · 총체성이 훼손되어 제주학은 그 지역학으로서의 자격을 잃게 된다.

셋째는 '제주 관련 연구지원이 제주어와 역사에 집중됐고 연구성과는 분산돼 있다'는 점이다. 이는 제주 연구의 학문적인 편식으로 학문 간 균형이 깨졌음을 말해준다. 센터의 출발시점에서 학문적 편애가 나타날 가능성도 있어 보인다.

2017년까지 독립 연구기관으로 자립할 수 있도록 하는 것이 제주발전연구원센터의 목표라고 하는데 그때까지 갈 것 없다. 학문적 독립성의 중요성을 인식하는 도지사의 의지만 있으면 당장이라도 가능할 것이다. 현재 편제 · 지원되고 분산되어 있는 여러 기구를 통합

재편하고 연구인력을 합리적으로 조직화하면 될 것으로 본다.

그동안 도정의 관심과 지원은 문예(문학과 예술)활동에 치우쳐서, 학술분야는 소외되었던 것이 사실이다. 이제 센터 설립이 제주 학술진흥을 촉진하는 계가가 되길 바란다.

31 제주 7대 자연경관 이후: '환경수도, 제주'의 꿈을…*

제주의 과거와 미래를 길게 천 년 단위로 생각해 보면 처음 제주 천 년은 독립도서 '탐라'의 천 년이었다. 이제 21세기를 맞으며 특별자치도는 제주의 새로운 천 년을 준비할 수 있는 계기가 된다. '세계 7대 자연경관'에 선정된 것을 그 기회로 삼았으면 한다.

지난 천 년 제주는 남녘 끝 변방으로 "가고 싶어도 못 가고, 가지 말자고 해도 안 되는 곳이 제주 섬"(충암 김정의 말)이었고 『변방에 우짖는 새』(현기영의 소설)에서 지적되었듯이 바람 타는 '변방'이었다. 중앙의 변방으로서 쫓기는 자의 막다른 골목이요 권력에 밀리는 자의 유배지였다.

공화국 수립 이후에도 그 역량이 국가 전체의 1%에 불과한 변방으로서 푸대접을 받아왔다. 푸대접이란 것은 이해관계를 놓고 다툴 때 역량이 강대한 다른 지역에 밀리기에 십상이라는 이야기다. '하고자 해도 안 되고 하지 말자고 해도 안 되는 제주 섬'이란 처지에 있다. 중심권력의 관심에서 소외되기 때문이다.

이제 어떠해야 1%라는 힘의 열세를 극복하고 선진지역 섬이 될 것인가. 그 비결은 다른 지역이 갖지 못한, 그래서 우리와 경쟁할 수 없는 그런 자원을 발굴하고 그것을 살려 나가는 것이다.

여기에 2000년대 들어서면서 등장하는 테마, '평화의 섬'과 '자연환경'의 가치는 큰 의미가 있다. 특히 '세계 7대 자연경관'으로서의 제주의 가치는 제주 천 년의 미래를 설계하는 데 중심가치라고 생각한다.

---

* 2011.12.2. 「제주불교」, 769호, '시론'.

다른 지역과 경쟁이 되는 어떤 테마도 제주 섬의 미래를 보장해 주지 못한다. 다른 지역이 경합하는 한 그렇다. 특별자치도 이후 제주국제자유도시는 우리 제주의 비전이지만 다른 경쟁적인 지역(예컨대, 인천경제자유구역)이 등장하면서 퇴색되고, 혁신도시도 다른 지역 혁신도시와 경쟁하면서 밀리고 있다. 객관적인 조건 때문이 아니라 중앙권력에 닿는 선이 약해서 그렇게 되는 것이다. 선거를 통해 권력에 접근하는 정치 시스템에서 지역의 크기와 인구 수는 힘이 되기 때문이다. 이것이 현재 대의민주정치의 논리이다. 정치놀음이다.

제주 해군기지 건설의 경우 그것은 '평화의 섬'으로서의 제주의 이미지를 크게 훼손하고 제주 고유의 환경가치를 파괴하는 것임에도 불구하고, 그래서 도의회를 중심으로 한 지방정부와 시민사회의 열화와 같은 요구에도 불구하고 정부(해군) 당국은 요지부동이다. 역시 힘의 논리이다. 그래서 '제주 홀대론'이 제기되는 것이다.

그렇다면 앞으로 제주의 미래는 어떻게 설계해야 할 것인가. 길게 보자.

제주가 확보한 '유네스코자연환경 3관왕'에다가 '세계 7대 자연경관', 이 자연자원과 관련된 테마는 우리 공화국 어디에서도 견줄 수 없는 우리의 경쟁자산이다. 세계 자연경관 선정 7대 기준이 되는 항목이 섬, 화산, 해변, 국립공원(경관), 동굴, 폭포, 숲이었다. 이들 항목이 제주인들의 삶 그 자체와 어우러져 그 특유의 생활문화를 형성하고 있다. 이 조건을 두루 갖춘 지역으로 제주만 한 곳이 공화국 어디에 있겠는가.

이것이 우리의 경쟁력 자원이요 희망의 잠재력이다. 그러므로 우리의 독특한 가치를 지키고 이를 바탕으로 앞으로 제주 천년을 설계하는 것이 옳다. 탐라 천년은 고립된 '독립' 천 년이었고 육지 부속도서로서의 천년은 '변방'으로서 '우짖는' 천년이었다면 앞으로 천년은 세계 속의 열린 번영의 섬, '중심'으로서의 천년일 수 있다. 우리가 이 시점 21세기 초에 잘 설계만 하면 되리라.

그러기에 우리는 '세계 7대 자연경관'의 가치를 살려 제주 자연자원의 보전을 우리 제주 섬의 미래를 위한 최고의 자산으로 삼아야 할 것이다. 이를 기반으로 제주비전을 정립하고 미래를 디자인해야 할 것이다. 여기에 '세계환경수도'의 구상은 매우 값진 아이디어라고 생각한다.

'세계환경수도', (이에 대한 논의는 지면의 제약으로 생략하는 터이지만) 이는 제주의 미래를 보장하는 제일의 테마라고 생각한다. '유네스코 자연환경분야 3관왕'이나 '세계 7대 자연경관'

의 반열에 오른 것은 그 출발점의 초석이 된다. 21세기를 '환경의 세기'라고 한다. 그만큼 오늘날 환경은 전 인류적 관심사이고 우수한 환경적 조건을 갖춘 지역을 중심으로 부상하게 된다. 그래서 '환경수도'는 앞으로 세계인이 찾아오는 시대의 중심이 된다.

지난 천년의 중심은 권력이 모이는 곳, 자본이 모이는 곳이었고 그 중심에서 소외된 제주는 '우짖는 변방'일 수밖에 없었다. 이제 제주가 환경수도로 거듭난다면 '수도'首都라는 말 그대로 시대와 국가를 '선도하는 중심'이 되는 것이다. 이 어찌 감격스럽지 아니한가. 내년에 개최되는 제5차 WCC(세계자연보전총회)는 '환경올림픽'이라고도 하거니와 '환경수도' 제주의 입지를 확고히 다지는 계기가 될 수 있을 것이다. 이런 노력이 모이면 다가오는 제주 천년의 번영을 기약하는 길이 되지 않겠는가. 마부작침磨斧作針의 자세로 가자.

32 정치바람 타는 임진년 새해, 제주에 부는 정치바람*

임진년壬辰年 새해는 정치바람을 타고 왔다. 총선(4월 11일)과 대선(12월 19일)이 치러지는 '정치의 해'이다. 새해 정치지형은 요동치고 있다. 새로운 대통령이 선출되면서 MB정권은 퇴장한다.

전 세계적으로도 권력 지형이 바뀌는 해이다. 러시아(3월 4일, 대선), 프랑스(4월 22일, 대선), 중국(10월 중, 공산당 전국대표자대회), 미국(11월 6일, 대선), 인도(7월 중, 대선) 등 20여 개국에서 정권이 변동 혹은 이양된다.

지난해 서울시장 선거에서 시민사회의 강풍이 불어 시민사회 후보 박원순 서울시장이 당선되면서 정당은 여·야 할 것 없이 초라한 모습으로 무너져 내리고 있다. 정당정치의 위기다. 이제 시민들이 직접(정당을 거치지 않고) 정치에 뛰어드는 것이다. 시민들의 기성정치에 대한 불신 때문이다. 정치권이 그 본래의 취지에 충실하지 못하게 되면서 비제도권인 시민사회가 그 대체적 주체로 등장하게 된 것이다.

기존 정당들은 헤쳐 모여, 재조직화가 가속화되는 형국이다. 특히 야당(민주당과 민노당)은 시민사회 진보세력과 통합하여 당명을 변경 재편하였다. 재야 보수세력의 정치권 진입도 눈앞에 두고 있다. 시민사회가 정치권에 진입, 정치권력의 핵심으로 등장하는 기세다. 여당(한나라당)은 여당대로 '재창당 수준'의 쇄신작업을 벌이면서 당명도 변경하려 한다.

중앙집권적 권력구조 속에서 이런 정치바람은 또한 제주에도 불어오고 있다. 꼭 시민사회 정치 진입의 형식이 아니라 하더라도 지역 정치지형에 있어서 새로운 바람이 불고 있는

* 2012.2.3. 「제주불교」, 777호, '시론'.

것이다. 이미 지역 '시민통합'세력이 민주당과의 합당을 이루었다. 어떤 시민운동가는 '정당인'으로 변신하였다. 그는 지역 유력 시민단체의 임원으로 일해 온 사람이다. 그가 말하는 대로 "시대의 요구를 기존 정당정치, 대의정치가 어떻게 수용해 낼 것인가가 중요한 문제"임은 틀림없다.

앞으로 지역의 정당조직이 더욱 재충전, 쇄신하는 경향을 보일 것이다. 그래야 제주 지역 정당도 몰락하지 않고 새로운 정치환경에서 거듭나게 될 것이기 때문이다.

당장 다급한 문제는 4월 총선이다. 3개 국회의원 선거구의 잠재적 후보들이 뛰고 있다. 1월 말 현재 제주 지역의 정치지형을 언론보도에 의거 관견하여 보면 기존 정치의 틀을 크게 벗어나지 못하고 있다.

지난 1월 중순 제주의 어떤 지역방송이 사회조사기관에 의뢰해 실시한 조사 결과, 예비후보에 대한 선호도는 제주시 갑, 을 및 서귀포시 등 세 선거구 모두에 같은 경향을 보인다. 현직 국회의원들이 각 30% 이상의 강세를 보이고 있으며, 그들 모두가 소속되어 있는 민주통합당은 한나라당에 비해 크게 우세한 형국이다.(정당 지지도에서 민주당 38.4%, 한나라당 30.5%) 그들에게는 고무적인 현상이다. 시민사회 무소속 후보가 등장하고 있지 않다는 점에서 민주통합당 후보는 막강하게 떠오르는 시민사회의 힘을 업게 될 가능성이 크다. 그러나 제주에는 '궨당'문화라는 게 있다. 모든 선거에서 '궨당'은 정당에 우선하는 영향력을 갖는다. 이 '궨당'문화의 요소를 누가 더 잘 조직화하는가가 중요하다고 생각한다.

그 외의 변수도 적지 않다.

우선 태도가 정해지지 않은 20% 이상의 무응답 부동층이 있고, 정당별 공천과정이 남아 있다. 공천 후 공천에서 배제되는 자의 향배의 문제가 있다. 더구나 아직 선거일까지 시간이 남아 있다. 이 기간에 유권자들에 덜 알려진 후보들의 선전 여부가 관심사이다. 기존의 정당에서는 여 · 야 공히 기득권 포기 혹은 공천 물갈이를 공언하고 있는 터이다. 이외의 정치신인이 등장할 수도 있다는 이야기이다.

또한 공약 발표와 상호 토론과정이 남아 있다.

제주 유권자들이 다뤄줬으면 하는 차기 총선 후보의 주요 공약은 FTA대책, 해군기지 갈등해소, 신공항, 4 · 3해결, 기초단체 부활 등이다. 이는 4년 전 유권자의 요구와 엇비슷하다. 현역의원의 책임론이 대두될 수 있는 대목이다.

앞으로 남은 기간 중앙의 정치상황이 어떻게 변하느냐 하는 것도 변수이다. 안철수의 정치권 진입, '국민생각'당(2월 중순 창당 예정) 등 새로운 정당의 출현, 대선주자들의 등장과 그들에 대한 국민적 지지의 향배는 선거에 즈음한 제주 지역정치 지형에 큰 영향을 줄 것이다.

임진년의 '임진壬辰'은 간지干支의 해석상, 흑룡黑龍에 해당한다 한다. 흑룡은 기성의 기반을 깨고 하늬바람 타고 날아오르는 비룡飛龍의 형상이다.

'桃李不言 下自成蹊'(도리불언 하자성혜-『史記』사기 '李將軍列傳이장군열전')라 했다. 복숭아나무, 자두나무는 말하지 않아도 그 밑에 스스로 길이 생긴다는 말이다. 품격과 도리桃李의 매력을 갖추고 있다면 그 밑에 자연히 사람이 모이게 되어 있다. 이 점 임진년 시운時運을 타고 '비룡'이려는 자는 명심할 일이다.

33 제주의 국회의원 선거, 그 정치지형(정당색)의 변화*

'2012 총선'의 정당공천이 진행되면서 제주 정가가 뜨겁게 달아오르고 있다.

권력에의 길에서 대립과 갈등이 표면화되고 있는 요즘, 금 19대 국회의원 선거에서는 제주 지역의 정치(정당)색이 어떻게 달라질까.

현재 국회의원 세 사람은 모두 진보 야당의 민주통합당 소속이다. 이 정치지형은 노무현 참여정부하에서 치러진 17대 총선에서 당시 여당인 열린우리당이 3개 선거구 모두를 차지하면서 지금 18대 국회에까지 이어진다.

우리나라 의회 구성의 정치사를 되돌아보면 건국 초기(1948~1960 자유당정권)는 1대 국회에서 4대 국회에 이르기까지 정당정치가 정착되지 않은 상황이었다. 제주는 다른 지역에 비해 상대적으로 무소속 우위의 정치색을 보였다. 이런 정치색은 1960년 4 · 19 학생혁명의 결과 구성되고 1961년 5 · 16 군사쿠데타로 임기 1년도 못 채운 채 끝난 5대 국회까지 이어진다. 이 기간을 종합해서 보면 정당과 무소속 국회의원이 비슷한 숫자로 당선되었다. 정당적 차원의 정치색이 약한 정치지형을 나타내고 있는 셈이다.

5 · 16 군사쿠데타 정권(1961~1987)하의 국회인 6 · 7 · 8대 때는 제주 국회의원 모두가 당시 보수 여당인 민주공화당 소속이었다. 제주의 정치지형 형성에 그만큼 중앙집권당의 위력이 크게 작용하였다. 제4공화국과 제5공화국(1973~1988) 당시 9대와 10대 국회구성에서는 한 선거구에서 2명을 복수로 뽑는 중선거구제가 채택되어 제주 전역은 단일 선거구로 선거가 실시되었는데 2명 중 무소속 1명이 당선되었다. 11대 때는 2명 모두 무속이었는데 이는 전국

* 2012.3.2. 「제주불교」, 781호, '시론'.

적으로 유일한 경우였다. 이때부터 제주는 14대 국회까지 무소속 우세의 경향을 보였다. 정당색이 그만큼 약했다는 이야기다.

우리나라 민주화의 전환점이 되는 1987년 민주항쟁 이후 체제를 '87체제'라 하는데 이때 구성된 13대 국회(1988~1992)의 경우 제주 지역 3개의 선거구 중 무소속이 2개 선거구에서 당선되어 역시 무소속 강세를 보였고 14대 때는 3개 선거구 모두에서 무소속이 당선된다.

김영삼 문민文民정부(1993~1998) 당시 구성된 15대 국회에서는 당시 보수 여당인 신한국당이 3개 선거구에서 모두 당선되었다. 중앙정부의 집권세력이 강하게 작용하는 현상이라 하겠다. 김대중 국민의 정부(1998~2003) 당시 16대 국회에서는 진보 여당인 새천년민주당과 야당인 한나라당에서 국회의원 자리를 균분하여 정치지형이 균형을 이루는 경향을 보였다. 노무현 참여정부(2003~2008)하에서 치러진 17대 선거에서는 노풍盧風이 강력히 불어와 당시 진보 여당인 열린우리당이 제주의 3개 선거구 모두를 차지하였다. 역시 중앙정부의 집권세력이 강하게 작용하는 현상이라 하겠다. 이렇게 형성된 정치지형은 지금의 18대 국회(2008~2012)까지 이어진다. 18대 국회는 한나라당으로 정권이 교체되어 이명박 정부가 들어선 뒤에 구성되었으므로 제주의 국회의원 3인은 진보 야당(현재의 민주통합당) 소속으로 바뀐다.

여론조사에 따르면 민주통합당 소속의 현재의 국회의원들이 모두 우세를 보이고 있다고 하는데 이렇게 보면 현재 제주의 국회의원 선거에 관련해서 보이는 정치지형은 중앙집권세력의 반대당 진보 야당의 정치색을 보이고 있는 것이다.

지금까지의 논의를 종합하면 제주 정치지형의 흐름은 다음과 같이 요약할 수 있을 것이다. 무소속 성향 → 보수 여당의 지배 → 무소속 성향 → 보수 여당의 지배 → 여 · 야/보수 · 진보의 균형 → 진보 여당의 지배 → 진보 야당의 지배 → '2012의 선택'(?)

2012년 2월 말 현재의 상황에서는 2004년의 17대 총선체제가 제주의 정치지형을 지배하고 있다고 하겠다. 17대 총선 양상은 진보성향의 정치(정당)지형이었다. 민주당의 1당 도약, 기존 정당(민주당과 한나라당)의 쇠퇴와 시민사회세력의 정치권 진입 강화, 마지막 3김 정치세력의 종식이 그 특징이 된다. 결과적으로 19대 국회는 진보성향화할 것이고 진보와 보수가 4년 만에 소수파와 다수파의 자리바꿈을 하게 되는 것이다.

그러나 '2012의 선택'은 아직 끝나지 않았다. 19대 총선거에서는 제주의 정치(정당)색이 어떻게 될까 궁금하다.

34 이어도의 날 제정의 의의*

지난 4월 25일, 제주특별자치도의회 공고 제2012-18호로 '제주특별자치도 이어도의 날 조례'('이어도 조례')가 입법예고되었다. "제주인의 영원한 이상향으로서 고난과 역경을 극복해 낸 환상의 섬 이어도를 대내외에 각인시키고 제주특별자치도민의 자긍심을 높여 나가고자" 1월 18일(1952년 우리나라 인접 해안에 대해 주권을 선언키로 의결, 국무원 고시 제14호로 선언한 날)을 '이어도의 날'로 정한다는 것이다.

최근 KBS의 정오 토론프로그램 '열린마당'에서는 '이어도의 날' 제정에 대한 찬 · 반토론이 있었다.

근래에 중국은 "'이어도'는 동중국해 대륙붕 위에 있는 중국대륙 해저의 일부분이며 중국 영해와 200해리 경제수역 내에 있는 중국 영토"라 주장하고 최신 지도에 자국 해역에 표시하면서 영토분쟁의 조짐을 보이고 있다.

돌이켜 보면, '이어도'에 대한 논의가 일반화 · 공식화된 것은 1984년 봄 KBS 제주방송총국의 기획으로 '제주대학교 · KBS 파랑도 학술탐사팀'에 의해 이루어진 이른바 '파랑도波浪島' 탐사가 그 계기가 되었다. 당시 제주도 최남단 마라도(서귀포시 대정읍 마라리(馬羅里))에서 149km 지점의 바닷속 암초가 확인되었고 보도 매체에서 이 암초를 '파랑도' 혹은 '이어도'라고 명명하였다. 바다 밑 4.6m에 있는 수중암초다. 1987년 해운항만청은 '이어도' 등부표(선박 항해에 위험한 곳임을 알리는 무인등대와 같은 역할을 하는 항로표지 부표)를 설치했는데 이것은 '이어도' 최초의 구조물이고 당시 이 사실을 국제적으로 공표하였다.

---

* 2012.5.11. 「제주불교」, 791호, '시론'.

2003년 정부에서는 '이어도'에 세계 최대 규모, 국내 최초의 종합해양과학기지를 건설하였다. 400평짜리 인공 섬의 모습으로 등장한 '이어도', 이제 '이어도'는 국가적 요충지로서 우리나라가 실효적 지배를 하고 있다. 수중 암초 '이어도'가 전설의 섬이 아닌 실체의 섬이 된 것이다.

이 바닷속에 실재하는 암초를 '이어도'라 이름 지어 부르는 것과는 별개로 '이어도'는 제주도민의 의식 속에 있는 환상의 섬이다. 다음 민요에서 보는 것처럼 '이어도'는 강남 가는 해남길의 절반의 위치에 있다. 이 관념을 현실세계에 적용해 보면 확인된 암초의 위치 방향이 그에 걸맞는다. 그래서 '이어도'가 현실의 섬으로 등장한다 하여, 어색함이 없는 것이다.

"이어이어 '이어도'허라. 이어허난 나 눈물 난다. 이엿말랑 말아근 가라. 강남가건 해남을 보라. '이어도'가 반이엥 헌다."('맷돌 · 방아노래')

여기서 강남은 중국이고 해남은 남해항로를 말한다. '이어도'는 제주도 남서부 동지나해에 있는 전설적인 섬이다. 제주에서 중국으로 가는 고대항로에 있는데 이 항로를 운항하다가 이 섬의 격랑으로 난파되는 일이 많았고 그래서 '이어도'는 죽음의 섬이요 저승의 섬인 것이다.

그러나 한편 제주의 다른 민요에서 보면 '이어도'는 풍요의 섬, 극락의 이상향으로 표현된다.

"점복 한 이여도, 미역 한 이여도, 점복이영 메역이영 허여당, 우리 아들 공부시기키여. 이여싸나 이여도 가자, 이여도."('해녀노래')

제주도민이 갖는 이상향 '이어도'의 관념은 그 척박한 현실의 고난을 이겨내는 정신적 기반이었다. 현실이 절실하면 할수록 '이어도'의 관념은 더욱더 절실해진 것이다.

절망의 섬 제주도는 '이어도'라는 관념을 통하여 부정의 부정, 희망의 섬으로 의제擬制되어 토착민의 삶의 세계가 된 것이다. 제주 토착민들에게는 '이어도' 엑소더스, 즉 섬을 떠나면서도 그 도달점은 스스로 부정했던 제주 섬이었던 것이다. 그래서 한자로 표기하여 '離於島'인 것이다.

절해고도의 자기 폐쇄와 고독 속에 "제주 사람들은 바다로 단절되어 있는 상태로 제주도의 땅 자체만을 믿고 살고 있는 것이다. 그렇다면 그들은 얼마나 닫혀 있고 얼마나 외로운 것인가.… (토착민에게) 제주도는 아름다운 섬이 아니라 무서운 곳이다. 그러한 곳에서 사는 사람의 현실에 의해서 그들 상상력의 최고 형식인 「이어도」가 창조된 것이다. 어떻게 '이어도' 없이 제주도에서 살 수 있겠는가."(고은, "또 하나의 이어도")

많은 신화와 전설을 담은 '이어도'는 제주인에게 전설의 섬이자 이상향, 그 원초적인 힘을 자아내는 유토피아였다. '이어도'는 제주인들의 의식세계에 깊이 뿌리내린 제주인의 정신문화이다.

정치 · 지리학적 측면에서 '이어도'의 전략적 가치는 앞으로 더욱 높아질 수밖에 없다고 지적되기도 하지만 제주인의 이상향 '이어도'는 21세기 한국의 해양영토로서 국가적 주요 인프라가 될 것이다.

이것이 제주인들이 '이어도'를 현실 속에서 적극적으로 받아들이려는 이유이고, '이어도의 날' 제정은 이를 뒷받침하는 제도적인 장치의 하나가 될 것이다.

35 대선국면에서 제주는 무엇을 할 것인가: 대선주자의 공약에 제주발전 어젠다를 반영하라*

금 2012년 12월 19일은 18대 대통령선거일이다.

목하 주요 정당 간, 예비후보자 간의 유리한 고지를 선점하려는 공방과 대결이 치열하다. 이런 대결은 선거운동과정에서 인신공격성 네거티브와 결부되면서 더욱 심화될 것이지만 정책대결 또한 치열할 것이다. 각 정당 후보진영에서 제시하는 정책 속에 앞으로 반 10년(5년)의 국가운영의 면면이 드러나게 될 것이다.

앞으로 반 10년은 우리 제주에 매우 중요한 시기이다. 제주가 특별자치도 10년의 후반부 5년에 해당하는 시기이기 때문이다. 10년이면 강산도 변한다 했다. 5년 후 다음 정권의 집권기간에 제주는 확실하게 번영의 특별자치도로 변모되어 있어야 한다.

지난 특별자치도 5년의 평가는 그렇게 만족스럽지 못한 것으로 보이며 전망도 밝지만은 않은 실정이다. 보다 밝은 전망을 설계해야 할 시점이다.

설계된 밝은 전망은 각 대통령후보의 대선 공약에 반영되어 있어야 할 것이다. 그래야 어느 후보가 대통령에 당선되었을 때 그 공약 이행을 촉구할 수 있을 터이기 때문이다.

이제 우리가 할 일은 특별자치도 출범 10년이 되는 5년 후인 2017년의 제주의 모습을 설계하고 이를 제주발전의 정책 어젠다로 만들어 제시하는 일이다.

중요한 것은 우리가 제시하는 어젠다가 제주 고유의 특성에 맞는 것이어야 하고 그래서 다른 지역과의 경쟁적 우위를 가져야 한다는 것이다. 그런 논리적인 근거를 확실히 갖추고 있어야 한다. 그래야 정책결정자의 반론을 압도하고 우리의 주장을 관철할 수 있기 때문이다.

* 2012.7.27. 「제주불교」, 802호, '시론'.

이를 위해 먼저 우리가 생각해야 할 일은 무엇일까?

우리가 추구할 제주의 가치를 제주도민 합의하에 확고하게 정립해야 한다.

제주의 가치는 무엇인가? 우리나라 최남단 지역으로 한 · 중 · 일 3국의 중심에 있으면서 태평양으로 나가는 전위지역이라는 지정학적 가치, 유네스코 자연과학분야 3관왕의 청정환경의 섬이라는 자연환경의 가치, 탐라문화 특유의 문화적 가치, 해마다 개최하는 '제주포럼'으로 구체화되는 평화의 섬이라는 인류적 가치가 그것이다. 이 가치는 제주의 엄청난 잠재적 가치이다. 어느 인문학자가 "제주도가 육지를 먹여 살릴 수 있는 기틀을 마련할 것"이라고 지적하였듯이 우리나라 발전의 모멘텀이 될 수 있는 가치들이다.

그러므로 제주가치를 바탕으로 하는 우리의 미래비전을 제시해야 한다. 제주의 미래비전은 법제도적으로 국제자유도시이다.

이런 가치와 비전에 걸맞은 제주발전의 어젠다를 제주의 현안문제에 결부하면서 발굴하고 그 어젠다를 대선공약에 반영하는 노력이 필요하다. 이를 위해 제주발전이 국가발전에 기여한다는 점을 대선후보 진영에 분명히 인식시킬 필요가 있다. 여기에는 논리 개발이 필요하다. 정책담당자와 토론해서 설득할 수 있는 그런 논리 말이다. 특별자치도라는 제도적 장치가 있어 우리는 논리 개발에 일단 유리한 고지를 점하고 있음을 인식할 필요가 있다.

다음에 생각할 것은 제주 유권자, 즉 표의 중요성을 인식시키는 것이 중요하다.

제주의 유권자 수는 17대 대통령선거 당시 기준 40만여 명, 투표율 60.9%해서 투표자 수는 25만여 명이었다. 이는 전국 투표자 수 2,400만여 명의 100분의 1 수준이다. 흔히들 말하는바 제주의 도세道勢는 전국의 백분의 1에 해당한다는 말이 실감난다. 국회의원 수도 3명, 국회의원 총수의 100분의 1 수준이다. 그래서 대선 정국의 후보 진영에서는 제주를 소홀히 다룰 공산이 크다.

그러나 이번 18대에서는 제주의 25만여 표가 매우 중요해질 것이다. 현재의 상황을 고려하면 다음 대통령선거에서는 다수의 대통령 후보가 출마한다 해도 실질적으로는 다자 대결구도가 아니라 여 · 야 양자 대결구도가 될 것이며 이때 박빙의 승부가 되리라는 전망이다. 그 이유는 야권연대가 이루어질 것이고 야권의 최강자로서의 후보는 여당의 대세와 겨루어 막상막하의 지지를 얻을 것으로 보기 때문이다. 지난 17대 선거 당시 530만여 표차의 승부를 생각하기에는 상황이 엄청나게 달라져 있기 때문이다. 이는 여 · 야가 대등한 세력분포를 갖는 지난 19대 총선 결과에서 확인할 수 있을 뿐 아니라 현재 여권의 대세에 바짝 추격하고 있는 야권의 예비후보자가 존재한다는 점에서 그렇다.

그러므로 제주의 25만여 표는 어쩌면 당락을 가름하는 분수령이 될 수 있다. 그래서 대통령 후보진영에서는 제주의 민심을 고려하게 될 것이고 우리의 요청에 귀를 기울이게 될 것이다.

이제 다음 정권의 국가운영에 반영할 제주발전 어젠다를 대선 후보자의 선거공약에 반영하는 노력을 서두를 때이다.

36 대선정국에 도민통합을 생각한다*

요즘 대선정국에서 후보들에 의해 국민통합이 크게 부각되고 있다. 정치지도자에게 사회통합의 자세와 역량은 정치리더십의 가장 중요한 덕목이다. 사회통합은 정치의 목표여야 하기 때문이다. 지역단위에 있어서도 다를 바 없다. 지방정치권 지도자들은 지역사회의 통합을 그 정치 지향점으로 삼아야 할 것이다. 이것이 이 글에서 (제주)도민통합을 생각해 보려는 이유이다.

제주 도민통합이 얼마나 잘 이루어지고 있는가는 판별하기 쉽지 않다. 그에 대한 연구들도 찾아보기 힘들다. 그러나 근래 조사자료를 보고 미루어 생각해 볼 수는 있을 것 같다. 2010년 대통령 직속 사회통합위원회에서 발표한 연구보고서(「사회통합위원회 2010-1」)가 있다. 사회통합의식에 관한 조사보고서인데 이 보고서에서는 사회통합의 최소조건을 기회균등의 보장이라 보고 그에 대한 의식을 조사한 지역별 내용을 담고 있다. 그에 따르면 제주특별자치도는 5점 만점 기준으로 2.57로써 광주 · 전남(각 2.31), 대전 · 충남(각 2.50) 다음으로 낮은 점수를 받고 있다. 울산광역시를 뺀 15개 시 · 도 중 11위이고, 평균(2.63)에 못 미치고 있다. 이는 제주 사회가 사회통합을 위한 전제조건 중 하나인 기회균등이 위협받고 있음을 의미한다. 기회가 균등하게 보장되는 정도가 낮으므로 갈등도 그만큼 커질 개연성이 있는 것이다.

또 다른 조사자료는 국민권익위원회가 발표한 2012년 공공기관 청렴도 평가 결과다. 보도에 따르면 제주특별자치도는 6.29점으로 5등급을 받았는데 이는 4등급의 서울, 부산, 전

* 2012.12.7. 「제주불교」, 819호, '시론'.

남, 경남에 이어 16개 시 · 도 가운데 최하위의 성적이라 한다. 일반적으로 신뢰도는 정치사회적 투명성과 상관관계가 있고 이 투명성은 청렴도와 관계된다. 청렴하면 투명해지고 투명하면 신뢰가 쌓인다. 이런 면에서 보면 제주 공공기관의 낮은 청렴도는 투명성의 결여를 초래하고 이어서 신뢰 상실로 이어진다고 볼 수 있다. 이런 점에서 제주의 사회통합 여건은 취약하고 사회갈등은 빈발할 가능성이 크다고 볼 수 있다.

따라서 사회통합을 위해서는 신뢰성의 제고를 위한 노력이 필요다. 사회지도층의 부정적 이미지가 강할수록 신뢰수준은 더 낮아지는 것이므로 사회지도층(특히 정치지도층)에 대한 기존의 부정적 이미지를 벗어나는 노력을 하지 않으면 신뢰는 요원하다고 생각한다.

여기에 '어른집단'의 역할을 강조하는 이유가 있다. 사회지도층 특히 도를 대표하는 고위 인사라 한다면 '노블리스 오블리주'(nobless oblige: 귀한 신분에 무거운 책무)의 자세를 견지해야 한다. 이 점은 우리 지역사회의 통합을 위하여 백 번 강조해도 모자라다.

2010년 3월 한국사회학회의 학술심포지엄 "한국의 사회갈등과 통합방안"의 발표에서 보면 조사대상 81%의 사람들이 사회지도층의 '노블리스 오블리주'가 사회통합에 필요하다고 응답하고 있다. 문제는 사회지도층의 실천이다.

이 정치의 계절에 생각해 보면, 선거에 따른 정치지도자들 간의 정치 갈등은 도민사회의 통합을 저해하는 요인 중 하나이다. 정치지도자들의 말과 행동의 불일치는 사회적 신뢰수준을 떨어뜨린다. 종래 선거 등 정치과정에서 시작하여 그 결과 파당적 갈등이 존재하였다고 보는데 특히 2000년대 들어서면서 도지사 선거의 후유증으로 나타난 후보진영 간의 갈등은 제주 사회의 인간관계에 금을 그어놓는 심각한 갈등이다. 공무원사회의 인사권과 관련하여 더욱 그러한 것으로 보인다. 선거과정에서의 공무원 '줄 서기' 혹은 '줄 세우기'는 그 갈등의 원죄인 듯하다. 이런 갈등이 제주 사회의 통합을 저해한다.

금 18대 대통령선거 캠프가 구성되면서 제주의 많은 지도급인사들이 각 후보진영으로 흩어져 모여 있는 형국이다. 득표활동이 치열하게 전개될 것이다. 자신의 정치소신에 따라 맞는 후보진영에서 그 정치적 목표 달성을 위해 노력한다는 것은 탓할 일이 아니다. 다만 그런 노력의 과정이나 결과로 자칫 제주 사회 유명인사들 사이에 관계의 단층선이 만들어질 것임을 우려한다. 그렇게 돼서는 제주 사회 도민통합에 해롭기 때문이다. 안 그래도 제주정치사에서 도지사 등 선거과정에서 나타나는 파당적 결속이 도민통합에 걸림돌로 작용하고 있음을 경험하고 있다.

대선후보 각 진영의 제주 지도자들은 선거가 끝난 뒤 편 가르기 하지 말고 제 자리로 돌아와 제주의 미래를 걱정하는 사회통합의 대열에 앞장서시기 바란다. 이웃나라 중국의 국내외정책 지침이 있다. 구동존이求同存異란 게 그것이다. 다름을 존중하면서 기본원칙에 합의한다는 뜻이다. 그래서 오늘날 그들은 욱일승천旭日昇天하고 있다.

우리 제주 지도자(특히 정치지도자)들, 다름('異')을 존중하면서 도익道益이라는 같은 목표('同')를 추구하는 데 힘을 모아 도민사회 통합의 책무를 다해야 할 것으로 생각한다.

37 박 부·녀(父·女) 대통령과 제주발전*

박근혜 대통령은 그 아버지에 이어 우리나라 18대 대통령에 등극했다. 부父·녀女가 대를 이어 대통령이 된 것이다.

아버지 박 대통령은 제주에 남다른 애정과 열정을 가지고 제주개발을 통한 민생고 해결에 크게 기여했다는 평가를 받는다. 1961년 9월 국가재건최고회의 의장 당시 초도순시차 내도한 것을 시작으로 1978년 6월 항몽순의비 제막식 참석에 이르기까지 집권 18년 사이에 제주를 23회 방문했다. 대통령 취임 3개월도 채 안 되어 제주 방문길에 나서기도 하였다.

1963년 10월 한라산횡단도로 개통식에 참석하여 '한라산의 기적을 이루게 될 것이다'라고 그 치사에서 밝힌 바처럼 제주의 산업발전에 기적을 이루어냈다. 제주도민들의 생존권적 어려움을 해결했다. 이는 제주의 특수성·고유성을 잘 파악하고 살림으로써 가능했다. 우선 한라산, 화산 섬 제주의 어려움을 해결하기 위하여 '물'과 '길' 그리고 '전기', 제주개발의 3대 기반시설을 구축하였다. 사람들은 이를 제주개발의 3대 혁명이라 이르기도 한다. 제주도민의 자조·협동·근면성을 높이 평가하고 1차산업의 농·축·수산업 특히 감귤산업의 집중적인 지원과 천혜의 아름다움을 바탕으로 하는 관광개발을 강조하였다. 제주개발을 위한 특별법도 이때 만들어진다.

이런 업적은 제주의 가치를 인식하고 있었기에 가능한 것이었고 개발의 시대에 맞는 권위적 엄부嚴父의 리더십이 있어 가능하였다.

이제 딸 박근혜 대통령은 '국민행복의 새 시대'에 제주에 어떤 그림을 그릴 것인가. 결론

* 2013.3.8. 「제주불교」, 831호, '시론'.

부터 이야기하면 그 아버지가 그랬던 것처럼 제주의 특수성과 고유성 그 가치를 간파하고 이를 그 국정 운영의 기초로 삼아야 할 것이다. 그래야(그 지역마다의 지닌 가치를 잘 살려야) 성공하는 대통령이 될 것이다.

박 대통령의 제주관련 공약에서 보면 크게 ▷신공항건설 등 제주공항 인프라 확충 ▷민군복합형 관광미항(제주 해군기지) 건설 ▷추념일 제정 등 제주 4 · 3 해결 ▷제주 감귤산업의 세계적 명품산업 육성 ▷청정 제주 지역 농축수산물 집중육성 등이 있다.

이들 공약을 잘 실천하여 도민들의 높은 평가를 받으려면 제주의 가치를 늘 염두에 두고 있어야 할 것이다.

제주의 가치는 무엇인가? 우리나라 최남단의 섬으로서 한 · 중 · 일 3국이 교차하는 지점에 있으면서 태평양으로 나가는 길목이라는 지정학적 가치, 유네스코 자연과학분야 3관왕으로서 청정환경의 섬이라는 자연환경적 가치, 탐라문화라는 제주 특유의 문화적 가치, 해마다 개최하는 '제주포럼'으로 구체화된 세계평화의 섬이라는 인류적 가치가 그것이다. 이 가치는 제주가 갖는 엄청난 잠재적 가치이다. 어느 인문학자가 지적하였듯이 제주 섬이 육지(한반도) 지역을 먹여 살릴 수 있을 만큼 우리나라 발전의 기틀이 되는 가치들이다.

이런 가치들을 바탕으로 추구하는 제주비전은 크게 보아 ▷국제자유도시 ▷세계환경수도 ▷세계평화의 섬 등 셋이다.

공약, '신공항건설 등 …'은 사람, 물자, 자본이 자유롭게 드나들 수 있는 국제자유도시 개념의 핵심사업이다. 하늘 길이 막히면 섬인 제주는 국제자유도시의 성격을 잃게 된다. 공약, '민군복합형 관광미항 건설'은 국가안보라는 국책사업이면서 지역 관광 인프라를 구축하는 사업이다. 실은 해군기지로서 그 건설은 이미 시작되었다. 그러나 고려되어야 할 것이 있다. 그 사업으로 훼손되는 제주의 가치, 환경파괴와 평화이미지의 손실에 대한 보상이다. 그 사업은 제주에 마이너스 가치를 창출할 것이기 때문이다. 공약, '… 제주 4 · 3 해결'은 제주도민의 해방 후 60년 내의 큰 아픔이다. 현재 진행형인 제주 역사다. 공동체 붕괴, 사회갈등의 원인이 되고 있다. 제주민의 '손톱 밑 가시'이다. 뽑아야 하지 않겠는가. 공약, '제주 감귤산업…과 청정 제주지역 농축수산물 집중육성'은 아버지 박 대통령 시대에도 그러했듯이 제주의 특수성, 그 가치의 구현이다.

공약사항들과 더불어 제주의 가치 구현을 위하여 '세계환경수도의 조성'은 꼭 추가되어야 할 항목이다. 21세기 환경의 시대에 추구해야 할 제주의 미래이며 국가사업이기도 하기 때문이다.

딸 박 대통령의 '새 시대'는 산업혁명을 하는 부국강병의 시대가 아니다. 그린(Green)혁명을 하는 문화강국의 시대이다. 이성의 시대는 가고 감성이 중시되는 시대에 접어들었다. 제주의 선거공약을 실천하는 국정운영은 개발이 아니라 환경보전을 그 기본으로 삼아야 옳다. 훈육訓育적 엄부嚴父의 리더십이 아니라 양육養育적 자모慈母의 리더십이 필요하다.

그래야 성공한 대통령으로 역사의 한 페이지를 장식할 수 있을 것이다. 그 징표가 제주에서 나타나길 기대한다.

제4부

담론(談論) · 칼럼 II : 일반 담론

1 진리는 대학인의 빛: 학문의 자유를 바탕으로*

대학은 학문의 전당임과 동시에 전문적 지식을 전수하는 전문 교육기관이요, 인간 교양을 쌓는 인격 도야의 장소이다.

인격 도야의 장소이므로 교수와 학생은 인격적 접촉이 있어야 하고 그러기에 대학에서는 참된 인격이 존경되어야 한다. 전문 교육기관이므로 고도 산업화가 요청하는 유능한 전문인을 육성하는 교육이 이루어져야 하고 그러기에 대학에서는 지적 수준이 높은 사람들을 요청하게 된다. 그러나 정작 대학의 요체는 학문의 전당이라는 데 있다. 왜냐하면 전문적인 교육이나 인격적 수양은 대학이 아니어도 가능하기 때문이다.

학문이 추구하는 목표는 진리이며 그 진리는 자유를 바탕으로 하여 자란다. 그리하여 대학의 지도 이념은 학문의 자유인 것이고 학문의 자유가 없는 대학은 그 빛을 잃게 된다. 원래 대학은 인격과 학식을 갖춘 스승을 중심으로 창설되었고 외부의 방해를 배제하고 창조적 정신으로 학문의 자유를 향유하는 상아탑(Tower of Ivory)으로서 그 도도한 면모를 지켜 왔다. 물론 우리는 대학의 존재 구속성을 무시하려 하지 않는다. 오늘날 사회는 대학에 대하여 무엇을 기대하며, 한편 대학은 사회에 대하여 무엇을 공헌하여 줄 수 있는가의 문제가 대학의 근본 과제가 되고 있음은 사실이다. 우리가 여기에서 상아탑이라는 것은 대학의 근본을 이야기하는 것이다. 권력에 아부하지 아니하고 군침 흘리지 아니하며, 재물에의 매력에 굴복하지 않으며, 진리를 사랑하고 이를 사회에 실천하고자 하는 창조적 지성의 본산을 이야기하고자 하는 것이다.

---

* 1982.6.30. 「제대신보」, '사설'.

학문의 자유는 연구의 자유, 교수의 자유, 권력에 대한 자유이며 이는 대학의 자유를 동반한다. 대학의 자유는 권력으로부터의 자유요 대학의 자율성을 말한다. 자유 속에서 주장되는 잘못된 연구나 사상은 우리 사회가 용납하지 않을 것이며 또 다른 주장에 의하여 반박된다. 이렇게 하여 학문은 발전하고 진리가 발견된다. 진리는 자유의 밭에서 자란다. 정신세계의 참과 가치는 자유의 호흡 없이는 생명을 잃기 때문이다. 자유를 받고 진리를 주는 것이 대학이다. 대학은 진리를 캐내어 사회에 제공하고 사회는 이를 보호할 때 건전한 사회발전이 이루어질 것이다. 대학에서 학문의 자유가 포기될 때 건전한 국가발전은 기대할 수 없으리라. 그러므로 대학 내의 모든 기구는 자유로운 학문활동을 위하여 운영되어야 할 것이며 학문기능이 최대로 존중되어야 한다. 이는 마치 군대에서 전투병과가 우대되는 논리와 같다. 요즘 대학의 운영을 학과 중심으로 해야 한다는 이유가 여기에 있는 줄 안다.

그러기 위해서는 대학 내에서 학문활동(교수와 연구)에 제약을 주고 이를 저해하는 형식적 구속이나 번문욕례繁文縟禮는 배제되어야 한다. 그리고 대학 외부의 사회는 대학의 학문 활동을 보호 육성해야 할 것이다.

대학인은 생에 대한 진지한 마음가짐과 고뇌를 이겨내는 사색이 있어야 한다. 왕성하고 강인한 진리 탐구의 정신을 키우고 이를 위한 고도의 지적 능력과 기능을 연마해야 한다. 대학인은 학문하는 정신을 지녀야 한다. 학문하는 정신은 산만한 사상事象을 그대로 넘겨보지 아니하고 면밀한 분석과 통찰력을 통하여 그 원리를 구명하고 그 찾아낸 원리로써 다시 그와 같은 사상을 설명하는 자세이다. 학문을 세속적 · 물질적 이익이나 입신을 위한 수단으로 삼으려는 것은 대학인의 올바른 자세가 아니다. 그것은 부수적 산물일지언정 학문하는 기본이 되지 못한다. 무릇 학문하는 대학인의 자세는 모든 사상事象에서 무엇인가를 캐내고 배우고자 하며 일반적인 원리를 발견하려는 데 그 참모습이 있다. 학적 양심에 투철한 대학인은 진리를 찾는 데 일생을 바치고 진리를 지키기 위하여 목숨까지도 내던진다. '진리에 대한 충성' 이것이 대학인의 기본자세이다. 진리는 빛이기에 거짓을 말하지 않으며 허위를 밝혀준다. 현실적인 입신출세주의는 빛을 가리는 장막이 되어 드리워지는 것이기에 대학인은 현실적 욕망을 배제하려 한다. 대학인은 권위의 좌座에 앉아 휘두르려 하지 아니하며, 거짓을 용서하지 아니하며 진리를 사랑한다. 목표를 위한 수단을 진리라는 목표에 우선시키지 아니한다. 대학인들의 만남은 지성과 지성의 만남이기에 감정이 배제되어야 하며 상호 존중되어야 한다.

진리는 대학인의 빛이다.

인류의 사회는 이러한 진리를 애호하고 진리를 위하여 절대의 공헌을 사양하지 아니하는 거룩한 사람들로 말미암아 참다운 진보와 향상을 기할 수 있었다고 본다. 대학인이 추구하는 진리가 이 사회에 제공되고 이 사회의 발전에 공헌할 수 있을 것임을 우리는 의심치 않는다.

2 대학생의 심층적 가치: 진리를 목표로, 자유를 원리로, 지성을 기초로*

오늘날 대학은 이상과 현실 사이의 딜레마에 빠져 있는 듯이 보인다. 이상은 보편적이되 현실은 특수를 요구하며, 이상은 목표이되 현실은 기능을 강조한다. 이상은 학문적 가치이되 현실적 가치는 직업적 가치요 개인주의적 가치인 것으로 보인다. 따라서 대학과 대학인들은 고뇌의 시간을 경험하게 된다. 이것은 유토피아와 이데올로기 사이의 방황이라 할 것이다. 이러한 고뇌에 가장 예민한 반응을 보이는 것이 대학생들인 줄 안다. 이러한 딜레마, 그 고뇌에서 벗어나는 길은 자신들이 추구하는 가치를 확립하는 데 있다.

대학의 가치, 대학생의 가치는 일반 기성 사회인의 가치와는 다른 차원의 것이어야 할 것이다. 대학생들이 추구해야 할 가치는 현실에 영합한 가치일 수는 없다.

그러면 대학생들은 어떤 가치를 추구해야 할 것인가? 여기에 하나 혹은 몇 개의 가치 항목을 들어서 대학생들 모두가 이러한 가치로 방향지워져야 한다고 주장할 수는 없는 노릇이다. 대학생들 모두가 일원화된 가치를 지향한다는 것은 가능하지도 않거니와 바람직한 것도 아니다. 왜냐하면 현대사회는 다양한 가치의 존재를 전제로 하는 다원적 사회로 보기 때문이다. 획일적인 가치는 있을 수도 없고 있어서도 안 된다는 말이다. 그러나 이것은 무질서한 가치의 혼란이나 가치체계의 부재현상을 주장함이 아니다. 서로 다른 가치관의 존속과 새로운 가치관의 모색 가능성을 배제하지 않으려는 입장이다. 대체로 대학사회가 추구해야 할 가치, 대학사회의 기저에 흐르는 가치는 있어야 할 것이요 또한 오랜 세월을 두고 추구되어 온 터이다. 우리가 논의하려는 심층적 가치는 바로 이것이다.

* 1982.11.15. 「제대신보」, '사설'.

대학생의 가치를 대사회적인 면에서 보면, 그것도 직업적 명예나 개인의 사회적 상승 이동이라고 보아 틀리지 않는다. 이들은 국가나 지역사회에 봉사한다는 명분에서 보면 있을 법한 가치일 수 있다. 그러나 그렇다면 기성인들이 권력이나 부 혹은 지위를 추구하여 다투는 그러한 이기주의적 가치 추구와 무엇이 다르겠는가? 대학의 가치, 대학생이 추구해야 할 가치, 그것은 대학의 이념을 바탕으로 하여 좀 더 심오한 곳에 보다 보편적이고 영속성 있는 가치여야 한다. 그것은 바로 학문적 가치이다. 학문적 가치를 물질적, 세속적 내지 입신의 목적을 위한 단순한 수단으로 생각함은 옳지 못하다. 학문에는 다른 무엇과도 바꿀 수 없는 고귀한 진리의 가치가 있다. 학문적 가치는 대학생활의 심층을 이루는 가치 곧 심층가치로서 그것은 목적가치이지 수단가치가 아니다. 그것은 자아의 내면적 가치이지 대사회적 가치가 아니다. 이것이 추구하는 것은 진리 탐구이지 사회 참여의 욕구 충족은 아니다. 진리가 대학생들이 추구해야 할 보편적 가치가 되어야 한다는 말이다. 이것은 순수가치이기에 사회적으로 보호받아야 할 가치이다. 이를 위하여 대학생들은 자율적으로 사고하고, 비판적으로 들으며, 자신에 대하여 책임을 져야 한다.

진리의 나무는 자유의 토양에서 자라는 것이기 때문에 자유는 대학의 또 하나의 가치가 된다. 자유는 방종이 아니며 무책임을 관용한다는 말이 물론 아니다. 자유는 자기가 좋을 대로 말과 행동을 할 수 있는 권리가 아니다. 자신의 특수논리를 마음대로 고집하는 그런 자유가 아니다. 흥분상태에서 튀어나오는 부분적 열기의 표현인 것은 더더구나 아니다. 무한한 진리의 영역을 그 어떤 구속 없이 탐색하는 그런 지적 분위기이다. 그것은 진리에 대해 헌신하는 자유요 거짓을 밝히는 자유이다. 학문하는 사람들의 직업적 자유를 말함이다.

그리하여 진리를 탐구하고 지적 수련을 쌓게 되면 이것은 사회적으로 잠재적 이용가치를 갖추는 일이 된다. 그러나 잠재적 이용가치가 진리 추구의 본질을 해칠 수는 없다. 잠재적 이용도가 불확실하다 할지라도 무한히 또 어떤 대가를 치르고서라도 진리를 탐구한다는 자세는 변함이 없어야 한다. 이것이 대학생다운 자세인 줄 안다. 진리 탐구에의 의지가 없으면 자아실현 수준은 하향 조정되어 버린다. 현실적 가치를 무시하는 것은 아니로되 이를 초월할 수 있는 정신적 자유가 필요하다.

대학생은 지적 관심 속에서 생활하는 위치에 있으며 대학은 지성이 약동하는 곳이다. 지성은 지적 관심의 필요조건이며 진리 탐구를 위한 기초가 된다.

그리하여 지성은 대학생이 지녀야 할 또 하나의 가치 항목이다. 지성이란 직접적 경험으로부터 자신을 떼어놓을 줄 아는 능력이며 순간의 실용적 과업을 넘어서는 것이요, 전문적 · 직업적 관여를 초월하는 포괄적 가치에의 몰두이다. 그것도 인간 정신의 비판적, 창조적, 관조적 측면을 말한다. 지성은 탐구하고 숙고하고 경탄하며 이론화하며 상상한다. 지성은 이해관계의 갈등을 아이디어의 갈등으로 전환시킬 수 있는 능력이다. 이러한 지성적 가치가 충만할 때 대학생활의 풍요는 이룩될 것으로 우리는 믿는다.

결국 대학생의 가치, 적어도 그 심층적 가치는 학문적 가치인 것이며 그것은 진리를 목표로, 자유를 원리로, 지성을 기초로 하여 이룩되는 가치라고 보는 것이 우리의 소견이다. 이러한 가치들이 대학생의 대학생활을 통하여 추구해야 할, 오늘의 삶이 아니라 보다 나은 미래를 향해 생을 영위할 수 있는 보편적 가치인 것으로 우리는 믿는다.

3 대학지식인의 딜레마*

10 · 26사태에 뒤이어 학생 자율화의 분위기가 고조되었던 당시의 이야기이다. 그때 필자는 제주도 당국의 의뢰를 받아 '새마을운동 10주년 기념' 제주도 새마을운동의 성과 분석을 위한 세미나에 참가한 바 있다. 당시 필자가 발표한 논제는 '새마을운동과 지역개발'이었다. 그 발표 논문에서 필자는 제주도 새마을운동을 육지부 다른 지역의 그것과 비교 · 분석하여 그 특징적 양상을 논의하고 제주지역의 개발을 새마을운동의 원리에 관련지어 추진하도록 제언하였다.

그 후 전혀 예기치 않았던, 서로 성격을 달리하는 두 가지 반응이 나타났다. 하나는 당국으로부터의 긍정적 반응이요, 다른 하나는 학내의 몇몇 동료 교수와 학생들로부터의 부정적 반응이다. 전자의 반응은 새마을 관계 지상 좌담회에 참석해 달라든지, 새마을 홍보요원으로 위촉하겠다든지 하는 등의 것이었고, 후자의 반응은 정부시책에 관여함으로써 소위 어용교수가 되는 것 아니냐 하는 비난성의 충고였다. 만사에 있어서 대체로 그러하듯이 어떤 연구물에 대한 가치 평가나 인식이 연구자의 뜻과 같기를 기대하기는 어려운 일이로되 그 어느 쪽의 반응도 마땅치가 않았다.

학내에서 우려하는 '어용' 운운에 대하여 의연해질 수 있었음은 곡필하여 아부하지 않았기 때문이었을 뿐만 아니라 정부시책이라 하여 무조건 도외시하고 그 속에 있는 진실을 외면하는 것은 잘못된 것으로 보기 때문이다. 학문하는 사람이 있는 것을 있는 그대로 말하는 것이 정부의 입장과 같다 하여 이를 어용이라 함은 잘못인 것이다. 정부정책에 관여하여

* 1983.7.11. 계간 『아산』, 통권 21호(1983 하계호), '研究裏窓'(연구이창), pp.98-99.

글 쓰는 것 자체가 어용인 것은 더구나 아니다. 흔히 말하는 바의 어용은 진실을 말하지 아니하고 정부시책에 아부하는 것이요, 이로써 자신의 영귀榮貴를 추구하는 경우를 일컫는 것으로 안다. 새마을운동이 아무리 정치성을 띠고 있었다 할지라도 그것은 있는 현실일 뿐만 아니라 최근 10여 년간 우리 농촌 변화에 큰 몫을 하였다고 보기 때문에 학문하는 사람들이 이를 연구의 주제로 삼는 것은 잘못이 없는 것이다.

필자가 지난해 아산재단의 지원으로, 새마을운동의 추진세력인 '농촌 개발 엘리트'에 관한 연구를 하게 된 것도 이러한 맥락에서 나온 것이다.

한편 도 당국에서의 요청을 거부한 것은 그 요청에 따른 활동이 정치적 목적에 이용될 가능성이 있을 것이기 때문이다. 학문하는 사람은 정치 현실을 다룰지언정 그 목적을 위해 학문을 수단으로 삼아서는 안 된다고 보기 때문이다. 이 말은 학문하는 사람에게는 진실이 중요한 것이지 정치 목적이 중요한 것은 아니라는 말이다.

이상과 같이 필자의 입장은 분명했던 것이나 그때부터 학문하는 사람의 현실 참여문제에 대해서 나름대로의 생각을 정리할 필요성을 느끼게 되었다. 대학지식인(학문하는 사람들의 표상이라 할 수 있다.)이 특히 정치현실에 관련하여 취해야 할 자세는 무릇 어떠해야 할 것인가. 상아탑 속에 안주하는 것과 정치현실에 참여하는 것, 참여냐 방관(?)이냐. 이것은 특히 오늘날 대학지식인들이 처한 딜레마요 고뇌의 풍경이며, 지식인의 야누스적 초상화이기도 하다.

정치는 도덕이 아니다. 정치적 갈등은 선과 악의 싸움이 아니라 좋은 것과 싫은 것 사이의 싸움이다. 따라서 정치현실에 관심을 갖는 경우 정치를 도덕적이어야 한다고 전제할 필요는 없다 할지라도 대학지식인이 정치현실에 개입해야 할 것인지에 대해서는 찬 · 반 양론의 두 입장이 있을 수 있다. 찬성하는 입장의 주장은 대강 이러할 것이다. 적절하게 훈련받은 대학지식인이 개입하지 않으면 학문적 업적이 잘못 사용될 것이라는 것, 현실세계에 개입함으로써 상아탑을 넘어서서 보다 실제적 연구를 할 수 있다는 것, 정책결정자로 하여금 성급하게 정책을 결정하기 전에 연구의 필요성이 있음을 이해하도록 한다는 것, 나아가서 사회가 절실히 필요로 하는 경우에 대학지식인은 사회를 위해 그들의 서비스를 제공해야 한다는 것 등이다. 한편 반대하는 입장의 주장은 다음과 같을 것이다. 대학지식인들은 여러 복잡한 문제에 관련하여 정책결정자가 바라는 대로 즉각적인 해답을 제공하기 힘들다는 것, 정치적 논란의 한쪽 편에 가담했을 경우 결과적으로 그 과학적 객관성을 잃게 된다는 것,

정치가들은 가끔 학문하는 사람들의 개입을 악용하여 그들의 연구에는 진실로 귀를 기울이지 않고 자기들의 정치적 입장이 옳다는 것을 과학적으로 증명하도록 요구할 수 있다는 것, 뿐만 아니라 정치 현실에 지나치게 개입하는 경우에는 단기적 정책적 연구에 몰두하게 됨으로써 장기간에 걸쳐 문제를 해결하도록 도울 수 있는 기초적 연구를 소홀히 취급하게 될지 모른다는 것 등이다.

정치는 권력이 목표지만 학문은 진리의 추구가 그 목표이다. 권력은 진실을 바탕으로 해야 할 것이지만 진실이 권력을 바탕으로 해서는 안 될 것이다. 바람직하기는 권력이 진실을 보호하는 것이다. 학문이 정치에 참관하여 진실을 찾고 그 진실을 정치가 이용할 일이지, 정치가 학문에 관여하고 권력 지향적 진실을 유도할 일은 아닌 줄 안다.

필자는 지식인에 대한 글을 쓰기 위해 최근에 읽었던 책에서 대학지식인의 이러한 딜레마를 극복하려는 입장을 발견할 수 있었다. R. 아롱의 입장이 그것이다. 아롱의 입장은 그의 대담 형식의 책, 『참여하는 관찰자』(*Le spectateur engage*)에 집약되어 나타나 있다. 참여하되 권력에 맹종하지 않으며, 권력의 반대편에서 비판하되 파괴하지 않는다. 비판이 상황을 정확하게 분석한 데서 나온 것이 아니라 정언적 명령이나 공리에서 나오기 때문에, 비록 비현실적인 데가 있다손 치더라도 그것은 진실을 담고 있게 된다.

참여자의 길을 선택하는 사람은 현실의 제약과 속박을 고려하게 되고, 그리하여 정치현실을 인정하고 지지하는 입장에서, 참여로 인한 예속상태를 감수하지 않을 수 없다고 판단한다. 이에 반해서 관찰자의 길을 선택하는 사람은 정치적 섭리의 비밀을 알고, 이를 만인의 도덕이라는 이름으로 고발하고 선언하여 양식 있는 사회의 건설을 호소한다. 전자는 이데올로기의 추구자이며, 후자는 유토피아의 동경자이다.

'참여하는 관찰자'는 역사의 관찰자로서 가능한 한 객관적으로 보려고 노력하는 동시에 진행 중인 역사, 형성 중인 역사에 대해 완전히 초연한 입장을 취하지 않겠다는 입장이다. 이는 배우와 관객의 자세를 결합하려는 입장이다. 이것은 참여하되 예속되지 않으며 비판하되 부정하지 않는 '참여의 윤리'이다.

이러한 '참여의 윤리'가 건전하게 육성되고 이를 보호하는 사회적 분위기가 성숙될 때 학문적 발전이 보다 크게 이룩될 것으로 믿는다.

4 분단 논리의 극복과 민족공동체에의 지향: '대통령 특별 선언'을 보고*

무엇이 남북통합을 지체 · 저해해 왔는가? 그것은 한마디로 분단 논리의 고착화에 있다고 하겠다. 따라서 남북통합을 이루는 길은 분단 논리를 극복하는 것이라고 생각한다.

여기에 우선 필요한 것은 오늘날 분단상황의 성격을 이해하는 것이 중요하다고 생각한다. 분단상황은 해방 후 남북이 분단되는 과정에서 민족주의적 결속에 우선하여 당시 국제정치적 냉전체제가 남북한의 사회구조를 각기 특정화시킴으로써 형성되었다. 자유진영 대 공산진영이 미 · 소를 중심으로 상호 대립적 블록을 형성하게 되었고, 양 진영은 서로 상대진영을 악의 세력으로 몰아붙이고 자신의 진영을 선의 세력으로 자처하게 되는데, 이런 체제 속에 남한과 북한은 편입되어 그 각각의 사회체제를 구축해 나갔던 것이다. 일본 제국주의에 저항하던 독립운동세력들이 민족공동체의 형성 요구 속에 결속되지 못하였고, 8 · 15 해방은 주체적 소산이 아닌 외세의 시혜적 선물처럼 받아들여졌기 때문에 외세는 해방자로서 수용되고 냉전체제에의 편입에 저항할 민족적 통합역량이 부재하였던 것이다. 그 결과 해방 이후 시간이 경과함에 따라 한국 사회는 급속하게 냉전체제로 편입되면서 분단상황이 고착화된 것이다.

이러한 상황은 이데올로기의 대립으로 첨예화되면서 서로 상대방에 대한 적대의식과 피해의식을 낳았고 분단구조는 경직화되었다. 남한과 북한 양 사회체제는 서로 다른 결속을 추구하면서 체제 강화를 기하게 되었다. 집권세력은 민족적 유대가 부재인 상황에서 자신들의 체제 강화를 위해 통일이라는 민족적 비원悲願을 역설적으로 이용하게 되면서 사태는

* 1988.7.8. 「제주신문」.

더욱 악화되는 경향이 있었다.

그러면 이러한 분단 논리를 극복하는 길은 무엇인가? 가장 현실적이고도 합리적인 길은 민족공동체에의 지향이라고 생각한다. 남과 북에는 표층적으로 정치적, 경제적 차원에서 이질성이 확산 심화되고 있지만 심층부의 사회적, 문화적 차원에서는 민족적 동질성이 존재한다. 혈연관계, 언어, 역사적 경험, 민족적 공속 감정, 국제적 감각 등이 그러하다. 특히 민족공동체적 공속 감정은 냉전 논리가 낳은 이데올로기적 대립을 중화시킬 수 있을 것으로 본다. 민족공동체는 민족 구성원들이 어떤 특수 이해관계가 아니라 공동생활의 기본 조건을 같이 나누고 함께 살아온 집단으로서 그 생활공간을 같이하는 지리적 · 사회적 결합단위인 것이지만 생활방식을 같이 나누어 갖고 있는 공속의식의 단위이기도 하다. 남북 분단의 대치상황에서도 민족적 공속의식, 그 감정은 외세나 집권세력의 어떤 의도에도 불구하고 분단의 장벽을 뛰어넘어 살아 숨 쉬고 있다고 보아야 할 것이다. 땅덩어리가 두 동강 나고 사회적 유대가 결여된 상황에서 남북통합의 실마리는 여기서 찾게 될 것이며 또한 찾아야 하리라고 본다. 이때 중요한 것은 잠재되어 있는 공속의식을 확인하고 개발 · 배양하는 작업인 것이며 통합 가능성에의 믿음이다. 잠재되어 있는 민족감정을 현재화하는 작업은 곧 경제적 공동체의 형성과 통일로 승화시켜 나갈 수 있을 것이다.

남북 교류와 관계 개선의 노력도 공속의식에 바탕을 두고 현실화될 것이며 민족공동체의 논리와 결부될 때 그것은 통일에 적극적으로 기여할 수 있을 것이다. 물론 분단의 극복, 민족 통일의 문제는 세계 질서의 변화와 무관한 것이 아니어서 국제정세가 그 중요한 변수의 하나가 된다. 그럼에도 불구하고 민족공동체를 굳이 강조하는 것은 민족적 주체역량이 확고히 형성될 때만이 국제 질서 변화에 능동적으로 대처하고 민족 모순을 타파할 수 있을 것이기 때문이다.

이러한 논의의 시각에서 노태우 대통령의 '7 · 7선언'이 민족공동체 인식을 그 배경으로 하고 있음은 매우 의미 있는 일이라 생각한다. 남과 북은 상호 대결의 상대가 아니며 그 관계 또한 적대관계로 볼 것이 아니라 화해와 협력의 관계로 보고 상호 동반자적 관계의 지향을 강조하는 것은 냉전 논리로부터의 탈출이며 '민족공동체'적 발상인 것으로 보인다. 이러한 발상은 특별 선언 6개 항으로 나타나고 있는바 민간 주도 내지는 민간 참여의 남북 교류를 선언하고 남북 경제교류를 민족 내부 교역으로 규정한 점, 교차 수교의 방식에서 탈피하여 북한의 대서방국 관계 개선을 봉쇄하게 하지 않고 협조하겠다는 것 등이 그러하다.

문제는 '선언'에서 이어지는 구체적 '실천'이다. 대내적인 진정한 민주질서의 확립과 안정도 중요하다. 그리고 오늘날 통일이 민족 최대의 과제이긴 하지만 그것은 민족공동체 구성원 자체의 삶의 기회를 확대하고 삶의 질을 높이기 위한 수단적 가치라는 점도 잊지 말아야 할 것이다.

이제 노태우 대통령의 '7 · 7 민족자존과 통일 번영 특별선언'을 접하면서 그것이 더 이상 당파적 이기주의와 명분에 집착하지 않는 설계로 이어지길 기대하고 위대한 통일 조국의 앞날을 기약하는 계기가 되기를 바라는 마음 간절하다.

5 대학생과 전투경찰: 제주신문사 의식조사의 결과를 보고*

학생 시위현장에는 두 종류의 청년 모습이 있다. 하나는 항의하고 행진하는 청년의 모습이요 다른 하나는 이를 막고 저지하는 청년의 모습이다. 전자는 학생, 후자는 전경(戰警; 전투경찰)이다. 이 두 청년집단은 비슷한 연령층의 집단으로서 어쩌면 서로 입장이 바뀌어 있을 수도 있는 성격을 갖는다. 학업의 길로 들어서면 학생이요 병역의무의 길로 들어서면 전경이 되기 때문이다. 시위 대열의 학생이나 그 시위대를 분쇄하려는 전경은 따지고 보면 동년배의 동료들이다.

그러나 그들을 규율하는 제도적 장치가 서로 다른 행동을 하고 적대적일 수밖에 없게 한다. 제도적 차원을 떠나 평범한 인간으로서는 더없이 친할 수 있고 공동의 사명감으로 조국과 민족의 앞날을 위해 공헌할 수 있을 터이다. 그러니까 학생과 전경이라는 서로 다른 두 모습의 청년들은 같은 시대적 아픔을 경험하는 동년배 또래집단으로서 인간적으로는 서로 동료의식을 가질 수 있으면서 제도적으로는 제도의 수인囚人이 되어 서로 적대하는 상이한 의식을 가질 수 있을 터이다. 이에 이러한 이중적 청년의 모습을 경험적으로 접근해 보는 것은 흥미 있는 일이다.

5월 15, 16일 대학생과 전경이 각기 상대방을 바라보는 시각에 대한 제주신문사의 조사 분석 결과를 보면 구체적 내용에 있어서는 상대적으로 차이가 있지만(보다 자세한 논의는 생략함) 두 집단 모두 대체로 상대방에 대하여 '동정' 혹은 '이해'를 하는 것으로 나타나고 있다.

그러나 과격시위가 빈발하는 이유를 지적하는 것을 보면 서로 다른 경향을 보인다. 즉

* 1989.5.20. 「제주신문」.

학생들은 정부의 '강압적 규제' 혹은 '대국민 약속의 불이행' 등 정부의 잘못을 지적하고 있으나 전경들은 '불신풍조의 만연'이라는 사회적 분위기에 그 책임을 돌리고 있다.

결론적으로 말하여 대학생들이나 전경이나 간에 개인적 · 인간적 수준에서는 서로 동료애의 감정을 갖고 있으며 적대적이지 않다는 생각을 갖고 있는 것 같다. 그럼에도 불구하고 그들은 정부 당국의 잘못이거나 잘못된 사회적 분위기 때문에 시위현장에서 서로 적대적일 수밖에 없는 상황에 처하게 된다고 보는 것이다.

한편 생각하면 사람들은 집단(군집)상황에 처했을 때 그 집단의 분위기에 지배받기 쉽다는 점을 간과할 수 없을 것이다. 똑같은 청년이 전경집단에 속해 있을 때와 학생집단에 속해 있을 경우 그 행위방식과 의식은 서로 다르게 나타날 수밖에 없는 것이 일반적이다. 왜 그럴까?

19C 후반 프랑스의 사회심리학자인 G. 르봉에 따르면 군집상황에서는, 혼자라면 교양 있는 개인도, 심리적 전염에 따라 비합리적이고 충동적이며 폭력을 저지르기 쉬우며 지도자의 조작에 쉽게 따라가는 경향이 생긴다고 한다. 여기서 우리는 과격시위, 과잉진압이 상승작용하는 이치의 일단을 찾아볼 수도 있지 않을까 생각한다.

6 토지의 이용과 소유*

사람은 죽어서도 땅을 떠나지 못한다. 땅은 인간의 모태母胎요, 생활 기반이다. 그러므로 인간은 자신의 정체성을 땅(토지)에서 찾으려는 경향이 있다. 한 나라의 애국자가 망명길에 오르면서 흙을 담고 떠나는 것이나 귀국하면서 땅에 엎드려 입맞춤하는 행위는 땅에 대한 애착의 표현일 것이다. 조국을 영어로 'Motherland' 혹은 'Fatherland'라고 하는 것도 우연은 아닐 것이다.

태초에 토지의 주인은 없었다. 그것은 만인의 것이요 모든 이용자에게 개방된 공간이었다. 사람이 만든 것이 아니므로 그 소유를 주장할 근거는 없었다. "땅은 영영 팔지 말라. 땅은 내 것이니라. 너희는 나그네요, 의지하는 자로서 나와 함께 있느니라"라는 『구약성서』 '레위기'의 말씀은 당연한 것으로 받아들여졌다.

사람들이 일정한 장소에 정착, 농경 생활을 시작하면서 토지는 유일한 생산요소인 동시에 사회적 신분을 보증해 주는 수단이었으므로 토지에 대한 욕구는 극히 클 수밖에 없었다. 근대 토지제도가 도입되면서 토지의 소유, 상속, 분할, 양도, 담보 등 일체의 권리가 인정됨으로써 토지 소유자의 이기적 욕망이 촉발되는 한편 개인의 창의력이 유발되었다. 공업사회에서도 토지는 생산요소의 하나인 동시에 법적으로 그 소유자에게 사용, 수익, 처분권이 인정되는 중요한 재산형태가 되고 있다. 그런데 오늘날 이 토지 소유제도에 문제가 발생하였다. 토지 소유권자의 '소유'의 이익과 이용자의 '이용'의 이익을 어떻게 조화시킬 것인가가 중대한 사회문제로 등장하기에 이른 것이다.

* 1989.11.13. 「제주신문」, '월요칼럼'.

토지는 유한한데 그것을 이용하는 사람들의 수는 날로 늘어나서 토지의 공급은 필연적으로 부족하기에 이르렀는데 도시에의 인구 집중과 과잉 토지 소유욕은 그 부족현상을 더욱 극심하게 만들어놓았다. 이제 토지 사유권을 절대시하는 근대적 사고는 문제가 되는 것이다. 토지의 소유를 절대시하면 실질적인 토지의 이용은 그만큼 제약되고 토지 이용기회의 제약은 그만큼 지가 상승을 초래한다. 여기에 보다 종합적인 토지정책이 요구되고 토지 소유권의 제한에 관한 새로운 이념과 방법이 모색되어야 할 이유가 있고, 토지 공개념 도입의 논의도 그래서 필요한 것이다.

토지 공개념은 토지의 사유는 인정하면서 그 공적 성격을 강조하려는 의도로써 재산권 행사에 대한 제약이란 측면도 갖는다. 보도에 따르면 근래 논의되고 있는 토지 공개념의 내용은 택지 소유 상한제, 개발 이익 부담금제, 토지 초과이익 환수제, 재산세 과표 현실화 등을 담고 있다. 크게 나누어 보면 그 이념은 두 가지이다. 하나는 소유와 이용의 괴리에서 오는 자원의 낭비를 막아보자는 것이고, 그 둘은 일과 보수 사이의 괴리에서 오는 불로소득의 병폐를 시정하려는 것이다.

그런데 불로소득의 병폐는 토지에 관련되어서만 나타나는 것이 아니다. 모든 재산 소득은 대체로 이러한 성격을 갖는다. 따라서 토지 공개념의 이념에 있어서 불로소득의 병폐는 이차적인 것으로 볼 수 있다. 이 점은 상속받은 토지가 그 소유자의 의도와 관계없이 투기 대상 지역에 들어가게 되어 이익을 얻게 되는 것이 불로소득임은 틀림없으나 통상 사회 윤리에 위배되지 않는다는 점에서도 알 수 있다.

토지 공개념의 중요한 측면은 필요 이상으로 많은 토지를 매입 · 소유함으로써 필요로 하는 사람들의 이용을 막아버리고 지가 상승을 더욱 부추기는 투기성 토지 소유를 규제하는 것이다. 택지 소유 상한제는 이에 속한다. 택지는 재산으로 소유한다는 소유 개념이 아니라 집을 지어 생활하는 공간이라는 주거 개념으로 전환되어야 한다. 영구 임대 주택의 발상은 그래서 큰 의의를 갖는다. 나대지裸垈地를 여럿 가지고 지가 상승을 노리는 따위의 행위는 규제되어 마땅하다. 주자 유택住者有宅이라야 한다. 산업시설 혹은 산업적 이용을 빙자하여 토지를 소유하는 경우 필요 이상으로 과다하게 소유하는 것도 문제로 삼아 규제해야 한다. 축산을 빙자하여 목장용 토지를 과다하게 보유하는 것, 공장을 짓겠다면서 필요 이상의 부지를 보유하는 것 등 비업무용 토지는 법적인 규제를 받아 마땅하고 사회에 환원하여 실질적인 이용자에게 돌아가도록 해야 한다. 말하자면 비업무용 토지는 환수되어야 한다는 것이다.

농사를 짓지 않는 사람들이 투기를 목적으로 농토를 매입하는 것은 농민들의 삶의 질서를 파괴하는 비리행위이다. 그것은 농촌을 투전판으로 만들고 지가 상승을 초래하여 정작 필요한 농민이 농토를 갖기 어렵게 만든다. 그것은 농토의 비효율적 이용을 초래하여 국가적 손실을 가져올 뿐 아니라 부재지주제의 망령이 되어 농촌사회의 구조적 모순을 심화시키게 된다. 이제 농토는 소유 개념이 아니라 이용 개념으로 그 의미를 재조정해야 한다. 경자유전耕者有田의 원칙만이 그나마 농민의 삶을 지켜주는 길이 될 것이다.

토지의 사적 소유제가 파탄의 지경에 이르기 전에 이제 우리는 신중히 생각해야 한다. 절대시되던 토지 소유 관념에서 벗어나 이용 중심의 토지제도가 정착되도록 해야 한다. 적어도 '공적'公的 소유의 정신을 제도적으로 도입해야 마땅하다.

7 파행의 현장을 보면서*

이제 우리는 다가오는 '새로운 현실'을 인식하지 않으면 안 될 때이다. 미국의 선구자적 사상가로 불리는 피터 F. 드러커는 "오늘의 현실은 과거 30년간 한국이 기적적인 성장을 이룩했던 시기의 현실과는 엄청나게 달라졌다"고 말한다. 21세기의 문턱에서 오늘날 세계는 엄청난 변화를 경험하고 있다. '러시아제국' 고르바초프의 개혁 · 개방 노선이 기폭제가 되어 세계 공산주의는 급속히 해체되고 있다. 냉전체제의 또 하나의 산물인 독일은 급속히 통일 독일을 만들어가고 있다. 우리는 지금 막 시작되는, 아니 이미 진행 중에 있는 '새로운 현실'에 직면하여 그에 대응할 준비를 하지 않으면 안 된다. 21세기의 새로운 미래를 위하여.

그런데 우리 한국 사회는 요즘 파행의 중병을 앓고 있다. 경색된 분위기가 연속되고 있다. 국회의 파행, 방송의 파행, 교육의 파행, 증권시장의 파행 …. 원천 저지와 날치기 법안 통과에 이어진 정치현장엔 위기감마저 감돌고 있다. 대중 전달의 가장 강력한 매체인 방송 현장은, 그 제작에 복귀하였다고는 하나 또 언제 제작 거부의 파행 국면에 돌입하게 될지 모를 일이다. 우리나라 대학사상에 처음이라는 전교생 유급의 위기상황에 처한 서울 어느 대학의 파행 운영의 현장에선 저간의 반지성적인 대학가의 단면이 그대로 노출되고 있다.

방송도 대학도 온통 정치판을 닮았다. 경제행위의 가장 민감한 움직임의 현장이라는 증권시장은 허가받은 투전판 같아 보인다. 그뿐인가. 파행의 노동현장, 파행의 종교현장 등등, 파행의 현장은 도처에 있다. 왜들 이 모양인가. 사람 사는 곳에는 늘 문제가 있기 마련이고 살다 보면 대립하고 충돌하고 갈등 · 투쟁이 불가피한 경우가 흔히 있는 일이긴 하겠으나

* 1990.7.27. 「제민일보」, '제민탑'.

그런 경우 우리는 그 목표를 발전의 가치에 두어야 마땅할 것이다. 공멸하자는 판이 아니라 공존 공영하는 판이어야 한다. 우리가 지금 경험하고 있는 파행의 현장들은 적 대 적의 전쟁이 아니지 않은가. 지금은 21세기를 향하여 웅비의 새 역사를 창조하려는 국민적 에너지를 축적해야 할 시점이 아니겠는가. 우리 사회에 만연된 경색 분위기를 속히 풀어야 한다.

이때 우리에게 필요한 것이 차선책의 지혜이다. 따지고 보면 나에게 최선책은 실현되기 어려운 일이다. 나에게 최선책이 남에게도 최선책이 된다면 오죽이나 좋을까만, 그런 경우는 흔치 않은 것이다. 저마다 저만의 최선책을 고집하면 더불어 살아가는 공동체를 마련하기 어려운 것이다. 그리고 사람이 어우러져 살아가는 데 유일한 최선책은 없는 것이다. 오직 차선책이 실현될 뿐이다. 절대 진리를 추구할 수는 있으되 그에 도달할 수는 없음과 같다. 그것은 마치 완전을 주장할 수는 있으되 그 실현은 불가능한 것과 같다.

그러니까 자신의 최선책만을 고집하면 안 되는 것이다. 다른 사람의 최선책도 생각해 보아야 한다. 그럴진대 얻게 되는 것은 차선책인 것이고 이는 나에게도 남에게도 좋은 방책, 적어도 나쁘지는 않은 방책이 되는 것이다.

생각해 보면 인간은 불완전한 존재이기 때문에 그 생각이나 행동 또한 불완전할 수밖에 없고 주장이나 방책도 불완전할 수밖에 없는 것이다. 만일 이 말이 틀렸다고 한다면 자신은 완전한 존재라는 이야기인데 그렇게 되면 그것은 자신이 절대자라는 것과 다름이 없다. 그 얼마나 오만한 자세인가. 신은 인간을 불완전한 존재로 창조하였음을 기억해야 할 것이다. 그러므로 사람들은 자신의 생각이나 주장과 행동이 절대적일 수 없음을 깨달을 때 사람다운 구실을 하게 되는 셈이다.

여기에 토론과 타협과 설득과 양보의 논리가 성립한다. 이런 논리가 전제될 경우에만 민주사회가 가능해지는 것이다. 자신이 존엄한 만큼 다른 사람도 존엄한 존재이므로 자신의 존엄성만 내세우면 민주주의가 안 된다는 것은 평범한 진리이다. 흑백논리가 위험하다는 것을 우리는 너무 잘 알고 있다. 적어도 민주주의를 하고자 하는 사회에서는 그러하다.

자신의 최선책이 상대방에게 최악의 방책이라고 한다면 상대방이 가만히 있을 리 없고, 그래서 극한대립이 생기게 된다. 혼자 사는 세상(사실은 그런 세상은 없는 것이지만)이라면 모르되 더불어 사는 세상이라면 상대방도 생각하는 방책이 마련되어야 할 것이고 상대방의 방책이 자신의 방책에 접근하도록 노력해야 하는 것이다. 여기에 차선책의 지혜는 더불어 세상을 사는 지혜라 할 수 있는 것이다.

대현약우大賢若愚라 하였다. 좀 어리석어 보이는 것이 바로 현명한 것이다. 노자의 『도덕경』을 인용하면 "매우 곧은 것은 굽어 보이고, 가장 뛰어난 기교는 서투르게 보이며 뛰어난 언변은 눌변처럼 들린다." 뒤집어 이야기하면 굽어 보이는 것이 매우 곧은 것이요, 서투르게 보이는 것이 가장 뛰어난 것이요, 눌변이 웅변으로 통하는 것이다. 지는 것이 이기는 것이라는 역설이 그래서 나온다. 한 발짝 물러서는 것이 자신의 삶의 현장을 지키고 공존 공영하는 길임을 생각하면 차선책의 선택이 파행현장을 수습하는 길임을 새삼 다짐해야 할 것 같다.

8 지방자치와 자치역량*

흔히들 지방자치를 민주주의의 소학교니 풀뿌리 민주주의니 하는 말들을 하고, 그리하여 민주화를 열망하는 많은 국민은 지방자치시대를 기대한다.

말할 것도 없이 지방자치는 지역의 특수이익을 보호하고 중앙집권적 통치에 따른 불이익을 최소화할 수 있는 제도적 장치가 된다. 말하자면 그 지방 행정을 좀 더 그 지역주민들의 의사에 따라 운용할 수 있게 되는 것이다. 지방자치는 중앙집권적 권위주의 사회질서로부터 지방분권적 자치주의 질서로의 전환을 의미하는 것이고 이는 곧 정치발전일 뿐 아니라 사회발전이기도 한 것이다. 1989년 12월 30일 개정 공포된 지방자치법도 '지방의 균형 발전과 민주 발전'을 그 목적으로 삼고 있다.

돌이켜 생각해 보면 종래 중앙집권적 권위주의 질서 속에서 지방은 소외되고 지방민의 이익은 상대적으로 경시되는 경향이 있었다. 다양한 지방의 특수성은 무시되고 지방단위 지역의 정치 · 경제 · 사회 · 문화 등 제 영역에 있어서 그 고유의 전통은 소홀히 다루어졌다. 지역적 불균형 성장은 도시와 농촌의 차이를 심화시켰고 지역 간 갈등을 조장하였다. 도시에 의한 농촌의 지배, 중앙권력에 의한 지방의 지배는 강화되었다. 이러한 중앙 중심적 성장은 결국 지방의 상당한 희생을 초래하는 결과를 낳게 되었는바, 이는 국민적 손실임을 이제 실감하기에 이른 것이다.

지방자치란 지역단위의 자치적 책임제에 기초한 현지 주장의 채택인 것이며, 우리 일상생활의 지방단위 지역에 인간성 회복의 기능을 부여하는 것을 의미한다. 그것은 산업화 시

* 1990.12.7. 「제민일보」, '제민탑'.

대 공업 생산을 중심으로 한 경제성장의 논리에서 지역적 균형 배분의 논리에로의 이념적 전환을 의미하는 것이며, 지역 간 격차의 질곡으로부터 탈피하려는 노력이기도 한 것이다. 그것은 지방에서 생활하는 데서 오는 불이익으로부터 지방민을 보호하는 데 그 참뜻이 있다고 생각한다.

그러나 지방자치제의 형식적 도입이 곧 지방사회의 발전이요 민주주의의 실현이라고 보면 그것은 환상이다. 지방자치법이나 지방자치에 관련된 선거법 등이 적절하게 마련되어 있다고 할지라도 그러한 제도적 장치가 그대로 지방자치 이념의 실현을 보장해 주는 것은 아니다. 지방의회가 구성되고 민선 자치단체의 장이 등장한다 하더라도 그 선출과정이나 그 후의 지방 행정 집행과정에서 지역주민들의 생활태도나 행동이 자치적이지 못하다면 진정한 의미의 지방자치의 시대, 사회발전은 이룩되기 어렵다.

지방자치제의 이상이 실현되기 위해서는 반드시 그에 걸맞은 지역주민들의 바른 자세가 필요하다. 한마디로 말하여 지방자치의 성패는 지역주민들의 자치역량에 달려 있다고 생각한다. 자치역량을 가진 주민들은 금전이나 권력, 폭력 등에 굴복하여 대표자를 선출하지 않는다. 자치역량을 가진 입후보자들은 오직 그 인품과 건전한 정책의 제시, 그에 대한 건전한 비판에 따라 경쟁한다. 입후보하였다가 혹 패한다 하더라도 깨끗하게 승복하는 자세 또한 자치역량의 발휘이다.

우리는 과거 지방의회 의원이나 지방자치단체의 장이 되기 위하여 출마했다가 실패할 경우 자신의 패가망신은 물론 이웃 간, 집단 간의 불화와 갈등이 조장되는 등 선거 후유증이 극심한 경우를 경험한 바 있다. 이렇게 되면 지방자치하려다가 그 지역 생활환경이 붕괴의 위기를 맞게 되는 꼴이다. 만일 지방자치 과정에서 지역주민들이 자치역량을 발휘하지 못하면 지방의회 의원이나 지방자치단체의 장은 국회의원이나 중앙정부의 장보다 더 쉽게, 예컨대 재벌의 작은 금력에도 굴복하게 되고 지방민의 이익을 보호할 수 없는 지경에 이르게 됨을 명심하여야 할 것이다.

그런데 주민의 자치역량은 자치의식의 함양으로 확보된다. 자치의식을 함양하기 위해서는 우리의 사고 속에 잠재되어 있을지도 모르는 중앙집권적인 관료주의적 권위주의의 병폐를 떨쳐버리고 민주적 생활원리에 친숙해져야 한다. 지방자치의 길목에서 우리는 상급기관의 권위주의적 지시에 맹목적으로 의존하는 타성은 없는지 돌아보고 반성해 볼 필요가 있다. 권위주의에 젖어 있으면 스스로 주체가 되어 자신들의 문제를 결정하고 해결해 나가기 어렵게 된다.

지방시대의 주민은 주인의식을 가져야 한다. 주인의식은 남이 강요하고 위협한다 해서 굴종하지 않는 기상으로 나타난다. 스스로 주인인 고로 권리의 주장과 아울러 의무와 책임을 다하는 자세를 갖는 것은 너무나 당연하다. 이 사회의 주인이라면 사회가 잘못되는 책임을 스스로 통감해야 하고 사회를 파괴하는 자 혹은 그 세력에 맞서 싸워야 한다.

그리고 모든 지역주민들은 특히 사회 지도층은 자유롭게 의견을 제시하고 토론을 거쳐 수렴하는 일, 상대주의적 가치관에 입각하여 설득과 타협과 양보의 원리를 익혀야 하고 흑백논리를 배격해야 한다. 자신의 의견이 귀한 만큼 다른 사람의 의견도 존중할 줄 알아야 한다. 이러한 민주적 생활원리에 익숙해지고 자치의식이 함양될 때 진정한 의미의 지방자치가 실현될 것이라 생각한다.

9 인문과학도로서의 대학생활: 인문대학 신입생에게*

인문대학 신입생 여러분.

오늘 인문대학 신입생 오리엔테이션에 즈음하여 본인은 모든 인문대학 식구들과 더불어 여러분의 입학을 진심으로 축하합니다.

이제 본인은 대학생활을 시작하는 여러분에게 하고 싶은 말이 참으로 많으나 그중 몇 가지 중요하다고 생각하는 것을 간추려 이야기하고자 합니다.

대학은 여러분의 새로운 만남의 세계가 열리는 곳입니다. 여러분도 이미 알다시피 우리의 삶은 만남의 연속입니다. 이러한 만남은 사람과의 만남일 수도 있고, 한 권의 책이나 사물과의 만남일 수도 있습니다. 이 만남에 의해 우리의 삶은 변화되기도 하고, 삶의 새로운 차원으로 승화되기도 합니다. 행복한 만남은 삶을 행복하게 합니다. 이제 대학에서 여러분은 먼저 새로운 학우들과의 만남을 통해 더 넓은 우정의 세계를 체험하게 되고, 교수님들과의 대화와 강의를 통해 학문과의 만남이 이루어지고, 책과의 만남을 통해 알지 못했던 지식의 영역으로 들어서게 될 것입니다. 이 모든 만남으로 여러분의 대학생활은 영위됩니다. 이제 여러분은 이 만남을 시간의 낭비가 아니라 새로운 삶을 만드는 창조적 기회로 만들어야 합니다. 그러기 위해서는 새로운 세계에 대한 열정적 관심과 풍부한 호기심을 가지고 항상 부지런할 것을 우선 여러분에게 권고하고 싶습니다. 앞으로 4년간의 대학생활 속에서 이루어지는 창조적인 만남을 통해 새롭고 더 높은 차원의 삶이 열리기 바랍니다.

대학은 여러 학문을 한데 모아 연구하고 가르치면서 그 학문적 성과들이 축적된 곳입니

* 1991.2.27. 제주대학교 인문대학 신입생 오리엔테이션 강연 요지.

다. 여러분이 대학에서 공부한다는 것의 커다란 의의 중 하나는 대학생활을 통해서 다양한 학문과 접촉하고, 그 연구성과를 습득할 수 있다는 것입니다. 여러분이 선택한 학과의 전공학문도 깊이 있게 연구해야겠지만, 그러한 전공학문의 연구를 위해서는 다양한 분야의 학문과 접촉해 보는 것이 필요합니다. 이러한 활동은 여러분의 전공학문 연구의 시야를 넓혀주고 그 깊이를 더해줄 것입니다. 이것은 교양을 넓혀야 한다는 말입니다. 교양은 여러분의 전공을 심화시키는 전제가 됩니다. 대학은 여러 학문분야를 통해 여러분에게 풍부한 교양의 영역을 넓혀줄 것이고, 이 점이 대학이 가진 장점 중 하나입니다. 전공학문으로 들어가기 전에 먼저 교양과 교양을 넓혀가기 위한 가장 효과적인 도구로써 언어의 습득에 많은 열의를 가져주었으면 합니다.

대학은 근본적으로 학문하는 곳이고 참다운 지식을 추구하는 곳입니다. 대학이 학문을 통해 추구하는 지식은 참다운 지식이어야 합니다. 그러나 참다운 지식은 쉽게 얻어지는 것이 아닙니다. 지식의 대상은 수많은 면면을 가지고 있고 그 대상에 접근하는 수많은 관점과 방법이 있을 수 있습니다. 정확한 지식을 얻기 위해서는 이 관점과 방법에 대한 비판의식을 먼저 투철하게 가져야 합니다. 그래야만 학문의 목표인 참되고 올바른 지식을 제대로 얻을 수 있는 것입니다. 특히 방법이 잘못되면 우리는 독단이나 편견에 쉽게 빠지게 됩니다. 학문의 목표와 그에 이르는 올바른 방법에 대한 바른 의식이 있을 때 우리는 참다운 지식에 이르게 됩니다. 이 참다운 지식이 획득되어야 진정한 실천, 현실개선의 전망이 열립니다. 참다운 지식에 이르는 바른길을 가고 있는가에 대한 끊임없는 반성적 자세를 여러분은 항상 견지하기를 당부합니다.

참다운 지식과 올바르고 정확한 지식을 위해서는 또한 창조적 정신이 필요합니다. 이 창조적 정신에 의해 새로운 학문연구의 방법이 모색되고 이 방법에 의해 새로운 지식이 얻어집니다. 여러분은 기존의 방법에만 머무르지 말고 새로운 학문연구방법을 끊임없이 모색해야 합니다. 이때 필요한 능력이 상상력이요 창조적 정신입니다. 우리는 늘 참다운 지식, 진리의 문밖에 서 있음을 깨달아야 합니다. 창조적 상상력만이 사물들 어디엔가 숨겨진 진리를 일깨울 수 있습니다. 특히 인문과학이 다루는 대상은 인간현실 중에서도 인간의 정신현상입니다. 이 현상 자체는 보이지 않습니다. 이 현상을 재현하고 규명하기 위해서는 다른 어떤 학문연구보다 탁월한 상상력과 세련된 통찰력이 필요합니다. 모든 현상이 인간에서 비롯되는 것이므로 인문과학의 발전 없이는 다른 학문의 발전도 불가능합니다. 따라서 여러분은 인문과학을 하는 사람으로서의 자부심을 가지는 것은 당연하지만, 이 자부심에 따르는 많은 정신적 능력이 인문과학 연구에 필요함을 명심해야 할 것이고 이 능력의 향상을 위해 여러분은 끊임없이 사색하고 독서를 해야 할 것입니다.

대학은 여러분에게 많은 자유를 줍니다. 왜냐하면 자유 속에서만 창조적 정신이 싹트기 때문입니다. 자유는 학문연구의 중요한 토양이 됩니다. 자유가 없으면 학문연구는 한정되고 지식은 획일화됩니다. 진리가 아닌 획일화된 지식은 독단과 경직된 주의와 주장에 이릅니다. 이러한 획일화된 지식에 의존할 때 다양한 현실의 다양한 변화에 대처할 수 있는 능력은 상실됩니다. 한편으로 학문연구에서의 무한한 자유는 자칫 광신과 편견을 낳을 수 있음을 우리는 알고 있습니다. 대학의 자유는 학문연구의 자유를 말하는 것이고, 이 자유는 제한되어서도 안 되지만 무제한인 것은 아닙니다. 그것은 지식인 스스로에 의해서 비판된 자유로서의 자율적 자유임을 알아야 합니다. 대학에서 어떠한 지식도 추구할 수 있지만, 그 지식은 엄격하게 비판된 지식이어야 합니다. 실로 지식인이 스스로의 반성적 능력과 비판적 기능을 상실할 때 진리에 이르려는 지식인의 기능은 상실됩니다. 여러분은 대학에 주어진 자유를 지키고, 또 그 자유를 비판적·자율적 자유로 이끄는 비판정신을 항상 견지해 주기를 바랍니다.

이상 몇 가지 간추려 말씀드린 것들이 앞으로의 대학생활에 지침이 되었으면 하며, 그리하여 앞으로 4년여의 대학생활이 여러분의 미래에 더 나은 삶을 준비하는 훌륭한 계기가 되기를 간절히 바랍니다. 그것은 곧 우리 대학의 발전이고, 우리 지역사회의 발전임과 동시에 우리 사회와 국가, 나아가서 인류 발전의 기틀이 된다는 점을 마음 깊이 새겨두시기 바랍니다.

더 높은 곳으로 나아가려는 이상에 대한 정열과 풍부한 상상력을 가지고 참다운 지식을 찾아가는 학문의 활동에 정진하십시오. 여러분의 건투를 빕니다.

10 지방화시대의 지방신문*

지방화시대, 지방자치의 새로운 시대에 이르러 이제, 우리는 지방언론 특히 지방신문의 소명召命을 다시 음미해 보아야 할 필요가 있을 것 같다.

지방신문은 그 지역사회의 발전에 여러 가지 중요한 기능을 하고 있는 터이지만, 특히 신문의 건전한 활동은 지역의 이익을 보호하며 지방자치를 성공적으로 정착시키고 더 나아가서는 지방사회의 발전과 문화의 창달을 이룩하는 데 크게 기여하기도 한다.

이러한 기능들을 수행함에 있어서는 무엇보다도 기자나 논설진의 소양과 자세가 중요할 것으로 생각한다. 궁극적인 신문의 질은 기사와 논설이 결정해 주기 때문이다. 그리하여 이 글에서는 기사나 논설이 취해야 할 기본적인 자세에 관하여 생각해 보고자 한다.

무릇 신문은 공공의 기물器物이지 사사로운 도구가 아니다. 그렇기 때문에 사사로운 감정으로 기사를 다루거나 논설을 써서는 안 된다. 신문은 사회의 목탁木鐸이어야 하는 것이지 사사로운 감정풀이의 수단이어서는 안 된다. 스님의 목탁이 부처님의 설법을 동반하듯이 사회의 목탁은 그 시대의 양심의 소리를 담아야 한다. 사실에 입각하여 양심의 소리를 쓸 일이지 인기에 영합하여 듣기 좋은 소리나 하고 대중 최면을 시도해서는 안 된다. 진실을 찾아 밝히는 대중적 등불이어야지 허위를 진실인 것처럼 위장해서는 더더구나 안 된다. 따라서 신문인은 진실을 찾는 소양과 능력을 갖추어야 하고 허위에 분개하고 진실에 승복하는 정서를 지녀야 한다. 그리하였을 때 사회는 기자나 언론인을 지성인으로 존경하고 그들의 소리에 귀를 기울이게 된다.

---

* 1992.6.27. 「제민일보」, '제민탑'.

생각나는 대로 자신의 견해를 자유롭게 쓰는 것이 수필일 수는 있어도 신문의 기사나 논설은 되지 못한다. 그리고 보도기사는 학술적 논문이나 예술적 창작품이 아니다. 따라서 그 내용의 창의성이 요구되는 것이 아니며, 추측이 필요한 것도 아니다. 해설적인 기사의 경우도 독단적이어서는 안 된다. 사실관계의 확인, 공정성이 중요시되어야 하는 것이다. 그러므로 신문윤리강령은 "보도는 사실의 신속 충실한 전달을 생명으로 하며, 따라서 출처 및 내용에 있어서 보도의 가치가 확증될 수 있는 것에 한하여야 한다. 평론은 …, 특히 진실에서 고의로 이탈하려는 편파偏頗를 경계하여야 한다"라고 규정하고 있고 그에 따른 신문윤리실천요강은 "… 개인의 의견을 보도에 삽입할 수 없다. 미확인의 사실을 부득이 보도할 때는 미확인임을 명시해야 하며, 또 그것을 과대하게 보도해서는 안 된다. …사실이 왜곡되어서는 안 된다"라고 하는 것이다.

대중사회에 있어서 신문의 위력이 얼마나 있는 것인가는 익히 경험하고 있는 터이지만 그것은 대중사회의 대중은 신문을 통하여 정보를 입수하고 그렇게 믿어버리는 경향이 있기 때문이다. 더구나 지방사회의 경우 매체가 소수로 제한되어 있기 때문에 (상대적으로 정보통로가 한정되어 있어서) 지역주민은 신문이 보도하는 내용을 무비판적으로 믿어버리는 경우가 많다.

한편 오늘날 민주정치는 여론정치이기 때문에 정치지도자는 여론에 의존하는 정치적 성향을 갖게 되고 여기에 신문 등 대중매체가 지니는 정치적 위력은 지대한 것이다. 지방자치시대에 지방신문의 경우는 더욱 그러하다. 여기에 지방신문의 윤리적 자세를 강조하는 이유 중 하나가 있다.

혹시 어떤 보도자가 의도적으로 여론을 호도하려 한다면 이는 법 이전에 커다란 문화적 범죄를 저지르는 행위라 할 만하다. 잘못된 보도는 보도 대상 관련자에 대한 죄악일 뿐 아니라 불특정 다수에 대한 사기이다. 이는 잘못된 상품을 공급한 식품제조업자에 비유할 만한 것이다. 특히 전문영역에 관련한 내용은 그 분야에 대한 전문지식을 터득한 연후에 다루어야 할 것이다. 그렇지 않으면 본의 아니게 잘못된 기사나 논설을 쓰게 되고 독자를 오도하는 결과가 될 것이기 때문이다.

언론부문을 국가권력 분립의 3부에 맞먹는 제4부라 하고 언론인을 무관의 제왕이라 하는 의미를 명심해야 할 것이다. 신문의 엄청난 위력은 전제군주의 통치력을 방불케 한다. 그러므로 언론인은 독재정치의 횡포만큼이나 자신들의 잘못된 언론활동이 해악을 가져온다는 점을 늘 생각하고 있어야 할 것이다.

11 권위주의의 청산, 권위의 회복*

언제부턴가 우리 사회에서는 권위주의 청산이 이 시대의 과제가 되었다. 그리하여 '권위주의적'인 요소를 거부하고 그 대상을 파괴하는 것이 시대의 소명처럼 여겨지고 있다. 개발독재를 극복하고 민주화를 추구하는 과정에서 의당 그래야 할 것이지만, 문제는 '권위주의'와 '권위' 그 자체를 혼동하여 권위주의를 청산한다는 명분하에 권위를 파괴하려는 데 있다.

사람들이 사는 곳에는 어디에나 정도의 차이는 있겠으나 권위의 관계가 존재하기 마련이다. 대규모 조직 운영이 불가피한 관료조직에서는 물론 학교나 가정의 경우 또한 그러하다. 가정에서의 아버지, 학교에서의 교장 또는 총장, 회사의 사장에서 나라의 대통령, 그리고 사회의 원로에 이르기까지 권위를 가짐으로써 그 집단, 그 사회의 질서가 잡히고 존속과 발전이 이루어지게 된다. 그러나 권위의 자리 그 자체는 권위 발생의 개연성은 가지고 있을지언정 그 필연성은 보장해 주지 않는다.

권위가 봉사해야 할 목적에 대한 뚜렷한 신념과 그 목적 달성을 위한 간단없는 노력 없이 권위 자체를 구가하는 것은 권위일 수 없다는 것이다. 그러한 권위는 '권위 구속적'이며 권위주의가 된다. 이 '권위 구속적'인 것, 권위주의가 청산되어야 할 대상인 것이다. 그러면 청산해야 할 권위주의는 어떤 것인가?

1930년대 독일 프랑크푸르트학파의 대표 격인 막스 호르크하이머를 인용해 보자.

그것은 윗사람에게 굴종하고 아랫사람에게 군림하는 그런 자세이다. 탐관오리貪官汚吏 시대의 아전衙前상像에서 그 단면을 볼 수 있다. 권위주의적인 사람은 자율적 · 도덕적 결정을

---

* 1992.9.30. 「중앙일보」, 칼럼.

무시하고 인습적인 가치를 완고하게 집착한다. 강한 자만이 살아남는다는 신조에 따라 약한 것을 증오한다. 자신에 대한 비판과 격렬하게 저항하고 불행한 결과에 대한 책임을 남에게 전가한다. 위계서열적인 면에서 편견적인 사고를 한다. 자신에게 유리한 한에서 권위를 수용하고 권위의 엄격한 행사를 요구한다. 끊임없이 긍정적인 것을 강조하고 비판적 태도를 '파괴적인 것'으로 거부한다. 어떤 순수한 애정보다는 '사람들이 그에게 무엇을 줄 수 있는가'에 더 큰 관심을 갖는다.

권위주의의 청산은 나로부터 비롯하여 이러한 속성들을 파기하는 데서 시작된다. 권위의 자리에 대해 증오하고 도전하고 배척 · 저항하는 것이 권위주의의 청산은 아니다. 법적 · 사회적 규율을 지키고 그에 순종하는 것을 권위주의에 굴복하는 것으로 보는 것도 잘못이다. 한 연구에 따르면 가정에서 부모에게, 학교에서 규율에 기꺼이 복종하는 어린이들은 권위주의적 특성을 가지고 있는 것이며, 반항적이고 완강한 어린이들은 반권위주의적일 것이라는 가설이 잘못되었음을 입증한 바 있다. 오히려 얌전한, 본질적으로 공격적이지 않은 어린이들이 권위 구속적 특성을 덜 보여주었다는 것이다.

그러면 권위란 무엇인가?

그것은 정당성을 내포하는 지배의 형태이다. 이런 권위가 파괴되어 지배만 있고, 합리성, 정당성이 결여되면 그것은 권위주의가 된다. 이때 사회의 결속력은 사라지고 무질서의 혼란만 가중된다.

오늘날 권위가 억압적 힘에 의한 지배의 성격을 띠면서 그 권위는 정당성의 위기를 맞은 것이다.

이제 우리 사회에 권위가 회복되어야겠다. 옛날의 스승이 제자에게 행사하던 것과 유사한 유형의 도덕적 권위가 우리 사회에 필요하다. 민주사회의 지도자들은 능력과 경험과 무사 공평함을 근거로 하여 합리적으로 권위를 되찾아야겠다. 정당한 권위가 생명력을 가진 사회에서는 자기집단의 도덕적 권위에 대해 무비판적으로 맹종하지 않으며 통속적 가치를 거부하는 사람들을 경계하고 비난, 배제, 처벌하려는 경향을 보이지도 않는다.

권위의 회복은 국가 공공기구는 물론 회사, 학교, 가정 등 시민사회 전반의 조직들에서 그 구성원들의 적극적인 동의를 통해 정당성을 확보할 때 가능해진다고 생각한다. 우선 모든 권위의 자리에서부터 권위주의적 지배를 타기해야 한다. 자신의 이기주의와 당파성을 초월한 인간적 애정, 도덕적 결단과 더불어 정당한 요구를 충족시켜 줄 수 있어야 한다. 이렇게 해서 모든 사회구성원에게 규율과 질서에 대한 존경이 살아나게 되고 실종위기의 권위가 회복되기를 기대한다.

12 새로운 세기의 개막을 앞두고*

이제 1997년, 정축丁丑년 새해를 맞는다. 이 정축년 새해는 세세연년歲歲年年 맞게 되는 달력상의 '새해'라는 의미 말고 '1997'라는 숫자가 전해주는 메시지를 담고 다가서고 있다. 그것은 서력기원으로 두 번째의 천 년이, 그리고 20세기가 끝나간다는 '세기말'의 메시지이다.

앞으로 불과 3년이면 또 한 세기가 과거 역사의 한 장으로 넘어간다. 그러나 세기의 끝은 또 다른 세기의 시작을 의미한다. 20세기의 끝에서, 21세기의 개막을 앞두고 이제 새로운 세기의 새로운 출발을 다짐할 때이다.

흔히 새로운 세기는 정보의 시대로 다가서리라고들 한다. 사람들은 정보시대에 걸맞은 생활원리를 가지고 살아갈 준비를 하지 않으면 안 된다. 정보시대에 개인행동의 원리는 산업시대 개인주의를 바탕으로 하는 대립의 원리, 투쟁적 경쟁의 원리가 아니다. 상호 의존의 원리, 공존·공생의 원리이다. 산업시대가 남을 배제함으로써 성공하는 시대, 배제의 논리가 통하는 그런 시대라 한다면 정보시대는 남과 더불어 성공하는 시대, 포용의 논리가 통하는 그런 시대이다. 산업시대는 획일성을 추구하고 대량생산의 경제논리가 지배했다면 정보시대는, 경제의 논리와 군사안보의 논리가 끝나는 것은 아니지만, 다양성을 추구하는 가운데 상호 협력이 이루어지는 그래야 풍요로워지는 문화의 논리가 기조를 이루어 지배한다.

경제적 원리는 합리성의 원리로서 어느 것과 어느 것이 비교되어, 예컨대 이것은 저것보다 못하다거나 저것이 이것보다 우수하다는 식이다. 모든 가치의 잣대는 일원적으로 되어 빈부의 차이에서 보는 것처럼 우와 열을 가르는 그런 식이다. 그러나 문화의 논리에서 보면

* 1997.1.4.「한라불교」, 칼럼.

차이는 있되 우열은 없다. 통일성의 가치보다 차별성의 가치가 존중된다. 그러므로 모든 사회 모든 조직은 다양성을 존중하고 스스로 저마다의 차별화를 이룩함으로써 자신의 가치를 인정받게 된다.

미국의 대표적 지성인 인문학자 리처드 로티 교수는 "바람직하고 유토피아적인 사회는 종교나 과학 그리고 예술과 관련해서 수십 가지의 세계관들을 다 포용할 수 있어야 한다"고 주장한다. 이런 세계관들은 비참함과 잔혹함 같은 인류의 악을 추방해야 한다는 신념 이외에는 아무런 공통점도 가질 필요가 없다는 것이다. 이것은 곧 세계화의 논리이기도 한 것이다. 세계화시대에는 다양성이 존중되면서 상호 의존적인 생활원리가 기조를 이루게 되는 것이다.

사람들의 얼굴이 서로 다르듯이 사람마다 성격과 생각, 삶의 방식과 주의 주장들이 다를 수 있다. 그런데 만일 저마다 자신의 입장만을 고집하고 달리 행동한다면 한 사회의 전환기적 위기상황은 극복하기 어렵다. 공자는 말한다. "군자는 화이부동和而不同하고 소인은 동이불화同而不和한다"고. 서로 같지 않은 남과 화합하면서도 자신의 특성을 유지하는 것이 군자이고 같으면서도 화하지 못하는 것은 소인배이다. 대도大道를 가려 할진대 같은 것을 고집하지 말고, 같지 않음을 탓하지 말고, 같지 않으면서도 화합하는 길을 모색할 일이다. '부동이화不同而和'이다. 같지 않은 입장들이 어우러져 '화和'할 때 창조적 발전의 에너지는 창출된다. 헤겔의 변증법, '정-반-합(正-反-合)'의 원리가 이에 다르지 않다고 생각한다. 헤겔에게 있어서 '합合'이라는 보다 상승된 새로움이 '정正'과 '반反'이라는 서로 다른 두 요인의 대립에서 마련되는 것이다. 다른 것 사이의 화합이 곧 새로움을 창조하는 것이다. 핵분열이 억제 없이 분출되면 파괴에너지가 되지만 핵분열이 적당하게 제어된 상태에서는 발전의 에너지, 창조적 에너지가 나온다. 21세기는 다양성이 추구되는 시대이다. 서로 다름의 가치를 인정하고 저마다 다양성을 지니면서도 발전을 위해서는 상호 협력해야 한다는 화합의 논리를 터득하도록 하자. 다가오는 세기, 세계화의 시대에 창조적 에너지를 창출하는 진면목이 여기에 있다고 생각한다. 우리 사회 각계각층의 이해관계의 대립도 '화和'의 논리에 따라 발전에너지로 승화시킬 수 있을 것이다.

흔히들 위기상황이라고 하는 터이지만 진정한 위기는 정신의 위기이다. 현실에 안주하고 타성에 젖어 편안함을 추구하고, 사회의 불의를 보면서도 외면하려는 정신상태, 개인적인 이익에는 치열하게 다투면서도 공공의 이익에 관련해서는 무관심한 태도, 인간 본연의 모습에는 고민하지 않고 물질적 이익에 고민하는 모습들. 어떻게 보면 정신적 퇴행이다. 정신적으로 너무 경직화되어 있다. 현실적 이익에 매달려 너무 각박하다. 이런 상태가 지속된다면 다가오는 시대는 어둡다.

자 이제 다양성이 존중되는 시대, 가슴을 열고 화합의 발전 에너지를 만들어가자. 그리하여 21세기 새로운 전환기에 즈음하여 희망찬 미래를 열자. 21세기 변화하는 시대의 주역이 되기 위해 이제 시대의 전환점에 있음을 직시하고 우리 사회의 창조적 에너지를 창출해야 할 때이다. 밝은 미래에의 꿈을 안고 획기적인 발상의 전환을 해야 할 정축년 새해 벽두이다. 이 소丑의 해에 소처럼 충직하고 근면한 걸음으로 밝은 미래를 향해 걸어가자.

13 대의정치의 퇴조, 그리고 생활정치*

노무현 참여정부 이후 최근의 정치적 환경의 변화를 보면 대의민주주의, 의회정치가 위기를 맞는 것 같다. 그것은 국회가 제구실을 못하고 광장의 시민세력이 의회권력을 압도하는 몇몇 사례들에서 볼 수 있다.

참여정부 당시 노 대통령에 대한 탄핵정국에서 국회는 무력했고, 지난해 미국산 쇠고기 수입 '광우병' 파동에서 광장의 시민세력은 국회의 대의권력을 압도해 버렸으며 지난 5월 노무현 전 대통령 서거정국에서는 국가권력 자체가 시민권력 앞에서 초라하고 왜소해 보였다.

살아 있는 MB(명박)권력이 죽은 MH(무현)권력에 밀린 것이다. '死孔明走生仲達사공명주생중달'. 죽은 제갈공명이 살아 있는 사마중달을 쫓아낸 격이다.

특히 지난해 MB정부 초기 미국산 쇠고기 수입과 관련해 촉발된 촛불집회의 위력은 가히 대의민주정치가 실종된 모습이라 할 만하다. 일반시민의 일상생활(식생활)에 연계된 문제의식이 권력자의 정책결정에 반대하여 영향을 미치는 생활정치의 모습이다. 생활정치가 활성화되면 대의민주정치의 입지는 좁아질 수밖에 없다.

이제 대의정치는 퇴조하고 생활정치가 등장하고 있는 것이다. 시민권력은 국가 제도권력의 강력한 견제세력, 더 나가서는 위협세력으로 커버린 것이다. 일상생활에 관련된 주제에 관련해 대의제적 해결보다 시민 직접참여에 의한 해결이 시도되고 이것이 성공을 거두고 있는 것이다. 시민연대에 의한 권력이 권위에 의한 권력을 압도하고 있는 것이다. 이것은 민주정치 발전사의 새로운 단계로 접어들고 있다는 증후이다.

---

* 2009.7.25. 「제주불교」, 651호, '시론'.

이런 정치사회환경 변화의 증후는 대의정치제도의 꽃이라 할 수 있는 선거(투표) 결과에서도 나타난다. 지지난해 대선에서 이명박 후보가 차점자보다 500만 표 이상의 압도적 차이로 당선되었으나 그 통계수치에서 보면, 투표율 63%, 득표율 48.7%이었는데 이는 전체 선거인의 30.5%, 유권자의 3분의 1에도 못 미치는 비중이다. 민주화 이후 치러진 다섯 차례 대선 가운데 가장 낮은 득표율이다. 바꾸어 말하면 국민의 3분의 1의 지지도 얻지 못하고도 국민의 대표가 되었다는 것이다.

2008년 당시 총선 투표율은 46%(최저 인천 42.2%)로 사상 처음으로 50% 미만의 투표율을 기록하기에 이르렀다. 당선자들은 50% 안팎의 득표로 당선된 경우가 많았다. 50% 미만의 투표율에 50%의 득표라면 전체 유권자의 25%의 지지로 국민의 대표가 되었다는 결과다. 다수대표가 아니라 소수대표인 셈이다. 이렇게 되면 그 대표성이 퇴색되고 지지기반이 취약해질 수밖에 없으며 대표로서의 정당성도 약화되는 것이다. 대의민주정치에 대한 위협이 아닐 수 없다.

왜 이렇게 정치사회환경이 변하는 것일까?

그것은 정치현실이 초래한 결과이다. 사람들의 대의기구에 대한 불신, 정치에 대한 실망감이 크다. 대의기구인 의회가 파행 운영되면서 제구실을 못하고 대표인 의원들은 당파이기주의에 따라 행동하면서 국민의 이익을 대변하지 못하기 때문이다. 사람들은 자신들의 대표가 자신들의 이익을 대변해 주지 못하는 상황에서 직접행동을 통해 권익을 지키려 한다.

더 근본적으로는 우선 오늘날 일상생활에서 나타나는 문제의 다원성 때문에 하나의 정책이나 정치적 대표를 통해서, 즉 대의정치를 통해 해결하기에는 벅찬 것이다. 여기에 생활정치가 등장하는 개연성이 존재한다.

한편 시민사회가 성숙되지 못하고, 정당체제가 허약한 상황에서 일방적으로 과격하게 정책을 추진할 때, 이에 동의하지 않고 비판하는 사회적 힘은 오직 대중운동의 형식을 통해서만 나타난다. 여기에 구조적 포퓰리즘이 등장하게 되는 정치사회적 공간이 생기게 되는 것이다.

요약컨대 현실세계에서는 두 가지의 정치가 작동하고 있다.

하나는 대의제라는 제도정치를 통해 작동하는 권력정치(power politics)로써 국민은 정기적 선거에 의해 대표를 뽑아 위임하고 다음 선거에서 책임을 묻는다.

다른 하나는 일상생활의 다양한 이슈를 중심으로 작동하는 생활정치, 즉 기존에는 정치라고 느껴지지 않던 사소한 생활문제들에 관련해서 일반 대중이 의사결정과정에 참여하고 실천하는 정치이다. 이는 평범한 대중 · 시민 · 주민(grass)을 정치적 주체(root)로 삼아 정치사회를 변화시킨다는 점에서 풀뿌리민주정치라 할 만하다.

지역단위에서 보면 풀뿌리민주정치는 지역주민운동을 통해 실현된다고 볼 수 있다. 대표에 의한 권력정치를 제도정치라 한다면 생활정치, 풀뿌리정치는 주민에 의한 비제도적인 정치라 할 수 있고 지역주민운동의 모습으로 나타난다.

지역정치에서 이제 대의제는 생활정치의 주체인 주민세력과 연합하지 않으면 안 되는 시대가 도래하는 것이다. 성숙한 민주주의 사회에서는 생활정치의 평화적인 직접행동은 대의민주주의의 모자람을 보완한다는 의미를 갖는다.

거버넌스(협치; 協治) 곧 정政 · 사社 협력의 정치모델이 중시되어야 할 이유가 여기에 있다.

14 귀 막고 종 훔치다('掩耳盜鐘엄이도종')*

자신의 귀를 막고 종을 훔치는 사연은 이렇습니다.(『呂氏春秋』여씨춘추)

중국의 춘추전국시대, 진晉나라 명문가 범씨范氏씨 집안이 있었는데 그 집안에 대대로 내려오는 큰 종이 있었습니다. 범씨 집안이 몰락하여 어수선해지자 도둑이 들어 그 종을 훔치려 하였습니다. 그러나 종이 너무 무거워 옮길 수 없어서 도둑은 종을 조각내어 가져가려고 망치로 종을 내리쳤습니다. 그러자 '꽝' 하는 요란한 소리가 났습니다. 도둑은 다른 사람들이 그 소리를 듣고 종을 빼앗을까 두려워 재빠르게 자신의 귀를 막았습니다. 전해오는 그 시대 우화寓話입니다.

임금이 바른말하는 신하를 소중히 여겨야 한다는 뜻이 들어 있습니다. 임금이 자신의 잘못을 자신이 듣지 못한다고 해서 남도 모르는 걸로 아는 것은 귀를 가리고 종을 깨뜨리는 도둑과 똑같이 어리석다는 것입니다.

한자로 표기하면 '掩耳盜鐘'엄이도종. 여기서 유래하여, 자기만 듣지 않으면 남도 듣지 못한다고 생각하는 어리석은 행동이나 얕은 수로 남을 속이려는 짓을 빗대어 '엄이도종'이라 합니다.

'엄이도종'은 자기가 한 잘못은 생각하지 않고 남의 비난이나 비판을 듣기 싫어서 귀를 막지만 소용이 없다는 의미입니다. 자신이 듣지 않는다고 남도 모르는 줄 안다는 것은 남의 말을 듣지 않으려는 독선적이고 어리석은 사람의 모습입니다.

떳떳하지 못한 짓을 했음을 자기도 알고 다른 사람들도 다 아는데 짐짓 떳떳한 척하거나

* 2012.1.21. 『재암문화』, 2집(창립10주년 기념호).

모르는 체하는 행동거지를 빗댄 말인 '자기기인'自欺欺人과 같은 맥락의 고사성어故事成語입니다.

'자기기인'自欺欺人이란 자신도 믿지 못하는 말이나 행동으로 남까지 속이는 행태를 비유하는 데 사용됩니다. 자신도 믿지 않는 말이나 행동으로 남까지 속이는 도덕불감증 세태를 풍자한 말입니다.

주자朱子의 어록을 집대성한 『朱子語類』주자어류에 "남을 속이는 것 역시 자신을 속이는 것인데, 이는 또 자신을 속이는 것이 더욱 심해진 것이다"(欺人亦是自欺, 此又是自欺之甚者, 기인역시자기, 차우시자기지심자)라고 하고 있습니다. 또 불교에서는 망언妄言을 경계하는 말로 자주 사용된다고 합니다. 불경, 『法苑珠林』법원주림에서 "무릇 망언을 하는 자는 자기를 속이고 또 남을 속이는 것이다 … 망언을 하는 자는 일체의 선의 근본을 잃어버리고 자기를 바보로 만들어 착한 길을 잃게 만든다"(夫妄言者, 為自欺身亦欺他人…妄言者, 亡失一切諸善本, 於己愚冥迷失善路부망언자, 위자기신역기타인…망언자, 망실일체제선본, 어기우명미실선로)라고 하였습니다.

미국의 16대 대통령 링컨은 말했습니다.

"모든 사람을 일시적으로 속일 수는 있다. 일부 사람들을 영원히 속일 수도 있다. 그러나 모든 사람을 영원히 속일 수는 없다"고

우리 속담에 '눈 가리고 아웅한다'는 게 있습니다. 금방 드러날 어설픈 거짓말과 행동으로 남을 속이려는 것을 가리키는 말입니다. '눈 가리고 아웅'이란 자신의 눈을 가리고 고양이 울음소리를 흉내 냄으로써, 마치 자신이 고양이인 것처럼 보이려는 행동입니다.

즉 자신이 잘못을 저질러놓고도 마치 자신이 한 짓이 아니라 고양이가 한 짓인 양 상대방을 속이려는 행위를 말하는 것입니다. 그러나 눈을 가리고 아무리 고양이 울음소리를 흉내 낸다 해도 '고양이'가 될 수는 없습니다. 사람들은 그것이 고양이가 아니라는 것을 뻔히 알고 있는 것이지요.

「교수신문」은 2001년부터 해마다 그해 말에 교수 등 지식인들의 의견을 수렴하여 그해의 세태를 반영해 주는 '올해의 사자성어'를 선정 발표하고 있습니다. 위의 '엄이도종'은 작년(2011)의 '올해의 사자성어'이고 '자기기인'은 2007년의 '올해의 사자성어'입니다.

말하자면 최근 5년의 처음과 끝을 '속임'이라는 테마로 설명할 수 있다고 보는 것이지요. 어느 여당의 대표가 이야기했듯이 '나도 속고 국민도 속았다'(박근혜, 2008, 서울 여의도 국회 정론관, 한나라당 국회의원 공천 관련 긴급 기자회견)는 소회가 다르지 않다고 봅니다.

그동안 한국 사회를 뒤흔들었던 학력위조, 논문표절, 정치인과 대기업의 비도덕적 행위 등 비뚤어진 욕망에서 비롯되어 스스로 언행에 정직하지 못한 세태를 풍자하는 것이라 봅니다.

어떤 세태인가. 자기가 한 일이 잘못됐다는 생각은 하지 않고 다른 사람의 비난이나 비판을 두려워한다는 것입니다. 지난해 서울시장 선거과정에서 일어난 중앙선거관리위원회 홈페이지 디도스(DDOS, 분산서비스 거부) 공격, 교육과학기술부가 대학인의 목소리를 듣지 않고 자신의 뜻대로 일률적인 평가 잣대를 만들어 대학 구조조정이라는 명분으로 대학을 무한경쟁의 시장으로 내모는 정책을 실시한 것. 세간(교수사회)에서는 이를 '엄이도종'으로 보고 있는 것 같습니다.

요즘 도정道政에서 주요 직위의 인선에 '공모방식'을 택하고 있는 것은 '엄이도종'이라 할 수 있습니다. 도민들은 도백이 원하는 인사를 그 자리에 앉히려 한다는 속내를 뻔히 알고 있는데도 인사의 공정을 기하는 것처럼 포장하는 것이기 때문입니다.

한편 생각하면 엄이도종의 당사자는 바보입니다. 종을 훔치면서 종소리 나는 것은 다른 사람이 다 아는 실체적 진실인데 자신이 귀를 막아 안 들리면 된다는 식으로 다른 사람 듣는 것을 생각하지 않으니 바보가 아닌가요. 바보 중에는 톨스토이의 『바보 이반』의 이반과 같이 세속적인 욕심 없이 아낌없이 모두 주는 선량한 바보도 있긴 합니다. 그러나 '엄이도종'의 바보는 탐욕스러운 바보입니다. 탐욕 때문에 바보가 되는 것입니다.

남의 비난에 귀를 막고 자기 행동만을 옳다고 여기는 것은 남을 속이는 것이기도 하면서 동시에 자기 자신을 속이는 일입니다. 탐욕스러운 바보의 짓이지요. 그렇게 살아서는 안 되지요.

내가 무슨 짓을 하고 있는지 돌아보는 성찰적 자세야말로 지성인의 요건이요 도리입니다. 내 귀를 스스로 막고 거짓을 행하고 있지는 않은지 생각해 볼 일입니다. 지식인으로서 혹은 사회의 지도자로서 특히 정치지도자들은 세상을 살면서 귀감으로 새겨둘 일입니다.

노자老子는 말합니다.

"성인의 다스림은… 대저 지혜롭다 하는 자들로 하여금 감히 무엇을 억지로 꾸미지 못하게 하는 것이다. 함이 없음을 실천하면 다스려지지 않음이 없을 것이리라."(聖人之治… 使夫智者不敢爲也, 爲無爲, 則無不治. 성인지치…사부지자불감위야, 위무위, 즉무불치–『도덕경』, 제3장)

노자에 있어서 '위'爲는 억지로 꾸밈을 뜻합니다. 자연스럽지 못한 어떤 꾸밈, 억지로 행함이 위爲입니다. '智者不敢爲'지자불감위란 일반 백성들과는 다르게 많이 아는 지자智者들은 감히 속이거나 꾸며대지 말아야 한다는 뜻입니다.

풀어보면, '성인聖人 곧 훌륭한 지도자, 바른 지도자의 다스림은 사회 지도층으로 하여금 감히 거짓 꾸밈이 없도록 해야 한다.'(무지하고 욕심 없는 백성을 속이지 말아야 한다) 이는 즉 '거짓 행함이 없다면, 거짓 꾸밈이 없다면 다스려지지 않음이 없을 것이리라'는 의미입니다.

또 노자는 "만족할 줄 알면 욕되지 않으며, 그칠 줄 알면 위태롭지 않으니, 장수할 수 있다"(知足不辱, 知止不殆, 可以長久. 지족불욕, 지지불태, 가이장구–『도덕경』, 44장)고 했습니다.

만족할 줄 알아서 탐욕스럽지 말아야 하고, 욕심이 나더라도 그만둘 줄 알아야 한다는 것입니다. 장수하고자 하는 자, 권력이나 부 · 명예를 추구하는 자는 명심할 일입니다.

15 지방대학으로서의 제주대의 역할: 명문제대 건설을 위하여*

지방대학은 대학으로서의 보편성과 지역학교로서의 특수성을 동시에 가지고 있다. 대학으로서의 보편성에서 보면 그 대학이 어느 지역에 있건 그 지닌바 본래의 역할 혹은 기능이 다르지 않다. 즉 대학은 교육, 연구, 사회봉사의 세 기능을 수행하게 된다.

연구기능을 통해서는 그 시대 그 사회가 필요로 하는 여러 수준의 지식을 창출하게 되고, 교육기능을 통해서는 창출된 지식을 전달하고 필요한 인재를 양성하게 되며 이것은 곧 사회봉사로 이어져 기업체, 사회단체, 정부기관 그리고 모든 사회 부문에 인력을 공급하고 지식정보를 제공하는 역할을 하게 된다. 지식이라는 개념을 두고 생각했을 때, 지식을 창조하고 전달하며 이를 실천적으로 적용하는 기능을 수행하는 것이 대학이다.

정부기관이나 사회단체 등 대학 이외의 다른 사회기관에서도 이러한 기능을 수행하는 경우는 허다하다. 그러나 대학의 경우에는 그 관심이 현실적 이해타산을 초월하여 정신적·물적 여러 현상의 진실을 밝히려고 하는 데 있기 때문에 그 학문적 순수성을 견지할 수 있다는 데 그 중요한 가치를 지니고 있다. 그리고 대학에서는 비교적 기초적인 연구를 수행하는 경향이 있으며 그 연구인력의 다양성으로 인하여 다방면에 걸친 연구가 동시에 이루어지고 있을 뿐 아니라 여러 학문 간의 협동연구를 수행할 수 있는 조건도 동시에 갖추고 있다. 인간생활의 복합성에 접근하는 데 다多학문 간 협동연구의 필요성이 큰 만큼 대학의 역할은 중요시된다.

이렇게 하여 대학은 한 시대 그 사회의 발전에 기여하게 되는 것이며 여기 대학에 대한

* 1991.5.28. 「제대신문」, '특별기획: 명문제대 건설을 위하여'.

사회적 기대와 관심이 크지 않을 수 없는 이유가 있다. 결국 대학은 이질성을 더해가며 급격하게 변해가는 사회 속에서 그에 상응하는 새로운 가치를 발견 · 창조함으로써 사회발전에 선도적 역할을 수행해 나간다.

다가오는 후기산업사회(정보사회)에 있어서 대학은 더욱 중요한 역할을 수행하게 될 것이다. 정보사회에 있어서 가장 중요한 가치는 지식정보가 될 것이기 때문이다. 돌이켜 생각해보면 어느 시대 어느 사회에 있어서나 사회발전은 근본적으로 지식정보의 집적을 바탕으로 이루어지고 있다. 지방대학은 이상의 보편적 기능을 물론 추구해야 하지만 현실적으로 그 지역의 특수성 속에 뿌리를 내리지 않으면 안 된다. 지역의 특수성에 확고히 뿌리를 내렸을 때 지방대학은 그 지역과 더불어 발전하게 된다. 그러나 종래 중앙 중심적 권위주의체제 속에서 지방대학은 대학의 보편성에 치중되어, 그 지역의 저발전만큼이나 저발전의 상태에 머물러 있었던 것으로 생각된다.

이제 우리 사회는 지방화와 국제화 · 개방화를 동시에 추구하는 시점에 서 있다.

지방화의 추세 속에서 보면 지방대학은 중앙집권적 권위주의 질서에서 탈피하여 대학 자율의 새로운 질서로 전환하지 않으면 안 된다. 종래 지방대학은 중앙 중심체제 속에서 소외되고 경시되는 경향이 있었다. 지방대학은 그 지역의 특수성을 스스로 무시하거나 지방단위 지역의 정치 · 경제 · 사회 · 문화 등 제 영역에 있어서 그 고유의 전통을 소홀하게 다루어왔다. 중앙권력에 의한 지방 지배가 강화되는 상황 속에서 중앙 중심적 성장은 결국 지방대학의 상당한 희생을 초래하는 것이었다. 이는 국가적 손실이었음이 틀림없다. 전국의 모든 지역이 지닌 그 나름대로 발전에너지, 그 잠재력을 동원해 내지 못했기 때문이다. 여기에 지방대학은 지방화라는 시대적 흐름 속에서 스스로 발전을 기하지 않으면 안 된다.

한편 개방화 · 국제화의 추세 속에서 보면 지방대학은 그 지역 특수성에 결부하여 그 나름대로 중심적 역할을 수행하지 않으면 안 될 것이다. 이때 지방대학은 그 지역기능 수행의 모든 아이디어를 제공하는 데 중심적 역할을 하지 않으면 안 될 것이다. 중앙(서울)의 대학 또한 그러하다.

이에 제주대학은 제주 사회의 특수성을 재인식, 검토하고 제주발전에 선도적으로 대처하여 그 주관자로서의 역할을 수행해야 할 것이다.

제주 사회는 섬이고 주변지역으로서 자본 및 자원이 부족하고 생산 및 소비의 배후지가 멀고, 공업 입지조건이 불리하여 공업화시대의 낙후지로서 그 발전이 정체될 수밖에 없었던 사회이다. 그러나 다행히도 그 관광지로서의 잠재력이 인정되면서 근래 관광부문은 제주발전의 중요한 축으로서의 구실을 하기에 이르렀다. 따라서 지방대학으로서의 제주대학은 관광현상에 대한 지식정보를 창출하고, 그 분야의 전문인력을 공급해야 할 것이다. 뿐만 아니라 2차산업에 불리한 여건은 다가오는 시대의 주요 산업부문이 될 3차산업에도 마찬가지로 작용하는 것이 아니므로 제주대학은 각종 3차산업 부문을 중심으로 재편되는 정보사회에 대비하는 역할을 수행할 채비를 갖추어야 할 것이다.

그러나 한편 제주 사회가 공업화의 진전 없이 탈공업화의 시대로 갑자기 들어서는 성격을 지니게 되는 것이기 때문에 농업적 발전 없이 공업화가 이루어지는 후진산업사회들이 그렇듯이 적지 않은 변화의 진통을 겪게 될 것이다. 제주대학은 이에 대한 과학적 진단을 하고 그 변화 방향을 예견하면서 그에 대처하는 도민적 지혜를 창출 · 제공하는 역할을 수행할 시대적 의무가 있다고 생각한다.

한편 제주 사회는 그 지정학적 위치로 인하여, 소위 태평양시대를 맞으며 개방된 국제지역으로 급격히 전환되는 것으로 보인다. 이에 대학은 국제 언어능력을 갖춘 인력을 배출해 내어 국제적 문물 교류에 대비하는 한편 우리 사회의 주체 역량을 증진하는 데 중심적 역할을 해야 할 것이다.

제주 사회가 지닌 그 독특한 사회 · 문화적 성격은 학문연구의 표본 지역이 되고 있는바, 이에 제주대학은 이 분야의 선구적인 연구를 통하여 지역문화의 가치를 계승 발전시키는 데 기여해야 할 것이다. 다가오는 정보사회에 있어서는 지역적 가치가 사람들이 추구하게 될 중요한 가치가 될 것으로 보기 때문에 더욱 그러하다.

제주 지역은 그 자연적 조건에 있어서 바다로 둘러싸인 섬이며 한국 영토의 최남단에 위치해 있다. 제주도가 섬이라는 조건을 고려하고 태평양권이 재편되는 시기가 도래한다는 점을 감안해 보면 해양 분야의 연구 · 개발에 대한 중심적 역할을 제주대학이 담당해야 할 것이다. 그리고 제주의 산업구조에 있어서 농업이 차지하는 비중이 크다는 점을 감안해 보면, 제주대학은 아열대 혹은 열대농업 관련 기술을 적극 유치 · 개발하고 그 이용을 확대하는 데 기여해야 할 것이다. 이 부문은 적어도 한국 내에서 제주지역이 갖는 비교우위 부문이 되기 때문이다.

제주대학은 제주지역 내의 유일한 4년제 종합대학이다. 따라서 제주대학은 지역 내 연구 인력을 조직하는 역할을 담당해야 할 것이며 대학이 가진 각종 문화시설 및 공간을 지역민에게 개방하고 그에 걸맞은 다양한 교육 프로그램을 개발함으로써 제주 지역의 지적 · 문화적 수준을 끌어올리는 역할을 수행해야 할 것이다.

이상 제주 사회의 특수성을 고려하면서 제주대학이 수행할 필요가 있다고 생각하는 역할 · 기능을 선택적으로 개괄하여 보았는데, 그러기 위해 제주대학은 다음 몇 가지 태세를 갖추지 않으면 안 된다.

첫째, 대학의 자율역량을 확보하여 참신하고 융통성 있는 교육과정을 운영해야 한다.

둘째, 창의적인 지식정보를 창출 · 제공할 수 있는 유능한 연구 · 교육 역량을 갖추어야 한다.

셋째, 제주 사회의 특수성을 고려하여 대학의 제반기구 설립과 운영에 관한 방침을 가다듬어야 할 것이다.

다가오는 시대에 대비하면서 오늘 제주대학은 어떤 역할 · 기능을 강조할 것인가. 이는 이 시대 우리 대학인들의 정치적 선택의 문제이다. 분명한 것은 정책 결정의 우선순위를 발전의 가치에 두고 그에 적절한 수단을 동원하는 그런 의지가 필요하다는 것이다.

결론적으로 말하면 지방대학으로서의 제주대학은 제주 사회의 특수성에 관련하여 세계적인 학문과 교육의 요람이 되고 이를 바탕으로 학문의 보편적 가치를 추구하며 이것이 곧 제주인의 삶의 질을 향상시키고 나아가 세계시민으로서의 자질을 신장시키는 데 기여해야 할 것으로 생각한다. 명문제대 건설을 위하여….

16 제주대학교의 오늘, 그리고 희망찬 미래상*

제주대학교는 용두암의 푸른 바다를 바라보는 용담동의 경사면에 자리 잡고, 1952년 '도립 초급대학'으로 시작하였다. 1955년 4년제 대학으로 승격하면서 '제주대학'으로 개칭되고, 1962년 국립으로 이관, 1980년에는 멀리 한라산을 등에 업고 쾌청한 날이면 한반도의 남단南端을 바라볼 수 있는, 배산망해背山望海의 현재의 아라벌 캠퍼스로 통합 이전되었다.

1982년 드디어 5개 단과대학과 39개 학과를 싸안고 종합대학으로 승격(초대 총장 현평효), 그 명칭을 '제주대학교'로 하여 오늘에 이르고 있다.

1993년 9월 12일 현 고장권 총장이 4대 총장으로 취임하였으며, 1994년 12월 현재 인문학, 사회과학, 자연과학과 그 각 응용 학문영역에 걸쳐 8개 단과대학 57개 학과, 4개 대학원을 설치하고 있다. 그 소재지인 제주도의 지리적 특수성을 감안하여 해양과학대학이 설치되어 있음은 제주대학의 특수한 면모의 하나이다. 8천여 명의 학생이 재학 중이며 그 재적생 수는 1만여 명을 넘어서고 있다. 종합대학의 다중적 면모를 갖추고 있는 것이다.

"학술의 심오한 이론과 그 응용방법을 연구 · 교수 · 개발함과 아울러 독창력과 협동정신이 풍부한 지도자적 인격을 도야하여 각 분야에서 필요한 유능한 인재를 양성함"을 교육목적으로 하는 제주대학교는 자율적 개혁과 내부 변화를 통하여 대학교육의 질적 수월성을 추구하고 특성 있는 명문대학으로서의 견실함을 견지함으로써 21세기 미래사회의 변화에 능동적으로 대처한다는 목표 아래 이미 1992년 학사 부문의 장기 종합발전계획(계획기간 1992~2001, 10년)을 수립하여 추진 중에 있으며 시설부문 계획도 곧 마련될 것이다. 교수 3백

* 1994.12.8. 「제대신문」, '입시특집'.

40명으로 전임교수 확보율 96.4%를 나타내고 있으며, 교수 1인당 학생 수는 23.5명이다. 박사 배출 24명이며 2만 명이 넘는 졸업생을 배출하였는데 93년도 졸업자 62%가 취업하였고, 대학생 장학금 수혜율은 40%에 이르고 있다.

이제 21세기를 향하는 길목에서 2001년을 목표로 수립된 학사부문 종합발전계획은 21세기 정보사회, 세계화시대에 대비하여 제주대학을 한층 더 높은 위치로 끌어올리려는 야심찬 실천계획이다. 대학의 보편적 이념을 추구하면서도 제주 지역의 입지 특수성을 감안하여 대학 본래의 기능을 확충, 그 내실화를 도모하면서, 대학 운영의 합리성과 안정성을 확보하려는 계획이다. 의과대학, 예술대학, 생활과학대학 등 3개 대학을 신설하게 되며, 17개 학과가 증설되게 되는데 이렇게 되면 완성연도에는 총 11개 대학, 71개 학과, 입학정원 2천6백10명이 된다.

소위 무한경쟁시대에 그 경쟁에 이길 수 있는 비결은 자신의 특성을 잘 살리는 것이다. 여기에 제주대학은 해양분야, 관광산업분야, 아열대농업분야 등 3분야를 특성화 분야로 선정, 그 분야별 계획을 별도로 마련해 놓고 있으며 특별지원책을 강구 중에 있다.

학생의 자치적 활동을 보장하여 건전한 학풍 조성의 기틀을 잡게 되며, 복지시설도 확충하게 된다. 행정조직체계를 합리적으로 개편하고 교육 · 연구 활동의 지원체제를 강화하게 된다. 국제학술교류를 확대함으로써 세계화에 대한 인적 자원 역량을 끌어 올리게 될 것이며, 지역사회에 대한 학문적 봉사활동을 통하여 지역사회와의 연계 · 협조 체제도 강화해 나갈 것이다. 전산망을 확충해 나아가려는바, 정보화 추세에 맞추어 교육 · 연구, 도서관 운영, 행정 등 모든 영역에 걸쳐 그 역량을 최대화하게 될 것이다. 따라서 학생들은 자신들이 추구하는 교육적 욕구를 보다 용이하게, 보다 질 높게 충족할 수 있게 될 것이다.

이 모든 노력에 필수적으로 따라야 하는 것이 재정적 지원이다. 국가 지원이 불충분한 현실에서는 자체적 재정 역량을 키우는 길이 모색되어야 함은 당연한 것이며 이것은 대학 자구노력 중 가장 중요한 것이다. 이에 우리 대학은 현 고장권 총장의 재직 중 1단계로 50억 원을 목표로 기금을 마련하게 될 것이며 이 목표가 성공적이게 되면 2000년에 1백억 원의 달성은 무난할 것이다. 그러나 우리 발전 계획의 목표 달성을 위해서는 5백억 원 규모의 기금이 필요하다. 이를 위해 '제주대학교발전후원회' 조직이 가동될 것이며 재단법인 '제주대학발전기금' 운영의 내실화를 기하게 될 것이다.

시설부문에 있어서는 시설물의 합리적인 기능 배치와 토지 이용의 극대화를 기함으로써 보다 쾌적한 교육환경을 마련하고 지역문화센터로서의 역할에 손색이 없도록 하는 계획이 마련 중에 있다. 독지가의 출연으로 교수회관을 신축 중에 있으며 제2도서관, 공동실험실습관, 전자계산소, 박물관, 국제회의시설 등의 건립을 계획하고 있다. 특성화 분야에 있어서는 해양박물관, 관광영상관, 아열대농업연구 시설 등의 건립을 구상 중에 있다.

이제 제주대학교의 미래를 생각해 보자.

제주대학을 방문하는 많은 사람은 우선 그 캠퍼스의 쾌적한 환경에 호감을 나타낸다. 그리고 머물러 공부하고 가르치고 싶은 충동을 느낀다고 한다. 이런 캠퍼스를 오가며 일생의 어느 한 부분을 보낼 수 있다면 하는 희망을 나타낸다. 이것은 우리 제주대학의 발전 잠재력과 가능성을 예고해 주는 것이다. 내적 조건만 성숙되면 우수한 교수인력이 모여들게 될 것이기 때문이다. 훌륭한 교수들이 모여드는 대학은 반드시 명문대학이 된다.

다가오는 2천 년대는 세계화와 지방화가 동시에 추진되는 시대이다. 지방적인 것이 세계적인 것이 된다. 교육적 가치에서도 다양성이 추구되며 이에 지방대학의 가치는 더욱 돋보이게 된다. 지방화시대에 제주 지역의 발전구도는 제주대학의 전문인력에 의하여 주도될 것이고 이때 제주대학의 역할은 막강해질 것이다. 세계화의 추세는 아시아 태평양시대를 동반한다. 이 시대에는 우리나라 어느 지역보다 제주는 전위적 · 중심적 역할을 하기에 알맞은 위치에 있고 태평양을 향한 동북아의 중심지가 될 수도 있다. 제주도가 정보통신의 집산지로서는 적지適地라고들 하거니와 그렇게 되면 제주대학은 그 연구 메카로서 각광받게 될 것이다. 정보화시대에는 교육 · 연구 부문이 발전을 주도하게 될 것이기 때문이다. 이런 점에서 우리는 제주대학의 희망찬 미래를 내다볼 수 있는 것이다.

지역 특성화 부문에 관련하여 제주대학 연구활동의 수요가 증대하게 되면 제주대학의 전망은 더욱 밝아지는 것이다. 근래 제주대학에 설립 운영되고 있는 산학협동 컨소시엄이나 앞으로 설립인가를 받게 될 지역 특성화부문 연구센터 등은 그 구체적인 예가 된다.

96년 그 설립 인가가 예정되어 있는 의과대학의 신설은 지역 의료서비스를 획기적으로 향상시키는 계기가 될 것인데 이에 따라 제주대학의 위상은 크게 고양될 것이다. 노인층 휴양산업과 관련, 제주지역의 휴양적 성격에 결부되어 제주대학의 의대는 지역발전에 크게 기여하게 될 것이다. 제주 지역 관광산업의 비교우위성은 이 분야 학문영역의 발전을 가져오게 될 것이며, 4면이 청정바다인 섬이라는 조건은 전국 어느 대학보다 해양과학부문의 우위를 지킬 수 있어서 이 분야의 연구는 더욱 활성화되고 세계적 주시의 대상이 될 것이다. 인류의 손길이 비교적 적게 닿은 미개지인 해양이 21세기 신개척의 대상으로 떠오를 때 제주대학은 더욱 빛을 발하게 될 것이다. 또한 21세기는 환경의 시대이다. 환경적 문제가 비교적 적은 제주 지역은 마침내 세계인이 주시하는 중심적 지역이 될 수 있을 것이다.

21세기를 향한 문턱에서 제주대학은 다가오는 도전을 더욱 큰 비약의 계기로 삼아 간단없는 노력을 경주하게 될 것이다. 그리하여 세계 속의 뛰어난 대학들과 어깨를 나란히 겨루는 대학으로 성장할 것이며, 그에 따른 책임을 다하게 될 것이다.

학교가 설립된 지 반세기가 가까워져 온다. 이제 제주대학은 거대한 세계사의 흐름 속에 제주 지역이 갖는 시대적 소명을 다하는 주역이 고자 한다. 제주대학의 미래는 학문적 이상에의 끊임없는 진전에 의해서만 빛날 것임을 인식하고 교육적 · 학문적 내실화를 모색하여 나가려 한다.

미래의 드넓은 지평을 향하여 끊임없이 오늘을 반성 · 점검할 것이며, 이를 바탕으로 하여 흔들림 없는 힘찬 발걸음을 내디뎌 나갈 것이다. 그리하여 세계의 석학들이 머물러 캠퍼스를 걸으며 담소하고, 세계 여러 나라 학생들이 찾아들어 학구열을 불태우는 속에서 아라벌의 보람찬 역사를 창조하고, 세계사의 운영에 동참하게 되는 날을 위하여 우리 제주대학교는 부단히 노력해 나갈 것임을 다짐해 본다.

17 제주대학교의 미래상, 학생 생활을 중심으로 본 제주대학교의 발전방향*

이 글은 지난해 「제대신문」 12월 8일자 입시특집호 2면에 게재된 "제주대학교의 오늘, 그리고 희망찬 미래상"의 연장선상에서 쓰고 있다. 그때 필자는 제주도의 비교우위적 특수성에 근거하여 제주대학교의 21세기 빛나는 미래를, "세계의 석학들이 머물러 캠퍼스를 거닐며 담소하고, 세계 여러 나라 학생들이 찾아들어 학구열을 불태우는 속에서 아라벌의 보람찬 역사를 창조하고, 세계사의 운영에 동참하게 되는 그날"을 제주대학교의 희망찬 미래상으로 그려보았다.

이러한 미래상은 '바람직한 미래'를 창조하려는 의지를 전제로 가능하다. '바람직한 미래'를 창조하려는 의지는 제주대학 구성원의 합의와 이 지역사회의 성원이 결집해서 재창출하는 발전 에너지, 곧 시너지(synergy: 종합에너지)를 창출하게 된다. 이 글은 이 시너지를 전제로 하고 현재 시도되고 있는 교육개혁 프로그램들이 성공적으로 진행된다는 낙관론의 입장을 취하고 있다.

생각컨대 제주대학교의 지난 반세기여의 시간은 제주 고등교육의 기회를 양적으로 확대하였다는 점에서 그 지대한 의미를 찾을 수 있다면 다가오는 반세기에 제주대학은 질적 도약을 이룩하여 세계 속에 굳건히 자리한 학문공동체의 면모를 갖추게 될 것이다.

현재 제주대학교는 96학년도부터 의예과를 신설, 신입생을 모집하여 도민적 숙원사업인 의대를 설립하게 됨으로써 제반 학문영역을 고루 갖춘, 재학생 일만 명 수준 적정 규모의 종합대학으로서의 면모를 갖추기에 이르렀다. 서기 2천 년대 초 미래의 시점에 이르러서는,

* 1995.11.29. 「제대신문」, '입시특집호'.

'경쟁력 갖춘 명문대학'을 목표로 하고 있다.

경쟁력 갖춘 명문대학이란 무엇을 말함인가?

경쟁력은 우수한 교수인력이 확보되고 능력 있는 학생들이 찾아드는 상황 속에서 생긴다. 경쟁력의 지표, 그 구체적인 모습은 교수의 업적물이 학계에서 높이 평가되고 학생들이 졸업하여 사회에 진출할 때 환영을 받게 되는 그런 상황이다. 그리하여 제주대학 졸업생들이 제주대학을 다녔다는 데 큰 자부심과 긍지를 가지게 될 때, 그리고 고등학교 졸업생들이 제주대학에 입학하는 것을 자랑으로 생각할 때 제주대학은 명문대학이 되었다고 볼 수 있는 것이다.

명문대학이 중앙에만 있으란 법이 없다. 지방화시대의 도래로 지방의 가치가 각광받게 되고 지방적인 것이 세계적인 것이 되는 시대를 맞음에 있어서 우리 제주대학이 제주적 특성을 잘 살리면서 학문적 · 교육적 가치를 추구하면 지방 명문대학이 될 수 있는 것이다. 서구 여러 선진국의 경우 명문대학이 전국 곳곳에 자리 잡고 있음을 감안할 때 제주대학이 지방 명문대학이 되는 모습은 우리나라의 선진국 진입의 한 표현이기도 하다. 요즘 정부가 대학마다 그 나름대로의 특성을 살리고 다양성을 추구하면서 자구력을 보일 때 보다 많은 행 · 재정적 지원을 하는 것은 명문대학의 지역적 확산을 꾀하는 까닭이다. 이런 분위기를 제주대학은 기회로 삼고자 하는 것이다.

그러면 스스로 생각하여 명문대학에로의 진입이 가능한가?

우선 명문대학의 조건 중 하나라고 할 수 있는 것은 우수한 교수진의 확보이다. 이 문제는 자연스러운 추세 속에서 달성될 것으로 보고 있다. 전국적으로 교수의 질이 평준화되어 가고 있다는 큰 흐름에서도 그러하거니와, 구체적으로는 요 몇 년 사이에 제주대학교 교수 공채에 응모하는 인력의 질적 수준이 크게 향상되고 있음을 보아서도 그러하다. 소위 일류대학이 확보하는 수준에 맞먹는 교수진을 우리 대학도 확보하게 된다는 전망인 것이다. 제주대학이 갖는 쾌적한 캠퍼스의 환경과 제주 지역만이 갖는 관광휴양지로서의 매력 때문에 훌륭한 석학이 많이 찾아들어 머무는 곳이 될 것이다. 문제는 학내의 수용태세인데 제주대학교는 이를 위해 우수교수 유치를 위해 지속적인 노력을 기울일 것이며, 객원교수제, 초빙교수제, 준교수제 등 다양한 우수교수인력의 유치 프로그램을 마련하게 될 것이다. 기성 교수진의 학적 역량 배양을 위해 연구비 보조를 위한 획기적인 방법을 마련하고자 하며 연구업적 평가제의 도입도 고려하고 있다.

학생들의 강좌 선택의 폭은 확대된다. 입학과 동시에 단일 전공에 얽매이고 마는 교과과정의 틀에서 벗어나 학생들 자신의 학적 욕구 취향에 따라 강의를 수강하는 기회가 부여되고 동시에 복수전공 혹은 다전공 이수가 가능해지면서 다양한 학문세계를 접할 수 있게 된다. 학교 수학과정에서 전공의 변경도 가능해지고 강좌제 도입으로 수업연한도 자유롭게 정할 수 있는 상황 속에서 학생들은 젊은 날의 추억담들을 만들어가게 될 것이다. 교내 전산망이 확대 정비되면서 학습활동도 PC를 통하여 매우 간편하고 유연하게 이루어진다. 사회 진출에 필수적인 교과목인 영어 등 외국어와 컴퓨터 교과목 강의를 강화함으로써 취업역량을 배양할 것이며 취업지도 부서를 설치 혹은 강화하여 취업지도 프로그램을 개발, 취업 안내를 체계적으로 하게 될 것이며 취업정보실 운영도 한층 강화될 것이다. 학생들은 학교에서 만들어내는 각종 교육 프로그램이나 생활지도 프로그램에 따라 일정 과정을 마치면 자연스럽게 자신의 전공에 따라 사회에 진출하는 미래를 제주대학은 상정하고 있다.

이를 위해 제주대학은 착실하게 구상·기획하고 준비하게 될 것이다. 그 두드러진 몇 가지 예들을 학생 생활에 직접 관련될 만한 부문에 초점을 맞추어 제시해 보면 다음과 같다.

첫째, 전산화 계획에 따라 랜(LAN)망이 구축되고, 지난 10월 25일 인터넷(세계정보통신망)이 개통되었으며, 2, 3년 내에 전산소 빌딩도 독립건물로 지어질 것이다. 이러한 기반시설의 활용을 위하여 모든 학과에 최신 컴퓨터가 공급됨(앞으로는 학교의 요소요소 학생들이 편리하게 쓸 수 있는 곳에 추가적으로 설치될 것이다)으로써 학생들은 PC를 통해 보다 쉽게 학교의 각종 정보에 접근할 수 있게 되고 수강신청에서 도서관 자료 색출에 이르기까지 학습활동의 모든 부문에서 전산화가 가능해졌다. 인터넷 프로그램에 익숙해지면 국내뿐 아니라 세계의 어느 나라 대학들의 학술정보도, 그리고 일반 생활정보까지도 접할 수 있게 된다. 가히 지적 재산을 전 세계적으로 공유할 수 있는 시대를 맞음에 있어서 제주대학 학생들이 제주대학에 다닌다는 이유로 학습자료에 접근하는 것이 어려운 시대는 끝나고 있는 것이다. 제주대학생이 갖는 제주라는 지역적 불이익이 점차 해소되는 셈이며 이렇게 되면 굳이 예컨대 서울이나 미국으로 공부하러 가야 하는 필요성은 약화되는 것이다.

둘째, 교육과 연구활동에 투입되는 국가의 재정적 지원의 부족을 자체적으로 뒷받침하기 위하여 도내외의 유지·인사들로 구성된 '제주대학교발전후원회'를, 제주는 물론 서울, 부산

등에 조직하고 일본에도 그 조직을 시도하여 대학발전기금 모금활동을 체계화하면서 제주대학교의 발전에 대한 관심을 높이고 그 분위기 또한 고조되고 있다. 이를 바탕으로 제주대학교의 발전기금은 100억 원에 육박하고 있는바, 이 기금은 학생들의 학습활동이나 교수들의 연구활동을 지원하는 재원이 되어 학생들의 교육의 질을 높이는 데 큰 기여를 할 것이다.

셋째, 국제교류를 확대코자 하는바, 해외 유수의 대학들과 학생 교류를 점진적으로 확대하고 학점 교환제도도 도입할 수 있을 것이다. 이렇게 되면 다른 대학의 유명교수들의 강의를 듣게 될 기회가 확대되고 양질의 교육욕구를 충족할 수 있게 될 것이다.

넷째, 이미 설립이 인가되어 96학년도부터 의예과 신입생을 모집하게 되었는데, 이 의과대학의 설립은 제주대학의 위상을 크게 높일 것이다. 의과대학이 3차 진료기관인 부속병원을 동반하게 됨으로써 제주 지역사회에 질 높은 의료서비스를 제공하게 될 뿐 아니라 관광휴양지로서의 지역적 특수성과 결부되어 특히 실버산업의 유치에 크게 기여하게 됨으로써 학외의 전 도민적 사랑과 성원을 받게 될 것이다. 특히 96학년도 의예과 신입생들은 의과대학 1회 졸업생의 영광을 누리게 될 것인데 왜냐하면 대체로 1회 졸업생들(2, 3회 등 초창기 졸업생들까지도)에게는 그만큼 좋은 기회가 주어지는 것이 상례이기 때문이다. 의사이면서 대학교수가 되는 것은 영광이 아닐 수 없다.

다섯째, 제주대학에는 전국적으로도 몇 안 되는 첨단시설의 외국어교육관을 설립해 놓고 있으며 최신의 외국어 교육 프로그램들을 갖추게 될 것인바, 학생들은 그 프로그램들을 통하여 사회 진출에 필수적인 외국어를 효율적으로 학습하게 될 것이다. 외국어교육관은 앞으로 지어질 국제회의장과 연계되어 운영될 것인데 회의산업이 수요가 증대되는 상황에서 학생들은 이 국제회의장에서 거행되는 행사에 접할 기회를 가짐으로써 국제화시대에 국제감각을 익힐 수 있는 좋은 분위기를 경험하게 될 것이다.

여섯째, 장기 발전 시설계획으로 박물관과 문화관의 건립이 구상되어 있는바, 이들 시설은 제주대학의 문화활동공간으로서의 품위를 높이게 될 것이고 학생들은 품위 있는 문화활동에 참여하는 기회와 그 분위기를 한껏 경험하게 될 것이다. 이미 국고 예산사업에 반영되어 있는 제2 도서관 시설은 학생들의 독서와 연구 공간을 풍족하게 해줄 것이다.

일곱째, 소위 무한경쟁의 시대에 경쟁에서 이길 수 있는 방법은 자신의 비교우위의 특성화 분야를 살리는 것이다. 이에 우리 제주대학은 해양, 관광산업, 아열대농업 등 3개 분야를 특성화 분야로 지정하고, 그 분야별 계획을 별도로 마련해 놓고 있으며 이 분야에 대한 특별지원책을 강구 중에 있고 장기적으로 해양박물관, 아열대농업연구센터, 관광영상관 등의 건립도 구상 중에 있다. 따라서 이 분야의 학생들은 특히 유리한 조건을 갖고 공부하게 될 것이다.

여덟째, 계획 중인 야외 집회소와 스포츠센터 시설은 학생들의 체력단련과 과외활동의 쾌적한 공간을 제공하게 될 것이며, 제2 학생회관 등 후생 복지시설 확대와 그 서비스의 질을 더욱 향상시키게 될 것인바, 이로써 제주대학교는 강의 등 학습활동 이외의 유쾌한 대학생활의 추억을 담는, 학생들의 정감어린 캠퍼스가 될 것이다.

한라산을 등에 업고 제주해협의 푸른 바다를 내려다보는 이 구릉지 아라캠퍼스는 제주대학생 여러분의 자랑스러운 영원한 꿈의 고향으로 길이 남아 빛나게 될 것이다. 학생 여러분, 제주대인이 되어 아름다운 이 캠퍼스의 꿈을 안고, 큰 뜻을 키우고 자랑스러운 미래로, 세계로 비상의 날개를 펴고 날아보지 않으려는가.

18 21세기 제주대학은 어떤 모습이어야 하는가*

곧 다가오는 21세기는 세계화와 지방화가 동시에 추진되는 시대로서, 정보화 속에서 다양성의 가치가 존중되는 시대이기도 하다. 교육적 가치도 다양성이 추구되는 시대이므로 지방대학의 특수성은 더욱 돋보이게 된다.

이에 필자는 우리 제주대학교의 목표를 '테마대학'에 두었으면 한다. 테마대학은 테마공원, 테마박물관에서 보는 것처럼 일정의 테마를 내세워 세계의 대학들과 경쟁하여 수월성을 추구하는 그런 대학이다. 제주대학은 제주 지역의 특성을 고려하면서 제주 지역에 걸맞은 테마를 택하여 세계로 뻗어가는 대학의 모습이다. 테마는 대학교 단위에 국한되는 것이 아니다. 단과대학은 단과대학대로, 학부는 학부대로, 학과는 학과대로 연구소는 연구소대로 제주적인 특성을 감안하여 자신들의 테마를 정하고 그 테마를 중심으로 운영하는 것이 곧 경쟁력을 갖는 비결이다. 이제는 더 이상 다른 대학을 닮을 필요가 없다. 대도시의 대학은 '도시과학'을, 관광지의 대학은 '관광관련 학문'을, 고유의 문화유산을 향유하는 지역에서는 '민속학'을 각각 그 테마로 삼을 수 있을 것이다. 이럴 때만 다른 대학과의 경쟁에서 앞서는 데 유리할 것으로 생각한다. 지역 특성화 부문에 관련하여 대학 연구활동이 증대하게 되면 테마대학의 전망은 더욱 밝아지는 것이다.

테마대학으로서의 제주대학은 제주 지역의 비교 우위성을 갖는 분야인 관광관련 학문영역을 테마로 하여 발전할 수 있을 것이며, 제주도의 4면이 청정바다인 섬이라는 조건은 전국 어느 대학보다 해양과학 부문의 우위성을 가질 수 있어서 이 분야의 연구는 더욱 활성화

* 1997.6.3. 「제대신문」, '특집'.

되고 세계적 주시의 대상이 될 것이다. 인류의 손길이 비교적 적게 닿은 미개지인 해양이 21세기 신개척의 대상으로 떠오를 때 제주대학은 더욱 빛을 발하게 될 것이다. 환경의 시대이기도 한 21세기에 제주는 환경적 문제가 비교적 적은 청정지역이라는 점을 감안하여 세계인이 주시하는 환경부문(예컨대 환경농업, 청정에너지 사업 등) 학문을 중심적 테마로 삼을 수 있을 것이다. 그뿐만 아니라 모든 학문영역에서 나름대로의 제주 지역 특수성에 맞는 테마를 택하여 그 학문영역 발전의 축으로 삼을 수 있을 것이다.

테마대학으로서의 제주대학은 특성화 부문을 중심으로 사회발전을 선도하는 대학이 되고 다양성을 수용 조직화하는 열린 대학이 될 것이다. 특성화 부문을 중심으로 내실을 갖춘 대학, 미래를 창조적으로 선도하는 그런 대학이 될 것이다.

그리하여 우리 제주대학은 창조적이고 열린 학문공동체로서 '21세기의 꿈이 영그는 명문대학'의 반열에 오르게 되는 것이다. 제주대학은 학생에게는 젊음의 낭만을 구가하며 공부하는 캠퍼스가, 행정직원에게는 일하는 보람을 만끽할 수 있는 직장이, 교수에게는 연구·교육의 소명의식이 샘솟는 학문공동체가 되고, 도민들로부터는 도민의 대학으로 사랑받는 대학이 되는 것이다. 드디어 제대인 모드가 제대인임을 자부할 수 있게 되는 그런 날이 21세기와 더불어 열리게 될 것을 소망한다.

제5부

수상(隨想)

1 춘하추동(春夏秋冬) Ⅰ*

■ 1989. 3. 6.

종래 중앙집권적 권위주의체제는 중앙중심으로 권력과 지위와 온갖 자원들이 집중되어 상대적으로 지방은 소외되었고 지역 간 불균형성장에 따라 지역갈등은 심화되었다. 지역주민들의 현실적 · 일상적인 생존권적 요구나 각 지역마다의 특수성은 수용되기 어려웠고 지역주민들의 의견 또한 소홀히 취급되었다.

지역유지들은 중앙지향적 관심 속에 지역의 문제에 대하여 상대적으로 소홀하였다. 생활의 터전은 지방이로되 개인적인 직업적 성취의 열쇠는 서울에 있었기 때문에 서울에의 연줄망은 욕구충족의 수단이었던 셈이다. 그리하여 지역발전의 에너지는 적지 않게 소모되었던 것이 아닌가 싶다.

지방 언론매체는 지방시대의 도래와 더불어 지역민의 이익을 적극적으로 대변하고 지역사회의 발전에 기여함을 그 소명으로 한다. 지방 전통문화의 발굴과 보존 및 계승 · 발전, 풀뿌리 여론의 형성과 반영, 지역사회환경의 감시, 중앙 혹은 다른 지방과의 커뮤니케이션 등 그 수행해야 할 의무는 막중하리라. 3월에 들어서면서 본지는 1면의 톱으로 제주 지역 쟁점사안을 다루고 있다. 이는 지역 언론이 지방시대에 부응하려는 의지의 표현이다. 4일자 1면의 톱기사는 '「송악산 군사기지」 전면백지화'이다. 이제 지방시대의 도래를 실감케 한다. 이미 결정 통보되었던 중앙정부의 방침이 제주지역민의 저항에 부딪혀 백지화된다는 것이다.

* 1989.3.6.~6.5. 「제주신문」, '춘하추동'.

지역운동이 결실을 맺는 보기가 된다. 앞으로 지역주민이 주체가 되어 지역의 문제를 해결하려는 움직임은 지역운동의 차원에서 지속될 것으로 보인다. 이제 더 이상 지방은 중앙의 연장이거나 주변이 아니다. 지방의 이익은 중앙의 이익에 종속될 수 없고 중앙은 권위주의시대의 중심부로서 군림해서는 안 될 것이다. 지방의 고른 발전의 총화로서 국력은 질적으로 더욱 신장될 수 있는 것이 아니겠는가. 다만 지역이기주의는 경계해야 할 것이다.

■ 1989. 3. 13.

올해 들어서서 노사분쟁은 더욱 확대 심화되고 있다고 한다. 특히 몇몇 기업체나 산업분야에서는 그 양상이 폭력화하고 있음을 본다. 이는 경제발전과정에서 상대적으로 배제되거나 소외되었던 노동자들의 불만과 주장이 그동안 억압되었다가 일시에 폭발하는 현상이라 할 수 있을 것이다. 생각건대 모든 인간사회에는 갈등과 통합, 강제와 합의라는 양면성이 늘 존재하여 왔다. 노사관계에 있어서도 협조와 대립의 두 측면이 동시에 존재한다.

서구의 경우 대립의 측면에서 노동자들의 집단행동은 오랜 역사를 가지고 있다. 18세기 산업혁명 초기에 노동자들의 집단행동이 매우 빈번해지는데 이에 대처하는 방식은 억압정책이었다. 그러던 것이 19세기 초반에 관용정책으로 전환되면서 노동자의 단체교섭제도가 정착되고 그 후 노동자에 대한 법적 보호의 단계를 거쳐 오늘날의 노사공존의 시대에 이르게 된 것이다.

이러한 서구의 경험을 우리에게 직접적으로 적용하는 데는 문제가 있는 것이지만 노사간의 대립 · 갈등이 발생하는 것 자체가 크게 문제가 되는 것은 아닐 것이다. 보다 중요한 문제는 그런 현상을 어떤 시각에서 보고 대처하느냐 하는 것이다. 우리가 생각하기에는 노사의 대립 · 갈등은 투쟁의 논리가 아니라 상호의존 · 협조의 논리를 바탕으로 풀어야 한다고 본다. 결국 산업질서는 노동과 자본의 결합을 통하여 성립하는 것이고 그 어느 것도 일방적으로 배제될 수 없는 것이니까.

이런 시각에서 보면 오늘날 노사관계에 있어서의 갈등은 억압적 수단으로서가 아니라 제도적 장치를 통해서 표출되도록 하고 이를 평화적으로 해소하는 방식으로 해결하는 것이 옳은 것이다. 소위 '갈등의 제도화' 방식이 그것이다. 이것은 산업 혹은 경제민주화의 흐름 속에서만 가능하다고 할 것이지만 중요한 것은 기업 자신이 그 지닌바 내부갈등을 관리할 능력을 조속히 회복하는 일이다.

■ 1989. 3. 20.

제주도를 '삼무三無의 섬'이라고들 한다. 이 말에 대한 비판의 여지는 있지만 우리에게 설득력 있게 들리는 것은 제주인의 전통적 삶의 세계를 상징적으로 나타내주는 표현이기 때문이 아닐까. 섬으로서의 협소성과 삼재三災의 기후조건 그리고 자원결핍의 상황 속에서 생활하였던 제주인들은 근면·절약으로써 그 악조건을 극복하였던 것이다. 아무리 부를 추구한다 할지라도 사회적 잉여생산물의 부족으로 막대한 부를 차지하기 어려웠고, 아무리 극빈의 어려움을 겪더라도 굶주리지 않고 살 수 있는 지혜가 있었다. 그리하여 주민들 사이에 빈부의 격차가 크지 않은 '삼무'의 삶의 세계가 이루어진 것이다.

없는 사람일지라도 빌어먹을 필요가 없었고 있는 사람일지라도 남을 줄 수 있을 만큼의 여유가 있는 것은 아니었다. 여기서 '걸무'(乞無 거지 없음)가 나온다. 그리고 없다고 하여 도둑질할 필요가 없었고 있다고 하더라도 남들이 그렇게 탐낼 만한 가치물을 두드러지게 가진 것은 아니었다. 여기에 '도무'(盜無 도둑 없음)가 나온다. 보다 중요한 것은 이웃 간의 형제애가 협동적·상부상조적 생활윤리를 형성하고 있었다는 점이다. 이것은 제주 사회에 널리 퍼져 있는 이웃주민들 사이의 혈족관념에서 찾아볼 수 있다. 그리하여 서로 도와주고, 남의 것을 탐내지 않고 지켜주었으니 자신의 주거공간을 외부인에 대하여 차단할 필요가 없었던 것이다. '대문무'(大門無 대문 없음)는 여기서 나온다.

말할 것도 없이 이러한 '삼무'의 생활윤리는 제주인의 미풍양속으로서 제주의 자랑이 아닐 수 없다. 그러나 근래 산업사회의 진전과 더불어 특히 개발과정 속에서 '삼무'의 생활분위기는 사라져가고 있으며 현대적 사회문제가 빈발하고 있다. 그 하나의 예를 최근 발표된 검찰의 범죄통계에서 찾아보게 된다(본보, 3월 16일자, 7면). 범죄증가율이 전국평균을 웃돌고 있으며 범죄양상은 집단화·폭력화의 경향이라고 한다. 10대 소년범죄 증가율이 또한 높아지고 있다고 한다. '삼무'의 미풍양속을 생각하면 실로 안타까운 일이다.

■ 1989. 3. 27.

지식인들은 서로 다른 두 개의 모습을 동시에 지니고 있다. 사회를 비판하고 그로부터 소외되어 존재하는가 하면 때로는 제도권에 안주하여 어떤 역할을 맡거나 정치현장에 뛰어드는 참여자로 존재하기도 한다. 참여의 지식인은 체제현실을 인정하는 입장에서 참여로 인한 예속적 상태를 감수하지 않을 수 없다. 이에 반해서 비제도권에서 관찰자적 위치에 있는 지식인은 체제의 구조적 모순을 꿰뚫어 보고 이를 만인의 도덕이라는 이름으로 고발하고 선언하며 양식 있는 사회의 건설을 제창한다.

여기서 현실과 이상의 이율배반적 갈림길에서 고뇌하는 지식인들의 모습을 보게 된다. 체제에 발을 들여놓은 지식인들은 그 체제의 이데올로기를 추구하면서도 그 본래의 지성적 외침에 부응하여 체제의 모순을 타파하고 민중의 복지를 위하여 개혁의 선구적 역할을 할 수 있을 것이라 생각한다. 한편 체제 밖에 은거하는 은거 · 활동하는 지식인들은 유토피아를 추구하면서도 현실적 체제의 청사진을 마련해 놓고 있다고 생각한다.

이렇게 지식인들이 상반하는 두 개의 얼굴을 가지고 있다는 점은 비난이나 경멸의 구실이 되기도 한다. 일찍이 영국의 에드먼드 버크가 프랑스혁명 초기에 계몽사상가들과 이들을 찬양하는 지식인들에 대하여 비난하면서 쓴 표현은 매우 시사적이다. '정치적 신학자들과 신학적 정치인들' '별나고, 거만하고, 멀리보지 못하는 철학의 멋쟁이들' '냉담한 가슴과 흐리멍텅한 이해력' 등. 지식인들을 지적하는 영어 용어들 속에서도 지식인들의 이중적 속성에 대한 비난 섞인 표현들을 찾아볼 수 있다. 즉 '몽상적 과학자'(dreamy scientist), '계란 머리'(eggheads), '높은 이마'(highbrows), '정신 나간 사람'(crackpots) 등 그리하여 지식인들은 지배집단들로부터도, 민중으로부터도 때때로 따돌림당하는 신세가 된다. 지식인의 어떤 모습을 보는가에 따라 동일한 지식인에 대하여 서로 다른 평가가 나온다. 지식인들은 이러한 두 얼굴의 딜레마를 어떻게 극복할까?

■ 1989. 4. 3.

"방랑에의 오랜 동경 깨 쳐들어/세속의 사슬에 도전하다./야성의 피는/다시금 그 동면에서 깨어나다."(잭 런던, 『야성의 부름』 중) 1948년 4월 3일. 그 엄청난 비극의 날. 그날을 굳이 '4 · 3'이란 숫자에 얽어맬 필요는 없는 것이지만 이제 41주년을 맞았다. 세상은 많이 변해서 그렇게 금기시되어 오던 4 · 3의 문제가 근래 활발하게 거론되고 있다. 흔히 '4 · 3사건'으로 표현되는 그 '사건'은 오늘 우리에게 어떤 의미를 갖는가. 이러고 저러한 중요하고도 절실한 의미들이 있을 것이지만, 제주사람의 소박한 삶의 세계에 관련하여 그 지니는바 의미 또한 엄청난 것이다.

지금 '4 · 3사건'을 기억하는 모든 사람들의 가슴에는 그 처절했던 장면… 장면… 그런 경험들이 앙금이 되어 굳어져 있음은 말할 필요도 없다. 그들에게 자신의 일대기를 기술하라고 한다면 그 구체적인 내용이 어떠하든 간에 '4 · 3'에 대한 경험이 중요한 부분을 차지할 것이다. 수많은 제주사람의 전기傳記 속에서 '4 · 3'의 응어리를 발견할 수 있다면 이는 제주사회의 역사를 이야기하면서 '4 · 3사건'의 충격을 빼놓을 수 없음을 말하는 것이다. 이것이 제주의 현대사를 이야기하려 한다면 오늘을 사는 제주사람, 오늘의 제주 사회를 이야기하려 한다면 '4 · 3사건'을 이야기하지 않을 수 없는 이유이다.

오늘부터 본지에서는 '4 · 3의 증언'을 연속 대하기획물로 다룬다. 그 '증언'들은 우리의 한 맺힌 그날의 의미를 바르게 생각해 보고, 그 성격을 다시 살펴보는 계기가 될 것이다. 다만 '4 · 3'을 오늘에 이야기하는 것은 제주의 오늘 그리고 내일을 발전적으로 꾸며보고자 하는 주체적 노력임을 또한 잊어서는 안 될 것이다. 무엇보다 중요한 것은 '4 · 3'의 성격을 밝힘에 있어서는 대한민국 설립의 내력 속에서 그 진실을 캐고 밝히는 일이다. 구체적인 사건 하나하나의 내용에 초점을 맞추어 생각하는 우愚를 범하지는 말았으면 한다.

■ 1989. 4. 10.

우리는 욕구폭발의 시대에 살고 있다고 한다. 근래 근로자들, 도시빈민들과 농민들의 욕구폭발은 엄청난 사회불안을 야기하고 있으며 정치적 시련을 가중시키고 있다. 이 폭발하는 욕구를 얼마나 잘 충족시킬 수 있는가는 사회발전의 시금석이 될 것이다.

사람들은 욕구 혹은 욕구불만이 동인이 되어 행동하게 되고 욕구의 충족에서 행복을 얻게 된다. 그러한 욕구충족은 욕구 자체의 감소라는 측면과 욕구 충족수단의 확대라는 측면에서 고려해 볼 수 있다. 좋기로 말하면야 욕구 충족수단을 적극적으로 확대하는 것이겠지만 욕구 자체의 감소라는 소극적 측면 또한 소홀히 할 수가 없다.

욕구 충족의 일차적 수단은 한 사회의 경제발전을 통하여 확대될 수 있는 것이기 때문에 경제발전은 욕구 충족수준을 정해주는 중요한 기준이 된다. 그러나 경제발전 수준이 욕구 충족 그 자체의 수준은 아니다. 왜냐하면 경제발전에 따라 욕구수준은 더욱 높아지기 때문이다.

여기에 욕구 자체의 감소라는 측면의 중요성이 인식되어야 하는 것이고, 이는 사회불평등의 완화로 가능함을 인식할 필요가 있다. 가난한 자들의 욕구는 불평등이 심화된 상황에서 더욱 커지기 때문이다. 특히 신흥부유층의 과장 소비현상은 중·하층의 기대(욕구)수준의 상승을 부채질한다.

이렇게 상승하는 욕구충족의 기대수준이 제대로 충족되지 못할 때 그런 사회계층의 사람들에게는 상대적 박탈감이 발생하게 된다. 이 상대적 박탈감이 클수록 과격한 사회적 갈등과 근본적인 구조적 변동이 발생할 가능성이 크다는 사실에 우리는 주목할 필요가 있다.

결국 사회적 불평등의 심화상황에서 욕구상승과 욕구충족수단의 괴리가 커져서 사회적 불안이 가중될 가능성이 크고, 이러한 상황을 부채질하는 데 부유층의 과장 소비현상이 한몫을 한다는 점에 유의할 필요가 있다. 근래 호화혼수, 요란한 해외 나들이, 과열과외 등 과장소비적 행태를 문제로 삼아야 할 이유의 하나가 여기에 있다.

■ 1989. 4. 17.

성장한 두 딸이 묻는다. “아버지가 보는 제일의 행복은 무엇입니까?” 아버지가 대답한다. “제일의 행복은 싸움”이라고. 또 묻기를 “제일의 악덕은 무엇”이냐고. 이에 그것은 “남을 추종하는 것”이라고 대답한다. 또 묻는다. “제일의 불행은 무엇입니까?” 이에 아버지는 대답한다. “그것은 굴복하는 것이다”라고. 여기서 아버지란 마르크스를 이름이다. 이 마르크스 부녀간의 문답은 극좌 이데올로기(공산주의)의 단면을 나타내주는 것으로 보인다. 마르크스에게 있어 행복은 싸움(투쟁)이요 불행은 굴복이다. 그리고 남을 추종하는 것은 악덕인 셈이었다.

극좌 반대편에는 극우 이데올로기 파시즘이 존재한다. 파시즘은 어떠한가. 파시즘의 화신인 독일의 히틀러를 보자. 그의 호전성은 나치당이 독일정부의 고삐를 잡을 때까지의 폭거와 민족우월주의에 도취된 타 민족에의 침략전쟁에서 충분히 찾아볼 수 있다. 정치적 천재요 민족지도자로서의 자질을 확신한 히틀러는 개인의 평등을 인정하는 다수결원리의 의회민주주의는 결코 용납할 수 없었다. “일백 명의 텅 빈 머리가 모였다고 해서 한 가지의 영웅적인 결단이 나올 수 없다”는 것이 그의 주장이었다. 그리하여 그 자신이 최고지도자에 군림했다. 히틀러에게 추종은 악덕이었다. 히틀러는 1938년, 폴란드 진격명령을 내리던 날

독일의회에서 언명한다. "나는 항복이라는 말을 모른다. 나는 승리를 획득할 때까지 군복을 벗지 않을 것이다." 그리고는 1945년 4월 30일 베를린 함락 하루 전날 총통관저 지하실에서 아내 에바 브라운과 동반 자살한다. 그에게 굴복은 불행이었으므로….

극좌 이데올로기와 극우 이데올로기 사이에는 닮은 점이 많다. 그럼에도 불구하고 극우 히틀러는 반마르크스주의자였다. 마르크스주의를 광기라고 비난했던 그가 스스로의 광기에 대중을 추종하도록 했음은 역설적이다. '극과 극은 가장 먼 것 같으면서도 가장 가까운 것'인가. 극좌나 극우 이데올로기의 선명성을, 그 독선적인 논리를 경계의 눈으로 보자. 자유민주주의의 귀한 가치를 위하여.

■ 1989. 4. 24.

1960년대 중반, 프랑스의 언론인이자 정치가인 J. J. 세르방 슈라이버는 선진 유럽 여러 나라가 심각한 미국의 도전에 처해 있다고 하고 그 '미국의 도전'은 다름 아닌 기술력의 도전이라고 주장한 바 있다. 이는 당시 워싱턴포스트지가 지적한바 '히틀러 이래 유럽을 최대의 위기로 몰아넣은 거대한 미국의 진출'을 알리는 것이었다. 슈라이버는 말한다. "미국의 도전은 일찍이 유럽역사상에서 볼 수 있었던 전쟁처럼 난폭한 것은 아니지만, 아마도 더 드라마틱한 것이다. 그리고 가장 순수한 도전이기도 하다"고. 그러면 미국이 갖는 힘은 무엇인가. 그것은 기술의 힘이다. 기술력의 근원은 무엇인가. 자원, 기계 혹은 공장설비가 아니다. 그것은 바로 인간의 사고력 · 창조력이다.

제2차 세계대전 이후 이제 영토쟁탈전쟁으로서의 고전적 식민지 전쟁의 시대는 지나가는 듯싶다. 앞으로의 전쟁은 더 이상 영토의 확장이나 무력침공은 아닐 듯싶다. 국가 간의 전쟁은 바로 사고력 · 창조력의 전쟁일 것이다. 이런 시대에 식민지적 종속상태에 처해 있지 않기 위해서는 연구 · 개발력과 이를 제품으로 전환시키는 능력, 즉 기술력을 키우는 것이 매우 긴요하다. 장기적으로 보면 최근 심각하게 대두되고 있는 미국의 한국에 대한 수입개방압력도 이런 측면에서 극복해야 할 것이다.

그래서 1989년을 '기초과학의 원년'으로 설정하고 '기술 한국'을 부르짖게 되는 것은 시대적 당위이다. '기술 한국'의 건설은 물리적인 힘이 부딪치는 시대에 있어서와 같이 단순히 애국적 웅변이나 주장으로써 이루어지는 것은 아니다. 필요한 것은 끊임없이 연구하고 기술을 개발하는 것이다. 이러한 점에서 근래 우리나라에서 과학기술의 개발성과가 계속 발표되고 있음은 매우 고무적이다. KR-10664 신항생제의 개발, 정상온도에서의 핵융합반응의 성공, 최첨단 전자 소재인 99.99%의 초고순도 텅스텐의 개발 등이 그 예이다. 이제 우리나라도 '기술 한국'의 길에 들어서고 있는 것인가.

■ 1989. 5. 1.

"오 슬프도다. 수십 년 전만 해도 기상이 밝고 바르며 애비는 애비답고 자식은 자식답고…남녀가 분수를 지키고, 또한 그 의리를 지켜서 상하 서로 공경하는 도리가 환하게 밝았으나 근래에 인심이 날로 게으르고 풍속이 날로 퇴폐해지니 이 어찌 한심치 않는가,… 아침에 모이고 저녁에 흩어지는 그런 사람들 때문에 더욱 법이 문란하고 윤리를 저버리는 것을 능사로 여기니 이 같은 폐단은 부득이 조치가 있어야 사람이 밝아지고 기강이 가히 바로잡힐 것이니…" 이 글은 조선시대 중엽 한 온천관광지 향약의 한 구절이다. 이제 수백 년이 흘러 오늘 그와 같은 탄식이 관광지 제주에서 나오게 되었다.

그 관광지 제주, 풍다風多의 섬에 이제 요상한 바람이 불고 있다. 투기의 바람들이. 토지투기의 바람이 불더니 그에 더하여 요즘에는 아파트 분양, 국민주 청약에까지 심상치 않은 바람이 불고 있다. 이는 풍재風災가 아니라 인재人災를 몰고 오는 인간의 바람이다. 서울 큰 손들이 흔드는 바람을 타서 제주의 작은 손들이 흔들어 일으키는 바람은 변해가는 제주의 생활모습이다. 제주사람 본래의 모습은 자연의 바람을 이겨내던 강인하고 성실한 그런 모습이었다. 인간의 바람을 이겨내는 그런 지혜는 없는 것일까.

투기의 현장에는 '막차를 탔다'는 말이 나오게 된다. 다른 사람들이 차를 타고 지나가버린 자리, 마지막 손님이 되어 그 자리에 왔으니 그 자리는 허탈하고 공허한 자리일 뿐 얻는 게 없다는 것이다. 인간의 바람이 부는 곳에서는 누군가 그런 신세가 되어 회한에 젖기 마련이다. 사람들은 저마다 살아가는 방도가 다르고, 부정하게 사는 사람들은 그 부정함 때문에 망하게 된다. '숭어가 뛰니까 망둥이도 뛰다가 원담에 걸어진다'는 속담이 있다. 이런 속담에서 삶의 지혜를 얻음이 어떠할까. 제주사람 본래의 모습은 수분지족守分知足이었거늘.

■ 1989. 5. 8.

옛날 어떤 조그만 나라 기로국棄老國에 임금을 모시고 일하는 한 고급관리가 있었다. 그는 효성이 지극하여 노인을 내다 버리게 되어 있는 국법을 어기고 그의 나이 많은 아버지를 토굴에 방을 꾸며 숨겨두고 모시고 있었다. 그러던 어느 날 그 나라에 이웃한 대국으로부터 위협적인 요구가 들어왔다. 그 큰 나라는 기회만 있으면 어떤 핑계를 삼아 침범하려는 그런 나라였다. 제시하는 요구란 내어놓은 수수께끼를 풀어 답하지 않으면 쳐들어오겠다는 것. 문제는 간단치가 않았다. 보내주는 모양과 비슷한 두 필의 말 중 어떤 말이 어미 말인지 가려내라는 것이었다.

임금 이하 여러 신하가 수심에 싸인 것은 말할 것도 없다. 그때 예의 부친을 숨겨 모시는 신하가 집에 들어와서 그의 부친에게 걱정스러운 이야기를 하였다. 부친은 그 답을 쉽게 일러주었다. "두 필의 말에게 같이 먹도록 먹이를 주어보라. 그때 그 먹이를 상대편에게 밀어주는 말이 어미 말이다." 이 말을 전해 들은 임금은 크게 기뻐하여 국법을 어기면서까지 부친을 내다 버리지 않은 신하를 용서하였을 뿐 아니라 후하게 상금을 내리고 칭찬하였다.

이 이야기는 꾸며진 이야기지만 그 속에는 어버이날에 생각해 볼 만한 몇 가지 교훈이 담겨 있다. 첫째, 국법을 어긴 효성이 나라를 지키는 결과가 되었다는 것 둘째, 동물에게도 어미의 사랑은 지극하다는 것 셋째, 나이 많은 어른이 있어서 직면한 어려움을 풀 수 있었다는 것 등이 그것이다.

오늘은 어버이날. 이 어버이날에 어버이의 '바다보다 더 넓고 산보다 더 높은 그런 사랑을 한 번쯤 생각해 보게 된다. 동양의 윤리에 있어서 보면 '孝行효행은 百行백행의 근본'인 것이고, "百善백선 중에 孝효가 爲先위선"이다. 맹자 또한 "父母俱存부모구존…一樂也일락야"라고 하여 부모 모시는 것을 人生의 삼락 중 첫째로 꼽았다. 세월이 흐르고 시대가 바뀌었어도 부모의 사랑은 하해河海와 같은 것이려니.

■ 1989. 5. 15.

푸른 5월은 청소년의 달. 이달에 우리는 그들에게 무엇을 하라 혹은 해서는 안 된다는 요구를 하기 전에 사회가 그들을 위해 어떻게 무엇을 해야 할 것인지를 생각해 보는 것이 옳으리라. 따지고 보면 청소년의 모습은 그 사회의 양상을 반영하는 측면이 있다. 어른들이 만들어놓은 생활토양에서 아이들은 자라면서 사람 됨됨이를 배우기 때문이다.

아이들은 어른들의 행동을 모델로 하여 그것을 모방하고 배우는 것이다. 그러니까 사회가 어떤 종류의 모델을 제공하느냐 하는 것은 어떤 청소년이 자라는가에 매우 중요한 요소가 된다. '강남의 귤나무 강북에 심으면 탱자가 된다.' '맹모삼천孟母三遷'의 교敎를 거론하게 되는 것도 자라는 아이들에게 좋은 모델을 제공하는 것이 중요함을 되씹는 의미이다.

'거울 자아'라는 말이 있다. 청소년들은 사회라는 거울에 비추어보면서 자기 상을 정립해 나간다. 청소년들은 사회라는 거울 속에 자신이 어떻게 비치는지를 생각하고 다른 사람들은 그 모습을 어떻게 판단하는지를 상상하며 자신의 됨됨이를 꾸며나간다. 거울이 잘못되었다고 생각해 보라. 서리가 낀 거울, 일그러진 거울에 비친 자신의 모습은 어떻게 될까. 다른 사람이 나를 보고 아름답다면 나도 내가 아름답다는 생각이 들고, 도둑놈이라고 하면 나도 또한 나쁜 사람인가 보다 하는 느낌을 갖게 된다.

사회가 청소년들에게 어떤 모델을 제공하고 그들을 어떻게 비추어주는가에 따라 그 사회의 청소년이 자신의 상을 형성한다고 할진대, 오늘날 청소년의 탈선에 대한 중대한 책임이 기성세대에 있음을 명심할 필요가 있다. 독재체제의 경직된 분위기는 독선적 청소년들을 만들기 쉽고, 방만하고 타락한 분위기는 불량한 청소년들을 만들게 된다. 이 푸른 5월에 다시 한번 생각해 보자. 푸른 꿈을 가지고 밝은 미래를 향해 힘차게 전진하는 청소년에게 오늘의 우리 사회는 좋은 거울이 되고 있는지를.

■ 1989. 5. 22.

두 가지 문화유형이 있다고 한다. '수치(부끄러움)의 문화'와 '죄의 문화'가 그것이다. 대체로 서구문화 기독교권은 '죄의 문화'에 해당한다. '죄의 문화'에 있어서 사람들은 죄의식 속에서 행동하며 잘못에 대해서는 양심에 입각하여 사죄한다. 그들은 다른 사람이 무어라 하든 보편적 기준에 따라 몰인정하게 행동한다. 그저 '인간적'으로 보아주는 것은 없다. 인정을 걸어 부탁하는 것은 먹혀들지 않는다. 공적 생활영역에서는 더구나 그러하다.

미국은 '죄의 문화'권에 속하는 나라이다. 최근 한·미 통상협정에서도 경험했던 터이지만 받을 만큼 주어야 하는 것이고 주면 반드시 받겠다는 것이 미국의 태도이다. 따라서 대미교섭에 있어서는 무엇을 줄 수 있을지를 고려하면서 받아야 할 것이고 주는 것이 있으면 반드시 받아내야 할 것이다. 이번 대미 통상협정에서는 다행히 '우선협상대상국'(PFC)이나 '우선협상대상관행'(PFP)에서 제외되긴 했지만 언제 또 그런 위협이 다가올지 모른다. 이어지는 대미교섭에서는 외교적 노력 이전에 그들의 '죄의 문화'에 대한 깊은 연구가 있어야 할 것이다.

'수치문화'에서는 자신의 내면에서 우러나오는 명령에 따라 행동하는 것이 아니라 남의 비판을 두려워하며 세상 사람들이 나를 어떻게 보고 생각하느냐에 관심이 집중된다. 의리나 은혜, 인정 등이 강조되고 이를 어기는 것은 큰 부끄러움이 된다. 자신의 잘못이 드러나는 것은 수치이므로 청문회 같은 곳에서 자신의 잘못을 말하려 하지 않을 뿐 아니라 종교적 고백을 통하여 마음이 가벼워지는 것도 아니다. 죄를 저지르면 번민은 하지만 참회나 속죄에 의해 그 죄가 경감되는 것은 아니라고 생각한다.

그리하여 '수치의 문화'에서는 행운을 기원하는 의식은 있으되 종교적 고백의 관행은 없다. 고백이 속죄의 방법이 되지 않는다. 자신의 잘못을 털어놓음으로써 개인적인 수치심만 커지는 것이다. 자신의 악행과 죄과가 세상에 노출됨으로써 마음의 고통은 더 커질 따름이다. 이런 문화 속에서 청문회제도가 제대로 정착될 수 있을지 생각해 볼 문제이다.

■ 1989. 5. 29.

흙은 인간의 영원한 고향이다. 흙에서 태어나 흙으로 돌아가는 것이 인간이기에 그렇다. 태초부터 사람들은 늘 흙과 더불어 애환을 같이해 온 터이다. 특히 농민들에게 흙은 삶 그 자체이다. 농사짓는 이들이 농토를 가질 수 없음은 그들의 사는 의미를 상실케 하는 것이다. 최근 서울시가 시민의 택지 확보를 위하여 일산, 분당 지역을 수용하리라는 소식을 접하고 그 지역주민이 보인 저항은 깊이 새겨보아야 하리라.

근래 제주농촌의 땅값 또한 크게 상승하고 있다고 한다. 농사를 지어 수지가 맞으니까 농민들이 농토를 사려는 경향이 많아서 그렇다면 얼마나 반가운 일인가. 그러나 그게 아니라는 데 문제의 심각함이 있다. 도회지 돈 많은 사람의 투기성 농토구매열 때문에 농토 값이 치솟고 있는 것이다. 농토를 보지도 않고 사들이고 보지 않은 사람들끼리 외딴곳에서 또 거래가 이루어진다. 한번 거래가 이루어질 때마다 그 값은 오르기 마련이다. 산 값보다 더 받아야 팔기 때문이다. 어떤 농촌마을의 경우 3개월 전 평당 3만 원 미만에 산 농토를 이제 4만 원 이상에 판다고 한다. 연전만 해도 1만 원이면 살 수 있었던 농토인데 말이다.

농토값이 오르면 농민들에게 이익이 아닌가 생각할지도 모른다. 그건 그렇지가 않다. 실제로 농사 지을 사람들이 농토를 살 때는 막대한 자금이 있어야 하기 때문이다. 농사지어 모은 돈으로는 그 비싼 땅을 사는 것이 불가능하다. 그리고 농사를 지어보아야 벌어들이는 것이 없기 때문에 농사짓는 일에 흥미를 잃는다. 그런데다가 빚에 쪼들리고 보면 값을 많이 주는 사람에게 농토를 팔기 마련이다. 경자유전耕者有田은 허튼 이야기가 된다. 농산물 가격은 저렴하니 비싼 농토를 사서 농사짓는 것은 바보스러운 짓일 수밖에 없을 것이다. 농촌에 토지는 많은데 농민이 그들이 필요한 토지를 사기가 어려워지는 상황. 농민은 농토를 떠나고 농촌은 황폐해지고…. 농촌을 농민이 살 만한 곳으로 만들 그런 농정農政은 부재인가.

■ 1989. 6. 5.

농촌에 있어서 농민들의 농토에 대한 애착만큼이나 도시에 있어서 집 없는 서민들의 집 지을 땅에 대한 애착 또한 강하다. 그런데 집 지을 땅을 구하기가 어렵다. 땅은 많은데 집 지을 땅이 없다. 정확히 말하면 집터가 없는 것이 아니라 실제로 필요한 사람들이 그 집터를 갖지 못한다는 데 문제의 심각함이 있다. 집을 지을 땅은 제한되어 있고 그 값은 엄청나게 비싸기 때문이다.

집터가 필요한 사람들은 대체로 값비싼 집터를 사서 집을 지을 수 있는 그런 사람들이 아니다. 집 마련의 꿈을 안고 오랜 저축전쟁 끝에 돈을 모았으나 집 마련은 어렵고 꿈은 깨지고. 문제는 또 있다. 집 지을 만한 땅을 가진 사람은 그 땅을 필요로 하는 사람에게 제공하지 않는다. 그저 가지고만 있으면 땅값은 상승할 것이기 때문이다. 부동산 투기로 쉽게 돈을 번 사람들은 돈 씀씀이가 헤프고 돈을 헤프게 쓰니까 물가는 오른다. 그러자, 제주시의 어느 관계자 왈, "최근 물가 상승의 주범은 뭐니 뭐니 해도 부동산이 아니겠는가?"라고 한다. 쉽게 번 돈은 쉽게 쓸 가능성이 충분히 있으니, 이렇게 보면 부동산 투기는 과소비의 주범이라 할 만하다.

지난 3일 한국은행이 발표한 '자금 순환 동향'에 따르면 금년 1/4분기(1~3월)에 새로 늘어난 금융자산 중 개인부문에서 저축된 '잉여자금'이 지난해에 비해 1조 원이나 감소되었다. 이것은 올 들어 경제성장의 둔화로 소득은 별로 늘지 않는 데 비하여 소비지출은 크게 늘어났기 때문이라고 한다. 과소비현상이다. 여유 있는 자금이 금융기관에 저축을 통하여 생산활동에 투입되는 것이 아니라 토지 자산에 투입된다. 토지 투기다. 논과 밭, 황무지 가릴 것 없이 마구 사들이는 사람들이 있다. 땅값, 집터 값이 뛰지 않을 수 있겠는가?

주택은 인간생존의 기본조건이다. 생존의 기본조건이 충족되었을 때 사회정의는 구현되는 것이라고 볼 때 주택난은 시급히 해결되어야 한다. 그 해결의 기본 철학은 주자유택住者有宅이라야 할 것이다. 토지는 필요한 사람들에게 돌아가도록 하는 것이 자연적 순리가 아니겠는가. 인간이 자연적 이치를 거역하면 그 돌아갈 터전을 잃게 된다.

2 춘하추동(春夏秋冬) Ⅱ*

■ 1989. 9. 11.

참으로 애통한 일이다. 지난 8일, 200mm의 그 엄청난 비가 내리붓던 날 하오, 꽃다운 다섯 고교생이 급류에 휩쓸려 실종되었으니(본지, 9월 9일자 보도)…. 이제 누구를 원망해서 될 일은 아니지만 그 사고현장이 고등학생과 대학생들 우리 젊은이들이 지름길로 이용하는 길목이니 다리가 놓여 있었더라면 하는 아쉬움이 크다. 사고가 난 그곳에 다리를 세워주도록 수차례에 걸쳐 요청했었다니 말이다.

평소 사고에 대한 의식을 하지 않았겠지만 그토록 비가 와서 넘치는 길, 다리가 놓여 있지 않은 냇물을 건너는 일을 삼갔더라면 하는 아쉬움 또한 남는다. 젊음을 앗아간 그 '막은내창' 즉 세월細越의 사고를 생각하며 젊은이들의 자중자애하는 몸가짐을 생각한다. 혹시 젊음의 객기나 치기稚氣로 하여 위험을 자초한 것은 아니었는지. 우리는 젊은이들의 명분 있는 용감성을 높이 사는 터이지만 헛된 만용은 경계한다.

우리가 유독 그날의 그 실종된 학생들에 대하여 깊은 애도의 뜻을 가지며 되씹어보는 것은 우리의 청소년들이 더없이 맑고 건강하게 자라서 우리 사회의 동량이 되기를 기대하기 때문이다. 청소년의 젊은 패기, 그 열망과 정력은 사회를 움직이는 동력으로 작용한다. 그들의 이상주의는 자기를 초월하여 사회에 헌신하며 청렴을 선호하고 나쁜 계략을 경멸하며 불의에 굴종하지 않는다. 그러기에 국가적 시련기에는 그 극복을 위하여 희생적으로 봉사·헌신하게 되는 것이다.

* 1989.9.11~12.18. 「제주신문」, '춘하추동'.

한국의 역사상 그러한 예는 허다하다. 신라 3국 통일의 주역이었던 화랑도까지 거슬러 올라가지 않더라도 구한국 말의 의병활동, 개화기의 청년운동, 6·25전쟁 당시의 학도병 등. 그리하여 사회적으로 청소년들에게 거는 기대는 큰 것이니 1905년 국치國恥의 조약에 즈음하여 어떤 신문에서 "청년들아 청년들아 국가흥망 담당하는 청년들아 국패國敗하면 신수망身隨亡은 제군들도 아는 바라…" 하여 미래의 국가흥망이 청년의 문제임을 강조하였던 것이다.

뒤집어 이야기하면 청소년은 자신이 '신수망'이면 '국패'임을 알아야 하리라. 이제 다시 우리는 우리의 젊은 넋을 위로하며 청소년들이 건강하게 자라서 이 사회의 동량이 되기를 기원한다.

■ 1989. 9. 18.

발트해 연안의 도시 그다니스크가 폴란드 자유화의 메카였다면, 그 도시의 레닌조선소 전기공인 바웬사는 폴란드 자유화의 메시아와 같은 존재라 할 만하다. 목수의 아들로 태어나 직업학교를 졸업한 후 1967년 그다니스크 레닌조선소 전기공이 되었던 그가 이제 폴란드가 낳은 뛰어난 지도자로서 세계적인 주시를 받고 있다. 그의 지도하에 폴란드 자유노조 '연대'連帶(솔리다리노스크)는 이제 비공산 민주연정을 탄생시켰다. 바웬사가 그토록 억압적이었던 공산정권에 대항하여 승리할 수 있었던 힘은 무엇이었을까?

우선 그가 사태에 대처하는 유연성을 들 수 있을 것이다. 바웬사는 파업상황 속에서도 파국적 상황으로 치닫지 않고 신중하게 행동했다. 조선소 파업이 전국적으로 확산되던 1980년 8월 바웬사는 정부 대표를 만나 21개 항목의 합의서에 조인하게 되는데, 그 내용 속에는 "폴란드의 지리적 위치에서 오는 정치적 제약을 양해하고 지배정권을 인정하며, 당의 우월성과 기존의 국제적 동맹의 지속도 인정한다"는 대목이 들어 있다. 그때 이런 유연성을 보임으로써 뒤에 불법화되기는 했지만 자유노조의 설립과 파업권 등 노조의 실력행사를 인정받을 수 있었다.

자유노조가 자유총선에서 대승을 거두고 민주연정을 구성하면서도 그런 유연성을 보인다. 자유노조가 이끄는 새 정부는 국방과 내무 등 민감한 부서는 공산당에 보장한다는 것과 바르샤바조약기구에서 탈퇴하지 않겠다는 바웬사의 의사 표명이 그것이다. 더욱이 바웬사는 자유노조에서 민주연정의 총리로 추대키로 했을 때 '나는 총리가 되지 않을 것'이라고 하고 '정부 구성에 적극적으로 협력할 것'임을 다짐하였다. 마음을 비우고 국정 운영에 임한 것이다. 1983년 노벨평화상 수상자가 된 것도 우연이 아니다.

보도(본지, 9월 16일자)에 의하면 그 바웬사가 11월 말께 우리나라를 방문하리라 한다. 우리 정치지도자들은 무엇을 생각하게 될까. 그의 정치지도자다운 참된 경륜도 함께 방문하였으면 좋겠다.

■ 1989. 9. 25.

애당초 매립될 땅이 아니었다. 매립해야 할 당위성은 하나도 없었다. 제주시의 땅이 모자란 것도 아니었으며 매립한 그 해안가가 매립할 필요가 있는 불모의 지역도 아니었다. 오히려 그곳은 제주시민의 낭만이 깃든 바닷가였고 해녀들의 생계유지에 필수적인 '제주 바다'였으며 제주시민의 휴식처였다. 제주시의 땅을 넓히는 효과가 있기는 하나 그렇다면 어째서 그 탑동 바닷가인가. 제주시에 연해 있는 바닷가가 어디 그곳뿐이던가.

이제 생각해 보자. 그 매립된 땅에 어떤 기능을 부여할지 모르나 그곳에 빌딩이 들어찼다고 해보자. 그렇지 않아도 제주시의 도로 환경 그 체계상의 문제로 중앙로의 교통체증현상은 극심한 터인데 탑동 이용자의 자동차 행렬은 어떻게 처리할 것인가. 탑동으로의 진입로를 생각한다 하더라도 그곳은 시민에게 개방된 공간으로 두는 것이 옳았을 것이다.

이렇게 생각해 보면 역시 탑동 매립은 매립 그 자체에 의혹이 간다는 생각을 떨쳐버리기 어렵다. 그러기에 제주도민은 이 문제를 걸고 따져드는 것이며 지역운동 차원에서 그 해결책을 모색하고 있음은 주지하는 바와 같다. 매립 그 자체를 반대하는 입장이나 기왕에 매립 완료되었으니 국토 이용의 효율화를 위해서도 그 이용방안을 모색해야 할 것이나 이때 부딪히는 문제는 이익환수 문제이다.

애초 어떤 이해관계들이 얽혀서 그랬는지는 규명되어야 할 터이지만 그 최대의 의혹은 사업가가 적정 이윤을 포함한 당해 매립공사의 사업비 상당의 매립지만을 취득하게 되어 있는 신법이 국회를 통과한 시점에서, 도로 등 공공용지를 제외한 매립지를 모두 취득하게 되어 있는 구법을 적용하여 매립을 허가함으로써 사업자에게 1천억 원 이상의 엄청난 이익을 보장해 주었는가에 있는 것이다. 기업은 이윤 추구가 그 존재 근거이기 때문에 기업이윤은 당연히 보장되어야 한다. 그러나 그 이윤은 적정수준에서 보장되는 것이 마땅하다. 기업

윤리의 차원에서도 그러하다. 이제 사업자는 그의 적정 이윤이 어느 정도인지를 분명히 제시할 필요가 있다.

■ 1989. 10. 2.

절대 권력은 절대 부패하고 부패한 권력은 절대 망한다. 그리고 그 절대 권력자의 최후는 비극적으로 끝난다. 이것은 역사의 교훈이다. 전 필리핀 대통령 페르디난드 마르코스, 지난 9월 28일 망명지인 하와이 호놀룰루의 세인트 프랜시스 병원에서 숨을 거두었다. 그의 유일한 소망은 필리핀에 돌아가 여생을 보내는 것이었다지만 그 소망은 필리핀 국민으로부터 여지없이 거부당하고 이제 죽어서도 고국에 못 돌아가는 신세가 되었다. 1983년 필리핀의 야당지도자 베니그노 아키노가 마르코스 정부의 반대에도 불구하고 국민적 지지에 힘입어 귀국하는 것과 대조적이다.

아키노는 귀국길, 마닐라공항에서 암살당하는 비운을 맞았지만 조국 땅에 묻힐 수 있었다. 아키노는 죽으면서 명성을 얻었고 마르코스는 추악한 독재자로 비난받으며 죽었다. 그 한때의 부귀영화가 무슨 소용이 있겠는가. 마르코스도 한때 애국애족하며 필리핀 독립투쟁에 앞장섰던 사람이었다. 필리핀 독립 후에는 정계에 투신하여 정치가로서 큰 명성을 얻었고 그리하여 1966년 대통령으로 당선되어 권력을 잡게 된다. 그 당시 누가 그의 비극적 종말을 예견하였을까?

문제는 권력의 속성이다. 아니 그 권력의 속성을 극복하지 못하는 것이 문제이다. 권력은 마약과도 같은 것인가. 잡으면 더 잡고 싶고 군림하고 싶고 자기도취, 자기기만에 빠지기 쉬우니…. 마르코스는 8년 4개월의 계엄통치와 6차례에 걸친 개헌을 하면서 절대 권력을 휘둘렀다. 그러니 부패하고 망할 수밖에. 1986년 국민적 저항에 밀려 20년의 권좌로부터 축출된 지 이제 3년, 외롭게 객사한 것이다. 우리는 그에게서 무엇을 배워야 할까?

아리스토텔레스는 그의 『詩學』시학에서 소포클레스의 '오이디푸스 왕'을 비극의 표본으로 삼았다고 하지만, 여기 그 마지막 코러스의 한 구절을 소개한다. "이 사람이 오이디푸스다./ …온 장안의 누구나 그 행운을 부러워했건만/ 아아 이제는 저토록/ 격렬한 풍파에 묻히고 말았다/ 그러니 사람은 그 태어난 몸을 조심스럽게/ 마지막 날 보기를 기다려라…/삶의 저편에 이르기 전에는/ 이 세상 누구도 행복하다고 부르지 마라."

■ 1989. 10. 9.

사람들이 자신의 의사를 전달하는 수단으로는 신호도 있고 몸짓도 있으나 말과 글은 그 대표적인 것이다. 말과 글은 사람들의 언어생활에 있어서 동전의 양면과 같다. 글은 구술하면 말이 되고 말은 기록하면 글이 된다. 그러나 말과 글이 우리 언어생활에서 갖는 의미는 다르다. 그것은 마치 우리의 입과 손이 우리 경제생활에서 갖는 의미가 서로 다른 것과 같다. 손은 일구고 꾸미고 만들어내는 생활을, 입은 먹고 마시고 내뱉는 소비를 의미한다.

마찬가지로 입을 통해 나가는 말은 허공으로 흩어져 없어지지만(물론 기계적인 조작으로 보존할 수는 있지만 원래 그런 것이다.) 손을 통해 나가는 글은 지면에 남아 축적되면서 미래지향적으로 누적되는 효과가 있다. 인류의 발전에 있어서 크게 공헌했던 것이 인쇄술의 발명인 이유도 여기에 있다. 말은 태초에 하느님의 '말씀'에서 비롯하지만, 글은 그 후 아주 오랜 시간이 흐르면서 개발되었으니 분명 글은 말보다 훨씬 발전된 언어의 형태이다. 말 많은 것을 문제 삼아 '빈 수레가 요란하다'느니 '웅변은 은이요 침묵은 금'이라느니 하는 터이지만 글 많은 것은 나무람이 없다. 어떤 민족이 얼마나 훌륭한 글을 가지고 있느냐 하는 것은 그 문화창달의 척도가 될 만하다.

오늘은 한글날이다. '한글'이라는 말은 '한韓나라의 글' '큰 글' '세상에서 첫째가는 글'이라는 뜻을 가졌다고 하는데 속칭 언문諺文이라고도 하였으며, 『訓蒙字會』훈몽자회에서 전하는 바로는 '반절'反切이라고도 하였고, 한때 사대주의 흐름을 타고 '암클' '아햇글'이라 멸시당하기도 하였다. '가갸글'이라는 명칭도 있었다. 그러나 세종대왕께서 창제하실 때 이름을 '훈민정음'이라 하였음은 우리 모두 잘 아는 터이다. 그 뜻은 '우리나라 말을 반듯하게 옳게 쓰는 글'(『석보상절』) 혹은 '백성을 가르치는 바른 소리'(『훈민정음언해』)로 풀이된다. 오늘 한글날을 맞아 정말로 바르게 가르치는 소리가 더욱 크게 울려 퍼졌으면 한다.

■ 1989. 10. 16.

요즘 어쩌다 시내 거리를 지나노라면 주차장도 아닌 길가의 양옆에 즐비하게 늘어선 자동차들, 그리고 빽빽하게 흐르는 자동차이 행렬이 꼭 도시 공간을 파괴할 것 같은 느낌이 든다. 보도에 의하면 승용차의 국내 수요가 근래 급증하고 있고, 내년 자동차 국내 수요는 1백만 대를 넘어설 전망이라고 한다. 이것은 수출 부진의 돌파구를 국내에서 찾으려는 자동차 업계의 판매전략에 따른 것임은 물론이다.

90년대 초까지는 중하의 소득층을 겨냥하는 국민차를 수십만 대 생산 공급할 것이라 하니 과소비의 풍조를 타고 자동차 바람은 더욱 심해질 전망이다. 인구는 도시로 집중하고 도시 공간의 자동차는 급증하고… 굳이 생활의 편익을 향유하려는 데 나무랄 수는 없는 것이지만, 문제는 그렇게 자동차가 급증할 때 우리의 도시 공간이 버텨낼 것인가가 걱정이다. 아무래도 자동차라는 문명의 이기를 수용할 도로체계의 개선과 자동차문화의 정착부터 선행되어야 할 것 같다.

그리스 신화에서 보면 프로메테우스는 제우스신으로부터 불을 훔쳐내어 인간에게 전해줌으로써 인간의 문명을 일으킨다. '근대의 프로메테우스'는 '프랑켄슈타인'(1818년 간행된 영국 여류작가 셸리 부인의 작품명, 그 주인공 이름)이다. 프랑켄슈타인은 죽은 자의 뼈로 인형을 만들고 생명을 불어넣어 괴력의 생명체를 만들어낸다.

불을 도둑맞은 제우스신은 판도라라는 여성을 창조하여 프로메테우스에게 보내서 복수하게 되는데 판도라의 상자 속에서 온갖 재앙들이 쏟아져 나와 인류의 불행은 시작되었다. 프랑켄슈타인은 자신이 만든 괴물이 횡포를 부리고 괴롭히자 그것을 없애기 위하여 쫓다가 북극의 빙원에서 패해 죽는다. 창조주가 피조물에게 낭패를 당한 것이다.

오늘날 우리는 기계문명의 온갖 편이를 이용하면서 행복하게 살고 있다. 그러나 인간이 창조해 놓은 피조물인 기계가 인간을 낭패케 할 것은 아닌가 하는 질문을 던지는 경우가 있다. 우리는 이 질문에 진지하게 대답해야 할 것이다. 굳이 자동차만은 아니지만 문명의 이기를 현명하게 이용하려는 지혜가 있어야 하리라. 현대판 프랑켄슈타인이 되지 않기 위하여.

■ 1989. 10. 30.

'누가 이 나라를 움직이는가?' 최근 한 시사주간지의 여론조사에 따르면 대통령과 그 측근세력, 재벌, 야당 정치세력, 종교세력, 학생세력 등으로 나타나고 있다. 이를 구체적으로 보면, '한국을 움직이는 가장 영향력 있는 인사'는 응답 빈도 순으로 노태우, 김수환, 김대중, 정주영, 김영삼 등이었고, 가장 영향력 있는 기관이나 단체 혹은 세력으로는 청와대, 재벌(전경련 포함), 군 및 군부 정치세력, 언론(신문·방송), 행정부 등을 들고 있다.

대통령 중심제하에서 대통령이 영향력 있는 인사인 것은 자연스러운 이치이고 마찬가지로 정당정치하에서 야당 지도자들이 또한 그러하지만 김수환 추기경이나 정주영 회장이 영향력 있는 인사로서 높은 서열에 오르는 것은 우리나라 정치권력구조에 어떤 시사점을 던져주는 것이라고 하겠다. 즉 우리의 정치상황에서 보면 종교지도자는 재야의 체제 대항세력과 결부되어 큰 영향력을 갖는다고 할 것이며, 재벌은 그 경제력을 바탕으로, 언론은 언론매체의 지배력을 통하여 정치권에 막강한 영향력을 행사하는 것이다.

청와대와 군부세력은 대통령의 권력기반이 된다. 대통령의 또 다른 측면의 권력기반으로 들 수 있는 것이 대구 · 경북(TK) 지역이다. 같은 조사에서 '대통령의 정책 결정에 영향력 있는 인물과 집단'으로 지적되는 것을 보면 응답 빈도수 순으로 청와대 보좌관, 박철언, 대구 · 경북 동창(TK), 군부 및 군부정치세력, 김복동 등이 거론되고 있다. 6위에서 10위에 해당하는 영향력 있는 세력으로는 안기부 · 보안사, 학생세력, 국회, 여당, 미국 등이 있다.

공식 정치기구인 국회나 법원, 정당 등이 영향력 있는 세력으로 거론되지 않거나 하위권으로 거론되는 것은 소위 '실세'라는 정치세력이 형성되어 있음을 암시한다고 볼 수 있는데 군부와 TK, 청와대가 그것이며 여기에다 재벌의 경제력이 결합되어 우리나라의 배후 권력엘리트는 존재한다고 할 수 있을 것이다. 이에 대한 대항 정치세력으로 우리는 종교세력, 학생세력, 야권의 정치세력을 꼽아볼 수 있음을 조사자료는 암시해 주고 있다.

■ 1989. 11. 6.

'폼페이의 최후'. 폼페이는 왜 멸망했는가? 베수비오 화산의 폭발 때문이었다. 폼페이는 지금은 내륙 도시이나 멸망 이전에는 베수비오 화산의 동남쪽 사루누스강 항구도시 나폴리에 이웃하여 위치해 있었다. 비옥한 캄파니아 평야의 관문으로서 농업과 상업의 중심지였으며 고대 그리스의 헬레니즘 문화를 로마로 전파하는 문화적 교량 역할도 하였다고 한다. 특히 귀족들의 휴양지로 각광받아 급격히 성장했던 아름답고 찬란하던 문화의 도시가 베수비오 화산의 폭발로 삽시간에 2~3m의 잿더미에 덮인 것이 서기 79년 8월.

그리하여 로마제국의 자랑스러운 폼페이는 잿더미 속에 묻혀 망각의 도시가 되어버렸다. 17세기 이후 발굴이 본격화되면서 폭발 당시 폼페이시 주민들의 생활의 단면이 드러나게 되는데, 각종 사치품과 외설적인 벽화들로 보아 쾌락을 추구하고 현세적 향락에 탐닉했음을 가늠할 수 있게 한다. '폼페이의 최후'는 관능적 쾌락만을 추구하던 주민들의 생활이 베수비오 화산의 분노를 자초하게 되었다고 사람들은 묘사한다. 폼페이 시민들의 퇴폐 · 향락적 생활에 대한 형벌로써 화산의 대폭발이 비유되는 것이다.

'소돔과 고모라'는 어떤가? 구약성서 창세기에 나오는 이 두 도시는 사해의 남단 요르단의 골짜기에 있었으며 현재는 바다 밑에 잠긴 것으로 추정되고 있다. 이 도시들은 한때 크게 번영하였으나 도덕적 퇴폐가 극에 달하면서 그에 대한 응보로, 불과 소금과 유황의 비가 내려 멸망했다고 전해진다. 인간의 관능적 타락에 대하여 진노한 하느님이 벌을 내리신 것이다.

지금은 그 말이 '죄악의 세계'로 비유되어 쓰이는 바와 같이 관능적 타락과 퇴폐의 생활 분위기는 분명 죄악에 결부되는 듯하다. 마약과 폭력과 가정 파괴, 그리고 호사 · 사치 · 낭비. 이런 사회악은 그와 같은 퇴폐분위기에 동반하여 나타난다. 우리는 근래 우리 사회의 향락 · 퇴폐적 문화현상에 경각심을 갖고 대처해야 할 것이다.

■ 1989. 11. 13.

베를린 장벽의 붕괴. 그 역사적 사건은 독일 현지 시각 11월 9일 오후에 일어났다. 동독의 신임 공산당 정치국원 귄토 샤보브스키가 기자회견에서 국경 개방의 결정을 발표한 것이다. 얄타회담의 산물이요 냉전체제의 상징이던 베를린 분할의 의미가 사실상 상실된 것이다. 미국 언론들은 이 대사건의 날을 '냉전시대의 종말을 고하는 날' 혹은 '독일 통일이 시작되는 날'로 표현하였다. 헬무트 콜 독일 총리는 '독일 역사에 있어서의 극적인 사태 진전'이라 하였다.

동 · 서독을 분할하는 국경선을 양 독 국민이 자유롭게 왕래할 수 있다면, 그리고 이번 조치가 정착된다면 이는 '통일 독일'의 전환점일 것이 틀림없을 듯하다. 이러한 사태의 진전은 고르바초프가 소련에서 '페레스트로이카'(개혁)와 '글라스노스트'(개방) 정책을 추구하고 헝가리, 폴란드 등 동구권 여러 나라의 탈이데올로기 정책이 속속 채택되는 국제적 분위기와 무관하지 않은 것은 분명하지만, 직접적으로는 동독일인들의 계속적인 민주화 요구와 헝가리, 체코 등 제3국을 통한 서독으로의 대량 탈출, 그 '엑소더스'의 드라마가 가져온 결실이다. 동독 국민의 힘이 그 견고한 철의 벽을 뚫은 것이다.

1945년 제2차 세계대전의 종식과 더불어 미국, 영국, 프랑스, 소련의 4개국 공동 관리하에 들어갔던 베를린은 1948년 6월 소련의 서방 3개국의 점령하에 있는 서독일과 서베를린을 차단하는 서베를린 봉쇄작전을 편 후 서베를린은 '붉은 바다 위에 뜬 고도孤島'가 되었고 1961년 8월 13일 이른 아침 동독일 당국은 베를린을 동·서로 가르는 경계선을 따라 철조망을 치고 두터운 벽을 쌓아 올림으로써 소위 '베를린 장벽'이 등장하였다. 그리고서 이제 28년이 지난 지금, 그 동·서 분단의 벽이 무너지기에 이른 것이다.

사람들은 이것을 자유의 물결이 동독으로 흘러넘친 결과로 기록할지 모른다. 그러나 더욱 중요한 것은 독일의 통일 조국에 대한 부단한 집념, 그 민족적 열정이다. 그 역사의 드라마를 연출한 독일민족. 아직도 냉전체제의 견고한 논리에서 벗어나지 못하고 남·북 분단의 고통을 겪고 있는 우리에게는 참으로 부러운 일이다. 우리 조국 분단의 장벽 '휴전선'은 언제 붕괴될 것인가.

■ 1989. 11. 20.

분단 독일의 상징물인 베를린 장벽의 '브란덴부르크 문'. 18세기 말, 근대 그리스 건축물의 재현을 목적으로 세워진 건축물. 이제는 동서 화해의 상징이 되는 그 브란덴부르크 문 앞에서 서베를린 시민들이 베를린 장벽의 와해에 감사하는 뜻으로 미하일 고르바초프 소련 공산당 서기장에게 보내는 메시지와 함께 그의 얼굴이 그려진 수백 개의 풍선을 띄워 보냈다는 외신 보도가 있었다. 이것은 개방 두 번째 주말을 맞는 서베를린의 표정이다.

미하일 고르바초프. 그는 누구인가. 1931년 카프카즈산맥 북쪽의 한 농촌에서 농부의 아들로 태어났다. 19세에 모스크바대학교 법과대학에 입학, 5년간의 대학과정을 마치고 1955년 고향으로 돌아온 그는 1968년 지구당 제1서기를 거쳐 40세 때인 71년 소련 공산당 중앙위원이 되었다. 80년 49세에 최연소 정치국원으로 선출되면서 권력의 핵심부에 들어갔다. 그의 직전 서기장 체르넨코의 집권기간 중 제2인자의 위치를 유지하면서 연방최고회의 간부회의 외교위원장 자격으로 캐나다, 영국 등을 방문, 서방세계 외교무대의 전면에 나서게 된다. 85년 3월 체르넨코의 사망으로 그 뒤를 이어 서기장직을 맡게 된 후 11월, 레이건 대통령과 단절된 지 6년 만에 미·소 정상회담을 가짐으로써 동서 해빙의 '새 데탕트 시대'의 문을 여는 데 주도적 역할을 하였으며 노벨평화상 수상자로 거론되기도 하였다.

최근 한 사회조사에 따르면, 우리나라 지식인들에게도 영국의 대처 수상 다음으로 '존경

받는 외국의 지도자'로 지목되고 있으니 이는 소련을 비롯한 동구권에 개방과 개혁의 물결을 몰고 온 그의 정책 때문이다. 베를린 장벽의 붕괴도 그의 정치적, 외교적 노선을 배경으로 가능한 것이었으니 서베를린 시민들이 그에 대한 감사의 메시지를 전하는 것은 무리가 아닐 것이다.

동독 당국이 베를린 장벽을 넘어가는 동독인들을 사살하던 것이 얼마 전의 일이었다. 1956년 부다페스트 봉기, 68년 '프라하의 봄'으로 알려진 두브체크의 탈스탈린주의 노력, 폴란드의 포즈난 항거 등 동구 여러 나라의 자유주의적 노력에 무자비한 억압을 감행하였다. 그런 볼셰비키 혁명 정권이 소련인 점을 생각하면 실로 금석지감今昔之感이 든다. 세계 정치 무상이다.

■ 1989. 11. 27.

동부유럽의 개혁과 자유화의 물결이 체코슬로바키아에도 몰아치고 있다. 보도에 따르면 24일 밀로스 야케스 체코 공산당 서기장이 사임한 사운데 지난날의 자유화의 기수 두브체크가 프라하의 중심가 웬체슬라스 광장에 운집한 30만 명의 시민들을 상대로 연설을 했다. "인간의 얼굴을 가진 사회주의의 이상은 체코인들의 마음속에 살아 있다"고 하고 "이제 광명 속에서 행동을 개시하자"고 하면서도 "개혁을 요구하는 시민운동이 성공을 거둘 수 있도록 하기 위해 극단으로 치닫지 말자"고 외쳤다.

1968년 그 짧았던 '프라하의 봄'의 주역 알렉산드르 두브체크가 이제 20년 만에 다시 등장한 것이다. 17일 학생시위로 시작된 체코의 시위 군중들은 군부의 사회주의 수호를 다짐하는 가운데 22일 '두브체크 돌아오라'고 외치고 다녔다. 그 두브체크가 프라하의 중심가 엔체슬라스 광장의 한 건물 발코니에 모습을 나타냈다. 시위 군중들은 열렬한 환호를 보냈다.

두브체크는 1968년 1월 당시 개혁파의 기수로서 소련만을 추종하던 공산당 제1서기 노보트니가 물러난 뒤를 이어 당 제1서기가 되면서 '인간의 얼굴을 가진 사회주의' 노선을 제창하고 나섰다. 이 노선은 그해 4월 공산당 중앙위 총회에서 채택된 민주 · 자유화 강령으로서, 검열제도가 폐지되고 많은 정당 · 정치단체가 부활하였으며, 의회는 활발한 논의와 비판의 광장이 되었다. 자주적 대외정책의 추진도 표방하였다.

이 노선은 공산체제의 탈바꿈을 의미하는 것으로서 체코슬로바키아의 온 국민들로부터

'프라하의 봄'이라고 하여 환영을 받았다. 심기가 불편한 것은 소련이었다. 소련은 이런 사태가 동유럽 공산국가들에게 미칠 영향을 우려하여 그런 사태의 변화를 '마르크스 · 레닌주의로부터의 이탈'이라는 명분을 내세워 68년 8월 20일 바르샤바조약 군을 이끌고 무력 침공하였다. 자유화의 운동은 일시에 저지되고 두브체크는 강제 해임되었다. 그 짧았던 '프라하의 봄' 4개월여, 자유화의 물결을 주도했던 동구 개혁의 두브체크 정신은 20년이 지난 후 이제 되살아날 듯싶다.

■ 1989. 12. 4.

21세기를 바로 10년 앞에 내다보는 시점에서 세계적 관심 속에 미 · 소 정상회담이 열렸다. 미국의 부시 대통령과 소련의 고르바초프 공산당 서기장이, 12월 2일 몰타공화국의 몰타섬 동남쪽의 말사스로크만에 정박 중인 소련 순양함 막심 고르키호에서.

이를 두고 사람들은 '세기의 회담'이라고들 한다. '얄타에서 몰타'로 이어지는 일대 전환을 예고하는 계기로 보기도 한다. 20세기 대결의 체제에서 21세기 화합의 체제로 전환되는 계기가 될 수도 있기 때문이다. 1945년 2월에 열린 얄타회담이 20세기 전반부 세계대전 종식의 의미를 갖는다면 1989년 12월의 몰타회담은 20세기 후반부 세계 분할의 냉전체제 종식의 의미를 갖는 것일 수도 있다고 보는 것이다.

얄타회담은 소련의 크림반도 남단, 흑해 연안의 항구도시 얄타에서 개최되었다. 미국의 루스벨트, 영국의 처칠, 소련의 스탈린 등 3국 수뇌가 모여 제2차 세계대전 후 동 · 서 분할의 대립적 균형을 만들어놓았다. 우리나라 남북분단의 서곡이었기도 하다. 그로부터 45년, 지금 얄타에서 멀지 아니한 몰타에서 얄타의 장본인인 두 나라 정상이 만났다. 당시 장본인 중 한 국가인 영국이 빠졌으나 우연히도 몰타는 영연방에 속한 나라이다. 그 만남의 내용이 남의 운명을 지배 관리하는 그런 '얄타식' 만남이 되어서는 안 될 것이다.

북으로 유럽을, 남으로 아프리카를, 동으로 아시아(중동)를 두고 그 중간쯤 지중해의 중심부에 위치해 있다. 고르바초프는 "모든 대륙의 인간관계를 위해 더 좋은 세계로 나아가는 방법을 논의할 예정"이라고 했다. 부시는 "폭정과 두려움에서 해방된 인류의 미래"를 열자고 했다. 흑해에서 대서양으로 빠져나오려면 지중해를 거치게 되듯이 지중해의 몰타회담이 세계사의 흐름을 얄타식 동서 대립의 체제에서 빠져나와 평화의 정신이 구현되는 세계질서를 이루는 계기가 되었으면 한다. 그리고 우리 한국 역사의 흐름도 긴박하게 돌아가는 세계사의 흐름에서 뒤처지지 말았으면 한다.

■ 1989. 12. 11.

1970년대 초 국제적 지식인 모임인 로마클럽에서는 미시간대학 연구팀에 의뢰하여 『성장의 한계』라는 연구보고서를 발간한 바 있다. 이 보고서에 따르면 오늘날과 같은 산업화, 성장정책이 지속된다면 천연자원의 고갈, 환경오염, 인구 팽창, 식량 부족 등으로 인류는 드디어 종말의 시기를 맞게 될 것이라고 경고한다. 그 시점을 2100년쯤으로 추정한 바 있다.

1972년 6월 스웨덴의 스톡홀름에서는 유엔인간환경회의가 개최되었다. 이때 '하나뿐인 지구'를 살리자는 캐치프레이즈를 내걸고 '인간환경선언'이 채택되었다. 그 내용을 보면 "인간은 그 생활의 존엄성과 복지를 누릴 수 있는 환경에서 자유롭고 평등하게 적절한 수준의 생활을 영위할 기본적 권리를 갖는다"라는 환경권을 선언하고, 천연자원이나 야생동물의 보호, 유해물질의 배출 규제, 해양오염의 방지, 인구정책, 개발도상국의 개발 촉진과 원조, 환경문제에 대한 교육, 환경보전의 국제 협력, 핵무기 등 대량 파괴무기의 제거와 파기 등을 촉구하였다. 그리고 인간환경회의를 기념하여 그 회의 첫째 날인 6월 5일을 세계환경의 날로 정하였다.

우리나라에서는 1978년 10월 '자연보호헌장'이 채택된 바 있는데, 최근에는 정당 아닌 정당 '대한녹색당'을 창당하려는 움직임이 있다고 한다. '녹색'을 표방하는 정치단체가 처음 등장한 것은 1976년 서독이었다고 하는데 80년에는 '공해 없는 환경 속에 풍요로운 삶을 이어가자'는 기치를 내걸고 '녹색당'이 창당되었다. 오늘날 서독에서는 새로운 정치세력으로 각광받고 있다 하며 유럽의 다른 나라에서도 창당되어 서로 연합세력을 형성하면서 자연보호의 기치 아래 하나의 유럽합중국을 건설하자고 주장하고 있다고 한다.

우리나라의 '녹색당'은 내년 3월 창당을 목표로 지난 8일 창당발기인대회를 가졌다고 하는데 "환경오염의 근본적인 원인이 물질문명의 상대적 비대에 있는 만큼 이를 근본적으로 극복하기 위해… 인간성 회복을 주요 이념의 하나로 채택한다"고 하고 이를 통해 "과소비 향락풍조 역시 해소될 수 있을 것"이라 주장하고 있다. 무분별한 물적 풍요를 추구하는 세태 속에서 하나의 충격이 될 수도 있지 않은가.

■ 1989. 12. 18.

'바보' 이반이 왕이 되었습니다. 그러나 그는 왕의 옷을 벗어던지고 삼베옷에 짚신으로 농사일을 했습니다. 사람들은 그에게 말하였습니다. "당신은 왕이십니다." 이에 대답하기를 "상관없다. 왕도 먹어야 산다."… 한 사람이 찾아와 말하기를 "이 사나이가 돈을 훔쳤습니다." 이에 대답하기를 "아아, 좋아 좋아. 저 사나이는 돈이 필요했던 거야." 이 글은 톨스토이 단편 『바보 이반』 중 한 대목입니다.

사람들은 이반을 바보라 불렀습니다. 이반은 제 몫을 욕심꾸러기 두 형제에게 넘겨주고도 덤덤하게 땅을 일구는 일에만 열심이었습니다. 군인인 큰 형과 상인인 둘째 형의 탐욕스러운 요구를 이반이 바보처럼 다 들어주었기 때문에 집안의 화목을 유지할 수 있었습니다. 이반의 그 바보스러움이 아니었으면 이반은 악마들의 꼬임에 빠져 형제간의 싸움으로 끝장이 날 것이었습니다.

욕심꾸러기 두 형은 이반의 도움으로 각기 한 나라씩을 이루어 다스리게 됩니다. 이반도 우연치 않게 어느 나라의 공주를 배필로 맞아들이면서 왕위를 계승하였습니다. 삼 형제가 나라를 다스리는 방식은 달랐습니다. 군인인 큰 형은 허세와 위협으로, 상인인 둘째 형은 가렴주구의 정책으로 각기 자신들의 욕망을 충족해 나갔습니다. 그러나 이반만은 농사일에 전념하였습니다. 이반의 나라 국민은 왕을 따라 바보처럼 농사일을 하였습니다.

그런데 큰형은 군인으로서의 권세욕 때문에, 둘째 형은 상인으로서의 자산욕심 때문에 각각 악마가 던지는 미끼에 걸려 망하게 됩니다. 그러나 이반에게는 권력도, 돈도 필요 없었습니다. 그저 일을 하여, 일한 만큼 먹고 사는 것이 중요한 것이었습니다. 이반의 나라에서는 일하지 않는 사람은 살 수가 없었습니다. 그랬기 때문에 악마의 세속적 미끼에 걸려들지 않았고 평화를 유지하며 살 수 있었습니다.

결국 이반은 바보가 아니었습니다. 군인의 용감성으로 나라를 다스리고, 탐욕스러운 졸부猝富들이 판을 치는 그런 세상에서는 한 번쯤 톨스토이의 이 작품을 음미해 볼 만합니다. '바보 이반'들이 많아야 나라가 튼튼해지지 않을까요.

3 철조망 속에 이는 단상*

사람들에게 하나의 하찮다고 생각되는 사건이 때로는 우리 인생 여정 전부를 좌우할 수도 있다는 것이 그르다고 못할진대, 지금 우리 생활이 또한 우리 생애 전체를 통해 큰 의미를 가질 법도 한 일이다. 이제까지 20년이 훨씬 넘게 겪은 경험 내용이 여지없이 부정되고 선 '군대'라는 사회가 우리에게 주는 경험 내용을 그려 넣기 위한 백지상태가 요구되는 순간부터 그 생활에서 느껴지는 감정의 실마리들이 한둘이 아니다. 여기 단편적인 몇 줄기 실마리들을 풀어 넣는다는 것이 어쩔 수 없이 말라빠진 정서를 기만하는 일이 될지도 모르지만….

> 한 송이 국화꽃을 피우기 위하여
> 봄부터 소쩍새는 그렇게 울었나 보다.
> 한 송이 국화꽃을 피우기 위하여
> 천둥은 먹구름 속에서
> 또한 그렇게 울었나 보다.
> …
> 노란 네 꽃잎이 피려고
> 간밤엔 무서리가 저리 내리고
> …

* 1962. 『보라매』, 5집(공군 제17기 각종 장교후보생자치회 회지), pp.92-95.

입대 후 즐겨 읊조렸던 서정주 시인의 시(「국화 옆에서」) 구절이다.

정녕 한 송이 국화꽃이 피기까지엔 하고 많은 과정들, 그 진통이 있어야 했다. 소쩍새의 울음이 창공을 무늬 놓아야 했고, 먹구름 속 천둥이 천지를 진동해야 했고, 싸늘한 무서리가 대지를 덮어야 했다. 진정 그렇게 하여 한 송이 국화가 피었다.

지금 우리의 최대의 바람(소망)인 '다이아몬드' 한 개가 견장의 장식품으로 얻어지기까지 우리의 이 생활과정이 (과장된 대비일지 모르지만) 어쩌면 자연에서 한 송이 국화꽃이 피어나는 과정에 비길 법도 한 일이다. 그러기에 거기엔 불안이 있고, 피로가 있고, 거친 숨결과 무기력과 질식이 있는 것이리라.

끝내는 '한 송이 국화꽃'을 피우기 위하여 고된 서두름의 터전, 병영생활이 우리에게 전개되던 순간.

고양이 앞에 선 쥐새끼처럼 연약한 심장으로 바들바들 떨어야 했다. 어수선한 불협화음이 울렸다. 그나마도 고이고이 간직한 최초의 군대지식, 제목적암기諸目的暗記는 무섭기만 한 중대본부 사나이들의 피부 감촉이 배때기를 스치고 악쓰는 소리들이 내무반을 진동할 때 어느 먼 옛날 꿈속으로 사라져버렸음을 의식했다. 이것이 군대생활 출발점으로서 첫 점호라는 이름의 행사였다.

입교식이 있던 날 저녁 유성 왕복 구보. 형식이야 어떻든 우리의 행동영역을 강제해 놓은 철조망을 나서보는 최초의 계기가 되었기에 그 어떤 흐뭇한 느낌이 드는 것 같기도 하였는데 …. 옆을 스쳐가는 택시와 그 속의 군상이 얄밉게 탐스러웠고, 도로변의 상점 중에서도 음식점 대폿집들이 어느 큰 빌딩마냥 클로즈업되어 한층 안타까웠다. 아쉬움을 뒤로하고 병영 문에 들어섰을 땐 이역 땅에 들어서는 기분.

이렇게 시작된 병영생활이었다.

무서운 분들의 훈시에 마네킹처럼 서 있다가 옷이 비에 흠뻑 젖어 달라붙은 몸뚱이들, 첨벙첨벙 차닥차닥 걸음 아닌 발들의 움직임. 그 거친 숨소리들. 비가 내려 진탕이 된 연병장. 그 얼마나 많은 젊은 애환의 에너지가 그 위에 흩뿌려졌을 것인가! 이거 거만한 인테리의 빼김도 무색케 또 한 번의 젊음의 정열들, 그 에너지가 뿌려져야 했다.

배를 깔고, 왼뺨을 땅에 대고 엎뎌서, "제2포복 앞으로-". 일제히 수영水泳 아닌 육영陸泳. 그 쥐꼬리만 한 반항도 이쯤 되면 얼어붙지 않을 수 없었지. 한 동료 훈련병의 입이 비뚤어지며 자조적인 미소에 야릇한 동료애를 느낄 수 있었다. 아마도 고통의 한 순간순간을 거치는 동안 그것을 같이 경험하는 개체들 사이에 보다 강한 동류의식이 일어나는 것 같다. 이것이 배타의식을 동반하면서 바람직한 단결에의 길이 마련될지도 모른다고 생각했다. '특별훈련'이라는 기합이었다.

군대라는 병영사회. 직각直角과 직선의 사고를, 또한 그러한 행동을 요구하는 사회임을 경험했다. 보행이 직각이요, 관물 정돈이 직각이요, 학과장學課場에서의 자세가 직각이다. 그저 직각, 직각, 직선. 이 사회에선 기껏 형성된 일반사회의 인격체는 같은 모양의 생명체로 돌아가야 하는 것이다. 메커니즘에 의한 휴머니티의 상실. 이것이 군대사회 최대의 생리인 듯하다. 그러기에 우리들 청운지青雲志의 개체는 부정 내지 개조되어 군대가 요구하는 톱니바퀴로 개조되어야 하는 진통의 쓰라림을 맛보아야 했다.

20세기의 생리를 혼자 압축하여 가진 양, 불안과 초조 속의 몇 주일. 내면적 충실 이전에 외면적 형식이 더 중요하였기에 이해의 노력은 일찍이 경험한 바 없을 만큼 무가치하였다. 무엇을 생각하기에 앞서 움직임이 있어야 했고 그것은 거의 무의식 속에서 이루어지는 것이다. 20세기 문명 속의 인간에게 메커니즘에 의해 억눌린 휴머니티에의 향수가 어쩔 수 없는 것처럼 기계적 개체에의 과정에 선 우리 후보생들에게 내면적 자아에의 향수, 어쩔 수 없는 것인 양 싶다.

우리에게 주어진 최대의 낙樂. 하나는 침상낙寢上樂이요 그 둘은 식측낙食側樂이다. 채찍질 받는 생활의 피로가 온몸을 누르면 어쩔 수 없이 졸음의 마魔가 눈꺼풀을 누르기 마련이다. 학과장學課場에서 교관의 눈을 피해가며 그 마의 졸음을 쫓기에 힘을 기울이다가 드디어 묵도 아닌 묵도. '10분간의 휴식'에 눈 붙여보는 달콤함이란 정말 꿀맛이다.

고된 후보생의 일정이 가고 아늑한 잠자리에 안길 땐 '휴–' 한숨이 흐르고 빽빽한 생활에 억눌렸던 감성이 그래도 얼마만큼은 요리될 수도 있다. 하지만 때로는 짓궂은 비상에 우리의 최대의 낙은 여지없이 망가지고, 거의 기계적으로 옷을 주워 입어야만 하는 쓰라림, 아늑한 휴식의 한때가 가고 '기상 오분전'起牀五分前이라는 한마디는 수백의 육체를 불러 깨워 생활의 소용돌이 속에 몰아넣는 선언이다. 그것은 채 피로가 풀리지 않은 육체들을 학대하기 마련이다.

식사의 즐거움.

우리 인간이 이성을 가진 존재, 만물의 영장이라 목소리 높이지만 분명히 동물이다. 동물에게는 먹는다는 것이 가장 근본적인 과제인 것처럼 우리에게도 그러하다고 결론짓는 것이 형식논리의 패러독스만은 아닌 성싶다. 우리의 지난날 그 언제, 그 취침 직전에 배급받은 한쪽의 빵과 같은 달가운 그리고 아쉬운 맛을 경험해 봤을까! 식당을 향하는 발걸음의 가벼움, 식당 앞에서 밥 냄새 맞고 배식配食의 순서를 기다릴 때의 초조함이라니! 더구나 나 같은 위대한胃大漢에겐 화가 치밀 정도로. 적어도 후보생 생활 전반기엔 먹을 것을 옆에 두고 잡념은 없다. 오로지 먹는다는 것에의 욕망만이 작용하는 것이었다.

빅토르 위고의 '장 발장'의 기구한 운명은 빵 한 쪽 때문이었다. 그것을 소설 속 하나의 픽션으로만 생각하기엔 우리의 현실에서 그 빵 문제는 너무나도 중요한 것이다. '衣食足而知禮節'의식족이지예절. 역시 그런 것 같다. 인의예지仁義禮智의 행동 원리도 빵 문제가 해결되어야 하는가 싶다.

추억을 담은 어제가 갔고, 고된 오늘은 살고, 벅찬 내일이 있고 ….

이제 12주가 다 간다. 남은 4주. 거대한 기구의 역동 속에 한 송이 국화꽃을 피우기 위한 그 진통이 거칠다. 이 기간이, 이 진통이 우리들 생애에 어떤 의미를 가질지 모를 일이다. 인생 그 자체가 영원히 풀 수 없는 미지수이기에 오늘의 의미를 구태여 캔다는 것은 무의미한 노력일 뿐이다. 다만 명백한 것은 우리가 살아야 할 이 생활은 냉엄한 현실이란 것이다.

자신의 무기력함과 갈등이 있고, 자기부정이 있고, 민생문제의 쓰린 맛도 있다. 이렇게 하여 '다이아몬드 한 개'에의 거친 서두름이 흘러가는 것이다. 정녕 자연에서 국화꽃이 피어나기까지 치러야만 하는 진통처럼 우리의 '다이아몬드 한 개'를 위한 대가는 이렇게 하여 지급됨직도 하다.

4 고 김동식(金東式) 교수의 영전에 부쳐*

오호통재嗚呼痛哉라! 이 어찌 된 일인가. 그 젊음을 앗아가다니. 21세기를 바라보는 그 의료기술은 무엇이었으며, 하나님의 선의善意는 어디 있는가. 자연의 섭리로 밤이 영글어 떨어지듯 그 사람됨이 영글어 빨리 지었는가.

김 교수, 33세라는 그 젊은 나이에 강력한 삶의 의지를 가지고 한창 피어날 때 홀연히 타계한 당신이기에 당신을 아끼던 한 선배 · 동료로서 나는 한량없는 안타까움에 더욱 애통해 하옵네다. 고래희古來稀를 반도 못 채우다니. 당신을 키우신 부모님의 애통함을, 더구나 당신 부인의 애통함을 보는 순간 '고작 70평생에 희로애락을 각축角逐하다가 한 줌의 부토되어 가는 것이 인생'이라는 인생무상을 실감하였소.

김 교수, 당신을 가까이하여 지내오는 얼마 안 되는 동안 나는 당신의 탁월한 학문적 기초를, 남달리 뛰어난 통찰력과 문제의식을, 나름대로의 정의감에 입각한 진지함을 높이 평가하고 아끼어왔소. 이게 무엇이오 그 좋은 자산들이 다 무엇이오 더욱 피어나 결실 맺어 우리 사회에 공헌했어야 했을 것을…. 당신의 빈소를 찾아 문상하던 날 나는 당신 주위의 그 많은 스승과 선후배, 동료들의 애통해 함을 보았소. 그때 당신이 촉망받는 발군의 재자才子임을 다시 한 번 확인하였소. 역시 '미네르바의 부엉이는 황혼이 짙어야 날기 시작'하는가. 안타깝구려. 당신의 일상적인 모습을 보았을 뿐 참모습을 못 보았으니 말이오. 그러나 김 교수, 당신의 담대하고 진지한 학문적 자세, 그 사회학적 상상력은 후학들, 특히 이곳 제주의 제자들에게 깊은 영향을 주었고 동료 교수들에게도 큰 자극과 의욕을 불어넣은 값진 것

* 1980.11.29. 「제대신보」, 제191호.

임을 나는 알고 있소. 비판사회학적 시각에서 번역서를 냄으로써 이 땅에 '새로운 사회학'을 소개하는 데 기여했으며 정치사회학 논문도 남기었소. 한국적인 것을 찾는 데 또한 열성적이었소. 이런 것들이 우리 대학 사회학과 초창기에 크게 공헌하였음을 우리 사회학과 가족들은 고맙게 생각하고 있는 터이오. 당신이 살다 간 30평생 결코 헛된 것이 아니었소.

김동식 교수, 당신은 결코 현실과 타협하려 하지 않았으며 동료와 선배들에게도 직언을 주저하지 않았소. 역겨움을 보고는 참지 못하는 강직한 성미였소. 그러나 당신의 자기 자신과도 타협하지 않는 엄격함의 이면에는 깊은 정을 느끼게 하는 고민하는 지성이 있었음을 나는 알고 있소. 지난봄 자율화란 소용돌이 속에서 당신이 보여준 자세에서 당신은 또한 행동하는 지성의 모습을 보여주었소.

김 교수, 건강이 여의치 못함을 잊고 내가 성질 좀 죽이고 마음 편히 가지라고, 그리고 자신의 내면적 성장에 열중하라고, 살아남는 것이 이기는 길이라고, 이것이 자신을 위한 길이라고 충고하였을 때를 기억하고 있소, 그때 당신의 대답은 "그러나 나는 욕되게 살지 않으렵니다." 그렇소. 고작 30평생이었긴 하지만 욕되게 살지 않으려던 당신의 일생은 이제 생각하면 감동적인 것이었소. 병상에서 져가는 아들을 찾아 침통해 하는 아버지에게 남기는 말, "아버님이 욕되게 살지 않은 것처럼 저도 욕되게 살지 않았습니다."

김동식 교수. 이 글이 당신과의 인연으로 하여 나누는 당신과의 마지막 대화일 것 같소.

이제 편히 쉬시오.

성도聖徒되어 하늘나라에서 복락福樂하소서.

5 제주 사회와 관광개발*

제주도는 산업입지적 특수성으로 인하여 그 지역발전의 축을 관광개발에 두지 않을 수 없다. 산업입지적 차원에서 보면 수자원을 비롯한 부존자원의 결핍과 생산물 판매시장에의 접근상의 난점으로 인하여 제주도는 공업화에 열악한 조건을 지니고 있다. 현대 산업사회의 발전이 그 기반을 공업화에 두고 있다고 할 때 공업화에 불리하다고 하는 것은 중대한 문제가 아닐 수 없다.

그러나 다행히도 그 관광지로서의 유리한 입지적 조건은 제주 지역 발전에 있어서 큰 희망을 안겨주고 있다고 하겠다. 말하자면 관광개발은 가히 제주발전의 알파요 오메가라 할 만하다. 그러기에 제주민이 관광개발에 거는 기대는 자못 클 수밖에 없다. 기대가 크면 그 기대가 충족되지 못하였을 때, 더구나 수단을 갖추지 못하였을 때 오는 박탈감이나 소외감은 그만큼 큰 것이고 이는 사회갈등요인으로 작용하게 될 가능성이 커지는 것이다. 여기에 관광개발에 대한 제주민의 입장을 말하는 이유가 있고 관광개발의 제주 지역주민에게 갖는 의미를 따져보는 의의가 있다.

관광개발 혹은 관광현상에 대해 논의함에 있어서는 서로 다른 세 가지 입장이 있을 수 있다. 하나는 관광객의 입장이고 둘은 관광사업자의 입장이며 셋은 관광지 주민의 입장인 것이다.

관광객은 제주관광을 향유하는 소비자로서 관광활동을 통하여 생활상의 해방감을 만끽하고 대체로 환락적 분위기를 기대하게 된다. 그들은 가장 쾌적한 시설과 서비스를 요구한

* 1986.7.5. 『월간 관광제주』, 통권 20호, '권두 수상: 7월에 생각한다'.

다. 그 공급자가 누구이건 그 결과 이해관계가 관광지에 어떻게 얽히건 그들에게는 별문제가 되지 않는다. 관광사업자는 관광설비의 공급자로서 그들이 추구하는 바는 사업 부가가치 곧 이윤이다. 따라서 그들은 관광의 질이나 관광객 취향의 저질성 여부에 관계없이 보다 수익성 높은 그런 관광상품이나 용역을 개발 공급하게 될 것이다.

관광지 제주의 주민은 관광 수요자일 수도 있고 관광 공급자일 수도 있으나 대부분의 경우 그들은 관광시장의 구경꾼쯤으로서 소외되는 경향이 있다. 그러나 제주민에 있어서 관광지 제주는 조상들의 삶의 터전이요 가꾸고 지켜야 할 생활의 현장이다. 그러기에 제주민은 관광 제주개발에 큰 기대를 걸면서도 그에 못지않게 그 성격의 부정적 측면에 깊은 우려를 갖게 된다.

관광객과 관광사업자의 입장은 어떻게 보면 서로 동반자적 관계에 있다고 볼 수 있다. 공급자는 수요자의 기호를 생각하고 수요자는 그 기호를 적절하게 충족시켜 주는 공급자를 선호하게 될 것이기 때문이다. 만일 이 두 동반자 집단이 심정적, 형태적으로 관광지 주민의 이익에 상충된다면 이는 제주관광의 중요하고도 심각한 문제가 아닐 수 없다는 것이 제주민이 우려하는 점의 한 측면이 된다.

섬으로서 폐쇄성이 짙었던 제주 사회는 이제 관광개발을 축으로 하여 개방체제로서 외래문화 접촉의 전위지역으로서의 성격을 띠어가고 있다. 관광지로서의 외형적, 감각적 분위기의 정착은 전통문화의 해체를 초래할 가능성을 내포하면서 이질적 문화요소의 생성을 예고하고 있다. 이러한 상황, 즉 전통문화와 이질문화의 병존상황은 결국 제주지방 문화의 통합을 저해하고 문화갈등을 심화시킬 것이다.

도외자본의 개발참여는 부재자본가의 영향력을 증대시킴과 동시에 그 자본에 종속된 도민의 영세자본과 그 관리층의 굴레는 제주 사회의 대외 종속화의 경향을 가속화시킬 것이다. 외형적 개발에 따른 지역주민의 기대욕구 상승과 고소득 소비형의 생활 유인은 제주민의 상대적 박탈감을 증대시키는 결과를 낳을 것이며, 유흥업소나 위락시설 등 비공식부문의 증대는 제주 사회의 계층구조상 하류 부랑 서비스계층의 비중을 증대시킬 것이고 이는 제주 사회의 취약부문이 되어 각종 도시적 문제들을 야기할 것이다.

가장 우려되는 바는 도덕적 무규범 상황이다. 변모하는 제주 사회에 걸맞은 새로운 도덕적 규범과 가치가 필요한 것으로 보인다. 그 도덕적 가치들은 관광개발에 대한 능동적이고

도 유연한 사회 분위기의 조성과 길드적 직업집단의 형성에 의해 가능하리라고 본다.

제주민은 개방적 자세로서 관광현상을 수용하면서 전통적 사고를 배제하고 민주적 생활원리를 터득해야 할 것이다. 그리고 제주민 자존의 주체성을 확보하기 위하여 그들이 지닌 잠재능력을 발굴 조직화하는 것이 필요하다. 예컨대 도민 영세자본의 동원·조직화나 숨은 문화유산의 개발·활용 등이 바람직하다.

특히 제주민 참여에 의한 지역단위 수준의 자율적 결정이 보장될 필요가 있다. 지방자치의 실현은 이런 면에서 중요한 의미를 갖지만, 여기에 소위 제3섹터로서의 전문적 관광개발 협의기구의 구성은 바람직하다. 무엇보다 중요한 것은 정책결정 과정에 제주민의 이해관계를 충분하고도 적절하게 고려하는 것이다. 이것은 곧 인간 중심적 사고의 발로인 것이고 이로써 물질 중심의 사고가 낳는 사회적 어려움을 구할 수 있을 것이다.

분명한 것은 관광객이나 관광자본은 다른 관광지를 찾아 떠날 수도 있지만, 제주 사회의 어떤 위기상황에도 불구하고 제주민은 제주 사회와 더불어 영원히 살게 되리라는 점이다.

6 '스승의 날'에 교육을 생각하며*

오늘은 5월 15일 '스승의 날'. 1963년 은사의 날로 시작되었다가 유신체제하에서는 폐지되는 수난을 겪고 1982년 문교부에서 부활 제정된 후 이제 8회째.

우리의 유교적 전통 속에서 스승은 사부師父라 하여 집안의 아버지처럼 존경할 어른이었고 '君師父一體'군사부일체라 하여 한 나라의 군왕과도 같이 지존의 존재로 생각되었다. 그러기에 스승의 경우 그 그림자마저도 밟아서는 안 된다는 말이 나오게 된 것이다. 맹자에 따르면 '得天下英才而教育之三樂'득천하영재이교육지삼락이었으니 사도師道는 일생의 큰 기쁨이었다.

그러나 이제 얼마나 많은 사람이 스승을 '사부님'으로 존경하고 있는가? 그리고 사도의 즐거움을 만끽하는 스승은 얼마나 될 것인가.

해방 후 소위 존 듀이식 교육이 소개되면서 교육활동의 중심은 교사에서 학생으로 옮겨지게 되었고, 산업사회의 진전과 더불어 교육활동은 산업활동에 종속되었다. 학교는 자아실현이나 인격도야의 장이기보다 지식을 사고파는 시장이 되고 교사는 지식 상인으로 전락해 버린 것이 아닌가. 스승과 제자의 관계 또한 인간주의적 사랑을 바탕으로 이루어지는 것이 아니라 점원과 고객의 관계처럼 이기주의적 교환의 관계로 굳어져버린 것은 아닌가. 학부모들의 금품공세가 공공연하게 자행되고, 스승과 제자 간의 멱살잡이가 있고, 스승을 감금하여 삭발하는 학생들도 있으니 '사부님'이니 '사도의 즐거움'이니 하는 것은 옛이야기가 돼버린 듯하다.

도대체 이런 현상은 왜 나타났는가? 그것은 작게는 스승이 스승 대접을 못 받게 행동하는

* 1989.5.15. 「제주신문」, '월요칼럼'.

데서도 오는 것이겠지만 크게는 시대적 상황 속에서 경험하는 사회적 분위기가 비교육적인 데서 오는 것이다.

급속도로 전개된 공업화 과정에서 나타난 물질만능의 풍조에다 편의주의, 한탕주의, 향락주의 등은 자라나는 학생들의 교육에 큰 악영향으로 작용하였다. 교육은 백년대계의 국가적 과업임에도 불구하고 우리의 교육정책은 정책적 차원에서 수시로 바뀌었고 그럴 때마다 선생은 그 정책수행의 하수인으로 비치게 되었으니 참다운 가르침이 부재할 수밖에 없지 않겠는가.

학교 시험이나 선발 시험에 대비하여 학생들은 매우 강도 높은 공부를 하지만 사지 선다형 입시제도가 극히 좁은 범위의 지식을 강요함으로써 폭넓은 교양을 쌓을 시간적 여유를 갖지 못하게 하여 사물을 보는 사리 분별력은 약화된다.

'정답은 하나'임을 강요당하는 상황 속에서 세상을 보는 시각은 하나의 정답만을 구하도록 틀 잡혀지게 되고 일차원적이 된다. 더구나 5·16군사혁명 이후 제5공화국까지 이어진 권위주의적 군사문화는 주입식 교육이나 대중매체에 의한 지식전달체계와 접목되어 언어 배제적 혹은 언어 억압적 교육 풍토를 낳았다. 그 결과 토론하고 대화하는 기술은 부족하고 거친 행동으로 의사를 표시하는 경향이 나타났다.

교육이 더불어 성취하는 활동이 아니라 개별화된 개인 간의 경쟁으로 인식되면서 팀워크의 정신은 길러지지 못하였다. 인간을 배우는 것이 아니라 자기중심적 지위 획득의 수단이 된 교육현장에서 가르치는 이들의 설 땅은 어떠하겠는가.

1960년대 중반 미국 부르킹스연구소의 에드워드 F. 드니슨 씨는 한 연구보고서에서 교육이 미국 발전의 가장 중요한 요소라고 지적한 바 있다. 분명히 교육력은 경제력에 우선해야 할 국력이다. 다음과 같은 관자管子의 경언經言은 매우 시사적이다.

"만일 그대의 계획이 일 년에 걸친 것이라면 씨를 뿌려라. 만일 그대의 계획이 십 년에 걸친 것이라면 나무를 심어라. 만일 그것이 백 년에 걸친 것이라면 사람을 가르치라. 한 번 씨를 뿌림으로써 그대는 한 번 거두리라. 한 번 나무를 심음으로써 그대는 열 번 거두리라. 한 번 사람을 가르침으로써 그대는 백 번을 거두리라."

다시 한번 스승의 날에 스승을 생각한다. 국가의 백년대계를 위한 '교육입국'에 있어서 그 중심세력은 말할 것도 없이 교사이다. 이에 교사의 역할은 아무리 강조해도 모자라다.

전투에서 몸을 던져 싸우는 병사를, 연구실에서 연구에 몰두하는 과학자를, 들에서 땀 흘려 땅을 일구는 농부를, 작업실에서 정성을 다하여 작품을 만드는 예술인을 우리는 훌륭한 인간으로 칭송한다. 마찬가지로 무릇 교단을 지켜 묵묵히 가르치는 교사들에게 우리는 최대의 찬사를 보낸다. 우리 사회는 그런 교사에게 가장 큰 명예의 훈장을 주어야 하리라.

이제 헨리 반다이크를 인용한다. "나는 무명 교사를 예찬하는 노래를 부르노라.… 그를 위하여 부는 나팔 없고 그를 태우고자 기다리는 황금마차 없으며 금빛 찬란한 훈장이 그의 가슴을 장식하지는 않는다." 그러나 "공화국을 두루 살펴보아 무명의 교사보다 찬사를 받아 마땅할 사람이 어디 있으랴. 민주사회의 귀족적 반열에 오를 자 누구일 것인고. 자신의 임금이요, 인류의 종복從僕인저."

7 '21세기 제주를 생각하는 모임' 창립*

20세기가 마감되는 지금 주변 상황은 대내외적으로 급변하고 있고, 그 변화의 물결은 우리의 의지를 초월하여 밀어닥친다. 분명 21세기는 엄청나게 달라진 모습으로 다가설 것이다. 21세기 그때 우리 제주가 선진 지역사회가 되기 위해 지금 우리는 이 급변하는 시대의 흐름에 신속하고도 현명하게 대비하지 않으면 안 된다. 세계를 향해 마음을 열고, 뜨거운 가슴으로 제주를 아끼는 만큼이나 냉철하게 우리의 21세기 제주를 생각하지 않으면 안 된다. 이것이 오늘 제주에 사는 우리에게 주어진 엄숙한 시대적 소명이라 생각한다.

우리는 이 시점에서 우리의 제주를 위해 우리가 할 수 있는 일이 과연 무엇인가에 대해 진지하게 생각하고 예리하고도 올바른 방법론적 성찰을 하려 한다. 말할 것도 없이 제주는 우리의 생생한 삶의 현장이요, 아끼고 다듬어야 할 터전이다. 그리하여 우리는 오늘의 제주에 비추어 과거를 반성하고 보다 나은 미래의 제주 사회를 새롭게 꾸미는 데 선도적 역할을 다하고자 한다. 오늘 우리가 '21세기 제주를 생각하는 모임'을 결성하는 이유가 여기에 있다.

오늘 여기에 모인 우리는 이 모임을 통하여 21세기를 대비하는 반성과 전망의 출구를 열고, 21세기를 준비하고 대비하는 참신하고도 합리적인 지성의 밑거름이 되고자 한다. 우리의 모임은 우선적으로 '제주도연구회'와 같은 제주도를 연구하는 순수한 학술단체의 연구를 격려하고 후원하려 한다. 이러한 우리의 입장은 제주에 대한 학술적 연구의 지적 소산 위에 제주의 현재를 진단하고 미래를 대비하는 지혜를 얻고자 하는 것이다. 기초적 연구활동에 대한 우리의 후원은 21세기를 대비하여 보다 바람직스런 제주도를 만들어가는 데 전환적

* 1993.4.13. '21세기 제주를 생각하는 모임' 취지문. 창립 시 배포.

계기가 될 것으로 확신한다.

그러나 우리는 후원단체로만 머물러 있지 않을 것이다. 보람찬 21세기 제주 문화의 창달을 위하여 필요하고도 중요한 일들을 부단히 탐색하고 이를 추구할 것이다. 우리가 회동하는 자리는 21세기 제주 사회에 대한 진지한 성찰과 준비의 계기를 마련하는 자리가 될 것이다. 용기 있는 행동 이전에 신중한 생각을 택할 것이며, 실익을 따지기보다 대의에 맞는 명분을 추구할 것이다.

이제 '한 그루의 사과나무를 심는' 심정으로 도래하는 21세기에 대비하여 생각하는 공간을 열려 한다. 그러나 21세기 제주에 대비하는 일은 제주도민 모두의 즐거운 책임일 것으로 믿기에 그런 일을 우리만의 일로 독점하려 하지 않는다. 다만 우리의 명분에 따르는 이 모임의 몫이 제주도민과 제주도를 아끼는 모든 이의 몫이 되기를 바랄 따름이다.

8 우리의 모교 한림중학(翰林中學)의 그때, 그리고 이제 우리는…*

기억하기로는 1951년의 을씨년스러운 봄날이었던 것 같다. 입학하면서 어느 선배로부터 수산중학의 모표를 인계받았던 기억이 난다. 우리의 모교는 한림수산중학교였던 시절이 있었고 그 마지막 고비에서 나는 모교에 입학했던 것이다. 그리고 수산水産 과목을 고 조승옥 선생님으로부터 배운 기억이 난다. 고 김하룡 선생님, 고 김인제 선생님, 김대년 선생님, 이유행 선생님, 한덕수 선생님, 송봉규 선생님 등은 당시 우리를 가르치시고 지도하여 주셨던 은사님들이시다.

돌이켜 생각하여 보면 이제 반세기에 가까운 세월이 흘렀다. 그때 열 살을 갓 넘은 나이에 어린 때를 채 벗지 못한 채 학창생활이 시작된 것이다. 초등학교 시절은 학창생활다운 학창생활이 아니었다. 학생인 것이 아니라 어린이이로서의 생활이었다. 그냥 가정생활의 연장이었다. 집에서의 부모님과 같은 구실을 담임 선생님이 맡아하셨으니 모든 생활은 담임 선생님의 지도·감독하에 이루어졌고 자유로운 자기결정의 여지는 없었다. 이 아동의 계절엔 청춘적인 낭만도 없었다. 그리하여 중학교 생활은 학창생활의 시작이라고 보아 마땅하다고 생각한다.

서양의 어느 시인은 '마침내 후견인을 떠나서 자유를 차지한 아직 수염 없는 청년'이라고 청년기에 막 접어든 시기를 표현한 바 있다. 중학교는 그런 시기에 해당한다.

그 건방지던 시기, 새로운 흥미, 호기심이 생기고 가정과 학교에 국한되어 있던 이전까지의 생활과는 달리 그 생활의 폭과 생각의 지평이 넓어지고 몽상夢想이 발전하여 학교 공부가

* 1993.11. 『翰中 46年』(한중 46년), 한림중학교 동창회.

방해되던 그런 시기였다. 그래서 그 시기는 동요의 시기 혹은 부정의 시기로 표현되기도 한다. 미래를 꿈꾸면서 황홀한 기분에 젖어들고 직업적 관심도 생긴다. 미래가 준비되는 것이다. 이런 시기에 우리는 한림중학교를 다닌 것이다. 그래서 중학교에서 배우면서 얻은 경험과 그때 맺은 인연은 잊을 수 없는 추억이 되고 일생 동안 삶의 반려가 되어 맴돌게 된다.

한편 생각하면 우리가 입학하여 학교 다니던 그 시기는 역사적으로 국가적 시련기요 격동의 시대였다. 입학하던 해는 1950년 6 · 25 한국전쟁 발발의 다음 해요, 1948년 그 엄청난 도민적 수난이었던 4 · 3사건의 후유증이 심각하던 시기였다. 그러니까 우리의 학창생활은 6 · 25의 와중에서, 4 · 3의 잔해 위에서 지탱되었던 것이다. 4 · 3에 관련한 치유는 엄두도 못낸 채 제주 사회는 마구 흔들리고 있었다. 모슬포에 신병훈련소가 생기고 피난민이 몰려오고…. 한림의 신작로(지금의 해안 일주도로)를 양옆으로 길게 늘어서서 행진하던 군인들과 한수리의 고아원이 생각난다. 그때 피난민 학생으로 우리와 같이 공부하던 동료 가운데는 특히 서울대학교 문리대 수학과에 다니던 중 4 · 19 당시 이승만 독재정권에 항거하여 민주화 학생시위에 앞장섰다가 총상을 입고 사망한, 고 김치호 군이 있다. 어려운 가운데 열심히 공부하던 잊지 못할 동료이다. 이제 명복을 비는 마음 간절하다.

학창생활과 더불어 4 · 3사건의 기억은 너무나 뼈저린 아픔으로 온몸을 저며 온다. 어느 날이던가 운동장이 한가히 졸던 오후 울타리를 의지하고 모여들어, 우리의 동료 학생 중 나이가 좀 많은 학생으로부터 한라산에 진을 친 무장 봉기대에 끌려갔다가 천신만고 끝에 도망쳐 나오던 이야기를 들으며 소름끼치던 기억이 난다. 그는 지금 어디에 있을까. 우리 동네 어른들이 죽고, 이리저리 흩어져버리고 해서 일꾼 빈곤의 동네가 되어버린 가운데 생활의 어려움은 제쳐놓고라도 조바심하며 살던 그런 어려운 시기에 모교는 우리에게 배움의 보금자리였다.

지금 생각하면 그런 와중에서 한림중학 우리의 모교는 그런대로 줄기차게 발전을 거듭해 왔다고 생각한다. 그 고난의 세월 속에서도 그 시대 우리 선, 후배들을 통틀어보아 굴지의 기술자, 학자, 사업가, 정치인, 장군, 외교관, 그리고 관료, 성공적인 농 · 축산인 등 각계각층의 뛰어난 인물들이 많이 배출되었으니 그렇고 그 폐허를 딛고 제주도 굴지의 중학교가 되었으니 그러하다.

모교의 소재지 한림은 어떤 곳인가? 그 옛날 농업 중심의 시대에는 평야지대로서 농업

토호세력이 결집되었던 곳이요, 조선시대에는 유배 선비가 유배지, 대정으로 가는 길목이었으며 일제의 식민정책하에서는 제주 공업의 선도지역이었을 뿐 아니라 그 말기에는 군사작전의 전위지역이었다. 해방 후 6.25 당시에는 대정 모슬포에 신병훈련소가 생김으로 해서 신병 이동의 통로였다. 그리하여 외부 문화유입이 가장 빨라서 개화의 선봉이 되었던 곳이다. 이제 70년대 이후 제주개발의 시대에는 그 지역적 자원의 비교 열위 때문에 밀리고 있는 곳이지만 그 인적 자원을 조직하고 지역의 잠재력을 현명하게 동원한다면 또 한 번 부흥하는 지역이 될 것이다. 여기에 우리 모교 한림중학교 선, 후배 동창생들의 결의에 찬 태도와 노력이 요청된다고 하겠다.

사람들은 많은 인연을 맺으며 평생을 살아간다. 그런 인연은 연줄망이 되어, 살아가는 방향과 내용에 결정적으로 작용한다. 그런 인연 가운데 혈연, 지연도 물론 중요하지만 학교를 같이 다녔다는 인연, 즉 학연은 직업 생활과 관련하여 매우 중요한 것이다. 직장에서 선, 후배를 만나, 후배는 선배를 존경하고 따르며 선배는 후배를 사랑하고 인도해 주는 것은 자연스러워서 보기도 좋고 자신의 능력을 보다 개발하는 계기가 되며 그렇게 해서 서로의 사회적 지위는 안정되어 가는 것인바 여기에 모교 동창의 인연은 그 의미가 큰 것이라고 아니할 수 없다. 주변을 돌아보면 대체로 소위 일류 학교일수록 그 동문들의 유대관계는 강한 것으로 나타나고 있으며 모교 발전에도 협력이 잘 되는 것으로 보인다.

이제 한림중학 동문 여러분은 한림중학 출신임이 자랑스러운지 생각해 보라. 주변 선, 후배 간의 의사소통이 잘 되고 단합이 잘 되는지를 생각해 보라. 그럴수록 우리 모교의 우수성이 인정되는 것이며 그런 자세가 모여 우리의 모교는 더욱 발전하게 된다. '한림중학교'라는 이름은 상표처럼 우리의 영원한 표지임을 인식해야 할 것이다.

그동안 한림중학교의 동창회는 그 조직이나 활동이 지지부진했던 것이 사실이다. 그러나 이제 우리들 동창 모두가 한림중학 출신임을 자부하고 나설 때가 되었다고 본다. 우리 동창회의 연륜이 쌓이면서 동창들은 연부역강年富力强하여졌고 그리하여 동창회 명부도 만들기에 이르렀다. 실로 반세기 만의 일이다. 이를 우리 동창회 도약의 계기로 삼았으면 좋겠다. 1990년대, 21세기를 바라보며 급변하는 이 시대에, 다가오는 시대의 주역이기 위해서 이제 우리는 준비하지 않으면 안 된다. 동창회의 활성화는 그 준비작업의 하나가 될 수 있을 것이다.

바라기는 동창회 명부 발간을 계기로 하여 우리 한림중학 출신들이 더욱 선의의 단합을 이루고 지역사회 나아가서는 국가의 발전에, 인류의 평화에 기여하는 데 공헌할 수 있었으면 한다. 그리고 무엇보다 동창회 명부 발간사업이 우리 모두의 중학생활의 기억을 더듬으며 모교의 발전에도 기여하는 계기가 되었으면 한다.

끝으로 여의치 못한 상황 속에서도 희생적으로 동창회를 이끌어 나가면서 이제 동창회 명부 발간사업을 구상 지원한 안태의 동창회장께 감사드리고, 그 어려운 사업을 맡아서 노심초사 심혈을 기울인 끝에 성공적으로 일을 마무리 지은 양병윤 편찬위원장과 편찬위원 여러분에게 동문 선배의 한 사람이며 편찬위원회의 고문으로서 치하의 말씀을 전한다.

9 한림공원에 큰 뜻 심으신 송봉규(宋奉圭) 선생님*

아마도 송봉규 선생님을 말함에 있어서 한림공원만큼 어울리는 주제는 없을 듯합니다. 한림공원은 그의 일생 중 가장 소중한 성취이고 그곳에서 그의 인생관과 삶의 진실을 찾아볼 수 있다고 생각하기 때문입니다. 나는 이 글을 쓰면서, 지난날 제주학회 회원들 일행이 방문했을 때 한림공원 구석구석을 안내하면서 열심히 설명하시던 모습에서 그의 한림공원에 대한 애정과 그 장인정신에 감동받았던 때를 되새겨보고 있습니다. 벌써부터 한림공원은 '송봉규'가 아니면 불가능했을 제주 지역사회의 토착민에 의한 영세자본의 성공적 작품으로 평가받아 왔습니다.

인터넷에서 한림공원을 찾아 들어가보면 다음과 같이 소개되고 있습니다.

"아열대 식물원과 민속마을, 제주 석石분재원이 자리한 한림공원에서 가장 유명한 것은 세계 유일의 2차원 동굴로 알려진 협재굴과 쌍용굴이다. (중략) 16개 구역으로 구분되어 있는 식물의 왕국은 또 다른 한림공원의 진풍경이다.

인간의 땀과 의지가 담겨 살아 숨 쉬고 있는 아열대식물원은 협재 해수욕장과 비양도, 한라산을 배경으로 (중략) 아열대식물, 온대식물 1,000여 종 등 20,000여 그루가 조화롭게 전시 식재되어 있다. 이 밖에도 민속촌, 재암마을, 어린이 놀이동산, 야외휴양시설 등이 잘 갖춰져 있어 아이와 어른 온 가족이 한데 어울려 즐길 수 있다."

그러나 무엇보다 눈에 띄지 않으면서도 특이한 곳이 한 군데 있습니다. 공원 16개 구역의 모퉁이에 있는 한 식물원에 제주 재래품종의 풀들을 모아놓고 있는 곳이 그것입니다. 재래

* 1999.9.25.『바람코지 모래밭 돌빌레라도-재암 송봉규 선생 고희기념문집-』, pp.614-617, 기고문.

품종을 모아놓는다는 이 아이디어야말로 '송봉규'의 인간 승리를 가져다주는 힘의 원천이요 그의 삶의 자세를 잘 반영해 주는 것이라고 생각합니다. 사람들은 잘 쳐다보지도 않고 그렇게 값이 나가는 것도 아닌 제주 재래의 토종풀들의 집합. 우리의 것을 지키는 것이 곧 세계화의 지름길이라고 하거니와 송봉규 선생님은 이미 다른 사람들의 눈에 하찮아 보일 법한 그런 소재를 자신의 것으로 만들고 그것으로 사회에 이바지하는 그런 분이 십니다. 이는 당시 제주의 명문 교육기관인 제주농업고등학교에서 배운 농학도의 이념이었을 법합니다. 그러니까 그의 학창시절의 꿈을 이루어놓은 의지의 표현이라 할 수도 있을 것입니다. 요즘 듣는 바로는 선진국 여러 나라(예컨대, 일본)에서는 자기 나라의 재래 토종식물은 물론이고 다른 나라의 토종식물까지 수입해서 보존하고 있다고 합니다. 송봉규 선생님은 이미 선견지명을 가지시고 자신의 소박한 꿈을 그 토종 풀밭에서 키워가고 있었는지 모릅니다.

풀은 무엇입니까. 풀들은 누구의 관심도 없는 어느 길가, 어느 들판에서나 어우러져 잘 자라면서 토양을 유지해 주고 자신의 독특함을 지켜나갑니다. 영어에 grass-roots라는 말은 풀뿌리라고 번역되거니와 오늘날 흔히 풀뿌리민주주의라는 말은 여기서 나왔습니다. 영웅적인 인물들이 모여 투쟁하는 그런 정치가 아니라 풀같이 어우러져 살아가는 토착민들(민중들)의 주인 되는 그런 정치 말입니다. 분명 송봉규 선생님은 그런 지도자의 자질과 인품을 지닌 분으로 생각합니다. 그래서 지난 도의회에서 그에게 의장의 소임을 맡겼었음은 우리 지역사회의 적절한 선택이었다고 생각합니다.

오늘날 풀뿌리 정신은 세계화를 맞으며 매우 중요합니다. 이 정신이 세계화시대에 경쟁에서 이기고 살아남는 길인 것입니다. 세계 일등 전자회사인 일본 소니(SONY)사의 이데이 노부유키 사장은 어떤 인터뷰에서, 21세기를 "무국경(borderless)시대 또는 네트워크 시대라고 정의될 수 있을 것"이라 하고, "국가 단위가 의미를 상실하고 대신 도시 단위가 중요해집니다. 도시 중에서도 분명한 아이덴티티와 기능을 가진 곳만 번영할 겁니다. (중략) 미래란 '예측'하는 게 아니라 스스로 '창조'하는 것이라고 생각합니다"라고 하였습니다. (여기서 '도시 단위'는 곧 '지역단위'를 일컬음이다). 바로 그것입니다. 송봉규 선생님이 이미 실천에 옮기신 철학이 그것 아닌가 생각합니다. 그의 한림공원은 제주의 분명한 '아이덴티티', 모래밭을 숲으로 만드는 '창조'적 실천, 바로 그 표본인 것입니다.

나는 중학교 시절 그에게서 배웠습니다. 1951년에서 1953년까지 그가 한림중학교의 교사였던 시절 나는 한림중학교의 어린 학생이었습니다. 그는 20을 갓 넘은, 소년티를 갓 벗은 청년 교사로서 학교에서뿐 아니라 우리 지역사회에서도 촉망받는 젊은이였습니다. 그 젊은이는 지방의회 의원으로 등장합니다. 나이 25세 최연소 도의원이었습니다. 그 훤칠한 용모에다 그 특유의 소박한 말솜씨로 하여 당시 사람들은 그를 많이 따랐던 것으로 기억합니다. 사람들은 정치가의 꿈을 꾸고 있으리라 여기고 그의 국회 진출을 예상하기도 했었습니다. 그러나 결과적으로 그 예상은 빗나갔습니다. 중앙 진출을 시도하지 않았습니다. 그리고는 우리가 다 아는 바와 같이 제주 지역사회에서 자신이 할 법한 일들을 많이 했습니다. 이력속에서 알 수 있듯이 다른 영리사업은 거들떠보지도 않았으며 오직 한림공원 사업에 집중하면서 도내 영세자본의 성공적인 사례를 만들어놓았던 것입니다. 그러면서 그는 각종 도단위 사회단체에서 책임 있는 자리를 맡고 헌신하셨습니다. 국제라이온스클럽의 지구총재를 역임하였고 제주종합유선방송 회장의 자리를 맡기도 하였습니다. 최근에는 공동체의식개혁 국민운동 제주도협의회에 관여, 대표상임공동의장을 하시고 지금은 상임고문으로 그리고 대한적십자사 운영위원 등의 일을 하십니다. 이들 이력서의 면모에서도 그의 풀뿌리의 삶을 엿볼 수 있습니다. 무슨 세속적인 의미의 '영웅적'인 삶이나 거창하고 화려함을 추구하지 않았습니다. 특히 그에게서 우리는 미래지향적인 운신의 면모를 엿볼 수 있습니다. 공동체는 21세기 인류사회의 대안으로 거론되는 것이요, 적십자나 라이온스클럽의 정신인 봉사는 21세기 성숙한 시민사회를 위해 꼭 필요한 것입니다. 유선방송은 문화 다양화의 시대를 열어가는 방송매체입니다. 그의 숨겨진 이력이 한두 가지가 아니겠지만 여기 지적하는 미래 지향성에 관련하여 적시할 것이 하나 있습니다. 90년대 초 제주의 몇몇 뜻있는 인사들의 모임인 '21세기 제주를 생각하는 모임'이 그것입니다. 그는 그 초대회장을 맡으셨고 그 모임은 제주도연구회(현 제주학회)를 지원하는 등 그 정신에 있어서 21세기 제주를 도모해 보려는 노력을 보여주었습니다.

이 글의 서두에 인용한 한림공원을 소개한 글에서 인상적인 부분이 있습니다. 그것은 "인간의 땀과 의지가 담겨 살아 숨 쉬고 있는"이라는 부분입니다. 여기서 그 '땀과 의지'는 곧 '송봉규' 그의 것입니다. 여느 기업가 같으면 "○○○의 땀과 의지로 일구어놓은"이라고 자신의 이름을 부각하여 기록했을 법합니다. 그러나 풀은 자랑하지 아니하고 자만하지 않습니다. 그저 묵묵히 지신의 자리를 지킬 뿐입니다. 송봉규 선생님은 그런 분이십니다. 즐기면서 열심히 일하고, 역사를 만들어가는 그런 사람입니다. '보람된 인생을 살아가는 데는 결코 늦은 법이 없다'고 합니다. 이제 칠순의 나이에 이르러서도 노익장老益壯, 오늘도 송봉규 선생님은 한림공원의 어느 모퉁이를 돌면서 보람된 어떤 풀뿌리의 삶을 꿈꾸고 계시리라 생각합니다.

이제 선생님의 큰 뜻을 되새겨보며, 용비어천가를 각색 인용합니다.

"뿌리 깊은 나무는 바람에 아니 뮐쌔, 꽃 좋고 여름 하나니. 샘이 깊은 물은 가뭄에 아니 그칠쌔, 마침내 내를 이루어 바다에 이르게 되나니."

부디 선생님, 건강하시고 복된 여생 누리소서.

10 미국문화 이야기*

무엇이 미국을 강하게 만드는가? 미국을 강하게 만드는 문화요소는 무엇인가?

먼저 미국문화의 형성 내력을 생각해 본다.

1620년 메이플라워호를 타고 자유를 찾아 아메리카 신대륙에 상륙한, 영국에서 박해받던 청교도들. 그 후예들은 원주민 인디언들을 정복, 몰아내면서 앵글로색슨의 미국문화를 만들어간다. 미국 서부 개척기의 영화에서 보듯이 그들은 끊임없이 이동하면서 그들의 생활 터전을 일구어나간다. 정착민이 아니라 이동민移動民, 유목민이었다. 끊임없는 이동의 생활은 비정착적이었으며 익명성이 지배하는 환경이었다. 자유를 찾아 신천지에 터전을 잡은 그들은 지연적 · 혈연적 결속이 강하지 못하였고 공동체적 협동도 미약하였다. 비인격적 관계로 이루어진 사회이므로 공식적 관계 외에는 개인에 대한 공동체적 구속이 부족하였다. 여기에 자유주의, 개인주의 문화가 배태된다. fast food, casual wear에서 보듯이 실질지향의 생활편의주의 실용주의가 배태된다. 이런 문화에서는 결과적으로 구속 없는 자기 재능 발휘가 조장된다.

다인종 melting-pot 사회이다. 우리처럼 단일민족국가가 아니고 세계 여러 나라에서 건너간 사람들이 이해관계에 따라 만나고 헤어지는 그런 관계를 맺고 살아간다. 인종적 차이에도 불구하고 능력 있고 실용성이 높은 자질을 가진 사람들은 높은 대우를 받는다. 이것은 세계 여러 나라의 인재들을 불러 모으는 사회적 기제가 된다. 오늘날 지식 · 정보사회의 근간인 질 높은 세계의 인적 자원들을 확보하는 이유가 된다. 어느 나라 어느 지역 출신인가

* 1999.8. 메모. 낙산회(서울대학교 문리대 출신 제주 지역 모임)에서 발표.

가 중요한 것이 아니라 무엇을 어느 정도 할 능력의 소유자인가가 중요하다. 이것이 지적재산권이 많이 보유된 이유이다.

연세대학교 창립자 언더우드의 손자이며 연세대 재단이사이면서 교수였던 원일한(미국명 언더우드)은 미국과 한국 문화의 차이에 관련하여 다음과 같이 지적한다.(한미우호협회, "한국인의 사고, 미국인의 사고", 「미래의 세계」, 80호, June, 1999)

법질서와 관련하여 '한국 법은 최고기준, 미국 법은 최저기준'이라고 지적한다.

미국 법은 최소한을 규정하고 한국 법의 기준은 최고의 수준을 요구한다. '우선멈춤' 사인의 경우 운전자가 멈추어 서는 것은 미국의 경우 운전자가 최소한 그렇게 해야 하는 것을 의미하고, 한국의 경우는 운전자의 이상적인 행위를 의미한다. 법을 지키는 데 있어 한국에서는 유연성을, 미국에서는 경직성을 갖는다.

일을 맡아서 수행해야 하는 의무를 '한국의 책임責任과 미국의 Responsibility'로 비교하면서 다음과 같이 지적한다.

미국에서 책임을 따질 때는 행위하는 사람의 'response' 즉 '행위'에 초점을 맞추는 데 대해서 한국의 경우는 '임任' 즉 자리에 초점을 맞춘다. 예를 들어 무단횡단 보행자의 교통사고의 경우 미국에서는 운전자에게 책임을 묻지 않는다. 한국에서는 운전자에게도 책임을 묻는다. 한국에서는 도덕적 책임을 생각한다는 것이다.

토론문화와 관련하여, 미국에서는 토론을 즐기는데, 사람들에게 충분한 토론의 기회를 주고 그 결과 타협점을 찾는다. 한국에서는 토론을 부담스러워하며 타협이 아니라 양보의 미덕을 강조한다. 자신의 의견을 철회할망정 중간점을 찾지 않는다.

인사 기준에 관련하여, 미국의 경우는 'what'에, 한국의 경우는 'who'에 초점이 맞추어진다. 한국의 경우는 능력보다 인간관계가 중요시된다. 이것이 한국의 경우 만사萬事인 인사가 인맥에 따라 이루어지는 이유이다.

한편 어두운 측면, 그 위험사회의 면모들도 적지 않다. 그 몇 가지를 지적하면 다음과 같다.

총기 구입의 자유가 보장되는 사회이다. 내가 미국 체재 중(1999.4.21) 콜로라도의 덴버시 교외지역인 리틀턴시에서 고교생 총기 난사사건이 일어났다. 몇 년 전 아이오와대학의 경우 그 엄격한 학위심사과정을 극복하지 못한 박사학위 후보자의 총기 난사사건이 있었다고 한다. 왜 개인적인 총기 보유가 필요한가에 관련, 서부개척의 역사와 스스로 자신을 보호해야만 하는 개인주의적 분위기, 공동체적 보호가 기대되기 어려운 미국문화의 일 단면이 아닌가 싶다.

본래의 주인이었던 인디언을 몰아낸 현재의 미국인은 인디언들을 보호한다는 명분으로 그들을 주류 사회생활지역에서 분리하여 생활하도록 하고 있다. 그렇게 해서 생겨난 것이 인디언 보호구역(Indian Reservation)인데 현재 인디언 보호구역이 미국 전역에 걸쳐 160여 곳이나 된다고 한다. 그 보호구역을 방문한 적이 있는데 그 지형적 · 공간적 생활여건이 열악해 보였다.

미터법을 쓰지 않아서 이방인들에게는 불편하였는데 이는 미국 세계지배의 패권주의 면모가 아닌가 싶다. 저들의 기준이 세계의 기준이다.

나의 미국 방문 당시는 우리나라가 IMF 경제위기를 맞고 있었는데 그 IMF를 통하여 미국은 세계경제에 영향력을 행사한다.

세계분쟁지역에 군대를 파견하여 벌이는 전투의 형식에서 초토화작전은 그들이 추구하는 인권 존중의 철학에서 어긋나지 않는가 싶다.

11 제주의 또 하나의 중심도시, 서귀포*

21세기를 맞으며 서귀포시 지역은 그 발전의 전환점에 서 있다.

그 몇 가지 증후는 다음과 같다. ① 서귀포시는 제주국제자유도시의 중요한 기능을 맡게 된다. 국제자유도시 기본계획에 따르면 '7대 선도프로젝트' 중 적어도 셋, 즉 '서귀포관광미항 개발' '중문관광단지 기능 강화' '휴양주거단지 개발'이 서귀포시 지역에서 이루어지는 사업이다. 대포리에 평화센터(정상의 집)가 건설되며, 중문관광단지에는 이미 컨벤션센터가 건설되는 중이다. ② 2002년 월드컵이 개최되는 도시로서 서귀포시는 세계로 그 이름이 알려지게 되었다. ③ 지난 4월 26일~27일 사이에 서귀포시 서복문화국제교류협회 주최, 제주학회 주관으로 '서복과 동아세아 문화교류'라는 주제의 국제학술대회가 열렸다. 이는 서귀포시가 각종 학술대회 개최 장소의 구실에 더하여 국제학술연구의 주체가 되는 의미를 갖는 것이며, 한 · 중 · 일 동북아 3국 학술교류 중심지로서의 이미지를 갖기에 충분하다. 이에 관련하여 이어지는 프로젝트, 예컨대 한 · 중 · 일 동북아 3국 학술교류센터 같은 사업을 구상해 볼 만하다. ④ 제주 관광의 대명사는 '서귀포'라는 인식이 널리 퍼지고 있다. 관광은 소위 친환경적 개발에 연결되는 부문이며 그 부가가치 또한 높은 것으로 알려지고 있는 점은 서귀포시의 성장 잠재력을 말해준다. 21세기는 '일'의 세대가 아니라 여가의 시대이다. 여가를 어떻게 관리하느냐 하는 것이 지난 세기 '일'을 어떻게 하느냐에 대신하는 중요한 주제가 된다. 인간을 '호모 루덴스'(놀이인간: 네덜란드의 문화사학자 J. 호이징가의 개념)로 보기도 하거니와 인간은 본래 놀이를 즐기는 동물이기 때문이다.

---

* 2002.5.29. 탐라대학 평생교육원, 21세기지도자과정 특강 메모.

서귀포가 제주시의 위성도시가 아니라 그 고유성을 갖는 독특한 면모를 갖춘 중심도시로 태어나기 위해서는 먼저 스스로 그 독특함을 발굴하는 것이 중요하다. 위의 '증후'는 그 가능성의 징표이거니와 서귀포의 도처에 그 독특함을 간직하고 있다고 한다. '이중섭 거리'는 그 예의 하나이거니와 법환리와 범섬은 고려시대 몽고의 지배에서 벗어날 때 목호의 난을 평정(최영 장군)했던 역사의 현장이다. 이는 서귀포시의 억압적 외세 배격의 현장이라는 이미지와 관련된다. 이는 북제주군 항파두리의 역사에 비견된다. 토평리는 세칭 '나비박사'로 알려진 석주명 선생이 1940년대 초반 약 2개년간(서울대 생약연구소 근무) 머물면서 연구하던 곳이다. 관련 사업을 구상해 볼 만하다.

이 강의가 이루어지는 탐라대학은 서귀포시의 미래지향적인 입지를 구축해 가는 데 중요한 역할을 할 수 있어야 할 것이다. 특히 다가오는 시대, 정보사회에서는 그 힘의 원천이 자본보다는 정보 · 지식에 있다. 여기에 대학의 연구 · 교육의 기능은 강화될 필요가 있고, 탐라대학은 서귀포시의 이미지와 관련 그 지역대학으로서 중요한 역할을 하게 될 것이다.

결국 서귀포시 지역이 제주의 다른 지역에 비해 비교우위에 있는 그러면서도 알려져 있지 않은 그리고 세계화 · 개방화시대에 걸맞은 항목들을 발견 개발해 내는 노력을 해야 할 것이다. 이때 중요한 것은 정치적 선택이다. 즉 정치적 결정과 그 행사를 하는 사람들이 발전의 가치에 우선순위를 맞추고 적절한 수단을 동원할 필요가 있다. 발전의 가치는 삶의 질을 높이고 그 기회를 확대하는 것이다. 서귀포시민은 이 정치적 결정에 영향력을 행사해야 할 것이다. 이때 서귀포시민의 개방적 · 포용적 자세, 세계시민적 자세, 자치 시민적 자세와 의식이 요청되는 것이고 이 강의가 이런 요청에 다소나마 기여하는 바가 되었으면 하는 바람이다. 21세기를 생각한다.

12 아낌없이 주는 바보(?)들을 위한 변명: 재암 장학생들에게 주고 싶은 이야기*

“옛날에 나무 한 그루가 있었습니다. 그 나무에게는 사랑하는 소년 하나가 있었습니다.”로 시작되는 실버스타인의 『아낌없이 주는 나무』라는 작품이 있습니다.

널리 알려진 이야기입니다만 음미할수록 감동을 주는 내용이 사람들의 심금을 울립니다. 나무는 소년이 필요한 것을 그야말로 아낌없이 주게 됩니다. 나무는 그 소년의 장난감이요 놀이터였습니다. 피곤할 때는 쉬는 그늘이었습니다. 돈이 필요할 때면 그의 열매를 따다 팔아 쓰게 하였고, 소년이 자라서 집이 필요할 때면 나뭇가지는 집 짓는 재목이 되어주었습니다. 소년이 더 나이가 들어 멀리 떠나고 싶었을 때는 그의 줄기를 제공하여 배를 만들도록 했습니다. 오랜 세월이 흐르고 소년이 다시 돌아와서 ‘필요한 거 별로 없고 앉아서 쉴 조용한 곳이나 있었으면 좋겠다’고 하였을 때 나무는 그 마지막 남은 자신의 밑둥을 제공하여 쉬도록 했습니다. 이렇게 나무는 끊임없이 자기희생적으로 주면서 행복했습니다.

‘아낌없이 주는’ 또 하나의 ‘바보’ 이야기가 있습니다.

톨스토이 작품 『바보 이반』의 주인공 이반은 주면서 행복한, 아니 행복을 모르는 그런 바보였습니다. 이야기는 그 이야기 속 형제들이 악마의 짓궂은 장난에 어떻게 대처해서 말로가 어떻게 되는지를 엮어가고 있습니다. 주인공 바보 이반은 탐욕스럽지 않고 부지런하여 욕심꾸러기 형들에게 달라는 것 다 주고도 행복했습니다. 군인인 욕심꾸러기 큰형은 이반의 도움으로 군대를 얻고 보다 강한 권력을 추구하다가 그보다 더 강한 권력에 의해 멸망하게 되고, 상인인 욕심꾸러기 둘째 형은 역시 이반의 도움으로 크게 부를 누리고도 더 큰

* 2006.1.25. 『재암문화』, 창간호, 재암문화재단, pp.56-57.

부를 추구하다가 보다 큰 장사꾼을 만나 패망합니다. 이들은 악마의 술책에 넘어간 것입니다. 욕심 없이 그저 열심히 일하는 이반에게는 악마의 요술이 먹혀들지 않았습니다.

이반은 공주의 병을 낫게 하고 왕이 되는데 그 나라는 바보들만 사는 그런 나라였습니다. 다만 일하는 사람만 먹을 권리가 있는 그런 나라, '손과 등'으로 노동하며 사는, 손등에 굳은살이 배기도록 일하는 사람들만 사는 그런 나라였습니다. 굳은살이 박이지 않은 자들은 먹다 남은 찌꺼기를 먹어야만 하는 나라였습니다. 대장 악마가 나타나서 이반 왕을 꼬드깁니다. '손과 등'을 써서 일하지 않고 머리로 일하는 방법이 있다고 말합니다.

바보 이반 왕은 머리를 써서 일하는 방법을 알게 되면 손발이 피곤할 때 머리를 써서 일할 수 있을 거라고 생각합니다. 그래서 악마에게 그 방법을 알려달라고 합니다. 악마는 높은 탑에 올라가 사람들을 모아놓고 머리를 써서 일하는 방법을 가르치기 시작합니다. 하지만 그 나라 사람들은 모두 '바보'라서 악마가 하는 말을 이해하지 못합니다. 몇 날 며칠 악마는 아무것도 못 먹고 소리만 질러 댔습니다. 악마는 배가 고프면 '머리를 써서' 빵을 만들어 낼 거라고 믿은 사람들은 아무도 먹을 것을 가져다주지 않았습니다. 마침내 악마는 머리로 벽을 들이받고 계단을 받으면서 밑으로 굴러 떨어집니다. 이반은 드디어 악마가 '머리를 써서' 일하기 시작했다고 기뻐하며 지켜봅니다. 사실은 배고프고 기운 빠진 악마는 견디지 못하고 비틀거리며 벽에 머리를 들이받으며 탑에서 떨어져 사라져버린 것입니다. 아낌없이 주는 바보가 악마의 장난을, 그 불의를 물리친 것입니다. 그리하여 평화를 가져왔습니다.

아낌없이 주는 '바보'는 진짜 바보일까요?

남에게 '아낌없이 주는' 것은 고귀한 것입니다. 어머니의 고귀함은 자식에게 주는 아낌없는 사랑 때문입니다. 탐욕스럽지 않게 열심히 사는 사람만이 또한 그럴 수 있습니다. 탐욕스러운 사람은 분에 넘치게 결과를 추구하다가 패망합니다.

'盡人事진인사하여 待天命대천명하라' 하였습니다. 제 할 일을 하지 않고 결과에 집착하는 것은 탐욕입니다. '사람은 일을 도모할 수는 있어도 일을 이루는 것은 하늘의 뜻으로 돌리라' 했습니다. 결과에 연연하지 않고 제 할 일을 열심히 하는 사람은 바보처럼 보일지 모르나 성공적으로 사는 사람입니다. 아낌없이 줄 수 있는 그런 사람입니다. 미래는 바보처럼 현재를 열심히 사는 자의 것입니다.

건투하시기 바랍니다.

13 짧은 미국 경험, 그 단편적인 이야기*

때는 20세기의 막바지, 꼭 10년 전, 1998년 8월 15일 광복절을 맞아 나는 미국의 수도 워싱턴을 방문, 워싱턴 광장 일대를 둘러보는 감격을 맛보았다. 포토맥강을 끼고 펼쳐진 워싱턴 광장과 그 주변에는 많은 기념비적 시설들이 있었다. 백악관, 국회의사당, 링컨 기념관, 워싱턴 타워, 스미스소니언 박물관은 그 대표적인 것들이다. 무엇보다도 워싱턴 광장 한구석에 마련된 한국전쟁(6 · 25) 참전기념 공간, 그 전시가 인상적이었다.

1998년 2학기와 1999년 1학기를 나는 교환교수로 미국 아이오와대학에 가 있었는데 이때 시간을 내서 가족들과 함께 미국 동부지역 일대를 여행하면서 의도적으로 광복절에 맞춰 미국의 심장부라 할 워싱턴을 방문하였다.

개인적으로 환갑을 맞는 환갑여행이었고, 시대적으로는 20세기의 막바지에서 21세기를 맞는 시기로 세계적인 뜨거운 관심과 논의들이 진행되던 때, 미국은 어떻게 한 세기를 보내고 맞는가를 체험해 보려는 생각을 하고 있었다.

도미할 때 나는 오늘날 미국이 세계를 지배하는 힘은 어디서 오는가를 그들의 문화 속에서 직접 경험해 보려 하였다.

1. 미국의 생활문화, 의식주에 관련하여

나의 미국 경험은 1987년 하와이대학 한국학연구소 학술행사에 초청되어 그곳을 방문하면

* 2008.12.17. '공군사관후보장교회 48기 문집', 『창공의 여운』, pp.423-428.

서 시작되었다. 그 후 학술발표를 위하여 1994년 시카고, 1998년 캐나다 밴쿠버를 각각 짧은 시간 방문한 바 있고(밴쿠버 방문 시 미국의 시애틀 관광도 잠깐 한 바 있다), 서두에서 밝힌 1년간(1998년 후반부터 1999년 전반까지)의 아이오와대학 체류기간은 좀 긴 미국 경험의 기회였다.

① 식당에서: 하와이의 한 식당. 식당에 들어가서 무턱대고 빈자리에 앉았다가 쫓겨난 경험이 있다. 입구의 일정 공간에서 기다렸다가 식당 종업원의 안내에 따라 자리를 잡아야 하는 것이었다. 미국에서는 줄서기, 차례 기다리기가 생활의 기본이었다. 식당 이용 시 예약하고 식사대금의 일정액을 팁으로 주는 것이 상례였다. 식당 내에서 큰 소리로 이야기하지 않는다. 패스트푸드(fast food)가 생활화되어 있다. 이런 음식은 미국인이 신대륙 정착과정에서 끊임없이 이동하며 살던 생활에서 불가피했을 것으로 이해한다. 식사 후에 'fortune cookie'가 제공(중국 이민들이 시작하였다는 설이 있음)되는 경우가 있는데 하루의 운세를 담은 내용의 메모지가 후식 과자에 딸려 나왔다. 손님의 기분을 살려주는 서비스로 인상적이었다.

② 주거생활에서: 세 들어 사는 경우, 다른 곳으로 이사할 때, 집 혹은 방을 비우면서 깨끗이 청소하는 것은 기본이었다(청소를 안 했을 경우 계약금 반납 시 공제한다). 주택거래 시 해당주택 앞에 매매상황이 게시되어 스스로 사고팔기가 생활화되어 있었으며, 자신의 집 앞에 지지하는 정치인 선전 팻말을 세워 자신의 정치적 색깔을 공개하는 경우가 흔하다. 주택과 정원 구조에서 보면 정원은 울타리 없이 개방되고 있었으며 대신 건물은 현관을 통해서만 진입할 수 있도록 폐쇄적이었다.(열린 정원, 닫힌 건물)

③ 의생활에서: 흔히 캐주얼 웨어(casual wear)라고 하는 터이지만 편리한 복장 차림을 선호하였으며 신발도 격식 없이 되는대로 신고 다니는 것이었다. 그러나 파티 등 공식모임에는 반드시 요구되는 정장 등의 차림이었으며 초청 시에는 참석자들에게 요구되는 복장을 알려주고 있었다. 일반적으로는 격식 없이 자유분방한 의복 차림이었다.

④ 물건 매매에서: 자신이 쓰다가 필요 없는 물건(양말 한 켤레까지도)은 자신의 주택에 전시하여 파는데 전시장소가 정원이면 yard sale, 차고지면 garage sale이 된다. 참으로 감탄한 바는 yard sale이나 garage sale의 경우 세일품목의 값보다 더 드는 비용을 지급해서라도 세탁하여 판다. 아주 값이 싼 물건이라도 남에게 거저 주지 않는다. 가끔 무

료로 제공되는 물건이 있는데 이 경우 그 물건에는 'free'라는 표지를 달아두고 있었다. 나는 이 'free'품목을 가끔 가져다 쓴 적이 있다.

2. 대학에 관련하여: 아이오와대학에서

은퇴하는 어떤 대학교수가 소장했던 책을 그의 연구실 복도에 쌓아놓고 'free books'로 제공하고 있었다. 도서관에 기증하는 것이 여의치 않기 때문이란다. 문제는 도서관에 충분한 장서가 있기도 해서이겠지만 기증도서의 전산정리를 위한 적지 않은 경비가 필요하다는 데 있다. (한 권 정리하는 데 약 $20가 든다고 함) 인건비는 매우 비싸고 도서 정리하는 데는 수작업이 필요하기 때문이란다. 최소의 인원으로 영업을 하고, 무인판매시설들이 흔하다. 주유소에서 운전자 자기 주유는 보통이고, 어떤 골프장은 입장료를 골프객 스스로 입장료함에 넣도록 하는 경우도 있었다.

교수 간, 학생 간, 교수 · 학생 간 치열한 논쟁이 전개되고 있었다. 미국은 자기표현이 강조되는 사회로서 자기주장을 조장하는 분위기가 조성되어 있다. 이에 따라 대학 내 토론문화가 성숙되어 있다. "미국에서는 토론을 즐긴다. 참여한 모든 사람에게 충분한 토론의 기회를 주고 그 결과 타협점을 찾는다. 한국에서는 이런 토론을 부담스러워한다. 타협이 아니라 양보의 미덕을 강조한다. 자신의 의견을 철회할망정 중간점을 찾지 않는다. 다수의 의견이 수렴된 타협이 아니라 'all or nothing'으로 결정한다. 한국의 경우 겉으로는 동의지만 실상은 근본적인 갈등의 소지는 남겨진 것이다." (원일한*, "한국인의 사고, 미국인의 사고", 한미우호협회, 『미래의 세계』, 80호, June, 1999 참조. *연세대학교 창립자 언더우드의 손자이며 연세대 재단이사이면서 교수였던 언더우드를 말함)

교수 재임용의 경우, 교수의 임용과 승진 등에 엄격한 심사가 이루어지며 재임용 시 심사탈락 교수는 이직하게 되는데 그 이직이 한국에서처럼 닫혀 있는 것이 아니다. "미국의 경우는 'what'에, 한국의 경우는 'who'에 초점이 맞추어진다. 한국의 경우는 능력보다 인간관계가 중요시된다. 한국의 경우 최대의 비난은 '비인간적'이라는 것이다. 미워하는 대상은 미국의 경우 죄이고 한국의 경우는 죄인이다. 미국의 경우는 사람 자체와 그 사람의 자격요건을 혼동하지 않는다."(위 원일한 참조) 따라서 어떤 대학에서 재임용에 탈락한 것은 그 대학에서의 그에 대한 자격요건 부적합 판정일 뿐 그 교수 자체의 인간적 자질의 문제가 아니다. 그 교수에게는 그에게 맞는 또 다른 자리가 기다리고 있는 것이다. 일반적으로 미국에는 취업 기회구조에 유연성이 있다는 것이다.

강의와 관련하여 말하면, 강의는 주로 토론식으로 진행되며, 교수의 강의안(강의 안내)이 매우 구체적이었고 학생의 수업준비를 안내하고 있었는데, 예컨대 필요한 자료를 어디에서 어떻게 얻을 수 있는지 예시하고 있었다. 학생들은 그 강의안에 따라 미리 수업준비를 하도록 안내되고 그 안내에 따르지 않으면 불이익을 볼 수밖에 없었다.

대학병원에서 보면, 모든 응급환자에 대한 무조건적인 치료가 의사의 의무이다. 치료와 의료비의 징수는 별개(의료비는 나중에 청구됨)이며 입원실에 등급이 없었고 병원 운영비의 15%를 예술작품의 전시나 음악연주 등 예술활동에 투입하고 있었다. 암환자 병동의 종사자 복장은 평복 차림이었는데 가정적 분위기를 조성함으로써 환자에게 심리적 안정감을 주려는 데 그 뜻이 있단다. 관련해서 미국의 복지제도는 북구나 영국의 경우와는 달리 자기 부담 형식으로 복지비용을 충당하고 있어서 보험료가 비싸고 의료비도 비싸다.

대학언론(대학신문과 방송)은 지역언론의 중심적 몫을 하고 있었다. 시민들은 대학에서 발행하는 신문을 구독한다. 대학신문은 아니지만 어떤 신문은 그 지면의 크기를 펴서 읽을 때 그 폭이 사람 어깨의 범위로 제작되는 것을 보았는데 이는 신문 독자가 옆에 앉은 사람에 방해되는 경우를 고려한 것으로 보인다.

3. 강한 미국을 지탱하는 미국문화의 면모들

무엇이 미국을 강하게 만드는가? 미국을 강하게 만드는 문화요소는 무엇인가?

나의 짧은 미국 경험을 단편적으로 쓰는 이 글에서 이 질문에 체계적으로 답하는 것은 불가능하고 그럴 생각도 없다. 다만 제한된 경험에서 인상적이었던 몇몇 면모들을 두서없이 적시해 보려 한다.

미국에서는 법과 질서가 잘 지켜지고 공권력이 존중되고 있었다. 위법부당한 행위에 대한 경찰력의 강제는 절대적이었다. 인내심 갖고 줄을 서서 기다리는 데 익숙해져 있었다. 교통정체 시 경적 한번 울리는 일 없고 기다리며 소란피우는 일은 더더욱 없었다.

신용사회로서의 면모가 역력하다. 주차 위반 등 교통범칙금 미납 시 이는 신용점수에 반영되는데 신용점수는 은행 대출 시 등 모든 사회활동에 관련된다. 병원비의 미납, 은행의 연체 등도 개인 신용점수에 반영된다.

예약이 생활화되어 있어서, 동네 이발관이나 식당의 경우도 예약자 우선이며 예약이 안 되면 제대로 서비스를 받을 수 없다. 건물 내 금연은 엄수되고 있었다.

자기 직무 수행의식이 강하다. 고객을 적극적으로 안내한다. "May I help you?"라는 표현은 자기가 해야 할 일을 '해드릴까요?' 하는 의미이다. 내가 파견되었던 '아시아 · 태평양연구소' 비서의 서비스와 그의 태도가 인상적이었는데 도움을 받고 던지는 고맙다는 말에 그는 늘 "It's my job" "It's my pleasure"라고 대응한다.

소비가 미덕인 사회의 모습들. 일하는 동안 열심히 일하고 쉬는 날 가족과 함께 나들이하는 등 철저하게 논다. 숙제가 있어도 주말은 논다. 도로는 잘 정비되어 있고 휘발유값은 싸고, 그래서 여행하고 관광하기 좋다. 주말여행이 일반화되어 있는 듯하다. 모든 업소는 체계적으로 광고하고, 할인 쿠폰제를 채택하고 있었다.

패스트푸드, 캐주얼 웨어에서 보듯이 실질지향의 생활편의주의 실용주의가 배태되어 있다. 자유주의, 개인주의문화는 결과적으로 구속됨 없이 자기 재능을 발휘할 수 있도록 조장한다.

다인종melting-pot 사회로서 다양성이 존중되고, 인종적 차이에도 불구하고 능력 있고 실용성이 높은 자질을 가진 사람들은 높은 대우를 받는다. 어느 나라 어느 지역 출신인가가 중요한 것이 아니라 무엇을 어느 정도 할 능력의 소유자인가가 중요하다. 이것이 오늘날 지식 · 정보사회의 근간인 질 높은 세계의 인적 자원들을 확보하게 되는 이유라고 생각한다.

4. '귀국 보고서'

이제 교환교수 기간이 끝나고 귀국하여 학교에 제출한 귀국 보고서 일부(미국 대학 경험에 관련한 이야기)를 소개하면서 마무리한다.

"미국의 대학 혹은 대학교육을 생각할 때 제도적인 외형만을 보아서는 안 될 것이다. 왜 그런 제도가 정착되었는가 하는 점을 음미해 보고 그 제도의 도입 여부를 결정해야 할 것이다. 예컨대 미국 교수들의 정년 보장 이전의 재임용 심사제도가 정착되어 임용 탈락이 큰 무리를 가져오지 않는 것은 교수 재취업 기회가 열린 구조이기 때문이다. 교수업적에 대한 평가 결과도 신문지상에 공개되는데 이것도 그 사회가 그 평가의 결과를 가지고 교수 개인의 전인적인 평가의 자료로 삼고 있지 않다는 사회분위기 때문에 큰 부작용 없이 진행되고 있는 것이다. 아무튼 미국의 대학에서 채택되는 제도들은 그 문화적 배경 속에서 채택된다는 점을 인식할 필요가 있을 것이다. 문화가 다르면 외형적 제도도 달라야 성공적으로 정착될 수 있다고 생각한다. '미국에서 이러이러하니까 우리도 그렇게 하자'는 식의 발상은 재고할 필요가 있을 것이다.

우리 대학만의 문제는 아니지만 미국의 실용주의, 자유주의 논리에 너무 현혹되는 일은 없었으면 좋겠다. 우리식의 어떤 논리를 개발하는 지혜가 필요하다고 생각한다."

제6부

논평, 토론, 기타

1 또 하나의 칼럼: '황우럭' 5000회 돌파에 부치는 촌평*

신문의 연재 시사만화는 그날의 신문기사를 농축한 시사 보도의 압권이자 하나의 칼럼이란 점에서 그 비중이 날로 높아지고 있다. 특히 그 풍자성 · 해학성 · 암시성으로 인하여 기사나 사설 등 다른 방식으로는 전달하기 어렵고 곤란한 내용을 지면을 절약하면서 전달할 수 있다는 점은 큰 장점이 되고 있다.

제주신문의 시사 연재만화인 '황우럭'의 경우도 이런 점에서 제주 언론에 크게 공헌하고 있다는 점은 그 가치를 높이 살 만하다. 1968년 5월 10일, 신록의 5월, 계절의 제왕인 그 눈부신 태양 아래 독자에게 인사를 올리면서 시작된 '황우럭'은 이제 5천 회를 맞고 있다. 이 5천회의 기록은 '고바우' '두꺼비' 등과 함께 전국 일간지 시사만화 최장수 연재기록 중의 하나로 평가할 수 있다.

'황우럭'이 등장하던 1960년대 후반은 신문 · 통신사 등록에 관한 법률 시행령을 공포하여 강력한 정비를 단행한 후 삼선 개헌 국민투표 등 정치적 문제를 중심으로 한 정국의 급변으로 정부의 언론에 대한 통제가 심하던 시기였기 때문에 언론은 그 표현에 상당한 한계성을 갖지 않을 수 없었다. 그럼에도 불구하고 '황우럭'은 만화의 이점을 잘 살리면서 1971년 8월 6일 드디어 1천 회를 돌파하게 된다. 신문 만화 제작의 어려움이 많은 지방이라는 한정된 제약 속에서 1천 회를 돌파하게 된 감격으로 작가는 거대한 붓을 휘어잡고 '계속 전진'을 다짐하는데, 그 후 때로는 정치적 경직상황 속에서 검열의 어려운 고비를 경험하면서도 더욱 세련된 인물묘사와 의미심장한 내용의 참신한 작품들을 계속 발표하여 왔다.

---

* 1986.4.2. 「제주신문」, 기고문, 만화평.

정치학자이면서 매스컴 분야에서 개척자적인 연구업적을 올린 H. 라스웰은 매스컴의 역할을 ① 환경감시 ② 환경에 대응하는 상관 조정 ③ 사회적 유산의 전수 등 세 가지로 대별한 바 있다. 여기에다 사회학자 R. 라이트는 오락의 기능을 더하여 매스컴의 주요 활동을 넷으로 분류하였다. 이러한 입장을 일단 받아들이고, 이제 제주신문의 시사 연재만화 '황우럭'을 불충분하나마 그 내용을 분석하여 간추려보려 한다.

첫째, 매스컴은 말할 것도 없이 사회의 목탁으로서 사회의 진실을 보도하는 것이 그 사명이다. 이런 점에서 '황우럭'은 제주신문의 어느 면 못지않게 그 역할을 잘 해냈다고 보고 싶다. 즉 그때그때의 시대적 사태를 잘 취급하였던 것으로 보인다. 등장 배역들로서 정치가 · 시장 · 경찰관 · 공무원들이 많은 것은 이들이 그만큼 뉴스의 초점이 되었던 사회현실의 반영인 것이다. 선거의 열기를 묘사하는 내용이나 정치문제를 대중의 관심사로 다루는 내용에서 우리는 정치 우선의 사회적 분위기를 간파할 수 있고, 간첩을 다룬 내용은 남북 분단의 안보상황을 나타내주고 있다. 지역 문제로서 감귤 생산에 관련한 문제를 다룬 것 같은 것은 지방신문으로서의 감시의 기능을 발휘한 노력으로 보인다.

둘째, 상황에 상관 조정하는 차원에서 보면 '황우럭'은 그 풍자성 · 해학성 · 암시성을 통하여 기여한 바 크다. 경제학자를 등장시켜 미래의 경제전망을 거론한다든지, 일본의 배신적 태도에 관련하여 손님이 없어 울상이 된 일식 요리사를 묘사한다든지, 의사를 등장시켜 의식개혁의 성과를 진단케 한다든지 하는 소재들이 곧 독자들에게 상황대처의 지혜를 제시하는 것으로 볼 수 있겠다.

셋째, 매스컴은 사회구성원들에게 그 사회의 지식, 가치관, 사회 규범 등을 전달해 주는데 일익을 담당한다. '황우럭'이 다루는 소재들은 대부분 이 점에 관계 지어 생각해 볼 수 있을 것이다. 점쟁이, 체 내리는 사람, 작명가 등을 거론하면서 우화적으로 표현하고 그 역기능을 논외로 하는 것은 우리 전통적 생활양상의 일면을 표현하는 것으로 보이고, 한라산을 의인화하여 인간들의 잘못을 경고하는 경우나 설악산의 등반 사고를 일깨워주는 장면은 동양인의 대자연관을 나타내고 있다고 하겠다.

특히 다루는 소재에 있어서 어머니와 아들보다 아버지와 아들을, 딸보다 아들을 더 많이 다루었다든가, 여성들을 다룸에 있어서 등장여성 대부분의 지적 수준이 다소 낮은 듯한 묘사는 우리 사회 남성우위문화의 반영인 것으로 보인다. 한편 대화장면에서 그 배역은 두 사람의 관계가 스승 · 제자, 사장 · 사원인 경우보다 부부, 부자인 경우가 두드러지게 많은 것도 가족중심적 전통문화의 전수인 것으로 볼 수 있다.

넷째, 오락의 측면은 독자들의 흥미를 유발하여 즐겁게 해주는 역할인데 이 측면은 '황우럭'이 다루는 소재가 현실적 · 일반적인 예를 피해서 극적이거나 예외적인 장면을 취급하는 경향에서 찾아볼 수 있다.

이상의 논의에서 '황우럭'은 매스컴의 한 영역으로서 그 역할을 십분 감당해 냈다는 점을 알 수 있다. '황우럭'에서 문제점으로 지적될 만한 경향들도 없지 않다. 소재의 선택이 그것이다. 매스컴이 사회에 얼마나 큰 영향을 미칠 잠재력을 가졌는지에 대해서는 흔히들 거론하는 터이지만 '황우럭'이 우리 사회에 미치는 효과도 적지 않을 것으로 보면 그 다루는 소재의 내용은 매우 중요한 의미를 갖는다.

한편 '황우럭'이 다룬 소재의 내용은 그 작가의 입장을 반영하는 것이긴 하나 작가는 그가 처한 사회 · 문화적인 환경의 제약을 받는, 말하자면 존재 구속적 존재이므로 그 다루는 바의 옳고 그름, 좋고 나쁨은 무릇 우리 시대의 기쁨이면서 아픔으로 치부해 둘 일이겠다.

'황우럭'의 내용을 어설프게 분석한 이 글이 본의 아니게 만화가 양변윤 씨의 훌륭한 자질과 공헌을 욕되게 하지 않기를 바라며, 앞으로 무궁한 발전과 성취를 충심으로 빌어 마지않는다.

2 선인들 삶의 뿌리 캐낸 기록: '오성찬, 『햇빛 비치는 마을 오조리』(제주의 마을 시리즈②) 서평*

한국 농촌의 경우 마을은 농민 삶의 중요한 지리적, 사회적, 심리 · 문화적 단위가 되고 있다. 마을 수준의 농민생활은 외부와 다양한 관계를 맺고 있고 외부로부터 일정한 영향을 받는 것이긴 하지만 농민들의 피부에 와닿고 직접적으로 경험하는 일상생활의 대부분이 농촌마을의 수준에서 이루어진다. 제주의 경우도 예외가 아니다.

농민들은 그들 마을 단위의 일상생활의 경험을 일생을 두고 정감어린 추억으로 간직하게 되므로 그들은 누구나 그들이 낳고 자란 마을의 내력을 간직하고 전해주고 싶은 '욕심'을 갖는다. 이러한 욕심을 대변이라도 하듯이 오성찬 씨 팀은 '제주의 마을' 시리즈를 엮어내고 있는 가운데 이번에 그 두 번째의 책 『햇빛 비치는 마을 오조리』를 내놓았다.

이 글의 대상이 되는 오조리吾照里는 제주의 섬 동단東端, 성산읍의 바닷가에 위치한 해안 마을이다. 제주 마을 단위에 대한 접근은 비단 이 책의 시리즈가 처음인 것은 아니다. 근래에 드문드문 몇몇 마을에서 '이지里誌' 혹은 '향토지'들이 나온 바 있고, 학술조사팀도 마을 단위의 조사 연구를 한 바 있다. 특히 오조리에 대한 조사보고서로는 (집필자도 지적했듯이) 『해촌 생활 조사보고서』가 발간된 바 있다.

그럼에도 불구하고 오성찬 씨 등의 이 작품을 여기서 굳이 거론하는 이유는 무엇인가. 그것은 집필자의 신선하고도 인간미 넘치는 의도에 있다. 집필자는 "마을은 남과 남, 인류가 모여 사는 가장 기초적이며 최소 단위이다. 작지만 그 안에는 사회적 의미의 모든 요소와 행위가 축약되어 있다"고 하고(이런 의미에서 마을은 인간 생활의 소우주가 된다.) 그 집필작업

* 1986.7.3. 「제대신문」, 서평.

의 어려움에 대하여 자문自問하는 가운데 "스스로 내린 대답은 그 마을에 살았고, 지금 살고 있으며 앞으로도 살아갈 '사람'들에 관한 '관심'이라는 데로 모아졌다. '관심'은 무엇인가? 그것은 곧 '사랑'이다. 우리는 그들을 사랑하므로 그들의 흔적을 추적하는 것이다. 그리고 앞으로의 레일이 곧고 밝게 펼쳐지기를 기도하는 것이다"라고 말하고 있다. 이 얼마나 인간적인 자세인가. 여기에 이 책을 읽는 이들을 감동시키는 이유의 하나가 있으리라.

이 책이 지닌바 문제점, 혹은 한계점은 한두 가지가 아니지만 이들을 굳이 캐지 않아도 되는 이유는 그 집필자 등의 인간적 깊이에 비하면 문제점, 한계점 등은 사소한 것에 불과한 것이기 때문이다.

'제주마을 시리즈' 1권이 『섬의 머리마을 …』이고 그 두 번째의 책(이 서평의 대상)이 『햇빛 비치는 마을 …』이다. 그 표현이 사뭇 문학적이라서 우선 읽는 이에게 부담을 덜어주고 친근감을 준다. 기술 내용에 있어서 현장의 실증적 자료에 입각한 점은 생동감이 있고 현장감을 더해준다. '생애 이야기'에서는 제주 선인들의 삶의 숨결을 느끼게 되며 '고향 이야기'에서는 고향에 얽힌 추억을 되살려 타향살이 제주민의 정감을 울린다.

'땅, 바다, 물의 이름'에 관련하여 그 현대적 의미를 풀이하는 것은 선인들의 생활의 지혜를 돌아보게 함은 물론이요 제주 방언들을 일깨워주는 듯하다. '전설과 일화'는 흥미 있는 읽을거리가 되고 있으며, '유물 · 유적'의 항목에서는 이 책의 자료 수집을 위한 "조사의 성과는 단연 이 분야의 발굴이라 할 것"인즉 오조리의 역사적 유적지로서의 성격을 부각시켜주고 있는바 앞으로의 학술적 고찰을 불러내고 있다.

이 책의 형식 면에서는 '里誌'이지 또는 '향토지'의 성격을 띠면서도 차라리 종합잡지로서의 성격을 지니고 있다. 즉 '햇빛 비치는 오조리'보다는 '제주의 마을'을 제목으로 하고 오조리를 특집으로 엮어냈다는 감을 주고 있다는 것이다. 말하자면 '제주의 마을'이라는 표제의 한권의 잡지라는 생각이 든다. 이 점, 이 책은 지역적 특수성에 국한되어 있지 않고 잡지로서의 보편성도 살려주고 있다는 것이 된다. 따라서 이 책 '시리즈'는 형식 면에서도 또 다른 장점을 지니고 있다고 할 것이다.

이러한 형식의 예를 구체적으로 들어보면 책의 첫머리에 실은 오창은吳昶听 씨의 '산자수명山紫水明한 고향처럼…'은 육지에서 성공적으로 살아온 사람의 망향 정감을 그린 권두언이라 할 것이고, '생애 이야기'나 '고향 이야기' 등은 필자를 마을에 따라 달리하는 하나의 고정

칼럼이라 할 것이며, 각 항목별 글쓴이의 이름을 밝힌 것이나 그들이 서로 중복된 내용을 포함하면서도 각기 특색 있는 줄거리를 갖는 것 등이 그러하다.

이 책의 특징적인 장점으로서 보다 큰 의의는 변하는 제주 사회를 따져보려는 이 시대 제주 지식인들의 사명감 같은 것을 담고 있다는 점이다. 제주 사회는 개방화의 추세에 따라 그 고유의 전통적인 맛이 퇴색해 갈 것임이 틀림없다. 차제에 제주 마을 단위의 전설과 일화, 민요, 마을의 형성과정과 변천 등을 포함하여 제주인의 삶의 면면을 기록하고 보존, 탐구해 두는 것은 훗날 제주의 후손들에게 값진 문화유산을 전수하는 일이 될 것이다.

집필자 오성찬 씨는 "내 생전에 1년에 5개 마을 정도씩 앞으로 10년 동안에 50개 마을만 정리할 수 있다면 더는 욕심을 부리지 않겠다"고 했으나 바라건대 그 욕심을 채우는 날은 집필자의 작업의 끝이 아니요 그 작업이 사회적으로 이어지는 출발이 되도록 하는 원대한 계획이 있었으면 한다.

오성찬 씨를 비롯한 김순이, 문무병, 김경식 씨 등 필진의 노고에 강호제현의 뜨거운 격려와 박수가 있을 것으로 기대한다.

3 섬사람의 삶의 현장 규명: '조맹수의 『제주의 섬』' 서평*

"섬 속에서 살아왔고, 또 살고 있으며 앞으로도 영원히 이 섬에서 살아갈" 제주인들에게 있어서 섬은 생의 시발점이며 어쩌면 그 종착지일지도 모른다. 적어도 의식의 세계에서는 그러하다. 그러기에 섬사람들은 "섬을 전설과 동화의 고향으로, 혹은 낭만의 덩어리로 기억"하는 것이며 섬이 좋아 살면서도 섬이 갖는 악조건들 때문에 모질게 시달리며 억세게 살아온 생활현장인 섬에 어떤 향수 같은 것을 느끼게 된다. 여기에 조맹수趙孟洙 씨의 『제주의 섬』은 그 제목부터가 유다른 정감을 불러낸다.

제주는 61개의 작은 자子섬들을 거느린 모母섬이다. 제주 모섬과 그 자섬 사이의 관계는 결코 본토 육지와 제주섬 사이의 관계에 준하여 비추어볼 수는 없는 일이고 또 그래서도 안 될 것이다. 저자도 지적하고 있듯이 "자子섬들의 역사는 곧 우리의 것으로 받아들이지 않으면 안 될 것"인즉 이들 61개의 섬들은 어느 하나도 버림받는 황폐한 땅이어서는 안 된다. 그 땅들은 소중하고 우리의 터전으로 지키고 가꾸어야 할 공간이다. 이 책이 제주의 자섬들에 접근하여 그 사정을 알아보는 의의가 바로 여기에 있다. 이 점에서 『제주의 섬』은 소중한 가치를 지니고 있다. 이 책의 성격은 저자가 밝히고 있는 바의 그 집필 의도에서 잘 나타나 있다. 인용하면 "이들 '섬 속의 섬'이 갖는 지난날과 오늘의 의미는 어떤 것인지를 조명하고 … 역사 시대 이후 이들 섬들은 어떻게 기록되어 있으며 또 어떻게 살고 있는가, 섬이기 때문에 그들은 오늘 어떤 생각을 하고 있으며 섬에서 살아가는 '섬 토박이'의 비린내 서린 삶의 육성은 또 어떤 것인가, 그들은 본도本島를 어떻게 느끼고 있는가 등 섬의 이모저

* 1986.7.23. 「제주신문」, 서평.

모를 밝혀내 '지상가교紙上架橋'의 '작업'을 현지 르포로 기록"하고 있다. 한편 그 작업은 산업화·개방화의 물결 속에 급격히 변모하는 제주 사회 본래의 모습을 덜 변화된 상황에 있는 섬 속에서 찾아 기록하는 작업이기도 하며, 섬 속의 섬인 '섬 벗들'의 요청에 부응하는 기자로서의 사명감의 표현이기도 한 것이다.

책의 내용은 8개의 유인도를 현지 르포 형식으로 정리하고 부록으로 61개의 유·무인도 현황을 담고 있다. 유인도별로 구분되는 각 항목의 제목은, 예컨대 '떠 있는 평야' '한반도의 마침표' '최남단의 길목' 등 그 해당하는 섬들의 특색을 집약적으로 표현해 주고 있어서 독자들에게 그 섬 각각의 모습을 영롱하게 부각시켜 주는 데다가 섬별로 한 장씩의 사진을 엮어 넣은 것은 섬의 특색과 어우러져 좋은 콘트라스트를 이루고 있다. 책을 엮으면서 여러 문헌자료를 인용함으로써 섬사람들의 삶의 모습을 보다 명확히 규명하려는 자세는 학술적 가치를 더해주고 있다.

저자는 현장을 찾아 섬사람들을 만나고 역사의 현장을 답사하면서, 자연적·인위적 재난을 선인들이 어떻게 슬기롭게 극복하고 있는가를 기록하고 있는데 여기서 섬사람들의 삶의 의지를 읽을 수 있을 것이다. 유배지 제주문화에 대해서도 관심을 보이고 있으며 섬의 경관이나 풍습 등도 밝혀보고 있다. 또한 이 책은 섬 '유인도'들이 안고 있는 공통의 어려움이 무엇인지도 제시해 주고 있다. 부록으로 실린 유·무인도 현황은 자섬들에 대한 여러 가지 정보를 제공해 주고 있다. 이 점은 이 책의 자료로서의 가치를 갖는 측면이다.

섬을 연구하는 사람들에게는 그 자료로서, 생활상의 필요에서 섬을 찾는 사람들에게는 그 접근의 길잡이로서, 제주인이라면 그들의 삶의 현장을 가늠해 보는 기회로써 이 책은 일독의 가치가 있을 것이다. 특히 '섬 벗들'에게 좋은 독서물이 될 것으로 생각한다.

4 문화의 현상을 지리적 환경요인과 결부해 논의: '송성대 저, 『문화지리학강의 –환경과 문화 –』' 서평*

이 책은 『문화지리학 강의』라는 책 이름이 말해주는 바와 같이 저자의 강의록을 다듬고 정리한 것이다. 저자의 말을 인용하면 "이 책은 1983년부터 10여 년간 … 『환경과 문화 –문화지리학–』이라는 과목의 강의 내용을 정리한 것이다." 저자는 이 강좌를 설강하여 강의해 오면서 학생들로부터 큰 호응과 기대를 받아왔으며 그에 따라 해마다 그 강의안을 개선하고 보완하면서 이제 하나의 작품을 완성하기에 이른 것이다.

대학교수라면 누구나 자신의 저서를 가지고 강의하고 싶다. 그리하여 어떤 강좌를 개설하여 강의하면서도 늘 그 강의를 위한 자신의 저서를 구상하는 것이 상례이다. 그리고 하나의 강좌를 개설하여 몇 년 동안 착실히 강의하면서 그 결과 하나의 저술이 만들어질 수 있다면 그것은 교단에 선 큰 보람이 아닐 수 없는 것이다. 그러나 많은 경우 강좌에 따른 하나의 저술을 만들어낸다는 것은, 그것도 단독의 저술을 만들어낸다는 것은 용이한 일이 아니다. 이 점은 많은 대학교수가 자신의 강좌를 위한 자신의 저서 없이 강의에 임하는 현실에서 극명하게 드러나고 있다.

이런 점에서 이번 송宋 교수의 저서가 갖는 의미, 그 업적은 높이 평가되어 마땅하다. 평소 교정을 오가는 그 육중한 몸집만큼이나 책의 분량도 많아서 600여 쪽을 넘는 방대한 것이고 그 언행이 신중한 만큼이나 책의 내용 구성도 짜임새 있는 체제를 갖추고 있으며 다양한 학문영역을 무리 없이 잘 엮어놓고 있다.

주지하듯이 지리학(인문지리학)은 사회과학의 기초영역에 해당한다. 그것은 인간사회의 2

* 1994.10.5. 「제대신문」, 서평.

대 기반 중 하나인 공간적 토대에 관한 학문이기 때문이다. 인간사회가 사람들 사이의 상호작용의 얼개라 한다면 그 사회는 시간적 역사성과 공간적 지리성을 기반으로 하여 성립한다. 우리는 이를 인간공동체로 명명하는 터이다. 그 인간공동체에서 사람들은 그 고유의 생활양식을 가지고 살아가는 것인데 우리는 그 생활양식을 통틀어 문화라 하는 터이다.

이 책은 바로 이 문화현상을 지리적 환경요인과 결부하여 논의하고 있다. 저자를 인용하면 "문화는 '왜' 그리고 '어떻게' 형성되는가"에 답하는 시도로써 쓰이고 있다. 사람들은 시간의 흐름 속에서 지리적 환경요인과 교호작용을 하는 가운데 자신들이 문화를 창출하게 되는 것이거니와, 이런 점에서 지리적 환경은 역사적 환경과 더불어 인간 삶의 환경이 되는 것이다. 이 책의 부제인 '환경과 문화'는 그래서 붙여진 적절한 표현이다.

더구나 오늘날 환경이 전 세계적으로 초미의 관심사가 되는 것은 주지의 사실이거니와 앞으로 21세기를 내다보면서 환경문제만큼 전 인류적 관심사로서 중요한 주제도 드물 것이다. 21세기는 분명 환경의 세기로 다가설 것이다. 환경에 대한 깊은 이해, 환경마인드가 없이는 그 시대를 살기 어려울 것이다. 산다 하더라도 낙후된 삶의 세계에 머물게 될 것이다. 여기에 이 책이 지니는 미래지향적 가치가 있다고 생각한다. 이 점, 환경 특히 제주의 환경에 관심을 갖는 이들이 일독할 만한 책으로 소개한다.

한편 생각하면 지리학은 역사학과 더불어 지역사회의 특수성을 이해함에 있어서 강조되어야 할 학문영역이라 할 수 있음에도 불구하고 상대적인 열세에 있었던 것이 사실이고 보면 이 책의 출판은 그 세를 확인하는 새로운 계기가 될 수도 있을 것으로 보며 또한 그렇게 희망한다. 앞으로 지방화의 시대가 도래한다고 하거니와 그럴수록 우리 지역사회의 지리적 특성을 탐구할 필요가 절실하고 그런 욕구를 충족시켜 주는 데 이 책이 큰 기여를 할 것으로 생각한다.

환경과 그에 대응하는 인간활동의 교호적 관계 속에서 인간사회는 끊임없이 변화하고 있고 그 변화의 주동자는 인간이며 환경은 그 변화의 독립변수인 동시에 종속변수이기도 하다. 인간이 보다 인간답게 산다는 것이 인류의 목표일진대 보다 쾌적한 환경을 가꾸고 그 속에서 살려는 인간적 시도는 불가피한 것이다. 이런 시도에 지적 배경이 되는 하나의 패러다임이 있다면 그것은 환경이론일 것이다. 따라서 환경에 집중적인 관심을 갖고 있는 저자의 이 책이 주는 의의는 각별한 것이다. 이런 점에서 이 책은 이 분야에 관심을 갖는 이들,

특히 미래의 주인공이 될 학생들의 교재로서 손색이 없을 것이다. 덧붙이자면 이 책은 간間학문적 성격을 띠고 있다는 점에서 지리학의 범위를 넘어서는 독서층을 갖게 될 것으로 보인다.

끝으로 방대한 분량의 내용인 데다가 서평자의 전공(사회학)과는 어느 정도 거리가 있는 분야의 저작이기도 해서 끝까지 독파하지 못했으며 진지한 숙고의 단계를 거치지도 못했음을 고백하면서, 그리고 책의 구성과 내용에 대한 논쟁점은 접어둔 채(이 점, 이 글은 '서평'이라기보다는 '독후감'쯤으로 평가해도 좋을 것이다.) 서평의 난을 메우게 된 점 저자와 독자들에게 죄송스럽게 생각하면서, 후일 이 책을 읽는 이들과 더불어 이 책의 주제와 내용을 놓고 담론을 벌이고 싶다.

송성대宋成大 교수의 학문적 성취에 찬사를 보내는 마음으로 이 서평을 쓴다.

5 『제주언론인클럽 15년』 서평*

『제주언론인클럽 15년』(이하 『클럽 15년사』) 출판기념회 초청장은 '초청의 말씀'에서 책의 성격을 잘 요약하고 있습니다. 이 서평은 '초청의 말씀'을 다시 중언부언하는, 그 연장선상의 덧붙이는 논의일 것 같습니다. 읽고 난 뒤 소감입니다.

우선 책 제목에서 '15년'의 의미와 관련해서 생각해 보았습니다. 흔히 어떤 기록을 정리하여 남기거나 기념하고자 할 때 십진법을 택하는데 왜 '15년'일까. 발간사는 '15년'의 의미를 '연륜으로 보면 기억해 둘 만한 고비' '새로운 연륜으로 건너가는 고비'라 하고 있습니다.

사람의 나이로 보면 학문을 시작할 나이(공자는 열다섯 나이에 이르러 학문에 뜻을 둔다. '十有五而志于學십유오이지우학'이라고 하였다)에 제주언론인클럽은 참으로 괄목할 만한 큰 성과를 이루었다고 생각합니다. 그 성과를 하나의 책 속에 모아 집대성해 놓고 있는 것이 이 책, 『클럽 15년사』가 되겠습니다. 발간사는 제주언론인클럽의 활동과 각 언론인의 면면을 엮어서 '소중하게 간수해야 할 기록들을 정리한' '사료첩史料帖'이라고 규정하고 있습니다.(분량이 780여 쪽이 됨)

수록 기술된 내용에 대해서는 이 서평의 범위를 넘어서는 것이고 구성(체제)에 관련하여 생각하여 보겠습니다.

『클럽 15년사』의 구성(체제)을 보면: I편에서 VI편까지 모두 여섯 편의 본론과 서두 부분, 그리고 VII. 부록으로 구성되어 있습니다.

---

* 2014.2.28. 『제주언론인클럽 15년』, 출판기념회 발표.

Ⅰ. '제주언론'편에서 신문사를 필두로 방송, 통신, 인터넷신문에 이르기까지 제주 지역 전체 언론매체들의 부침浮沈과 성장과정을 소개하고 있습니다.

Ⅱ. 클럽의 '창립과 운영'편에서 창립을 1기로 하여, 4기 법인체 등록 중흥의 다짐에 이르기까지 각 시기(클럽회장 재임)별로 각각 그 역사적 성격을 규정하고 있음이 돋보입니다. 조직의 발전과정을 잘 요약하고 있다고 하겠습니다.

1기 창립취지문에서 영원한 '현역'임을 다짐하는 점, 3기 지역 현안에 대한 공론의 장을 확대한 점, 특히 4기 법인 창립과 더불어 '정명正名'을 다짐하는 점이 인상적입니다. 무릇 언론(언론인)은 그 명칭에 맞게 언론(언론인)다워야 할 터이니까요.

같은 편에서 회원들이 각계각층에 참여하여 주도적인 역할을 수행하고 있음을 자부하며 소개하는 내용에서는 제주의 명사들이 모두 언론인클럽에 모여 있다고 착각할 정도입니다. 제주언론의 영향력이 상당하리라는 점을 짐작케 합니다.

Ⅲ. '활동과 성과'편에서는 공론의 장으로서 11차에 걸친 세미나 및 토론회를 소개하고 있는데 제주현안에 대한 언론인의 관심을 드러내는 활동으로 이는 언론인클럽의 중요한 활동성과라 할 것입니다.

Ⅳ. '그날의 취재현장'에서는 열일곱 편의 취재현장에 얽힌 이야기를 싣고 있는데 한결같이 취재기자의 삶과 애환을 느끼게 합니다. 사실 가장 좋은 기사는 발로 쓴다는 말이 있는데 현장을 뛰며 쓰는 기사야말로 진짜 알찬 기사인 것입니다. 아마 기자로서도 현장을 뛸 때의 고통에도 불구하고 그것은 값진 추억으로 자리매김하리라 생각합니다. 그래서 이 편의 하나하나의 글은 읽는 데 감칠맛이 납니다.

Ⅴ. '작고한 언론인의 발자취'에 싣고 있는 작고하신 14분의 선배 언론인들을 추모하는 글들은 과거의 추억이 되어 심금을 울립니다. 언론분야 선후배 간의 우의가 돈독함을 보여주는 대목이기도 합니다.

Ⅵ. '정책세미나 현안과 대안'에서는 11편의 정책세미나 자료를 모두 담고 있는데 언론인클럽에서 공론의 장을 펼치는 노력일 터입니다. 그때그때 제주현안을 다루는 데 정책당국의 정책 실현에 적지 않은 영향을 주었을 것이고 앞으로도 그러하리라고 봅니다. 지역사회의 의사소통을 주도하는 모습입니다.

이 책이 사료첩이라 했으니 앞으로 21세기, 2000년 이후 서술될 제주언론역사서의 자료라는 이야기인데 …. 흔히 역사서는 사마천을 전범으로 하는 '기전체'紀傳體의 서술방식을 택하여 쓰게 되는데 이 형식에 맞추어 『클럽 15년사』를 대비하여 보면 '제주 언론'은 본기本紀, '창립과 운영'은 세가世家, '활동과 성과'와 '정책세미나 현안과 대안'은 서書, '작고 언론인의 발자취'는 열전列傳, 부록(특히 활동 연지年誌)은 표表에 각각 해당하는 사료가 될 것입니다. 편집진의 편집기획이 돋보이는 점입니다.

61명의 회원 참석으로 창립하여 이제 회원이 81명이라 하는데 회원들 면면을 보면 모두가 각계각층에서 '주도적인 역할을 수행하고 있음을 자부'할 만합니다. 실로 창립선언문에서 보는 대로 "현장을 떠나 있더라도 영원한 현역"으로 일하고 있는 것입니다. 이런 측면에서 보면 언론인클럽은 100명 이내 적은 수의 회원들로 제주 시민사회의 이너서클(inner circle)을 형성하고 있는 것으로 보입니다. 흔히들 조직의 유대 결속력으로 보아 우리나라 시민사회 조직 중 3대 family(고대교우회, 호남향우회, 해병전우회)가 있다고 하는데 제주언론인클럽은 그에 버금가는 제4의 family일지도 모른다고 생각하여 보았습니다. 가히 제4의 권력이라 하는 언론권력의 중심 서클이 아닐까 합니다.

그래서 하는 말인데 권력의 마약성에 취하지 말기를 바랍니다. 물러서서 관조하는 여유는 언론권력의 아름다운 모습일 것입니다.

이 책의 여러 편 중에서 'Ⅳ. 그날의 취재현장' 'Ⅴ. 작고 언론인의 발자취' 'Ⅵ. 정책세미나 현안과 대안' 등은 보완하여 단행본으로 엮어서 출판해도 좋을 것 같다고 생각합니다.

덧붙여서 서두부분에 대하여 말하면, 서시와 만평은 『클럽 15년사』에 여백의 미를 살려주고 있으며, '영상뉴스'라는 제목의 화집은 사진들을 유형별로 적절하게 배열해 놓고 있는데 이 점 언론인의 현장감각을 살린 것이라 하겠습니다.

결론적으로, 한마디로 말하여 이 책은 짜임새 있는 구성과 알찬 내용을 담은 제주언론인클럽 그 '조직 역사서'의 사료집이라고 평가하고자 합니다.

다시 초청장의 '초청의 말씀'을 인용하면서 서평을 마치기로 합니다.

이 책은 "클럽의 활동내용뿐 아니라 회원들의 사회공헌 경력과 현장에서 뛸 때 포켓 안에 묻어두었던 취재 낙수落穗, 이미 떠나간 작고 언론인들의 생시 활동 내용도 수록하여 멸실될 수 있는 기록들을 보존할 수 있게" 하는 소중한 작품입니다.

6 제주 지역 지방방송의 활성화를 위한 단편적 생각들*

지방시대, 지방자치의 새로운 시대에 이르러 지방은 더 이상 중앙의 연장이거나 주변이 아니다. 지방자치제는 지방시대를 구현하는 제도적 장치가 된다. 이제 우리는 지방의 의미를 재조명해 볼 시점에 와 있다고 하겠다.

지방 언론매체의 보다 큰 역할을 기대해야 할 이유가 여기에 있고 지방방송 활성화의 문제를 논의하는 의미가 또한 여기에 있다. 그것은 지방방송 기능의 강화를 통하여 지역주민의 정치문화에 대한 의식수준을 높이게 되고 이렇게 될 때 지방자치는 성공적일 수 있을 것이기 때문이다. 나가서 지방사회의 발전과 문화창달이 이루어질 것으로 보기 때문이다.

지방방송은 그 지역사회의 발전에 중요한 기능을 갖고 있다고 한다. 지방화의 기능, 전통문화의 발굴과 보존 및 계승·발전, 풀뿌리 여론의 형성과 반영, 지방화에 대한 환경감시 기능, 발전 언론의 기능, 중앙 혹은 타 지방과의 커뮤니케이션 기능 등.

그럼에도 불구하고 오늘날의 방송체계에서 보면 적지 않은 지방방송에 문제가 있는 것으로 지적된다. 로컬 프로그램의 경시, 인력, 장비, 예산 등 제작능력의 부족, 제작환경의 제도적 불비 등.

그러므로 지방방송의 활성화를 위해서는 이러한 문제점들을 해결할 것은 물론 상당한 정도로 기존의 방송체제를 개혁해야 할 것으로 생각한다. 이제 그 내용을 선택적으로 나열해 보면 다음과 같다.

---

* 1987.11.24. KBS중앙국 방송문화연구소 좌담회 발표.

① 프로그램을 지방 중심으로 운영해야 할 것이다. 중앙국의 일방통행식 체제를 청산하고 프로그램의 중앙국 독점으로부터 탈피하여 지방국의 자율성을 보장해야 한다. 이때 중요한 것은 인적·물적 제작능력을 갖추는 것과 중앙의 권위주의적 태도의 불식임은 물론이다.

② 지방국에 네트워크의 중심적 역할을 부여할 필요가 있다. 지방적인 소재는 해당 지방국이 주도적으로 다루어 전국화하는 것 등이 그것이다.

③ 지역사회 주민이 참여하는 프로그램을 개발, 제작할 필요가 있을 것이다. '포럼' 토의 방식의 방송 같은 것이 그것이다.

④ 프로그램의 내용은 지역유대감과 공동체의식을 조성하고 전통문화의 발굴과 보존, 그 계승·발전에 공헌하도록 하고, 소위 풀뿌리 여론의 형성과 반영에 기여해야 할 것이다.

⑤ 지역적 욕구와 필요에 부응하여 가능한 한 소외된 사회부문이 없도록 프로그램을 다양화해야 하는 것이다. 그러기 위해서 지역관련 전용 채널을 설치할 필요가 있다.

⑥ 독립적인 지방방송국의 설립이 필요하다. 중앙국도 지방국으로서의 성격을 강화하여 중앙집권적 자세에서 벗어나야 한다.

⑦ 다른 언론매체 특히 활자매체와의 관계가 원만하게 조정되어 상호 간의 갈등을 최소화해야 할 것이다.

⑧ 좋은 방송을 위해서는 방송프로그램을 위한 탐색·조사연구 활동이 부단히 지속되어야 한다.

이상의 지방방송 활성화 방안은 제주 지역에도 그대로 적용된다. 다만 제주 지역은 그 나름대로의 특수성을 갖고 있음을 감안하는 것이 필요하다.

제주 지역의 현실적 특성을 일별해 보자.

① 그 도서성과 주변성에서부터 제주 사회·문화는 동질성이 유지되는 경향이 짙고 빈부의 격차도 크지 않다.

② 그 입지적 결함 때문에 공업화·도시화의 정도가 낮다. 이것은 사회조직상의 지위들이 현저하게 부족하고 고급인력의 지역 외 유출이 현저하다.

③ 상위 관리행정직은 중앙에 밀착되어 있는 외지인들에 의해 점유됨으로써 제주도민들

에게는 그만큼 기회가 차단되어 있다.

④ 근래 관광개발의 비교우위성이 강조되면서 제주 사회의 성격은 급격히 변화를 겪고 있다. 비숙련 서비스직 비중의 상대적 증대는 외래의 외형적, 감각적인 저질문화의 분위기를 낳을 가능성이 있다.

⑤ 관광사업 및 부동산의 부재 소유주들의 존재는 제주 지역문제에 대한 외부 영향력을 증대시키고 있다.

⑥ 대단위 관광개발은 막대한 재원을 필요로 하게 되어 상대적으로 취약한 제주도 내 자본은 대자본에 종속적 위치에 서게 될 가능성이 높다. 이런 현상은 도민 이익에 부정적으로 작용하게 될 것이다.

⑦ 관광의 전시효과는 지역주민의 기대욕구를 상승시키고 고소득 소비형 준거집단이 발생하여 상대적 박탈심리가 나타날 가능성이 있다.

제주 지역의 지방방송은 이들 특성상의 여러 문제를 해결하고 동시에 제주 지역이 비교우위성을 살려 나가는 방향에서 그 방송매체로서의 역할을 효율적으로 수행해야 할 것이다. 이것이 제주발전을 위한 제주 지역방송의 소명이라 할 것이다. 그러나 이를 위해서는 지역방송의 일반적 활성화정책이 전제가 되어야 함은 물론이다.

7 제주도종합개발계획 수립 과업지시서 작성에 대한 의견*

이 의견서는 과업지시서 작성에 필요하다고 생각하는 사항들을 열거한 것으로 본인이 생각하는바 선택적인 의견을 개괄하고 있는 것이다. 따라서 과업지시서의 체계적인 작성의 성격을 띤 것은 결코 아니다. 다만 과업지시서 작성에 필요한 윤곽을 밝히고 방향을 제시하려는 것이다.

먼저 지적해 두고 싶은 것은 도에서 개별적으로 과업지시서 작성 협조를 의뢰함으로써 일어날 가능성이 있는 문제들, 예컨대 사람들 사이의 견해 충돌 혹은 차이 및 필요에도 불구하고 관심의 차이 때문에 배제될 사항들이 있을 것이라는 점 등을 해소하기 위하여, 그리고 과업지시서 작성에 전문가들의 의견을 깊이 있게 수렴하고 이를 과업지시서 작성에 반영한다는 입장에서, 도는 과업지시서 작성에 앞서 과업지시서 작성 협조를 의뢰한 사람들과 지방의회의원 등을 중심으로 사전 모임을 갖고 의견을 교환할 수 있도록 하는 것이 필요하다는 점이다.

1) 계획의 근거(계획의 수립 근거를 명시)

계획의 근거가 1991.12.31. 법률 제448호 5호로 공포된 「제주도개발특별법」임을 명시할 것

2) 계획의 과정(계획서 작성과정의 명시)

계획서 작성에 필요한 과정을 제시해 보면 다음과 같음

* 1992.2. 제주도 관계부서의 요청으로 작성함.

- 기존 개발계획에 따른 개발의 문제점 파악, 평가: KDI보고서 등 기존의 자료를 참고하고 현지답사 혹은 조사의 방식을 동원하여 문제점을 파악하고 평가할 것
- 국내외의 제주도 관련 상황의 예상되는 변화를 예측 진단할 것
- 경관자원, 문화자원을 포함 제주도가 지닌 개발 잠재자원과 도민의 의사와 욕구, 능력 등을 조사하고, 모든 하위지역(예, 마을) 단위주민의 개발의견을 수합할 것
- 이상의 자료를 근거로 하여 기존의 개발 문제점을 어떻게 해결할 것인가, 예측되는 변화에 어떻게 대응할 것인가, 개발의 잠재자원과 도민의 능력을 어떻게 동원하며 주민의 개발에 대한 의견을 어떻게 반영할 것인가를 구상하고 이를 계획의 기본방향을 세우는 데 배경으로 삼을 것이며(이 배경은 계획서상에 명시할 것) 계획의 내용에 반영할 것
- 계획수립의 초기에 참여진이 회합을 갖고 상호 의견 조정을 거쳐 기본방향을 수립할 것
- 기본방향(안) 작성 후 전문가와 지방의회 의원 등이 참석하는 공개간담회와 도민공청회를 거친 후 계획의 기본방향을 확정할 것
- 합의된 기본방향에 따라 계획을 수립할 것
- 계획수립, 계획서 작성과정에서 규정에 따른 논의 · 토론 과정을 거칠 것이며 도민의견 수렴의 단계를 거칠 것

3) 계획의 목적과 성격

- 제주도민 주체의, 제주도민의 이익을 우선하면서도 국가이익도 고려하는 계획
- 도민의 쾌적한 생활환경 조성과 복지 향상에 기여하는 계획이면서도 세계적인 개방체제에 부응할 수 있는 계획
- 제주도의 향토문화를 창조적으로 계승 발전시키고 자연 및 자원을 보호하며 1차 산업을 포함 제주도 비교우위 산업을 개발 육성하는 계획
- 도내 지역 간 균형 발전을 고려하는 계획
- 도시 재개발을 포함해 모든 개발계획을 통제 · 조정하는 성격의 계획
- 지역개발, 사회개발, 관광개발, 사회간접시설개발 등 제주도의 발전에 기여하는 모든 영역에 걸친 종합계획다운 계획
- 지방화와 국제화 추세에 걸맞은 계획

4) 계획의 기본방향

- 사회 · 문화적, 경제적인 부정적 결과를 사전적으로 예방, 보완 혹은 최소화하는 계획일 것
- 토지투기 현상을 방지하는 장치를 마련할 것
- 도민 영세자금의 투자를 포함 도민의 참여방안을 강구할 것
- 퇴폐적 분위기와 그에 따른 각종 범죄를 예방하는 차원에서 향락산업의 확산을 억제하고 건전 관광을 유도하는 구상을 담을 것
- 경관자원을 포함 자연환경을 보존하고 전통문화의 가치를 손상하지 않도록 하는 데 관심을 기울일 것
- 장기적 안목에서 계획을 수립하고 제주발전에 긍정적이라고 판단하는 한에서 계획을 수립하고 확신이 서지 않는 사항은 계획의 내용에서 제외할 것
- 최대한으로 개발이익의 도내 환류가 가능하도록 할 것
- 어느 특정 영역에 치우치는 계획이 되지 않도록 하고 계획의 각 부문 간에 상충되지 않도록 조정과정을 거칠 것
- 무엇보다도 이 계획의 목적과 성격에 충실하고 이 계획의 기본방향이 되는 제반 배경(앞의 '계획의 과정' 참조)을 기본 철학으로 삼을 것

5) 계획의 내용

(1) 특별법 제5조 제2항의 14개 사항을 포함하는 포괄적인 내용

① 향토문화의 보존 및 계승

역사적, 문화적, 지역사회적으로 보존의 가치가 있는 향토문화 항목의 발굴 및 그 계승방안

② 문화예술의 진흥

제주문화권의 성격을 규명하고 이를 창달하는 방안, 문화재의 보존 관리 방안

③ 일차 산업의 진흥

제주도산업구조의 조정 계획, 1차 산업의 경쟁력 제고 방안, 산업구조 조정에 따른 1차 산업 종사자의 전업기회 확대 방안

④ 농 · 어촌 소득원 개발

농 · 어업 부문의 타 산업과의 연계방안, 농외소득 증대방안 등

⑤ 중소기업과 저공해산업의 진흥

토속산업 개발, 기술 · 지식집약산업의 유치, 1차 산업 관련 2차 산업 및 정보산업의 육성 가능성 검토, 해양생물학 생명공학 및 임항臨港 · 공항형空航型 공업의 육성계획

⑥ 토지 및 기타 자원의 보존 및 이용계획

토지이용 현황 파악, 중산간 등 토지이용의 합리적 계획, 농공단지의 재검토, 수자원의 조사와 그 이용계획

⑦ 자연환경의 보전과 오염방지대책

특별법 제4장의 집행에 관련된 계획

⑧ 전력, 기타 에너지계획과 그 저장시설의 설치

미래 수요예측을 바탕으로 한 에너지원 확보, 보급계획, 풍력 이용의 가능성 검토

⑨ 사회간접자본 시설 정비 및 확충

정주인구 증가와 유동인구 추세에 따른 도로, 항만, 공항, 통신시설 등 각종 사회간접자본의 정비, 확충계획

⑩ 도시 및 농 · 어촌 지역 개발

도시 재개발, 농 · 어촌 주거환경 개선, 정주권 계획

⑪ 사회복지시설의 정비, 확충

빈민, 영세민, 노인, 여성, 아동 등 생활능력이 부족한 사람들에 대한 사회복지서비스 공급 확대 계획

⑫ 관광자원의 개발과 관광산업의 진흥

관광객의 추이와 태도, 도내 관광서비스 공급능력을 고려한 적정 관광객 수용능력에 따른 관광개발계획, 퇴폐적 성향의 관광산업을 억제하고 휴양관광산업, 문화관광산업, 회의산업 등을 조장하며 미래의 관광행태에 대비하는 계획

⑬ 교육의 진흥 방안

기술 · 지식집약산업의 육성에 부응하는 인력 확보를 위한 교육계획(대학의 관련

학과 연구소의 확충 · 지원), 대학의 기존 시설과 기능을 지원 활성화하는 계획, 제주도민의 미래지향적 대응능력을 개발하는 사회교육 및 연구시설의 설치 운용계획 등

⑭ 투자계획

공공부문과 민간부문의 비율, 투자재원의 확보 방안, 민간투자 유인책 등을 포함할 것

(2) 국내외의 여건 변화에 대응하여 제주도의 위상을 제고하는 방안

(3) 제주도 하위지역단위의 특성을 살리는 정주생활권을 구상할 것(예컨대 소도읍 기능화 방안 등)

(4) 모든 개발사업에 대해서 그 사업이 미칠 수 있는 부정적 효과를 예방하는 방안

(5) 각종 기초조사를 실시할 것(의식조사, 경관조사, 전통문화조사, 토지이용실태조사, 관광행태조사 등)

6) 기타 계획서에 포함할 사항

- 계획의 지표
- 계획의 배경자료
- 개발의 잠재력과 제약조건
- 계획의 추진과정
- 기타 도가 계약과정에서 용역기관과 협의하여 추가하는 사항

8 '21세기 제주를 생각하는 모임' 창립 1주년을 축하하며…*

21세기를 목전에 두고 세계는 하루가 다르게 달라지고 있고 세계의 모든 지역은 그 시대적 변화의 물결에 휩쓸리고 있습니다. 제주도의 경우도 예외는 아닙니다. 늦었지만 이제 급변하는 시대적 상황에 능동적으로 대처해야 하는 것입니다. 이런 시점에서 '21세기 제주를 생각하는 모임'은 그 존재 의의가 크다고 봅니다. 이 모임이 21세기 제주의 미래를 내다보며 무엇인가 보람 있는 일을 추구해 보자고 하는 데 그 뜻이 있다고 보기 때문입니다.

이제 창립 1주년을 맞으며, 지난 1년 동안 이 모임은 그 창립 취지에 따라 우선 제주도연구회의 학술활동을 지원하여 왔습니다. 이는 제주도가 당면하고 있는 제반 현안문제들을 학술적 측면에서 접근하여, 체계적이고 종합적인 검토와 논의를 하는 것이 제주의 미래를 바람직하게 만드는 전향적인 노력으로 보는 입장의 견지인 것으로 압니다. 이 점에 대하여 제주도연구회 회장인 본인은 모든 제주도연구회 회원을 대표하여 충심으로 고마움을 전하면서 이 모임의 보다 큰 발전을 기원하는 바입니다.

돌이켜 생각해 보면 그 많은 민간 사회단체들 중에 '21세기 제주를 생각하는 모임'처럼 학술연구활동을 지원하는 것을 그 본래의 목적으로 하는 단체는 전무하다시피 하였습니다. 적어도 제주도의 경우는 그러합니다. 아마도 학술연구활동을 그것도 순수한 학술연구활동을 지원하는 것은 사회적인 주목을 받지도 못하고 생색도 나지 않으며 자신에게 돌아오는 반대급부도 없다고 보기 때문인 것으로 생각합니다. 이러한 상황에서 학술연구활동을 지원하는 모임을 만든다는 것은 획기적인 하나의 '사건'이라 할 만하다고 봅니다. 지금은 그 의

* 1994.4.23. 21세기 제주를 생각하는 모임, 「창립기념 회보」, '축사'.

의를 찾기 어려울지도 모르지만 그것은 분명 미래 지향적 자세로서 언젠가는 사회적 관심을 불러일으킬 것으로 확신합니다. 왜냐하면 후기산업사회, 즉 다가오는 정보사회에 있어서는 학술연구분야가 가장 유망한 5차 산업활동의 한 분야로서, 미래를 도모코자 할진대 무릇 이 분야에 사회적 에너지를 모으는 일이 중요하다고 보기 때문입니다.

"미래는 기다려서는 안 되며 우리 스스로 만들어야 한다"(시몬 베유)는 말이 있습니다. 미래는 적극적으로 도모하는 자의 것입니다. 다가오는 지방분권의 시대에 이 지역 제주 사회의 주인공이 되기 위해서는 오늘을 도모하지 않으면 안 될 것입니다. 이를 위해 도민의 에너지를 모아서 제주발전의 가치에 맞추어 잡아주는 시민모임 같은 것이 필요합니다. '21세기 제주를 생각하는 모임'은 그런 성격의 모임의 하나로 크게 평가받을 만한, 매우 가치 있는 민간조직이라고 할 수 있을 것입니다.

앞으로 이 조직의 제주발전을 위한 뜻 있는 많은 활동을 기대하면서, 제주를 아끼는 애정으로 제주의 미래를 걱정하는 여러분들의 대열에 동참하는 뜻에서 '21세기 제주를 생각하는 모임'의 창립 1주년의 기쁨을 이 글에 담아 보내는 바입니다.

9 「제주도민의식개혁 어떻게 할 것인가?」(토론)*

기본적이라고 할까, 의식개혁의 내용보다는 의식개혁에 관한 기본적인 몇 가지 문제 제기 비슷한 말씀을 먼저 하고자 합니다. 의식개혁이라는 말 자체가 저는 좋은 말 같지 않습니다. 의식은 개혁하려고 해서 되는 것이 아니기 때문입니다. 공동체의식개혁국민운동(이하 공개협)의 목적에도 잘 표현되어 있듯이 '나의 개혁을 통해서 주인의식을' 갖는 것이고, '사회개혁을 통해서 공익의식'이 확립되는 것이고…. 사정이 그러니까 결국 개혁할 것은 (인간의 의식을 목표로 하는 것이지만) 사회인 것이고, 그리하여 공동체의식 하게 되면 공동체 바로 세우기 운동 같은 노력을 기울여야 하는 것입니다. 공동체의식은 그 자체를 조성하려고 해서 되는 것이 아닙니다. 공동체의식 조성을 위해서는 공동체 바로 세우기를 해야 하는 것입니다. 이것은 공개협의 표어로 잘 나타나 있다고 생각하는데 '나누며 사는 사회, 더불어 사는 사회'를 만들어 그러한 생활경험을 통해서 나누며 살고 더불어 사는 의식이 조성된다는 생각이 듭니다.

도민들의 의식으로 이러저런 의식이 필요하다고 하면 그것은 말로 해서 되는 것이 아니고 행동하는, 역사적 경험을 통해서 가능한 것처럼, 공동체 바로 세우기, 나누며 사는 사회, 더불어 사는, 우리에 걸맞은 공동체 생활을 조성함으로써 공동체의식 조성이 가능한 것입니다. 사회학 분야에서는 '공동체의 추구'(Quest for Community)라는 말을 합니다만, '공동체의 추구'라는 말을 왜 하는가 하면 앞에서 다른 분도 말씀하셨던 것처럼 개별화되고 획일화되고 경제성장을 우선시하는 상황이고 보니 사람이 사람 같지 않은 모습을 보이게 되었기 때

* 1996.7.5. 『제주공동체』, 창간호, 공동체의식개혁국민운동 제주도협의회, '좌담회' 토론.

문입니다. 이런 모습들은 극단적으로 말하면 경제성장과정에서 모두 물질 중심적이 되었기 때문이고, 이런 상황에서 벗어나야겠다고 하는 데서 공동체를 추구하자는 말이 나오게 되는 것입니다. 공동체를 추구하자는 말은 곧 공동체 바로 세우기를 하자는 말에 다름이 아닌 것입니다.

그럼 공동체 바로 세우기를 하면서 우리가 해야 할 것은 무엇이냐? 공동체를 바로 세우면서 지금 우리가 의식을 개혁한다는 차원보다는 지금까지 우리 제주도민들이 가지고 있는 의식이 무엇인가를 한번 재조명해서 오늘에 되살리려는 노력이 동시에 이루어져야 하기 때문에 개혁이라고 해서 좋은 것만은 아닌 것 같다는 생각이 듭니다.

그러기 위해서 우리는 어떻게 해야 되겠느냐 하는 것이 프로그램 개발인데 공개협에서는 그런 프로그램을 만들려는 것으로 알고 있습니다. '어떻게 해서 공동체를 바로 세울 것이냐? 또 어떤 내용을 공동체 바로 세우기에 담을 것이냐?'를 고려하여 그 프로그램을 개발해야 되지 않겠나 하는 생각을 합니다.

우리나라 현 문민정부에서 하고 있는 역사 바로 세우기가 있지 않습니까? 역사 바로 세우기에서는 우선 청산되지 않은 일제를 청산하는 데서부터 시작했습니다마는, 그렇게 해서 나라에 대한 바른 의식을 조성하려 한다는 생각이 듭니다.

그래서 우리도 이제 이런 프로그램을 개발하기 위해서 나서야 될 것이고, 이 자리도 어떤 프로그램을 개발할 것인가에 대한 아이디어를 얻기 위한 자리가 아닌가 생각합니다. 그럼 프로그램을 개발할 때 어떤 식으로, 어떻게 개발할 것인가를 생각해 보면 공개협만 프로그램을 개발해서 될 것이 아니고, 경실련 등 여러 관련 단체들의 참여를 유도하고 그 노력을 조직화해야 될 줄 압니다. 물론 그 중심적 역할은 공개협에서 맡을 수 있을 것입니다. 그리고 도 내 주요 기관이 참여하는 기회를 만들어야 될 것 같습니다. 특히 매스컴에서 공동체 바로 세우기 운동에 앞장서야겠다는 생각을 하고 있습니다.

다음으로 도민의식의 구체적인 내용은 나중에 기회 있으면 말씀드리겠습니다마는, 제주도민들 의식의 한 단면을 말씀드리면 다른 도에 비해서 관지향적인 의식, 중앙지향적인 의식들이 강한데 이러한 의식 속에서 보면 관에서, 즉 공무원 조직에서 어떻게 해나가느냐? 하는 것이 중요합니다. 교육계에는 공동체 바로 세우기에 관한 교과과정 같은 것을 도입해서, 공동체 세우기가 바로 이런 것이다 하는 교육을 중·고등학교 특히 초등학교에서부터 실시할 필요가 있을 것입니다.

한편 제주도민들의 의식 속에 배타성이랄까, 외부에서 들어온 세력들에 대해서 경계하는 생각을 많이 하고 있는데 이런 점에서 보면, 외부에서 들어온 자본이 우리 지역에 무엇인가 자꾸 줄 수 있는 자세로 들어와야겠고 도민들은 도민들대로 열린 마음으로 외부 부문에 접근해야 할 것입니다. 그래야 외부에서 들어온 부문과 더불어 사는 사회가 될 것이라는 생각을 해봅니다. 특히 중요한 것은 지도적인 위치에 있는 분들, 어떤 주요 자리에 있는 분들이 생활행태를 규제한다든지 하는 것도 필요하다고 봅니다.

여성운동에도 이런 것들이 있지만 예컨대 관혼상제 간소화의 노력 같은 부분들이 있지 않습니까? 이런 것들도 권위 있는 분들이 먼저 해야 돼요. 예컨대 답례품 안 주고 안 받기에 그분들이 앞장서야 된다는 겁니다. 그래서 공동체의식 조성을 위해서 공동체 바로 세우기를 해야 하고, 공동체의식개혁이 아니라 공동체의식 추구 내지는 공동체의식 조성이라는 방향으로 나가야 될 텐데, 이때 중요한 기관들의 참여와 협조가 이루어져야 한다는 생각을 합니다.

또 한 가지 중요한 것은 우리가 어떠한 의식을 만들어놓아야 되느냐? 어떤 정신을 만들어놓아야 되는냐? 하는 점입니다. 예컨대 미국의 프런티어 정신이 미국의 발전을 가져왔고, 이스라엘의 발전은 시오니즘이 가져왔습니다. 또 서구 자본주의의 발전은 프로테스탄티즘이 가져왔다고 하죠. 일본에서는 신도정신 플러스 사무라이 정신, 무사도 정신이 그 발전을 가져왔다고 하지 않습니까? 우리 제주도에서도 장래에 우리 제주도민들의 의식을 검토하면서 뭐라고 할까 얼른 떠오르지는 않지만, 그 방향으로 도민들이 발전적으로 나아가야 할 바를 간단명료하게 제시해야 될 것 같습니다. 그전에 '삼무三無'정신이라고 하는 정신이 제시된 바 있습니다만, 과연 삼무정신이라고 하는 것을 제주도 정신으로 해야 할 것인지 검토하고 그렇게 해서 제주정신이 정해지면 그런 방향으로 모든 생활원리를 조직화하는 노력이 있어야 되겠다는 생각을 합니다.

구체적으로 어떤 의식들이 우리 의식이고 어떤 의식을 조성해야 될 것인가 하는 것은 나중의 문제가 아닐까 생각해 봅니다.

10 「제주 '평화의 섬' 모델과 추진전략 모색」(토론)*

우선 이 모임이 평화라는 주제를 가지고 제주의 이미지를 구축하는 데 아주 중요한 계기가 되었으면 하는 마음입니다. 이 모임은 '워크숍'의 성격을 갖고 있는데, 워크숍이라는 것은 하나의 주제를 가지고 완성된 결론을 내기보다는 미완성의 주제를 가지고 뭔가 완성된 주제로 만들어보려는 의미를 담고 있습니다.

본론적인 얘기로, 우선 평화의 섬이라고 하는 용어가 담는 의미가 너무 포괄적이어서, 잘못하면 혼란스러운 개념이 될 가능성이 많습니다. 어떻게 보면 평화의 섬을 주장하다가 오히려 그 성격을 약화시킬 소지가 없지 않나 하는 생각이 듭니다. 그런 의미에서 말씀드리면, 김 교수가 세 개의 모델을 제시했는데 저는 이 세 개의 모델을 따로따로 설정할 것이 아니라 가칭 통합모델의 형태로 하나로 묶어서 만들어야 되지 않을까 생각합니다. 왜냐하면 그래야만 평화의 섬이라고 하는 용어의 개념이 포괄성을 지니게 되지 않겠냐는 것이고 그렇지 아니하고 모델 셋 중에 하나를 택해버리면 개념 자체가 갖는 포괄성이 상실되지 않겠느냐고 보기 때문입니다. 또 하나는 논의 자체가 너무 당위론적으로 치우쳐 있기 때문에 사실관계를 소홀히 하고 있지 않는가 생각합니다. 평화를 주장할 만한 사실 근거가 무엇이냐에 대해 어떤 검토가 부족하지 않았나 하는 생각을 합니다. 당위론적이라고 하면 실천적으로는 매우 중요한 의미를 갖지만 적어도 학술적인 논의를 함에 있어서는 비과학성이라고 하는 너무 가치지향적인 논의가 되어버리기 때문입니다. 따라서 우리가 워크숍 형태로 진행

* 1998.6.27. 「제주 '평화의 섬' 모델과 추진전략 모색: 평화의 섬에 대한 각계의 의견」, 제주대 동아시아연구소, 워크숍 토론.

시킬 때에는 평화의 섬을 당위론적으로 생각했다 할지라도, 과연 이를 뒷받침할 수 있는 사실적 근거가 무엇인가? 이런 것을 꼼꼼히 캐나가지 않으면 안 된다고 생각합니다. 이것은 방법론적인 문제이기도 합니다만. 그래서 우선 평화의 섬을 주장할 때 마구 주장해서는 안 되고, 다른 곳보다 제주가 평화의 섬이 되어야 하는 비교우위가 무엇인지를 생각해야 합니다. 그 다음에 평화의 의미를 따질 때 비폭력이라고 하는 것은 너무나 당연한데 무기와 관련시켜 비무장이란 의미를 갖습니다. 이것을 대외적인 형태로 보면 전쟁으로 극단화되지만 대내적으로 보면 계급 간 투쟁에서 보는 것처럼 집단과 집단 간의 투쟁이 있단 말입니다. 그러니까 대내적인 평화의 모습도 담는 개념이었으면 합니다. 그 다음으로 제주를 평화의 섬으로 만들자고 하는 것은 궁극적으로 제주 사회의 소위 복지와 번영을 이룩해 보자는 의미라고 본다면, 선언적 의미의 평화의 섬을 재고해 봐야 되지 않겠는가 하는 생각을 하게 됩니다.

우리가 평화의 섬을 주장하려 한다면 과연 제주는 평화의 섬으로서 자격이 있는지에 대한 근거를 발굴해 줘야 한다고 생각합니다. 우리는 그것을 우리의 문화 속에서 찾을 수 있을 것으로 봅니다. 그 다음에 국제관계에 있어서 제주가 갖는 어떤 이미지 이것을 우리가 찾아서 체계화해 줘야 하지 않느냐 하는 생각을 해보게 됩니다. 그리고 또 평화의 섬이 실현될 수 있는 시점은 21세기, 앞으로 다가오는 시점이기 때문에 미래 사회가 어떻게 다가올 것인가에 대해 우리는 한 번 예측도 해봐야 됩니다. 예측하는 과정에서 특히 비군사적인 방향 설정이 세계화시대에 어떤 의미를 갖는가도 생각해 보아야 한다고 봅니다. 냉전체제가 종식되는 상황이라고 하면 평화라는 주제는 어느 나라에서나 중요한 주제인데 이런 주제를 우리가 선점하는 것은 의미가 아주 좋다고 봅니다마는 그런 시기에 우리는 평화의 향유자일 뿐 아니라 평화의 생산자로서의 이미지도 만들어가는 적극적인 자세도 생각해 보아야 할 것으로 봅니다. 이런 점에서 아까 김승석 부지사의 평화유지군 군사시설에 관한 이야기도 전향적으로 검토해 봄직하다고 생각합니다. 우리가 군사시설하면 무조건 전쟁하려는 준비라는 생각을 하게 되는데 앞으로 21세기에는 하지 않아도 될 것입니다. 예를 들면 국제평화유지군이 우리 제주도에 들어올 수 있는 여건을 마련하는 것이 평화의 섬이라는 주제에 배치되는 것이 아니며 제주발전을 위해 도움이 될 법도 한 것입니다. 평화유지군의 역할이라고 하는 것이 바로 평화 그 자체라고 하면 그런 식으로 접근할 수 있지 않겠느냐 하는 생각을 합니다.

결국은 평화의 섬을 만들기 위해서 보다 포괄적이고 유연한 평화의 섬 통합모델을 만드는 게 좋지 않을까 하는 생각을 합니다.

11 "신수도 건설의 재평가와 대전 위상 정립"에 대한 토론*

1. 토론의 전제

발표자 최상철 교수는 10여 년 전, 『터전』(환경설계 전문학술지)에서 도시계획의 유토피아적 성격을 논의하면서 유토피아는 "인간이 추구해야 할 궁극적 가치를 찾으려는 말하는 그림(speaking picture)이었으며 창조적 상상이었다"고 하고 "계획을 한다는 것은 이상을 향한, 보다 완벽함을 향한 인간의 노력"이라고 말한 바 있다.(최상철, 1988) 오늘의 이 토론도 그런 그림을 감상하는 의미를 갖는다고 생각한다.

발표자가 '대전권 개발의 비전과 전략'을 말하면서 미완의 대전 신수도 계획을 '슈베르트가 작곡한 미완성 교향곡'에 비유하는 것은 신도시계획이 미완의 것이지만 대전 구상의 기본을 낳은 계기가 되었다고 평가한 것으로 생각한다. 따라서 오늘 우리가 논의할 것은 신수도 건설계획 그 자체가 아니라 대전의 바람직한 미래 구상일 것이라 생각한다.

오늘날 대외적으로 냉전체제의 종식과 대내적으로 남북화해의 구도에서 보면 신수도로서의 대전을 논의하는 것은 무의미하다고 생각하며 중요한 것은 국가의 중추적 기능의 분담일 것이다. 다만 신수도 건설계획이 지닌 장점들을 어떻게 살려 대전 혹은 대전권의 독특함을 바탕으로 바람직한 기능을 확보하느냐 하는 데 논의의 초점을 맞추어보는 것이 좋을 듯하다.

* 2001.8.23. 대전광역시 개발위원회 주최, 유성호텔, 「21세기 대전개발 방안과 위상제고」, 세미나(발표자: 최상철)에 대한 토론 요지.

2016년을 목표연도로 하는 대전의 도시구상은 이를 반영하는 노력으로 보인다.(한국지방행정연구원, 1999) 이에 따르면 국가행정의 중추적 기능, 정보 · 과학기술의 선도 기능, 광역교통 중심 기능, 인간 중심의 환경 · 문화도시 기능 등을 대전광역시의 도시기능으로 제시하고 있다.

이제 발표자의 주장을 수용하면서 나름대로 단편적인 의견을 제시해 보고자 한다.

2. 대전의 잠재력과 강점

1) 대전의 현재 위상

(1) "대전은 우리나라 교통의 중심지로서 모든 지역으로부터의 접근성이 뛰어나며 대규모의 미개발 토지를 보유하고 있어서 장래에 커다란 역할을 수행할 것으로 기대된다"고 한다.(강병주, 1993)

구체적으로 서술하면 다음과 같다.

- 행정: 제3 정부청사의 건설, 군사도시 계룡시의 탄생
- 교육 · 연구: 충남대학교, 한국과학기술대학의 존재. 대덕단지의 형성
- 문화: 중원문화권과 백제문화권의 연계
- 지리적 위치: 영 · 호남, 수도권의 교통 접점(철도, 고속도로)
- 공항과 항만 연결축의 중심: 청주의 공항과 장항 · 군산 · 아산의 항만
- 도시(생활)권: 거대도시권역의 형성. 대전의 중심도시로서의 기능
  '대전의 주거, 의료, 문화 등 제반 도시기능 수용과 관련하여 직접적인 파급효과가 미치는 지역'으로서 충남의 4개 군(논산, 공주, 금산, 연기)과 공주시, 충북의 3개 군(보은, 옥천, 영동)을 들 수 있음
- 경제권의 공간적 영향력: 청주-조치원-신탄진으로 이어지는 국가행정, 교육 · 연구 및 첨단산업조성지역, 대전-군산 · 장항으로 연결되는 배후지 항만개발 축, 대전-진주 간 고속도로 개통에 따른 무주, 진안 등 북동부지역

- 산업: 제조업부문의 열세와 서비스업의 강세
- 미개발토지의 보유. 특히 서대전과 유성 사이의 시가지로 발전할 수 있는 좋은 토지여건 보유(발표자)

(2) 연구 기반시설과 고급인력의 보유

- 대덕연구단지를 중심으로 한 연구 기반시설과 고급인력(홍형득, 1997)
- 유성구 관평동 일원 130만 평 규모의 대전과학산업단지(한국지방행정연구원, 1999)
- 서울 다음으로 가장 많은 박사학위 소유자 및 외국 거주 경험자(발표자)

2) 세계화와 대전의 가능성

- 동북아권의 대륙 연결의 요충지(〈그림〉 환태평양시대의 대전의 위상 개념도 참조): 복구키로 합의된 바 있는 경의선을 축으로 하여 TSR(시베리아횡단철도)에 연결 가능한 두 개의 TKR(한반도종단철도)이 제시되고 있는데, 하나는 서울-평산(황해도)-세포(강원도)-원산-하산(러시아)이고, 다른 하나는 서울-평양-원산-하산(중앙일보, 2001.8.7. 안병민 교통개발연구원, 동북아연구팀장의 말) 여기에 더하여 TCR(중국내륙철도)
  그림에서는 동북아의 권역으로 한반도를 중심으로 환동해권과 환황해권을 구상해 보고 있는데 환황해권과 환동해권의 내륙진출의 한반도 요충지를 대전권으로 볼 수 있음. (제주는 환태평양시대의 해양진출 전위기지로 구상함)
- 내륙의 공항과 환황해권의 항만의 연계지: 청주의 공항과 군산 등 서해안 항만기능의 연계기능 담당할 입지조건
- 세계화 이벤트 경험: EXPO의 경험은 대전의 세계도시로서의 가능성을 보여줌
- 첨단산업권역의 형성: 제조업 부문의 열세, 곧 환경의 보전과 교육·연구단지 조성의 장점을 결합. '대덕밸리'의 구상. 환경의 시대에 관련
- 문화권역의 조성: 중원문화권과 백제문화권의 연계를 통한 독특한 대전권문화의 발굴 조성의 개연성. 문화의 세기에 관련
- 천혜의 환경적 조건과 찬란한 백제문화유산(발표자)

〈그림〉 환태평양시대의 대전의 위상 개념도

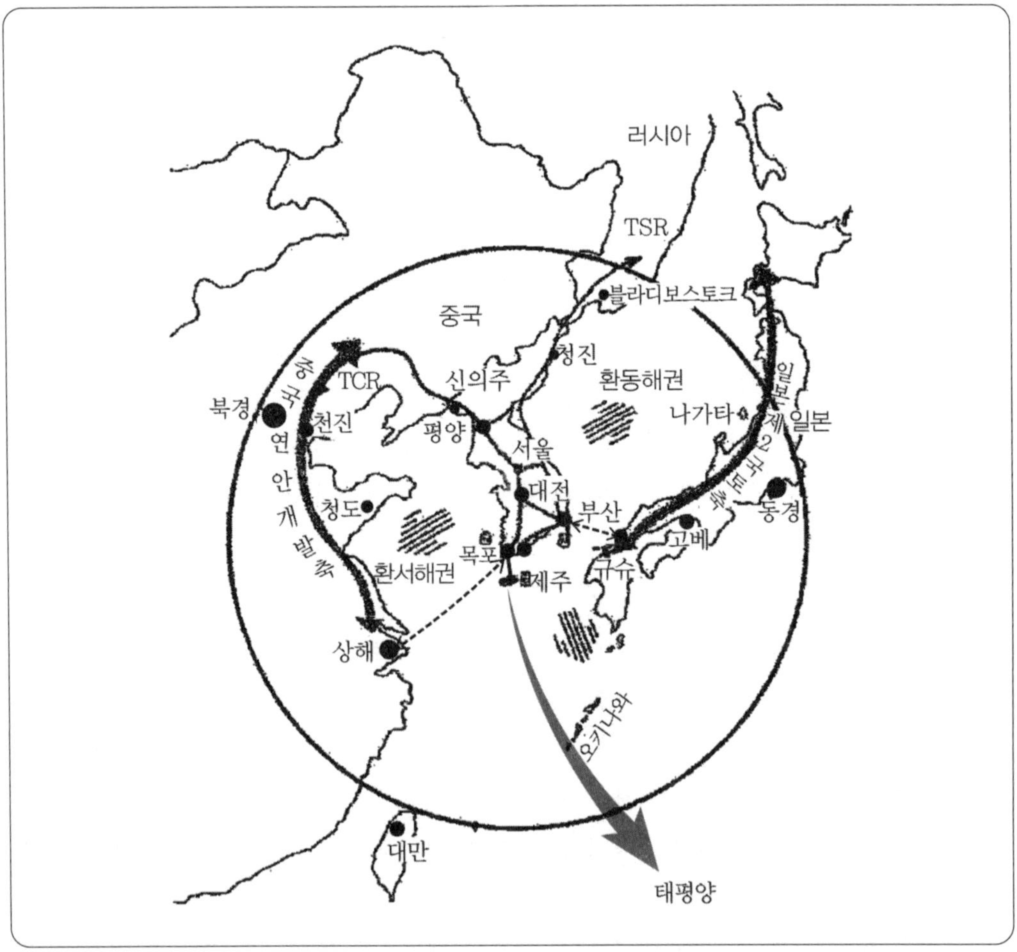

자료: 제주대 동아시아연구소, 1995, p.44. '〈그림 4〉 환태평양시대 주역으로서의 제주'를 수정 인용함.

3. 대전의 한계

① 미래의 교통수단인 고속전철의 우회: 교통의 중심축에서 후퇴. 이 점 발표자도 "호남 고속철도의 분기점이 천안 혹은 오성으로 이동한다면 대전은 교통의 중심지로서 상대적 경쟁력이 약화될 수밖에 없다"고 지적하고 있다.

② 이웃 지역권과의 끊임없는 대화와 의견교환 협조, 타협 같은 과정의 어려움이 대전권 구상의 생래적 성격인 것으로 보임. 발표자도 "대전권에는 충청북도의 옥천군과 영동권이 포함되어 있어 행정구역의 개편과 광역개발체제의 구축에 많은 애로점을 내포하고 있다"고 지적하고 있다.

③ 세계화시대의 공항과 항만 통합권의 한계: 공항(충주)과 항만(장항 및 군산 등)의 행정적 통합권의 외재성外在性

④ 서울을 중심으로 한 수도권의 근접: 수도권의 영향으로 대전권의 위상이 위협받을 가능성 상존. 수도권에의 종속화가 우려됨

⑤ 지역 첨단산업기반의 약화: 연구단지와 그 모도시(대전광역시) 및 지역기업 간의 연계결여. "대덕연구단지나 한국기술대학교는 대전 속의 하나의 '개발의 섬'으로 남아 있으며 대전의 경제와 시민생활 속으로 스며들지 못하고 있다."(발표자) "지금까지 대덕연구단지는 모도시인 대전광역시와는 별개로 하나의 '고립된 섬'의 이미지로 남아 있었으며, 오히려 지역주민과의 위화감을 조성하는 지역으로 인식되어 왔다"는 주장이 있음(홍형득, 1997)

⑥ 지방 도시로서의 의식구조와 폐쇄성의 존재(발표자)

4. 제안

따라서 (상식적인, 평범한 결론이 되겠지만) 이러한 한계들을 어떻게 극복하면서 대전권이 지닌 잠재력을 잘 살려나가느냐 하는 것이 앞으로 대전위상 정립에 핵심이 될 것임. 이때 중요한 것은 수도권보다 비교우위에 있는 대전의 특수성을 발견하고 이를 고양해야 할 것임

이를 위하여 첫째, 대전을 중심으로 하는 광역개발체제를 구축하기 위하여 중부권 광역발전위원회 같은 기구를 이웃 권역과의 협의하에 상설화할 필요가 있을 것임. 둘째, 대전과 유사한 조건 속에서 성공적으로 발전하는 세계 여러 지역의 모델을 수집, 그에 대해 연구할 필요가 있음. 관련하여 셋째, 발표자가 지적한, '박사학위를 지닌 인구가 가장 많고 외국에서 살다 온 사람들이 많은 도시'라는 장점을 한껏 살릴 것. 그러기 위해서 넷째, 이 우수인력

이 대전권역에 상주하면서 대전권의 시민으로서의 정체성을 갖도록 노력하는 것이 필요하며, 역시 발표자가 지적하는바 "대전의 열린 시민의식과 21세기를 향한 꿈과 실천적 의지가 필요"함. 다섯째, 지역특성에 맞는 지역혁신체제(Regional Innovative System)를 구축(연구 · 개발시스템, 생산시스템, 정부시스템 3자 간의 네트워크 형성)할 것. 첨단산업단지를 적극적으로 추진하고 연구단지의 성과물과의 유기적 연계를 도모할 것. "중부고속도로를 따라 진천 · 오창 첨단산업단지-청주국제공항-대덕밸리로 이어지는 IT를 중심으로 하는 첨단산업 축을 개발"하라는 제안에 귀 기울일 필요가 있음. 여섯째, 대전권이 갖는 특수성을 바탕으로 발표자도 지적하듯이 수도권과의 차별성을 찾아야 할 것이며, 새로운 사회 · 문화적 정체성을 확립하는 노력을 기울일 것. 일곱째, (제주사람이라서 하는 말일 수도 있지만) 끝으로 제주국제자유도시와의 연계를 도모하는 것. 청주국제공항과 영종도국제공항 및 제주국제공항을 연계, 항공노선의 증편과 합리적인 조정. 항공사 프로그램에 참여하는 것도 생각해 볼 만함

5. 질문

① 수도권 일극 집중에 관하여: '수도권에 접하고 있는 충청남 · 북도와 강원도 일부 지역은 수도권 일극 집중을 억제하는 수도권정비계획법의 효과를 어느 정도 즐기고 있다'는 구체적 사례는 무엇인가? 오히려 수도권에의 종속화가 더 우려되리라고 보는데…. 예컨대 가족들의 실제 생활은 서울에서, 대전은 일터. 대전주민의 각종 소비활동을 위한 서울 나들이, 그에 부수되는 사업기반의 취약성 등

발표자가 말하는 대로 "무한경쟁시대에 수도권이 지닌 국가경쟁력을 수도권정비계획법이란 족쇄로 발목을 잡고 있어서는 안 된다는 현실적 논리로 대항"하는 수도권의 발언권을 어떻게 극복할 수 있을까? 이 점은 1996년에 제주도가 2000년 제3차 'ASEM(아시아-유럽정상회의)'을 유치하려다 서울의 힘의 논리에 밀려 실패한 경우를 연상케 한다. 뿐만 아니라 공장총량제에 의해 영향받을 것은 제조업부분일 터인데 정보사회의 도래 시 과연 그런 제조업단지가 바람직한 것인지도 문제다. 바람직하지 않다면 그 법의 효과를 즐기는 것이 아니라 고통을 더하는 결과가 될 것이 아닌가?

② "대덕연구단지나 한국기술대학교는 대전 속의 하나의 '개발의 섬'으로 남아 있으며 대전의 경제와 시민생활 속으로 스며들지 못하고 있다"는 지적은 다른 연구논문들에서도 주장되고 있는데 왜 그런지에 대해 아는 바가 있으면 말해 달라. 그 대답은 미국 실리콘밸리의 사례로 암시가 될 것 같은데 미국의 경우 팔로알토의 스탠퍼드대학의 반도체 연구가 어떻게 주변 모지역사회로 성공적으로 연계되었는가에 관해 들었으면 좋겠다.

③ (토론자가 제주사람이라서 더 이런 질문을 던져보는 것인데) "청주국제공항 일대를 제주국제공항에 이어 국제자유도시지역으로 지정할 것을 검토하고 있다"고 하였는데 그 '검토'의 주체와 현재 어떤 단계에 있는지를 말해 달라. 토론자는 한반도의 내륙 청주공항과 제주공항의 원활한 연계는 양 지역을 위해 바람직한 일일 것으로 생각하고 있다.

참 | 고 | 자 | 료

강병주, "대전권 개발의 2000년대 구상과 과제", 『한국지역개발학회지』, 5권 2호, 1993.

제주대 동아시아연구소, 『환태평양시대 제주도의 세계화전략-기본구상-』, 제주도, 1995.12(용역보고서).

최상철, "유토피아사상과 도시계획", 『터전』, 창간호, 1988.

______, "신수도 건설의 재평가와 대전위상 정립", 대전광역시개발위원회 주최, 「21세기 대전개발방안과 위상제고 세미나」, 발표자료, 2001.8.23.

한국지방행정연구원, 『지방자치행정 50년사』, 제3부 제2장 제5절, 대전광역시, 1999.

홍형득, "지방정부의 지역혁신체제구축을 위한 테크노폴리스 조성전략 -대덕연구단지와 대전광역시를 중심으로-", 『한국정책학회보』, 6권 2호, 1997.

「중앙일보」, 기사(2001.8.7)

12 아름다운 '선돌' 공동체가 되기를 기대하며*

우리 마을 대림大林은 그 명칭이나 역사적 배경에 있어서 한림翰林읍 형성의 근간이 되는 마을입니다. 어휘에 있어서 보면, 한림이라는 어휘 자체가 곧 대림인 것입니다. 한림은 숲이 많다는 의미의 '한수풀'(많다=하다의 '한'과 숲의 '수풀'이 더해진 말)이라는 말에서 나왔습니다. 한림의 한翰은 많다→하다는 의미를 갖는 것이고, 림은 수풀(숲)의 한자어(林)입니다. 대림의 대大자는 크다→많다→하다와 같은 의미를 갖습니다. 그러니까 한림은 어휘상 대림과 같다고 하겠습니다. 역사적으로도 대림사람이 이사, 정착하여 한림리가 만들어졌습니다.

이제 세월은 흐르고 세상은 바뀌어 대림 본래의 모습, 그 옛 위상은 크게 약화된 듯하지만 아는 사람들은 대림의 옛 모습을 기억하면서 그 명성을 떠올리곤 합니다. 대림 마을회관 옆에 세워진 회관신축 송덕비의 비문은 제주의 명사 중 한 사람인 양중해 시인이 쓴 것이지만 그는 그 글(시) 속에서 대림마을의 "그윽한 역사는 한수풀의 숲 속에서 울림하고" 있다고 하고 그 미래를 축복하고 있습니다. 몇 년 전에 동료들과 더불어 한라산을 등반하고 하산하는 도중, 쉬는 자리에서 우연하게 만난 어떤 지관(어음리 출신. 고 신남오 지관의 제자)에 따르면 대림리 일대는 앞으로 20년 내에 2만여 호의 읍촌이 형성될 지역이라고 합니다.

이런 우리 마을의 과거와 미래를 이어주는 역할을 대림에 살거나 대림을 떠났어도 대림을 고향마을로 하는 사람이 해나가지 않으면 안 되는 것입니다. 이때 중요한 것은 대림을 하나의 생활공동체로 묶어주고 대림 출신의 타지 거주자들을 연결하여, '우리는 대림사람'이라는 감정, 즉 '우리 감정'을 불러내는 것입니다. 이를 위해 중요한 것이 마을 사람들 사이

* 2004.2.22. 「선돌」(한림읍 대림리 마을신문), 2호, '축사'.

의 원활한 의사소통이고, 돈독한 인간관계인 것입니다. 우리 마을 소식지 「선돌」은 바로 이런 역할을 하게 될 것이며, 이런 의미에서 「선돌」의 지속적인 발간은 중요한 의미를 갖습니다. 이제 두 번째의 소식지가 나오게 되는 것은 축하할 만한 일임이 분명해졌습니다. 이 축사는 그래서 쓰고 있습니다.

우리 마을 소식지 「선돌」, 그 두 번째 발간을 진심으로 축하하고, 해를 거듭하면서 영원히 이어지기를 이 갑신년 새해와 더불어 기원합니다.

13 「도민의식개혁 무엇이 문제인가?」(토론)*

우선 공동체의식개혁국민운동 제주도협의회(이하 공개협) 창립 10주년을 축하합니다.

창립을 하시는 데 중심적인 역할을 하셨던 송봉규 선생님은 해놓은 것이 하나도 없다고 자책하시지만 해놓은 것이 적지 않다고 생각합니다. 이야기를 다 할 수는 없지만…

그런데 저는 지금까지 몇 번 공개협의 모임에 오면서도 공동체의식개혁운동이라고 하는 것이 공동체의식을 만드는 운동이라고 생각했었습니다. 공동체를 만들기 위해서는 의식을 어떻게 어느 방향으로, 말하자면 공동체의식을 형성해 보자는 운동으로 알았었습니다. 미묘한 차이이기는 합니다마는…

그런데 보니까 공동체의식이 아니라 공동체를 만드는 운동이었다는 것을 알게 됐습니다. 공부는 아무리 해도 모자란 것 같습니다.

저는 그래서 공동체를 만들기 위한 의식에 관해 잠깐 생각해 봤습니다.

우리가 의식을 강조하는 이유가 있습니다. 여러 가지 이유가 있겠지만 사람들이 갖는 의식은 행동을 규제하기 때문입니다. 겉으로 드러나게 행동을 하니까 사회의 다른 사람들에게 영향을 미치게 되는 거죠. 속으로만 생각하는 상황에서는 그것은 자유거든요. 사상의 자유가 그런 것이지만. 그런데 어떤 의식을 갖게 되면 겉으로 드러나서 행동으로 나타나게 된다 이겁니다. 그래서 의식이라는 게 중요한 것이죠. 저보고 사회학을 했다고 하니까 사회학을 한 사람으로서… 어떤 학문적인 얘기를 해서 안 됐습니다마는 막스 베버라고 하는 사람은 자본주의정신이 있어서 자본주의가 성공했다고 합니다. 자본주의에서 열심히 일하고

* 2004.8.24. 공동체의식개혁국민운동 제주도협의회 창립 제10주년기념 '도민 좌담회' 토론.

영리를 추구하는 자본주의 논리는 그 기저에 프로테스탄트 정신이 있는 것입니다.

또 다른 입장에 있는 마르크스라고 하는 사람, 잘 아시는 대로 공산주의의 창시자라고 합니다마는 그 사람은 계급행동, 계급혁명을 외쳤죠. 그러면서 주장하는 것이 뭐냐면, 그 사람은 의식을 무시하는 것 같지만 전혀 그렇지 않습니다. 계급혁명을 하기 위해서는 노동계급의식을 심어주어야 되겠다. 그렇게 해서 노동계급의식을 통해서 계급혁명을 이룰 수 있다는 것입니다.

그 말은 무슨 말이냐 하면 아까 앞에서 얘기한 것처럼 어떤 행동을 하게 하느냐 하는 것은 역시 내면세계의 의식입니다. 그러니까 우리가 공개협에서 추구하는바 공동체를 만들기 위해서는 분명히 의식이라고 하는 것이 상당히 중요한 의미를 갖습니다.

그러면 공동체를 만드는 것이 무엇일까 하는 것을 생각해 봤습니다.

저는 세 가지로 말씀드리고 싶은데, 하나는 우리는 공동체 성원이라는 의식입니다. 제주도가 되었든 대한민국이 되었든 지구촌이 되었든 간에 우리가 살고 있는 단위, 지역단위에 속하고 있다는 공속의식을 갖는 것이 공동체의식의 하나입니다. 하나의 요소예요. 이것을 우리는 흔히 위-필링(we-feeling)이라고 하죠.

두 번째 요소는 주체성입니다.

주체의식, 우리는 하나이고 우리는 더불어 살기 때문에 그런 사회범위 속에서 우리는 주인이라는 것입니다. 그런데 주체성을 외치면서도 주체성이 무엇인지 잘 모르는 분들이 많은데 주체성은 반드시 책임이 따라가는 것이죠. 의무와 책임.

우리는 주인이기 때문에 집 주인이 자기 집을 허물지 않듯이 자기가 살고 있는 사회세계를 허물지 않겠다는 것이죠. 그런데 주체성, 주체성 외치지만 주체성 외치면서 나서는 것이 결국 자기 집 허무는 경우들을 어쩌면 우리는 보고 있지 않은가 생각을 합니다마는.

그래서 공동체를 만들기 위해서는 주체의식을 갖는 것이 아주 중요하다는 것이요 이에 주체의식이 두 번째 공동체의식의 요소가 되는 것입니다.

세 번째는 공익성입니다. 공공성이라고도 하는데, 이것은 자신의 이익을 전혀 버릴 수는 없는 것이지만 자신의 이익과 공공의 이익이 충돌할 때 공공의 이익을 우선하려고 하는 그런 의식, 이것을 공공성이라고 합니다. 자신의 이익을 빼고 본다고 하더라도 공공의 이익을 추구하는 자세는 늘 있을 수 있는 것이고 그것은 우리 시민단체에서, 공개협도 시민단체이지만 시민단체가 시민단체이기 위해서는 바로 공익성을 추구하는 입장에 설 때 시민단체의 모습을 갖는 거거든요. 물론 시민단체 하면 상당히 넓은 범위를 가지고 있지만 적어도 시민운동이 추구하고 다른 사람들에게 호응을 얻어서 성공적으로 해나가는 시민운동들은 공익적이어야 하지요. 환경이 그러하죠, 인권이 그러하죠, 여성문제가 그러하죠, 빈곤 퇴치문제가 그러하죠.

자기의 이익을 떠나서 전체의 이익을 추구하는 것이 공동체의식의 세 번째로 제가 말씀드리는 공익성의 추구입니다.

이상 세 가지의 의식의 요소를 저는 공동체의식이라 하고 이 공동체의식이 제대로 갖추어지면 공동체도 제대로 설 것입니다. 그런데 공동체의식이 제대로 갖추어지지 않아서 공동체의 삶이 훼손되고 있다. 이런 얘기입니다.

제가 보기에 공동체의식 중에서 가장 약한 부분이 어디냐? 세 가지 요인에 관련해서 보면, 위-필링이라고 하는 공속성, 우리 감정들은 대체로 같은 것 같아요. 제주 사람이다, 대한민국 국민이다. 개인적 이익만 챙겨서 사는 것 같지만 흔히 우리가 경험하듯 월드컵 할 때 붉은 악마에서 보는 것처럼 한데 어우러져서 우리는 하나임을 나타내는 것이 바로 공속의식에서 나오는 것이라고 생각합니다. 제주도 내에서도 흔히 볼 수 있습니다.

또한 주체성도 모자라지 않는 것 같습니다. 우리는 제주도민이다, 따라서 제주도의 문제는 우리 제주도민이 해결한다. 주체성이 너무 강한 측면이 없는 것도 아니지만 공동체의식의 주체성이라고 하는 요소도 우리는 가지고 있는 것 같습니다.

이 두 가지 요소가 오늘날 이렇게 갖추어지는 데 공개협이 기여한 측면이 있으리라 생각합니다.

어디서부터 어디까지 공개협이 기여했느냐? 그것은 따지기가 어렵죠. 연구를 몇 년 해서 실증자료를 가지고 분석을 할 수는 있겠습니다마는, … 그렇습니다.

공개협 하시는 분들 그렇게 생각하시고 어느 부문엔가 기여하고 있다. 10년 전보다 10년 후 오늘이, 아까 얘기한 우리는 제주도를 위해서, 제주도 도민이고 또 제주도민으로서 제주도에서 뭔가를 해야 된다고 하는 주체의식은 상당히 강화된 것 같습니다.

그런데 문제가 되는 것은 공공의 이익을 추구하는 부분이에요. 공공의 이익을 추구한다고 하면서 공동체 전체 이익이 아니라 파벌의 이익이 되어버리는 경우가 많아요.

왜곡된 공동체의식이기 때문에 공공의 이익이 아니라는 말이죠. 내세우기는 제주 환경을 위한다고 할 경우에, 환경운동하는 분들을 구체적으로 거론하는 것은 아니지만, 그렇게 하면서도 내면적으로는 환경운동하는 자기들끼리, 환경을 주장하는 것은 자기네의 몫이고 다른 사람들이 환경을 주장하면 이것은 조금 그렇다 하는 생각을 하고 있는 것이 아닌가? 공동체라고 하는 것은 발표자료에도 나왔듯이 '나누면서 사는 사회, 더불어 사는 우리'라고 했습니다. 더불어 살면서 나누며 살려는 생각, 이게 진정한 공동체의식이 아닐까 생각합니다.

파당을 이루어서는 불가능한 일이죠. 요즘 파당의 현상은 도처에서 나타나고 있습니다. 제주도보다는 전국적인 현상으로 나타나고 있는데, 크게 보면 진보 대 보수의 파당이 그렇거든요. 진보가 있고 보수가 있을 수 있는 거죠. 보수적인 사람들은 자기네들 파당만의 이익을 추구하게 된다면 공동체가 될 수 없는 거죠. 진보하는 사람들도 마찬가지고.

그러니까 진보적인 파당을 이루고 정당하는 사람들은 보수인 정당을 카운터파트로 알아야 되죠. 거꾸로도 마찬가지고요. 이것을 화이부동和而不同이라고 하죠. 어우러지되 같지 않다 이 말이죠. 같지 않은 게 문제가 되는 것이 아니라 서로 어우러지지 못하는 것이 문제가 되는 거죠. 자신들 파당의 이익 때문에 배척해서 그런 거죠.

그러면 이와 같은 화이부동이라고 하는 이것을 인정하고 화를 추구해 가자. 같이 만들려고 하면 자기네 패가 아니면 배제해 버리지 말자는 거죠.

그러나 화和라고 하는 것은 같지 않고 다르지만 어우러져서 산다. 이런 건데, 공익성을 추구하는 사람들이 바로 그렇지 못하기 때문에 공익성이라고 하는 공동체의식이 훼손되고 있습니다. 어찌 보면 공익성의 측면에서 퇴보하고 있다는 생각을 하는데, 앞에서 송봉규 선생님이 말씀하는 가운데 이 점을 짚어주신 것 같아서 강조해 봤습니다.

그런데 이와 같은 공동체의식을 우리가 심어나가는데 사회의 어느 부분에서 앞장서야 되겠습니까? 공개협에서 앞장서고 있지만, 그래서 공개협에 들어와 있는 분들은 말하자면 제주도의 리더들이시고 엘리트들이신데, 엘리트들이 가져야 할 자세가 있습니다. 흔히 말하는 노블리스 오블리주라고 하는 거죠. 엘리트들이 노블리스 오블리주가 안 되면, 즉 귀족의 의무, 엘리트가 의무를 다해주지 않으면 공동체는 성립되지 않습니다.

그러면 엘리트들이 의무를 다하는 것이 무엇입니까?

이 한 가지만 말씀드리고 마이크를 놓겠습니다마는 시오노 나나미의 『로마인이야기』를 보면 로마 천년이 지속될 수밖에 없었던 중요한 이유가 하나 있습니다.

그것이 뭐냐 하면 로마 귀족들은 앞서서 군대에 나갔습니다, 스스로. 그것도 국가에서 월급받고 국가에서 지원해 주는 병기를 가지고 나간 것이 아닙니다. 자기 재산을 팔아서 무기를 만들거나 무기를 구해 나가서 싸웠습니다. 그리고 죽음을 명예롭게 생각했습니다. 그러니까 귀족이 아닌 다른 사람이 어떻겠습니까? 자기네는 못하는 일 하니까 대단하다. 그래서 존경을 받고 로마 천년이 지속될 수 있는 근거가 됐다고 하는 말씀입니다.

14 고향을 그리는 사람들의 망향의 공간이고자 합니다*

흔히들 고향상실의 시대라고 합니다.

그래서 고향을 떠나 사는 사람들에게 향우회는 의미가 없을지도 모릅니다. 애당초 고향이란 관념을 갖지 못하고 도시에서 태어나 줄곧 살아온 사람들에게는 그럴 수 있습니다. 더구나 제주특별자치도 출범에 따라 한림읍도 행정적으로 제주시에 귀속되고 있기 때문에 '제주시 한림읍향우회'의 의미는 상실된 것이 아닌가 하는 사람들도 있을 수 있습니다.

그러나 우리 한림향우회는 고향 잃은 시대의 귀향길을 찾아보고자 조직하였습니다. 아니 고향을 그리는 사람들의 망향의 공간을 도시지역에 만들어보고자 하였습니다. 그것은 '참하 꿈엔들 잊힐 리' 없는 고향을 그리는 정서의 표현이기도 합니다.

이제 재창립 2주년을 맞으며 여기 한림읍향우회 인명록을 내놓습니다.

이는 두고 온 산하 우리 한림에 대한 그리움, 그리고 고향에 대한 평소의 향수를 확인하는 계기일 법하다고 생각합니다. 제주시(현 제주시 동지역)의 여러 동에 흩어져 살면서 나름대로 사는 보람을 일구어가는 여러 향우들이 어떤 분들인지 또 공간적으로 어떻게 흩어져서 무엇을 하며 살고 있는지를 파악해 보고자 하였습니다. 이 사업을 통하여 잊혀지던 정다운 얼굴들을 만나는 즐거움을 맛볼 수 있었으면 하는 마음 간절합니다.

한림은 큰 숲입니다. 숲은 새들이 날아들어 둥우리를 트는 보금자리입니다. 한림은 그 이름처럼 사람들의 삶의 좋은 터전임을 상징합니다. 인명록의 발간은, 그 터전을 떠나 있으나 한림인으로서 이곳 제주시에 또 하나의 우리들의 숲을 만들어가는 데 촉진의 계기가 되

* 2006.9. 제주시한림향우회, 『인명록』, '발간사'.

었으면 하는 바람을 담고 있습니다.

제주시에 거주하는 한림출신자들의 수는 현재 한림에 거주하는 사람들의 수만큼은 되리라 합니다. 2만은 넘을 것으로 추산하고 있습니다. 그중에서 우리의 이 인명록 사업으로 확인하고 등재하는 수는 약 3천여 명 정도가 됩니다. 만족스럽지는 못합니다만 저희 인명록 편찬진에서 최선의 노력을 기울인 결과입니다. 이번에 찾지 못하고 등재하지 못한 사람들의 부분에 대해서는 참으로 안타깝기는 하나 다음 어느 기회로 미루어둘 수밖에 없겠습니다. 시작이 반이라 하였습니다. 이렇게 시작한 인명록 발간사업이 앞으로 이어져 보다 큰 성과물이 나오게 되리라 기대하면서 위안을 갖고자 합니다.

인명록 발간사업을 시작하면서 그 어려움을 예측 못한 것은 아니었지만 참으로 어렵고 때로는 고통스러운 사업이었음을 고백하지 않을 수 없습니다. 명부등재신청서를 접수하는 과정에서, 그리고 금전적인 협찬을 받는 과정에서 겪은 어려움은 생각보다 훨씬 큰 것이었습니다. 그 이유는 필경 향우회장이며 편찬위원장인 저의 능력이 미치지 못했던 탓이었다고 생각합니다.

그럼에도 불구하고 미숙하게나마 인명록을 발간할 수 있었던 것은 편집위원진의 헌신적인 노력이 있어서 가능하였습니다. 특히 조여진 편집위원장과 김중근 편찬소위원장, 실무간사(향우회 사무처장)인 김택보 처장, 뒤늦게 편집진에 참여하여 편집실무를 맡아주신 문덕찬 박사의 노력은 큰 힘이 되었습니다. 많게는 100만 원부터 적게는 10만 원에 이르기까지 협찬해 주신 여러분의 후원이 있어서 이 사업이 가능하였음은 물론입니다. 편찬 · 편집진과 재정적으로 협찬해 주신 여러분께 그리고 편찬을 도와주신 각 향리 향우회장과 총무님들께 발간사의 지면을 빌려 심심한 감사의 말씀을 드립니다.

미진한 부분, 잘못된 부분이 없지 않을 것입니다만 그 모든 책임은 편찬위원장인 저에게 물어주시되, 애향의 큰마음으로 포용의 미덕을 보여주시기 바랍니다.

향우 여러분, 이 인명록 발간사업이 계기가 되어 우리 한림읍향우회가 한 단계 업그레이드되기를, 고향이 한림이기에 삶이 보람 있고 행복한 그런 한림인이기를 바라는 마음 간절합니다.

15 '더불어 숲'의 아름다운 공동체를 위하여*

대림은 대림 사람들의 생활터전이요 삶의 뿌리를 내린 곳입니다. 이제 출간되는 대림 향토지, 『大林里誌』대림리지는 대림 사람들이 살아온 내력을 담아낸 기록입니다. 그 기록을 통하여 우리는 우리 고장의 모습을 들여다볼 수 있는 것입니다. 대림 사람들의 손으로 자신들의 고장에 대한 기록을 만들어내고 내외에 자신들의 삶의 모습을 종합적으로 알리게 된 것입니다. 참으로 축하할 일입니다.

설촌 이래 오늘에 이르기까지 참으로 먼 길을 걸어온 셈입니다. 그 먼 길을 등 뒤로 하고 다시 더욱 먼 길을 향하여 출발해야 하는 이 시점에서 대림리 향토지는 과거와 오늘의 우리의 삶의 모습을 되돌아보고 희망찬 미래를 설계하는 데 기본이 되는 정보를 마련해 주고 있다고 생각합니다.

마을은 사람들의 삶의 지리적 기초 단위로써 사람들 사이의 관계가 인격적으로 엮어져 있으며 '우리 감정'을 엮어내는 공동체입니다. 인생의 뒤안길에서 돌아와 의지하게 되는 그런 마음의 보금자리이고 먼 여행길에서 돌아와 마음의 닻을 내리는 그런 항구와 같은 곳입니다.

마을에 얽힌 추억은 긴 세월이 흐른 뒤에도 우리 가슴속 깊이 들어와 결코 떠날 수 없는 자기 자신의 일부로 자리 잡게 됩니다.

그런 마을의 내력을 담아낸 향토지의 발간은 고향을 같이하는 사람들의 애향심을 결집하고 탄탄한 유대를 조장하는 계기가 될 것입니다.

* 2009.2. 『大林里誌』(대림리지), '축사'.

대림大林은 '큰 숲'의 의미를 갖는 명칭입니다. 아마도 그 옛날 대림 지역은 큰 숲이 아니었나 싶습니다. 대림리가 속한 한림읍의 경우 그 한림이란 명칭에서 '한'은 하다(많다)는 의미를 갖습니다. 한림은 대림의 다른 표현이라고 생각합니다. 그래서 역사적으로도 그렇지만 그 명칭으로 보아서도 대림은 한림의 대표적인 마을입니다. 대림 출신임을 자부해 마땅한 것이지요.

남아메리카의 어떤 민요의 노랫말에서 (떠나는 자의) 길보다는 (머무는 자의) 숲이 되고 싶다고 하였습니다. 어디론가 떠나는 길보다는 제자리를 지키는 숲이 되고 싶다는 것입니다. 발밑에 깊숙이 뿌리를 내리고 있는 숲은 수많은 길을 스스로의 품속에 안고 있음이라. 떠나는 것은 낙엽일 뿐 그 자리엔 새롭게 잎이 돋아나서 이어가게 되는 것입니다.

대림의 이야기는 숲의 이야기라야 합니다. 몇 그루의 나무에 관한 이야기로 숲의 모습을 그려내기는 어렵습니다. 여기 대림리 향토지는 대림의 명칭처럼 대림 사람의 이야기, 큰 숲의 이야기를 담고 있다고 생각합니다.

부富의 관리보다 더 중요한 것이 인간관계의 관리라고 합니다. 사람은 인간관계의 본능을 갖습니다. 이것은 성욕, 식욕과 더불어 인간의 3대 본능으로 꼽는 경우도 있습니다. 산다는 것 자체가 얽히고설킨 인간관계의 망인 것입니다. 이런 관계를 인연이라고도 하는 터이지만 마을은 삶의 인연을 일구어낸 지역공간입니다. 마을 단위의 인연을 잘 엮어나간다면 이것이 곧 성공적인 삶의 한 모습일 것입니다. 그러므로 이제 발간되는 대림리 향토지는 대림 사람의 성공적인 삶의 모습을 담았다고 생각합니다. 세속적인 화려한 삶이 아니라 소박하지만 참된 모습의 삶을 이 책 속에서 발견할 수 있기를 바랍니다.

대체로 사람들이 추구하는 가치가 셋이 있습니다. 사업으로 일구는 재산 곧 부, 정치영역으로 진출하여 얻어내는 권력, 사회적 명성을 얻어 누리는 명예가 그것입니다. 이런 가치에서 멀어진 약자들에게는 아니 그런 가치들을 갖는 사람들에게도 중요한 가치가 또 하나 있으니 그것이 곧 연대(유대)입니다. 약자들은 서로 연대하여 강한 힘에 맞서 저들의 이익을 추구하게 됩니다. 이런 연대의 기초가 될 수 있는 것이 고장을 같이하는 인연입니다. 대림리 향토지의 발간이 우리 대림 사람들의 인연이 연대로 이어지는 계기가 될 수 있었으면 좋겠습니다. 여기에 대림리지 발간의 큰 의미가 있다고 생각하고 그래서 여기 축하의 메시지를 보내는 뜻이 있습니다.

'달성'보다 우선 '함께'가 중요하다고 합니다. 함께가 아닌 달성은 진정한 달성이 아닌 것입니다. 사회적 통합을 저해할 염려가 있으니까 그렇습니다. 함께하는 달성이라야 더욱 빛이 나는 것입니다. 대림리 향토지는 이 고장 대림 사람이 함께하는 작품이기에 더욱 빛이 난다고 생각합니다. 여기에 축하하는 깊은 뜻이 있습니다.

고향이 대림인 저는 대림 향토지 발간에 큰 관심을 갖고 있었습니다. 돌이켜보면 그 작업이 시작된 것은 10여 년 전의 일로 기억합니다만 오래인 설렘 끝에 이제 그 노력의 결실을 보게 된 점 참으로 다행스럽고 대견한 일로 기억하고 싶습니다. 그동안 책을 만드는 과정에서 자료를 발굴 · 제공하고 집필하고 토론에 참여하는 등 공을 들이신 마을 인사 여러분과 출판에 협조하신 여러분께, 특히 편집진에 진심으로 존경과 감사의 말씀을 전합니다.

16 「제주 자연자원의 잠재적 가치에 대한 조명: 유네스코 등재 3개 분야 자원을 중심으로」(논평)*

이 세미나는 '제주 자연자원의 잠재적 가치'를 탐구하는 자리였다.

우근민 지사의 기조 발표 "제주, 세계 7대 자연경관 선정에 대한 기대와 효과"에 이어 '유네스코 트리플 크라운'이 갖는 가치에 관련하여 세 개의 주제 발표가 있었다. 제1주제 허민 교수의 "자연 · 환경적 가치", 제2주제 고태호 책임연구원의 "경제적 가치", 제3주제 주강현 석좌교수의 "사회 · 문화적 가치"가 그것이다.

이들 발표를 종합해 보면 이 세미나는 오늘날 우리 제주 자연자원의 가치를 '유네스코 트리플 크라운'에 맞추어 재조명함으로써 현재 우리 제주가 당면한 '세계 7대 자연경관 선정'의 성공을 위한 논의를 모아가려는 의도가 있는 것으로 보인다.

말할 것도 없이 제주의 가치는 그 자연자원과 입지적 조건에서 찾을 수 있다. 이를 세계적으로 증명해 주는 것이 바로 '유네스코 트리플 크라운'의 획득이다. 아마도 제주가 '특별' 자치도의 지방자치체제를 갖게 되는 계기도 (제주가 그 독특한 탐라 천년의 문화권을 형성하고 있기도 하지만) 제주의 자연적(지리적) 특별함 때문이라고 해도 좋을 것이다.

주제 발표자들은 모두 이 제주의 자연이 갖는 독특한 잠재적 가치가 어떤 것이고 어떻게 고양시켜 갈 것인가를 논의하고 있다.

제1주제에서는 '유네스코 트리플 크라운'(세계자연유산, 생물권보전지역, 지질공원) 중 특히 '지질공원'을 중심으로 그 보존(conservation)과 활용으로 지역경제를 활성화하고 조장하는 길을 찾아야 한다고 주장한다. 제주의 자연은 그런 잠재적 가치를 충분히 가지고 있다고 보는

* 2011.6.24. 「제8회 제주언론인클럽 세미나」에 대한 방청 소견.

것이다.

제2주제에서는 제주 자연의 잠재적 가치를 '비사용가치'(존재하는 자체만으로 가치가 있고, 현재 사용하고 있지는 않으나 미래의 선택을 위하여 지급할 용의가 있는 가치)로 강조한다. 경제적 가치라고 할 때 흔히 드러나 있는 현재적 가치, 즉 '사용가치'만을 생각하는 경향이 있지만 '비사용가치'야말로 엄청난 제주 경제발전의 잠재력이라고 보는 것이다.

제3주제에서는 제주의 자연자원에서 '사회 · 문화적 가치'를 발굴하고 이를 제주발전에 연결하는 것이 매우 가치 있는 일이라고 주장하고 있다. 자연자원에 인문학적 의미를 부여하고 '세계화의 의미'를 인문학적으로 성찰할 것을 권고한다. 제주의 독특함에 대한 역발상이 필요하다고 본다. 이제까지 주류를 이루고 있는 생각 곧 한반도에 부속된 섬이라는 생각에서 벗어나 태평양 속의 섬으로 제주의 정체성을 확립하고 이런 섬으로서의 위상을 갖출 때 제주발전의 폭발력이 발휘될 것이라고 본다.

'제주 자연자원의 잠재적 가치'의 이러한 독특함은 제주가 내세워야 할 '제주의 브랜드'이며 제주발전의 저력으로 삼아야 된다는 데 합의가 이루어지는 것 같다.

제주의 독특함을 가지고 세계화, 개방화 시대, 무한경쟁의 시대에 대비해야 할 것이다. 제주가 추구하는 목표, 그 사업 프로그램도 이런 제주의 독특함에 기반하였을 때 도달하기가 보다 수월할 것이다. 국내 다른 지역과의 차별성을 가지고 경쟁함으로써 보다 작은 노력으로 보다 큰 소득을 얻게 될 것이다. 대중앙 절충에 빈약한 도세에도 불구하고 대중앙 설득의 논리를 확실히 마련할 수 있을 것이고 도정운영의 효율성을 기할 수 있을 것이다.

'제주 자연의 잠재적 가치'에 관련해서는 헝가리 부다페스트 외토보스대학의 지질학자 차보 사바 교수의 이야기에 귀를 기울일 필요가 있다. (이 부분은 세미나에서 이문교 제주언론인클럽 회장의 개회사 "제주자연의 가치에 대한 새로운 인식"에서 재인용함)

"제주도는 지구상에서 손대지 않은 자연환경과 화산암석, 경관이 가장 아름다운 자연의 보물 중 하나임에 의심할 여지가 없다.… 이 아름다운 지역이 적어도 현재의 생태와 모습 그대로 미래 세대를 위하여 남겨놓아야 할 필요성이 있다."

제주 사회에서는 개발연대부터 보존론 대 개발론의 다툼이 계속되어 왔는데 이 세미나의 결론은 보존이다. 이제까지는 개발론이 우세한 형국이었다. '사용가치'에 초점을 맞추어 그 발전계획을 수립하고 행정적 역량을 총동원하여 왔다. 그래서 보존보다 개발을 우선하는 정책 · 시책이 펼쳐져 온 것이 사실이다. 그러나 그 '사용가치'의 면에서는 타 지역에 비하여 열세이고 제주의 노력은 능률적이지 못한 것으로 보인다. 이제 발상의 전환을 해야 할 것이다. 즉 제주의 가치는 숨은 가치(잠재적 가치) 즉 '비사용가치'에서 찾아야 한다는 것이다. 이 '비사용가치'는 보존에서 얻을 수 있고 지킬 수 있다. 제주 자연자원의 '비사용가치'는 제주가 갖는 비교우위 부문이므로 이를 바탕으로 제주의 비전을 만들고 그 비전을 이루기 위한 계획을 세워 추진하는 것이 좋겠다.

제주특별자치도 제2기 도정의 출범에 즈음하여 지사가 제기하는 4대 위기 중 '비전의 위기'를 극복하는 길도 여기 제주자원의 잠재적 가치를 기반으로 모색하는 것이 좋을 것이다. '국제자유도시'를 우리 제주특별자치도의 비전으로 하여 '국제자유도시 종합계획'을 수립하였고 그 계획 추진이 계속되고 있지만 보여주어야 할 비전(vision), 도민이 공감하는 그런 비전이 무엇인지 혼란스럽다. 차제에 이 세미나가 제시하는 제주자연자원의 독특함을 기반으로 제주국제자유도시의 모습을 그려보는 것이 좋을 것 같다는 암시를 이 세미나는 담고 있다.

세미나에서는 토론자들의 지적이 있었기도 하지만, 아쉬운 점은 이런 제주의 독특함, '제주자연자원의 잠재적 가치'를 어떻게 발굴하고 이를 대내외적으로 어떻게 알려나갈 것이며 제주도민의 정서 속에 내면화하고 제주의 정체성으로 심어놓을 것인가 하는 방법론이 분명히 거론되지 못했다는 점이다.

그것은 홍보와 교육이다. 이런 점에서 근래 논의되고 있는 유네스코 환경대학(교육과 연구 complex)의 설립은 시기적절하고 좋은 발상이라고 생각한다. 홍보도 체계화할 필요가 있다. 특히 대내(도민) 홍보를 통하여 제주도민의 공감하는 내용을 담고 학교교육, 직장교육, 평생교육 등 교육과정 프로그램과 신문, 방송매체, SNS(사회적 네트워크시스템)를 적절하게 활용해 봄이 좋을 것이다. 아무튼 이 점은 별개의 주제로 다루어졌으면 하는 생각이다.

제주의 가치를 어떻게 지키고 가꿀 것인가에 대한 고민이 필요하다. 제주의 가치를 이 세미나의 주제인 유네스코 등재 3개 분야 자연자원, 즉 세계자연유산, 생물권보전지역, 지질공원이 제주의 가치라 한다면 그냥 그렇게 지정되는 것으로 끝내서는 안 될 일이다. 마땅히 후속조치가 이루어져야 할 일이다. 그 가치가 제주의 가치임을 도민사회가 깨닫고 있어야 하고 대외적으로 널리 각인되어야 함은 물론이려니와 그 가치를 증진하고 현재적 가치(사용가치)에 어떻게 연결시켜 나갈 것인가, 그 가치를 극대화하는 길이 무엇인가를 깊이 있고 폭넓게 연구하고 구체적 프로그램으로 구현되어야 할 것이다. 이런 논의가 또 하나의 주제로 다루어졌으면 하는 생각이다.

앞으로 이들 주제, 즉 유엔 유네스코환경대학을 포함하는 교육 · 연구기구의 설립과 제주 가치의 증진 강화 및 활용이라는 두 개의 주제를 다루고 논의를 본격화해야 할 것이다. 그렇게 하지 않으면 제주의 훌륭한 가치는 시대의 흐름 속에 묻혀버릴지도 모른다.

결론적으로 이 세미나 주체 측의 의도, '제주자연자원의 잠재적 가치'를 종합적으로 다루어 제주의 독특함을 '비사용가치'에서 찾아 클로즈업하는 데 성공적이었다고 생각한다. 바라기는 이런 세미나의 분위가 제주의 현안 사안인 '세계7대자연경관'에 선정되는 기쁨으로 연결되었으면 하는 것이다. 더 나아가서는 제주도정에 접목되고 학술적 차원의 연구도 더 진전되어 대내외적으로 공감을 얻을 수 있도록 '제주 비전'이 업그레이드되어 정비되는 계기가 되었으면 한다.

17 「제주매일」 창간 특집 '원로에 제주의 내일을 묻다'(대담)*

「제주매일」이 창간 14주년(2013.7.1)을 맞아 도내외 원로인사를 찾아 대담을 실시합니다. 제주매일은 이번 대담을 통해 제주의 현재 모습을 되짚어보고 이를 통해 바람직한 제주 사회의 내일을 모색해 보려고 합니다.
제주매일은 그 첫 번째로 신행철 초대 제주도감사위원장을 찾았습니다.

■ 각 질문에 대한 답글은 500자 내외로 해주시기 바랍니다.

1. 2008년 10월 제주도감사위원장에서 퇴임한 뒤 어떻게 지내고 계십니까

(요즘 근황을 중심으로 500~600자 정도 답변을 부탁드립니다.)

공직에서 물러나 야인으로 정말 자유롭고 홀가분하게 지냅니다. 집에서 좀 떨어진 곳에 서재(청남재; 靑南齋)를 꾸미고 매일 출근하듯이 그곳에 나와 지난 흔적들을 점검하며 추리고 정리합니다. 전문적인 영역을 떠나 읽을거리를 찾아 읽기도 하고 가끔은 글도 씁니다.

고희古稀의 나이를 지나면서 공자가 70대 나이에 도달하게 된다는 從心所慾不踰矩종심소욕불유구인지를 반성하면서 어떻게 사는 것이 아름답고 품위 잃지 않고 사는 길인지 꾸준히 찾으며 살고 있습니다.

---

* 2013.7. 「제주매일」, 지(紙)상 대담.

건강관리 차원에서 규칙적으로 걷기운동을 꾸준히 하고 있습니다. 나이 들어 가장 두려운 것이 두 다리로 제 몸을 가누지 못하는 것, 노실하여 정신질환에 걸리는 것이라 생각하고 그 예방에 신경을 쓰고 있는 것이지요. 걷기운동이 나의 체질에 적합한 것 같네요.

여유롭게 그럭저럭 지내다 보니 감사위원장 퇴임한 지도 5년의 세월이 흘렀습니다. 세월유수歲月流水임을 실감합니다. 참으로 시간 빨리 갑니다.

2. 초대 제주도감사위원장으로 재직 때 가장 기억에 남는 일은 어떤 것이 있습니까

우선 재직 때가 아닌 취임 직전의 임명 동의에 필요한 절차인 도의회 청문회가 기억에 남습니다. 도의회 청문특별위원회의 청문과정에서 나의 신상 모든 것이 공개되고 해명되어야 했는데 해명과정에 오해에서 오는 곤혹스러움이 적지 않았습니다. 내 일생 처음이고 마지막 경험이었지요. 한편 생각하면 이런 청문과정을 통하여 공인으로서 그 자격을 검증받았다는 것은 다행이었다고 생각합니다.

재직 때 기억에 남는 일 한두 가지 들어보면, 지금도 제주자치도정의 최대 화두인 제주해군기지 건설과 관련하여 도의회의 요구에 따라 특별감사를 실시했던 일, 도교육청과 감사권의 범위를 놓고 갈등을 빚었던 일, 도의회 사무처 감사와 관련하여 일부 도의원들의 반발을 샀던 일 등이 재임 중 최대 난제였던 것으로 기억합니다. 감사 결과 잘못된 공무행위에 대한 처벌수위가 결정되는데 해군기지 문제처럼 민감한 사안인 경우 그 처분수위가 '솜방망이'라고 비난받기도 했지요. 이 기회에 확실히 알리고 싶은 것은 감사위원회는 처분 '요구'를 하는 기관이고 그 처분수위 '결정'은 최종적으로 도지사가 한다는 것입니다.

3. 아쉬웠던 점은 무엇입니까

감사위원회의 감사는 대체로 사후 감사, 결과에 대한 감사인데, 더 나아가서 사전 감사, 정책감사가 필요하다고 생각해서 도입하려 했던 '시스템감사'를 정착시키지 못한 점이 아쉬움으로 남습니다.

시스템감사는 행정업무의 시스템을 체계적으로 진단, 분석하고 발견된 문제점에 대해서는 종합적이고 효율적인 개선대책을 제시하고자 하는 감사로서 문제 자체에 대한 처벌보다 문제를 일으키는 근본 요인인 제도나 관행 등을 분석하여 근원적인 시스템을 개선하려는 전향적인 감사제도를 말합니다.

시스템감사를 위하여 중앙정부 감사원과 절충, 그에 대한 교육 프로그램에 직원들을 참여토록 하고 대내 교육도 실시하고 실제 감사도 실시한 바 있으나 지속되지 못했습니다. 그 이유의 하나는 감사위원회의 기구로서 시스템감사 부서를 상설화하고 업무를 전담토록 했어야 하는데 제도적으로 기구의 편성권은 위원장의 권한 밖의 것이었기 때문이었습니다. 여기에 감사위원회의 실질적 독립의 문제가 중요한 이유가 있는 것이지요.

다른 하나는 감사위원회의 행정부처로서의 위상을 각인시키지 못했다는 점입니다. 도지사, 교육감을 비롯하여 도의회의 행정부서, 공기업 단체까지 감사하고 감찰하기 위해서는 각 부서의 장에 맞먹을 정도의 위상이 되어야 하는 것인데 현실적인 어려움으로 그렇게 못했다는 점입니다.

4. 대학에서 정년퇴임 후 대학에서 바라보았던 사회와 실제 생활하는 과정에서 느낀 모습은 어떻습니까

대학교수도 대학을 포함한 보다 큰 사회의 일원이고 대학 내 생활도 학외 일반생활의 연장선상에서 이루어지는 것이므로 퇴임 후의 생활 속에서 크게 달리 느끼는 바는 없습니다. 다만 대학사회와 퇴임 후 일상생활은 크게 다르지요. 대학사회의 인간관계, 그 문화는 어떻게 보면 상대적으로 단순한 것이지만 일반 사회생활은 이해관계가 더욱 치열하고 복잡한 것 같습니다.

대학교수 정년퇴임 후 감사위원장으로서의 공직을 맡았던 것 외에는 다른 공식적인 일을 해보지 못했으니까(폭넓은 사회활동을 못 해보았으니까) 이렇다 할 생활상의 다른 느낌은 없네요. 한 가지 말하고자 하는 것은 저는 의도적으로 생활을 단순화시키고 생활의 리듬을 재직

시절에 맞추고자 노력하고 있어서 생활상의 큰 변화는 없다는 것이지요. 자택을 두고 밖에 서재를 차려 앉은 이유도 그러합니다. 아침 출근, 저녁 퇴근을 거의 규칙적으로 하고 있으니까요.

5. 우리 사회, 특히 제주 사회에 '원로다운 원로'가 없다는 말을 자주 합니다. 그 이유를 어떻게 생각하십니까

지역사회 원로에 관한 이야기는 줄곧 이어져 오는 주제인데 참으로 이야기하기가 미묘한 사안인 것 같습니다.

우선 어떤 인사를 '원로'로 볼 것인가 하는 질문에 답하는 것인데, 그 답은 사람에 따라 다를 것이고 그 공통분모를 찾아내기가 쉽지 않을 것입니다. 소위 원로 격인 인사들 가운데도 원로로서의 정체성을 갖고 있지 않는 사람도 있을 것이고, 스스로 아니라고 하는 사람들 중에도 원로 대접을 받아 마땅한 사람도 있을 것이고, 원로임을 자부한다 하더라도 사람들이 인정하지 못할 사람들도 있을 터입니다.

다만 '원로다움'을 지니고 있는 인사가 원로임은 틀림없을 터인데 이 경우 '원로다움'이 무엇인가 하는 질문에 대답해야겠지요. 이 답에 해당하는 인사가 원로인 것이지요. 원로다움을 무엇으로 판단할 것인가. 원로다움의 요소가 무엇인가. 공론화해 봄이 좋을 것 같네요.

분명한 것은 어느 정도 나이가 지긋하고, 살아온 경험 속에서 남다른 사회적 성취를 이루고 사회지도층 인사의 스타덤에 올라 있으면서 노블리스 오블리주(noblesse oblige. 귀한 신분에 무거운 책무)의 자세를 평소 견지함으로써 사회적 신망을 얻고 있는 등의 요건을 두루 갖춘 인사가 아닐까 생각합니다.

이런 인사들이 제주 사회에도 있지요. 그럼에도 불구하고 '원로다운 원로가 없다'고 하면 그 이유는 두 가지겠지요. 원로로서의 자격은 있으나 스스로 나서지 않는 것이 그 하나요 다른 하나는 이 사회가 원로를 찾을 노력을 하지 않거나 인정하지 않으면서 편파적 활동에 동원해 버리는 것이 아닐까 생각합니다.

6. 해군기지 건설문제 등 제주 사회에 크고 작은 갈등이 좀처럼 해소될 기미를 보이지 않고 오히려 더 심해지고 있습니다. 갈등해소 대책은 없겠습니까

갈등해소의 특효약은 없을 듯싶습니다. 현실적(시대적, 지역적) 상황에 따라 다를 테니까요. 다만 장기적인 관점에서 원론적인 대책으로 제시해 보고 싶은 것은, 하나가 '갈등의 제도화'이고 다른 하나는 도민의식의 전환을 포함하는 도민사회 역량의 강화입니다.

갈등의 제도화는 도민통합을 위한 갈등관리의 제도적 장치를 마련하는 것입니다. 제주특별자치도에 이미 설치 운영되고 있는 사회협약위원회를 정부, 시장市場, 시민사회 3부문의 주체들이 참여하는 민주적 거버넌스(협치協治)체제 개념에 접목하여 그 구성과 운영을 전향적으로 새롭게 할 필요가 있습니다.

무엇보다도 공익과 사익의 충돌인 공공정책사업의 경우 정책 당국은 계획수립 단계에서부터 정보를 공개하고 주민참여 공론의 장을 마련해야 한다는 것입니다. 다시 말해서 정책결정과정에서 주민의 요구가 수렴되도록 하는 정치적 타협방식을 제도화해야 할 것입니다.

제주도민들의 의식의 전환도 필요하다고 봅니다. 도민들은 열린 마음, 열린 자세로 다름에 대한 사고의 유연성을 가져야 합니다. 중요한 것은 이분법적 사고를 극복하는 일입니다. 이분법적 사고 속에서는 토론과 타협을 통한 절충이 불가능하고 사회적 합의가 이루어지기 어렵기 때문입니다.

갈등의 없음이 아니라, 갈등을 잘 극복함으로써 만들어지는 통합이 사회통합이 갖는 진면목입니다. 이것이 건강한 사회의 모습인 것이지요. 그러니까 갈등을 두려워할 일은 아닙니다. 갈등을 해결해 나가는 시스템과 그런 역량이 없음을 탓해야 할 것입니다.

7. 최근 또다시 제주도감사위원회 독립성 문제가 제기되고 있습니다. 초대 위원장으로서 이 문제를 어떻게 보십니까

제주도감사위원회는 제도적으로 '업무상'의 독립성은 보장되어 있습니다. 공무원과 공공조직에 대한 회계감사와 감찰활동에 누구의 간섭도 없이 그 직무를 수행하게 됩니다. 그럼에도 불구하고 그 기구의 독립을 보장하는 장치들은 크게 부족합니다.

제도적으로 감사위원회는 도지사 소속기관으로서 통상적 업무를 제외하면 도지사의 정무적 판단에 종속됩니다.

우선 감사공무원의 인사권은 도지사에게 있고 순환 보직으로 발령됩니다. 이것이 감사공무원들이 도정을 감사할 때 도지사의 눈치를 보게 된다는 개연성의 이유입니다. 그러므로 감사공무원은 별개의 직렬로 분리해서 그 인사권을 감사위원회로 넘겨주는 것이 좋습니다. 이는 감사활동의 전문성을 살리는 길이기도 합니다.

다음은 예산편성권의 확보입니다. 모든 조직의 활동에는 예산이 필요하고 그 예산확보가 활동의 질을 보장하게 될 테니까요. 그러나 예산편성권은 도지사에게 있습니다.

다음은 조직편제권입니다. 수행할 어떤 업무를 담당하는 부서(혹은 자리)가 필요하면 그런 부서(혹은 자리)를 만들어야 하는데 그 권한이 도지사한테 있으니까 도지사의 의지가 없으면 조직편제의 변경이 어렵습니다.

그래서 감사위원회 독립보장의 제도적 장치는 제주특별자치도 제도개선의 과제가 되는 것이지요.

8. 앞으로 특별히 계획하시는 일이 있다면 소개해 주시기 바랍니다

대학교수로서 여기저기 발표했던 글들을 찾아 모아 정리하면서 책으로 묶어내고자 합니다. 그동안 작성했던 칼럼을 모아 칼럼집을, 술이부작述而不作이지만 나름대로 연구해서 여기저기 발표했던 학문적 연구결과를 담은 사회학연구논집, 교수시절 동료들과 함께 준비했지만 마무리하지 못했던 번역서, 그리고 1985년부터 2005년까지 전환기에 있었던 제주마을에 초점을 맞춘 사회조사자료를 정리하여 책을 내고 싶습니다.

또 시간이 날 때 우리나라 백두대간의 아름다움을 느껴보기 위해 설악산 대청봉에서부터 지리산 천왕봉 등을 오르는 산행을 이어가고 있는데, 그동안 가보지 못한 몇몇 봉우리들을 방문할까 합니다. 태백산, 소백산, 속리산, 월악산 등을 생각하고 있습니다.

저는 은퇴 후 생활에서 그 제일의 가치를 건강(육체적 · 정신적)에 두고 있는데 산을 오르는 것도 그 일환이지요. 정신적인 노쇠를 관리하기 위하여 명상이나 기호흡 같은 것도 꾸준히 시도해 볼 생각입니다.

노동老童도 아니요 노광老狂이나 노추老醜도 아닌 평범한 노옹老翁의 생활을 견지하고자 합니다.

9. 인터뷰를 마치면서 더 하시고 싶은 말씀이 있는지요

우선 찾아주셔서 감사하다는 말씀드립니다. 별달리 하고 싶은 말은 없습니다만, 신문기자를 만났으니까 제주언론에 대하여 한마디 하고 싶습니다.

이 대담에서 앞에 지적된 제주 사회의 갈등과 관련하여 수행해야 할 언론의 역할에 관한 것입니다.

제주의 언론기관은 우리 사회 내의 여러 갈등을 해소하기 위한 주체로서의 역할을 잘 해내야 할 것입니다. 여러 갈등현상에 대하여 그 원인과 내용을 도민들에게 널리 알려 여론을 환기시키고 제3자의 입장에 서서 바람직한 해결책을 제시하는 역할을 해야 할 것입니다. 갈등 주체들의 주장이나 입장을 있는 그대로 전달하여 여론을 환기시키되, 필요한 경우 언론기관의 명백한 견해를 밝히는 것이 중요합니다. 양비兩非 혹은 양시兩是론적 관점이 아니라 객관적 입장에서 정도가 무엇인지를 밝히고 그에 따른 해결책을 촉구해야 합니다. 언론기관들이 갈등주체의 입장을 객관적으로 공정하게 다루지 않고 편협한 시각을 전달하는 경우 갈등해소는커녕 오히려 갈등을 조장하는 결과를 낳는다고 생각합니다. 언론기관의 상업주의적 사고인 황색저널리즘(yellow journalism)을 경계해야 할 것입니다. 이는 갈등을 조장하고 주민을 분열시키기도 하기 때문입니다.

언론인은 현장감각이 뛰어나고 예리한 판단을 할 줄 아는 성정을 가지고 있다고 봅니다. 그런 특질을 살려 사회정의에 입각한 정론직필의 기사와 보도를 해주시기 바랍니다.

18 '소로(小路)길 인생'은 향기롭다*

향목香木 강경호姜景豪 선생의 희수喜壽를 맞아 내놓는 자서전『小路길 인생』출판을 진심으로 축하하며 아울러 살아온 77년의 일대기를 집필하는 그 모습에 경의를 표합니다.

'歲月流水'세월유수, '歲月不待人'세월부대인입니다. 세월은 기다리지 않고 물 흐르듯 흘렀으니 이제 향목 강경호 선생의 나이 어느덧 77세, 희수를 맞게 되었습니다.

사람이 살면서 걸어가는 인생길을 일컬어 '逆旅過客역려과객'이라 합니다. 이 말은 이백李白의 글에서 온 것인데, 이백은 그의 글,『春夜宴桃李園序』(춘야연도리원서)에서 이렇게 말합니다. "대저 천지는 만물의 숙소요, 세월은 영원히 쉬지 않고 천지를 거쳐 가는 나그네와 같은 것이다"(夫天地者萬物之逆旅 光陰者百代之過客. 부천지자만물지역려 광음자백대지과객). 여관에 머물다 지나가는 나그네가 가는 그런 길이라는 뜻이겠습니다. 인생 한살이를 세월의 흐름 속에 길 가는 나그네의 여정으로 표현하는 것이지요. 그 "여행은 고생을 겪어야 하고 수많은 갈림길을 지나야 한다"고 이백은 말했습니다.

향목 선생은 자신이 걸어온 인생길을 스스로 '소로小路길'이라 하였습니다.

살아온 역정 속에서 '온갖 고난을 겪으면서 쓴맛, 단맛을 경험'하고 그의 가훈처럼 '참되게 살자'고 다짐하며 살고서는 이제 '인생의 즐거움이 어떤 것인지' 알게 되었으니 공자의 말(『논어』, '爲政篇'위정편)을 빌리면 '從心所欲不踰矩'종심소욕불유거일 것입니다. '마음이 하고자 하는 대로 하여도 법도를 넘어서거나 어긋나지 않는다'는 것이지요. 이 어찌 값진 인생이 아니겠습니까. '남은 여생은 지나온 생애에 못다 한 일들을 채워나가는 데 힘쓰면서 아름답게

* 2014.12.20. 강경호 자서전,『小路길 인생』, 특별기고문 '축사'.

살고자 한다'고 하였으니 그의 좌우명대로 '常樂我淨'상락아정의 경지에 이르게 될 것입니다. 이 어찌 축복받을 인생이 아니겠습니까.

소로길은 한(큰) 길 아닌 오솔길, 한 군데로만 난 외길입니다. 나그네가 조용히 그리고 묵묵히 걸어가는 그런 호젓한 길을 생각게 합니다. 향목이 걸어가는 길은 은은하게 향기 풍기는 그런 길이겠습니다. 그 호號 향목香木이 뜻하는 바처럼.

향목이 무엇인가. 향목은 그 향기가 좋아서 제례의 향불의 재료가 되기도 하고 불교의 의식이나 신앙생활에 사용되는 도구, 즉 법구法具가 되기도 합니다. 제례에서 향을 피울 때 쓰는 향 쪽을 생각해 보시라. 그 향기가 사방에 퍼져 분위기를 끌고 가지 않더이까. 향목 선생이 걸어온 소로길은 그런 향기를 잔잔하게 풍기는 길이었다고 생각합니다. 횃불처럼 활활 타오르며 화려하지는 않지만 조용히 평화롭게 사방을 밝히는 촛불과 같은 이미지입니다. '華而不侈'화이불치 아름답지만 사치스럽지 않은 길을 걸은 것입니다.

"나는 내게 길을 묻는 사람에게 이렇게 말한다. 모두가 가야 할 단 하나의 길은 존재하지 않는다"라고 말한 사람은 니체였습니다. 그가 그렇게 말한 것은 인생길 자체가 말 그대로 고유의 가치가 있기 때문일 것입니다. 사람의 한살이는 저마다 고유의 가치가 있어 다른 사람의 한살이와 비교할 수 없는 것입니다. 길은 누구에게나 다른 형태로 펼쳐지고, 그 길은 대체로 평탄하지만은 않습니다. 소로의 인생길이라 하더라도 그 나름대로 큰 의미가 있어 대로大路길 인생에 못지않은 것이라 생각합니다. 오히려 오염되고 말썽 많은, 광장을 가로지르는 그런 화려한 길보다 사회적 기여에 더 공을 이룰 수도 있는 길입니다. 어쩌면 호젓하고 품위 있는 경치가 곁들여져서 인생 낭만도 즐길 수 있는 그런 길인 것입니다.

향목의 자서전, 『小路길 인생』은 그런 길을 가는 이의 참고서가 될지도 모릅니다. 향목의 자서전 출간을 축하하는 뜻이 또한 여기에 있습니다.

요즈음 들어 부쩍 100세 시대라는 말들을 많이 합니다. 100세 이상 인구가 약 2만 5,000여 명이라 하니 그럴 만도 합니다. 히말라야 기슭 소국小國인 네팔을 수시로 다녀본 어떤 분의 이야기로는 그곳 사람들은 일찍부터 100세 인생을 말했다고 합니다. 네팔은 가난하지만 그 국민이 체감하는 행복지수가 매우 높은 나라입니다. 100세 인생을 놓고 보면, 4등분하여 25세까지는 배우는 시기, 25~50세는 배운 것을 실천하는 시기, 50~75세는 잘 배우고 잘 실천했는지 반성하고 참회하는 시기, 75~100세는 모든 것으로부터 자유로운 시기가 된다고 합니다.

그러나 한편 밑바탕에는 '내가 생의 끝자락에 섰다'는 회한을 갖게 되는 시기이기도 합니다. 그래서 오히려 마지막 10년 혹은 20년이 참 아깝고 귀한 것입니다. 마지막 10년, 20년 인생을 헛되이 보내지 않으려면 자신 본래의 모습을 찾아낼 필요가 있을 터인데 이 자서전의 집필을 통하여 향목 선생이 오랜 시간 걸어온, 잊혀졌던 그 길에서 스스로의 참모습을 찾아내는 그런 계기가 되었으리라 봅니다.

이제 남은 인생, 노년은 미래에 대한 욕심이나 두려움이 없기에 게으름을 피울 수도 있고 시간에 쫓김 없이 여유롭게 자유를 누리며 살 수 있는 시기일 것 같습니다. 그 남은 인생 소로길의 끝은 어디일까. 常樂我淨상락아정의 경지이기를 간절히 소망하면서 자서전 『小路길 인생』의 출간을 거듭 축하하여 마지않습니다.

덧붙여, 로버트 프로스트(미국 시인)의 "가지 않은 길"을 인용합니다. 인생길을 뒤돌아보는 심정을 표현하고 있다고 보기 때문입니다.

가지 않은 길

로버트 프로스트(1915년작)

노란 숲 속에 길이 두 갈래 났었습니다.
나는 두 길을 다 가지 못하는 것을 안타깝게 생각하면서
…
온당한 다른 길을 택했습니다.
그 길에는 풀이 더 있고 사람이 걸은 자취가 적어,
아마 더 걸어야 될 길이라고 나는 생각했던 게지요.
또 다른 길을 걸었어도, 그 길도 거의 같아질 것이지만.
…
훗날에 훗날에 나는 어디선가
한숨을 쉬며 이야기할 것입니다.

숲 속에 두 갈래 길이 있었다고,
나는 사람이 적게 간 길을 택하였다고
그리고 그 때문에 모든 것이 달라졌다고

〈특별기고〉

'108산사순례' 참여와 나의 불자생활*

홍 춘 대

'신묘장구대다라니' 하루 백 번, 백일 동안 읽기.

삼십여 년 전 이야기다. 어머님이 다니시던 절에서 주지스님으로부터 받아온 숙제, 재수생이던 하나밖에 없는 아들을 위해 스님과 의논한 끝에 받은 숙제였다.

스님은 힘들 텐데 할 수 있을까, 할 수 있을까 걱정하시며 천수경 한 권과 108염주를 주셨다. 나는 꼭 하리라 다짐하고 그날 저녁부터 시작했다.

그때 나는 아무것도 모르는, 서울에서 제주 남자를 만나 남편 따라 제주에 내려와 홀시어머니를 모시던 때였다. 어머님이 힘든 농사일을 하시며 생계를 이어가던 때였다. 어머님은 일 년에 한 번 사월 초파일은 아무리 바빠도 절에 가셔서 가족등을 하나 달고 오직 아들을 위한 기도를 하셨다고 했다. 딸 다섯에 아들 하나, 얼마나 간절한 기도였을까?

내가 아들을 낳아 키워보니 그때의 어머님 마음을 알 수 있을 것 같다. 생전에 어머님의 기도 덕분에 지금의 우리 가정, 이만큼 편히 사는 것 같다.

어느 날 새벽에 들어온 남편, 책상에 엎드려 있는 나에게 '신묘장구대다라니 백번' 숙제다 하고 자느냐며 어깃장을 놓는 것이었다. 정신이 번쩍 들었다. 숙제 이행이 절박하게 느껴지던 순간이었다.

* 저자 아내의 특별기고.

백일이 거의 되어가던 날 아들은 원하는 연세대학에 합격했다. 너무 기뻐 얼마나 눈물을 쏟았던지. 기쁨과 슬픔은 함께한다던가. 그즈음 병석에 계시던 어머님이 어느 늦은 가을 저녁에 조용히 눈을 감으셨다. 가슴 아프고 슬픈 일이었다.

돌아가시기 전 어느 날 "올해는 손주(나에게는 아들)가 꼭 대학에 합격할 것"이라고 말씀하셨다. 말씀인즉 입시 전 어느 날 꿈을 꾸셨는데 당신이 한라산 정상에 올라가 두 손을 번쩍 들고 만세를 불렀다고 하셨다. 아마도 그 꿈은 어머님이 생을 마감하여 극락에 들어가시는 꿈이었으리라.

생전에 어머님은 외며느리인 나에게 "내가 죽거든 49재만은 꼭 부탁한다"고 하셨다. 나는 정말 정성을 다해 49재를 봉행해 드렸다. 어머님 돌아가시고 49재를 마치고 나니 집안이 두루두루 편안해지기 시작했다.

우선 아들이 원하는 대학 가서 건강하게 다니며 장학금도 해마다 받아오고 이 어미에게 행복을 주니 그런 아들이 자랑스러웠다. 남편은 직선제 학장이 되었고 집 없는 교수들이 모여 주택조합을 구성해서 교수 아파트를 건축하게 되면서 아파트도 한 채 마련하여 집 없이 친척집 빌려 하루 열 장씩이나 연탄 갈면서 치른 고생을 끝내게 되었다. 대학 4년 과정을 마치면서 아들은 미국 유학길에 올라 대학원(박사) 과정을 밟게 되었다.

그 뒤로 나는 더욱 불심이 일기 시작했다. 아들이 빨리 박사학위 취득하고 귀국하여 자리 잡기를 간절히 기도하며 지냈다. 사찰순례에 동참하고 밤샘기도에도 동참하였다. 한 가지 소원은 꼭 이루어주신다는 봉정암 참배도 하였다. 3년 동안 1년에 한 번씩 4월이면 꼭 다녀왔다. 그 덕택인지 아들은 대학원 과정을 7년 만에 마치고 박사학위 취득 후 귀국하여 일 년여 만에 그 어렵다는 대학교수가 되었다.

2012년 어느 날 서울에 사는 막내 시누님과 친정 여동생에게서 각각 전화가 왔다. '108산사순례' 프로그램의 일환으로 제주를 방문한다고. 그때 처음으로 '108산사순례'에 대한 이야기를 들었다. 75회차라고 했다. 2012년 제주 불교 본산인 관음사에 순례단이 오는 기회에 나도 동참하겠다고 참여를 부탁했다. 65세가 넘어서 회원 가입이 불가능하다는 말을 듣고 얼마나 실망했는지 모른다. 너무 속이 상했다. 그래도 어떻게든 참여하게 해달라고 생떼를 썼다. 시누이가 '108산사순례' 프로그램을 운영하는 도선사를 세 번씩이나 드나든 끝에 겨우 회원 가입이 이루어졌다. 남편은 가입회비와 기본 물품인 배낭, 분홍 조끼와 책자를 마련하는 경비를 지원해 주면서 자기가 입학시켰다고 뻐기며 좋아했다.

드디어 12월 8일 제주 관음사에 108산사순례단이 참배하는 날이 왔다. 눈이 하얗게 쌓여 차가 비탈을 오를 수 없어 입구에 승용차를 세워놓고 버스로 비탈을 올라 절에 이르렀다. 함박눈이 쌓여 길이 잘 보이지도 않는 그런 날씨에 마당에 천막천과 수건을 깔고 108배 하는 회원들의 모습에 뜨거운 눈물이 주르르 흘렀다. 멀리서 선묵 혜자스님을 향해 합장하여 삼배하는데 처음 뵙는 스님의 등 뒤로 광채가 서리는 듯하였다.

그 추운 날 시누님과 함께 법당 모퉁이 처마 끝에 자리 잡아 108배기도를 마친 뒤 선묵 혜자스님의 법문을 듣고 관음사 스님의 인사말씀, 장학금 전달, 국군장병에 위문품(초코파이)을 전달하는 행사가 이어졌다. 그리고 혜자스님으로부터 제주 관음사 글씨가 새겨진 조그만 염주를 받았다. '108산사순례' 첫 염주였다. 감동이었다. 너무 기뻤다.

그날 이후 나는 매달 '108산사순례' 동참을 위해 한 달에 한 번 서울로 올라가서 순례단에 합류한다. 대학교수가 된 아들 학교 근처 평창동에 원룸 하나를 빌려놓고, 남편은 나의 보호자가 되어 서울까지 꼭 동행해 주시니 고맙다. 비 오는 날이면 버스정류장까지 배낭을 들어다주며 조심해서 다녀오라고 격려도 해주신다.

2015년 4월 11일 관악산 연주암 가던 날은 잊지 못할 추억으로 남는다. 마침 주말이어서 남편과 아들이 동행하기로 했다. 아들은 배낭을 메고 앞에서 내 손을 잡아 끌어주고 뒤에서는 남편이 밀어주기도 하였다. 너무 행복한 한때였다. '부처님 감사합니다. 감사합니다.' 감사기도가 저절로 나왔다. 손수 만든 김밥에 컵라면 맛은 가히 환상적이었다. 이런 날이 나에게도 있구나! 선묵 스님께 진심으로 감사와 존경의 마음을 갖게 되었다.

108산사순례 가는 날은 새벽 5시에 일어나 평창동에서 1020번 시내버스를 타고 조계사 앞에서 내린다. 법당에 들어가 부처님께 잘 '다녀오겠습니다.' 기도하고 나와 많은 참여 신도 인파 속을 비집고 종로 7법등 버스를 찾아 오른다. 상냥하고 예쁜 이선희 팀장(광명장)이 나를 반갑게 맞아준다. 그리고 낯익은 정다운 보살들과 활짝 웃으며 인사하고 자리에 앉으면 마음이 고요해진다. 버스로 몇 시간의 긴 여정이지만 잘 견디어 큰 절에 도착하면 줄지어 걸어가는 광경이란. 분홍 조끼에 보라색 배낭의 매우 예쁜 행렬, 몇 천 명인 듯 끝이 잘 보이지도 않는 긴 행렬 속에 내가 끼어 있다는 사실이 무척 대견하고 행복하다. 앞사람 따라가다 보면 큰 절에 이르게 된다. 여기저기 쪼그리고 앉아 기도하며, 천수경 낭송, 그리고 108배. 스님의 좋은 법문, 마음에 새기게 된다. 점심때가 되면 시누이가 챙겨온 도시락을 먹게 되는데 멀리 제주도에서 올라온 올케를 위해 매번 점심 준비해 오느라, 그래서 더 무거워진 배낭을 메고 동행해 주시는 '작은아씨, 정말 고맙습니다. 사랑합니다.'

시누님과 친정 동생은 2015년 일차로 이번에 '108산사순례' 과정을 졸업했다. 9년이란 세월 동안 한번도 빠짐없이 매번 동참한 작은아씨의 경우 집안의 어려운 일, 어려운 고비를 모두 잘 넘기고 가정의 평화를 이루게 되었음을 내가 안다. 이 또한 '108산사순례' 수행, 불심 덕분이 아닌가 생각한다. "정말 축하하고 존경합니다."

이제 나도 선묵 혜자스님 따라 '108산사순례'에 참여하면서 꼭 108개 사찰의 염주알 받아 108염주 만들겠다는 결심을 한다. 지금은 교환교수로 미국에 가 있는 아들 가족과 세 딸들 가정마다 부처님의 가피가 함께해 주실 것을 믿으며 앞으로 남은 6년 세월 잘 참고 견디려 한다. 그때쯤이면 손주 여덟 명 모두 대학을 졸업했거나 진학하는 시기가 될 것이다. 특히 우리 집 장손 승헌이가 대학에 들어가게 된다. 그때까지 내가 건강하게 '108산사순례' 참여를 이어갈 수 있도록 보살펴주실 것을 부처님께 기원한다. '108산사순례' 후기 프로그램 '53도량'에도 동참하였으니 이 또한 열심히 참여하고 기도하려 한다.

이 짧은 글을 맺으며, 긴 세월 나의 생활에서 우리 가정을 위해 기도해 주시는 제주도 우리 절, 주지 스님께도 감사의 마음을 전한다. 이 엄마의 불심 어린 기도로 자식들 건강하고 행복한 날들 이어가게 해주실 것을 부처님께 간절히 기원하며 기도하고 감사드린다. (2016년 봄)

저자약력

신행철

서울대학교 사회학과 졸
연세대학교 사회학 박사
제주대학교 사회학과 교수
제주대학교 인문대학장 · 기획연구실장
미국 아이오와대 교환교수
한국사회학회 부회장
제주학회 회장
제주특별자치도 감사위원장(초대)
현) 제주학회 고문
제주대학교 명예교수

한 사회학자의 濟州筆帖

2018년 10월 5일 초판 1쇄 인쇄
2018년 10월 10일 초판 1쇄 발행

지은이 신행철
펴낸이 진욱상
펴낸곳 백산출판사
교 정 성인숙
본문디자인 오행복
표지디자인 오정은

저자와의 합의하에 인지첩부 생략

등 록 1974년 1월 9일 제406-1974-000001호
주 소 경기도 파주시 회동길 370(백산빌딩 3층)
전 화 02-914-1621(代)
팩 스 031-955-9911
이메일 edit@ibaeksan.kr
홈페이지 www.ibaeksan.kr

ISBN 979-11-5763-186-5 93330
값 30,000원